2011辛卯年平安開運通書

福祿壽財喜

吳光炳 著

古泉雅集叢書

大泉五十錢譜

賴立川　主編

國家圖書館出版品預行編目

大泉五十錢譜 / 賴立川主編. -- 一版. -- 臺北市 : 秀威資訊科技, 2005[民 94]
面 ; 公分. -- (美學藝術類 ; PH0002)(古泉雅集叢書)

ISBN 978-986-7263-82-7(平裝)

1. 貨幣 - 中國 - 新莽(9-22)

561.392 94019981

美學藝術類 PH0002

大泉五十錢譜

作　　者 / 賴立川
發 行 人 / 宋政坤
執行編輯 / 李坤城
圖文排版 / 羅季芬
封面設計 / 羅季芬
數位轉譯 / 徐真玉　沈裕閔
銷售發行 / 林怡君
網路服務 / 徐國晉
出版印製 / 秀威資訊科技股份有限公司
台北市內湖區瑞光路 583 巷 25 號 1 樓
電話：02-2657-9211　　傳真：02-2657-9106
E-mail：service@showwe.com.tw
經 銷 商 / 紅螞蟻圖書有限公司
台北市內湖區舊宗路二段 121 巷 28、32 號 4 樓
電話：02-2795-3656　　傳真：02-2795-4100
http://www.e-redant.com

2006 年 7 月 BOD 再刷
定價：400 元

讀者回函卡

感謝您購買本書，為提升服務品質，請填妥以下資料，將讀者回函卡直接寄回或傳真本公司，收到您的寶貴意見後，我們會收藏記錄及檢討，謝謝！
如您需要了解本公司最新出版書目、購書優惠或企劃活動，歡迎您上網查詢或下載相關資料：http:// www.showwe.com.tw

您購買的書名：____________________

出生日期：________年________月________日

學歷：□高中（含）以下　□大專　□研究所（含）以上

職業：□製造業　□金融業　□資訊業　□軍警　□傳播業　□自由業
　　　□服務業　□公務員　□教職　□學生　□家管　□其它____

購書地點：□網路書店　□實體書店　□書展　□郵購　□贈閱　□其他

您從何得知本書的消息？

□網路書店　□實體書店　□網路搜尋　□電子報　□書訊　□雜誌
□傳播媒體　□親友推薦　□網站推薦　□部落格　□其他________

您對本書的評價：（請填代號　1.非常滿意　2.滿意　3.尚可　4.再改進）

封面設計____　版面編排____　內容____　文／譯筆____　價格____

讀完書後您覺得：

□很有收穫　□有收穫　□收穫不多　□沒收穫

對我們的建議：____________________

____

____

____

請貼
郵票

11466
台北市內湖區瑞光路 76 巷 65 號 1 樓
秀威資訊科技股份有限公司 收
BOD 數位出版事業部

....

（請沿線對折寄回，謝謝！）

姓　　名：________________　年齡：________　性別：□女　□男

郵遞區號：□□□□□

地　　址：____

聯絡電話：(日)________________　(夜)________________

E-mail：____

目錄

擇日曆書篇

2011 年重要用事擇日速查篇

擇日基礎資料篇

陽宅【八宅】篇

奇門遁甲篇

綜合利用篇

前言

人的存在，首先就是要求生存、安全，接著要求有所成就實現自我。由此出發，謀求吉祥、平安、順遂、成功，避免凶禍、疫病、失敗，便成為人們的一種本能。所以早在原始時代，先民們就利用原始巫術進行一些求吉祈福的活動了。

當天干地支、陰陽五行、天文星象等學說產生後，人們就創造了各種各樣的術數，構成人類早期的預測學。在先秦的曆書和求吉活動中，擇吉術於焉誕生，至漢唐發展成形。上至皇帝官僚士大夫，下至平民百姓無不信守遵從，不論大小公私俗事都要翻翻黃曆擇吉而行。

一千多年來擇吉術百家爭鳴，造成了具體選擇日時的混亂，因訛襲謬見之施行往往舉矛刺盾。所以清乾隆修四庫全書時，命欽天監及大學士們將選擇通書及萬年書等重新編校，統一義例，辨正神煞，刪削謬妄，編成協記辨方書。協記辨方書乃敬天之紀，敬地之方，以順天地之性，而為便民之用，是一本頗具可信度的擇日學經典之著。該書編入四庫全書，屬子部術數類【見該全書第 811 冊】。同冊之星歷考原亦很有參考價值。協記辨方書在書店中可購買到，也可至各縣市圖書館總館查閱。

擇日學的運用極為廣泛，舉凡祭祀、祈福、求嗣、嫁娶、移徙、上官、開市、交易、修造、安葬等，幾乎是無所不能，被認為可以攸關個人一生的禍福，且力量發揮時，可以影響到整個家族的興衰，甚至被認為有造命的功能及預測未來的能力。

農民曆或通書，藉著陰陽五行、河圖、洛書、八卦及擇日學說等原理，經過長時間的觀察、分析及經驗累積，再加上不斷的修正增訂，構成了一套有關社會生活的運作規範，充滿了中國人的文化和智慧，也提供了全民日常行事的宜忌參考。

余嚮往道家之學。早歲自習，後於中華民國易經學會跟隨李亨利老師學習紫微斗數，其後加入李老師創立之道家學術研究會為會員，於道家書院學習有道家陽宅學、擇日學、八字學、道家神秘造命開運學、民俗節日造命開運學、奇門遁甲、大六壬等。

近幾年復潛心研究選擇之道，先前著有 2006 丙戌年平安開運通書，曆注方面已相當充實。全書使用表格，方便查閱。即使對於災難事故如空難、工安事件或颱風等也能看出些許端倪；2009 己丑年平安開運通書，增列地震與氣往亡統計資料。對於預測未來及事先防範必能有所助益。

今特盡所學編著平安開運通書。期望有緣者在遇有人生大事要決定時，能夠依照用事選擇日課，使人生大事都能有一個好的開始，由平安出發，開創新局，步上成功大道。並祈方家，不吝指正。

吳光炳　　2009 年 7 月 13 日

平安開運通書活用秘笈

1 請先看第 3 頁【目錄】知道本平安通書之重點內容。

2 看第 4 頁【前言】可以瞭解擇日選吉之由來及目的。

3 看第 5 頁【平安開運通書活用秘笈】，可以依自己的需要選看合適的內容。

4 看第 146 頁【用事】，知道每一用事所代表的意義，由於用事有所宜方和所忌方，所以使用時要確實查對方向方位，如此才能正確的用事。

5 看第 25 頁【擇日曆書使用須知】，再逐日查看第 26 至 126 頁【擇日曆書】，可知道每一日宜選擇的用事和不宜的用事。忌用欄位指出當日不宜用事的人，如屬該年出生之人切忌利用該日來進行人生之大事，切記。協記吉時和貴登天門欄位有每日吉時資料可供選擇。時家奇門遁甲欄位也列出每日各時辰的吉格吉方。如此就可以早做安排，擇宜【吉】日配合時辰方位來用事，使得你人生的重大事情都能有一個好的開始，從此一帆風順，事業有成。

6 年內如果會有重大用事，如結婚嫁娶、開店做生意、修造房屋或要移徙搬入新家者，可事先查第 129 頁至 136 頁之【2011 年重要用事擇日速查表】所列之吉日，先行安排規劃，俾得天時之助，使事業成功，人生幸福。

7 看第 235 頁【民俗節日造命開運】，有興趣者可利用民俗節日來達到造命的目的，最好能接連幾年持續不斷的去做，一定會有好效果的。

8 看 239 頁【擇吉造命開運秘笈】，對於自己事關重大的用事，可及早選擇未來吉日配合吉方，依照表格順序按部就班一一核查，達到避凶趨吉開運造命之目的。

9 對陽宅有興趣者可看 185 至 192 頁有關【八宅】之表格，擇吉日安排調整書房、臥房位置或於財位方安置吉祥物等，來增強個人或家人之運勢。

● 對奇門遁甲有興趣者可先看 197 至 208 頁【日家奇遁八門應用表】，擇日依吉方來做對自己有幫助之事；另 26 至 126 頁【擇日曆書內之時家奇門遁甲欄】列有每日各時辰之時家奇遁吉格方位，除可配合擇日用事使用外，亦可配合日家奇遁來使用，達到吉上加吉。

何謂擇日學

簡單的說，擇日學就是一種預測的科學，它是透過對天象的瞭解，制定曆法，每年製作曆書，使人們在進行一生中之某件重大的事情，例如嫁娶或店舖開市時，能夠選擇一個最佳的時間來執行，讓這件事情有一個好的開始，從此平安順遂。這就包含了人、事、時、地、物等五個要件。

擇日學的應用

擇日學的應用極爲廣泛，舉凡祭祀、祈福、求嗣、嫁娶、移徙、上官、開市、立券交易、修造動土、安葬等，在人一生中可能會遭遇到的事情都可以用到，幾乎是無所不能，被認爲關係個人的一生禍福，且力量發揮時，可以影響其整個家族的興衰。用事擇日選擇適宜，善加利用大自然賦予天時地利的神秘力量，甚至有造命的功能。

擇日學的經典名著
——協記辨方書

清朝乾隆皇帝下詔編修四庫全書時，命欽天監及大學士們將選擇通書及萬年書等重新編校，統一義例，辨正神煞，刪削謬妄，編成協記辨方書。協記辨方書乃敬天之紀，敬地之方，以順天地之性，而爲便民之用，是一本頗具可信度的擇日學經典名著。該書編入文淵閣四庫全書，屬子部術數類【見該全書第 811 冊】。同冊之星歷考原亦很有參考價值。協記辨方書在書店中可以買到，也可至各縣市圖書館總館查閱。

擇日曆書篇

年神方位圖下元辛卯年

● 大吉方
◎ 大利方

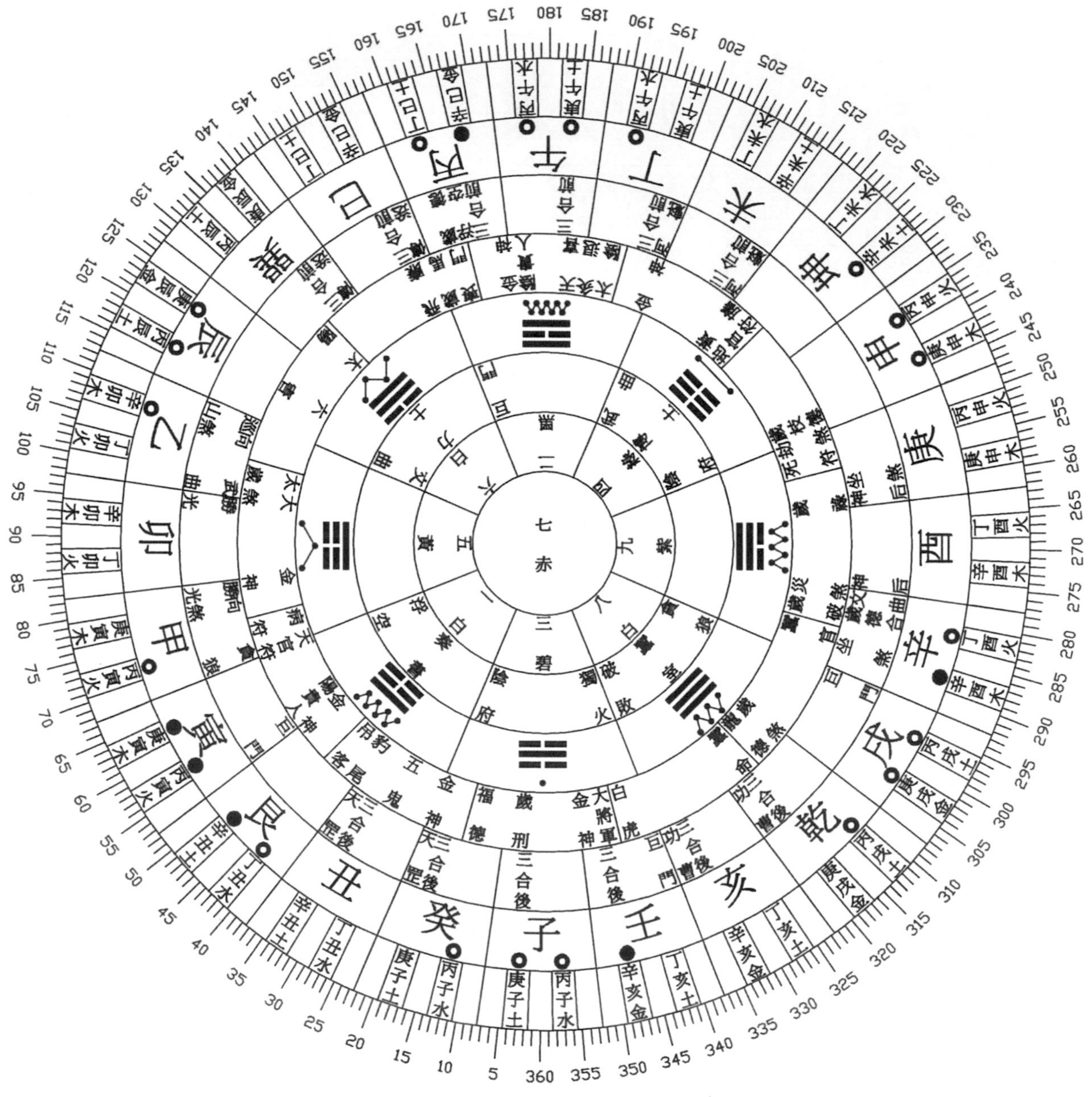

書曰：若要貴修太歲若要發修三煞要大興修火星要小興修金神要發富修官符救冷退修灸退。

方之可修者有三種：

一曰：空利方，本年無甚大凶煞占方亦無甚吉神到方，但擇吉月吉日以修之亦自平穩。

二曰：１**修吉神方**，必要八節之三奇到。２**太歲方**而帶吉不帶凶，必要八節之三奇到。

　　３**三德方**，如甲年六月則歲德天德月德會於甲方。４**年天喜方**。

三曰：修凶煞方，除戊己歲破及太歲之帶凶者不修外。其餘皆可制而修之，制法要詳方可修。

下元辛卯年及十二月神煞方位表

序	山向	下元辛卯年【七赤入中宮】	辛卯年庚寅月【正月】
1	戌1	◎7 【龍德，巨門，貪狼，八白；歲煞，蠶官，蠶室，破敗】	九紫，丁奇；月厭，陰府太歲，飛大煞
2	戌2	◎7 【龍德，巨門，貪狼，八白；歲煞，蠶官，蠶室，破敗】	九紫，丁奇；月厭，陰府太歲，飛大煞
3	乾1	◎6 【龍德，貪狼，三合後，功曹八白；歲煞蠶官蠶室破敗】	九紫，丁奇；月厭，陰府太歲，飛大煞
4	乾2	※1 【貪狼，三合後，功曹，八白；蠶命蠶室，白虎，破敗】	九紫，丁奇；劫煞，陰府太歲，飛大煞
5	亥1	※2 【貪狼，三合後，功曹，八白；蠶命蠶室，白虎，破敗】	九紫，丁奇；劫煞，陰府太歲，飛大煞
6	亥2	※2 【貪狼，三合後，功曹，八白；蠶命蠶室，白虎，破敗】	九紫，丁奇；劫煞，陰府太歲，飛大煞
7	壬1	※3 【三合後方，巨門；陰府太歲，蠶命，白虎，獨火】	天德合，月空；劫煞，地官符
8	壬2	●8 【福德，三合後，巨門；陰府，歲刑獨火，金神大將軍】	天德合，月空；災煞，地官符
9	子1	◎7 【福德，三合後；陰府太歲，歲刑獨火，金神，大將軍】	；災煞，地官符
10	子2	◎7 【福德，三合後方；陰府，歲刑，獨火，金神，大將軍】	；災煞，地官符
11	癸1	◎6 【福德，三合後，天罡；陰府，歲刑獨火，金神大將軍】	；災煞，地官符
12	癸2	※2 【三合後，天罡；陰府，獨火，金神，弔客，豹尾五鬼】	；月煞，地官符
13	丑1	※4 【奏書，三合後，天罡，一白；浮空金神弔客豹尾五鬼】	飛天馬；月煞，大月建
14	丑2	※4 【奏書，三合後，天罡，一白；浮空金神弔客豹尾五鬼】	飛天馬；月煞，大月建
15	艮1	◎6 【奏書，一白；浮空，金神，弔客，豹尾，五鬼】	飛天馬；月煞，大月建
16	艮2	●10 【奏書，陽貴人，一白；浮空，病符，金神，天官符】	飛天馬；月建，大月建
17	寅1	●8 【奏書，陽貴，巨門，一白；浮空，病符，金神天官符】	飛天馬；月建，大月建
18	寅2	●8 【奏書，陽貴，巨門，一白；浮空，病符，金神天官符】	飛天馬；月建，大月建
19	甲1	◎6 【陽貴人，貪狼，勝光；向煞，病符，金神，天官符】	飛天祿，六白；月建，丙丁獨火
20	甲2	※1 【貪狼，勝光；太歲，向煞，金神，大煞】	飛天祿，六白；丙丁獨火
21	卯1	※2 【勝光；太歲，金神，大煞】	飛天祿，六白；丙丁獨火
22	卯2	※2 【勝光；太歲，金神，大煞】	飛天祿，六白；丙丁獨火
23	乙1	※3 【武曲；太歲，向煞，巡山，金神，大煞】	飛天祿，六白；丙丁獨火
24	乙2	◎6 【太陽，武曲；向煞，巡山，六害】	飛天祿，六白；丙丁獨火
25	辰1	◎5 【太陽，文曲，六白；六害，力士】	乙奇；月遊火
26	辰2	◎5 【太陽，文曲，六白；六害，力士】	乙奇；月遊火
27	巽1	※4 【太陽，文曲，傳送，三合前方，六白；六害，力士】	乙奇；月遊火
28	巽2	※2 【歲馬，文曲，傳送，三合前，六白；力士，飛廉喪門】	乙奇；月刑，月害，月遊火
29	巳1	※3 【歲馬，文曲，傳送，三合前，六白；力士，飛廉喪門】	乙奇；月刑，月害，月遊火
30	巳2	※3 【歲馬，文曲，傳送，三合前，六白；力士，飛廉喪門】	乙奇；月刑，月害，月遊火
31	丙1	◎5 【歲德，歲馬，三合前方，巨門；飛廉，喪門】	天道，月德，陰貴人；月刑，月害，小月建
32	丙2	●9 【歲德太陰，陰貴人天喜，三合前巨門；浮空炙退金神】	天道，月德，陰貴人；小月建
33	午1	◎7 【太陰，陰貴人，天喜，三合前，巨門；炙退，金神】	天道，陰貴人；小月建
34	午2	◎7 【太陰，陰貴人，天喜，三合前，巨門；炙退，金神】	天道，陰貴人；小月建
35	丁1	◎6 【太陰，陰貴人，天喜，三合前，巨門河魁；炙退金神】	天道，天德，陰貴人；小月建
36	丁2	※0 【三合前方，巨門，河魁；金神，地官符，黃旛】	天道，天德，陰貴人；小月建
37	未1	※2 【博士，三合前，武曲，河魁；陰府金神，地官符黃旛】	；丙丁獨火
38	未2	※2 【博士，三合前，武曲，河魁；陰府金神，地官符黃旛】	；丙丁獨火
39	坤1	※2 【博士，武曲；陰府，金神，地官符，黃旛】	；丙丁獨火
40	坤2	◎6 【博士，歲枝德，武曲；陰府，死符，劫煞】	；月破，丙丁獨火
41	申1	◎6 【博士，歲枝德，武曲；陰府，死符，劫煞】	；月破，丙丁獨火
42	申2	◎6 【博士，歲枝德，武曲；陰府，死符，劫煞】	；月破，丙丁獨火
43	庚1	※4 【歲枝德，神后，九紫；死符，劫煞，坐煞】	一白；月破，陰府太歲
44	庚2	※2 【歲祿，神后，九紫；災煞，歲破，坐煞】	一白；陰府太歲
45	酉1	※3 【歲祿，神后，九紫；災煞，歲破】	一白；陰府太歲
46	酉2	※3 【歲祿，神后，九紫；災煞，歲破】	一白；陰府太歲
47	辛1	◎5 【歲祿，歲德合，文曲，九紫；災煞，歲破，坐煞】	月德合，一白；陰府太歲
48	辛2	●9 【龍德，歲德合，文曲，九紫；歲煞，坐煞，蠶官】	月德合，一白；月厭，陰府太歲
49	中宮	0 【；七赤】	陽貴人，八白，丙奇；天官符

下元辛卯年及十二月神煞方位表

序	山向	下元辛卯年【七赤入中宮】	辛卯年辛卯月【二月】
1	戌1	◎7 【龍德，巨門，貪狼，八白；歲煞，蠶官，蠶室，破敗】	八白，丁奇驚蟄；月煞
2	戌2	◎7 【龍德，巨門，貪狼，八白；歲煞，蠶官，蠶室，破敗】	八白，丁奇驚蟄；月煞
3	乾1	◎6 【龍德，貪狼，三合後，功曹八白；歲煞蠶官蠶室破敗】	八白，丁奇驚蟄；月煞
4	乾2	※1 【貪狼，三合後，功曹，八白；蠶命蠶室，白虎，破敗】	八白，丁奇驚蟄；
5	亥1	※2 【貪狼，三合後，功曹，八白；蠶命蠶室，白虎，破敗】	八白，丁奇驚蟄；
6	亥2	※2 【貪狼，三合後，功曹，八白；蠶命蠶室，白虎，破敗】	八白，丁奇驚蟄；
7	壬1	※3 【三合後方，巨門；陰府太歲，蠶命，白虎，獨火 】	陽貴人，丁奇春分；陰府太歲，小月建，丙丁獨火
8	壬2	●8 【福德，三合後，巨門；陰府，歲刑獨火，金神大將軍】	陽貴人，丁奇春分；月刑，陰府太歲，小月建，獨火
9	子1	◎7 【福德，三合後；陰府太歲，歲刑獨火，金神，大將軍】	陽貴人，丁奇春分；月刑，陰府太歲，小月建，獨火
10	子2	◎7 【福德，三合後方；陰府，歲刑，獨火，金神，大將軍】	陽貴人，丁奇春分；月刑，陰府太歲，小月建，獨火
11	癸1	◎6 【福德，三合後，天罡；陰府，歲刑獨火，金神大將軍】	陽貴人，丁奇春分；月刑，陰府太歲，小月建，獨火
12	癸2	※2 【三合後，天罡；陰府，獨火，金神，弔客，豹尾五鬼】	陽貴人，丁奇春分；陰府太歲，小月建，丙丁獨火
13	丑1	※4 【奏書，三合後，天罡，一白；浮空金神弔客豹尾五鬼】	陰貴人，一白，乙奇春分；
14	丑2	※4 【奏書，三合後，天罡，一白；浮空金神弔客豹尾五鬼】	陰貴人，一白，乙奇春分；
15	艮1	◎6 【奏書，一白；浮空，金神，弔客，豹尾，五鬼 】	陰貴人，一白，乙奇春分；
16	艮2	●10【奏書，陽貴人，一白；浮空，病符，金神，天官符 】	陰貴人，一白，乙奇春分；
17	寅1	●8 【奏書，陽貴，巨門，一白；浮空，病符，金神天官符】	陰貴人，一白，乙奇春分；
18	寅2	●8 【奏書，陽貴，巨門，一白；浮空，病符，金神天官符】	陰貴人，一白，乙奇春分；
19	甲1	◎6 【陽貴人，貪狼，勝光；向煞，病符，金神，天官符 】	月德；
20	甲2	※1 【貪狼，勝光；太歲，向煞，金神，大煞 】	月德；月建
21	卯1	※2 【勝光；太歲，金神，大煞 】	；月建
22	卯2	※2 【勝光；太歲，金神，大煞 】	；月建
23	乙1	※3 【武曲；太歲，向煞，巡山，金神，大煞 】	；月建
24	乙2	◎6 【太陽，武曲；向煞，巡山，六害 】	；月害
25	辰1	◎5 【太陽，文曲，六白；六害，力士 】	六白，乙奇驚蟄；月害
26	辰2	◎5 【太陽，文曲，六白；六害，力士 】	六白，乙奇驚蟄；月害
27	巽1	※4 【太陽，文曲，傳送，三合前方，六白；六害，力士 】	六白，乙奇驚蟄；月害
28	巽2	※2 【歲馬，文曲，傳送，三合前，六白；力士，飛廉喪門】	六白，乙奇驚蟄；
29	巳1	※3 【歲馬，文曲，傳送，三合前，六白；力士，飛廉喪門】	六白，乙奇驚蟄；
30	巳2	※3 【歲馬，文曲，傳送，三合前，六白；力士，飛廉喪門】	六白，乙奇驚蟄；
31	丙1	◎5 【歲德，歲馬，三合前方，巨門；飛廉，喪門 】	丙奇春分；地官符
32	丙2	●9 【歲德太陰，陰貴人天喜，三合前巨門；浮空炙退金神】	丙奇春分；地官符
33	午1	◎7 【太陰，陰貴人，天喜，三合前，巨門；炙退，金神 】	丙奇春分；地官符
34	午2	◎7 【太陰，陰貴人，天喜，三合前，巨門；炙退，金神 】	丙奇春分；地官符
35	丁1	◎6 【太陰，陰貴人，天喜，三合前，巨門河魁；炙退金神】	丙奇春分；地官符
36	丁2	※0 【三合前方，巨門，河魁；金神，地官符，黃旛 】	丙奇春分；地官符
37	未1	※2 【博士，三合前，武曲，河魁；陰府金神，地官符黃旛】	天道，飛天祿；陰府太歲，丙丁獨火
38	未2	※2 【博士，三合前，武曲，河魁；陰府金神，地官符黃旛】	天道，飛天祿；陰府太歲，丙丁獨火
39	坤1	※2 【博士，武曲；陰府，金神，地官符，黃旛 】	天道，天德，飛天祿；陰府太歲，丙丁獨火
40	坤2	◎6 【博士，歲枝德，武曲；陰府，死符，劫煞 】	天道，天德，飛天祿；劫煞，陰府太歲，丙丁獨火
41	申1	◎6 【博士，歲枝德，武曲；陰府，死符，劫煞 】	天道，飛天祿；劫煞，陰府太歲，丙丁獨火
42	申2	◎6 【博士，歲枝德，武曲；陰府，死符，劫煞 】	天道，飛天祿；劫煞，陰府太歲，丙丁獨火
43	庚1	※4 【歲枝德，神后，九紫；死符，劫煞，坐煞 】	月空，飛天馬，九紫；劫煞，天官符，大月建
44	庚2	※2 【歲祿，神后，九紫；災煞，歲破，坐煞 】	月空，飛天馬，九紫；災煞月破，月厭天官符大月建
45	酉1	※3 【歲祿，神后，九紫；災煞，歲破 】	飛天馬，九紫，天官符；災煞，月破，月厭，大月建
46	酉2	※3 【歲祿，神后，九紫；災煞，歲破 】	飛天馬，九紫，天官符；災煞，月破，月厭，大月建
47	辛1	◎5 【歲祿，歲德合，文曲，九紫；災煞，歲破，坐煞 】	飛天馬，九紫，天官符；災煞，月破，月厭，大月建
48	辛2	●9 【龍德，歲德合，文曲，九紫；歲煞，坐煞，蠶官 】	飛天馬，九紫，天官符；月煞，大月建
49	中宮	0 【；七赤 】	月德合，丙奇驚蟄；飛大煞，月遊火，七赤

下元辛卯年及十二月神煞方位表

序	山向	下元辛卯年【七赤入中宮】	辛卯年壬辰月【三月】
1	戌1	◎7 【龍德，巨門，貪狼，八白；歲煞，蠶官，蠶室，破敗】	飛天馬；月破，陰府太歲，天官符，大月建，月遊火
2	戌2	◎7 【龍德，巨門，貪狼，八白；歲煞，蠶官，蠶室，破敗】	飛天馬；月破，陰府太歲，天官符，大月建，月遊火
3	乾1	◎6 【龍德，貪狼，三合後，功曹八白；歲煞蠶官蠶室破敗】	飛天馬；月破，陰府太歲，天官符，大月建，月遊火
4	乾2	※1 【貪狼，三合後，功曹，八白；蠶命蠶室，白虎，破敗】	飛天馬；陰府太歲，天官符，大月建，月遊火
5	亥1	※2 【貪狼，三合後，功曹，八白；蠶命蠶室，白虎，破敗】	飛天馬；陰府太歲，天官符，大月建，月遊火
6	亥2	※2 【貪狼，三合後，功曹，八白；蠶命蠶室，白虎，破敗】	飛天馬；陰府太歲，天官符，大月建，月遊火
7	壬1	※3 【三合後方，巨門；陰府太歲，蠶命，白虎，獨火】	天道，天德，月德，飛天祿，丁奇；丙丁獨火
8	壬2	●8 【福德，三合後，巨門；陰府，歲刑獨火，金神大將軍】	天道，天德，月德，飛天祿，丁奇；丙丁獨火
9	子1	◎7 【福德，三合後；陰府太歲，歲刑獨火，金神，大將軍】	天道，飛天祿，丁奇；丙丁獨火
10	子2	◎7 【福德，三合後方；陰府，歲刑，獨火，金神，大將軍】	天道，飛天祿，丁奇；丙丁獨火
11	癸1	◎6 【福德，三合後，天罡；陰府，歲刑獨火，金神大將軍】	天道，飛天祿，丁奇；丙丁獨火
12	癸2	※2 【三合後，天罡；陰府，獨火，金神，弔客，豹尾五鬼】	天道，飛天祿，丁奇；丙丁獨火
13	丑1	※4 【奏書，三合後，天罡，一白；浮空金神弔客豹尾五鬼】	九紫，乙奇；地官符
14	丑2	※4 【奏書，三合後，天罡，一白；浮空金神弔客豹尾五鬼】	九紫，乙奇；地官符
15	艮1	◎6 【奏書，一白；浮空，金神，弔客，豹尾，五鬼】	九紫，乙奇；地官符
16	艮2	●10 【奏書，陽貴人，一白；浮空，病符，金神，天官符】	九紫，乙奇；地官符
17	寅1	●8 【奏書，陽貴，巨門，一白；浮空，病符，金神天官符】	九紫，乙奇；地官符
18	寅2	●8 【奏書，陽貴，巨門，一白；浮空，病符，金神天官符】	九紫，乙奇；地官符
19	甲1	◎6 【陽貴人，貪狼，勝光；向煞，病符，金神，天官符】	
20	甲2	※1 【貪狼，勝光；太歲，向煞，金神，大煞】	；月害
21	卯1	※2 【勝光；太歲，金神，大煞】	；月害
22	卯2	※2 【勝光；太歲，金神，大煞】	；月害
23	乙1	※3 【武曲；太歲，向煞，巡山，金神，大煞】	；月害
24	乙2	◎6 【太陽，武曲；向煞，巡山，六害】	；月建，月刑
25	辰1	◎5 【太陽，文曲，六白；六害，力士】	；月建，月刑
26	辰2	◎5 【太陽，文曲，六白；六害，力士】	；月建，月刑
27	巽1	※4 【太陽，文曲，傳送，三合前方，六白；六害，力士】	；月建，月刑
28	巽2	※2 【歲馬，文曲，傳送，三合前，六白；力士，飛廉喪門】	；劫煞
29	巳1	※3 【歲馬，文曲，傳送，三合前，六白；力士，飛廉喪門】	；劫煞
30	巳2	※3 【歲馬，文曲，傳送，三合前，六白；力士，飛廉喪門】	；劫煞
31	丙1	◎5 【歲德，歲馬，三合前方，巨門；飛廉，喪門】	月空，陽貴人，一白，丙奇；劫煞，陰府，獨火
32	丙2	●9 【歲德太陰，陰貴人天喜，三合前巨門；浮空炙退金神】	月空，陽貴人，一白，丙奇；災煞，陰府，獨火
33	午1	◎7 【太陰，陰貴人，天喜，三合前，巨門；炙退，金神】	陽貴人，一白，丙奇；災煞，陰府太歲，丙丁獨火
34	午2	◎7 【太陰，陰貴人，天喜，三合前，巨門；炙退，金神】	陽貴人，一白，丙奇；災煞，陰府太歲，丙丁獨火
35	丁1	◎6 【太陰，陰貴人，天喜，三合前，巨門河魁；炙退金神】	天德合月德合陽貴人一白丙奇；災煞，陰府獨火月尅
36	丁2	※0 【三合前方，巨門，河魁；金神，地官符，黃旛】	天德合月德合陽貴人一白丙奇；月煞，陰府，獨火月尅
37	未1	※2 【博士，三合前，武曲，河魁；陰府金神，地官符黃旛】	；月煞，小月建
38	未2	※2 【博士，三合前，武曲，河魁；陰府金神，地官符黃旛】	；月煞，小月建
39	坤1	※2 【博士，武曲；陰府，金神，地官符，黃旛】	；月煞，小月建
40	坤2	◎6 【博士，歲枝德，武曲；陰府，死符，劫煞】	；月厭，小月建
41	申1	◎6 【博士，歲枝德，武曲；陰府，死符，劫煞】	；月厭，小月建
42	申2	◎6 【博士，歲枝德，武曲；陰府，死符，劫煞】	；月厭，小月建
43	庚1	※4 【歲枝德，神后，九紫；死符，劫煞，坐煞】	陰貴人，八白；月厭，飛大煞
44	庚2	※2 【歲祿，神后，九紫；災煞，歲破，坐煞】	陰貴人，八白；飛大煞
45	酉1	※3 【歲祿，神后，九紫；災煞，歲破】	陰貴人，八白；飛大煞，月尅山家
46	酉2	※3 【歲祿，神后，九紫；災煞，歲破】	陰貴人，八白；飛大煞，月尅山家
47	辛1	◎5 【歲祿，歲德合，文曲，九紫；災煞，歲破，坐煞】	陰貴人，八白；飛大煞
48	辛2	●9 【龍德，歲德合，文曲，九紫；歲煞，坐煞，蠶官】	陰貴人，八白；月破，飛大煞
49	中宮	0 【；七赤】	六白；

下元辛卯年及十二月神煞方位表

序	山向	下元辛卯年【七赤入中宮】	辛卯年癸巳月【四月】
1	戌1	◎7 【龍德，巨門，貪狼，八白；歲煞，蠶官，蠶室，破敗】	陰貴人，六白；飛大煞
2	戌2	◎7 【龍德，巨門，貪狼，八白；歲煞，蠶官，蠶室，破敗】	陰貴人，六白；飛大煞
3	乾1	◎6 【龍德，貪狼，三合後，功曹八白；歲煞蠶官蠶室破敗】	陰貴人，六白；飛大煞，月尅山家
4	乾2	※1 【貪狼，三合後，功曹，八白；蠶命蠶室，白虎，破敗】	陰貴人，六白；月破，飛大煞，月尅山家
5	亥1	※2 【貪狼，三合後，功曹，八白；蠶命蠶室，白虎，破敗】	陰貴人，六白；月破，飛大煞，月尅山家
6	亥2	※2 【貪狼，三合後，功曹，八白；蠶命蠶室，白虎，破敗】	陰貴人，六白；月破，飛大煞，月尅山家
7	壬1	※3 【三合後方，巨門；陰府太歲，蠶命，白虎，獨火】	一白，丙奇；月破
8	壬2	●8 【福德，三合後，巨門；陰府，歲刑獨火，金神大將軍】	一白，丙奇；
9	子1	◎7 【福德，三合後；陰府太歲，歲刑獨火，金神，大將軍】	一白，丙奇；
10	子2	◎7 【福德，三合後方；陰府，歲刑，獨火，金神，大將軍】	一白，丙奇；
11	癸1	◎6 【福德，三合後，天罡；陰府，歲刑獨火，金神大將軍】	一白，丙奇；
12	癸2	※2 【三合後，天罡；陰府，獨火，金神，弔客，豹尾五鬼】	一白，丙奇；
13	丑1	※4 【奏書，三合後，天罡，一白；浮空金神弔客豹尾五鬼】	陽貴人，八白；丙丁獨火
14	丑2	※4 【奏書，三合後，天罡，一白；浮空金神弔客豹尾五鬼】	陽貴人，八白；丙丁獨火
15	艮1	◎6 【奏書，一白；浮空，金神，弔客，豹尾，五鬼】	陽貴人，八白；丙丁獨火
16	艮2	●10【奏書，陽貴人，一白；浮空，病符，金神，天官符】	陽貴人，八白；劫煞，月害，丙丁獨火
17	寅1	●8 【奏書，陽貴，巨門，一白；浮空，病符，金神天官符】	陽貴人，八白；劫煞，月害，丙丁獨火
18	寅2	●8 【奏書，陽貴，巨門，一白；浮空，病符，金神天官符】	陽貴人，八白；劫煞，月害，丙丁獨火
19	甲1	◎6 【陽貴人，貪狼，勝光；向煞，病符，金神，天官符】	月空；劫煞，月害，陰府太歲，小月建
20	甲2	※1 【貪狼，勝光；太歲，向煞，金神，大煞】	月空；災煞，陰府太歲，小月建
21	卯1	※2 【勝光；太歲，金神，大煞】	；災煞，陰府太歲，小月建
22	卯2	※2 【勝光；太歲，金神，大煞】	；災煞，陰府太歲，小月建
23	乙1	※3 【武曲；太歲，向煞，巡山，金神，大煞】	月德合；災煞，陰府太歲，小月建
24	乙2	◎6 【太陽，武曲；向煞，巡山，六害】	月德合；月煞，陰府太歲，小月建
25	辰1	◎5 【太陽，文曲，六白；六害，力士】	；月煞
26	辰2	◎5 【太陽，文曲，六白；六害，力士】	；月煞
27	巽1	※4 【太陽，文曲，傳送，三合前方，六白；六害，力士】	；月煞
28	巽2	※2 【歲馬，文曲，傳送，三合前，六白；力士，飛廉喪門】	；月建
29	巳1	※3 【歲馬，文曲，傳送，三合前，六白；力士，飛廉喪門】	；月建
30	巳2	※3 【歲馬，文曲，傳送，三合前，六白；力士，飛廉喪門】	；月建
31	丙1	◎5 【歲德，歲馬，三合前方，巨門；飛廉，喪門】	天德合，飛天祿，九紫，乙奇；月建，丙丁獨火
32	丙2	●9 【歲德太陰，陰貴人天喜，三合前巨門；浮空炙退金神】	天德合，飛天祿，九紫，乙奇；丙丁獨火
33	午1	◎7 【太陰，陰貴人，天喜，三合前，巨門；炙退，金神】	飛天祿，九紫，乙奇；丙丁獨火
34	午2	◎7 【太陰，陰貴人，天喜，三合前，巨門；炙退，金神】	飛天祿，九紫，乙奇；丙丁獨火
35	丁1	◎6 【太陰，陰貴人，天喜，三合前，巨門河魁；炙退金神】	飛天祿，九紫，乙奇；丙丁獨火，月尅山家
36	丁2	※0 【三合前方，巨門，河魁；金神，地官符，黃旛】	飛天祿，九紫，乙奇；月厭，丙丁獨火，月尅山家
37	未1	※2 【博士，三合前，武曲，河魁；陰府金神，地官符黃旛】	丁奇；月厭，陰府太歲
38	未2	※2 【博士，三合前，武曲，河魁；陰府金神，地官符黃旛】	丁奇；月厭，陰府太歲
39	坤1	※2 【博士，武曲；陰府，金神，地官符，黃旛】	丁奇；月厭，陰府太歲
40	坤2	◎6 【博士，歲枝德，武曲；陰府，死符，劫煞】	丁奇；月刑，陰府太歲
41	申1	◎6 【博士，歲枝德，武曲；陰府，死符，劫煞】	丁奇；月刑，陰府太歲
42	申2	◎6 【博士，歲枝德，武曲；陰府，死符，劫煞】	丁奇；月刑，陰府太歲
43	庚1	※4 【歲枝德，神后，九紫；死符，劫煞，坐煞】	天道，月德；月刑，地官符，月遊火
44	庚2	※2 【歲祿，神后，九紫；災煞，歲破，坐煞】	天道，月德；地官符，月遊火
45	酉1	※3 【歲祿，神后，九紫；災煞，歲破】	天道；地官符，月遊火，月尅山家
46	酉2	※3 【歲祿，神后，九紫；災煞，歲破】	天道；地官符，月遊火，月尅山家
47	辛1	◎5 【歲祿，歲德合，文曲，九紫；災煞，歲破，坐煞】	天道，天德；地官符，月遊火
48	辛2	●9 【龍德，歲德合，文曲，九紫；歲煞，坐煞，蠶官】	天道，天德；地官符，月遊火
49	中宮	0 【；七赤】	飛天馬；天官符，大月建，五黃

下元辛卯年及十二月神煞方位表

序	山向	下元辛卯年【七赤入中宮】	辛卯年甲午月【五月】
1	戌1	◎7 【龍德，巨門，貪狼，八白；歲煞，蠶官，蠶室，破敗】	天道；地官符
2	戌2	◎7 【龍德，巨門，貪狼，八白；歲煞，蠶官，蠶室，破敗】	天道；地官符
3	乾1	◎6 【龍德，貪狼，三合後，功曹八白；歲煞蠶官蠶室破敗】	天道，天德；地官符
4	乾2	※1 【貪狼，三合後，功曹，八白；蠶命蠶室，白虎，破敗】	天道，天德；劫煞，地官符
5	亥1	※2 【貪狼，三合後，功曹，八白；蠶命蠶室，白虎，破敗】	天道；劫煞，地官符
6	亥2	※2 【貪狼，三合後，功曹，八白；蠶命蠶室，白虎，破敗】	天道；劫煞，地官符
7	壬1	※3 【三合後方，巨門；陰府太歲，蠶命，白虎，獨火】	月空，飛天馬，九紫，丙奇芒種；劫煞，月尅山家
8	壬2	●8 【福德，三合後，巨門；陰府，歲刑獨火，金神大將軍】	月空，飛天馬，九紫，丙奇芒種；災煞月破月尅山家
9	子1	◎7 【福德，三合後；陰府太歲，歲刑獨火，金神，大將軍】	飛天馬，九紫，丙奇芒種；災煞，月破
10	子2	◎7 【福德，三合後方；陰府，歲刑，獨火，金神，大將軍】	飛天馬，九紫，丙奇芒種；災煞，月破
11	癸1	◎6 【福德，三合後，天罡；陰府，歲刑獨火，金神大將軍】	飛天馬，九紫，丙奇芒種；災煞，月破
12	癸2	※2 【三合後，天罡；陰府，獨火，金神，弔客，豹尾五鬼】	飛天馬，九紫，丙奇芒種；月煞，月害
13	丑1	※4 【奏書，三合後，天罡，一白；浮空金神弔客豹尾五鬼】	飛天祿；月煞，月害，陰府太歲，丙丁獨火，月遊火
14	丑2	※4 【奏書，三合後，天罡，一白；浮空金神弔客豹尾五鬼】	飛天祿；月煞，月害，陰府太歲，丙丁獨火，月遊火
15	艮1	◎6 【奏書，一白；浮空，金神，弔客，豹尾，五鬼】	飛天祿；月煞，月害，陰府太歲，丙丁獨火，月遊火
16	艮2	●10 【奏書，陽貴人，一白；浮空，病符，金神，天官符】	飛天祿；陰府太歲，丙丁獨火，月遊火
17	寅1	●8 【奏書，陽貴，巨門，一白；浮空，病符，金神天官符】	飛天祿；陰府太歲，丙丁獨火，月遊火
18	寅2	●8 【奏書，陽貴，巨門，一白；浮空，病符，金神天官符】	飛天祿；陰府太歲，丙丁獨火，月遊火
19	甲1	◎6 【陽貴人，貪狼，勝光；向煞，病符，金神，天官符】	丙奇夏至；
20	甲2	※1 【貪狼，勝光；太歲，向煞，金神，大煞】	丙奇夏至；
21	卯1	※2 【勝光；太歲，金神，大煞】	丙奇夏至；
22	卯2	※2 【勝光；太歲，金神，大煞】	丙奇夏至；
23	乙1	※3 【武曲；太歲，向煞，巡山，金神，大煞】	丙奇夏至；月尅山家
24	乙2	◎6 【太陽，武曲；向煞，巡山，六害】	丙奇夏至；月尅山家
25	辰1	◎5 【太陽，文曲，六白；六害，力士】	乙奇夏至；陰府太歲，天官符，大月建，小月建
26	辰2	◎5 【太陽，文曲，六白；六害，力士】	乙奇夏至；陰府太歲，天官符，大月建，小月建
27	巽1	※4 【太陽，文曲，傳送，三合前方，六白；六害，力士】	乙奇夏至；陰府太歲，天官符，大月建，小月建
28	巽2	※2 【歲馬，文曲，傳送，三合前，六白；力士，飛廉喪門】	乙奇夏至；陰府太歲，天官符，大月建，小月建
29	巳1	※3 【歲馬，文曲，傳送，三合前，六白；力士，飛廉喪門】	乙奇夏至；陰府太歲，天官符，大月建，小月建
30	巳2	※3 【歲馬，文曲，傳送，三合前，六白；力士，飛廉喪門】	乙奇夏至；陰府太歲，天官符，大月建，小月建
31	丙1	◎5 【歲德，歲馬，三合前方，巨門；飛廉，喪門】	月德，八白，乙奇芒種；月尅山家
32	丙2	●9 【歲德太陰，陰貴人天喜，三合前巨門；浮空炙退金神】	月德，八白，乙奇芒種；月建月刑，月厭，月尅山家
33	午1	◎7 【太陰，陰貴人，天喜，三合前，巨門；炙退，金神】	八白，乙奇芒種；月建，月刑，月厭，月尅山家
34	午2	◎7 【太陰，陰貴人，天喜，三合前，巨門；炙退，金神】	八白，乙奇芒種；月建，月刑，月厭，月尅山家
35	丁1	◎6 【太陰，陰貴人，天喜，三合前，巨門河魁；炙退金神】	八白，乙奇芒種；月建，月刑，月厭
36	丁2	※0 【三合前方，巨門，河魁；金神，地官符，黃旛】	八白，乙奇芒種；
37	未1	※2 【博士，三合前，武曲，河魁；陰府金神，地官符黃旛】	一白，丁奇芒種，丁奇夏至；
38	未2	※2 【博士，三合前，武曲，河魁；陰府金神，地官符黃旛】	一白，丁奇芒種，丁奇夏至；
39	坤1	※2 【博士，武曲；陰府，金神，地官符，黃旛】	一白，丁奇芒種，丁奇夏至；
40	坤2	◎6 【博士，歲枝德，武曲；陰府，死符，劫煞】	一白，丁奇芒種，丁奇夏至；
41	申1	◎6 【博士，歲枝德，武曲；陰府，死符，劫煞】	一白，丁奇芒種，丁奇夏至；
42	申2	◎6 【博士，歲枝德，武曲；陰府，死符，劫煞】	一白，丁奇芒種，丁奇夏至；
43	庚1	※4 【歲枝德，神后，九紫；死符，劫煞，坐煞】	陽貴人，六白；丙丁獨火
44	庚2	※2 【歲祿，神后，九紫；災煞，歲破，坐煞】	陽貴人，六白；丙丁獨火
45	酉1	※3 【歲祿，神后，九紫；災煞，歲破】	陽貴人，六白；丙丁獨火
46	酉2	※3 【歲祿，神后，九紫；災煞，歲破】	陽貴人，六白；丙丁獨火
47	辛1	◎5 【歲祿，歲德合，文曲，九紫；災煞，歲破，坐煞】	月德合，陽貴人，六白；丙丁獨火
48	辛2	●9 【龍德，歲德合，文曲，九紫；歲煞，坐煞，蠶官】	月德合，陽貴人，六白；丙丁獨火
49	中宮	0 【；七赤】	陰貴人；飛大煞，四綠

下元辛卯年及十二月神煞方位表

序	山向	下元辛卯年【七赤入中宮】	辛卯年乙未月【六月】
1	戌1	◎7 【龍德，巨門，貪狼，八白；歲煞，蠶官，蠶室，破敗】	陽貴人；月煞，陰府太歲，丙丁獨火
2	戌2	◎7 【龍德，巨門，貪狼，八白；歲煞，蠶官，蠶室，破敗】	陽貴人；月煞，陰府太歲，丙丁獨火
3	乾1	◎6 【龍德，貪狼，三合後，功曹八白；歲煞蠶官蠶室破敗】	陽貴人；月煞，陰府太歲，丙丁獨火
4	乾2	※1 【貪狼，三合後，功曹，八白；蠶命蠶室，白虎，破敗】	陽貴人；陰府太歲，丙丁獨火
5	亥1	※2 【貪狼，三合後，功曹，八白；蠶命蠶室，白虎，破敗】	陽貴人；陰府太歲，丙丁獨火
6	亥2	※2 【貪狼，三合後，功曹，八白；蠶命蠶室，白虎，破敗】	陽貴人；陰府太歲，丙丁獨火
7	壬1	※3 【三合後方，巨門；陰府太歲，蠶命，白虎，獨火 】	陰貴人，八白；月尅山家
8	壬2	●8 【福德，三合後，巨門；陰府，歲刑獨火，金神大將軍】	陰貴人，八白；月害，月尅山家
9	子1	◎7 【福德，三合後；陰府太歲，歲刑獨火，金神，大將軍】	陰貴人，八白；月害
10	子2	◎7 【福德，三合後方；陰府，歲刑，獨火，金神，大將軍】	陰貴人，八白；月害
11	癸1	◎6 【福德，三合後，天罡；陰府，歲刑獨火，金神大將軍】	陰貴人，八白；月害
12	癸2	※2 【三合後，天罡；陰府，獨火，金神，弔客，豹尾五鬼】	陰貴人，八白；月破，月刑
13	丑1	※4 【奏書，三合後，天罡，一白；浮空金神弔客豹尾五鬼】	六白；月破，月刑
14	丑2	※4 【奏書，三合後，天罡，一白；浮空金神弔客豹尾五鬼】	六白；月破，月刑
15	艮1	◎6 【奏書，一白；浮空，金神，弔客，豹尾，五鬼 】	六白；月破，月刑
16	艮2	●10 【奏書，陽貴人，一白；浮空，病符，金神，天官符 】	六白；
17	寅1	●8 【奏書，陽貴，巨門，一白；浮空，病符，金神天官符】	六白；
18	寅2	●8 【奏書，陽貴，巨門，一白；浮空，病符，金神天官符】	六白；
19	甲1	◎6 【陽貴人，貪狼，勝光；向煞，病符，金神，天官符 】	天道，天德，月德，一白，丙奇；天官符，大月建
20	甲2	※1 【貪狼，勝光；太歲，向煞，金神，大煞 】	天道，天德，月德，一白，丙奇；天官符，大月建
21	卯1	※2 【勝光；太歲，金神，大煞 】	天道，一白，丙奇；天官符，大月建
22	卯2	※2 【勝光；太歲，金神，大煞 】	天道，一白，丙奇；天官符，大月建
23	乙1	※3 【武曲；太歲，向煞，巡山，金神，大煞 】	天道，一白，丙奇；天官符，大月建，月尅山家
24	乙2	◎6 【太陽，武曲；向煞，巡山，六害 】	天道，一白，丙奇；天官符，大月建，月尅山家
25	辰1	◎5 【太陽，文曲，六白；六害，力士 】	乙奇；飛大煞
26	辰2	◎5 【太陽，文曲，六白；六害，力士 】	乙奇；飛大煞
27	巽1	※4 【太陽，文曲，傳送，三合前方，六白；六害，力士 】	乙奇；飛大煞
28	巽2	※2 【歲馬，文曲，傳送，三合前，六白；力士，飛廉喪門】	乙奇；月厭，飛大煞
29	巳1	※3 【歲馬，文曲，傳送，三合前，六白；力士，飛廉喪門】	乙奇；月厭，飛大煞
30	巳2	※3 【歲馬，文曲，傳送，三合前，六白；力士，飛廉喪門】	乙奇；月厭，飛大煞
31	丙1	◎5 【歲德，歲馬，三合前方，巨門；飛廉，喪門 】	飛天馬；月厭，月遊火，月尅山家
32	丙2	●9 【歲德太陰，陰貴人天喜，三合前巨門；浮空炙退金神】	飛天馬；月遊火，月尅山家
33	午1	◎7 【太陰，陰貴人，天喜，三合前，巨門；炙退，金神 】	飛天馬；月遊火，月尅山家
34	午2	◎7 【太陰，陰貴人，天喜，三合前，巨門；炙退，金神 】	飛天馬；月遊火，月尅山家
35	丁1	◎6 【太陰，陰貴人，天喜，三合前，巨門河魁；炙退金神】	飛天馬；月遊火
36	丁2	※0 【三合前方，巨門，河魁；金神，地官符，黃旛 】	飛天馬；月建，月遊火
37	未1	※2 【博士，三合前，武曲，河魁；陰府金神，地官符黃旛】	九紫，丁奇；月建
38	未2	※2 【博士，三合前，武曲，河魁；陰府金神，地官符黃旛】	九紫，丁奇；月建
39	坤1	※2 【博士，武曲；陰府，金神，地官符，黃旛 】	九紫，丁奇；月建
40	坤2	◎6 【博士，歲枝德，武曲；陰府，死符，劫煞 】	九紫，丁奇；劫煞
41	申1	◎6 【博士，歲枝德，武曲；陰府，死符，劫煞 】	九紫，丁奇；劫煞
42	申2	◎6 【博士，歲枝德，武曲；陰府，死符，劫煞 】	九紫，丁奇；劫煞
43	庚1	※4 【歲枝德，神后，九紫；死符，劫煞，坐煞 】	月空，飛天祿；劫煞，陰府太歲，丙丁獨火
44	庚2	※2 【歲祿，神后，九紫；災煞，歲破，坐煞 】	月空，飛天祿；災煞，陰府太歲，丙丁獨火
45	酉1	※3 【歲祿，神后，九紫；災煞，歲破 】	飛天祿；災煞，陰府太歲，丙丁獨火
46	酉2	※3 【歲祿，神后，九紫；災煞，歲破 】	飛天祿；災煞，陰府太歲，丙丁獨火
47	辛1	◎5 【歲祿，歲德合，文曲，九紫；災煞，歲破，坐煞 】	飛天祿；災煞，陰府太歲，丙丁獨火
48	辛2	●9 【龍德，歲德合，文曲，九紫；歲煞，坐煞，蠶官 】	飛天祿；月煞，陰府太歲，丙丁獨火
49	中宮	0 【；七赤 】	天德合，月德合；地官符，小月建，三碧

下元辛卯年及十二月神煞方位表

序	山向	下元辛卯年【七赤入中宮】	辛卯年丙申月【七月】
1	戌1	◎7 【龍德，巨門，貪狼，八白；歲煞，蠶官，蠶室，破敗】	飛天祿，乙奇；小月建，丙丁獨火
2	戌2	◎7 【龍德，巨門，貪狼，八白；歲煞，蠶官，蠶室，破敗】	飛天祿，乙奇；小月建，丙丁獨火
3	乾1	◎6 【龍德，貪狼，三合後，功曹八白；歲煞蠶官蠶室破敗】	飛天祿，乙奇；小月建，丙丁獨火
4	乾2	※1 【貪狼，三合後，功曹，八白；蠶命蠶室，白虎，破敗】	飛天祿，乙奇；月害，小月建，丙丁獨火
5	亥1	※2 【貪狼，三合後，功曹，八白；蠶命蠶室，白虎，破敗】	飛天祿，乙奇；月害，小月建，丙丁獨火
6	亥2	※2 【貪狼，三合後，功曹，八白；蠶命蠶室，白虎，破敗】	飛天祿，乙奇；月害，小月建，丙丁獨火
7	壬1	※3 【三合後方，巨門；陰府太歲，蠶命，白虎，獨火 】	天道，月德；月害，陰府太歲，月遊火
8	壬2	●8 【福德，三合後，巨門；陰府，歲刑獨火，金神大將軍】	天道，月德；陰府太歲，月遊火
9	子1	◎7 【福德，三合後；陰府太歲，歲刑獨火，金神，大將軍】	天道；陰府太歲，月遊火
10	子2	◎7 【福德，三合後方；陰府，歲刑，獨火，金神，大將軍】	天道；陰府太歲，月遊火
11	癸1	◎6 【福德，三合後，天罡；陰府，歲刑獨火，金神大將軍】	天道，天德；陰府太歲，月遊火
12	癸2	※2 【三合後，天罡；陰府，獨火，金神，弔客，豹尾五鬼】	天道，天德；陰府太歲，月遊火
13	丑1	※4 【奏書，三合後，天罡，一白；浮空金神弔客豹尾五鬼】	飛天馬；
14	丑2	※4 【奏書，三合後，天罡，一白；浮空金神弔客豹尾五鬼】	飛天馬；
15	艮1	◎6 【奏書，一白；浮空，金神，弔客，豹尾，五鬼 】	飛天馬；月尅山家
16	艮2	●10【奏書，陽貴人，一白；浮空，病符，金神，天官符 】	飛天馬；月破，月刑，月尅山家
17	寅1	●8 【奏書，陽貴，巨門，一白；浮空，病符，金神天官符】	飛天馬；月破，月刑
18	寅2	●8 【奏書，陽貴，巨門，一白；浮空，病符，金神天官符】	飛天馬；月破，月刑
19	甲1	◎6 【陽貴人，貪狼，勝光；向煞，病符，金神，天官符 】	九紫；月破，月刑，飛大煞
20	甲2	※1 【貪狼，勝光；太歲，向煞，金神，大煞 】	九紫；飛大煞
21	卯1	※2 【勝光；太歲，金神，大煞 】	九紫；飛大煞，月尅山家
22	卯2	※2 【勝光；太歲，金神，大煞 】	九紫；飛大煞，月尅山家
23	乙1	※3 【武曲；太歲，向煞，巡山，金神，大煞 】	九紫；飛大煞
24	乙2	◎6 【太陽，武曲；向煞，巡山，六害 】	九紫；月厭，飛大煞
25	辰1	◎5 【太陽，文曲，六白；六害，力士 】	一白，丁奇；月厭
26	辰2	◎5 【太陽，文曲，六白；六害，力士 】	一白，丁奇；月厭
27	巽1	※4 【太陽，文曲，傳送，三合前方，六白；六害，力士 】	一白，丁奇；月厭
28	巽2	※2 【歲馬，文曲，傳送，三合前，六白；力士，飛廉喪門】	一白，丁奇；劫煞
29	巳1	※3 【歲馬，文曲，傳送，三合前，六白；力士，飛廉喪門】	一白，丁奇；劫煞，月尅山家
30	巳2	※3 【歲馬，文曲，傳送，三合前，六白；力士，飛廉喪門】	一白，丁奇；劫煞，月尅山家
31	丙1	◎5 【歲德，歲馬，三合前方，巨門；飛廉，喪門 】	月空，陰貴人，六白；劫煞
32	丙2	●9 【歲德太陰，陰貴人天喜，三合前巨門；浮空炙退金神】	月空，陰貴人，六白；災煞
33	午1	◎7 【太陰，陰貴人，天喜，三合前，巨門；炙退，金神 】	陰貴人，六白；災煞
34	午2	◎7 【太陰，陰貴人，天喜，三合前，巨門；炙退，金神 】	陰貴人，六白；災煞
35	丁1	◎6 【太陰，陰貴人，天喜，三合前，巨門河魁；炙退金神】	月德合，陰貴人，六白；災煞
36	丁2	※0 【三合前方，巨門，河魁；金神，地官符，黃旛 】	月德合，陰貴人，六白；月煞
37	未1	※2 【博士，三合前，武曲，河魁；陰府金神，地官符黃旛】	八白；月煞，陰府太歲，天官符，大月建
38	未2	※2 【博士，三合前，武曲，河魁；陰府金神，地官符黃旛】	八白；月煞，陰府太歲，天官符，大月建
39	坤1	※2 【博士，武曲；陰府，金神，地官符，黃旛 】	八白；月煞，陰府太歲，天官符，大月建
40	坤2	◎6 【博士，歲枝德，武曲；陰府，死符，劫煞 】	八白；月建，陰府太歲，天官符，大月建
41	申1	◎6 【博士，歲枝德，武曲；陰府，死符，劫煞 】	八白；月建，陰府太歲，天官符，大月建
42	申2	◎6 【博士，歲枝德，武曲；陰府，死符，劫煞 】	八白；月建，陰府太歲，天官符，大月建
43	庚1	※4 【歲枝德，神后，九紫；死符，劫煞，坐煞 】	；月建，地官符
44	庚2	※2 【歲祿，神后，九紫；災煞，歲破，坐煞 】	；地官符
45	酉1	※3 【歲祿，神后，九紫；災煞，歲破 】	；地官符
46	酉2	※3 【歲祿，神后，九紫；災煞，歲破 】	；地官符
47	辛1	◎5 【歲祿，歲德合，文曲，九紫；災煞，歲破，坐煞 】	；地官符
48	辛2	●9 【龍德，歲德合，文曲，九紫；歲煞，坐煞，蠶官 】	；地官符
49	中宮	0 【；七赤 】	天德合，陽貴人，丙奇；丙丁獨火，二黑

下元辛卯年及十二月神煞方位表

序	山向	下元辛卯年【七赤入中宮】	辛卯年丁酉月【八月】
1	戌1	◎7 【龍德，巨門，貪狼，八白；歲煞，蠶官，蠶室，破敗】	乙奇白露；月害，陰府太歲，地官符
2	戌2	◎7 【龍德，巨門，貪狼，八白；歲煞，蠶官，蠶室，破敗】	乙奇白露；月害，陰府太歲，地官符
3	乾1	◎6 【龍德，貪狼，三合後，功曹八白；歲煞蠶官蠶室破敗】	乙奇白露；月害，陰府太歲，地官符
4	乾2	※1 【貪狼，三合後，功曹，八白；蠶命蠶室，白虎，破敗】	乙奇白露；陰府太歲，地官符
5	亥1	※2 【貪狼，三合後，功曹，八白；蠶命蠶室，白虎，破敗】	乙奇白露；陰府太歲，地官符
6	亥2	※2 【貪狼，三合後，功曹，八白；蠶命蠶室，白虎，破敗】	乙奇白露；陰府太歲，地官符
7	壬1	※3 【三合後方，巨門；陰府太歲，蠶命，白虎，獨火 】	六白，丙奇秋分；天官符，大月建
8	壬2	●8 【福德，三合後，巨門；陰府，歲刑獨火，金神大將軍】	六白，丙奇秋分；天官符，大月建
9	子1	◎7 【福德，三合後；陰府太歲，歲刑獨火，金神，大將軍】	六白，丙奇秋分；天官符，大月建
10	子2	◎7 【福德，三合後方；陰府，歲刑，獨火，金神，大將軍】	六白，丙奇秋分；天官符，大月建
11	癸1	◎6 【福德，三合後，天罡；陰府，歲刑獨火，金神大將軍】	六白，丙奇秋分；天官符，大月建
12	癸2	※2 【三合後，天罡；陰府，獨火，金神，弔客，豹尾五鬼】	六白，丙奇秋分；天官符，大月建
13	丑1	※4 【奏書，三合後，天罡，一白；浮空金神弔客豹尾五鬼】	天道，陰貴人；
14	丑2	※4 【奏書，三合後，天罡，一白；浮空金神弔客豹尾五鬼】	天道，陰貴人；
15	艮1	◎6 【奏書，一白；浮空，金神，弔客，豹尾，五鬼 】	天道，天德，陰貴人；月尅山家
16	艮2	●10 【奏書，陽貴人，一白；浮空，病符，金神，天官符 】	天道，天德，陰貴人；劫煞，月尅山家
17	寅1	●8 【奏書，陽貴，巨門，一白；浮空，病符，金神天官符】	天道，陰貴人；劫煞
18	寅2	●8 【奏書，陽貴，巨門，一白；浮空，病符，金神天官符】	天道，陰貴人；劫煞
19	甲1	◎6 【陽貴人，貪狼，勝光；向煞，病符，金神，天官符 】	月空，八白；劫煞
20	甲2	※1 【貪狼，勝光；太歲，向煞，金神，大煞 】	月空，八白；災煞，月破，月厭
21	卯1	※2 【勝光；太歲，金神，大煞 】	八白；災煞，月破，月厭，月尅山家
22	卯2	※2 【勝光；太歲，金神，大煞 】	八白；災煞，月破，月厭，月尅山家
23	乙1	※3 【武曲；太歲，向煞，巡山，金神，大煞 】	月德合，八白；災煞，月破，月厭
24	乙2	◎6 【太陽，武曲；向煞，巡山，六害 】	月德合，八白；月煞
25	辰1	◎5 【太陽，文曲，六白；六害，力士 】	陽貴人，九紫，丁奇白露；月煞
26	辰2	◎5 【太陽，文曲，六白；六害，力士 】	陽貴人，九紫，丁奇白露；月煞
27	巽1	※4 【太陽，文曲，傳送，三合前方，六白；六害，力士 】	陽貴人，九紫，丁奇白露；月煞
28	巽2	※2 【歲馬，文曲，傳送，三合前，六白；力士，飛廉喪門】	陽貴人，九紫，丁奇白露；
29	巳1	※3 【歲馬，文曲，傳送，三合前，六白；力士，飛廉喪門】	陽貴人，九紫，丁奇白露；月尅山家
30	巳2	※3 【歲馬，文曲，傳送，三合前，六白；力士，飛廉喪門】	陽貴人，九紫，丁奇白露；月尅山家
31	丙1	◎5 【歲德，歲馬，三合前方，巨門；飛廉，喪門 】	丁奇秋分；陰府太歲
32	丙2	●9 【歲德太陰，陰貴人天喜，三合前巨門；浮空炙退金神】	丁奇秋分；陰府太歲
33	午1	◎7 【太陰，陰貴人，天喜，三合前，巨門；炙退，金神 】	丁奇秋分；陰府太歲
34	午2	◎7 【太陰，陰貴人，天喜，三合前，巨門；炙退，金神 】	丁奇秋分；陰府太歲
35	丁1	◎6 【太陰，陰貴人，天喜，三合前，巨門河魁；炙退金神】	丁奇秋分；陰府太歲
36	丁2	※0 【三合前方，巨門，河魁；金神，地官符，黃旛 】	丁奇秋分；陰府太歲
37	未1	※2 【博士，三合前，武曲，河魁；陰府金神，地官符黃旛】	乙奇秋分；飛大煞，月遊火
38	未2	※2 【博士，三合前，武曲，河魁；陰府金神，地官符黃旛】	乙奇秋分；飛大煞，月遊火
39	坤1	※2 【博士，武曲；陰府，金神，地官符，黃旛 】	乙奇秋分；飛大煞，月遊火
40	坤2	◎6 【博士，歲枝德，武曲；陰府，死符，劫煞 】	乙奇秋分；飛大煞，月遊火
41	申1	◎6 【博士，歲枝德，武曲；陰府，死符，劫煞 】	乙奇秋分；飛大煞，月遊火
42	申2	◎6 【博士，歲枝德，武曲；陰府，死符，劫煞 】	乙奇秋分；飛大煞，月遊火
43	庚1	※4 【歲枝德，神后，九紫；死符，劫煞，坐煞 】	月德，飛天馬；小月建
44	庚2	※2 【歲祿，神后，九紫；災煞，歲破，坐煞 】	月德，飛天馬；月建，月刑，小月建
45	酉1	※3 【歲祿，神后，九紫；災煞，歲破 】	飛天馬；月建，月刑，小月建
46	酉2	※3 【歲祿，神后，九紫；災煞，歲破 】	飛天馬；月建，月刑，小月建
47	辛1	◎5 【歲祿，歲德合，文曲，九紫；災煞，歲破，坐煞 】	飛天馬；月建，月刑，小月建
48	辛2	●9 【龍德，歲德合，文曲，九紫；歲煞，坐煞，蠶官 】	飛天馬；月害，小月建
49	中宮	0 【；七赤 】	天德合，飛天祿，一白，丙奇白露；丙丁獨火

下元辛卯年及十二月神煞方位表

序	山向	下元辛卯年【七赤入中宮】	辛卯年戊戌月【九月】
1	戌1	◎7 【龍德，巨門，貪狼，八白；歲煞，蠶官，蠶室，破敗】	飛天馬，一白；月建
2	戌2	◎7 【龍德，巨門，貪狼，八白；歲煞，蠶官，蠶室，破敗】	飛天馬，一白；月建
3	乾1	◎6 【龍德，貪狼，三合後，功曹八白；歲煞蠶官蠶室破敗】	飛天馬，一白；月建
4	乾2	※1 【貪狼，三合後，功曹，八白；蠶命蠶室，白虎，破敗】	飛天馬，一白；劫煞
5	亥1	※2 【貪狼，三合後，功曹，八白；蠶命蠶室，白虎，破敗】	飛天馬，一白；劫煞
6	亥2	※2 【貪狼，三合後，功曹，八白；蠶命蠶室，白虎，破敗】	飛天馬，一白；劫煞
7	壬1	※3 【三合後方，巨門；陰府太歲，蠶命，白虎，獨火　】	月空，飛天祿，丙奇；劫煞，飛大煞
8	壬2	●8 【福德，三合後，巨門；陰府，歲刑獨火，金神大將軍】	月空，飛天祿，丙奇；災煞，飛大煞
9	子1	◎7 【福德，三合後；陰府太歲，歲刑獨火，金神，大將軍】	飛天祿，丙奇；災煞，飛大煞
10	子2	◎7 【福德，三合後方；陰府，歲刑，獨火，金神，大將軍】	飛天祿，丙奇；災煞，飛大煞
11	癸1	◎6 【福德，三合後，天罡；陰府，歲刑獨火，金神大將軍】	飛天祿，丙奇；災煞，飛大煞
12	癸2	※2 【三合後，天罡；陰府，獨火，金神，弔客，豹尾五鬼】	飛天祿，丙奇；月煞，飛大煞
13	丑1	※4 【奏書，三合後，天罡，一白；浮空金神弔客豹尾五鬼】	；月煞，小月建
14	丑2	※4 【奏書，三合後，天罡，一白；浮空金神弔客豹尾五鬼】	；月煞，小月建
15	艮1	◎6 【奏書，一白；浮空，金神，弔客，豹尾，五鬼　】	；月煞，小月建
16	艮2	●10【奏書，陽貴人，一白；浮空，病符，金神，天官符　】	；月厭，小月建
17	寅1	●8 【奏書，陽貴，巨門，一白；浮空，病符，金神天官符】	；月厭，小月建
18	寅2	●8 【奏書，陽貴，巨門，一白；浮空，病符，金神天官符】	；月厭，小月建
19	甲1	◎6 【陽貴人，貪狼，勝光；向煞，病符，金神，天官符　】	陽貴人；月厭，陰府太歲，月遊火
20	甲2	※1 【貪狼，勝光；太歲，向煞，金神，大煞　】	陽貴人；陰府太歲，月遊火
21	卯1	※2 【勝光；太歲，金神，大煞　】	陽貴人；陰府太歲，月遊火
22	卯2	※2 【勝光；太歲，金神，大煞　】	陽貴人；陰府太歲，月遊火
23	乙1	※3 【武曲；太歲，向煞，巡山，金神，大煞　】	陽貴人；陰府太歲，月遊火
24	乙2	◎6 【太陽，武曲；向煞，巡山，六害　】	陽貴人；月破，陰府太歲，月遊火
25	辰1	◎5 【太陽，文曲，六白；六害，力士　】	八白；月破，丙丁獨火
26	辰2	◎5 【太陽，文曲，六白；六害，力士　】	八白；月破，丙丁獨火
27	巽1	※4 【太陽，文曲，傳送，三合前方，六白；六害，力士　】	八白；月破，丙丁獨火
28	巽2	※2 【歲馬，文曲，傳送，三合前，六白；力士，飛廉喪門】	八白；丙丁獨火
29	巳1	※3 【歲馬，文曲，傳送，三合前，六白；力士，飛廉喪門】	八白；丙丁獨火
30	巳2	※3 【歲馬，文曲，傳送，三合前，六白；力士，飛廉喪門】	八白；丙丁獨火
31	丙1	◎5 【歲德，歲馬，三合前方，巨門；飛廉，喪門　】	天道，天德，月德，丁奇；天官符，大月建
32	丙2	●9 【歲德太陰，陰貴人天喜，三合前巨門；浮空炙退金神】	天道，天德，月德，丁奇；天官符，大月建
33	午1	◎7 【太陰，陰貴人，天喜，三合前，巨門；炙退，金神　】	天道，丁奇；天官符，大月建
34	午2	◎7 【太陰，陰貴人，天喜，三合前，巨門；炙退，金神　】	天道，丁奇；天官符，大月建
35	丁1	◎6 【太陰，陰貴人，天喜，三合前，巨門河魁；炙退金神】	天道，丁奇；天官符，大月建
36	丁2	※0 【三合前方，巨門，河魁；金神，地官符，黃旛　】	天道，丁奇；月刑，天官符，大月建
37	未1	※2 【博士，三合前，武曲，河魁；陰府金神，地官符黃旛】	六白，乙奇；月刑，陰府太歲
38	未2	※2 【博士，三合前，武曲，河魁；陰府金神，地官符黃旛】	六白，乙奇；月刑，陰府太歲
39	坤1	※2 【博士，武曲；陰府，金神，地官符，黃旛　】	六白，乙奇；月刑，陰府太歲
40	坤2	◎6 【博士，歲枝德，武曲；陰府，死符，劫煞　】	六白，乙奇；陰府太歲
41	申1	◎6 【博士，歲枝德，武曲；陰府，死符，劫煞　】	六白，乙奇；陰府太歲
42	申2	◎6 【博士，歲枝德，武曲；陰府，死符，劫煞　】	六白，乙奇；陰府太歲
43	庚1	※4 【歲枝德，神后，九紫；死符，劫煞，坐煞　】	陰貴人；
44	庚2	※2 【歲祿，神后，九紫；災煞，歲破，坐煞　】	陰貴人；月害
45	酉1	※3 【歲祿，神后，九紫；災煞，歲破　】	陰貴人；月害
46	酉2	※3 【歲祿，神后，九紫；災煞，歲破　】	陰貴人；月害
47	辛1	◎5 【歲祿，歲德合，文曲，九紫；災煞，歲破，坐煞　】	天德合，月德合，陰貴人；月害
48	辛2	●9 【龍德，歲德合，文曲，九紫；歲煞，坐煞，蠶官　】	天德合，月德合，陰貴人；月建
49	中宮	0 【；七赤　】	九紫；地官符，丙丁獨火

下元辛卯年及十二月神煞方位表

序	山向	下元辛卯年【七赤入中宮】	辛卯年己亥月【十月】
1	戌1	◎7【龍德，巨門，貪狼，八白；歲煞，蠶官，蠶室，破敗】	陰貴人，九紫；月煞
2	戌2	◎7【龍德，巨門，貪狼，八白；歲煞，蠶官，蠶室，破敗】	陰貴人，九紫；月煞
3	乾1	◎6【龍德，貪狼，三合後，功曹八白；歲煞蠶官蠶室破敗】	陰貴人，九紫；月煞
4	乾2	※1【貪狼，三合後，功曹，八白；蠶命蠶室，白虎，破敗】	陰貴人，九紫；月建，月刑
5	亥1	※2【貪狼，三合後，功曹，八白；蠶命蠶室，白虎，破敗】	陰貴人，九紫；月建，月刑
6	亥2	※2【貪狼，三合後，功曹，八白；蠶命蠶室，白虎，破敗】	陰貴人，九紫；月建，月刑
7	壬1	※3【三合後方，巨門；陰府太歲，蠶命，白虎，獨火】	乙奇；月建，月刑
8	壬2	●8【福德，三合後，巨門；陰府，歲刑獨火，金神大將軍】	乙奇；
9	子1	◎7【福德，三合後；陰府太歲，歲刑獨火，金神，大將軍】	乙奇；
10	子2	◎7【福德，三合後方；陰府，歲刑，獨火，金神，大將軍】	乙奇；
11	癸1	◎6【福德，三合後，天罡；陰府，歲刑獨火，金神大將軍】	乙奇；
12	癸2	※2【三合後，天罡；陰府，獨火，金神，弔客，豹尾五鬼】	乙奇；月厭
13	丑1	※4【奏書，三合後，天罡，一白；浮空金神弔客豹尾五鬼】	丁奇；月厭，陰府太歲，天官符，大月建
14	丑2	※4【奏書，三合後，天罡，一白；浮空金神弔客豹尾五鬼】	丁奇；月厭，陰府太歲，天官符，大月建
15	艮1	◎6【奏書，一白；浮空，金神，弔客，豹尾，五鬼】	丁奇；月厭，陰府太歲，天官符，大月建
16	艮2	●10【奏書，陽貴人，一白；浮空，病符，金神，天官符】	丁奇；陰府太歲，天官符，大月建
17	寅1	●8【奏書，陽貴，巨門，一白；浮空，病符，金神天官符】	丁奇；陰府太歲，天官符，大月建
18	寅2	●8【奏書，陽貴，巨門，一白；浮空，病符，金神天官符】	丁奇；陰府太歲，天官符，大月建
19	甲1	◎6【陽貴人，貪狼，勝光；向煞，病符，金神，天官符】	天道，月德，六白；丙丁獨火
20	甲2	※1【貪狼，勝光；太歲，向煞，金神，大煞】	天道，月德，六白；丙丁獨火
21	卯1	※2【勝光；太歲，金神，大煞】	天道，六白；丙丁獨火
22	卯2	※2【勝光；太歲，金神，大煞】	天道，六白；丙丁獨火
23	乙1	※3【武曲；太歲，向煞，巡山，金神，大煞】	天道，天德，六白；丙丁獨火
24	乙2	◎6【太陽，武曲；向煞，巡山，六害】	天道，天德，六白；丙丁獨火
25	辰1	◎5【太陽，文曲，六白；六害，力士】	；陰府太歲，地官符，丙丁獨火，月遊火
26	辰2	◎5【太陽，文曲，六白；六害，力士】	；陰府太歲，地官符，丙丁獨火，月遊火
27	巽1	※4【太陽，文曲，傳送，三合前方，六白；六害，力士】	；陰府太歲，地官符，丙丁獨火，月遊火
28	巽2	※2【歲馬，文曲，傳送，三合前，六白；力士，飛廉喪門】	；月破，陰府太歲，地官符，丙丁獨火，月遊火
29	巳1	※3【歲馬，文曲，傳送，三合前，六白；力士，飛廉喪門】	；月破，陰府太歲，地官符，丙丁獨火，月遊火
30	巳2	※3【歲馬，文曲，傳送，三合前，六白；力士，飛廉喪門】	；月破，陰府太歲，地官符，丙丁獨火，月遊火
31	丙1	◎5【歲德，歲馬，三合前方，巨門；飛廉，喪門】	飛天祿，丙奇；月破，小月建，飛大煞
32	丙2	●9【歲德太陰，陰貴人天喜，三合前巨門；浮空炙退金神】	飛天祿，丙奇；小月建，飛大煞
33	午1	◎7【太陰，陰貴人，天喜，三合前，巨門；炙退，金神】	飛天祿，丙奇；小月建，飛大煞
34	午2	◎7【太陰，陰貴人，天喜，三合前，巨門；炙退，金神】	飛天祿，丙奇；小月建，飛大煞
35	丁1	◎6【太陰，陰貴人，天喜，三合前，巨門河魁；炙退金神】	飛天祿，丙奇；小月建，飛大煞
36	丁2	※0【三合前方，巨門，河魁；金神，地官符，黃旛】	飛天祿，丙奇；小月建，飛大煞
37	未1	※2【博士，三合前，武曲，河魁；陰府金神，地官符黃旛】	陽貴人；
38	未2	※2【博士，三合前，武曲，河魁；陰府金神，地官符黃旛】	陽貴人；
39	坤1	※2【博士，武曲；陰府，金神，地官符，黃旛】	陽貴人；
40	坤2	◎6【博士，歲枝德，武曲；陰府，死符，劫煞】	陽貴人；劫煞，月害
41	申1	◎6【博士，歲枝德，武曲；陰府，死符，劫煞】	陽貴人；劫煞，月害
42	申2	◎6【博士，歲枝德，武曲；陰府，死符，劫煞】	陽貴人；劫煞，月害
43	庚1	※4【歲枝德，神后，九紫；死符，劫煞，坐煞】	天德合，月空，一白；劫煞，月害
44	庚2	※2【歲祿，神后，九紫；災煞，歲破，坐煞】	天德合，月空，一白；災煞
45	酉1	※3【歲祿，神后，九紫；災煞，歲破】	一白；災煞
46	酉2	※3【歲祿，神后，九紫；災煞，歲破】	一白；災煞
47	辛1	◎5【歲祿，歲德合，文曲，九紫；災煞，歲破，坐煞】	一白；災煞
48	辛2	●9【龍德，歲德合，文曲，九紫；歲煞，坐煞，蠶官】	一白；月煞
49	中宮	0【；七赤】	月德合，飛天馬，八白；

下元辛卯年及十二月神煞方位表

序	山向	下元辛卯年【七赤入中宮】	辛卯年庚子月【十一月】
1	戌1	◎7 【龍德，巨門，貪狼，八白；歲煞，蠶官，蠶室，破敗】	八白，乙奇冬至；陰府太歲，月尅山家
2	戌2	◎7 【龍德，巨門，貪狼，八白；歲煞，蠶官，蠶室，破敗】	八白，乙奇冬至；陰府太歲，月尅山家
3	乾1	◎6 【龍德，貪狼，三合後，功曹八白；歲煞蠶官蠶室破敗】	八白，乙奇冬至；陰府太歲，月尅山家
4	乾2	※1 【貪狼，三合後，功曹，八白；蠶命蠶室，白虎，破敗】	八白，乙奇冬至；陰府太歲，月尅山家
5	亥1	※2 【貪狼，三合後，功曹，八白；蠶命蠶室，白虎，破敗】	八白，乙奇冬至；陰府太歲，月尅山家
6	亥2	※2 【貪狼，三合後，功曹，八白；蠶命蠶室，白虎，破敗】	八白，乙奇冬至；陰府太歲，月尅山家
7	壬1	※3 【三合後方，巨門；陰府太歲，蠶命，白虎，獨火 】	月德，陽貴人，乙奇大雪；小月建
8	壬2	●8 【福德，三合後，巨門；陰府，歲刑獨火，金神大將軍】	月德，陽貴人，乙奇大雪；月建，月厭，小月建
9	子1	◎7 【福德，三合後；陰府太歲，歲刑獨火，金神，大將軍】	陽貴人，乙奇大雪；月建，月厭，小月建，月尅山家
10	子2	◎7 【福德，三合後方；陰府，歲刑，獨火，金神，大將軍】	陽貴人，乙奇大雪；月建，月厭，小月建，月尅山家
11	癸1	◎6 【福德，三合後，天罡；陰府，歲刑獨火，金神大將軍】	陽貴人，乙奇大雪；月建，月厭，小月建，月尅山家
12	癸2	※2 【三合後，天罡；陰府，獨火，金神，弔客，豹尾五鬼】	陽貴人，乙奇大雪；小月建，月尅山家
13	丑1	※4 【奏書，三合後，天罡，一白；浮空金神弔客豹尾五鬼】	飛天祿一白丁奇大雪，丁奇冬至；飛大煞，月尅山家
14	丑2	※4 【奏書，三合後，天罡，一白；浮空金神弔客豹尾五鬼】	飛天祿一白丁奇大雪，丁奇冬至；飛大煞，月尅山家
15	艮1	◎6 【奏書，一白；浮空，金神，弔客，豹尾，五鬼 】	飛天祿一白丁奇大雪，丁奇冬至；飛大煞，月尅山家
16	艮2	●10 【奏書，陽貴人，一白；浮空，病符，金神，天官符 】	飛天祿一白丁奇大雪，丁奇冬至；飛大煞，月尅山家
17	寅1	●8 【奏書，陽貴，巨門，一白；浮空，病符，金神天官符】	飛天祿一白丁奇大雪，丁奇冬至；飛大煞，月尅山家
18	寅2	●8 【奏書，陽貴，巨門，一白；浮空，病符，金神天官符】	飛天祿一白丁奇大雪，丁奇冬至；飛大煞，月尅山家
19	甲1	◎6 【陽貴人，貪狼，勝光；向煞，病符，金神，天官符 】	；地官符，丙丁獨火，月尅山家
20	甲2	※1 【貪狼，勝光；太歲，向煞，金神，大煞 】	；月刑，地官符，丙丁獨火，月尅山家
21	卯1	※2 【勝光；太歲，金神，大煞 】	；月刑，地官符，丙丁獨火
22	卯2	※2 【勝光；太歲，金神，大煞 】	；月刑，地官符，丙丁獨火
23	乙1	※3 【武曲；太歲，向煞，巡山，金神，大煞 】	；月刑，地官符，丙丁獨火
24	乙2	◎6 【太陽，武曲；向煞，巡山，六害 】	；地官符，丙丁獨火
25	辰1	◎5 【太陽，文曲，六白；六害，力士 】	天道，飛天馬，六白；月尅山家
26	辰2	◎5 【太陽，文曲，六白；六害，力士 】	天道，飛天馬，六白；月尅山家
27	巽1	※4 【太陽，文曲，傳送，三合前方，六白；六害，力士 】	天道，天德，飛天馬，六白；月尅山家
28	巽2	※2 【歲馬，文曲，傳送，三合前，六白；力士，飛廉喪門】	天道，天德，飛天馬，六白；劫煞，月尅山家
29	巳1	※3 【歲馬，文曲，傳送，三合前，六白；力士，飛廉喪門】	天道，飛天馬，六白；劫煞
30	巳2	※3 【歲馬，文曲，傳送，三合前，六白；力士，飛廉喪門】	天道，飛天馬，六白；劫煞
31	丙1	◎5 【歲德，歲馬，三合前方，巨門；飛廉，喪門 】	月空，丙奇大雪；劫煞
32	丙2	●9 【歲德太陰，陰貴人天喜，三合前巨門；浮空炙退金神】	月空，丙奇大雪；災煞，月破
33	午1	◎7 【太陰，陰貴人，天喜，三合前，巨門；炙退，金神 】	丙奇大雪；災煞，月破
34	午2	◎7 【太陰，陰貴人，天喜，三合前，巨門；炙退，金神 】	丙奇大雪；災煞，月破
35	丁1	◎6 【太陰，陰貴人，天喜，三合前，巨門河魁；炙退金神】	月德合，丙奇大雪；災煞，月破
36	丁2	※0 【三合前方，巨門，河魁；金神，地官符，黃旛 】	月德合，丙奇大雪；月煞，月害
37	未1	※2 【博士，三合前，武曲，河魁；陰府金神，地官符黃旛】	；月煞，月害，丙丁獨火，月尅山家
38	未2	※2 【博士，三合前，武曲，河魁；陰府金神，地官符黃旛】	；月煞，月害，丙丁獨火，月尅山家
39	坤1	※2 【博士，武曲；陰府，金神，地官符，黃旛 】	；月煞，月害，'丙丁獨火，月尅山家
40	坤2	◎6 【博士，歲枝德，武曲；陰府，死符，劫煞 】	；丙丁獨火，月尅山家
41	申1	◎6 【博士，歲枝德，武曲；陰府，死符，劫煞 】	；丙丁獨火，月尅山家
42	申2	◎6 【博士，歲枝德，武曲；陰府，死符，劫煞 】	；丙丁獨火，月尅山家
43	庚1	※4 【歲枝德，神后，九紫；死符，劫煞，坐煞 】	九紫，丙奇冬至；陰府太歲，天官符，大月建，月尅
44	庚2	※2 【歲祿，神后，九紫；災煞，歲破，坐煞 】	九紫，丙奇冬至；陰府太歲，天官符，大月建，月尅
45	酉1	※3 【歲祿，神后，九紫；災煞，歲破 】	九紫，丙奇冬至；陰府太歲，天官符，大月建，月尅
46	酉2	※3 【歲祿，神后，九紫；災煞，歲破 】	九紫，丙奇冬至；陰府太歲，天官符，大月建，月尅
47	辛1	◎5 【歲祿，歲德合，文曲，九紫；災煞，歲破，坐煞 】	九紫，丙奇冬至；陰府太歲，天官符，大月建，月尅
48	辛2	●9 【龍德，歲德合，文曲，九紫；歲煞，坐煞，蠶官 】	九紫，丙奇冬至；陰府太歲，天官符，大月建，月尅
49	中宮	0 【；七赤 】	陰貴人；月遊火，七赤

下元辛卯年及十二月神煞方位表

序	山向	下元辛卯年【七赤入中宮】	辛卯年辛丑月【十二月】
1	戌1	◎7 【龍德，巨門，貪狼，八白；歲煞，蠶官，蠶室，破敗】	乙奇，天官符；月刑，大月建，月遊火，月尅山家
2	戌2	◎7 【龍德，巨門，貪狼，八白；歲煞，蠶官，蠶室，破敗】	乙奇，天官符；月刑，大月建，月遊火，月尅山家
3	乾1	◎6 【龍德，貪狼，三合後，功曹八白；歲煞蠶官蠶室破敗】	乙奇，天官符；月刑，大月建，月遊火，月尅山家
4	乾2	※1 【貪狼，三合後，功曹，八白；蠶命蠶室，白虎，破敗】	乙奇；月厭，天官符，大月建，月遊火
5	亥1	※2 【貪狼，三合後，功曹，八白；蠶命蠶室，白虎，破敗】	乙奇；月厭，天官符，大月建，月遊火
6	亥2	※2 【貪狼，三合後，功曹，八白；蠶命蠶室，白虎，破敗】	乙奇；月厭，天官符，大月建，月遊火
7	壬1	※3 【三合後方，巨門；陰府太歲，蠶命，白虎，獨火】	；月厭，陰府太歲，丙丁獨火
8	壬2	●8 【福德，三合後，巨門；陰府，歲刑獨火，金神大將軍】	；陰府太歲，丙丁獨火
9	子1	◎7 【福德，三合後；陰府太歲，歲刑獨火，金神，大將軍】	；陰府太歲，丙丁獨火，月尅山家
10	子2	◎7 【福德，三合後方；陰府，歲刑，獨火，金神，大將軍】	；陰府太歲，丙丁獨火，月尅山家
11	癸1	◎6 【福德，三合後，天罡；陰府，歲刑獨火，金神大將軍】	；陰府太歲，丙丁獨火，月尅山家
12	癸2	※2 【三合後，天罡；陰府，獨火，金神，弔客，豹尾五鬼】	；月建，陰府太歲，丙丁獨火，月尅山家
13	丑1	※4 【奏書，三合後，天罡，一白；浮空金神弔客豹尾五鬼】	九紫，丁奇；月建，月尅山家
14	丑2	※4 【奏書，三合後，天罡，一白；浮空金神弔客豹尾五鬼】	九紫，丁奇；月建，月尅山家
15	艮1	◎6 【奏書，一白；浮空，金神，弔客，豹尾，五鬼】	九紫，丁奇；月建
16	艮2	●10【奏書，陽貴人，一白；浮空，病符，金神，天官符】	九紫，丁奇；劫煞
17	寅1	●8 【奏書，陽貴，巨門，一白；浮空，病符，金神天官符】	九紫，丁奇；劫煞，月尅山家
18	寅2	●8 【奏書，陽貴，巨門，一白；浮空，病符，金神天官符】	九紫，丁奇；劫煞，月尅山家
19	甲1	◎6 【陽貴人，貪狼，勝光；向煞，病符，金神，天官符】	月空，飛天馬；劫煞，月尅山家
20	甲2	※1 【貪狼，勝光；太歲，向煞，金神，大煞】	月空，飛天馬；災煞，月尅山家
21	卯1	※2 【勝光；太歲，金神，大煞】	飛天馬；災煞
22	卯2	※2 【勝光；太歲，金神，大煞】	飛天馬；災煞
23	乙1	※3 【武曲；太歲，向煞，巡山，金神，大煞】	天德合，月德合，飛天馬；災煞
24	乙2	◎6 【太陽，武曲；向煞，巡山，六害】	天德合，月德合，飛天馬；月煞
25	辰1	◎5 【太陽，文曲，六白；六害，力士】	陰貴人；月煞，月尅山家
26	辰2	◎5 【太陽，文曲，六白；六害，力士】	陰貴人；月煞，月尅山家
27	巽1	※4 【太陽，文曲，傳送，三合前方，六白；六害，力士】	陰貴人；月煞，月尅山家
28	巽2	※2 【歲馬，文曲，傳送，三合前，六白；力士，飛廉喪門】	陰貴人；月尅山家
29	巳1	※3 【歲馬，文曲，傳送，三合前，六白；力士，飛廉喪門】	陰貴人；
30	巳2	※3 【歲馬，文曲，傳送，三合前，六白；力士，飛廉喪門】	陰貴人；
31	丙1	◎5 【歲德，歲馬，三合前方，巨門；飛廉，喪門】	陽貴人，一白；
32	丙2	●9 【歲德太陰，陰貴人天喜，三合前巨門；浮空炙退金神】	陽貴人，一白；月害
33	午1	◎7 【太陰，陰貴人，天喜，三合前，巨門；炙退，金神】	陽貴人，一白；月害
34	午2	◎7 【太陰，陰貴人，天喜，三合前，巨門；炙退，金神】	陽貴人，一白；月害
35	丁1	◎6 【太陰，陰貴人，天喜，三合前，巨門河魁；炙退金神】	陽貴人，一白；月害
36	丁2	※0 【三合前方，巨門，河魁；金神，地官符，黃旛】	陽貴人，一白；月破
37	未1	※2 【博士，三合前，武曲，河魁；陰府金神，地官符黃旛】	；月破，陰府太歲，地官符，小月建，獨火，月尅
38	未2	※2 【博士，三合前，武曲，河魁；陰府金神，地官符黃旛】	；月破，陰府太歲，地官符，小月建，獨火，月尅
39	坤1	※2 【博士，武曲；陰府，金神，地官符，黃旛】	；月破，陰府太歲，地官符，小月建，獨火，月尅
40	坤2	◎6 【博士，歲枝德，武曲；陰府，死符，劫煞】	；陰府太歲，地官符，小月建，丙丁獨火，月尅山家
41	申1	◎6 【博士，歲枝德，武曲；陰府，死符，劫煞】	；陰府太歲，地官符，小月建，丙丁獨火，月尅山家
42	申2	◎6 【博士，歲枝德，武曲；陰府，死符，劫煞】	；陰府太歲，地官符，小月建，丙丁獨火，月尅山家
43	庚1	※4 【歲枝德，神后，九紫；死符，劫煞，坐煞】	天道，天德，月德飛天祿，八白，丙奇；飛大煞月尅
44	庚2	※2 【歲祿，神后，九紫；災煞，歲破，坐煞】	天道，天德，月德飛天祿，八白，丙奇；飛大煞月尅
45	酉1	※3 【歲祿，神后，九紫；災煞，歲破】	天道，飛天祿，八白，丙奇；飛大煞
46	酉2	※3 【歲祿，神后，九紫；災煞，歲破】	天道，飛天祿，八白，丙奇；飛大煞
47	辛1	◎5 【歲祿，歲德合，文曲，九紫；災煞，歲破，坐煞】	天道，飛天祿，八白，丙奇；飛大煞，月尅山家
48	辛2	●9 【龍德，歲德合，文曲，九紫；歲煞，坐煞，蠶官】	天道，飛天祿，八白，丙奇；飛大煞，月尅山家
49	中宮	0 【；七赤】	六白；

編號	圖層或欄位	說明
1	年神方位圖	本圖係依據協記辨方書年表中辛卯年所列神煞占方繪製【神煞占方有四十五度角、三十度角、十五度角及中宮者】，再配合八卦、洛書、二十四山、百二分經等，使有識者能方便使用。吉神用紅色、凶神用黑色以為分別。本圖使用時由內向外看，最內為第一層向外依次增加層數。西元2012年為辛卯年屬下元。
2	第一層及第二層	第一層代表天，代表中宮。第二層分為八格，每格占四十五度角。 第一層第二層所列者為紫白九星，下元辛卯年為七赤入中宮。
3	第三層及第四層	第三層分為八格，每格占四十五度角。所列者為占方四十五度角之年神如博士奏書等。 第四層為後天八卦配洛書圖。
4	第五層及第六層	第五層分為十二格，每格占三十度角。所列者為占方三十度角之年神如太歲、太陽等。 第六層分為二十四格，每格占十五度角。所列者為占方三十度角之年神。
5	第七層及第八層	第七層為二十四山層。第八層為百二分經層。每一個分經占三度角。圖中所列者為百二分經之四十八個吉分經。第七層之二十四山與第八層百二分經之四十八個吉分經相對應，每一山對應二個吉分經。所以實際應用上，每一山有兩個吉分經可供使用。例如艮山，年及十二月神煞方位表即以艮１、艮２之方式加以區分。艮１代表真方位37・5度至45度的區間，艮２代表真方位45度至52・5度的區間，每一區間占7・5度角。實際上風水即以此一區間為一個應用單位。
6	第九層 年神方位圖使用說明一	第九層為經度刻劃，將圓分為三百六十度。 在第七層之二十四山左右下方，對應於第八層百二分經之吉分經上方，繪有●或◎符號，●代表大吉方，◎代表大利方。此方與相對方及此方之三合方所出現之吉神數多，可謂吉聚，為擇吉方之重要參考。
7	年神方位圖使用說明二	編者將歲德、歲德合、歲枝德、歲祿、歲馬、陽貴、陰貴、博士、奏書、太陽、太陰、龍德、福德等神加入天喜合計有十四大吉神。將六十年之年神方位圖資料整理完成後，大致每年吉凶方各佔半數。●代表本山向與對宮及三合宮位合聚之大吉神數為八個以上，為大吉方；◎代表合聚吉神為五至七個，代表大利方，為擇吉方之重要參考。
8	下元辛卯年及十二月神煞方位表部分	下元辛卯年及十二月神煞方位表中年神所占方與年神方位圖相對應，詳細明列各山向之年吉神凶煞，使有識者能很方便的使用。由於製圖上之限制，無法將十二月之月神煞加入圖中，故將辛卯年及十二月神煞方位表列出，使用時可以逐月瞭解年和月之神煞占方，再將圖與表配合，則為擇吉方之重要參考。
9	山向欄位	將二十四山之每一山分為二個山向，如此每一山向與百二分經之一個吉分經相對應；後將中宮一併列入使山向更為完整，其序號分別為1至49。
10	下元辛卯年欄位	列出下元辛卯年每一山向之吉神凶煞，在；之前為吉神之後為凶神，可以很快知道每一山向吉凶。例如山向戌１之◎7，即代表戌１山向本宮有龍德吉神，對宮及三合宮共有七大吉神，另【・・・】後方之，6代為本山向與對宮及三合宮位合聚之其他吉神數有6，故此方為大利方。用事擇吉方時可參考選用山向。小吉神為數眾多故不詳列神煞名稱，識者可對照年神方位圖查出。
11	辛卯年正月至十二月月表欄位	下元辛卯年欄位後方則為辛卯年庚寅月【正月】至十二月之月表，分別列出每月每一山向之月吉神凶煞占方，在；之前為吉神之後為凶神，可以很快知道每一山向吉凶。又由於年月吉神凶煞並列，可以很快查出此年月之吉神凶煞占方，為擇吉方之重要參考。

序	紀事	日期星期	農曆	日干支或交節氣時間	說明
1	迎春【立春前一日】	2011/2/3 星期四	辛卯年 正月 初一日	己丑日	先設春牛、勾芒神於東郊，牛頭東向。立春先一日，府州縣官吏綵仗鼓樂迎春於東郊，祭拜勾芒神，迎春牛、勾芒神安置各衙門頭門內。至立春本日用綵仗鞭春牛，蓋即出土牛，送寒氣之遺意也。
2	四龍治水【元旦後第四日得辰】	2011/2/6 星期日	辛卯年 正月 初四日	壬辰日	視元旦後第幾日得辰，即為幾龍治水也。舊時農業社會以曆書裡新年頭日子的紀日干支來定當年的幾龍治水，意思是龍少雨水就少則旱，龍多雨水就多則澇，以此判斷當年是旱或澇。
3	七日得辛【正月上旬第三日值辛】	2011/2/5 星期六	辛卯年 正月 初三日	辛卯日	視正月上旬第幾日值辛，即為幾日得辛也。舊時曆書裡的日子用干支來記載，干支中的庚和辛代表金，做生意的商人都希望發財，編曆書的人就投其所好，用幾日得辛意味得金發財之意。
4	春社【春分前後近戊日為春社日】	2011/3/24 星期四	辛卯年 二月 二十日	戊寅日	二社，歷例曰：二分前後近戊為社。春社日和秋社日通稱為社日，為我國歷史上最悠久民間最流行的日子，禮記早有記載。春社日是農民在春播時祈求土地神保佑五穀豐登的祭祀日，
5	秋社【秋分前後近戊日為秋社日】	2011/9/20 星期二	辛卯年 八月 二十三	戊寅日	秋社日是農民感謝土地神的賜予而進行慶祝豐收的祭祀日；相傳每逢社日，人們總要在大樹下搭席篷宰牲釀酒，先祭社神，然後一起聚餐。
6	初伏【夏至後三庚為初伏】	2011/7/14 星期四	辛卯年 六月 十四日	庚午日	三伏，夏至後三庚為初伏，四庚為中伏，立秋後初庚為末伏。如庚日夏至即為初伏，庚日立秋即為末伏。三伏是一年裡最熱的時期，伏是隱伏起來避暑的意思。
7	中伏【夏至後四庚為中伏】	2011/7/24 星期日	辛卯年 六月 二十四	庚辰日	夏至後四庚為中伏。
8	末伏【立秋後初庚為末伏】	2011/8/13 星期六	辛卯年 七月 十四日	庚子日	立秋後初庚為末伏。
9	入霉【芒種後逢丙日入霉】	2011/6/10 星期五	辛卯年 五月 初九日	丙申日	通書曰：神樞經芒種後逢丙入，小暑後逢未出。碎金云：芒種後逢壬入，夏至後逢庚出。謂之霉天。入霉也叫入梅，是指梅雨季節開始的那一天。出霉也叫出梅，是指梅雨季節結束的那一天。
10	出霉【小暑後逢未日出霉】	2011/7/15 星期五	辛卯年 六月 十五日	辛未日	入梅和出梅之間的日期，稱為梅季，也稱為霉季。所謂梅雨是指江淮一帶在每年六七月間常發生比較密集的連續陰雨天氣。由於這時正是梅子黃熟季節，所以稱這時的雨為梅雨，又稱為霉雨。
11	二十四節氣				氣候有二十四節氣，順序以立春為先。惟為配合目前曆法時序，故將小寒大寒置於立春之前。
12	小寒	2011/1/6 星期四	庚寅年 十二月 初三日	00時50分【早子時】交小寒；即庚寅年己丑月辛酉日戊子時交小寒。	小寒【十二月節】。小寒：鴈北鄉，鵲始巢，雉鴝。
13	大寒	2011/1/20 星期四	庚寅年 十二月 十七日	18時07分【酉時】交大寒；即庚寅年己丑月乙亥日乙酉時交大寒。	大寒【十二月氣】。大寒：雞乳，征鳥厲疾，水澤腹堅。
14	立春	2011/2/4 星期五	辛卯年 正月 初二日	12時32分【午時】交立春；即辛卯年庚寅月庚寅日壬午時交立春。	立春【正月節】。立春：東風解凍，蟄蟲始振，魚陟負冰。
15	雨水	2011/2/19 星期六	辛卯年 正月 十七日	08時24分【辰時】交雨水；即辛卯年庚寅月乙巳日庚辰時交雨水。	雨水【正月氣】。雨水：獺祭魚，候雁北，草木萌動。
16	驚蟄	2011/3/6 星期日	辛卯年 二月 初二日	06時43分【卯時】交驚蟄；即辛卯年辛卯月庚申日己卯時交驚蟄。	驚蟄【二月節】。驚蟄：桃始華，倉庚鳴，鷹化為鳩。
17	春分	2011/3/21 星期一	辛卯年 二月 十七日	07時37分【辰時】交春分；即辛卯年辛卯月乙亥日庚辰時交春分。	春分【二月氣】。春分：玄鳥至，雷乃發聲，始電。
18	清明	2011/4/5 星期二	辛卯年 三月 初三日	11時46分【午時】交清明；即辛卯年壬辰月庚寅日壬午時交清明。	清明【三月節】。清明：桐始華，田鼠化為鴽，虹始見。
19	穀雨	2011/4/20 星期三	辛卯年 三月 十八日	18時56分【酉時】交穀雨；即辛卯年壬辰月乙巳日乙酉時交穀雨。	穀雨【三月氣】。穀雨：萍始生，鳴鳩拂其羽。
20	立夏	2011/5/6 星期五	辛卯年 四月 初四日	05時20分【卯】交立夏；即辛卯年癸巳月辛酉日辛卯時交立夏。	立夏【四月節】。立夏：螻蟈鳴，蚯蚓出，王瓜生。

序	紀事	日期星期	農曆	日干支或交節氣時間	說明
21	小滿	2011/5/21 星期六	辛卯年四月十九日	18時18分【酉時】交小滿；即辛卯年癸巳月丙子日丁酉時交小滿。	小滿【四月氣】。小滿：苦菜秀，靡草死，麥秋至。
22	芒種	2011/6/6 星期一	辛卯年五月初五日	09時43分【巳時】交芒種；即辛卯年甲午月壬辰日乙巳時交芒種。	芒種【五月節】。芒種：螳螂生，鵙始鳴，反舌無聲。
23	夏至	2011/6/22 星期三	辛卯年五月十一日	02時24分【丑時】交夏至；即辛卯年甲午月戊申日癸丑時交夏至。	夏至【五月氣】。夏至：鹿角解，蜩始鳴，半夏生。
24	小暑	2011/7/7 星期四	辛卯年六月初七日	20時06分【戌時】交小暑；即辛卯年乙未月癸亥日壬戌時交小暑。	小暑【六月節】。小暑：溫風至，蟋蟀居壁，鷹始摯。
25	大暑	2011/7/23 星期六	辛卯年六月二十三	13時17分【未時】交大暑；即辛卯年乙未月己卯日辛未時交大暑。	大暑【六月氣】。大暑：腐草為螢，土潤溽暑，大雨時行。
26	立秋	2011/8/8 星期一	辛卯年七月初九日	05時49分【卯時】交立秋；即辛卯年丙申月乙未日己卯時交立秋。	立秋【七月節】。立秋：涼風至，白露降，寒蟬鳴。
27	處暑	2011/8/23 星期二	辛卯年七月二十四	20時13分【戌時】交處暑；即辛卯年丙申月庚戌日丙戌時交處暑。	處暑【七月氣】。處暑：鷹乃祭鳥，天地始肅，禾乃登。
28	白露	2011/9/8 星期四	辛卯年八月十一日	08時33分【辰時】交白露；即辛卯年丁酉月丙寅日壬辰時交白露。	白露【八月節】。白露：鴻雁來，玄鳥歸，群鳥養羞。
29	秋分	2011/9/23 星期五	辛卯年八月二十六	17時37分【酉時】交秋分；即辛卯年丁酉月辛巳日丁酉時交秋分。	秋分【八月氣】。秋分：雷始收聲，蟄蟲坯戶，水始涸。
30	寒露	2011/10/8 星期六	辛卯年九月十二日	23時57分【夜子時】交寒露；即辛卯年戊戌月丙申日庚子時交寒露。	寒露【九月節】。寒露：鴻雁來賓，雀入大水為蛤，菊有黃華。
31	霜降	2011/10/24星期一	辛卯年九月二十八	00時05分【早子時】交霜降；即辛卯年戊戌月壬子日庚子時交霜降。	霜降【九月氣】。霜降：豺乃祭獸，草木黃落，蟄蟲咸俯。
32	立冬	2010/11/8 星期二	辛卯年十月十三日	02時52分【丑時】交立冬；即辛卯年己亥月丁卯日辛丑時交立冬。	立冬【十月節】。立冬：水始冰，地始凍，雉入大水為蜃。
33	小雪	2011/11/23星期三	辛卯年十月二十八	00時05分【早子時】交小雪；即辛卯年己亥月壬午日庚子時交小雪。	小雪【十月氣】。小雪：虹藏不見，天氣上升地氣下降，閉塞而成冬。
34	大雪	2011/12/7 星期三	辛卯年十一月十三日	19時32分【戌時】交大雪；即辛卯年庚子月丙申日戊戌時交大雪。	大雪【十一月節】。大雪：鶡鴠不鳴，虎始交，荔挺出。
35	冬至	2011/12/22星期四	辛卯年十一月二十八	13時18分【未時】交冬至；即辛卯年庚子月辛亥日乙未時交冬至。	冬至【十一月氣】。冬至：蚯蚓結，麋角解，水泉動。
36	春牛芒神服色				春牛經：造辛卯年春牛芒神，用庚寅年冬至後辰日【2011/1/1為丙辰日】於歲德方【庚寅年歲德在庚方】取水土成造，用桑柘木為胎骨。牛身高四尺象四時，頭至尾樁長八尺象八節，牛頭色白，牛身青色，
37					牛腹青色，牛角耳尾白色，牛脛青色，牛蹄青色，牛尾長一尺二寸，象十二月，牛尾右繳，牛口合，牛籠頭拘繩用麻繩，拘子用桑柘木紅色，牛踏板用縣門右扇。芒神身高三尺六寸五分象三百六十五日，芒
38					神面如少壯像，白衣紅腰帶，平梳兩髻在耳後，罨耳用左手提；行纏鞋袴俱全，右行纏懸於腰，芒神鞭杖用柳枝長二尺四寸象二十四氣，行纏鞋袴俱全，右行纏懸於腰，芒神鞭杖用柳枝長二尺四寸，象二十
39					四氣，鞭結用麻結，用五色醮染，芒神忙與牛並立於牛右。

擇日曆書使用須知

1 本擇日曆書係依據欽定萬年曆、協記辨方書、星歷考原、選擇求眞、選吉探源、鰲頭通書、象吉通書、御定奇門寶鑑、奇門遁甲全書、中國神秘造命開運法等書資料整理而成。爲擇日選吉用事及造命開運之參考。

2 日期節日：爲配合電腦化作業，本擇日曆書日期採用西元年/月/日方式，例如 2011/1/8，2011 爲西元之紀年，其後之 1/8 即爲陽曆之 1 月 8 日，其後有星期幾；該日若爲節日或紀念日即註明節日或紀念日名稱；民俗節日造命開運法於綜合利用篇另述。若該日逢交節或交氣會註明交節氣名稱及時間。逢交節換月時，同一日列有三筆資料，分別爲上月此日、節氣、下月此日之資料；交氣時，會於此日前增列一筆節氣資料。

3 吉神凶神○：係依據協記辨方書卷二十月表一至卷三十一月表十二中所列之吉神凶神編列；並配合二十四節氣、土王用事等修正。使用時須參考干支欄之建除十二神、寶義專制伐日等資料方爲齊備。各吉神凶神之所宜所忌詳見【用事】及【宜忌】，爲用事選擇之重要參考。

4 農曆：即農曆年及農曆之月日，並註明該日之神煞，農曆神煞之宜忌詳見【農曆神煞宜忌】；由於協記辨方書宜忌及月表所用神煞，農曆神煞僅有長星短星等，故例表供爲參考。

5 干支：係將年月日之干支及日納音、當日所屬之節氣、建除十二神、寶義專制伐日、二十八宿等資料列入；可與格局欄相互參考，如有格局，配合協記吉時、貴登天門等欄吉時可立刻取出大八字以備造命開運使用。又由於協記辨方書月表編製時並未將二十八宿列入考量，特整理【二十八宿用事宜忌】供爲參考。

6 用事宜忌○：協記辨方書卷十一用事計分爲御用六十七事、民用三十七事及通書選擇六十事；卷二十至卷三十一之十二月月表內所列宜忌用事即係依照通書選擇六十事編列；爲期擇日選吉更爲可信，今將御用所列有而通書選擇未列之用事如頒詔覃恩肆赦等予以整理編列，使用事更能符合實際需要。又爲方便區別以【】分隔；前者爲通書選擇六十事用事，後者【】內者爲增列之御用用事。整理後之用事宜忌資料完整，可供一般大眾或政府單位、企業財團用事之參考。

7 協記吉時：係依據協記辨方書卷三十二日表六十日時辰定局摘吉時要整理而成，●係指爲黃道吉時有吉神無凶神，◎係指爲黃道吉時有吉神也有凶神，○係指爲黑道凶時但吉神多凶神少而可用者。

8 貴登天門：係依據協記辨方書卷三十二日表貴登天門時定局所算出的每日貴登天門時；四大吉時部分係依據日表四大吉時定局所算出的每日四大吉時；貴登天門時及四大吉時與前協記吉時相配合可爲擇吉時之重要參考。

9 日家奇門：共包含日家奇門遁甲陽遁或陰遁、日干支、吉方及吉方門星等資料；以及年月日紫白九星資料。前者配合日家奇門局、日家八門宜忌、日家九星宜忌、日家八門九星斷例、日家十二神宜忌等資料，爲擇吉方之參考。後者係指年月日之紫白九星，例如年四綠即表示此年是四綠入中宮，月日同推，配合時紫白則年月日時齊備，爲擇吉方之參考。紫白九星飛佈，可參看年神方位圖第一層及第二層，下元辛卯年爲七赤入中宮。一白六白八白及九紫爲吉方。

○ 時家奇門遁甲：係指每日十二時辰之時家奇門遁甲吉格局方向方位資料，配合時家奇門遁甲吉格用事宜忌資料，爲擇日時吉方之參考。

◎ 忌用：例如申年生人屬猴忌用此日，即係因此日地支爲寅，寅申沖，大凶不吉，故申年出生屬猴之人切忌於此日用事。胎神占方則供有孕婦之人家注意。

日期節日	吉神凶神○	農曆	干支	用事宜忌○	協記吉時	貴登天門	日家奇門	時家奇門遁甲	忌用
2011/1/1 星期六 開國紀念日	吉神：月空三合臨日時陰天倉聖心 凶神：死氣天牢	庚寅年 十一月 二十七日 農曆神煞	庚寅年 戊子月 丙辰日 沙中土 冬至 定日 寶日 氐宿	宜：祭祀祈福上冊受封上表章會親友冠帶上官赴任臨政親民結婚姻納采問名嫁娶進人口裁衣修造動土豎柱上梁修倉庫經絡醞釀立券交易納財安碓磑納畜【慶賜賞賀修宮室繕城郭】　忌：解除求醫療病修置產室栽種【安撫邊境選將訓兵出師】	●庚寅時 ◎壬辰時 ◎癸巳時 ●丙申時 ●丁酉時 ●己亥時	己丑時 四大吉時 庚寅時 癸巳時 丙申時 己亥時	日家奇遁 陽遁丙辰 吉方坤方 休門青龍 紫白九星 年八白 月一白 日八白	丙辰日，冬至中元，陽七局；辛卯時巽方地遁2人遁1風遁2休詐；乙未時中宮青龍返首；	戌年生人屬狗忌用此日廚灶栖外正東
2011/1/2 星期日	吉神：月德合五富不將益後 凶神：劫煞小耗四廢重日元武	庚寅年 十一月 二十八日 農曆神煞 大空亡，四不祥	庚寅年 戊子月 丁巳日 沙中土 冬至 執日 專日 房宿	宜：祭祀捕捉【覃恩肆赦施恩惠恤孤惸行惠愛雪冤枉緩刑獄】 忌：祈福求嗣上冊受封上表章襲爵受封會親友冠帶出行上官赴任臨政親民結婚姻納采問名嫁娶進人口移徙安床解除剃頭求醫療病裁衣築堤防修造動土豎柱上梁修倉庫鼓鑄經絡醞釀開市立券交易納財開倉庫出貨財修置產室開渠穿井安碓磑補垣塞穴修飾垣牆破屋壞垣畋獵取魚栽種牧養納畜破土安葬啟攢【布政事修宮室】	◎辛丑時 ●甲辰時 ●丙午時 ●丁未時 ○己酉時 ●庚戌時 ◎辛亥時	癸卯時 四大吉時 壬寅時 乙巳時 戊申時 辛亥時	日家奇遁 陽遁丁巳 吉方兌方 生門太乙 紫白九星 年八白 月一白 日九紫	丁巳日，冬至中元，陽七局；庚子時乾方人遁1休詐；乙巳時坤方鬼遁3重詐；丙午時乾方地遁2人遁2真詐；丁未時艮方風遁6鬼遁3鬼遁4重詐；庚戌時中宮青龍返首；辛亥時兌方鬼遁3重詐；	亥年生人屬豬忌用此日倉庫床外正東
2011/1/3 星期一	吉神：陽德六儀續世解神司命 凶神：月破大耗災煞天火厭對招搖五虛血忌	庚寅年 十一月 二十九日 農曆神煞 赤口	庚寅年 戊子月 戊午日 天上火 冬至 破日 義日 心宿	宜：【施恩惠恤孤惸行惠愛雪冤枉緩刑獄】　忌：諸事不宜【頒詔施恩封拜招賢舉正直宣政事布政事慶賜賞賀安撫邊境選將訓兵出師營建宮室修宮室繕城郭】	◎壬子時 ◎癸丑時 ●乙卯時 ◎戊午時 ○己未時 ●庚申時 ●辛酉時	四大吉時 甲寅時 丁巳時 庚申時 癸亥時	日家奇遁 陽遁戊午 吉方巽方 生門青龍 紫白九星 年八白 月一白 日一白	戊午日，冬至中元，陽七局；壬子時巽方鬼遁3重詐；癸丑時坎方龍遁4鬼遁3重詐；己未時中宮青龍返首；	子年生人屬鼠忌用此日房床碓外正東
2011/1/4 星期二	吉神：要安 凶神：月煞月虛月害四擊八專勾陳	庚寅年 十二月 初一日 農曆神煞	庚寅年 戊子月 己未日 天上火 冬至 危日 專日 尾宿	宜：伐木畋獵　忌：祈福求嗣上冊受封上表章襲爵受封會親友冠帶出行上官赴任臨政親民結婚姻納采問名嫁娶進人口移徙安床解除剃頭整手足甲求醫療病裁衣築堤防修造動土豎柱上梁修倉庫鼓鑄經絡醞釀開市立券交易納財開倉庫出貨財修置產室開渠穿井安碓磑補垣塞穴修飾垣牆破屋壞垣栽種牧養納畜破土安葬啟攢【頒詔施恩封拜招賢舉正直宣政事布政事慶賜賞賀安撫邊境選將訓兵出師營建宮室修宮室繕城郭】	●丙寅時 ●丁卯時 ●己巳時 ○庚午時 ○辛未時 ◎壬申時 ●甲戌時 ◎乙亥時	戊辰時 四大吉時 丙寅時 己巳時 壬申時 乙亥時	日家奇遁 陽遁己未 吉方艮方 開門天乙 紫白九星 年八白 月一白 日二黑	己未日，冬至下元，陽四局；丙寅時坤方青龍返首；己巳時坤方青龍返首；壬申時巽方飛鳥跌穴；甲戌時坎方人遁1休詐；	丑年生人屬牛忌用此日占門廁外正東

日期節日	吉神凶神○	農曆	干支	用事宜忌○	協記吉時	貴登天門	日家奇門	時家奇門遁甲	忌用
2011/1/5 星期三	吉神：母倉三合天喜天醫玉宇除神青龍鳴吠 凶神：九坎九焦土符大煞五離八專	庚寅年 十二月 初二日 農曆神煞 龍禁	庚寅年 戊子月 庚申日 石榴木 冬至 成日 專日 箕宿	宜：襲爵受封會親友入學出行上官赴任臨政親民進人口移徙解除沐浴剃頭整手足甲求醫療病裁衣豎柱上梁醞釀開市立券交易納財掃舍宇伐木牧養納畜安葬【施恩封拜舉正直】　忌：結婚姻納采問名嫁娶安床築堤防修造動土修倉庫鼓鑄經絡修置產室開渠穿井安碓磑補垣塞穴修飾垣牆平治道塗破屋壞垣取魚乘船渡水栽種破土【選將訓兵出師營建宮室】	◎丙子時 ◎丁丑時 ●庚辰時 ●辛巳時 ◎癸未時 ○甲申時 ◎丙戌時	四大吉時 戊寅時 辛巳時 甲申時 丁亥時	日家奇遁 陽遁庚申 吉方艮方 開門太陰 紫白九星 年八白 月一白 日三碧	庚申日，冬至下元，陽四局；丙子時坎方人遁1休詐；丁丑時巽方人遁1休詐；戊寅時巽方飛鳥跌穴、兌方人遁1休詐；庚辰時坤方青龍返首；癸未時乾方人遁1休詐；乙酉時坎方天遁1重詐；丙戌時巽方飛鳥跌穴天遁3重詐；丁亥時兌方虎遁6重詐；	寅年 生人 屬虎 忌用 此日 碓磨 爐外 東南
2011/1/6 星期四 00時50分 【早子】 交小寒節 節前使用 為戊子月	吉神：母倉金堂除神明堂鳴吠 凶神：河魁大時大敗咸池四耗地囊五離	庚寅年 十二月 初三日 農曆神煞 大空亡	庚寅年 戊子月 辛酉日 石榴木 冬至 收日 專日 斗宿	宜：沐浴剃頭整手足甲掃舍宇捕捉畋獵　忌：祈福求嗣上冊受封上表章襲爵受封會親友冠帶出行上官赴任臨政親民結婚姻納采問名嫁娶進人口移徙安床解除求醫療病裁衣築堤防修造動土豎柱上梁修倉庫鼓鑄經絡醞釀開市立券交易納財開倉庫出貨財修置產室開渠穿井安碓磑補垣修飾垣牆平治道塗破屋壞垣取魚乘船渡水栽種牧養納畜破土安葬啟攢【頒詔施恩封拜招賢舉正直宣政事布政事慶賜賞賀安撫邊境選將訓兵出師營建宮室修宮室繕城郭】	◎戊子時 ●庚寅時 ◎辛卯時 ●甲午時 ●乙未時 ◎丁酉時	四大吉時 庚寅時 癸巳時 丙申時 己亥時	日家奇遁 陽遁辛酉 吉方離方 生門太陰 紫白九星 年八白 月一白 日四綠	辛酉日，冬至下元，陽四局；戊子時艮方重詐；己丑時巽方飛鳥跌穴；庚寅時震方地遁2人遁1休詐；辛卯時離方重詐；壬辰時乾方重詐、坤方青龍返首；癸巳時乾方地遁2人遁1休詐；甲午時坎方人遁4真詐；乙未時離方人遁2鬼遁2真詐；丙申時乾方人遁2鬼遁2真詐；丁酉時震方人遁4真詐、坤方青龍返首；	卯年 生人 屬兔 忌用 此日 廚灶 門外 東南
2011/1/6 星期四 00時50分 【早子】 交小寒節 十二月節 己丑月	太陽過黃經二八五度，氣候稍寒【斗指戊為小寒，時天氣漸寒，尚未大冷，故名小寒】			小寒十二月節天道西行宜向西行宜修造西方；天德在庚天德合在乙月德在庚月德合在乙月空在甲宜修造取土；月建在丑月破在未月厭在亥月刑在戌月害在午劫煞在寅災煞在卯月煞在辰忌修造取土；初九日長星、二十五日短星；小寒後三十日往亡、土王用事後忌修造動土巳午日添母倉；大寒十二月中日躔在子宮為十二月將宜用癸乙丁辛時；					
2011/1/6 星期四 00時50分 【早子】 交小寒節 節後使用 為己丑月	吉神：母倉月恩三合臨日天喜天醫除神鳴吠 凶神：四耗大煞五離勾陳	庚寅年 十二月 初三日 農曆神煞 大空亡	庚寅年 己丑月 辛酉日 石榴木 小寒 成日 專日 斗宿	宜：祭祀祈福求嗣上冊受封上表章襲爵受封入學出行上官赴任臨政親民結婚姻納采問名嫁娶進人口移徙解除沐浴剃頭整手足甲求醫療病裁衣築堤防修造動土豎柱上梁修倉庫經絡開市立券交易納財開倉庫出貨財安碓磑掃舍宇栽種牧養納畜破土安葬【施恩封拜舉正直修宮室繕城郭】　忌：會親友醞釀【選將訓兵出師】	◎戊子時 ●庚寅時 ◎辛卯時 ●甲午時 ●乙未時 ◎丁酉時	四大吉時 庚寅時 癸巳時 丙申時 己亥時	日家奇遁 陽遁辛酉 吉方離方 生門太陰 紫白九星 年八白 月九紫 日四綠	辛酉日，冬至下元，陽四局；戊子時艮方重詐；己丑時巽方飛鳥跌穴；庚寅時震方地遁2人遁1休詐；辛卯時離方重詐；壬辰時乾方重詐、坤方青龍返首；癸巳時乾方地遁2人遁1休詐；甲午時坎方人遁4真詐；乙未時離方人遁2鬼遁2真詐；丙申時乾方人遁2鬼遁2真詐；丁酉時震方人遁4真詐、坤方青龍返首；	卯年 生人 屬兔 忌用 此日 廚灶 門外 東南

日期節日	吉神凶神○	農曆	干支	用事宜忌○	協記吉時	貴登天門	日家奇門	時家奇門遁甲	忌用
2011/1/7 星期五	吉神：聖心青龍 凶神：天罡月刑五虛	庚寅年 十二月 初四日 農曆神煞四不祥，赤口	庚寅年 己丑月 壬戌日 大海水 小寒 收日 伐日 牛宿	宜：祭祀捕捉畋獵　忌：祈福求嗣上冊受封上表章襲爵受封會親友冠帶出行上官赴任臨政親民結婚姻納采問名嫁娶進人口移徙安床解除剃頭整手足甲求醫療病裁衣築堤防修造動土豎柱上梁修倉庫鼓鑄經絡醞釀開市立券交易納財開倉庫出貨財修置產室開渠穿井安碓磑補垣塞穴修飾垣牆破屋壞垣栽種牧養納畜破土安葬啟攢【頒詔施恩封拜招賢舉正直宣政事布政事慶賜賞賀安撫邊境選將訓兵出師營建宮室修宮室繕城郭】	◎壬寅時 ◎甲辰時 ●乙巳時 ◎戊申時 ◎己酉時 ●辛亥時	四大吉時 壬寅時 乙巳時 戊申時 辛亥時	日家奇遁陽遁壬戌吉方震方開門太乙紫白九星年八白月九紫日五黃	壬戌日，冬至下元，陽四局；辛丑時坎方人遁2鬼遁2真詐；癸卯時巽方飛鳥跌穴；戊申時坤方青龍返首；庚戌時巽方飛鳥跌穴天遁4風遁3；	辰年生人屬龍忌用此日倉庫栖外東南
2011/1/8 星期六	吉神：陰德王日驛馬天后時陽生氣益後明堂 凶神：月厭地火四窮六蛇重日大會陰錯	庚寅年 十二月 初五日 農曆神煞四方耗，月忌	庚寅年 己丑月 癸亥日 大海水 小寒 開日 專日 女宿	宜：【覃恩肆赦施恩惠恤孤惸行惠愛雪冤枉緩刑獄】　忌：諸事不宜【布政事營建宮室】	◎癸丑時 ○乙卯時 ●丙辰時 ●戊午時 ◎己未時 ◎壬戌時 ◎癸亥時	己未時 辛酉時 四大吉時 甲寅時 丁巳時 庚申時 癸亥時	日家奇遁陽遁癸亥吉方巽方休門太乙紫白九星年八白月九紫日六白	癸亥日，冬至下元，陽四局；乙卯時巽方飛鳥跌穴天遁4風遁3；丁巳時兌方地遁2雲遁1重詐；辛酉時坤方青龍返首；	巳年生人屬蛇忌用此日占房床外東南
2011/1/9 星期日	吉神：月空天恩天赦天願四相官日六合續世 凶神：天吏致死血支土符歸忌血忌天刑	庚寅年 十二月 初六日 農曆神煞六壬空	庚寅年 己丑月 甲子日 海中金 小寒 閉日 義日 虛宿	宜：祭祀沐浴裁衣經絡醞釀安葬【覃恩肆赦施恩惠恤孤惸行惠愛雪冤枉緩刑獄】　忌：【出師】	●甲子時 ●乙丑時 ○丙寅時 ◎丁卯時 ◎庚午時 ◎壬申時 ◎癸酉時	己巳時 乙亥時 四大吉時 丙寅時 己巳時 壬申時 乙亥時	日家奇遁陽遁甲子吉方艮方生門太乙紫白九星年八白月九紫日一白	甲子日，小寒上元，陽二局；甲子時坎方人遁1地遁2休詐；丙寅時乾方地遁2人遁1休詐、離方青龍返首；辛未時坎方地遁2人遁1休詐；壬申時震方地遁1人遁1休詐；癸酉時艮方地遁2人遁1風遁4休詐、坤方飛鳥跌穴；甲戌時坎方地遁2重詐；乙亥時震方人遁2真詐；	午年生人屬馬忌用此日占門碓外東南
2011/1/10 星期一	吉神：天德合月德合天恩四相守日要安 凶神：月建小時土府往亡朱雀	庚寅年 十二月 初七日 農曆神煞小空亡，四不祥	庚寅年 己丑月 乙丑日 海中金 小寒 建日 制日 危宿	宜：祭祀祈福求嗣會親友結婚姻納采問名解除裁衣豎柱上梁納財開倉庫出貨財牧養納畜安葬【覃恩肆赦施恩封拜舉正直施恩惠恤孤惸布政事行惠愛雪冤枉緩刑獄慶賜賞賀】　忌：上冊受封上表章冠帶出行上官赴任臨政親民嫁娶進人口移徙求醫療病築堤防修造動土修倉庫修置產室開渠穿井安碓磑補垣修飾垣牆平治道塗破屋壞垣伐木捕捉畋獵取魚栽種破土	○丙子時 ○丁丑時 ●戊寅時 ●己卯時 ◎辛巳時 ●甲申時 ◎丙戌時 ◎丁亥時	丙子時 庚辰時 四大吉時 戊寅時 辛巳時 甲申時 丁亥時	日家奇遁陽遁乙丑吉方艮方生門天乙紫白九星年八白月九紫日二黑	乙丑日，小寒上元，陽二局；丙子時震方地遁1鬼遁5重詐；丁丑時離方青龍返首；戊寅時巽方地遁2風遁2雲遁6鬼遁5重詐；己卯時坎方地遁2人遁3重詐；庚辰時艮方地遁2鬼遁5重詐、坤方飛鳥跌穴；辛巳時乾方人遁2真詐；甲申時艮方鬼遁3鬼遁4重詐；丙戌時坤方飛鳥跌穴天遁3；	未年生人屬羊忌用此日碓磨廁外東南

日期節日	吉神凶神○	農曆	干支	用事宜忌○	協記吉時	貴登天門	日家奇門	時家奇門遁甲	忌用
2011/1/11 星期二 司法節	吉神：天恩時德相日吉期不將玉宇五合金匱鳴吠對 凶神：劫煞天賊五虛	庚寅年 十二月 初八日 農曆神煞龍禁	庚寅年 己丑月 丙寅日 爐中火 小寒 除日 義日 室宿	宜：沐浴掃舍宇【覃恩肆赦施恩惠恤孤惸行惠愛雪冤枉緩刑獄】 忌：祭祀上冊受封上表章出行求醫療病修倉庫開倉庫出貨財【頒詔招賢宣政事營建宮室】	●戊子時 ●己丑時 ◎壬辰時 ◎癸巳時 ●乙未時 ◎戊戌時	己丑時 四大吉時 庚寅時 癸巳時 丙申時 己亥時	日家奇遁陽遁丙寅吉方坎方休門太乙紫白九星年八白月九紫日三碧	丙寅日，小寒上元，陽二局；己丑時坎方鬼遁3重詐、離方青龍返首；辛卯時巽方鬼遁3重詐；甲午時坎方人遁1地遁2休詐；乙未時巽方地遁2人遁1風遁2休詐；丙申時離方青龍返首；丁酉時離方地遁2人遁1休詐；戊戌時坎方地遁2人遁1休詐；	申年生人屬猴忌用此日廚灶爐外正南
2011/1/12 星期三	吉神：天恩民日天巫福德天倉不將金堂五合寶光鳴吠對 凶神：災煞天火	庚寅年 十二月 初九日 農曆神煞長星，天地凶敗	庚寅年 己丑月 丁卯日 爐中火 小寒 滿日 義日 壁宿	宜：祭祀【覃恩肆赦施恩惠恤孤惸行惠愛雪冤枉緩刑獄】 忌：祈福求嗣上冊受封上表章襲爵受封會親友冠帶出行上官赴任臨政親民結婚姻納采問名嫁娶進人口移徙安床解除剃頭整手足甲求醫療病裁衣築堤防修造動土豎柱上梁修倉庫鼓鑄苫蓋經絡醞釀開市立券交易納財開倉庫出貨財修置產室開渠穿井安碓磑補垣塞穴修飾垣牆破屋壞垣栽種牧養納畜破土安葬啟攢【頒詔施恩封拜招賢舉正直宣政事安撫邊境選將訓兵出師營建宮室】	◎庚子時 ◎壬寅時 ◎癸卯時 ●丙午時 ●丁未時 ◎己酉時	癸卯時 四大吉時 壬寅時 乙巳時 戊申時 辛亥時	日家奇遁陽遁丁卯吉方離方開門太陰紫白九星年八白月九紫日四綠	丁卯日，小寒上元，陽二局；癸卯時艮方地遁2人遁1風遁4休詐、坤方飛鳥跌穴；甲辰時艮方人遁2鬼遁2真詐；乙巳時坤方飛鳥跌穴；	酉年生人屬雞忌用此日倉庫門外正南
2011/1/13 星期四	吉神：天恩天馬 凶神：河魁死神月煞月虛五墓白虎	庚寅年 十二月 初十日 農曆神煞赤口	庚寅年 己丑月 戊辰日 大林木 小寒 平日 專日 奎宿	宜：祭祀【覃恩肆赦施恩惠恤孤惸行惠愛雪冤枉緩刑獄】 忌：諸事不宜【頒詔施恩封拜招賢舉正直安撫邊境選將訓兵出師營建宮室修宮室繕城郭】	◎甲寅時 ◎丙辰時 ●丁巳時 ●庚申時 ●辛酉時 ◎癸亥時	 四大吉時 甲寅時 丁巳時 庚申時 癸亥時	日家奇遁陽遁戊辰吉方坤方休門天乙紫白九星年八白月九紫日五黃	戊辰日，小寒上元，陽二局；甲寅時艮方人遁1休詐；癸丑時坎方人遁4真詐、離方青龍返首；乙卯時巽方人遁1休詐；丙辰時乾方人遁1休詐；丁巳時巽方地遁2人遁2風遁2真詐；戊午時坎方人遁1休詐、離方青龍返首；己未時坤方人遁1休詐；庚申時兌方人遁1休詐；辛酉時坎方人遁1休詐、離方青龍返首；壬戌時震方人遁1風遁6休詐、坤方飛鳥跌穴；癸亥時艮方人遁1休詐；	戌年生人屬狗忌用此日占房栖外正南
2011/1/14 星期五	吉神：三合時陰六儀玉堂 凶神：厭對招搖死氣九坎九焦復日重日	庚寅年 十一月 十一日 農曆神煞大空亡，瘟星入	庚寅年 己丑月 己巳日 大林木 小寒 定日 義日 婁宿	宜：會親友冠帶臨政親民結婚姻納采問名進人口裁衣修造動土豎柱上梁修倉庫經絡醞釀立券交易納財安碓磑牧養納畜【慶賜賞賀修宮室繕城郭】 忌：出行嫁娶解除求醫療病鼓鑄修置產室補垣塞穴取魚乘船渡水栽種破土安葬啟攢【安撫邊境選將訓兵出師】	◎乙丑時 ●戊辰時 ●庚午時 ●辛未時 ◎甲戌時 ◎乙亥時	戊辰時 四大吉時 丙寅時 己巳時 壬申時 乙亥時	日家奇遁陽遁己巳吉方離方開門青龍紫白九星年八白月九紫日六白	己巳日，小寒中元，陽八局；甲子時乾方重詐；乙丑時離方重詐；丙寅時乾方青龍返首；丁卯時巽方風遁3重詐；己巳時震方重詐；癸酉時艮方飛鳥跌穴天遁3重詐；甲戌時乾方人遁1休詐；乙亥時艮方飛鳥跌穴；	亥年生人屬豬忌用此日占門床外正南

日期節日	吉神凶神○	農曆	干支	用事宜忌○	協記吉時	貴登天門	日家奇門	時家奇門遁甲	忌用
2011/1/15 星期六 藥師節	吉神：天德月德敬安解神鳴吠 凶神：月害大時大敗咸池小耗五虛天牢	庚寅年 十二月 十二日 農曆神煞 六壬空	庚寅年 己丑月 庚午日 路傍土 小寒 執日 伐日 胃宿	宜：祭祀祈福求嗣上冊受封上表章襲爵受封會親友出行上官赴任臨政親民結婚姻納采問名嫁娶移徙解除沐浴剃頭整手足甲裁衣修造動土豎柱上梁修倉庫伐木捕捉栽種牧養納畜破土安葬【頒詔覃恩肆赦施恩惠恤孤惸宣政事行惠愛雪冤枉緩刑獄】 忌：求醫療病苫蓋經絡畋獵取魚【修宮室】	◎丙子時 ◎丁丑時 ●己卯時 ◎壬午時 ●甲申時 ●乙酉時	四大吉時 戊寅時 辛巳時 甲申時 丁亥時	日家奇遁 陽遁庚午 吉方震方 休門太陰 紫白九星 年八白 月九紫 日七赤	庚午日，小寒中元，陽八局；丙子時震方人遁1休詐；丁丑時乾方地遁2人遁2真詐；庚辰時巽方人遁1休詐；壬午時乾方青龍返首、坤方人遁1休詐；乙酉時離方地遁1鬼遁5重詐；丁亥時巽方地遁2風遁2重詐；	子年 生人 屬鼠 忌用 此日 占碓 磨外 正南
2011/1/16 星期日	吉神：月恩普護 凶神：月破大耗四擊九空元武	庚寅年 十二月 十三日 農曆神煞	庚寅年 己丑月 辛未日 路傍土 小寒 破日 義日 昴宿	宜：祭祀解除破屋壞垣 忌：祈福求嗣上冊受封上表章襲爵受封會親友冠帶出行上官赴任臨政親民結婚姻納采問名嫁娶進人口移徙安床剃頭整手足甲求醫療病裁衣築堤防修造動土豎柱上梁修倉庫鼓鑄經絡醞釀開市立券交易納財開倉庫出貨財修置產室開渠穿井安碓磑補垣塞穴修飾垣牆伐木栽種牧養納畜破土安葬啟攢【頒詔施恩封拜招賢宣政事布政事安撫邊境選將訓兵出師營建宮室修宮室繕城郭】	●庚寅時 ●辛卯時 ◎癸巳時 ○甲午時 ●丙申時 ◎戊戌時 ◎己亥時	四大吉時 庚寅時 癸巳時 丙申時 己亥時	日家奇遁 陽遁辛未 吉方巽方 生門太陰 紫白九星 年八白 月九紫 日八白	辛未日，小寒中元，陽八局；庚寅時兌方地遁2重詐；壬辰時艮方飛鳥跌穴；癸巳時艮方地遁2人遁3風遁4虎遁7重詐；丙申時艮方飛鳥跌穴；戊戌時巽方人遁2真詐；	丑年 生人 屬牛 忌用 此日 廚灶 廁外 西南
2011/1/17 星期一	吉神：母倉陽德五富福生除神司命鳴吠 凶神：遊禍五離 ：土王用事18	庚寅年 十二月 十四日 農曆神煞 龍禁，月忌，瘟星出	庚寅年 己丑月 壬申日 劍鋒金 小寒 危日 義日 畢宿	宜：祭祀沐浴剃頭整手足甲經絡醞釀開市納財開倉庫出貨財掃舍宇伐木畋獵牧養納畜安葬【施恩惠恤孤惸行惠愛雪冤枉緩刑獄安撫邊境選將訓兵】 忌：祈福求嗣會親友結婚姻納采問名安床解除求醫療病立券交易開渠【慶賜賞賀】【營建宮室修宮室繕城郭】築堤防修造動土修倉庫修置產室穿井安碓磑補垣修飾垣牆平治道塗破屋壞垣	●庚子時 ●辛丑時 ●甲辰時 ●乙巳時 ●丁未時 ◎庚戌時	四大吉時 壬寅時 乙巳時 戊申時 辛亥時	日家奇遁 陽遁壬申 吉方震方 休門青龍 紫白九星 年八白 月九紫 日九紫	壬申日，小寒中元，陽八局；壬寅時離方人遁2真詐；癸卯時乾方青龍返首；己酉時艮方飛鳥跌穴；庚戌時乾方青龍返首；	寅年 生人 屬虎 忌用 此日 倉庫 爐外 西南
2011/1/18 星期二	吉神：母倉三合臨日天喜天醫除神鳴吠 凶神：地囊大煞五離勾陳 ；土王用事17	庚寅年 十二月 十五日 農曆神煞 小空亡	庚寅年 己丑月 癸酉日 劍鋒金 小寒 成日 義日 觜宿	宜：上冊受封上表章襲爵受封入學出行上官赴任臨政親民結婚姻納采問名嫁娶進人口移徙解除沐浴剃頭整手足甲求醫療病裁衣豎柱上梁經絡醞釀開市立券交易納財掃舍宇牧養納畜安葬【施恩封拜舉正直】 忌：會親友築堤防修造動土修倉庫修置產室開渠穿井安碓磑補垣修飾垣牆平治道塗破屋壞垣栽種破土【選將訓兵出師營建宮室】【修宮室繕城郭】	◎壬子時 ●甲寅時 ◎乙卯時 ○丙辰時 ●戊午時 ◎己未時 ◎辛酉時	己未時 辛酉時 四大吉時 甲寅時 丁巳時 庚申時 癸亥時	日家奇遁 陽遁癸酉 吉方巽方 休門青龍 紫白九星 年八白 月九紫 日一白	癸酉日，小寒中元，陽八局；乙卯時艮方地遁2人遁1休詐；丁巳時艮方飛鳥跌穴；戊午時乾方青龍返首；辛酉時艮方飛鳥跌穴天遁4；	卯年 生人 屬兔 忌用 此日 房床 門外 西南

日期節日	吉神凶神○	農曆	干支	用事宜忌○	協記吉時	貴登天門	日家奇門	時家奇門遁甲	忌用
2011/1/19 星期三	吉神：月空四相聖心青龍 凶神：天罡月刑五虛八風 ；土王用事16	庚寅年 十二月 十六日 農曆神煞 四不祥，赤口	庚寅年 己丑月 甲戌日 山頭火 小寒 收日 制日 參宿	宜：祭祀捕捉畋獵　忌：祈福求嗣上冊受封上表章襲爵受封會親友冠帶出行上官赴任臨政親民結婚姻納采問名嫁娶進人口移徙安床解除剃頭整手足甲求醫療病裁衣築堤防修造動土豎柱上梁修倉庫鼓鑄經絡醞釀開市立券交易納財開倉庫出貨財修置產室開渠穿井安碓磑補垣塞穴修飾垣牆破屋壞垣取魚乘船渡水栽種牧養納畜破土安葬啟攢【頒詔招賢宣政事布政事安撫邊境選將訓兵出師營建宮室】【修宮室繕城郭】平治道塗	●丙寅時 ◎戊辰時 ●己巳時 ◎壬申時 ◎癸酉時 ●乙亥時	己巳時 乙亥時 四大吉時 丙寅時 己巳時 壬申時 乙亥時	日家奇遁陽遁甲戌吉方離方生門太乙紫白九星年八白月九紫日二黑	甲戌日，小寒下元，陽五局；乙丑時艮方地遁2雲遁1鬼遁5重詐；丙寅時坎方地遁2鬼遁5重詐；丁卯時巽方地遁2風遁2雲遁6鬼遁5重詐；癸酉時中宮飛鳥跌穴；乙亥時兌方人遁1休詐；	辰年生人屬龍忌用此日門雞栖外西南
2011/1/20 星期四 18時07分 【酉時】 交大寒氣 十二月氣 己丑月	太陽過黃經三○○度，氣候嚴寒【斗指癸為大寒，時大寒栗烈已極，故名大寒】								
2011/1/20 星期四 18時07分 【酉時】 交大寒氣 十二月氣 己丑月	吉神：天德合月德合四相陰德王日驛馬天后時陽生氣益後明堂 凶神：月厭地火重日　；土王用事15	庚寅年 十二月 十七日 農曆神煞 天乙絕氣	庚寅年 己丑月 乙亥日 山頭火 大寒 開日 義日 井宿	宜：祭祀祈福求嗣上冊受封上表章會親友入學解除沐浴裁衣豎柱上梁開市納財開倉庫出貨財牧養納畜【覃恩肆赦施恩惠恤孤惸行惠愛雪冤枉緩刑獄】　忌：出行上官赴任臨政親民結婚姻納采問名嫁娶移徙遠迴求醫療病伐木畋獵取魚栽種【布政事】【營建宮室修宮室繕城郭】築堤防開渠穿井補垣修飾垣牆平治道塗破屋壞垣破土	●丁丑時 ●庚辰時 ◎壬午時 ◎癸未時 ●丙戌時 ◎丁亥時	己卯時 丁亥時 四大吉時 丁丑時 辛巳時 癸未時 乙酉時 丁亥時	日家奇遁陽遁乙亥吉方離方生門天乙紫白九星年八白月九紫日三碧	乙亥日，小寒下元，陽五局；丙子時中宮飛鳥跌穴；戊寅時坎方人遁1休詐；己卯時坤方鬼遁3重詐；庚辰時震方鬼遁3重詐；辛巳時離方人遁1休詐；壬午時乾方人遁1休詐；	巳年生人屬蛇忌用此日碓磨床外西南
2011/1/21 星期五	吉神：官日六合不將續世鳴吠對 凶神：天吏致死血支土符歸忌血忌觸水龍天刑　；土王用事14	庚寅年 十二月 十八日 農曆神煞 六壬空	庚寅年 己丑月 丙子日 澗下水 大寒 閉日 伐日 鬼宿	宜：祭祀沐浴經絡醞釀安葬啟攢 忌：祈福求嗣上冊受封上表章襲爵受封會親友冠帶出行上官赴任臨政親民結婚姻納采問名嫁娶進人口移徙遠迴安床解除求醫療病療目針刺築堤防修造動土豎柱上梁修倉庫開市立券交易納財開倉庫出貨財修置產室開渠穿井安碓磑補垣修飾垣牆平治道塗破屋壞垣取魚乘船渡水栽種牧養納畜破土【頒詔施恩封拜招賢舉正直宣政事布政事慶賜賞賀安撫邊境選將訓兵出師營建宮室修宮室繕城郭】	●戊子時 ●己丑時 ◎辛卯時 ◎甲午時 ◎丙申時 ◎丁酉時	戊子時 四大吉時 辛卯時 癸巳時 乙未時 丁酉時	日家奇遁陽遁丙子吉方坎方生門天乙紫白九星年八白月九紫日四綠	丙子日，小寒下元，陽五局；辛卯時中宮飛鳥跌穴；	午年生人屬馬忌用此日倉庫廁外正西

日期節日	吉神凶神○	農曆	干支	用事宜忌○	協記吉時	貴登天門	日家奇門	時家奇門遁甲	忌用
2011/1/22 星期六	吉神：守日不將要安 凶神：月建小時土府往亡朱雀　；土王用事13	庚寅年 十二月 十九日 農曆神煞 四不祥，大空亡，楊公忌日	庚寅年 己丑月 丁丑日 澗下水 大寒 建日 寶日 柳宿	宜：【施恩封拜】　忌：祈福求嗣上冊受封上表章冠帶出行上官赴任臨政親民結婚姻納采問名嫁娶進人口移徙解除剃頭整手足甲求醫療病築堤防修造動土豎柱上梁修倉庫開倉庫出貨財修置產室開渠穿井安碓磑補垣修飾垣牆平治道塗破屋壞垣伐木捕捉畋獵取魚栽種破土安葬啟攢【頒詔招賢宣政事營建宮室修宮室缮城郭】	◎壬寅時 ◎癸卯時 ●乙巳時 ◎戊申時 ◎庚戌時 ●辛亥時	壬寅時 四大吉時 辛丑時 癸卯時 乙巳時 丁未時 辛亥時	日家奇遁 陽遁丁丑 吉方坎方 生門太陰 紫白九星 年八白 月九紫 日五黃	丁丑日，小寒下元，陽五局；壬寅時兌方地遁２人遁２真詐、中宮飛鳥跌穴；丙午時坎方重詐；戊申時中宮飛鳥跌穴；庚戌時離方重詐；	未年生人屬羊忌用此日房床爐外正西
2011/1/23 星期日 自由日	吉神：時德相日吉期玉宇五合金匱 凶神：劫煞天賊五虛　；土王用事12	庚寅年 十二月 二十日 農曆神煞 龍禁	庚寅年 己丑月 戊寅日 城頭土 大寒 除日 伐日 星宿	宜：沐浴掃舍宇　忌：祭祀上冊受封上表章出行求醫療病修倉庫開倉庫出貨財破土安葬啟攢【頒詔招賢宣政事布政事營建宮室】【修宮室缮城郭】築堤防修造動土修置產室開渠穿井安碓磑補垣修飾垣牆平治道塗破屋壞垣栽種	◎壬子時 ◎癸丑時 ●丙辰時 ◎丁巳時 ●己未時 ◎壬戌時	四大吉時 癸丑時 乙卯時 丁巳時 辛酉時 癸亥時	日家奇遁 陽遁戊寅 吉方坎方 生門咸池 紫白九星 年八白 月九紫 日六白	戊寅日，小寒下元，陽五局；乙卯時兌方地遁２人遁１休詐、中宮飛鳥跌穴；	申年生人屬猴忌用此日占大門外正西
2011/1/24 星期一	吉神：天恩民日天巫福德天倉不將金堂五合寶光 凶神：災煞天火復日　；土王用事11	庚寅年 十二月 二十一日 農曆神煞	庚寅年 己丑月 己卯日 城頭土 大寒 滿日 伐日 張宿	宜：祭祀【覃恩肆赦施恩惠恤孤惸行惠愛雪冤枉緩刑獄】　忌：祈福求嗣上冊受封上表章襲爵受封會親友冠帶出行上官赴任臨政親民結婚姻納采問名嫁娶進人口移徙安床解除剃頭整手足甲求醫療病裁衣築堤防修造動土豎柱上梁修倉庫鼓鑄苫蓋經絡醞釀開市立券交易納財開倉庫出貨財修置產室開渠穿井安碓磑補垣塞穴修飾垣牆破屋壞垣栽種牧養納畜破土安葬啟攢【頒詔施恩封拜招賢舉正直宣政事安撫邊境選將訓兵出師營建宮室】【修宮室缮城郭】平治道塗	◎甲子時 ●丙寅時 ●丁卯時 ●庚午時 ●辛未時 ◎癸酉時	丁卯時 四大吉時 乙丑時 丁卯時 辛未時 癸酉時 乙亥時	日家奇遁 陽遁己卯 吉方兌方 休門軒轅 紫白九星 年八白 月九紫 日七赤	己卯日，大寒上元，陽三局；甲子時坎方重詐；乙丑時坎方地遁２人遁１休詐；丙寅時坎方青龍返首、巽方地遁１人遁１風遁２休詐；丁卯時震方飛鳥跌穴、兌方人遁２鬼遁２真詐；戊辰時離方人遁４真詐、坤方地遁２人遁１休詐；己巳時兌方地遁２人遁１休詐；庚午時巽方重詐；辛未時坤方風遁５重詐；壬申時離方天遁１重詐；癸酉時乾方重詐；乙亥時震方飛鳥跌穴；	酉年生人屬雞忌用此日碓磨栖外正西
2011/1/25 星期二	吉神：天德月德天恩天馬不將 凶神：河魁死神月煞月虛白虎　；土王用事10	庚寅年 十二月 二十二日 農曆神煞 天休廢，赤口	庚寅年 己丑月 庚辰日 白蠟金 大寒 平日 義日 翼宿	宜：祭祀平治道塗【覃恩肆赦施恩惠恤孤惸行惠愛雪冤枉緩刑獄】　忌：祈福求嗣上冊受封上表章襲爵受封會親友冠帶出行上官赴任臨政親民結婚姻納采問名嫁娶進人口移徙安床解除剃頭整手足甲求醫療病裁衣築堤防修造動土豎柱上梁修倉庫鼓鑄經絡醞釀開市立券交易納財開倉庫出貨財修置產室開渠穿井安碓磑補垣塞穴修飾垣牆破屋壞垣畋獵取魚栽種牧養納畜破土安葬啟攢【修宮室】【營建宮室缮城郭】平治道塗	●戊寅時 ◎庚辰時 ●辛巳時 ◎甲申時 ◎乙酉時 ●丁亥時	四大吉時 丁丑時 辛巳時 癸未時 乙酉時 丁亥時	日家奇遁 陽遁庚辰 吉方乾方 生門太乙 紫白九星 年八白 月九紫 日八白	庚辰日，大寒上元，陽三局；庚辰時震方飛鳥跌穴；壬午時坎方地遁２人遁２真詐；癸未時坎方青龍返首；甲申時坎方人遁１休詐；	戌年生人屬狗忌用此日碓磨栖外正西

日期節日	吉神凶神○	農曆	干支	用事宜忌○	協記吉時	貴登天門	日家奇門	時家奇門遁甲	忌用
2011/1/26 星期三	吉神：三合時陰六儀玉堂；母倉 凶神：厭對招搖死氣九坎九焦重日　；土王用事9	庚寅年 十二月 二十三日 農曆神煞 小空亡，月忌	庚寅年 己丑月 辛巳日 白蠟金 大寒 定日 伐日 軫宿	宜：祭祀祈福求嗣襲爵受封會親友冠帶上官赴任臨政親民結婚姻納采問名進人口移徙裁衣豎柱上梁經絡立券交易納財開倉庫出貨財牧養納畜【施恩封拜慶賜賞賀修宮室缮城郭】　忌：出行嫁娶解除求醫療病鼓鑄醞釀修置產室補垣塞穴取魚乘船渡水破土安葬啟攢【安撫邊境選將訓兵出師】【營建宮室修宮室繕城郭】築堤防開渠穿井修飾垣牆平治道塗破屋壞垣	●己丑時 ◎壬辰時 ○癸巳時 ●甲午時 ●乙未時 ●戊戌時 ◎己亥時	四大吉時 辛卯時 癸巳時 乙未時 丁酉時	日家奇遁 陽遁辛巳 吉方兌方 休門太乙 紫白九星 年八白 月九紫 日九紫	辛巳日，大寒上元，陽三局；己丑時坎方青龍返首；庚寅時坎方人遁1休詐；辛卯時震方飛鳥跌穴；乙未時坎方青龍返首；戊戌時坎方地遁2鬼遁5重詐；	亥年生人屬豬忌用此日廚灶床外正西
2011/1/27 星期四	吉神：天恩敬安解神鳴吠；母倉 凶神：月害大時大敗咸池小耗五虛天牢；土王用事8	庚寅年 十二月 二十四日 農曆神煞 六壬空	庚寅年 己丑月 壬午日 楊柳木 大寒 執日 制日 角宿	宜：沐浴剃頭整手足甲伐木捕捉畋獵【覃恩肆赦施恩惠恤孤惸布政事行惠愛雪冤枉緩刑獄】 忌：祈福求嗣上冊受封上表章襲爵受封會親友冠帶出行上官赴任臨政親民結婚姻納采問名嫁娶進人口移徙安床解除求醫療病築堤防修造動土豎柱上梁修倉庫苫蓋經絡醞釀開市立券交易開倉庫出貨財修置產室開渠取魚乘船渡水破土安葬啟攢【施恩封拜招賢舉正直安撫邊境選將訓兵出師營建宮室修宮室缮城郭】穿井安碓磑補垣修飾垣牆平治道塗破屋壞垣	◎庚子時 ◎辛丑時 ◎癸卯時 ◎丙午時 ○丁未時 ◎戊申時 ◎己酉時	戊申時 四大吉時 辛丑時 癸卯時 乙巳時 丁未時 辛亥時	日家奇遁 陽遁壬午 吉方艮方 休門太乙 紫白九星 年八白 月九紫 日一白	壬午日，大寒上元，陽三局；庚子時坎方青龍返首、巽方地遁1風遁2重詐；辛丑時坤方地遁2人遁3雲遁4重詐；癸卯時乾方地遁2雲遁1鬼遁5神遁1重詐、震方飛鳥跌穴；乙巳時巽方風遁6鬼遁3重詐；丙午時震方飛鳥跌穴、兌方鬼遁3重詐；丁未時坎方青龍返首、震方鬼遁3重詐；戊申時坎方鬼遁3重詐；己酉時坤方人遁2真詐；	子年生人屬鼠忌用此日倉庫碓外西北
2011/1/28 星期五	吉神：月恩普護 凶神：月破大耗四擊九空觸水龍元武；土王用事7	庚寅年 十二月 二十五日 農曆神煞 短星，天地凶敗	庚寅年 己丑月 癸未日 楊柳木 大寒 破日 伐日 亢宿	宜：祭祀　忌：祈福求嗣上冊受封上表章襲爵受封會親友冠帶出行上官赴任臨政親民結婚姻納采問名嫁娶進人口移徙安床剃頭整手足甲求醫療病裁衣築堤防修造動土豎柱上梁修倉庫鼓鑄經絡醞釀開市立券交易納財開倉庫出貨財修置產室開渠穿井安碓磑補垣塞穴修飾垣牆伐木取魚乘船渡水栽種牧養納畜破土安葬啟攢【頒詔施恩封拜招賢宣政事布政事安撫邊境選將訓兵出師營建宮室】【修宮室繕城郭】平治道塗	●甲寅時 ●乙卯時 ○丙辰時 ●丁巳時 ◎庚申時 ◎壬戌時 ◎癸亥時	戊午時 庚申時 四大吉時 癸丑時 乙卯時 丁巳時 辛酉時 癸亥時	日家奇遁 陽遁癸未 吉方艮方 休門天乙 紫白九星 年八白 月九紫 日二黑	癸未日，大寒上元，陽三局；癸丑時乾方鬼遁3重詐；己未時震方飛鳥跌穴；辛酉時坎方青龍返首；	丑年生人屬牛忌用此日房床廁外西北
2011/1/29 星期六	吉神：月空母倉四相陽德五富福生除神司命鳴吠 凶神：遊禍五離　；土王用事6	庚寅年 十二月 二十六日 農曆神煞 龍禁	庚寅年 己丑月 甲申日 泉中水 大寒 危日 伐日 氐宿	宜：祭祀上表章襲爵受封出行上官赴任臨政親民移徙沐浴剃頭整手足甲裁衣豎柱上梁經絡醞釀開市納財掃舍宇伐木畋獵牧養納畜安葬【施恩封拜舉正直施恩惠恤孤惸行惠愛雪冤枉緩刑獄】 忌：祈福求嗣會親友結婚姻納采問名安床解除求醫療病立券交易開倉庫出貨財【出師】【營建宮室】築堤防修置產室開渠穿井安碓磑補垣修飾垣牆平治道塗破屋壞垣	●甲子時 ●乙丑時 ○丙寅時 ●戊辰時 ●己巳時 ◎辛未時 ●甲戌時	戊辰時 甲戌時 四大吉時 乙丑時 丁卯時 辛未時 癸酉時 乙亥時	日家奇遁 陽遁甲申 吉方坎方 開門太乙 紫白九星 年八白 月九紫 日三碧	甲申日，大寒中元，陽九局；甲子時乾方人遁1休詐；乙丑時離方人遁1休詐；丙寅時艮方人遁1休詐、兌方青龍返首；戊辰時乾方人遁1休詐；己巳時震方人遁2虎遁6真詐；辛未時離方飛鳥跌穴；壬申時兌方人遁1休詐；癸酉時坎方人遁1風遁6休詐；	寅年生人屬虎忌用此日占門爐外西北

日期節日	吉神凶神○	農曆	干支	用事宜忌○	協記吉時	貴登天門	日家奇門	時家奇門遁甲	忌用
2011/1/30 星期日	吉神：天德合月德合母倉四相三合臨日天喜天醫除神鳴吠 凶神：大煞五離勾陳　；土王用事5	庚寅年 十二月 二十七日 農曆神煞天休廢，大空亡	庚寅年 己丑月 乙酉日 泉中水 大寒 成日 伐日 房宿	宜：祭祀祈福求嗣上冊受封上表章襲爵受封入學出行上官赴任臨政親民結婚姻納采問名嫁娶進人口移徙解除沐浴剃頭整手足甲求醫療病裁衣豎柱上梁經絡醞釀開市立券交易納財開倉庫出貨財掃舍宇牧養納畜安葬【頒詔覃恩肆赦施恩封拜招賢舉正直施恩惠恤孤惸宣政事行惠愛雪冤枉緩刑獄營】　忌：會親友畋獵取魚栽種；修置產室開渠穿井補垣修飾垣牆平治道塗破屋壞垣	●丙子時 ●戊寅時 ◎己卯時 ◎壬午時 ◎癸未時 ○甲申時 ◎乙酉時 ○丁亥時	己卯時 丁亥時 四大吉時 丁丑時 辛巳時 癸未時 乙酉時 丁亥時	日家奇遁陽遁乙酉吉方離方休門太陰紫白九星年八白月九紫日四綠	乙酉日，大寒中元，陽九局；丙子時離方飛鳥跌穴；己卯時兌方重詐；辛巳時坎方重詐、兌方青龍返首；丁亥時艮方人遁２鬼遁２真詐、兌方青龍返首；	卯年生人屬兔忌用此日碓磨門外西北
2011/1/31 星期一	吉神：聖心青龍 凶神：天罡月刑五虛　；土王用事4	庚寅年 十二月 二十八日 農曆神煞四不祥，赤口	庚寅年 己丑月 丙戌日 屋上土 大寒 收日 寶日 心宿	宜：祭祀捕捉畋獵　忌：祈福求嗣上冊受封上表章襲爵受封會親友冠帶出行上官赴任臨政親民結婚姻納采問名嫁娶進人口移徙安床解除剃頭整手足甲求醫療病裁衣築堤防修造動土豎柱上梁修倉庫鼓鑄經絡醞釀開市立券交易納財開倉庫出貨財修置產室開渠穿井安碓磑補垣塞穴修飾垣牆破屋壞垣栽種牧養納畜破土安葬啟攢【頒詔施恩封拜招賢舉正直宣政事布政事慶賜賞賀安撫邊境選將訓兵出師營建宮室修宮室繕城郭】平治道塗	○戊子時 ●庚寅時 ◎壬辰時 ◎癸巳時 ●丙申時 ◎丁酉時 ○戊戌時 ●己亥時	戊子時 四大吉時 辛卯時 癸巳時 乙未時 丁酉時	日家奇遁陽遁丙戌吉方坤方生門天乙紫白九星年八白月九紫日五黃	丙戌日，大寒中元，陽九局；己丑時震方人遁２鬼遁２真詐；壬辰時離方飛鳥跌穴天遁３；戊戌時兌方青龍返首；己亥時離方飛鳥跌穴；	辰年生人屬龍忌用此日廚灶栖外西北
2011/2/1 星期二	吉神：陰德王日驛馬天后時陽生氣益後明堂 凶神：月厭地火重日　；土王用事3	庚寅年 十二月 二十九日 農曆神煞	庚寅年 己丑月 丁亥日 屋上土 大寒 開日 伐日 尾宿	宜：祭祀入學沐浴【覃恩肆赦施恩惠恤孤惸行惠愛雪冤枉緩刑獄】　忌：祈福求嗣上冊受封上表章襲爵受封會親友冠帶出行上官赴任臨政親民結婚姻納采問名嫁娶進人口移徙遠迴安床解除剃頭整手足甲求醫療病裁衣築堤防修造動土豎柱上梁修倉庫鼓鑄經絡醞釀開市立券交易納財開倉庫出貨財修置產室開渠穿井安碓磑補垣塞穴修飾垣牆平治道塗破屋壞垣伐木畋獵取魚栽種牧養納畜破土安葬啟攢【布政事出師營建宮室】【修宮室繕城郭】	●辛丑時 ●甲辰時 ◎丙午時 ◎丁未時 ○己酉時 ●庚戌時 ◎辛亥時	壬寅時 四大吉時 辛丑時 癸卯時 乙巳時 丁未時 辛亥時	日家奇遁陽遁丁亥吉方離方休門青龍紫白九星年八白月九紫日六白	丁亥日，大寒中元，陽九局；甲辰時艮方地遁２人遁３風遁４重詐；乙巳時離方飛鳥跌穴；丙午時離方地遁２重詐；丁未時震方人遁１休詐；戊申時乾方天遁２人遁１休詐；庚戌時兌方青龍返首；	巳年生人屬蛇忌用此日倉庫床外西北
2011/2/2 星期三 除夕	吉神：官日六合續世 凶神：天吏致死血支土符歸忌血忌天刑逐陣　；土王用事2	庚寅年 十二月 三十日 農曆神煞六壬空	庚寅年 己丑月 戊子日 霹靂火 大寒 閉日 制日 箕宿	宜：祭祀沐浴　忌：祈福求嗣上冊受封上表章襲爵受封會親友冠帶出行上官赴任臨政親民結婚姻納采問名嫁娶進人口移徙遠迴安床解除求醫療病療目針刺築堤防修造動土豎柱上梁修倉庫開市立券交易納財開倉庫出貨財修置產室開渠穿井安碓磑補垣修飾垣牆平治道塗破屋壞垣栽種牧養納畜破土【頒詔施恩封拜招賢舉正直宣政事布政事慶賜賞賀安撫邊境選將訓兵出師營建宮室修宮室繕城郭】	◎壬子時 ◎癸丑時 ◎乙卯時 ◎戊午時 ●庚申時 ●辛酉時	 四大吉時 癸丑時 乙卯時 丁巳時 辛酉時 癸亥時	日家奇遁陽遁戊子吉方坎方休門青龍紫白九星年八白月九紫日七赤	戊子日，大寒中元，陽九局；壬子時兌方人遁１休詐；癸丑時坎方人遁１休詐、兌方青龍返首；乙卯時巽方人遁２鬼遁２真詐；丁巳時兌方青龍返首；壬戌時離方飛鳥跌穴；	午年生人屬馬忌用此日房床碓外正北

日期節日	吉神凶神○	農曆	干支	用事宜忌○	協記吉時	貴登天門	日家奇門	時家奇門遁甲	忌用
2011/2/3 星期四 春節	吉神：守日不將要安 凶神：月建小時土府往亡復日朱雀　；土王用事1，立春前一日四絕	辛卯年 正月 初一日 農曆神煞	庚寅年 己丑月 己丑日 霹靂火 大寒 建日 專日 斗宿	宜：【施恩封拜】　忌：祈福求嗣上冊受封上表章冠帶出行上官赴任臨政親民結婚姻納采問名嫁娶進人口移徙解除剃頭整手足甲求醫療病築堤防修造動土豎柱上梁修倉庫開倉庫出貨財修置產室開渠穿井安碓磑補垣修飾垣牆平治道塗破屋壞垣伐木捕捉畋獵取魚栽種破土安葬啟攢【頒詔招賢宣政事選將訓兵出師營建宮室修宮室缮城郭】	○甲子時 ●丙寅時 ●丁卯時 ●己巳時 ◎壬申時 ◎甲戌時 ◎乙亥時	丁卯時 四大吉時 乙丑時 丁卯時 辛未時 癸酉時 乙亥時	日家奇遁陽遁己丑吉方乾方開門太乙紫白九星年八白月九紫日八白	己丑日，大寒下元，陽六局；乙丑時坎方人遁1休詐；丙寅時乾方飛鳥跌穴、巽方青龍返首；丁卯時坤方人遁1休詐；戊辰時震方人遁1休詐；庚午時離方人遁1休詐；癸酉時坎方人遁1休詐；	未年生人屬羊忌用此日占門廁外正北
2011/2/4 星期五 12時32分 【午時】 交立春節節前使用為己丑月	吉神：天德月德時德相日吉期不將玉宇五合金匱鳴吠對 凶神：劫煞天賊五虛　；立春前土王用事	辛卯年 正月 初二日 農曆神煞小空亡，四方耗，龍禁	庚寅年 己丑月 庚寅日 松柏木 大寒 除日 制日 牛宿	宜：上冊受封上表章襲爵受封會親友上官赴任臨政親民結婚姻納采問名嫁娶移徙解除沐浴剃頭整手足甲裁衣豎柱上梁立券交易納財掃舍宇牧養納畜安葬啟攢【覃恩肆赦施恩惠恤孤惸行惠愛雪冤枉緩刑獄】　忌：祭祀出行求醫療病修倉庫經絡開倉庫出貨財畋獵取魚【布政事】【營建宮室修宮室繕城郭】築堤防修置產室開渠穿井安碓磑補垣修飾垣牆平治道塗破屋壞垣	◎丙子時 ●丁丑時 ●庚辰時 ◎辛巳時 ◎癸未時 ◎丙戌時	 四大吉時 丁丑時 辛巳時 癸未時 乙酉時 丁亥時	日家奇遁陽遁庚寅吉方乾方開門天乙紫白九星年八白月九紫日九紫	庚寅日，大寒下元，陽六局；丁丑時乾方飛鳥跌穴、巽方青龍返首；乙酉時乾方飛鳥跌穴、巽方青龍返首；	申年生人屬猴忌用此日碓磨爐外正北
2011/2/4 星期五 12時32分 【午時】 交立春節 正月節 庚寅月	太陽過黃經三一五度，春季開始【斗指東北維為立春，時春氣始至，四時之卒始，故名立春】			立春正月節天道南行宜向南行宜修造南方；天德在丁天德合在壬月德在丙月德合在辛月空在壬宜修造取土；月建在寅月破在申月厭在戌月刑在巳月害在巳劫煞在亥災煞在子月煞在丑忌修造取土；初七日長星、二十一日短星；立春前一日四絕、後七日往亡；雨水正月中日躔在亥宮為正月將宜用甲丙庚壬時；					
2011/2/4 星期五 12時32分 【午時】 交立春節節後使用為庚寅月 農民節	吉神：王日天倉不將要安五合鳴吠對 凶神：月建小時土府往亡天刑　；小寒後三十日氣往亡	辛卯年 正月 初二日 農曆神煞小空亡，四方耗，龍禁	辛卯年 庚寅月 庚寅日 松柏木 立春 建日 制日 牛宿	宜：會親友裁衣立券交易納財納畜【覃恩肆赦施恩封拜舉正直施恩惠恤孤惸行惠愛雪冤枉緩刑獄慶賜賞賀】　忌：祭祀祈福求嗣上冊受封上表章出行上官赴任臨政親民結婚姻納采問名嫁娶進人口移徙解除剃頭整手足甲求醫療病築堤防修造動土豎柱上梁修倉庫經絡開倉庫出貨財修置產室開渠穿井安碓磑補垣修飾垣牆平治道塗破屋壞垣伐木捕捉畋獵取魚栽種破土安葬啟攢【營建宮室修宮室缮城郭】【頒詔招賢宣政事行幸遣使安撫邊境選將訓兵出師】	◎丙子時 ●丁丑時 ●庚辰時 ◎辛巳時 ◎癸未時 ◎丙戌時	 四大吉時 丁丑時 辛巳時 癸未時 乙酉時 丁亥時	日家奇遁陽遁庚寅吉方乾方開門天乙紫白九星年七赤月八白日九紫	庚寅日，大寒下元，陽六局；丁丑時乾方飛鳥跌穴、巽方青龍返首；乙酉時乾方飛鳥跌穴、巽方青龍返首；	申年生人屬猴忌用此日碓磨爐外正北

日期節日	吉神凶神○	農曆	干支	用事宜忌○	協記吉時	貴登天門	日家奇門	時家奇門遁甲	忌用
2011/2/5 星期六	吉神：月德合官日吉期不將玉宇五合鳴吠對 凶神：大時大敗咸池朱雀	辛卯年 正月 初三日 農曆神煞 赤口	辛卯年 庚寅月 辛卯日 松柏木 立春 除日 制日 女宿	宜：祭祀祈福求嗣上冊受封上表章襲爵受封會親友出行上官赴任臨政親民結婚姻納采問名嫁娶移徙解除沐浴剃頭整手足甲求醫療病裁衣修造動土豎柱上梁修倉庫立券交易掃舍宇栽種牧養納畜破土安葬啟攢【頒詔覃恩肆赦施恩惠恤孤惸宣政事行惠愛雪冤枉緩刑獄慶賜賞賀】 忌：醞釀穿井畋獵取魚	◎戊子時 ●庚寅時 ●辛卯時 ○癸巳時 ◎甲午時 ◎乙未時 ◎丁酉時	四大吉時 辛卯時 癸巳時 乙未時 丁酉時	日家奇遁陽遁辛卯吉方兌方生門天乙紫白九星年七赤月八白日一白	辛卯日，大寒下元，陽六局；癸巳時乾方飛鳥跌穴天遁4真詐、巽方青龍返首；乙未時巽方鬼遁3重詐；丙申時艮方鬼遁3重詐；	酉年生人屬雞忌用此日廚灶門外正北
2011/2/6 星期日	吉神：天德合月空守日天巫福德六儀金堂金匱 凶神：厭對招搖九空九坎九焦	辛卯年 正月 初四日 農曆神煞 天休廢，四不祥	辛卯年 庚寅月 壬辰日 長流水 立春 滿日 伐日 虛宿	宜：祭祀祈福求嗣上冊受封上表章襲爵受封會親友出行上官赴任臨政親民結婚姻納采問名嫁娶進人口移徙解除求醫療病裁衣修造動土豎柱上梁修倉庫經絡開市立券交易納財開倉庫出貨財牧養納畜安葬【頒詔覃恩肆赦施恩惠恤孤惸宣政事行惠愛雪冤枉緩刑獄慶賜賞賀安撫邊境選將訓兵出師營建宮室修宮室繕城郭】 忌：鼓鑄開渠補垣塞穴畋獵取魚乘船渡水栽種	◎壬寅時 ◎甲辰時 ●乙巳時 ◎戊申時 ●己酉時 ●辛亥時	戊申時 四大吉時 辛丑時 癸卯時 乙巳時 丁未時 辛亥時	日家奇遁陽遁壬辰吉方離方開門太乙紫白九星年七赤月八白日二黑	壬辰日，大寒下元，陽六局；辛丑時震方鬼遁3重詐；壬寅時乾方飛鳥跌穴、巽方青龍返首、兌方風遁6鬼遁3重詐；丁未時離方人遁2鬼遁2真詐；己酉時坎方人遁2鬼遁2真詐；辛亥時乾方飛鳥跌穴、巽方青龍返首；	戌年生人屬狗忌用此日倉庫棲外正北
2011/2/7 星期一	吉神：相日寶光 凶神：天罡死神月刑月害遊禍五虛重日	辛卯年 正月 初五日 農曆神煞 六壬空，月忌	辛卯年 庚寅月 癸巳日 長流水 立春 平日 制日 危宿	宜：平治道塗 忌：祈福求嗣上冊受封上表章襲爵受封會親友冠帶出行上官赴任臨政親民結婚姻納采問名嫁娶進人口移徙安床解除剃頭整手足甲求醫療病裁衣築堤防修造動土豎柱上梁修倉庫鼓鑄經絡醞釀開市立券交易納財開倉庫出貨財修置產室開渠穿井安碓磑補垣塞穴修飾垣牆破屋壞垣栽種牧養納畜破土安葬啟攢【頒詔施恩封拜招賢舉正直宣政事布政事慶賜賞賀安撫邊境選將訓兵出師營建宮室修宮室繕城郭】	◎癸丑時 ○乙卯時 ●丙辰時 ○丁巳時 ◎戊午時 ◎己未時 ◎壬戌時 ◎癸亥時	戊午時 庚申時 四大吉時 癸丑時 乙卯時 丁巳時 辛酉時 癸亥時	日家奇遁陽遁癸巳吉方離方開門天乙紫白九星年七赤月八白日三碧	癸巳日，大寒下元，陽六局；壬子時巽方人遁1風遁3休詐；癸丑時坎方人遁1休詐；丁巳時坎方重詐；	亥年生人屬豬忌用此日占房床房內北
2011/2/8 星期二	吉神：時德民日三合臨日天馬時陰鳴吠 凶神：死氣復日白虎	辛卯年 正月 初六日 農曆神煞 大空亡，瘟星入，天乙絕氣	辛卯年 庚寅月 甲午日 沙中金 立春 定日 寶日 室宿	宜：祭祀祈福求嗣上冊受封上表章襲爵受封會親友冠帶出行上官赴任臨政親民結婚姻納采問名嫁娶進人口移徙裁衣修造動土豎柱上梁修倉庫經絡醞釀開市立券交易納財安碓磑牧養納畜【施恩封拜慶賜賞賀修宮室繕城郭】 忌：解除求醫療病苫蓋開倉庫出貨財修置產室栽種破土安葬啟攢【安撫邊境選將訓兵出師】	◎甲子時 ◎乙丑時 ○丙寅時 ●丁卯時 ◎庚午時 ○辛未時 ◎壬申時 ◎癸酉時	戊辰時 甲戌時 四大吉時 乙丑時 丁卯時 辛未時 癸酉時 乙亥時	日家奇遁陽遁甲午吉方艮方開門咸池紫白九星年七赤月八白日四綠	甲午日，立春上元，陽八局；甲子時乾方重詐；乙丑時離方重詐；丙寅時乾方青龍返首；丁卯時巽方風遁3重詐；己巳時震方重詐；癸酉時艮方飛鳥跌穴；甲戌時乾方人遁1休詐；乙亥時艮方飛鳥跌穴；	子年生人屬鼠忌用此日占房碓房內北

日期節日	吉神凶神○	農曆	干支	用事宜忌○	協記吉時	貴登天門	日家奇門	時家奇門遁甲	忌用
2011/2/9 星期三	吉神：敬安玉堂 凶神：小耗五墓	辛卯年 正月 初七日 農曆神煞四不祥，長星，天地凶敗	辛卯年 庚寅月 乙未日 沙中金 立春 執日 制日 壁宿	宜：捕捉取魚　忌：冠帶出行上官赴任臨政親民結婚姻納采問名嫁娶進人口移徙安床解除求醫療病修造動土豎柱上梁修倉庫開市立券交易納財開倉庫出貨財修置產室栽種牧養納畜破土安葬啟攢【安撫邊境選將訓兵出師營建宮室修宮室繕城郭】	●戊寅時 ●己卯時 ◎辛巳時 ●甲申時 ●丙戌時 ●丁亥時	己卯時 丁亥時 四大吉時 丁丑時 辛巳時 癸未時 乙酉時 丁亥時	日家奇遁陽遁乙未吉方震方休門太乙紫白九星年七赤月八白日五黃	乙未日，立春上元，陽八局；丙子時震方人遁1休詐；丁丑時乾方地遁2人遁2真詐；庚辰時巽方人遁1休詐；壬午時乾方青龍返首、坤方人遁1休詐；乙酉時乾方青龍返首、離方地遁1鬼遁5重詐；丁亥時巽方地遁2風遁2重詐；	丑年生人屬牛忌用此日碓磨廁房內北
2011/2/10 星期四	吉神：月德月恩四相驛馬天后普護解神除神鳴吠 凶神：月破大耗五離天牢；立春後七日氣往亡	辛卯年 正月 初八日 農曆神煞龍禁	辛卯年 庚寅月 丙申日 山下火 立春 破日 制日 奎宿	宜：祭祀解除沐浴掃舍宇破屋壞垣【覃恩肆赦施恩惠恤孤惸行惠愛雪冤枉緩刑獄】　忌：祈福求嗣上冊受封上表章襲爵受封會親友冠帶出行上官赴任臨政親民結婚姻納采問名嫁娶進人口移徙安床剃頭整手足甲裁衣築堤防修造動土豎柱上梁修倉庫鼓鑄經絡醞釀開市立券交易納財開倉庫出貨財修置產室開渠穿井安碓磑補垣塞穴修飾垣牆伐木畋獵取魚栽種牧養納畜破土安葬啟攢【布政事】【頒詔招賢宣政事行幸遣使安撫邊境選將訓兵出師】捕捉	●戊子時 ●己丑時 ◎壬辰時 ◎癸巳時 ●乙未時 ○丙申時 ●戊戌時	戊子時 四大吉時 辛卯時 癸巳時 乙未時 丁酉時	日家奇遁陽遁丙申吉方巽方生門太乙紫白九星年七赤月八白日六白	丙申日，立春上元，陽八局；庚寅時兌方地遁2重詐；壬辰時艮方飛鳥跌穴；癸巳時艮方地遁2人遁3風遁4虎遁7重詐；丙申時艮方飛鳥跌穴；戊戌時巽方人遁2真詐；	寅年生人屬虎忌用此日廚灶爐房內北
2011/2/11 星期五	吉神：天德四相陰德福生除神鳴吠 凶神：天吏致死五虛五離元武	辛卯年 正月 初九日 農曆神煞瘟星出，赤口，天休廢	辛卯年 庚寅月 丁酉日 山下火 立春 危日 制日 婁宿	宜：祭祀祈福求嗣上冊受封上表章襲爵受封出行上官赴任臨政親民結婚姻納采問名嫁娶移徙安床解除沐浴整手足甲裁衣修造動土豎柱上梁修倉庫納財開倉庫出貨財掃舍宇栽種納畜破土安葬【頒詔覃恩肆赦施恩惠恤孤惸宣政事行惠愛雪冤枉緩刑獄】　忌：會親友剃頭求醫療病畋獵取魚	●庚子時 ◎壬寅時 ◎癸卯時 ●丙午時 ●丁未時 ◎己酉時 ○辛亥時	壬寅時 四大吉時 辛丑時 癸卯時 乙巳時 丁未時 辛亥時	日家奇遁陽遁丁酉吉方巽方休門天乙紫白九星年七赤月八白日七赤	丁酉日，立春上元，陽八局；壬寅時離方人遁2真詐；癸卯時乾方青龍返首；己酉時艮方飛鳥跌穴；庚戌時乾方青龍返首；	卯年生人屬兔忌用此日倉庫門房內北
2011/2/12 星期六	吉神：陽德三合天喜天醫司命 凶神：月厭地火四擊大煞	辛卯年 正月 初十日 農曆神煞小空亡	辛卯年 庚寅月 戊戌日 平地木 立春 成日 專日 胃宿	宜：入學【施恩惠恤孤惸行惠愛雪冤枉緩刑獄】　忌：祈福求嗣上冊受封上表章襲爵受封會親友冠帶出行上官赴任臨政親民結婚姻納采問名嫁娶進人口移徙遠迴安床解除剃頭整手足甲求醫療病裁衣築堤防修造動土豎柱上梁修倉庫鼓鑄經絡醞釀開市立券交易納財開倉庫出貨財修置產室開渠穿井安碓磑補垣塞穴修飾垣牆平治道塗破屋壞垣伐木栽種牧養納畜破土安葬啟攢【頒詔施恩封拜招賢舉正直宣政事布政事安撫邊境選將訓兵出師營建宮室 】	◎甲寅時 ○乙卯時 ◎丙辰時 ◎丁巳時 ●庚申時 ◎辛酉時 ◎癸亥時	四大吉時 癸丑時 乙卯時 丁巳時 辛酉時 癸亥時	日家奇遁陽遁戊戌吉方巽方休門太陰紫白九星年七赤月八白日八白	戊戌日，立春上元，陽八局；乙卯時艮方地遁2人遁1休詐；丁巳時艮方飛鳥跌穴；戊午時乾方青龍返首；辛酉時艮方飛鳥跌穴天遁4；	辰年生人屬龍忌用此日房床栖房內南

日期節日	吉神凶神○	農曆	干支	用事宜忌○	協記吉時	貴登天門	日家奇門	時家奇門遁甲	忌用
2011/2/13 星期日	吉神：母倉六合五富不將聖心 凶神：河魁劫煞重日勾陳	辛卯年 正月 十一日 農曆神煞六壬空	辛卯年 庚寅月 己亥日 平地木 立春 收日 制日 昴宿	宜：祭祀祈福會親友結婚姻進人口沐浴經絡醞釀開市立券交易納財開倉庫出貨財捕捉取魚栽種牧養納畜　忌：嫁娶求醫療病破土安葬啟攢【頒詔施恩封拜招賢舉正直宣政事布政事慶賜賞賀安撫邊境選將訓兵出師營建宮室修宮室缮城郭】	◎乙丑時 ○丙寅時 ◎戊辰時 ●庚午時 ●辛未時 ●甲戌時 ◎乙亥時	丁卯時 四大吉時 乙丑時 丁卯時 辛未時 癸酉時 乙亥時	日家奇遁陽遁己亥吉方震方開門青龍紫白九星年七赤月八白日九紫	己亥日，立春中元，陽五局；乙丑時艮方地遁2雲遁1鬼遁5重詐；丙寅時坎方地遁2鬼遁5重詐；丁卯時巽方地遁2風遁2雲遁6鬼遁5重詐；癸酉時中宮飛鳥跌穴；乙亥時兌方人遁1休詐；	巳年生人屬蛇忌用此日占門床房內南
2011/2/14 星期一	吉神：母倉時陽生氣不將益後青龍鳴吠對 凶神：災煞天火地囊	辛卯年 正月 十二日 農曆神煞	辛卯年 庚寅月 庚子日 壁上土 立春 開日 寶日 畢宿	宜：祭祀入學沐浴【覃恩肆赦施恩惠恤孤惸行惠愛雪冤枉緩刑獄】　忌：冠帶結婚姻納采問名進人口求醫療病築堤防修造動土修倉庫經絡醞釀修置產室開渠穿井安碓磑補垣修飾垣牆平治道塗破屋壞垣伐木畋獵取魚栽種破土【布政事安撫邊境選將訓兵出師營建宮室】	◎丙子時 ●丁丑時 ◎己卯時 ◎壬午時 ●甲申時 ●乙酉時	 四大吉時 丁丑時 辛巳時 癸未時 乙酉時 丁亥時	日家奇遁陽遁庚子吉方乾方休門太陰紫白九星年七赤月八白日一白	庚子日，立春中元，陽五局；丙子時中宮飛鳥跌穴；戊寅時坎方人遁1休詐；己卯時坤方鬼遁3重詐；庚辰時震方鬼遁3重詐；辛巳時離方人遁1休詐；壬午時乾方人遁1休詐；	午年生人屬馬忌用此日占碓磨房內南
2011/2/15 星期二	吉神：月德合不將續世明堂 凶神：月煞月虛血支天賊五虛土符歸忌血忌	辛卯年 正月 十三日 農曆神煞楊公忌日	辛卯年 庚寅月 辛丑日 壁上土 立春 閉日 義日 觜宿	宜：祭祀【覃恩肆赦施恩惠恤孤惸行惠愛雪冤枉緩刑獄】　忌：祈福求嗣上冊受封上表章襲爵受封會親友冠帶出行上官赴任臨政親民結婚姻納采問名嫁娶進人口移徙安床解除剃頭整手足甲求醫療病療目針刺裁衣築堤防修造動土豎柱上梁修倉庫鼓鑄經絡醞釀開市立券交易納財開倉庫出貨財修置產室開渠穿井安碓磑補垣塞穴修飾垣牆平治道塗破屋壞垣畋獵取魚栽種牧養納畜破土安葬啟攢【布政事修宮室】	●庚寅時 ●辛卯時 ◎癸巳時 ●丙申時 ◎戊戌時 ●己亥時	 四大吉時 辛卯時 癸巳時 乙未時 丁酉時	日家奇遁陽遁辛丑吉方兌方開門太陰紫白九星年七赤月八白日二黑	辛丑日，立春中元，陽五局；辛卯時中宮飛鳥跌穴；	未年生人屬羊忌用此日廚灶廁房內南
2011/2/16 星期三	吉神：天德合月空王日天倉要安五合鳴吠對 凶神：月建小時土府往亡天刑	辛卯年 正月 十四日 農曆神煞月忌，龍禁，大空亡	辛卯年 庚寅月 壬寅日 金箔金 立春 建日 寶日 參宿	宜：會親友結婚姻納采問名解除裁衣豎柱上梁立券交易納財牧養納畜安葬啟攢【覃恩肆赦施恩封拜舉正直施恩惠恤孤惸行惠愛雪冤枉緩刑獄慶賜賞賀】　忌：祭祀上冊受封上表章出行上官赴任臨政親民嫁娶進人口移徙求醫療病築堤防修造動土修倉庫修置產室開渠穿井安碓磑補垣修飾垣牆平治道塗破屋壞垣伐木捕捉畋獵取魚栽種破土【修宮室】	●庚子時 ●辛丑時 ◎甲辰時 ◎乙巳時 ●丁未時 ●庚戌時 ○辛亥時	戊申時 四大吉時 辛丑時 癸卯時 乙巳時 丁未時 辛亥時	日家奇遁陽遁壬寅吉方坎方生門太乙紫白九星年七赤月八白日三碧	壬寅日，立春中元，陽五局；壬寅時兌方地遁2人遁2真詐、中宮飛鳥跌穴；丙午時坎方重詐；戊申時中宮飛鳥跌穴；庚戌時離方重詐；	申年生人屬猴忌用此日倉庫爐房內南

日期節日	吉神凶神○	農曆	干支	用事宜忌○	協記吉時	貴登天門	日家奇門	時家奇門遁甲	忌用
2011/2/17 星期四 戲劇節 觀光節	吉神：官日吉期玉宇五合鳴吠對 凶神：大時大敗咸池朱雀	辛卯年 正月 十五日 農曆神煞 赤口	辛卯年 庚寅月 癸卯日 金箔金 立春 除日 寶日 井宿	宜：襲爵受封會親友出行上官赴任臨政親民結婚姻解除沐浴剃頭整手足甲求醫療病立券交易掃舍宇破土啟攢　忌：穿井【營建宮室修宮室缮城郭】	◎壬子時 ●甲寅時 ●乙卯時 ●戊午時 ◎己未時 ◎辛酉時	戊午時 庚申時 四大吉時 癸丑時 乙卯時 丁巳時 辛酉時 癸亥時	日家奇遁陽遁癸卯吉方坤方開門太乙紫白九星年七赤月八白日四綠	癸卯日，立春中元，陽五局；乙卯時兌方地遁2人遁1休詐、中宮飛鳥跌穴；	酉年生人屬雞忌用此日房床門房內南
2011/2/18 星期五	吉神：守日天巫福德六儀金堂金匱 凶神：厭對招搖九空九坎九焦復日	辛卯年 正月 十六日 農曆神煞 四不祥	辛卯年 庚寅月 甲辰日 覆燈火 立春 滿日 制日 鬼宿	宜：祭祀祈福上冊受封上表章會親友裁衣經絡【慶賜賞賀安撫邊境修宮室缮城郭】　忌：襲爵受封上官赴任臨政親民結婚姻納采問名嫁娶進人口求醫療病修倉庫鼓鑄開市立券交易納財開倉庫出貨財補垣塞穴取魚乘船渡水栽種破土安葬啟攢【施恩封拜招賢】	◎丙寅時 ◎戊辰時 ●己巳時 ◎壬申時 ◎癸酉時 ●乙亥時	戊辰時 甲戌時 四大吉時 乙丑時 丁卯時 辛未時 癸酉時 乙亥時	日家奇遁陽遁甲辰吉方坤方開門天乙紫白九星年七赤月八白日五黃	甲辰日，立春下元，陽二局；甲子時坎方人遁1地遁2休詐；丙寅時乾方地遁2人遁1休詐、離方青龍返首；辛未時坎方地遁2人遁1休詐；壬申時震方地遁1人遁1休詐；癸酉時艮方地遁2人遁1風遁4休詐、坤方飛鳥跌穴；甲戌時坎方地遁2重詐；乙亥時震方人遁2真詐；	戌年生人屬狗忌用此日門雞栖房內東
2011/2/19 星期六 08時24分 【辰時】 交雨水氣 正月氣 庚寅月	太陽過黃經三三〇度，春雨綿綿【斗指壬為雨水，時東風解凍，雪皆散而為水，化而為雨，故名雨水								
2011/2/19 星期六 08時24分 【辰時】 交雨水氣 正月氣 庚寅月 炬光節	吉神：相日寶光 凶神：天罡死神月刑月害遊禍五虛重日	辛卯年 正月 十七日 農曆神煞 六壬空	辛卯年 庚寅月 乙巳日 覆燈火 雨水 平日 寶日 柳宿	宜：平治道塗　忌：祈福求嗣上冊受封上表章襲爵受封會親友冠帶出行上官赴任臨政親民結婚姻納采問名嫁娶進人口移徙安床解除剃頭整手足甲求醫療病裁衣築堤防修造動土豎柱上梁修倉庫鼓鑄經絡醞釀開市立券交易納財開倉庫出貨財修置產室開渠穿井安碓磑補垣塞穴修飾垣牆破屋壞垣栽種牧養納畜破土安葬啟攢【頒詔施恩封拜招賢舉正直宣政事布政事慶賜賞賀安撫邊境選將訓兵出師營建宮室修宮室缮城郭】	●丁丑時 ●庚辰時 ◎壬午時 ◎癸未時 ○甲申時 ●丙戌時 ◎丁亥時	丙戌時 四大吉時 丙子時 庚辰時 壬午時 甲申時 丙戌時	日家奇遁陽遁乙巳吉方坤方開門太陰紫白九星年七赤月八白日三碧	乙巳日，立春下元，陽二局；丙子時震方地遁1鬼遁5重詐；丁丑時離方青龍返首；戊寅時巽方地遁2風遁2雲遁6鬼遁5重詐；己卯時坎方地遁2人遁3重詐；庚辰時艮方地遁2鬼遁5重詐、坤方飛鳥跌穴；辛巳時乾方人遁2真詐；甲申時艮方鬼遁3鬼遁4重詐；丙戌時坤方飛鳥跌穴天遁3；	亥年生人屬豬忌用此日碓磨床房內東

日期節日	吉神凶神○	農曆	干支	用事宜忌○	協記吉時	貴登天門	日家奇門	時家奇門遁甲	忌用
2011/2/20 星期日	吉神：月德月恩四相時德民日三合臨日天馬時陰鳴吠 凶神：死氣白虎	辛卯年 正月 十八日 農曆神煞 小空亡	辛卯年 庚寅月 丙午日 天河水 雨水 定日 專日 星宿	宜：祭祀祈福求嗣上冊受封上表章襲爵受封會親友冠帶出行上官赴任臨政親民結婚姻納采問名嫁娶進人口解除裁衣修造動土豎柱上梁修倉庫經絡醞釀開市立券交易納財開倉庫出貨財安碓磑栽種牧養納畜破土安葬【頒詔覃恩肆赦施恩封拜招賢舉正直施恩惠恤孤惸宣政事布政事行惠愛雪冤枉緩刑獄慶賜賞賀營建宮室修宮室繕城郭】　忌：求醫療病苫蓋畋獵取魚	◎戊子時 ◎己丑時 ◎辛卯時 ◎甲午時 ●丙申時 ●丁酉時	己亥時 四大吉時 庚寅時 壬辰時 甲午時 丙申時	日家奇遁 陽遁丙午 吉方坎方 開門青龍 紫白九星 年七赤 月八白 日四綠	丙午日，立春下元，陽二局；己丑時坎方鬼遁３重詐、離方青龍返首；辛卯時巽方鬼遁３重詐；甲午時坎方人遁１地遁２休詐；乙未時巽方地遁２人遁１風遁２休詐；丙申時離方青龍返首；丁酉時離方地遁２人遁１休詐；戊戌時坎方地遁２人遁１休詐；	子年生人屬鼠忌用此日廚灶碓房內東
2011/2/21 星期一	吉神：天德四相敬安玉堂 凶神：小耗八專	辛卯年 正月 十九日 農曆神煞 四不祥	辛卯年 庚寅月 丁未日 天河水 雨水 執日 寶日 張宿	宜：祭祀祈福求嗣上冊受封上表章襲爵受封會親友出行上官赴任臨政親民移徙解除裁衣修造動土豎柱上梁修倉庫納財開倉庫出貨財捕捉栽種牧養納畜安葬【頒詔覃恩肆赦施恩封拜招賢舉正直施恩惠恤孤惸宣政事布政事行惠愛雪冤枉緩刑獄慶賜賞賀營建宮室修宮室繕城郭】　忌：結婚姻納采問名嫁娶剃頭求醫療病畋獵取魚	◎壬寅時 ◎癸卯時 ●乙巳時 ○丙午時 ●戊申時 ○己酉時 ●庚戌時 ●辛亥時	辛丑時 四大吉時 庚子時 壬寅時 甲辰時 丙午時 庚戌時	日家奇遁 陽遁丁未 吉方艮方 休門軒轅 紫白九星 年七赤 月八白 日五黃	丁未日，立春下元，陽二局；癸卯時艮方地遁２人遁１風遁４休詐、坤方飛鳥跌穴；甲辰時艮方人遁２鬼遁２真詐；乙巳時坤方飛鳥跌穴；	丑年生人屬牛忌用此日倉庫廁房內東
2011/2/22 星期二	吉神：驛馬天后普護解神除神 凶神：月破大耗五離天牢	辛卯年 正月 二十日 農曆神煞 龍禁	辛卯年 庚寅月 戊申日 大驛土 雨水 破日 寶日 翼宿	宜：祭祀解除沐浴求醫療病掃舍宇破屋壞垣　忌：祈福求嗣上冊受封上表章襲爵受封會親友冠帶出行上官赴任臨政親民結婚姻納采問名嫁娶進人口移徙安床剃頭整手足甲裁衣築堤防修造動土豎柱上梁修倉庫鼓鑄經絡醞釀開市立券交易納財開倉庫出貨財修置產室開渠穿井安碓磑補垣塞穴修飾垣牆伐木栽種牧養納畜破土安葬啟攢【頒詔施恩封拜招賢舉正直宣政事布政事慶賜賞賀安撫邊境選將訓兵出師營建宮室修宮室繕城郭】	◎壬子時 ◎癸丑時 ●丙辰時 ●丁巳時 ●己未時 ○庚申時 ◎壬戌時	乙卯時 辛酉時 四大吉時 壬子時 甲寅時 丙辰時 庚申時 壬戌時	日家奇遁 陽遁戊申 吉方震方 生門青龍 紫白九星 年七赤 月八白 日六白	戊申日，立春下元，陽二局；癸丑時坎方人遁１休詐、離方青龍返首；甲寅時艮方人遁１休詐；乙卯時巽方人遁１休詐；丙辰時乾方人遁１休詐；丁巳時巽方地遁２人遁２風遁２真詐；戊午時坎方人遁１休詐、離方青龍返首；己未時坤方人遁１休詐；庚申時兌方人遁１休詐；辛酉時坎方人遁１休詐、離方青龍返首；壬戌時震方人遁１風遁６休詐、坤方飛鳥跌穴；癸亥時艮方人遁１休詐；	寅年生人屬虎忌用此日房床爐房內東
2011/2/23 星期三	吉神：天恩陰德福生除神鳴吠 凶神：天吏致死五虛五離元武	辛卯年 正月 二十一日 農曆神煞 赤口，短星，天地凶敗	辛卯年 庚寅月 己酉日 大驛土 雨水 危日 寶日 軫宿	宜：祭祀沐浴剃頭整手足甲掃舍宇取魚破土安葬【覃恩肆赦施恩惠恤孤惸行惠愛雪冤枉緩刑獄】忌：祈福求嗣上冊受封上表章襲爵受封會親友冠帶出行上官赴任臨政親民結婚姻納采問名嫁娶進人口移徙安床解除求醫療病築堤防修造動土豎柱上梁修倉庫開市立券交易納財開倉庫出貨財修置產室栽種牧養納畜【施恩封拜安撫邊境選將訓兵出師營建宮室修宮室繕城郭】	●甲子時 ◎丙寅時 ◎丁卯時 ●庚午時 ●辛未時 ◎癸酉時	丙寅時 四大吉時 甲子時 丙寅時 庚午時 壬申時 甲戌時	日家奇遁 陽遁己酉 吉方巽方 開門青龍 紫白九星 年七赤 月八白 日七赤	己酉日，雨水上元，陽九局；甲子時乾方人遁１休詐；丙寅時艮方人遁１休詐、兌方青龍返首；戊辰時乾方人遁１休詐；己巳時震方人遁２虎遁６真詐；辛未時離方飛鳥跌穴；壬申時兌方人遁１休詐；癸酉時坎方人遁１風遁６休詐；	卯年生人屬兔忌用此日占大門外東北

日期節日	吉神凶神○	農曆	干支	用事宜忌○	協記吉時	貴登天門	日家奇門	時家奇門遁甲	忌用
2011/2/24 星期四	吉神：天恩陽德三合天喜天醫司命 凶神：月厭地火四擊大煞陰錯	辛卯年 正月 二十二日 農曆神煞大空亡	辛卯年 庚寅月 庚戌日 釵釧金 雨水 成日 義日 角宿	宜：入學【覃恩肆赦施恩惠恤孤惸行惠愛雪冤枉緩刑獄】 忌：祈福求嗣上冊受封上表章襲爵受封會親友冠帶出行上官赴任臨政親民結婚姻納采問名嫁娶進人口移徙遠迴安床解除剃頭整手足甲求醫療病裁衣築堤防修造動土豎柱上梁修倉庫鼓鑄經絡醞釀開市立券交易納財開倉庫出貨財修置產室開渠穿井安碓磑補垣塞穴修飾垣牆平治道塗破屋壞垣伐木栽種牧養納畜破土安葬啟攢【施恩封拜招賢舉正直宣政事布政事安撫邊境選將訓兵出師營建宮室】	◎戊寅時 ◎庚辰時 ●辛巳時 ●甲申時 ◎乙酉時 ●丁亥時	己卯時 乙酉時 四大吉時 丙子時 庚辰時 壬午時 甲申時 丙戌時	日家奇遁陽遁庚戌吉方離方休門太乙紫白九星年七赤月八白日八白	庚戌日，雨水上元，陽九局；丙子時離方飛鳥跌穴；己卯時兌方重詐；辛巳時坎方重詐、兌方青龍返首；丁亥時艮方人遁2鬼遁2真詐、兌方青龍返首；	辰年生人屬龍忌用此日碓磨栖外東北
2011/2/25 星期五	吉神：月德合天恩母倉六合五富不將聖心 凶神：河魁劫煞重日勾陳	辛卯年 正月 二十三日 農曆神煞六壬空，月忌	辛卯年 庚寅月 辛亥日 釵釧金 雨水 收日 寶日 亢宿	宜：祭祀祈福求嗣上冊受封上表章襲爵受封會親友出行上官赴任臨政親民結婚姻納采問名進人口移徙解除沐浴裁衣修造動土豎柱上梁修倉庫經絡開市立券交易納財開倉庫出貨財捕捉栽種牧養納畜【覃恩肆赦施恩惠恤孤惸行惠愛雪冤枉緩刑獄】 忌：嫁娶求醫療病醞釀畋獵取魚【修宮室】	●己丑時 ◎壬辰時 ●甲午時 ●乙未時 ●戊戌時 ●己亥時	丙申時 四大吉時 庚寅時 壬辰時 甲午時 丙申時	日家奇遁陽遁辛亥吉方離方休門天乙紫白九星年七赤月八白日九紫	辛亥日，雨水上元，陽九局；己丑時震方人遁2鬼遁2真詐；壬辰時離方飛鳥跌穴天遁3；戊戌時兌方青龍返首；己亥時離方飛鳥跌穴；	巳年生人屬蛇忌用此日廚灶房外東北
2011/2/26 星期六	吉神：天德合月空天恩母倉時陽生氣益後青龍鳴吠對 凶神：災煞天火四耗	辛卯年 正月 二十四日 農曆神煞	辛卯年 庚寅月 壬子日 桑柘木 雨水 開日 專日 氐宿	宜：祭祀祈福求嗣上冊受封上表章襲爵受封會親友入學出行上官赴任臨政親民結婚姻納采問名嫁娶移徙解除沐浴裁衣修造動土豎柱上梁修倉庫開市納財修置產室安碓磑栽種牧養納畜【覃恩肆赦施恩惠恤孤惸行惠愛雪冤枉緩刑獄】 忌：求醫療病開渠伐木畋獵取魚【修宮室】	●庚子時 ●辛丑時 ◎癸卯時 ◎丙午時 ◎戊申時 ●己酉時	丁未時 四大吉時 庚子時 壬寅時 甲辰時 丙午時 庚戌時	日家奇遁陽遁壬子吉方坎方休門天乙紫白九星年七赤月八白日一白	壬子日，雨水上元，陽九局；甲辰時艮方地遁2人遁3風遁4重詐；乙巳時離方飛鳥跌穴；丙午時離方地遁2重詐；丁未時震方人遁1休詐；戊申時乾方天遁2人遁1休詐；庚戌時兌方青龍返首；	午年生人屬馬忌用此日倉庫碓外東北
2011/2/27 星期日	吉神：天恩續世明堂 凶神：月煞月虛血支天賊五虛土符歸忌血忌八專觸水龍	辛卯年 正月 二十五日 農曆神煞	辛卯年 庚寅月 癸丑日 桑柘木 雨水 閉日 伐日 房宿	宜：【覃恩肆赦施恩惠恤孤惸行惠愛雪冤枉緩刑獄】 忌：諸事不宜【頒詔施恩封拜招賢舉正直宣政事安撫邊境選將訓兵出師營建宮室】	◎甲寅時 ◎乙卯時 ○丙辰時 ●丁巳時 ●庚申時 ◎壬戌時 ◎癸亥時	丁巳時 四大吉時 壬子時 甲寅時 丙辰時 庚申時 壬戌時	日家奇遁陽遁癸丑吉方坎方休門太陰紫白九星年七赤月八白日二黑	癸丑日，雨水上元，陽九局；壬子時兌方人遁1休詐；癸丑時坎方人遁1休詐、兌方青龍返首；乙卯時巽方人遁2鬼遁2真詐；丁巳時兌方青龍返首；壬戌時離方飛鳥跌穴；	未年生人屬羊忌用此日占房廁外東北

日期節日	吉神凶神○	農曆	干支	用事宜忌○	協記吉時	貴登天門	日家奇門	時家奇門遁甲	忌用
2011/2/28 星期一 和平紀念日	吉神：王日天倉要安五合鳴吠對 凶神：月建小時土府往亡復日八專天刑陽錯	辛卯年 正月 二十六日 農曆神煞小空亡，龍禁	辛卯年 庚寅月 甲寅日 大溪水 雨水 建日 專日 心宿	宜：會親友裁衣立券交易納財納畜【覃恩肆赦施恩封拜舉正直施恩惠恤孤惸行惠愛雪冤枉緩刑獄慶賜賞賀】 忌：祭祀祈福求嗣上冊受封上表章出行上官赴任臨政親民結婚姻納采問名嫁娶進人口移徙解除剃頭整手足甲求醫療病築堤防修造動土豎柱上梁修倉庫開倉庫出貨財修置產室開渠穿井安碓磑補垣修飾垣牆平治道塗破屋壞垣伐木捕捉畋獵取魚栽種破土安葬啟攢【營建宮室修宮室繕城郭】	◎甲子時 ◎乙丑時 ○丙寅時 ●戊辰時 ◎己巳時 ●辛未時 ●甲戌時	丁卯時 癸酉時 四大吉時 甲子時 丙寅時 庚午時 壬申時 甲戌時	日家奇遁陽遁甲寅吉方艮方生門天符紫白九星年七赤月八白日三碧	甲寅日，雨水中元，陽六局；乙丑時坎方人遁1休詐；丙寅時乾方飛鳥跌穴、巽方青龍返首；丁卯時坤方人遁1休詐；戊辰時震方人遁1休詐；庚午時離方人遁1休詐；癸酉時坎方人遁1休詐；	申年生人屬猴忌用此日占門爐外東北
2011/3/1 星期二 兵役節	吉神：官日吉期玉宇五合鳴吠對 凶神：大時大敗咸池朱雀	辛卯年 正月 二十七日 農曆神煞赤口	辛卯年 庚寅月 乙卯日 大溪水 雨水 除日 專日 尾宿	宜：襲爵受封會親友出行上官赴任臨政親民結婚姻解除沐浴剃頭整手足甲求醫療病立券交易掃舍宇破土啟攢 忌：穿井栽種【招賢舉正直安撫邊境選將訓兵出師營建宮室修宮室繕城郭】	◎丙子時 ●戊寅時 ●己卯時 ◎壬午時 ◎癸未時 ○甲申時 ◎乙酉時 ○丙戌時	丙戌時 四大吉時 丙子時 庚辰時 壬午時 甲申時 丙戌時	日家奇遁陽遁乙卯吉方兌方生門軒轅紫白九星年七赤月八白日四綠	乙卯日，雨水中元，陽六局；丁丑時乾方飛鳥跌穴、巽方青龍返首；乙酉時乾方飛鳥跌穴、巽方青龍返首；	酉年生人屬雞忌用此日碓磨門外正東
2011/3/2 星期三	吉神：月德月恩四相守日天巫福德六儀金堂金匱 凶神：厭對招搖九空九坎九焦	辛卯年 正月 二十八日 農曆神煞四不祥	辛卯年 庚寅月 丙辰日 沙中土 雨水 滿日 寶日 箕宿	宜：祭祀祈福求嗣上冊受封上表章襲爵受封會親友出行上官赴任臨政親民結婚姻納采問名嫁娶進人口移徙解除求醫療病裁衣修造動土豎柱上梁修倉庫經絡開市立券交易納財開倉庫出貨財牧養納畜安葬【頒詔覃恩肆赦施恩惠恤孤惸宣政事行惠愛雪冤枉緩刑獄慶賜賞賀安撫邊境選將訓兵出師營建宮室修宮室繕城郭】 忌：鼓鑄補垣塞穴畋獵取魚乘船渡水栽種	●庚寅時 ◎壬辰時 ◎癸巳時 ●丙申時 ●丁酉時 ●己亥時	己亥時 四大吉時 庚寅時 壬辰時 甲午時 丙申時	日家奇遁陽遁丙辰吉方坤方休門青龍紫白九星年七赤月八白日五黃	丙辰日，雨水中元，陽六局；癸巳時乾方飛鳥跌穴天遁4真詐、巽方青龍返首；乙未時巽方鬼遁3重詐；丙申時艮方鬼遁3重詐；	戌年生人屬狗忌用此日廚灶棲外正東
2011/3/3 星期四	吉神：天德四相相日寶光 凶神：天罡死神月刑月害遊禍五虛八風重日	辛卯年 正月 二十九日 農曆神煞六壬空	辛卯年 庚寅月 丁巳日 沙中土 雨水 平日 專日 斗宿	宜：祭祀平治道塗【覃恩肆赦施恩惠恤孤惸行惠愛雪冤枉緩刑獄】 忌：祈福求嗣出行解除剃頭整手足甲求醫療病畋獵取魚【布政事】	◎辛丑時 ●甲辰時 ●丙午時 ●丁未時 ○己酉時 ●庚戌時 ◎辛亥時	辛丑時 四大吉時 庚子時 壬寅時 甲辰時 丙午時 庚戌時	日家奇遁陽遁丁巳吉方兌方生門太乙紫白九星年七赤月八白日六白	丁巳日，雨水中元，陽六局；辛丑時震方鬼遁3重詐；壬寅時乾方飛鳥跌穴、巽方青龍返首、兌方風遁6鬼遁3重詐；丁未時離方人遁2鬼遁2真詐；己酉時坎方人遁2鬼遁2真詐；辛亥時乾方飛鳥跌穴、巽方青龍返首；	亥年生人屬豬忌用此日倉庫床外正東

日期節日	吉神凶神○	農曆	干支	用事宜忌○	協記吉時	貴登天門	日家奇門	時家奇門遁甲	忌用
2011/3/4 星期五	吉神：時德民日三合臨日天馬時陰 凶神：死氣白虎	辛卯年 正月 三十日 農曆神煞大空亡	辛卯年 庚寅月 戊午日 天上火 雨水 定日 義日 牛宿	宜：祭祀祈福求嗣上冊受封上表章襲爵受封會親友冠帶出行上官赴任臨政親民結婚姻納采問名嫁娶進人口移徙裁衣修造動土豎柱上梁修倉庫經絡醞釀開市立券交易納財開倉庫出貨財安碓磑牧養納畜【舉正直慶賜賞賀修宮室繕城郭】 忌：解除求醫療病苫蓋修置產室栽種【安撫邊境選將訓兵出師】	◎壬子時 ◎癸丑時 ●乙卯時 ◎戊午時 ○己未時 ●庚申時 ●辛酉時	乙卯時 辛酉時 四大吉時 壬子時 甲寅時 丙辰時 庚申時 壬戌時	日家奇遁陽遁戊午吉方巽方生門青龍紫白九星年七赤月八白日七赤	戊午日，雨水中元，陽六局；壬子時巽方人遁1風遁3休詐；癸丑時坎方人遁1休詐；丁巳時坎方重詐；庚申時乾方飛鳥跌穴、巽方青龍返首；	子年生人屬鼠忌用此日房床碓外正東
2011/3/5 星期六 童子軍節	吉神：敬安玉堂 凶神：小耗八專	辛卯年 二月 初一日 農曆神煞小空亡	辛卯年 庚寅月 己未日 天上火 雨水 執日 專日 女宿	宜：捕捉取魚 忌：結婚姻納采問名嫁娶求醫療病修倉庫開市立券交易納財開倉庫出貨財【安撫邊境選將訓兵出師】	●丙寅時 ●丁卯時 ●己巳時 ○庚午時 ○辛未時 ◎壬申時 ●甲戌時 ◎乙亥時	丙寅時 四大吉時 甲子時 丙寅時 庚午時 壬申時 甲戌時	日家奇遁陽遁己未吉方艮方開門天乙紫白九星年七赤月八白日八白	己未日，雨水下元，陽三局；甲子時坎方重詐；乙丑時坎方地遁2人遁1休詐；丙寅時坎方青龍返首、巽方地遁1人遁1風遁2休詐；丁卯時震方飛鳥跌穴、兌方人遁2鬼遁2真詐；戊辰時離方人遁4真詐、坤方地遁2人遁1休詐；己巳時兌方地遁2人遁1休詐；庚午時巽方重詐；辛未時坤方風遁5重詐；壬申時離方天遁1重詐；癸酉時乾方重詐；乙亥時震方飛鳥跌穴；	丑年生人屬牛忌用此日占門廁外正東
2011/3/6 星期日 06時43分 【卯時】 交驚蟄節節前使用為庚寅月	吉神：驛馬天后普護解神除神鳴吠 凶神：月破大耗四廢五離八專天牢	辛卯年 二月 初二日 農曆神煞赤口，龍禁	辛卯年 庚寅月 庚申日 石榴木 雨水 破日 專日 虛宿	忌：諸事不宜【頒詔施恩封拜招賢舉正直宣政事布政事安撫邊境選將訓兵出師營建宮室修宮室繕城郭】	◎丙子時 ◎丁丑時 ●庚辰時 ●辛巳時 ◎癸未時 ○甲申時 ◎丙戌時	己卯時 乙酉時 四大吉時 丙子時 庚辰時 壬午時 甲申時 丙戌時	日家奇遁陽遁庚申吉方艮方開門太陰紫白九星年七赤月八白日九紫	庚申日，雨水下元，陽三局；庚辰時震方飛鳥跌穴；壬午時坎方地遁2人遁2真詐；癸未時坎方青龍返首；甲申時坎方人遁1休詐；	寅年生人屬虎忌用此日碓磨爐外東南
2011/3/6 星期日 06時43分 【卯時】 交驚蟄節 二月節 辛卯月	太陽過黃經三四五度，蟲類冬眠驚醒【斗指丁為驚蟄，雷鳴動，驚蟄皆震起而出，故名驚蟄】			驚蟄二月節天道西南行宜向西南行宜修造西南維；天德在坤月德在甲月德合在己月空在庚宜修造取土；月建在卯月破在酉月厭在酉月刑在子月害在辰劫煞在申災煞在酉月煞在戌忌修造取土；初四日長星、十九日短星；驚蟄後十四日往亡、春分前一日四離；春分二月中日躔在戌宮為二月將宜用艮巽坤乾時；					

日期節日	吉神凶神○	農曆	干支	用事宜忌○	協記吉時	貴登天門	日家奇門	時家奇門遁甲	忌用
2011/3/6 星期日 06時43分 【卯時】 交驚蟄節節後使用為辛卯月	吉神：月空天馬要安解神除神鳴吠 凶神：劫煞小耗四廢五離八專白虎	辛卯年 二月 初二日 農曆神煞赤口，龍禁	辛卯年 辛卯月 庚申日 石榴木 驚蟄 執日 專日 虛宿	宜：沐浴掃舍宇捕捉取魚　忌：祈福求嗣上冊受封上表章襲爵受封會親友冠帶出行上官赴任臨政親民結婚姻納采問名嫁娶進人口移徙安床解除剃頭整手足甲求醫療病裁衣築堤防修造動土豎柱上梁修倉庫鼓鑄經絡醞釀開市立券交易納財開倉庫出貨財修置產室開渠穿井安碓磑補垣塞穴修飾垣牆破屋壞垣栽種牧養納畜破土安葬啟攢【頒詔施恩封拜招賢舉正直宣政事布政事慶賜賞賀安撫邊境選將訓兵出師營建宮室修宮室繕城郭】	◎丙子時 ◎丁丑時 ●庚辰時 ●辛巳時 ◎癸未時 ○甲申時 ◎丙戌時	己卯時 乙酉時 四大吉時 丙子時 庚辰時 壬午時 甲申時 丙戌時	日家奇遁陽遁庚申吉方艮方開門太陰紫白九星年七赤月七赤日九紫	庚申日，雨水下元，陽三局；庚辰時震方飛鳥跌穴；壬午時坎方地遁２人遁２真詐；癸未時坎方青龍返首；甲申時坎方人遁１休詐；	寅年生人屬虎忌用此日碓磨爐外東南
2011/3/7 星期一	吉神：玉宇除神玉堂鳴吠 凶神：月破大耗災煞天火月厭地火四廢五虛五離陰錯	辛卯年 二月 初三日 農曆神煞四方耗	辛卯年 辛卯月 辛酉日 石榴木 驚蟄 破日 專日 危宿	忌：諸事不宜【頒詔施恩封拜招賢舉正直宣政事布政事慶賜賞賀安撫邊境選將訓兵出師營建宮室修宮室繕城郭】	◎戊子時 ●庚寅時 ◎辛卯時 ●甲午時 ●乙未時 ◎丁酉時	丙申時 四大吉時 庚寅時 壬辰時 甲午時 丙申時	日家奇遁陽遁辛酉吉方離方生門太陰紫白九星年七赤月七赤日一白	辛酉日，雨水下元，陽三局；己丑時坎方青龍返首；庚寅時坎方人遁１休詐；辛卯時震方飛鳥跌穴；乙未時坎方青龍返首；戊戌時坎方地遁２鬼遁５重詐；	卯年生人屬兔忌用此日廚灶門外東南
2011/3/8 星期二 婦女節	吉神：六合金堂 凶神：月煞月虛四擊天牢	辛卯年 二月 初四日 農曆神煞四不祥，六壬空，長星	辛卯年 辛卯月 壬戌日 大海水 驚蟄 危日 伐日 室宿	宜：取魚　忌：祈福求嗣上冊受封上表章襲爵受封出行上官赴任臨政親民解除剃頭整手足甲求醫療病裁衣築堤防修造動土豎柱上梁修倉庫鼓鑄修置產室開渠穿井安碓磑補垣塞穴修飾垣牆破屋壞垣栽種牧養【頒詔施恩封拜招賢舉正直宣政事布政事慶賜賞賀安撫邊境選將訓兵出師營建宮室修宮室繕城郭】	◎壬寅時 ◎甲辰時 ●乙巳時 ◎戊申時 ◎己酉時 ●辛亥時	丁未時 四大吉時 庚子時 壬寅時 甲辰時 丙午時 庚戌時	日家奇遁陽遁壬戌吉方震方開門太乙紫白九星年七赤月七赤日二黑	壬戌日，雨水下元，陽三局；庚子時坎方青龍返首、巽方地遁１風遁２重詐；辛丑時坤方地遁２人遁３雲遁４重詐；癸卯時乾方地遁２雲遁１鬼遁５神遁１重詐、震方飛鳥跌穴；乙巳時巽方風遁６鬼遁３重詐；丙午時震方飛鳥跌穴、兌方鬼遁３重詐；丁未時坎方青龍返首、震方鬼遁３重詐；戊申時坎方鬼遁３重詐；己酉時坤方人遁２真詐；	辰年生人屬龍忌用此日倉庫棲外東南
2011/3/9 星期三	吉神：母倉三合臨日天喜天醫 凶神：重日元武	辛卯年 二月 初五日 農曆神煞瘟星入，大空亡，月忌	辛卯年 辛卯月 癸亥日 大海水 驚蟄 成日 專日 壁宿	宜：沐浴【施恩封拜舉正直慶賜賞賀修宮室繕城郭】　忌：嫁娶破土安葬啟攢【安撫邊境選將訓兵出師】	◎癸丑時 ○乙卯時 ●丙辰時 ●戊午時 ◎己未時 ◎壬戌時 ◎癸亥時	丁巳時 四大吉時 壬子時 甲寅時 丙辰時 庚申時 壬戌時	日家奇遁陽遁癸亥吉方巽方休門太乙紫白九星年七赤月七赤日三碧	癸亥日，雨水下元，陽三局；癸丑時乾方鬼遁３重詐；己未時震方飛鳥跌穴；辛酉時坎方青龍返首；	巳年生人屬蛇忌用此日占房床外東南

日期節日	吉神凶神○	農曆	干支	用事宜忌○	協記吉時	貴登天門	日家奇門	時家奇門遁甲	忌用
2011/3/10 星期四	吉神：月德天恩母倉陽德司命 凶神：天罡月刑大時大敗咸池天賊四忌八龍	辛卯年 二月 初六日 農曆神煞	辛卯年 辛卯月 甲子日 海中金 驚蟄 收日 義日 奎宿	宜：祭祀沐浴捕捉【覃恩肆赦施恩惠恤孤惸行惠愛雪冤枉緩刑獄】　忌：祈福求嗣上冊受封上表章襲爵受封會親友冠帶出行上官赴任臨政親民結婚姻納采問名嫁娶進人口移徙安床解除剃頭整手足甲求醫療病裁衣築堤防修造動土豎柱上梁修倉庫鼓鑄經絡醞釀開市立券交易納財開倉庫出貨財修置產室開渠穿井安碓磑補垣塞穴修飾垣牆破屋壞垣畋獵取魚乘船渡水栽種牧養納畜破土安葬啟攢	●甲子時 ●乙丑時 ○丙寅時 ◎丁卯時 ◎庚午時 ◎壬申時 ◎癸酉時	丁卯時 癸酉時 四大吉時 甲子時 丙寅時 庚午時 壬申時 甲戌時	日家奇遁陽遁甲子吉方艮方生門太乙紫白九星年七赤月七赤日七赤	甲子日，驚蟄上元，陽一局；丙寅時艮方青龍返首；丁卯時離方鬼遁3重詐；戊辰時兌方鬼遁3重詐；辛未時艮方鬼遁3重詐；壬申時巽方鬼遁3重詐；乙亥時坎方飛鳥跌穴；	午年生人屬馬忌用此日占門碓外東南
2011/3/11 星期五	吉神：天恩時陽生氣天倉不將敬安 凶神：五虛九空九坎九焦復日勾陳	辛卯年 二月 初七日 農曆神煞 四不祥，天乙絕氣	辛卯年 辛卯月 乙丑日 海中金 驚蟄 開日 制日 婁宿	宜：祭祀祈福求嗣上冊受封上表章襲爵受封會親友入學出行上官赴任臨政親民嫁娶移徙解除求醫療病裁衣修造動土豎柱上梁修置產室開渠穿井安碓磑牧養納畜【覃恩肆赦施恩封拜招賢舉正直施恩惠恤孤惸宣政事布政事行惠愛雪冤枉緩刑獄慶賜賞賀】 忌：冠帶進人口修倉庫鼓鑄開市立券交易納財開倉庫出貨財補垣塞穴伐木畋獵取魚乘船渡水栽種破土安葬啟攢	○丙子時 ○丁丑時 ●戊寅時 ●己卯時 ◎辛巳時 ●甲申時 ◎丙戌時 ◎丁亥時	丙戌時 四大吉時 丙子時 庚辰時 壬午時 甲申時 丙戌時	日家奇遁陽遁乙丑吉方艮方生門天乙紫白九星年七赤月七赤日八白	乙丑日，驚蟄上元，陽一局；丁丑時艮方青龍返首；丙戌時坎方飛鳥跌穴；	未年生人屬羊忌用此日碓磨廁外東南
2011/3/12 星期六 國父逝世紀念日 植樹節	吉神：天恩四相王日五富不將普護五合青龍鳴吠對 凶神：遊禍血支歸忌	辛卯年 二月 初八日 農曆神煞 瘟星出，赤口，龍禁，天地凶敗	辛卯年 辛卯月 丙寅日 爐中火 驚蟄 閉日 義日 胃宿	宜：裁衣築堤防修倉庫經絡醞釀立券交易納財補垣塞穴栽種牧養納畜破土啟攢【覃恩肆赦施恩惠恤孤惸行惠愛雪冤枉緩刑獄慶賜賞賀修宮室繕城郭】　忌：祭祀祈福求嗣上冊受封上表章襲爵受封會親友出行上官赴任臨政親民結婚姻納采問名嫁娶進人口移徙遠迴安床解除求醫療病療目針刺修造動土豎柱上梁開市開倉庫出貨財修置產室開渠穿井【宣政事布政事】	●戊子時 ●己丑時 ◎壬辰時 ◎癸巳時 ●乙未時 ◎戊戌時	己亥時 四大吉時 庚寅時 壬辰時 甲午時 丙申時	日家奇遁陽遁丙寅吉方坎方休門太乙紫白九星年七赤月七赤日九紫	丙寅日，驚蟄上元，陽一局；辛卯時艮方青龍返首；癸巳時艮方地遁2人遁2風遁4真詐；甲午時艮方重詐；乙未時艮方青龍返首、震方重詐；丙申時離方人遁1休詐；丁酉時離方重詐；戊戌時兌方天遁1重詐；己亥時坎方人遁1休詐；	申年生人屬猴忌用此日廚灶爐外正南
2011/3/13 星期日	吉神：天恩月恩四相官日六儀福生五合明堂鳴吠對 凶神：月建小時土府厭對招搖	辛卯年 二月 初九日 農曆神煞 小空亡	辛卯年 辛卯月 丁卯日 爐中火 驚蟄 建日 義日 昴宿	宜：祭祀祈福求嗣襲爵受封會親友出行上官赴任臨政親民結婚姻納采問名移徙解除求醫療病裁衣豎柱上梁立券交易納財開倉庫出貨財牧養啟攢【頒詔覃恩肆赦施恩封拜招賢舉正直施恩惠恤孤惸宣政事布政事行惠愛雪冤枉緩刑獄慶賜賞賀安撫邊境選將訓兵出師】　忌：嫁娶剃頭築堤防修造動土修倉庫修置產室開渠穿井安碓磑補垣修飾垣牆平治道塗破屋壞垣伐木取魚乘船渡水栽種破土【營建宮室】	◎庚子時 ◎壬寅時 ◎癸卯時 ●丙午時 ●丁未時 ◎己酉時	辛丑時 四大吉時 庚子時 壬寅時 甲辰時 丙午時 庚戌時	日家奇遁陽遁丁卯吉方離方開門太陰紫白九星年七赤月七赤日一白	丁卯日，驚蟄上元，陽一局；庚子時坎方飛鳥跌穴、坤方人遁1風遁6休詐；辛丑時艮方重詐；壬寅時坎方人遁1休詐；乙巳時坎方飛鳥跌穴；丁未時艮方青龍返首；	酉年生人屬雞忌用此日倉庫門外正南

日期節日	吉神凶神○	農曆	干支	用事宜忌○	協記吉時	貴登天門	日家奇門	時家奇門遁甲	忌用
2011/3/14 星期一	吉神：天恩守日吉期 凶神：月害天刑	辛卯年 二月 初十日 農曆神煞 六壬空	辛卯年 辛卯月 戊辰日 大林木 驚蟄 除日 專日 畢宿	宜：襲爵受封出行上官赴任臨政親民解除沐浴剃頭整手足甲掃舍宇【覃恩肆赦施恩封拜舉正直施恩惠恤孤惸行惠愛雪冤枉緩刑獄】 忌：祈福求嗣上冊受封上表章會親友結婚姻納采問名嫁娶進人口求醫療病修倉庫經絡醞釀開市立券交易納財開倉庫出貨財修置產室牧養納畜破土安葬啟攢	◎甲寅時 ◎丙辰時 ●丁巳時 ●庚申時 ●辛酉時 ◎癸亥時	乙卯時 辛酉時 四大吉時 壬子時 甲寅時 丙辰時 庚申時 壬戌時	日家奇遁 陽遁戊辰 吉方坤方 休門天乙 紫白九星 年七赤 月七赤 日二黑	戊辰日，驚蟄上元，陽一局；甲寅時艮方人遁2真詐；丙辰時巽方人遁2虎遁6真詐；丁巳時坎方飛鳥跌穴；戊午時艮方青龍返首、震方人遁2真詐；己未時乾方人遁2真詐；庚申時離方人遁2真詐；辛酉時坤方人遁2真詐；壬戌時乾方人遁2真詐；癸亥時艮方人遁2真詐；	戌年生人屬狗忌用此日占房栖外正南
2011/3/15 星期二	吉神：月德合相日驛馬天后天巫福德聖心 凶神：五虛土符大煞往亡重日朱雀	辛卯年 二月 十一日 農曆神煞 楊公忌日	辛卯年 辛卯月 己巳日 大林木 驚蟄 滿日 義日 觜宿	宜：祭祀祈福求嗣會親友結婚姻納采問名解除裁衣豎柱上梁經絡開市立券交易納財開倉庫出貨財牧養納畜【覃恩肆赦舉正直施恩惠恤孤惸行惠愛雪冤枉緩刑獄慶賜賞賀】 忌：上冊受封上表章出行上官赴任臨政親民嫁娶進人口移徙求醫療病築堤防修造動土修倉庫修置產室開渠穿井安碓磑補垣修飾垣牆平治道塗破屋壞垣捕捉畋獵取魚栽種破土	◎乙丑時 ●戊辰時 ●庚午時 ●辛未時 ◎甲戌時 ◎乙亥時	丙寅時 四大吉時 甲子時 丙寅時 庚午時 壬申時 甲戌時	日家奇遁 陽遁己巳 吉方離方 開門青龍 紫白九星 年七赤 月七赤 日三碧	己巳日，驚蟄中元，陽七局；甲戌時乾方地遁2鬼遁5重詐；	亥年生人屬豬忌用此日占門床外正南
2011/3/16 星期三	吉神：月空時德民日益後金匱鳴吠 凶神：河魁死神天吏致死	辛卯年 二月 十二日 農曆神煞	辛卯年 辛卯月 庚午日 路傍土 驚蟄 平日 伐日 參宿	宜：祭祀修飾垣牆平治道塗 忌：祈福求嗣上冊受封上表章襲爵受封會親友冠帶出行上官赴任臨政親民結婚姻納采問名嫁娶進人口移徙安床解除求醫療病裁衣築堤防修造動土豎柱上梁修倉庫鼓鑄苫蓋經絡醞釀開市立券交易納財開倉庫出貨財修置產室開渠穿井栽種牧養納畜破土安葬啟攢【頒詔招賢舉正直宣政事布政事安撫邊境選將訓兵出師營建宮室】	◎丙子時 ◎丁丑時 ●己卯時 ◎壬午時 ●甲申時 ●乙酉時	己卯時 乙酉時 四大吉時 丙子時 庚辰時 壬午時 甲申時 丙戌時	日家奇遁 陽遁庚午 吉方震方 休門太陰 紫白九星 年七赤 月七赤 日四綠	庚午日，驚蟄中元，陽七局；丙子時乾方人遁4真詐；丁丑時坤方人遁2鬼遁2真詐；己卯時巽方人遁2鬼遁2真詐；辛巳時兌方地遁2重詐、中宮青龍返首；癸未時坎方地遁2雲遁1重詐；甲申時乾方地遁2人遁1休詐；丙戌時坎方地遁2人遁1雲遁1休詐；丁亥時兌方人遁1地遁2休詐、中宮青龍返首；	子年生人屬鼠忌用此日占碓磨外正南
2011/3/17 星期四 國醫節	吉神：陰德三合時陰續世寶光 凶神：死氣血忌	辛卯年 二月 十三日 農曆神煞 天休廢， 大空亡	辛卯年 辛卯月 辛未日 路傍土 驚蟄 定日 義日 井宿	宜：祭祀祈福求嗣會親友冠帶結婚姻納采問名嫁娶進人口裁衣修造動土豎柱上梁修倉庫經絡立券交易納財安碓磑納畜【施恩惠恤孤惸行惠愛雪冤枉緩刑獄慶賜賞賀修宮室繕城郭】 忌：解除求醫療病針刺醞釀修置產室栽種【安撫邊境選將訓兵出師】	●庚寅時 ●辛卯時 ◎癸巳時 ○甲午時 ●丙申時 ◎戊戌時 ◎己亥時	丙申時 四大吉時 庚寅時 壬辰時 甲午時 丙申時	日家奇遁 陽遁辛未 吉方巽方 生門太陰 紫白九星 年七赤 月七赤 日五黃	辛未日，驚蟄中元，陽七局；辛卯時巽方地遁2人遁1風遁2休詐；乙未時中宮青龍返首；	丑年生人屬牛忌用此日廚灶廁外西南

日期節日	吉神凶神〇	農曆	干支	用事宜忌〇	協記吉時	貴登天門	日家奇門	時家奇門遁甲	忌用
2011/3/18 星期五	吉神：天馬要安解神除神鳴吠 凶神：劫煞小耗五離白虎	辛卯年 二月 十四日 農曆神煞赤口，月忌，龍禁	辛卯年 辛卯月 壬申日 劍鋒金 驚蟄 執日 義日 鬼宿	宜：沐浴掃舍宇捕捉取魚　忌：祈福求嗣上冊受封上表章襲爵受封會親友冠帶出行上官赴任臨政親民結婚姻納采問名嫁娶進人口移徙安床解除剃頭整手足甲求醫療病裁衣築堤防修造動土豎柱上梁修倉庫鼓鑄經絡醞釀開市立券交易納財開倉庫出貨財修置產室開渠穿井安碓磑補垣塞穴修飾垣牆破屋壞垣栽種牧養納畜破土安葬啟攢【頒詔施恩封拜招賢舉正直宣政事布政事慶賜賞賀安撫邊境選將訓兵出師營建宮室 修宮室繕城郭】	●庚子時 ●辛丑時 ●甲辰時 ●乙巳時 ●丁未時 ◎庚戌時	丁未時 四大吉時 庚子時 壬寅時 甲辰時 丙午時 庚戌時	日家奇遁 陽遁壬申 吉方震方 休門青龍 紫白九星 年七赤 月七赤 日六白	壬申日，驚蟄中元，陽七局；庚子時乾方人遁1休詐；乙巳時坤方鬼遁3重詐；丁未時艮方風遁6鬼遁3鬼遁4重詐；庚戌時中宮青龍返首；辛亥時兌方鬼遁3重詐；	寅年生人屬虎忌用此日倉庫爐外西南
2011/3/19 星期六	吉神：玉宇除神玉堂鳴吠 凶神：月破大耗災煞天火月厭地火五虛五離　；驚蟄後十四日氣往亡	辛卯年 二月 十五日 農曆神煞	辛卯年 辛卯月 癸酉日 劍鋒金 驚蟄 破日 義日 柳宿	忌：諸事不宜【頒詔施恩封拜招賢舉正直宣政事布政事安撫邊境選將訓兵出師營建宮室修宮室繕城郭】【行幸遣使】上冊受封上表章上官赴任臨政親民嫁娶進人口移徙求醫療病捕捉畋獵取魚	◎壬子時 ●甲寅時 ◎乙卯時 〇丙辰時 ●戊午時 ◎己未時 ◎辛酉時	丁巳時 四大吉時 壬子時 甲寅時 丙辰時 庚申時 壬戌時	日家奇遁 陽遁癸酉 吉方巽方 休門青龍 紫白九星 年七赤 月七赤 日七赤	癸酉日，驚蟄中元，陽七局；壬子時巽方鬼遁3重詐；癸丑時坎方龍遁4鬼遁3重詐；己未時中宮青龍返首；	卯年生人屬兔忌用此日房床門外西南
2011/3/20 星期日 郵政節	吉神：月德天願六合金堂 凶神：月煞月虛四擊天牢 ：春分前一日四離	辛卯年 二月 十六日 農曆神煞四不祥，六壬空	辛卯年 辛卯月 甲戌日 山頭火 驚蟄 危日 制日 星宿	宜：祭祀解除【覃恩肆赦施恩惠恤孤惸行惠愛雪冤枉緩刑獄】 忌：【修宮室】	●丙寅時 ◎戊辰時 ●己巳時 ◎壬申時 ◎癸酉時 ●乙亥時	丁卯時 癸酉時 四大吉時 甲子時 丙寅時 庚午時 壬申時 甲戌時	日家奇遁 陽遁甲戌 吉方離方 生門太乙 紫白九星 年七赤 月七赤 日八白	甲戌日，驚蟄下元，陽四局；丙寅時坤方青龍返首；己巳時坤方青龍返首；壬申時巽方飛鳥跌穴；甲戌時坎方人遁1休詐；	辰年生人屬龍忌用此日門雞栖外西南
2011/3/21 星期一 07時37分 【辰時】 交春分氣 二月氣 辛卯月	太陽過黃經〇度，平光直射赤道，晝夜平分【斗指壬為春分，日行周天，南北兩半球晝夜均分，又當春之半，故名春分】								

日期節日	吉神凶神○	農曆	干支	用事宜忌○	協記吉時	貴登天門	日家奇門	時家奇門遁甲	忌用
2011/3/21 星期一 07時37分 【辰時】 交春分氣 二月氣 辛卯月 氣象節	吉神：母倉三合臨日天喜天醫不將 凶神：四窮八龍復日重日元武 ；春分	辛卯年 二月 十七日 農曆神煞 小空亡	辛卯年 辛卯月 乙亥日 山頭火 春分 成日 義日 張宿	宜：襲爵受封會親友入學出行沐浴求醫療病裁衣築堤防修造動土豎柱上梁經絡醞釀安碓磑牧養納畜【施恩封拜修宮室繕城郭】 忌：結婚姻納采問名嫁娶進人口修倉庫開市立券交易納財開倉庫出貨財栽種破土安葬啟攢【安撫邊境選將訓兵出師】	●丁丑時 ●庚辰時 ◎壬午時 ◎癸未時 ●丙戌時 ◎丁亥時	乙酉時 四大吉時 戊寅時 辛巳時 甲申時 丁亥時	日家奇遁陽遁乙亥吉方離方生門天乙紫白九星年七赤月七赤日九紫	乙亥日，驚蟄下元，陽四局；丙子時坎方人遁1休詐；丁丑時巽方人遁1休詐；戊寅時巽方飛鳥跌穴、兌方人遁1休詐；庚辰時坤方青龍返首；癸未時乾方人遁1休詐；乙酉時坎方天遁1重詐；丙戌時巽方飛鳥跌穴天遁3重詐；丁亥時兌方虎遁6重詐；	巳年生人屬蛇忌用此日碓磨床外西南
2011/3/22 星期二	吉神：母倉四相陽德不將司命鳴吠對 凶神：天罡月刑大時大敗咸池天賊觸水龍	辛卯年 二月 十八日 農曆神煞 天休廢	辛卯年 辛卯月 丙子日 澗下水 春分 收日 伐日 翼宿	宜：【施恩惠恤孤惸行惠愛雪冤枉緩刑獄】 忌：諸事不宜【頒詔招賢宣政事布政事安撫邊境選將訓兵出師營建宮室修宮室繕城郭】忌：諸事不宜	●戊子時 ●己丑時 ◎辛卯時 ◎甲午時 ◎丙申時 ◎丁酉時	戊戌時 四大吉時 庚寅時 癸巳時 丙申時 己亥時	日家奇遁陽遁丙子吉方坎方生門天乙紫白九星年七赤月七赤日一白	丙子日，驚蟄下元，陽四局；戊子時艮方重詐；己丑時巽方飛鳥跌穴；庚寅時震方地遁2人遁1休詐；辛卯時離方重詐；壬辰時乾方重詐、坤方青龍返首；癸巳時乾方地遁2人遁1休詐；甲午時坎方人遁4真詐；乙未時離方人遁2鬼遁2真詐；丙申時乾方人遁2鬼遁2真詐；丁酉時震方人遁4真詐、坤方青龍返首；	午年生人屬馬忌用此日倉庫廁外正西
2011/3/23 星期三	吉神：月恩四相時陽生氣天倉不將敬安 凶神：五虛八風九空九坎九焦勾陳	辛卯年 二月 十九日 農曆神煞 四不祥，短星，天地凶敗	辛卯年 辛卯月 丁丑日 澗下水 春分 開日 寶日 軫宿	宜：祭祀祈福求嗣上冊受封上表章襲爵受封會親友入學出行上官赴任臨政親民結婚姻納采問名嫁娶移徙解除求醫療病裁衣修造動土豎柱上梁修置產室開渠穿井安碓磑牧養納畜【頒詔覃恩肆赦施恩封拜招賢舉正直施恩惠恤孤惸宣政事行惠愛雪冤枉緩刑獄慶賜賞賀修宮室繕城郭】 忌：冠帶進人口剃頭修倉庫鼓鑄開市立券交易納財開倉庫出貨財補垣塞穴伐木畋獵取魚乘船渡水栽種	◎壬寅時 ◎癸卯時 ●乙巳時 ◎戊申時 ◎庚戌時 ●辛亥時	庚子時 四大吉時 壬寅時 乙巳時 戊申時 辛亥時	日家奇遁陽遁丁丑吉方坎方生門太陰紫白九星年七赤月七赤日二黑	丁丑日，驚蟄下元，陽四局；辛丑時坎方人遁2鬼遁2真詐；癸卯時巽方飛鳥跌穴；戊申時坤方青龍返首；庚戌時巽方飛鳥跌穴天遁4風遁3；	未年生人屬羊忌用此日房床爐外正西
2011/3/24 星期四	吉神：天赦王日五富普護五合青龍 凶神：遊禍血支歸忌	辛卯年 二月 二十日 農曆神煞 赤口，龍禁	辛卯年 辛卯月 戊寅日 城頭土 春分 閉日 伐日 角宿	宜：裁衣築堤防修倉庫經絡醞釀立券交易納財補垣塞穴栽種牧養納畜安葬【覃恩肆赦施恩惠恤孤惸行惠愛雪冤枉緩刑獄】 忌：祭祀祈福求嗣移徙遠迴解除求醫療病療目針刺畋獵取魚【布政事出師修宮室】	◎壬子時 ◎癸丑時 ●丙辰時 ◎丁巳時 ●己未時 ◎壬戌時	甲寅時 庚申時 四大吉時 甲寅時 丁巳時 庚申時 癸亥時	日家奇遁陽遁戊寅吉方坎方生門咸池紫白九星年七赤月七赤日三碧	戊寅日，驚蟄下元，陽四局；乙卯時巽方飛鳥跌穴；丁巳時兌方地遁2雲遁1重詐；辛酉時坤方青龍返首；	申年生人屬猴忌用此日占大門外正西

日期節日	吉神凶神○	農曆	干支	用事宜忌○	協記吉時	貴登天門	日家奇門	時家奇門遁甲	忌用
2011/3/25 星期五 美術節	吉神：月德合天恩官日六儀福生五合明堂 凶神：月建小時土府厭對招搖小會	辛卯年 二月 二十一日 農曆神煞 大空亡	辛卯年 辛卯月 己卯日 城頭土 春分 建日 伐日 亢宿	宜：【頒詔覃恩肆赦施恩封拜招賢舉正直施恩惠恤孤惸宣政事布政事行惠愛雪冤枉緩刑獄慶賜賞賀】 忌：諸事不宜【修宮室】	◎甲子時 ●丙寅時 ●丁卯時 ●庚午時 ●辛未時 ◎癸酉時	乙丑時 癸酉時 四大吉時 丙寅時 己巳時 壬申時 乙亥時	日家奇遁陽遁己卯吉方兌方休門軒轅紫白九星年七赤月七赤日四綠	己卯日，春分上元，陽三局；甲子時坎方重詐；乙丑時坎方地遁2人遁1休詐；丙寅時坎方青龍返首、巽方地遁1人遁1風遁2休詐；丁卯時震方飛鳥跌穴、兌方人遁2鬼遁2真詐；戊辰時離方人遁4真詐、坤方地遁2人遁1休詐；己巳時兌方地遁2人遁1休詐；庚午時巽方重詐；辛未時坤方風遁5重詐；壬申時離方天遁1重詐；癸酉時乾方重詐；乙亥時震方飛鳥跌穴；	酉年生人屬雞忌用此日碓磨栖外正西
2011/3/26 星期六 廣播節	吉神：月空天恩守日吉期 凶神：月害天刑	辛卯年 二月 二十二日 農曆神煞 六壬空	辛卯年 辛卯月 庚辰日 白蠟金 春分 除日 義日 氐宿	宜：襲爵受封出行上官赴任臨政親民解除沐浴剃頭整手足甲掃舍宇【覃恩肆赦施恩封拜舉正直施恩惠恤孤惸布政事行惠愛雪冤枉緩刑獄】 忌：祈福求嗣上冊受封上表章會親友結婚姻納采問名嫁娶進人口求醫療病修倉庫經絡醞釀開市立券交易納財開倉庫出貨財修置產室牧養納畜破土安葬啟攢	●戊寅時 ◎庚辰時 ●辛巳時 ◎甲申時 ◎乙酉時 ●丁亥時	戊寅時 甲申時 四大吉時 戊寅時 辛巳時 甲申時 丁亥時	日家奇遁陽遁庚辰吉方乾方生門太乙紫白九星年七赤月七赤日五黃	庚辰日，春分上元，陽三局；庚辰時震方飛鳥跌穴；壬午時坎方地遁2人遁2真詐；癸未時坎方青龍返首；甲申時坎方人遁1休詐；	戌年生人屬狗忌用此日碓磨栖外正西
2011/3/27 星期日	吉神：天恩相日驛馬天后天巫福德聖心 凶神：五虛土符大煞往亡重日朱雀	辛卯年 二月 二十三日 農曆神煞 月忌	辛卯年 辛卯月 辛巳日 白蠟金 春分 滿日 伐日 房宿	宜：祭祀祈福會親友裁衣經絡開市立券交易納財【覃恩肆赦施恩惠恤孤惸布政事行惠愛雪冤枉緩刑獄慶賜賞賀】 忌：上冊受封上表章襲爵受封出行上官赴任臨政親民結婚姻納采問名嫁娶進人口移徙求醫療病築堤防修造動土修倉庫醞釀開倉庫出貨財修置產室開渠穿井安碓磑補垣修飾垣牆平治道塗破屋壞垣捕捉畋獵取魚栽種破土安葬啟攢【招賢舉正直安撫邊境選將訓兵出師營建宮室】	●己丑時 ◎壬辰時 ○癸巳時 ●甲午時 ●乙未時 ●戊戌時 ◎己亥時	辛卯時 乙未時 四大吉時 庚寅時 癸巳時 丙申時 己亥時	日家奇遁陽遁辛巳吉方兌方休門太乙紫白九星年七赤月七赤日六白	辛巳日，春分上元，陽三局；己丑時坎方青龍返首；庚寅時坎方人遁1休詐；辛卯時震方飛鳥跌穴；乙未時坎方青龍返首；戊戌時坎方地遁2鬼遁5重詐；	亥年生人屬豬忌用此日廚灶床外正西
2011/3/28 星期一	吉神：天恩時德民日益後金匱鳴吠 凶神：河魁死神天吏致死	辛卯年 二月 二十四日 農曆神煞	辛卯年 辛卯月 壬午日 楊柳木 春分 平日 制日 心宿	宜：祭祀修飾垣牆平治道塗【覃恩肆赦施恩惠恤孤惸行惠愛雪冤枉緩刑獄】 忌：祈福求嗣上冊受封上表章襲爵受封會親友冠帶出行上官赴任臨政親民結婚姻納采問名嫁娶進人口移徙安床解除求醫療病裁衣築堤防修造動土豎柱上梁修倉庫鼓鑄苫蓋經絡醞釀開市立券交易納財開倉庫出貨財修置產室開渠穿井栽種牧養納畜破土安葬啟攢【頒詔招賢安撫邊境選將訓兵出師營建宮室】	◎庚子時 ◎辛丑時 ◎癸卯時 ◎丙午時 ○丁未時 ◎戊申時 ◎己酉時	丙午時 四大吉時 壬寅時 乙巳時 戊申時 辛亥時	日家奇遁陽遁壬午吉方艮方休門太乙紫白九星年七赤月七赤日七赤	壬午日，春分上元，陽三局；庚子時坎方青龍返首、巽方地遁1風遁2重詐；辛丑時坤方地遁2人遁3雲遁4重詐；癸卯時乾方地遁2雲遁1鬼遁5神遁1重詐、震方飛鳥跌穴；乙巳時巽方風遁6鬼遁3重詐；丙午時震方飛鳥跌穴、兌方鬼遁3重詐；丁未時坎方青龍返首、震方鬼遁3重詐；戊申時坎方鬼遁3重詐；己酉時坤方人遁2真詐；	子年生人屬鼠忌用此日倉庫碓外西北

日期節日	吉神凶神○	農曆	干支	用事宜忌○	協記吉時	貴登天門	日家奇門	時家奇門遁甲	忌用
2011/3/29 星期二 革命先烈紀念日 青年節	吉神：天恩陰德三合時陰續世寶光 凶神：死氣血忌觸水龍	辛卯年 二月 二十五日 農曆神煞小空亡	辛卯年 辛卯月 癸未日 楊柳木 春分 定日 伐日 尾宿	宜：祭祀祈福求嗣會親友冠帶結婚姻納采問名嫁娶進人口裁衣修造動土豎柱上梁修倉庫經絡醞釀立券交易納財安碓磑納畜【覃恩肆赦施恩惠恤孤惸布政事行惠愛雪冤枉緩刑獄慶賜賞賀修宮室繕城郭】 忌：解除求醫療病針刺修置產室取魚乘船渡水栽種【安撫邊境選將訓兵出師】	●甲寅時 ●乙卯時 ○丙辰時 ●丁巳時 ◎庚申時 ◎壬戌時 ◎癸亥時	丙辰時 四大吉時 甲寅時 丁巳時 庚申時 癸亥時	日家奇遁陽遁癸未吉方艮方休門天乙紫白九星年七赤月七赤日八白	癸未日，春分上元，陽三局；癸丑時乾方鬼遁3重詐；己未時震方飛鳥跌穴；辛酉時坎方青龍返首；	丑年生人屬牛忌用此日房床廁外西北
2011/3/30 星期三	吉神：月德天馬要安解神除神鳴吠 凶神：劫煞小耗五離白虎	辛卯年 二月 二十六日 農曆神煞赤口，龍禁	辛卯年 辛卯月 甲申日 泉中水 春分 執日 伐日 箕宿	宜：祭祀沐浴掃舍宇捕捉【覃恩肆赦施恩惠恤孤惸行惠愛雪冤枉緩刑獄】 忌：安床求醫療病修倉庫開市立券交易納財開倉庫出貨財畋獵取魚【布政事】	●甲子時 ●乙丑時 ○丙寅時 ●戊辰時 ●己巳時 ◎辛未時 ●甲戌時	四大吉時 丙寅時 己巳時 壬申時 乙亥時	日家奇遁陽遁甲申吉方坎方開門太乙紫白九星年七赤月七赤日九紫	甲申日，春分中元，陽九局；甲子時乾方人遁1休詐；乙丑時離方人遁1休詐；丙寅時艮方人遁1休詐、兌方青龍返首；戊辰時乾方人遁1休詐；己巳時震方人遁2虎遁6真詐；辛未時離方飛鳥跌穴；壬申時兌方人遁1休詐；癸酉時坎方人遁1風遁6休詐；	寅年生人屬虎忌用此日占門爐外西北
2011/3/31 星期四	吉神：玉宇除神玉堂鳴吠 凶神：月破大耗災煞天火月厭地火五虛復日五離大會	辛卯年 二月 二十七日 農曆神煞	辛卯年 辛卯月 乙酉日 泉中水 春分 破日 伐日 斗宿	忌：諸事不宜【頒詔施恩封拜招賢舉正直宣政事布政事慶賜賞賀安撫邊境選將訓兵出師營建宮室修宮室繕城郭】	●丙子時 ●戊寅時 ◎己卯時 ◎壬午時 ◎癸未時 ○甲申時 ◎乙酉時 ○丁亥時	乙酉時 四大吉時 戊寅時 辛巳時 甲申時 丁亥時	日家奇遁陽遁乙酉吉方離方休門太陰紫白九星年七赤月七赤日一白	乙酉日，春分中元，陽九局；丙子時離方飛鳥跌穴；己卯時兌方重詐；辛巳時坎方重詐、兌方青龍返首；丁亥時艮方人遁2鬼遁2真詐、兌方青龍返首；	卯年生人屬兔忌用此日碓磨門外西北
2011/4/1 星期五 主計節	吉神：四相六合不將金堂 凶神：月煞月虛四擊天牢	辛卯年 二月 二十八日 農曆神煞四不祥，六壬空	辛卯年 辛卯月 丙戌日 屋上土 春分 危日 寶日 牛宿	宜：祭祀取魚 忌：上冊受封上表章求醫療病【頒詔招賢宣政事布政事安撫邊境選將訓兵出師營建宮室】	○戊子時 ●庚寅時 ◎壬辰時 ◎癸巳時 ●丙申時 ◎丁酉時 ○戊戌時 ●己亥時	戊戌時 四大吉時 庚寅時 癸巳時 丙申時 己亥時	日家奇遁陽遁丙戌吉方坤方生門天乙紫白九星年七赤月七赤日二黑	丙戌日，春分中元，陽九局；己丑時震方人遁2鬼遁2真詐；壬辰時離方飛鳥跌穴天遁3；戊戌時兌方青龍返首；己亥時離方飛鳥跌穴；	辰年生人屬龍忌用此日廚灶栖外西北

日期節日	吉神凶神○	農曆	干支	用事宜忌○	協記吉時	貴登天門	日家奇門	時家奇門遁甲	忌用
2011/4/2 星期六	吉神：母倉月恩四相三合臨日天喜天醫不將 凶神：重日元武	辛卯年 二月 二十九日 農曆神煞大空亡	辛卯年 辛卯月 丁亥日 屋上土 春分 成日 伐日 女宿	宜：祭祀祈福求嗣上冊受封上表章襲爵受封會親友入學出行上官赴任臨政親民結婚姻納采問名進人口移徙解除沐浴求醫療病裁衣築堤防修造動土豎柱上梁修倉庫經絡醞釀開市立券交易納財開倉庫出貨財安碓磑栽種牧養納畜【施恩封拜舉正直慶賜賞賀修宮室繕城郭】 忌：嫁娶剃頭破土安葬啟攢【選將訓兵出師】	●辛丑時 ●甲辰時 ◎丙午時 ◎丁未時 ○己酉時 ●庚戌時 ◎辛亥時	庚子時 四大吉時 壬寅時 乙巳時 戊申時 辛亥時	日家奇遁陽遁丁亥吉方離方休門青龍紫白九星年七赤月七赤日三碧	丁亥日，春分中元，陽九局；甲辰時艮方地遁2人遁3風遁4重詐；乙巳時離方飛鳥跌穴；丙午時離方地遁2重詐；丁未時震方人遁1休詐；戊申時乾方天遁2人遁1休詐；庚戌時兌方青龍返首；	巳年生人屬蛇忌用此日倉庫床外西北
2011/4/3 星期日	吉神：母倉陽德司命 凶神：天罡月刑大時大敗咸池天賊	辛卯年 三月 初一日 農曆神煞長星，赤口，天地凶敗	辛卯年 辛卯月 戊子日 霹靂火 春分 收日 制日 虛宿	宜：【施恩惠恤孤惸行惠愛雪冤枉緩刑獄】 忌：諸事不宜【頒詔施恩封拜招賢舉正直宣政事布政事慶賜賞賀安撫邊境選將訓兵出師營建宮室修宮室繕城郭】	◎壬子時 ◎癸丑時 ◎乙卯時 ◎戊午時 ●庚申時 ●辛酉時	甲寅時 庚申時 四大吉時 甲寅時 丁巳時 庚申時 癸亥時	日家奇遁陽遁戊子吉方坎方休門青龍紫白九星年七赤月七赤日四綠	戊子日，春分中元，陽九局；壬子時兌方人遁1休詐；癸丑時坎方人遁1休詐、兌方青龍返首；乙卯時巽方人遁2鬼遁2真詐；丁巳時兌方青龍返首；壬戌時離方飛鳥跌穴；	午年生人屬馬忌用此日房床碓外正北
2011/4/4 星期一 兒童節	吉神：月德合時德生氣天倉不將敬安 凶神：五虛九空九坎九焦勾陳	辛卯年 三月 初二日 農曆神煞龍禁	辛卯年 辛卯月 己丑日 霹靂火 春分 開日 專日 危宿	宜：祭祀祈福求嗣上冊受封上表章襲爵受封會親友入學出行上官赴任臨政親民結婚姻納采問名嫁娶進人口移徙解除求醫療病裁衣修造動土豎柱上梁修倉庫開市納財修置產室開渠穿井安碓磑牧養納畜【頒詔覃恩肆赦施恩封拜招賢舉正直施恩惠恤孤惸宣政事行惠愛雪冤枉緩刑獄慶賜賞賀營建宮室修宮室繕城郭】 忌：冠帶鼓鑄補垣塞穴伐木畋獵取魚乘船渡水栽種	○甲子時 ●丙寅時 ●丁卯時 ●己巳時 ◎壬申時 ◎甲戌時 ◎乙亥時	乙丑時 癸酉時 四大吉時 丙寅時 己巳時 壬申時 乙亥時	日家奇遁陽遁己丑吉方乾方開門太乙紫白九星年七赤月七赤日五黃	己丑日，春分下元，陽六局；乙丑時坎方人遁1休詐；丙寅時乾方飛鳥跌穴、巽方青龍返首；丁卯時坤方人遁1休詐；戊辰時震方人遁1休詐；庚午時離方人遁1休詐；癸酉時坎方人遁1休詐；	未年生人屬羊忌用此日占門廁外正北
2011/4/5 星期二 11時46分 【午時】 交清明節 節前使用為辛卯月	吉神：月空王日五富不將普護五合青龍鳴吠對 凶神：遊禍血支歸忌	辛卯年 三月 初三日 農曆神煞瘟星入，六壬空	辛卯年 辛卯月 庚寅日 松柏木 春分 閉日 制日 室宿	宜：裁衣築堤防醞釀立券交易納財補垣塞穴栽種牧養納畜破土啟攢【覃恩肆赦施恩惠恤孤惸行惠愛雪冤枉緩刑獄】 忌：祭祀祈福求嗣上冊受封上表章襲爵受封會親友出行上官赴任臨政親民結婚姻納采問名嫁娶進人口移徙遠迴安床解除求醫療病療目針刺修造動土豎柱上梁經絡開市開倉庫出貨財修置產室開渠穿井【布政事出師營建宮室修宮室繕城郭】	◎丙子時 ●丁丑時 ●庚辰時 ◎辛巳時 ◎癸未時 ◎丙戌時	戊寅時 甲申時 四大吉時 戊寅時 辛巳時 甲申時 丁亥時	日家奇遁陽遁庚寅吉方乾方開門天乙紫白九星年七赤月七赤日六白	庚寅日，春分下元，陽六局；丁丑時乾方飛鳥跌穴、巽方青龍返首；乙酉時乾方飛鳥跌穴、巽方青龍返首；	申年生人屬猴忌用此日碓磨爐外正北

日期節日	吉神凶神○	農曆	干支	用事宜忌○	協記吉時	貴登天門	日家奇門	時家奇門遁甲	忌用
2011/4/5 星期二 11時46分 【午時】 交清明節 三月節 壬辰月	太陽過黃經十五度，春暖花開，景色清明【斗指丁為清明，時萬物潔顯而清明，時當氣清景明，故名清明】			清明三月節天道北行宜向北行宜修造北方；天德在壬天德合在丁月德在壬月德合在丁月空在丙宜修造取土；月建在辰月破在戌月厭在申月刑在辰月害在卯劫煞在巳災煞在午月煞在未忌修造取土；初一日長星、十六日短星；清明後二十一日往亡、土王用事後忌修造動土巳午日添母倉；穀雨三月中日躔在酉宮為三月將宜用癸乙丁辛時；					
2011/4/5 星期二 11時46分 【午時】 交清明節 節後使用 為壬辰月 先總統 蔣公逝世 紀念日 清明節 【民族掃墓節】音樂節	吉神：月恩陽德王日驛馬天后時陽生氣六儀續世五合司命鳴吠對 凶神：厭對招搖血忌	辛卯年 三月 初三日 農曆神煞瘟星入，六壬空 .	辛卯年 壬辰月 庚寅日 松柏木 清明 開日 制日 室宿	宜：上冊受封上表章襲爵受封會親友入學出行上官赴任臨政親民結婚姻納采問名移徙解除求醫療病裁衣修造動土豎柱上梁開市立券交易納財開倉庫出貨財修置產室開渠安碓磑栽種牧養【頒詔覃恩肆赦施恩封拜招賢舉正直施恩惠恤孤惸宣政事行惠愛雪冤枉緩刑獄慶賜賞賀安撫邊境選將訓兵修宮室繕城郭】　忌：祭祀嫁娶針刺經絡伐木畋獵取魚乘船渡水	◎丙子時 ●丁丑時 ●庚辰時 ◎辛巳時 ◎癸未時 ◎丙戌時	戊寅時 甲申時 四大吉時 戊寅時 辛巳時 甲申時 丁亥時	日家奇遁 陽遁庚寅 吉方乾方 開門天乙 紫白九星 年七赤 月六白 日六白	庚寅日，春分下元，陽六局；丁丑時乾方飛鳥跌穴、巽方青龍返首；乙酉時乾方飛鳥跌穴、巽方青龍返首；	申年 生人 屬猴 忌用 此日 碓磨 爐外 正北
2011/4/6 星期三	吉神：官日要安五合鳴吠對 凶神：月害天吏致死血支勾陳	辛卯年 三月 初四日 農曆神煞大空亡，四不祥，四方耗	辛卯年 壬辰月 辛卯日 松柏木 清明 閉日 制日 壁宿	宜：補垣塞穴　忌：祈福求嗣上冊受封上表章襲爵受封會親友冠帶出行上官赴任臨政親民結婚姻納采問名嫁娶進人口移徙安床解除求醫療病療目針刺築堤防修造動土豎柱上梁修倉庫經絡醞釀開市立券交易納財開倉庫出貨財修置產室開渠穿井栽種牧養納畜破土安葬啟攢【頒詔施恩封拜招賢舉正直宣政事布政事慶賜賞賀安撫邊境選將訓兵出師營建宮室修宮室繕城郭】	◎戊子時 ●庚寅時 ●辛卯時 ○癸巳時 ◎甲午時 ◎乙未時 ◎丁酉時	辛卯時 乙未時 四大吉時 庚寅時 癸巳時 丙申時 己亥時	日家奇遁 陽遁辛卯 吉方兌方 生門天乙 紫白九星 年七赤 月六白 日七赤	辛卯日，春分下元，陽六局；癸巳時乾方飛鳥跌穴、巽方青龍返首；乙未時巽方鬼遁3重詐；丙申時艮方鬼遁3重詐；	酉年 生人 屬雞 忌用 此日 廚灶 門外 正北
2011/4/7 星期四 衛生節	吉神：天德月德守日玉宇青龍 凶神：月建小時土府月刑	辛卯年 三月 初五日 農曆神煞月忌	辛卯年 壬辰月 壬辰日 長流水 清明 建日 伐日 奎宿	宜：祭祀【覃恩肆赦施恩封拜施恩惠恤孤惸行惠愛雪冤枉緩刑獄】　忌：求醫療病築堤防修造動土修倉庫修置產室開渠穿井安碓磑補垣修飾垣牆平治道塗破屋壞垣伐木畋獵取魚栽種破土【布政事修宮室】	◎壬寅時 ◎甲辰時 ●乙巳時 ◎戊申時 ●己酉時 ●辛亥時	丙午時 四大吉時 壬寅時 乙巳時 戊申時 辛亥時	日家奇遁 陽遁壬辰 吉方離方 開門太乙 紫白九星 年七赤 月六白 日八白	壬辰日，春分下元，陽六局；辛丑時震方鬼遁3重詐；壬寅時乾方飛鳥跌穴、巽方青龍返首、兌方風遁6鬼遁3重詐；丁未時離方人遁2鬼遁2真詐；己酉時坎方人遁2鬼遁2真詐；辛亥時乾方飛鳥跌穴、巽方青龍返首；	戌年 生人 屬狗 忌用 此日 倉庫 栖外 正北

日期節日	吉神凶神○	農曆	干支	用事宜忌○	協記吉時	貴登天門	日家奇門	時家奇門遁甲	忌用
2011/4/8 星期五	吉神：陰德相日吉期五富金堂明堂 凶神：劫煞五虛重日	辛卯年 三月 初六日 農曆神煞瘟星出	辛卯年 壬辰月 癸巳日 長流水 清明 除日 制日 婁宿	宜：沐浴掃舍宇【施恩惠恤孤惸行惠愛雪冤枉緩刑獄】　忌：祈福求嗣上冊受封上表章會親友冠帶出行結婚姻納采問名嫁娶進人口移徙安床求醫療病裁衣築堤防修造動土豎柱上梁修倉庫鼓鑄修置產室開渠穿井安碓磑補垣塞穴修飾垣牆破屋壞垣破土安葬啟攢【頒詔宣政事布政事慶賜賞賀安撫邊境選將訓兵出師營建宮室修宮室繕城郭】	◎癸丑時 ○乙卯時 ●丙辰時 ○丁巳時 ◎戊午時 ◎己未時 ◎壬戌時 ◎癸亥時	丙辰時 四大吉時 甲寅時 丁巳時 庚申時 癸亥時	日家奇遁 陽遁癸巳 吉方離方 開門天乙 紫白九星 年七赤 月六白 日九紫	癸巳日，春分下元，陽六局；壬子時巽方人遁1風遁3休詐；癸丑時坎方人遁1休詐；丁巳時坎方重詐；	亥年生人屬豬忌用此日占房床房內北
2011/4/9 星期六	吉神：時德民日天巫福德鳴吠 凶神：災煞天火大煞天刑	辛卯年 三月 初七日 農曆神煞四不祥，赤口	辛卯年 壬辰月 甲午日 沙中金 清明 滿日 寶日 胃宿	宜：祭祀　忌：祈福求嗣上冊受封上表章襲爵受封會親友冠帶出行上官赴任臨政親民結婚姻納采問名嫁娶進人口移徙安床解除剃頭整手足甲求醫療病裁衣築堤防修造動土豎柱上梁修倉庫鼓鑄苫蓋經絡醞釀開市立券交易納財開倉庫出貨財修置產室開渠穿井安碓磑補垣塞穴修飾垣牆破屋壞垣栽種牧養納畜破土安葬啟攢【頒詔宣政事布政事安撫邊境選將訓兵出師營建宮室】	◎甲子時 ◎乙丑時 ○丙寅時 ●丁卯時 ◎庚午時 ○辛未時 ◎壬申時 ◎癸酉時	四大吉時 丙寅時 己巳時 壬申時 乙亥時	日家奇遁 陽遁甲午 吉方艮方 開門咸池 紫白九星 年七赤 月六白 日一白	甲午日，清明上元，陽四局；丙寅時坤方青龍返首；己巳時坤方青龍返首；壬申時巽方飛鳥跌穴；甲戌時坎方人遁1休詐；	子年生人屬鼠忌用此日占房碓房內北
2011/4/10 星期日	凶神：天罡死神月煞月虛朱雀	辛卯年 三月 初八日 農曆神煞龍禁，小空亡，天乙絕氣	辛卯年 壬辰月 乙未日 沙中金 清明 平日 制日 昴宿	忌：諸事不宜【頒詔施恩封拜招賢舉正直宣政事布政事慶賜賞賀安撫邊境選將訓兵出師營建宮室修宮室繕城郭】	●戊寅時 ●己卯時 ◎辛巳時 ●甲申時 ●丙戌時 ●丁亥時	乙酉時 四大吉時 戊寅時 辛巳時 甲申時 丁亥時	日家奇遁 陽遁乙未 吉方震方 休門太乙 紫白九星 年七赤 月六白 日二黑	乙未日，清明上元，陽四局；丙子時坎方人遁1休詐；丁丑時巽方人遁1休詐；戊寅時巽方飛鳥跌穴、兌方人遁1休詐；庚辰時坤方青龍返首；癸未時乾方人遁1休詐；乙酉時坎方天遁1重詐；丙戌時巽方飛鳥跌穴天遁3重詐；丁亥時兌方虎遁6重詐；	丑年生人屬牛忌用此日碓磨廁房內北
2011/4/11 星期一	吉神：月空四相三合臨日時陰敬安除神金匱鳴吠 凶神：月厭地火死氣往亡五離了戾	辛卯年 三月 初九日 農曆神煞六壬空，楊公忌日	辛卯年 壬辰月 丙申日 山下火 清明 定日 制日 畢宿	宜：祭祀沐浴掃舍宇　忌：祈福求嗣上冊受封上表章襲爵受封會親友冠帶出行上官赴任臨政親民結婚姻納采問名嫁娶進人口移徙遠迴安床解除剃頭整手足甲求醫療病裁衣築堤防修造動土豎柱上梁修倉庫鼓鑄經絡醞釀開市立券交易納財開倉庫出貨財修置產室開渠穿井安碓磑補垣塞穴修飾垣牆平治道塗破屋壞垣伐木捕捉畋獵取魚栽種牧養納畜破土安葬啟攢【頒詔招賢宣政事布政事安撫邊境選將訓兵出師營建宮室】	●戊子時 ●己丑時 ◎壬辰時 ◎癸巳時 ◎乙未時 ○丙申時 ●戊戌時	戊戌時 四大吉時 庚寅時 癸巳時 丙申時 己亥時	日家奇遁 陽遁丙申 吉方巽方 生門太乙 紫白九星 年七赤 月六白 日三碧	丙申日，清明上元，陽四局；戊子時艮方重詐；己丑時巽方飛鳥跌穴；庚寅時震方地遁2人遁1休詐；辛卯時離方重詐；壬辰時乾方重詐、坤方青龍返首；癸巳時乾方地遁2人遁1休詐；甲午時坎方人遁4真詐；乙未時離方人遁2鬼遁2真詐；丙申時乾方人遁2鬼遁2真詐；丁酉時震方人遁4真詐、坤方青龍返首；	寅年生人屬虎忌用此日廚灶爐房內北

日期節日	吉神凶神○	農曆	干支	用事宜忌○	協記吉時	貴登天門	日家奇門	時家奇門遁甲	忌用
2011/4/12 星期二	吉神：天德合月德合四相六合不將普護除神寶光鳴吠 凶神：大時大敗咸池小耗五虛土符五離	辛卯年 三月 初十日 農曆神煞	辛卯年 壬辰月 丁酉日 山下火 清明 執日 制日 觜宿	宜：祭祀祈福求嗣上冊受封上表章襲爵受封出行上官赴任臨政親民結婚姻納采問名嫁娶進人口移徙解除沐浴整手足甲求醫療病裁衣豎柱上梁經絡醞釀立券交易納財開倉庫出貨財掃舍宇捕捉牧養納畜安葬【頒詔覃恩肆赦施恩惠恤孤惸宣政事行惠愛雪冤枉緩刑獄】 忌：會親友剃頭築堤防修造動土修倉庫修置產室開渠穿井安碓磑補垣修飾垣牆平治道塗破屋壞垣畋獵取魚栽種破土	●庚子時 ◎壬寅時 ◎癸卯時 ●丙午時 ●丁未時 ◎己酉時 ○辛亥時	庚子時 四大吉時 壬寅時 乙巳時 戊申時 辛亥時	日家奇遁陽遁丁酉吉方巽方休門天乙紫白九星年七赤月六白日四綠	丁酉日，清明上元，陽四局；辛丑時坎方人遁2鬼遁2真詐；癸卯時巽方飛鳥跌穴；戊申時坤方青龍返首；庚戌時巽方飛鳥跌穴天遁4風遁3；	卯年生人屬兔忌用此日倉庫門房內北
2011/4/13 星期三	吉神：天馬福生解神 凶神：月破大耗四擊九空九坎九焦復日白虎	辛卯年 三月 十一日 農曆神煞	辛卯年 壬辰月 戊戌日 平地木 清明 破日 專日 參宿	宜：祭祀解除沐浴求醫療病破屋壞垣 忌：祈福求嗣上冊受封上表章襲爵受封會親友冠帶出行上官赴任臨政親民結婚姻納采問名嫁娶進人口移徙安床剃頭整手足甲裁衣築堤防修造動土豎柱上梁修倉庫鼓鑄經絡醞釀開市立券交易納財開倉庫出貨財修置產室開渠穿井安碓磑補垣塞穴修飾垣牆伐木取魚乘船渡水栽種牧養納畜破土安葬啟攢【頒詔施恩封拜招賢舉正直宣政事布政事慶賜賞賀安撫邊境選將訓兵出師營建宮室修宮室繕城郭】	◎甲寅時 ○乙卯時 ◎丙辰時 ◎丁巳時 ●庚申時 ◎辛酉時 ◎癸亥時	甲寅時 庚申時 四大吉時 甲寅時 丁巳時 庚申時 癸亥時	日家奇遁陽遁戊戌吉方巽方休門太陰紫白九星年七赤月六白日五黃	戊戌日，清明上元，陽四局；乙卯時巽方飛鳥跌穴天遁4風遁3；丁巳時兌方地遁2雲遁1重詐；辛酉時坤方青龍返首；	辰年生人屬龍忌用此日房床栖房內南
2011/4/14 星期四	吉神：母倉不將玉堂 凶神：遊禍天賊重日	辛卯年 三月 十二日 農曆神煞 大空亡，天地凶敗	辛卯年 壬辰月 己亥日 平地木 清明 危日 制日 井宿	宜：安床沐浴納財取魚栽種牧養納畜 忌：祈福求嗣出行嫁娶解除求醫療病修倉庫開倉庫出貨財破土安葬啟攢	◎乙丑時 ○丙寅時 ◎戊辰時 ●庚午時 ●辛未時 ●甲戌時 ◎乙亥時	乙丑時 癸酉時 四大吉時 丙寅時 己巳時 壬申時 乙亥時	日家奇遁陽遁己亥吉方震方開門青龍紫白九星年七赤月六白日六白	己亥日，清明中元，陽一局；丙寅時艮方青龍返首；丁卯時離方鬼遁3重詐；戊辰時兌方鬼遁3重詐；辛未時艮方鬼遁3重詐；壬申時巽方鬼遁3重詐；癸酉時坎方飛鳥跌穴；乙亥時坎方飛鳥跌穴；	巳年生人屬蛇忌用此日占門床房內南
2011/4/15 星期五	吉神：母倉月恩三合天喜天醫天倉聖心鳴吠對 凶神：歸忌天牢	辛卯年 三月 十三日 農曆神煞 赤口	辛卯年 壬辰月 庚子日 壁上土 清明 成日 寶日 鬼宿	宜：祭祀祈福求嗣襲爵受封會親友入學出行上官赴任臨政親民結婚姻納采問名嫁娶進人口解除沐浴求醫療病裁衣築堤防修造動土豎柱上梁修倉庫醞釀開市立券交易納財開倉庫出貨財安碓磑栽種牧養納畜破土啟攢【施恩封拜慶賜賞賀安撫邊境修宮室繕城郭】 忌：移徙遠迴經絡	◎丙子時 ●丁丑時 ◎己卯時 ◎壬午時 ●甲申時 ●乙酉時	戊寅時 甲申時 四大吉時 戊寅時 辛巳時 甲申時 丁亥時	日家奇遁陽遁庚子吉方乾方休門太陰紫白九星年七赤月六白日七赤	庚子日，清明中元，陽一局；丁丑時艮方青龍返首；丙戌時坎方飛鳥跌穴；	午年生人屬馬忌用此日占碓磨房內南

日期節日	吉神凶神○	農曆	干支	用事宜忌○	協記吉時	貴登天門	日家奇門	時家奇門遁甲	忌用
2011/4/16 星期六	吉神：益後 凶神：河魁五虛元武	辛卯年 三月 十四日 農曆神煞 龍禁，月忌	辛卯年 壬辰月 辛丑日 壁上土 清明 收日 義日 柳宿	宜：祭祀進人口納財捕捉取魚納畜　忌：祈福求嗣上冊受封上表章襲爵受封會親友冠帶出行上官赴任臨政親民結婚姻納采問名嫁娶移徙安床解除求醫療病裁衣築堤防修造動土豎柱上梁修倉庫鼓鑄經絡醞釀開市立券交易開倉庫出貨財修置產室開渠穿井破土安葬啟攢【頒詔施恩封拜招賢舉正直宣政事布政事慶賜賞賀安撫邊境選將訓兵出師營建宮室修宮室繕城郭】	●庚寅時 ●辛卯時 ◎癸巳時 ●丙申時 ◎戊戌時 ●己亥時	辛卯時 乙未時 四大吉時 庚寅時 癸巳時 丙申時 己亥時	日家奇遁 陽遁辛丑 吉方兌方 開門太陰 紫白九星 年七赤 月六白 日八白	辛丑日，清明中元，陽一局；辛卯時艮方青龍返首；癸巳時艮方地遁２人遁２風遁４真詐；甲午時艮方重詐；乙未時艮方青龍返首、震方重詐；丙申時離方人遁１休詐；丁酉時離方重詐；戊戌時兌方天遁１重詐；己亥時坎方人遁１休詐；	未年 生人 屬羊 忌用 此日 廚灶 廁房 內南
2011/4/17 星期日	吉神：天德月德陽德王日驛馬天后時陽生氣六儀續世五合司命鳴吠對 凶神：厭對招搖血忌	辛卯年 三月 十五日 農曆神煞 六壬空	辛卯年 壬辰月 壬寅日 金箔金 清明 開日 寶日 星宿	宜：上冊受封上表章襲爵受封會親友入學出行上官赴任臨政親民結婚姻納采問名嫁娶移徙解除求醫療病裁衣修造動土豎柱上梁修倉庫開市立券交易修置產室安碓磑栽種牧養納畜【頒詔覃恩肆赦施恩封拜招賢舉正直施恩惠恤孤惸宣政事行惠愛雪冤枉緩刑獄慶賜賞賀安撫邊境選將訓兵出師營建宮室修宮室繕城郭】　忌：祭祀針刺開渠伐木畋獵取魚	●庚子時 ●辛丑時 ◎甲辰時 ◎乙巳時 ●丁未時 ●庚戌時 ○辛亥時	丙午時 四大吉時 壬寅時 乙巳時 戊申時 辛亥時	日家奇遁 陽遁壬寅 吉方坎方 生門太乙 紫白九星 年七赤 月六白 日九紫	壬寅日，清明中元，陽一局；庚子時坎方飛鳥跌穴、坤方人遁１風遁６休詐；辛丑時艮方重詐；壬寅時坎方人遁１休詐；乙巳時坎方飛鳥跌穴；丁未時艮方青龍返首；	申年 生人 屬猴 忌用 此日 倉庫 爐房 內南
2011/4/18 星期一	吉神：官日要安五合鳴吠對 凶神：月害天吏致死血支勾陳　：土王用事18	辛卯年 三月 十六日 農曆神煞 小空亡，四不祥，短星	辛卯年 壬辰月 癸卯日 金箔金 清明 閉日 寶日 張宿	宜：塞穴　忌：祈福求嗣上冊受封上表章襲爵受封會親友冠帶出行上官赴任臨政親民結婚姻納采問名嫁娶進人口移徙安床解除求醫療病療目針刺築堤防修造動土豎柱上梁修倉庫經絡醞釀開市立券交易納財開倉庫出貨財修置產室開渠穿井栽種牧養納畜破土安葬啟攢【頒詔施恩封拜招賢舉正直宣政事布政事慶賜賞賀安撫邊境選將訓兵出師營建宮室修宮室繕城郭】安碓磑修飾垣牆平治道塗破屋壞垣	◎壬子時 ●甲寅時 ●乙卯時 ●戊午時 ◎己未時 ◎辛酉時	丙辰時 四大吉時 甲寅時 丁巳時 庚申時 癸亥時	日家奇遁 陽遁癸卯 吉方坤方 開門太乙 紫白九星 年七赤 月六白 日一白	癸卯日，清明中元，陽一局；甲寅時艮方人遁２真詐；丙辰時巽方人遁２虎遁６真詐；丁巳時坎方飛鳥跌穴；戊午時艮方青龍返首、震方人遁２真詐；己未時乾方人遁２真詐；庚申時離方人遁２真詐；辛酉時坤方人遁２真詐；壬戌時乾方人遁２真詐；癸亥時艮方人遁２真詐；	酉年 生人 屬雞 忌用 此日 房床 門房 內南
2011/4/19 星期二	吉神：守日玉宇青龍 凶神：月建小時土府月刑陽錯　；土王用事17	辛卯年 三月 十七日 農曆神煞	辛卯年 壬辰月 甲辰日 覆燈火 清明 建日 制日 翼宿	忌：祈福求嗣上冊受封上表章襲爵受封會親友冠帶出行上官赴任臨政親民結婚姻納采問名嫁娶進人口移徙安床解除剃頭整手足甲求醫療病裁衣築堤防修造動土豎柱上梁修倉庫鼓鑄經絡醞釀開市立券交易納財開倉庫出貨財修置產室開渠穿井安碓磑補垣塞穴修飾垣牆平治道塗破屋壞垣伐木栽種牧養納畜破土安葬啟攢【頒詔招賢舉正直宣政事布政事慶賜賞賀營建宮室修宮室繕城郭】	◎丙寅時 ◎戊辰時 ●己巳時 ◎壬申時 ◎癸酉時 ●乙亥時	四大吉時 丙寅時 己巳時 壬申時 乙亥時	日家奇遁 陽遁甲辰 吉方坤方 開門天乙 紫白九星 年七赤 月六白 日二黑	甲辰日，清明下元，陽七局；丙寅時中宮青龍返首；壬申時中宮青龍返首；甲戌時乾方地遁２鬼遁５重詐；	戌年 生人 屬狗 忌用 此日 門雞 栖房 內東

日期節日	吉神凶神○	農曆	干支	用事宜忌○	協記吉時	貴登天門	日家奇門	時家奇門遁甲	忌用
2011/4/20 星期三 18時56分 【酉時】 交穀雨氣 三月氣 壬辰月	太陽過黃經三〇度，布穀後望雨【斗指癸為穀雨，言雨生百穀也，時必雨下降，百穀滋長之義，故名穀雨】								
2011/4/20 星期三 18時56分 【酉時】 交穀雨氣 三月氣 壬辰月	吉神：陰德相日吉期五富金堂明堂　；母倉 凶神：劫煞五虛重日　；土王用事16	辛卯年 三月 十八日 農曆神煞	辛卯年 壬辰月 乙巳日 覆燈火 穀雨 除日 寶日 軫宿	宜：沐浴掃舍宇【施恩惠恤孤惸行惠愛雪冤枉緩刑獄】　忌：祈福求嗣上冊受封上表章會親友冠帶出行結婚姻納采問名嫁娶進人口移徙安床求醫療病裁衣築堤防修造動土豎柱上梁鼓鑄修置產室開渠穿井安碓磑補垣塞穴修飾垣牆破屋壞垣破土安葬啟攢【頒詔招賢舉正直宣政事布政事慶賜賞賀營建宮室修宮室繕城郭】平治道塗	●丁丑時 ●庚辰時 ◎壬午時 ◎癸未時 ○甲申時 ●丙戌時 ◎丁亥時	 四大吉時 丁丑時 辛巳時 癸未時 乙酉時 丁亥時	日家奇遁陽遁乙巳吉方坤方開門太陰紫白九星年七赤月六白日九紫	乙巳日，清明下元，陽七局；丙子時乾方人遁4真詐；丁丑時坤方人遁2鬼遁2真詐；己卯時巽方人遁2鬼遁2真詐；辛巳時兌方地遁2重詐、中宮青龍返首；癸未時坎方地遁2雲遁1重詐；甲申時乾方地遁2人遁1休詐；丙戌時坎方地遁2人遁1雲遁1休詐；丁亥時兌方人遁1地遁2休詐、中宮青龍返首；	亥年生人屬豬忌用此日碓磨床房內東
2011/4/21 星期四	吉神：月空四相時德民日天巫福德鳴吠；母倉 凶神：災煞天火大煞天刑；土王用事15	辛卯年 三月 十九日 農曆神煞 四不祥，赤口	辛卯年 壬辰月 丙午日 天河水 穀雨 滿日 專日 角宿	宜：祭祀　忌：祈福求嗣上冊受封上表章襲爵受封會親友冠帶出行上官赴任臨政親民結婚姻納采問名嫁娶進人口移徙安床解除剃頭整手足甲求醫療病裁衣築堤防修造動土豎柱上梁鼓鑄苫蓋經絡醞釀開市立券交易開倉庫出貨財修置產室開渠穿井安碓磑補垣塞穴修飾垣牆破屋壞垣破土安葬啟攢【頒詔招賢舉正直宣政事布政事安撫邊境選將訓兵出師營建宮室】【修宮室繕城郭】平治道塗	◎戊子時 ◎己丑時 ◎辛卯時 ◎甲午時 ●丙申時 ●丁酉時	 四大吉時 辛卯時 癸巳時 乙未時 丁酉時	日家奇遁陽遁丙午吉方坎方開門青龍紫白九星年七赤月六白日一白	丙午日，清明下元，陽七局；辛卯時巽方地遁2人遁1風遁2休詐；乙未時中宮青龍返首；	子年生人屬鼠忌用此日廚灶碓房內東
2011/4/22 星期五	吉神：天德合月德合四相 凶神：天罡死神月煞月虛八專朱雀　；土王用事14	辛卯年 三月 二十日 農曆神煞 大空亡，龍禁	辛卯年 壬辰月 丁未日 天河水 穀雨 平日 寶日 亢宿	宜：祭祀【施恩惠恤孤惸行惠愛雪冤枉緩刑獄】　忌：祈福求嗣上冊受封上表章襲爵受封會親友冠帶出行上官赴任臨政親民結婚姻納采問名嫁娶進人口移徙安床解除剃頭整手足甲求醫療病裁衣築堤防修造動土豎柱上梁修倉庫鼓鑄經絡醞釀開市立券交易納財開倉庫出貨財修置產室開渠穿井安碓磑補垣塞穴修飾垣牆破屋壞垣畋獵取魚栽種牧養納畜破土安葬啟攢【布政事】【營建宮室修宮室繕城郭】	◎壬寅時 ◎癸卯時 ●乙巳時 ○丙午時 ●戊申時 ○己酉時 ●庚戌時 ●辛亥時	己酉時 辛亥時 四大吉時 辛丑時 癸卯時 乙巳時 丁未時 辛亥時	日家奇遁陽遁丁未吉方艮方休門軒轅紫白九星年七赤月六白日二黑	丁未日，清明下元，陽七局；庚子時乾方人遁1休詐；乙巳時坤方鬼遁3重詐；丙午時乾方地遁2人遁2真詐；丁未時艮方風遁6鬼遁3鬼遁4重詐；庚戌時中宮青龍返首；辛亥時兌方鬼遁3重詐；	丑年生人屬牛忌用此日倉庫廁房內東

日期節日	吉神凶神○	農曆	干支	用事宜忌○	協記吉時	貴登天門	日家奇門	時家奇門遁甲	忌用
2011/4/23 星期六	吉神：三合臨日時陰敬安除神金匱 凶神：月厭地火死氣往亡復日五離孤辰；土王用事13	辛卯年 三月 二十一日 農曆神煞 六壬空	辛卯年 壬辰月 戊申日 大驛土 穀雨 定日 寶日 氐宿	宜：沐浴掃舍宇 忌：祈福求嗣上冊受封上表章襲爵受封會親友冠帶出行上官赴任臨政親民結婚姻納采問名嫁娶進人口移徙遠迴安床解除剃頭整手足甲求醫療病裁衣築堤防修造動土豎柱上梁修倉庫鼓鑄經絡醞釀開市立券交易納財開倉庫出貨財修置產室開渠穿井安碓磑補垣塞穴修飾垣牆平治道塗破屋壞垣伐木捕捉畋獵取魚栽種牧養納畜破土啟攢【頒詔施恩封拜招賢舉正直宣政事布政事安撫邊境選將訓兵出師營建宮室】【修宮室繕城郭】	◎壬子時 ◎癸丑時 ●丙辰時 ●丁巳時 ●己未時 ○庚申時 ◎壬戌時	癸丑時 己未時 四大吉時 癸丑時 乙卯時 丁巳時 辛酉時 癸亥時	日家奇遁 陽遁戊申 吉方震方 生門青龍 紫白九星 年七赤 月六白 日三碧	戊申日，清明下元，陽七局；壬子時巽方鬼遁3重詐；癸丑時坎方龍遁4鬼遁3重詐；己未時中宮青龍返首；	寅年生人屬虎忌用此日房床爐房內東
2011/4/24 星期日	吉神：天恩六合不將普護除神寶光鳴吠 凶神：大時大敗咸池小耗五虛土符五離；土王用事12	辛卯年 三月 二十二日 農曆神煞 天休廢	辛卯年 壬辰月 己酉日 大驛土 穀雨 執日 寶日 房宿	宜：祭祀祈福結婚姻嫁娶進人口解除沐浴剃頭整手足甲求醫療病經絡醞釀掃舍宇捕捉取魚納畜安葬【覃恩肆赦施恩惠恤孤惸布政事行惠愛雪冤枉緩刑獄】 忌：會親友築堤防修造動土修倉庫開市立券交易納財開倉庫出貨財修置產室開渠穿井安碓磑補垣修飾垣牆平治道塗破屋壞垣栽種破土【施恩封拜招賢舉正直安撫邊境選將訓兵出師營建宮室修宮室繕城郭】	●甲子時 ◎丙寅時 ◎丁卯時 ●庚午時 ●辛未時 ◎癸酉時	甲子時 壬申時 四大吉時 乙丑時 丁卯時 辛未時 癸酉時 乙亥時	日家奇遁 陽遁己酉 吉方巽方 開門青龍 紫白九星 年七赤 月六白 日四綠	己酉日，穀雨上元，陽五局；乙丑時艮方地遁2雲遁1鬼遁5重詐；丙寅時坎方地遁2鬼遁5重詐；丁卯時巽方地遁2風遁2雲遁6鬼遁5重詐；癸酉時中宮飛鳥跌穴；乙亥時兌方人遁1休詐；	卯年生人屬兔忌用此日占大門外東北
2011/4/25 星期一	吉神：天恩月恩天馬福生解神 凶神：月破大耗四擊九空九坎九焦白虎；土王用事11、清明後二十一日氣往亡	辛卯年 三月 二十三日 農曆神煞 月忌	辛卯年 壬辰月 庚戌日 釵釧金 穀雨 破日 義日 心宿	宜：祭祀解除沐浴【覃恩肆赦施恩惠恤孤惸行惠愛雪冤枉緩刑獄】 忌：祈福求嗣上冊受封上表章襲爵受封會親友冠帶出行上官赴任臨政親民結婚姻納采問名嫁娶進人口移徙安床剃頭整手足甲裁衣築堤防修造動土豎柱上梁修倉庫鼓鑄經絡醞釀開市立券交易納財開倉庫出貨財修置產室開渠穿井安碓磑補垣塞穴修飾垣牆伐木取魚乘船渡水栽種牧養納畜破土安葬啟攢【安撫邊境選將訓兵出師營建宮室】【室修宮室繕城郭】平治道塗【頒詔招賢宣政事行幸遣使】捕捉畋獵	◎戊寅時 ◎庚辰時 ●辛巳時 ●甲申時 ◎乙酉時 ●丁亥時	丁丑時 癸未時 四大吉時 丁丑時 辛巳時 癸未時 乙酉時 丁亥時	日家奇遁 陽遁庚戌 吉方離方 休門太乙 紫白九星 年七赤 月六白 日五黃	庚戌日，穀雨上元，陽五局；丙子時中宮飛鳥跌穴；戊寅時坎方人遁1休詐；己卯時坤方鬼遁3重詐；庚辰時震方鬼遁3重詐；辛巳時離方人遁1休詐；壬午時乾方人遁1休詐；	辰年生人屬龍忌用此日碓磨栖外東北
2011/4/26 星期二	吉神：天恩母倉玉堂 凶神：遊禍天賊重日 ；土王用事10	辛卯年 三月 二十四日 農曆神煞 小空亡	辛卯年 壬辰月 辛亥日 釵釧金 穀雨 危日 寶日 尾宿	宜：會親友安床沐浴納財取魚栽種牧養納畜【覃恩肆赦施恩惠恤孤惸布政事行惠愛雪冤枉緩刑獄慶賜賞賀】 忌：祈福求嗣出行嫁娶解除求醫療病修倉庫醞釀開倉庫出貨財破土安葬啟攢【營建宮室修宮室繕城郭】築堤防修造動土修置產室開渠穿井安碓磑補垣修飾垣牆平治道塗破屋壞垣栽種	●己丑時 ◎壬辰時 ●甲午時 ●乙未時 ●戊戌時 ●己亥時	庚寅時 甲午時 四大吉時 辛卯時 癸巳時 乙未時 丁酉時	日家奇遁 陽遁辛亥 吉方離方 休門天乙 紫白九星 年七赤 月六白 日六白	辛亥日，穀雨上元，陽五局；辛卯時中宮飛鳥跌穴；	巳年生人屬蛇忌用此日廚灶房外東北

日期節日	吉神凶神○	農曆	干支	用事宜忌○	協記吉時	貴登天門	日家奇門	時家奇門遁甲	忌用
2011/4/27 星期三	吉神：天德月德天恩母倉三合天喜天醫天倉聖心鳴吠對 凶神：四耗歸忌天牢 ；土王用事9	辛卯年 三月 二十五日 農曆神煞赤口	辛卯年 壬辰月 壬子日 桑柘木 穀雨 成日 專日 箕宿	宜：祭祀祈福求嗣上冊受封上表章襲爵受封會親友入學出行上官赴任臨政親民結婚姻納采問名嫁娶進人口解除沐浴求醫療病裁衣豎柱上梁經絡醞釀開市立券交易納財牧養納畜安葬啟攢【頒詔覃恩肆赦施恩封拜招賢舉正直施恩惠恤孤惸宣政事布政事行惠愛雪冤枉緩刑獄慶賜賞賀】 忌：移徙遠迴開渠畋獵取魚；修置產室穿井補垣修飾垣牆平治道塗破屋壞垣	●庚子時 ●辛丑時 ◎癸卯時 ◎丙午時 ◎戊申時 ●己酉時	乙巳時 四大吉時 辛丑時 癸卯時 乙巳時 丁未時 辛亥時	日家奇遁 陽遁壬子 吉方坎方 休門天乙 紫白九星 年七赤 月六白 日七赤	壬子日，穀雨上元，陽五局；壬寅時兌方地遁２人遁２真詐、中宮飛鳥跌穴；丙午時坎方重詐；戊申時中宮飛鳥跌穴；庚戌時離方重詐；	午年生人屬馬忌用此日倉庫碓外東北
2011/4/28 星期四	吉神：天恩益後 凶神：河魁五虛八專觸水龍元武 ；土王用事8	辛卯年 三月 二十六日 農曆神煞龍禁	辛卯年 壬辰月 癸丑日 桑柘木 穀雨 收日 伐日 斗宿	宜：祭祀進人口納財捕捉納畜【覃恩肆赦施恩惠恤孤惸行惠愛雪冤枉緩刑獄】 忌：祈福求嗣上冊受封上表章襲爵受封會親友冠帶出行上官赴任臨政親民結婚姻納采問名嫁娶移徙安床解除求醫療病裁衣築堤防修造動土豎柱上梁修倉庫鼓鑄經絡醞釀開市立券交易納財開倉庫出貨財修置產室開渠穿井取魚乘船渡水破土安葬啟攢【頒詔施恩封拜招賢舉正直宣政事安撫邊境選將訓兵出師營建宮室修宮室繕城郭】安碓磑補垣修飾垣牆平治道塗破屋壞垣栽種	◎甲寅時 ◎乙卯時 ○丙辰時 ●丁巳時 ●庚申時 ◎壬戌時 ◎癸亥時	乙卯時 四大吉時 癸丑時 乙卯時 丁巳時 辛酉時 癸亥時	日家奇遁 陽遁癸丑 吉方坎方 休門太陰 紫白九星 年七赤 月六白 日八白	癸丑日，穀雨上元，陽五局；乙卯時兌方地遁２人遁１休詐、中宮飛鳥跌穴；	未年生人屬羊忌用此日占房廁外東北
2011/4/29 星期五	吉神：陽德王日驛馬天后時陽生氣六儀續世五合司命鳴吠對 凶神：厭對招搖血忌八專 ；土王用事7	辛卯年 三月 二十七日 農曆神煞天休廢，六壬空	辛卯年 壬辰月 甲寅日 大溪水 穀雨 開日 專日 牛宿	宜：上冊受封上表章襲爵受封會親友入學出行上官赴任臨政親民移徙解除求醫療病裁衣豎柱上梁開市立券交易牧養【頒詔覃恩肆赦施恩封拜招賢舉正直施恩惠恤孤惸宣政事行惠愛雪冤枉緩刑獄慶賜賞賀】 忌：祭祀結婚姻納采問名嫁娶針刺開倉庫出貨財伐木畋獵取魚乘船渡水【安撫邊境選將訓兵出師】【營建宮室】築堤防修倉庫補垣修飾垣牆平治道塗破屋壞垣破土	◎甲子時 ◎乙丑時 ○丙寅時 ●戊辰時 ◎己巳時 ●辛未時 ●甲戌時	四大吉時 乙丑時 丁卯時 辛未時 癸酉時 乙亥時	日家奇遁 陽遁甲寅 吉方艮方 生門天符 紫白九星 年七赤 月六白 日九紫	甲寅日，穀雨中元，陽二局；甲子時坎方人遁１地遁２休詐；丙寅時乾方地遁２人遁１休詐、離方青龍返首；辛未時坎方地遁２人遁１休詐；壬申時震方地遁１人遁１休詐；癸酉時艮方地遁２人遁１風遁４休詐、坤方飛鳥跌穴；甲戌時坎方地遁２重詐；乙亥時震方人遁２真詐；	申年生人屬猴忌用此日占門爐外東北
2011/4/30 星期六	吉神：官日要安五合鳴吠對 凶神：月害天吏致死血支勾陳 ；土王用事6	辛卯年 三月 二十八日 農曆神煞大空亡，四不祥	辛卯年 壬辰月 乙卯日 大溪水 穀雨 閉日 專日 女宿	宜：塞穴 忌：祈福求嗣上冊受封上表章襲爵受封會親友冠帶出行上官赴任臨政親民結婚姻納采問名嫁娶進人口移徙安床解除求醫療病療目針刺築堤防修造動土豎柱上梁修倉庫經絡醞釀開市立券交易納財開倉庫出貨財修置產室開渠穿井栽種牧養納畜破土安葬啟攢【頒詔施恩封拜招賢舉正直宣政事布政事慶賜賞賀安撫邊境選將訓兵出師營建宮室修宮室繕城郭】安碓磑修飾垣牆平治道塗破屋壞垣	◎丙子時 ●戊寅時 ●己卯時 ◎壬午時 ◎癸未時 ○甲申時 ◎乙酉時 ○丙戌時	四大吉時 丁丑時 辛巳時 癸未時 乙酉時 丁亥時	日家奇遁 陽遁乙卯 吉方兌方 生門軒轅 紫白九星 年七赤 月六白 日一白	乙卯日，穀雨中元，陽二局；丙子時震方地遁１鬼遁５重詐；丁丑時離方青龍返首；戊寅時巽方地遁２風遁２雲遁６鬼遁５重詐；己卯時坎方鬼遁３鬼遁４重詐；庚辰時艮方地遁２鬼遁５重詐、坤方飛鳥跌穴；辛巳時乾方人遁２真詐；甲申時艮方鬼遁３鬼遁４重詐；丙戌時坤方飛鳥跌穴天遁３；	酉年生人屬雞忌用此日碓磨門外正東

日期節日	吉神凶神○	農曆	干支	用事宜忌○	協記吉時	貴登天門	日家奇門	時家奇門遁甲	忌用
2011/5/1 星期日 勞動節	吉神：月空四相守日玉宇青龍 凶神：月建小時土府月刑；土王用事5	辛卯年 三月 二十九日 農曆神煞	辛卯年 壬辰月 丙辰日 沙中土 穀雨 建日 寶日 虛宿	宜：祭祀【施恩封拜】　忌：祈福求嗣上冊受封上表章襲爵受封會親友冠帶出行上官赴任臨政親民結婚姻納采問名嫁娶進人口移徙安床解除剃頭整手足甲求醫療病裁衣築堤防修造動土豎柱上梁修倉庫鼓鑄經絡醞釀開市立券交易納財開倉庫出貨財修置產室開渠穿井安碓磑補垣塞穴修飾垣牆平治道塗破屋壞垣伐木栽種牧養納畜破土安葬啟攢【頒詔招賢宣政事布政事營建宮室】【修宮室繕城郭】	●庚寅時 ◎壬辰時 ◎癸巳時 ●丙申時 ●丁酉時 ●己亥時	四大吉時 辛卯時 癸巳時 乙未時 丁酉時	日家奇遁陽遁丙辰吉方坤方休門青龍紫白九星年七赤月六白日二黑	丙辰日，穀雨中元，陽二局；己丑時坎方鬼遁3重詐、離方青龍返首；辛卯時巽方鬼遁3重詐；甲午時坎方人遁1地遁2休詐；乙未時巽方地遁2人遁1風遁2休詐；丙申時離方青龍返首；丁酉時離方地遁2人遁1休詐；戊戌時坎方地遁2人遁1休詐；	戌年生人屬狗忌用此日廚灶栖外正東
2011/5/2 星期一	吉神：天德合月德合四相陰德相日吉期五富金堂明堂；母倉 凶神：劫煞五虛八風重日　；土王用事4	辛卯年 三月 三十日 農曆神煞	辛卯年 壬辰月 丁巳日 沙中土 穀雨 除日 專日 危宿	宜：祭祀祈福求嗣上冊受封上表章襲爵受封會親友上官赴任臨政親民結婚姻納采問名嫁娶移徙解除沐浴整手足甲裁衣豎柱上梁經絡醞釀開市立券交易納財開倉庫出貨財掃舍宇牧養納畜【覃恩肆赦施恩惠恤孤惸行惠愛雪冤枉緩刑獄】　忌：出行剃頭求醫療病安碓磑畋獵取魚【布政事】【營建宮室修宮室繕城郭】築堤防修置產室開渠穿井安碓磑補垣修飾垣牆平治道塗破屋壞垣破土	◎辛丑時 ●甲辰時 ●丙午時 ●丁未時 ○己酉時 ●庚戌時 ◎辛亥時	己酉時 辛亥時 四大吉時 辛丑時 癸卯時 乙巳時 丁未時 辛亥時	日家奇遁陽遁丁巳吉方兌方生門太乙紫白九星年七赤月六白日三碧	丁巳日，穀雨中元，陽二局；癸卯時艮方地遁2人遁1風遁4休詐、坤方飛鳥跌穴；甲辰時艮方人遁2鬼遁2真詐；乙巳時坤方飛鳥跌穴；	亥年生人屬豬忌用此日倉庫床外正東
2011/5/3 星期二	吉神：時德民日天巫福德；母倉 凶神：災煞天火大煞復日天刑　；土王用事3	辛卯年 四月 初一日 農曆神煞	辛卯年 壬辰月 戊午日 天上火 穀雨 滿日 義日 室宿	宜：祭祀　忌：祈福求嗣上冊受封上表章襲爵受封會親友冠帶出行上官赴任臨政親民結婚姻納采問名嫁娶進人口移徙安床解除剃頭整手足甲求醫療病裁衣築堤防修造動土豎柱上梁修倉庫鼓鑄苫蓋經絡醞釀開市立券交易開倉庫出貨財修置產室開渠穿井安碓磑補垣塞穴修飾垣牆破屋壞垣破土安葬啟攢【頒詔招賢宣政事布政事安撫邊境選將訓兵出師營建宮室】【修宮室繕城郭】平治道塗	◎壬子時 ◎癸丑時 ●乙卯時 ◎戊午時 ○己未時 ●庚申時 ●辛酉時	癸丑時 己未時 四大吉時 癸丑時 乙卯時 丁巳時 辛酉時 癸亥時	日家奇遁陽遁戊午吉方巽方生門青龍紫白九星年七赤月六白日四綠	戊午日，穀雨中元，陽二局；癸丑時坎方人遁4真詐、離方青龍返首；甲寅時艮方人遁1休詐；乙卯時巽方人遁1休詐；丙辰時乾方人遁1休詐；丁巳時巽方地遁2人遁2風遁2真詐；戊午時坎方人遁1休詐、離方青龍返首；己未時坤方人遁1休詐；庚申時兌方人遁1休詐；辛酉時坎方人遁1休詐、離方青龍返首；壬戌時震方人遁1風遁6休詐、坤方飛鳥跌穴；癸亥時艮方人遁1休詐；	子年生人屬鼠忌用此日房床碓外正東
2011/5/4 星期三 文藝節	吉神： 凶神：天罡死神月煞月虛八專朱雀　；土王用事2	辛卯年 四月 初二日 農曆神煞 六壬空，龍禁	辛卯年 壬辰月 己未日 天上火 穀雨 平日 專日 壁宿	忌：諸事不宜【頒詔施恩封拜招賢舉正直宣政事布政事慶賜賞賀安撫邊境選將訓兵出師營建宮室修宮室繕城郭】築堤防修造動土修倉庫修置產室開渠穿井安碓磑補垣修飾垣牆平治道塗破屋壞垣栽種破土	●丙寅時 ●丁卯時 ●己巳時 ○庚午時 ○辛未時 ◎壬申時 ●甲戌時 ◎乙亥時	甲子時 壬申時 四大吉時 乙丑時 丁卯時 辛未時 癸酉時 乙亥時	日家奇遁陽遁己未吉方艮方開門天乙紫白九星年七赤月六白日五黃	己未日，穀雨下元，陽八局；甲子時乾方重詐；乙丑時離方重詐；丙寅時乾方青龍返首；丁卯時巽方風遁3重詐；己巳時震方重詐；癸酉時艮方飛鳥跌穴天遁3重詐；甲戌時乾方人遁1休詐；乙亥時艮方飛鳥跌穴；	丑年生人屬牛忌用此日占門廁外正東

日期節日	吉神凶神○	農曆	干支	用事宜忌○	協記吉時	貴登天門	日家奇門	時家奇門遁甲	忌用
2011/5/5 星期四	吉神：月恩三合臨日時陰敬安除神金匱鳴吠 凶神：月厭地火死氣四廢往亡五離八專孤辰陰錯 ；土王用事1、立夏前一日四絕	辛卯年 四月 初三日 農曆神煞大空亡	辛卯年 壬辰月 庚申日 石榴木 穀雨 定日 專日 奎宿	宜：祭祀沐浴掃舍宇 忌：祈福求嗣上冊受封上表章襲爵受封會親友冠帶出行上官赴任臨政親民結婚姻納采問名嫁娶進人口移徙遠迴安床解除剃頭整手足甲求醫療病裁衣築堤防修造動土豎柱上梁修倉庫鼓鑄經絡醞釀開市立券交易納財開倉庫出貨財修置產室開渠穿井安碓磑補垣塞穴修飾垣牆平治道塗破屋壞垣伐木捕捉畋獵取魚栽種牧養納畜破土安葬啟攢【頒詔招賢宣政事布政事安撫邊境選將訓兵出師營建宮室】 【修宮室繕城郭】	◎丙子時 ◎丁丑時 ●庚辰時 ●辛巳時 ◎癸未時 ○甲申時 ◎丙戌時	丁丑時 癸未時 四大吉時 丁丑時 辛巳時 癸未時 乙酉時 丁亥時	日家奇遁陽遁庚申吉方艮方開門太陰紫白九星年七赤月六白日六白	庚申日，穀雨下元，陽八局；丙子時震方人遁1休詐；丁丑時乾方地遁2人遁2真詐；庚辰時巽方人遁1休詐；壬午時乾方青龍返首、坤方人遁1休詐；乙酉時離方地遁1鬼遁5重詐；丁亥時巽方地遁2風遁2重詐；	寅年生人屬虎忌用此日碓磨爐外東南
2011/5/6 星期五 05時20分 【卯時】 交立夏節節前使用為壬辰時	吉神：六合普護除神寶光鳴吠 凶神：大時大敗咸池小耗四廢五虛土符五離 ；立夏前土王用事	辛卯年 四月 初四日 農曆神煞天休廢，四不祥	辛卯年 壬辰月 辛酉日 石榴木 穀雨 執日 專日 婁宿	宜：祭祀沐浴剃頭整手足甲掃舍宇捕捉 忌：祈福求嗣上冊受封上表章襲爵受封會親友冠帶出行上官赴任臨政親民結婚姻納采問名嫁娶進人口移徙安床解除求醫療病裁衣築堤防修造動土豎柱上梁修倉庫鼓鑄經絡醞釀開市立券交易納財開倉庫出貨財修置產室開渠穿井安碓磑補垣塞穴修飾垣牆平治道塗破屋壞垣取魚乘船渡水栽種牧養納畜破土安葬啟攢 【頒詔施恩封拜招賢舉正直宣政事布政事慶賜賞賀安撫邊境選將訓兵出師營建宮室修宮室繕城郭】築堤防修造動土修倉庫修置產室開渠穿井安碓磑補垣修飾垣牆平治道塗破屋壞垣栽種破土	◎戊子時 ●庚寅時 ◎辛卯時 ●甲午時 ●乙未時 ◎丁酉時	庚寅時 甲午時 四大吉時 辛卯時 癸巳時 乙未時 丁酉時	日家奇遁陽遁辛酉吉方離方生門太陰紫白九星年七赤月六白日七赤	辛酉日，穀雨下元，陽八局；庚寅時兌方地遁2重詐；壬辰時艮方飛鳥跌穴；癸巳時艮方地遁2人遁3風遁4虎遁7重詐；丙申時艮方飛鳥跌穴；戊戌時巽方人遁2真詐；	卯年生人屬兔忌用此日廚灶門外東南
2011/5/6 星期五 05時20分 【卯時】 交立夏節四月節 癸巳時	太陽過黃經四十五度，夏季開始【斗指東南為立夏，萬物至皆已長大，故名立夏】			立夏四月節天道西行宜向西行宜修造西方；天德在辛天德合在丙月德在庚月德合在乙月空在甲宜修造取土；月建在巳月破在亥月厭在未月刑在申月害在寅劫煞在寅災煞在卯月煞在辰忌修造取土；初九日長星、二十五日短星；立夏前一日四絕、後八日往亡；小滿四月中日躔在申宮為四月將宜用甲丙庚壬時；					
2011/5/6 星期五 05時20分 【卯時】 交立夏節節後使用為癸巳時	吉神：天德民日三合時陰要安除神鳴吠 凶神：死氣五離朱雀	辛卯年 四月 初四日 農曆神煞天休廢，四不祥	辛卯年 癸巳月 辛酉日 石榴木 立夏 定日 專日 婁宿	宜：祭祀祈福求嗣上冊受封上表章襲爵受封冠帶出行上官赴任臨政親民結婚姻納采問名嫁娶進人口移徙解除沐浴剃頭整手足甲裁衣修造動土豎柱上梁修倉庫經絡開市立券交易納財安碓磑掃舍宇栽種牧養納畜破土安葬【頒詔覃恩肆赦施恩封拜招賢舉正直施恩惠恤孤惸宣政事行惠愛雪冤枉緩刑獄營建宮室修宮室繕城郭】 忌：會親友求醫療病醞釀畋獵取魚	◎戊子時 ●庚寅時 ◎辛卯時 ●甲午時 ●乙未時 ◎丁酉時	庚寅時 甲午時 四大吉時 辛卯時 癸巳時 乙未時 丁酉時	日家奇遁陽遁辛酉吉方離方生門太陰紫白九星年七赤月五黃日七赤	辛酉日，穀雨下元，陽八局；庚寅時兌方地遁2重詐；壬辰時艮方飛鳥跌穴；癸巳時艮方地遁2人遁3風遁4虎遁7重詐；丙申時艮方飛鳥跌穴；戊戌時巽方人遁2真詐；	卯年生人屬兔忌用此日廚灶門外東南

日期節日	吉神凶神○	農曆	干支	用事宜忌○	協記吉時	貴登天門	日家奇門	時家奇門遁甲	忌用
2011/5/7 星期六	吉神：玉宇解神金匱 凶神：小耗天賊	辛卯年 四月 初五日 農曆神煞四方耗，月忌	辛卯年 癸巳月 壬戌日 大海水 立夏 執日 伐日 胃宿	宜：上表章解除沐浴剃頭整手足甲求醫療病捕捉　忌：出行修倉庫開市立券交易納財開倉庫出貨財開渠	◎壬寅時 ◎甲辰時 ●乙巳時 ◎戊申時 ◎己酉時 ●辛亥時	乙巳時 四大吉時 辛丑時 癸卯時 乙巳時 丁未時 辛亥時	日家奇遁陽遁壬戌吉方震方開門太乙紫白九星年七赤月五黃日八白	壬戌日，穀雨下元，陽八局；壬寅時離方人遁2真詐；癸卯時乾方青龍返首；己酉時艮方飛鳥跌穴；庚戌時乾方青龍返首；	辰年生人屬龍忌用此日倉庫栖外東南
2011/5/8 星期日 母親節	吉神：驛馬天后天倉金堂寶光 凶神：月破大耗四廢往亡重日陰陽交破	辛卯年 四月 初六日 農曆神煞赤口	辛卯年 癸巳月 癸亥日 大海水 立夏 破日 專日 昴宿	忌：諸事不宜【頒詔施恩封拜招賢舉正直宣政事布政事慶賜賞賀安撫邊境選將訓兵出師營建宮室修宮室繕城郭】	◎癸丑時 ○乙卯時 ●丙辰時 ●戊午時 ◎己未時 ◎壬戌時 ◎癸亥時	乙卯時 四大吉時 癸丑時 乙卯時 丁巳時 辛酉時 癸亥時	日家奇遁陽遁癸亥吉方巽方休門太乙紫白九星年七赤月五黃日九紫	癸亥日，穀雨下元，陽八局；乙卯時艮方地遁2人遁1休詐；丁巳時艮方飛鳥跌穴；戊午時乾方青龍返首；辛酉時艮方飛鳥跌穴天遁4；	巳年生人屬蛇忌用此日占房床外東南
2011/5/9 星期一	吉神：月空天恩天馬不將 凶神：天吏致死五虛白虎	辛卯年 四月 初七日 農曆神煞小空亡，四不祥，楊公忌日	辛卯年 癸巳月 甲子日 海中金 立夏 危日 義日 畢宿	宜：會親友沐浴【覃恩肆赦施恩惠恤孤惸宣政事行惠愛雪冤枉緩刑獄慶賜賞賀】　忌：祈福求嗣上冊受封上表章襲爵受封冠帶出行上官赴任臨政親民結婚姻納采問名嫁娶進人口移徙安床解除求醫療病築堤防修造動土豎柱上梁修倉庫開市立券交易納財開倉庫出貨財修置產室栽種牧養納畜【施恩封拜招賢舉正直安撫邊境選將訓兵出師營建宮室修宮室繕城郭】	●甲子時 ●乙丑時 ○丙寅時 ◎丁卯時 ◎庚午時 ◎壬申時 ◎癸酉時	四大吉時 乙丑時 丁卯時 辛未時 癸酉時 乙亥時	日家奇遁陽遁甲子吉方艮方生門太乙紫白九星年七赤月五黃日四綠	甲子日，立夏上元，陽四局；丙寅時坤方青龍返首；己巳時坤方青龍返首；壬申時巽方飛鳥跌穴；甲戌時坎方人遁1休詐；	午年生人屬馬忌用此日占門碓外東南
2011/5/10 星期二 佛陀誕辰紀念日	吉神：月德合天恩三合臨日天喜天醫六儀玉堂 凶神：厭對招搖四擊歸忌	辛卯年 四月 初八日 農曆神煞六壬空，龍禁	辛卯年 癸巳月 乙丑日 海中金 立夏 成日 制日 觜宿	宜：祭祀祈福求嗣上冊受封上表章襲爵受封會親友入學出行上官赴任臨政親民結婚姻納采問名嫁娶進人口解除求醫療病裁衣築堤防修造動土豎柱上梁修倉庫經絡醞釀開市立券交易納財安碓磑牧養納畜安葬【頒詔覃恩肆赦施恩封拜招賢舉正直施恩惠恤孤惸宣政事布政事行惠愛雪冤枉緩刑獄慶賜賞賀營建宮室修宮室繕城郭】　忌：冠帶移徙遠迴畋獵取魚栽種	○丙子時 ○丁丑時 ●戊寅時 ●己卯時 ◎辛巳時 ●甲申時 ◎丙戌時 ◎丁亥時	四大吉時 丁丑時 辛巳時 癸未時 乙酉時 丁亥時	日家奇遁陽遁乙丑吉方艮方生門天乙紫白九星年七赤月五黃日五黃	乙丑日，立夏上元，陽四局；丙子時坎方人遁1休詐；丁丑時巽方人遁1休詐；戊寅時巽方飛鳥跌穴、兌方人遁1休詐；庚辰時坤方青龍返首；癸未時乾方人遁1休詐；乙酉時坎方天遁3重詐；丙戌時巽方飛鳥跌穴天遁3重詐；丁亥時兌方虎遁6重詐；	未年生人屬羊忌用此日碓磨廁外東南

日期節日	吉神凶神○	農曆	干支	用事宜忌○	協記吉時	貴登天門	日家奇門	時家奇門遁甲	忌用
2011/5/11 星期三	吉神：天德合天恩母倉敬安五合鳴吠對 凶神：天罡劫煞月害土符復日天牢	辛卯年 四月 初九日 農曆神煞天休廢，長星，天地凶敗，天乙絕氣	辛卯年 癸巳月 丙寅日 爐中火 立夏 收日 義日 參宿	宜：上冊受封上表章襲爵受封會親友出行上官赴任臨政親民結婚姻納采問名嫁娶進人口移徙解除裁衣豎柱上梁立券交易納財捕捉牧養納畜【覃恩肆赦施恩惠恤孤惸行惠愛雪冤枉緩刑獄】　忌：祭祀求醫療病築堤防修造動土修倉庫修置產室開渠穿井安碓磑補垣修飾垣牆平治道塗破屋壞垣畋獵取魚栽種破土【修宮室】	●戊子時 ●己丑時 ◎壬辰時 ◎癸巳時 ●乙未時 ◎戊戌時	四大吉時 辛卯時 癸巳時 乙未時 丁酉時	日家奇遁陽遁丙寅吉方坎方休門太乙紫白九星年七赤月五黃日六白	丙寅日，立夏上元，陽四局；戊子時艮方重詐；己丑時巽方飛鳥跌穴；庚寅時震方地遁2人遁1休詐；辛卯時離方重詐；壬辰時乾方重詐、坤方青龍返首；癸巳時乾方地遁2人遁1休詐；甲午時坎方人遁4真詐；乙未時離方人遁2鬼遁2真詐；丙申時乾方人遁2鬼遁2真詐；丁酉時震方人遁4真詐、坤方青龍返首；	申年生人屬猴忌用此日廚灶爐外正南
2011/5/12 星期四 護士節	吉神：天恩母倉陰德時陽生氣普護五合鳴吠對 凶神：災煞天火元武	辛卯年 四月 初十日 農曆神煞	辛卯年 癸巳月 丁卯日 爐中火 立夏 開日 義日 井宿	宜：祭祀入學【覃恩肆赦施恩惠恤孤惸行惠愛雪冤枉緩刑獄】 忌：剃頭求醫療病經絡醞釀穿井伐木畋獵取魚【安撫邊境選將訓兵出師營建宮室】	◎庚子時 ◎壬寅時 ◎癸卯時 ●丙午時 ●丁未時 ◎己酉時	己酉時 辛亥時 四大吉時 辛丑時 癸卯時 乙巳時 丁未時 辛亥時	日家奇遁陽遁丁卯吉方離方開門太陰紫白九星年七赤月五黃日七赤	丁卯日，立夏上元，陽四局；辛丑時坎方人遁2鬼遁2真詐；癸卯時巽方飛鳥跌穴；戊申時坤方青龍返首；庚戌時巽方飛鳥跌穴天遁4風遁3；	酉年生人屬雞忌用此日倉庫門外正南
2011/5/13 星期五	吉神：天恩四相時德陽德福生司命 凶神：月煞月虛血支五虛絕陰　；立夏後八日氣往亡	辛卯年 四月 十一日 農曆神煞大空亡	辛卯年 癸巳月 戊辰日 大林木 立夏 閉日 專日 鬼宿	宜：【覃恩肆赦施恩惠恤孤惸行惠愛雪冤枉緩刑獄】　忌：諸事不宜【頒詔招賢宣政事安撫邊境選將訓兵出師營建宮室】上冊受封上表章上官赴任臨政親民嫁娶進人口移徙求醫療病捕捉畋獵取魚	◎甲寅時 ◎丙辰時 ●丁巳時 ●庚申時 ●辛酉時 ◎癸亥時	癸丑時 己未時 四大吉時 癸丑時 乙卯時 丁巳時 辛酉時 癸亥時	日家奇遁陽遁戊辰吉方坤方休門天乙紫白九星年七赤月五黃日八白	戊辰日，立夏上元，陽四局；乙卯時巽方飛鳥跌穴天遁4風遁3；丁巳時兌方地遁2雲遁1重詐；辛酉時坤方青龍返首；	戌年生人屬狗忌用此日占房栖外正南
2011/5/14 星期六	吉神：月恩四相王日 凶神：月建小時土府重日勾陳小會純陽陽錯	辛卯年 四月 十二日 農曆神煞赤口	辛卯年 癸巳月 己巳日 大林木 立夏 建日 義日 柳宿	宜：【覃恩肆赦施恩封拜舉正直施恩惠恤孤惸宣政事行惠愛雪冤枉緩刑獄慶賜賞賀安撫邊境選將訓兵出師】　忌：諸事不宜【營建宮室】	◎乙丑時 ●戊辰時 ●庚午時 ●辛未時 ◎甲戌時 ◎乙亥時	甲子時 壬申時 四大吉時 乙丑時 丁卯時 辛未時 癸酉時 乙亥時	日家奇遁陽遁己巳吉方離方開門青龍紫白九星年七赤月五黃日九紫	己巳日，立夏中元，陽一局；丙寅時艮方青龍返首；丁卯時離方鬼遁3重詐；戊辰時兌方鬼遁3重詐；辛未時艮方鬼遁3重詐；壬申時巽方鬼遁3重詐；癸酉時坎方飛鳥跌穴；乙亥時坎方飛鳥跌穴；	亥年生人屬豬忌用此日占門床外正南

日期節日	吉神凶神○	農曆	干支	用事宜忌○	協記吉時	貴登天門	日家奇門	時家奇門遁甲	忌用
2011/5/15 星期日	吉神：月德官日吉期聖心青龍鳴吠 凶神：大時大敗咸池	辛卯年 四月 十三日 農曆神煞	辛卯年 癸巳月 庚午日 路傍土 立夏 除日 伐日 星宿	宜：祭祀祈福求嗣上冊受封上表章襲爵受封會親友出行上官赴任臨政親民結婚姻納采問名嫁娶移徙解除沐浴整手足甲求醫療病裁衣修造動土豎柱上梁修倉庫掃舍宇栽種牧養納畜破土安葬【頒詔覃恩肆赦施恩惠恤孤惸宣政事行惠愛雪冤枉緩刑獄慶賜賞賀】 忌：苫蓋經絡畋獵取魚【修宮室】	◎丙子時 ◎丁丑時 ●己卯時 ◎壬午時 ●甲申時 ●乙酉時	丁丑時 癸未時 四大吉時 丁丑時 辛巳時 癸未時 乙酉時 丁亥時	日家奇遁陽遁庚午吉方震方休門太陰紫白九星年七赤月五黃日一白	庚午日，立夏中元，陽一局；丁丑時艮方青龍返首；丙戌時坎方飛鳥跌穴；	子年生人屬鼠忌用此日占碓磨外正南
2011/5/16 星期一	吉神：天德守日天巫福德益後明堂 凶神：月厭地火九空九坎九焦大煞孤辰	辛卯年 四月 十四日 農曆神煞月忌，龍禁，六壬空	辛卯年 癸巳月 辛未日 路傍土 立夏 滿日 義日 張宿	宜：祭祀【覃恩肆赦施恩惠恤孤惸行惠愛雪冤枉緩刑獄】 忌：冠帶出行上官赴任臨政親民結婚姻納采問名嫁娶移徙求醫療病醞釀補垣塞穴伐木畋獵取魚乘船渡水栽種【布政事修宮室】	●庚寅時 ●辛卯時 ◎癸巳時 ○甲午時 ●丙申時 ◎戊戌時 ◎己亥時	庚寅時 甲午時 四大吉時 辛卯時 癸巳時 乙未時 丁酉時	日家奇遁陽遁辛未吉方巽方生門太陰紫白九星年七赤月五黃日二黑	辛未日，立夏中元，陽一局；辛卯時艮方青龍返首；癸巳時艮方地遁2人遁2風遁4真詐；甲午時艮方重詐；乙未時艮方青龍返首、震方重詐；丙申時離方人遁1休詐；丁酉時離方重詐；戊戌時兌方天遁1重詐；己亥時坎方人遁1休詐；	丑年生人屬牛忌用此日廚灶廁外西南
2011/5/17 星期二	吉神：相日六合五富續世除神鳴吠 凶神：河魁死神月刑遊禍五虛血忌五離天刑	辛卯年 四月 十五日 農曆神煞小空亡	辛卯年 癸巳月 壬申日 劍鋒金 立夏 平日 義日 翼宿	宜：祭祀沐浴掃舍宇平治道塗 忌：祈福求嗣上冊受封上表章出行安床解除求醫療病針刺裁衣築堤防修造動土豎柱上梁修倉庫鼓鑄修置產室開渠穿井安碓磑補垣塞穴破屋壞垣【頒詔施恩封拜招賢宣政事布政事慶賜賞賀安撫邊境選將訓兵出師營建宮室修宮室繕城郭】	●庚子時 ●辛丑時 ●甲辰時 ●乙巳時 ●丁未時 ◎庚戌時	乙巳時 四大吉時 辛丑時 癸卯時 乙巳時 丁未時 辛亥時	日家奇遁陽遁壬申吉方震方休門青龍紫白九星年七赤月五黃日三碧	壬申日，立夏中元，陽一局；庚子時坎方飛鳥跌穴、坤方人遁1風遁6休詐；辛丑時艮方重詐；壬寅時坎方人遁1休詐；乙巳時坎方飛鳥跌穴；丁未時艮方青龍返首；	寅年生人屬虎忌用此日倉庫爐外西南
2011/5/18 星期三	吉神：民日三合時陰要安除神鳴吠 凶神：死氣五離朱雀	辛卯年 四月 十六日 農曆神煞四不祥	辛卯年 癸巳月 癸酉日 劍鋒金 立夏 定日 義日 軫宿	宜：襲爵受封冠帶出行上官赴任臨政親民結婚姻納采問名嫁娶進人口移徙沐浴剃頭整手足甲裁衣修造動土豎柱上梁修倉庫經絡醞釀開市立券交易納財安碓磑掃舍宇牧養納畜破土安葬【修宮室繕城郭】 忌：會親友解除求醫療病修置產室栽種【安撫邊境選將訓兵出師】	◎壬子時 ●甲寅時 ◎乙卯時 ○丙辰時 ●戊午時 ◎己未時 ◎辛酉時	乙卯時 四大吉時 癸丑時 乙卯時 丁巳時 辛酉時 癸亥時	日家奇遁陽遁癸酉吉方巽方休門青龍紫白九星年七赤月五黃日四綠	癸酉日，立夏中元，陽一局；甲寅時艮方人遁2真詐；丙辰時巽方人遁2虎遁6真詐；丁巳時坎方飛鳥跌穴；戊午時艮方青龍返首、震方人遁2真詐；己未時乾方人遁2真詐；庚申時離方人遁2真詐；辛酉時坤方人遁2真詐；壬戌時乾方人遁2真詐；癸亥時艮方人遁2真詐；	卯年生人屬兔忌用此日房床門外西南

日期節日	吉神凶神○	農曆	干支	用事宜忌○	協記吉時	貴登天門	日家奇門	時家奇門遁甲	忌用
2011/5/19 星期四	吉神：月空不將玉宇解神金匱 凶神：小耗天賊	辛卯年 四月 十七日 農曆神煞	辛卯年 癸巳月 甲戌日 山頭火 立夏 執日 制日 角宿	宜：上表章嫁娶解除沐浴剃頭整手足甲求醫療病捕捉　忌：出行修倉庫開市立券交易納財開倉庫出貨財	●丙寅時 ◎戊辰時 ●己巳時 ◎壬申時 ◎癸酉時 ●乙亥時	四大吉時 乙丑時 丁卯時 辛未時 癸酉時 乙亥時	日家奇遁 陽遁甲戌 吉方離方 生門太乙 紫白九星 年七赤 月五黃 日五黃	甲戌日，立夏下元，陽七局；丙寅時中宮青龍返首；壬申時中宮青龍返首；甲戌時乾方地遁2鬼遁5重詐；	辰年生人屬龍忌用此日門雞棲外西南
2011/5/20 星期五	吉神：月德合驛馬天后天倉不將金堂寶光 凶神：月破大耗往亡重日	辛卯年 四月 十八日 農曆神煞 赤口	辛卯年 癸巳月 乙亥日 山頭火 立夏 破日 義日 亢宿	宜：祭祀解除沐浴破屋壞垣【覃恩肆赦施恩惠恤孤惸行惠愛雪冤枉緩刑獄】　忌：祈福求嗣上冊受封上表章襲爵受封會親友冠帶出行上官赴任臨政親民結婚姻納采問名嫁娶進人口移徙安床剃頭整手足甲求醫療病裁衣築堤防修造動土豎柱上梁修倉庫鼓鑄經絡醞釀開市立券交易納財開倉庫出貨財修置產室開渠穿井安碓磑補垣塞穴修飾垣牆伐木捕捉畋獵取魚栽種牧養納畜破土安葬啟攢【布政事修宮室】	●丁丑時 ●庚辰時 ◎壬午時 ◎癸未時 ●丙戌時 ◎丁亥時	四大吉時 丁丑時 辛巳時 癸未時 乙酉時 丁亥時	日家奇遁 陽遁乙亥 吉方離方 生門天乙 紫白九星 年七赤 月五黃 日六白	乙亥日，立夏下元，陽七局；丙子時乾方人遁4真詐；丁丑時坤方人遁2鬼遁2真詐；己卯時巽方人遁2鬼遁2真詐；辛巳時兌方地遁2重詐、中宮青龍返首；癸未時坎方地遁2雲遁1重詐；甲申時乾方地遁2人遁1休詐；丙戌時坎方地遁2人遁1雲遁1休詐；丁亥時兌方人遁1地遁2休詐、中宮青龍返首；	巳年生人屬蛇忌用此日碓磨床外西南
2011/5/21 星期六 18時18分 【酉時】 交小滿氣 四月氣 癸巳月	太陽過黃經六〇度，稻穀行將結實【斗指甲為小滿，萬物長於此少得盈滿，麥至此方，小滿而未全熟，故名小滿】								
2011/5/21 星期六 18時18分 【酉時】 交小滿氣 四月氣 癸巳月	吉神：天德合天馬不將鳴吠對 凶神：天吏致死四忌七鳥五虛復日觸水龍白虎	辛卯年 四月 十九日 農曆神煞 大空亡，四不祥	辛卯年 癸巳月 丙子日 澗下水 小滿 危日 伐日 氐宿	宜：祭祀祈福求嗣上冊受封上表章襲爵受封會親友出行上官赴任臨政親民移徙安床解除沐浴裁衣修造動土豎柱上梁修倉庫栽種牧養納畜【頒詔覃恩肆赦施恩惠恤孤惸宣政事行惠愛雪冤枉緩刑獄慶賜賞賀】　忌：結婚姻納采問名嫁娶求醫療病畋獵取魚乘船渡水安葬【修宮室】	●戊子時 ●己丑時 ◎辛卯時 ◎甲午時 ◎丙申時 ◎丁酉時	戊戌時 四大吉時 庚寅時 壬辰時 甲午時 丙申時	日家奇遁 陽遁丙子 吉方坎方 生門天乙 紫白九星 年七赤 月五黃 日七赤	丙子日，立夏下元，陽七局；辛卯時巽方地遁2人遁1風遁2休詐；乙未時中宮青龍返首；	午年生人屬馬忌用此日倉庫廁外正西

日期節日	吉神凶神○	農曆	干支	用事宜忌○	協記吉時	貴登天門	日家奇門	時家奇門遁甲	忌用
2011/5/22 星期日	吉神：三合臨日天喜天醫六儀玉堂 凶神：厭對招搖四擊歸忌	辛卯年 四月 二十日 農曆神煞六壬空，龍禁	辛卯年 癸巳月 丁丑日 澗下水 小滿 成日 寶日 房宿	宜：上冊受封上表章襲爵受封會親友入學出行上官赴任臨政親民結婚姻納采問名進人口求醫療病裁衣築堤防修造動土豎柱上梁修倉庫經絡醞釀開市立券交易納財安碓磑納畜【施恩封拜慶賜賞賀修宮室缮城郭】 忌：冠帶嫁娶移徙遠迴剃頭取魚乘船渡水【選將訓兵出師】	◎壬寅時 ◎癸卯時 ●乙巳時 ◎戊申時 ◎庚戌時 ●辛亥時	戊申時 庚戌時 四大吉時 庚子時 壬寅時 甲辰時 丙午時 庚戌時	日家奇遁陽遁丁丑吉方坎方生門太陰紫白九星年七赤月五黃日八白	丁丑日，立夏下元，陽七局；庚子時乾方人遁1休詐；乙巳時坤方鬼遁3重詐；丙午時乾方地遁2人遁2真詐；丁未時艮方風遁6鬼遁3鬼遁4重詐；庚戌時中宮青龍返首；辛亥時兌方鬼遁3重詐；	未年生人屬羊忌用此日房床爐外正西
2011/5/23 星期一	吉神：母倉四相敬安五合 凶神：天罡劫煞月害土符天牢	辛卯年 四月 二十一日 農曆神煞	辛卯年 癸巳月 戊寅日 城頭土 小滿 收日 伐日 心宿	宜：捕捉 忌：祭祀祈福求嗣上冊受封上表章襲爵受封會親友冠帶出行上官赴任臨政親民結婚姻納采問名嫁娶進人口移徙安床解除剃頭整手足甲求醫療病裁衣築堤防修造動土豎柱上梁修倉庫鼓鑄經絡醞釀開市立券交易納財開倉庫出貨財修置產室開渠穿井安碓磑補垣塞穴修飾垣牆平治道塗破屋壞垣栽種牧養納畜破土安葬啟攢【頒詔招賢宣政事布政事安撫邊境選將訓兵出師營建宮室】	◎壬子時 ◎癸丑時 ●丙辰時 ◎丁巳時 ●己未時 ◎壬戌時	壬子時 戊午時 四大吉時 壬子時 甲寅時 丙辰時 庚申時 壬戌時	日家奇遁陽遁戊寅吉方坎方生門咸池紫白九星年七赤月五黃日九紫	戊寅日，立夏下元，陽七局；壬子時巽方鬼遁3重詐；癸丑時坎方龍遁4鬼遁3重詐；己未時中宮青龍返首；	申年生人屬猴忌用此日占大門外正西
2011/5/24 星期二	吉神：天恩母倉月恩四相陰德時陽生氣普護五合 凶神：災煞天火地囊元武	辛卯年 四月 二十二日 農曆神煞龍禁	辛卯年 癸巳月 己卯日 城頭土 小滿 開日 伐日 尾宿	宜：祭祀入學【覃恩肆赦施恩惠恤孤惸行惠愛雪冤枉緩刑獄】 忌：求醫療病築堤防修造動土修倉庫修置產室開渠穿井安碓磑補垣修飾垣牆平治道塗破屋壞垣伐木畋獵取魚栽種破土安葬啟攢【安撫邊境選將訓兵出師營建宮室】	◎甲子時 ●丙寅時 ●丁卯時 ●庚午時 ●辛未時 ◎癸酉時	辛未時 乙亥時 四大吉時 甲子時 丙寅時 庚午時 壬申時 甲戌時	日家奇遁陽遁己卯吉方兌方休門軒轅紫白九星年七赤月五黃日一白	己卯日，小滿上元，陽五局；乙丑時艮方地遁2雲遁1鬼遁5重詐；丙寅時坎方地遁2鬼遁5重詐；丁卯時巽方地遁2風遁2雲遁6鬼遁5重詐；癸酉時中宮飛鳥跌穴；乙亥時兌方人遁1休詐；	酉年生人屬雞忌用此日碓磨栖外正西
2011/5/25 星期三	吉神：月德天恩時德陽德福生司命 凶神：月煞月虛血支五虛	辛卯年 四月 二十三日 農曆神煞小空亡，月忌	辛卯年 癸巳月 庚辰日 白蠟金 小滿 閉日 義日 箕宿	宜：祭祀【覃恩肆赦施恩惠恤孤惸行惠愛雪冤枉緩刑獄】 忌：祈福求嗣上冊受封上表章襲爵受封會親友冠帶出行上官赴任臨政親民結婚姻納采問名嫁娶進人口移徙安床解除剃頭整手足甲求醫療病療目針刺裁衣築堤防修造動土豎柱上梁修倉庫鼓鑄經絡醞釀開市立券交易納財開倉庫出貨財修置產室開渠穿井安碓磑補垣塞穴修飾垣牆破屋壞垣畋獵取魚栽種牧養納畜破土安葬啟攢【修宮室】	●戊寅時 ◎庚辰時 ●辛巳時 ◎甲申時 ◎乙酉時 ●丁亥時	丙子時 壬午時 四大吉時 丙子時 庚辰時 壬午時 甲申時 丙戌時	日家奇遁陽遁庚辰吉方乾方生門太乙紫白九星年七赤月五黃日二黑	庚辰日，小滿上元，陽五局；丙子時中宮飛鳥跌穴；戊寅時坎方人遁1休詐；己卯時坤方鬼遁3重詐；庚辰時震方鬼遁3重詐；辛巳時離方人遁1休詐；壬午時乾方人遁1休詐；	戌年生人屬狗忌用此日碓磨栖外正西

日期節日	吉神凶神○	農曆	干支	用事宜忌○	協記吉時	貴登天門	日家奇門	時家奇門遁甲	忌用
2011/5/26 星期四	吉神：天德天恩王日 凶神：月建小時土府重日勾陳	辛卯年 四月 二十四日 農曆神煞赤口	辛卯年 癸巳月 辛巳日 白蠟金 小滿 建日 伐日 斗宿	宜：祭祀祈福求嗣上冊受封上表章襲爵受封會親友上官赴任臨政親民結婚姻納采問名嫁娶移徙解除求醫療病裁衣豎柱上梁牧養納畜【頒詔覃恩肆赦施恩封拜招賢舉正直施恩惠恤孤惸宣政事布政事行惠愛雪冤枉緩刑獄慶賜賞賀】　忌：出行築堤防修造動土修倉庫醞釀修置產室開渠穿井安碓磑補垣修飾垣牆平治道塗破屋壞垣伐木畋獵取魚栽種破土【修宮室】	●己丑時 ◎壬辰時 ○癸巳時 ●甲午時 ●乙未時 ●戊戌時 ◎己亥時	己丑時 癸巳時 四大吉時 庚寅時 壬辰時 甲午時 丙申時	日家奇遁陽遁辛巳吉方兌方休門太乙紫白九星年七赤月五黃日三碧	辛巳日，小滿上元，陽五局；辛卯時中宮飛鳥跌穴；	亥年生人屬豬忌用此日廚灶床外正西
2011/5/27 星期五	吉神：天恩官日吉期聖心青龍鳴吠 凶神：大時大敗咸池	辛卯年 四月 二十五日 農曆神煞短星，天地凶敗，瘟星入	辛卯年 癸巳月 壬午日 楊柳木 小滿 除日 制日 牛宿	宜：祭祀祈福襲爵受封會親友出行上官赴任臨政親民解除沐浴剃頭整手足甲求醫療病掃舍宇破土安葬【覃恩肆赦施恩惠恤孤惸布政事行惠愛雪冤枉緩刑獄慶賜賞賀】　忌：苫蓋開渠【招賢舉正直營建宮室修宮室繕城郭】	◎庚子時 ◎辛丑時 ◎癸卯時 ◎丙午時 ○丁未時 ◎戊申時 ◎己酉時	壬寅時 甲辰時 四大吉時 庚子時 壬寅時 甲辰時 丙午時 庚戌時	日家奇遁陽遁壬午吉方艮方休門太乙紫白九星年七赤月五黃日四綠	壬午日，小滿上元，陽五局；壬寅時兌方地遁２人遁２真詐、中宮飛鳥跌穴；丙午時坎方重詐；戊申時中宮飛鳥跌穴；庚戌時離方重詐；	子年生人屬鼠忌用此日倉庫碓外西北
2011/5/28 星期六	吉神：天恩守日天巫福德益後明堂 凶神：月厭地火九空九坎九焦大煞觸水龍孤辰	辛卯年 四月 二十六日 農曆神煞龍禁，六壬空	辛卯年 癸巳月 癸未日 楊柳木 小滿 滿日 伐日 女宿	宜：祭祀【覃恩肆赦施恩惠恤孤惸行惠愛雪冤枉緩刑獄】　忌：祈福求嗣上冊受封上表章襲爵受封會親友冠帶出行上官赴任臨政親民結婚姻納采問名嫁娶進人口移徙遠迴安床解除剃頭整手足甲求醫療病裁衣築堤防修造動土豎柱上梁修倉庫鼓鑄經絡醞釀開市立券交易納財開倉庫出貨財修置產室開渠穿井安碓磑補垣塞穴修飾垣牆平治道塗破屋壞垣伐木取魚乘船渡水栽種牧養納畜破土安葬啟攢【頒詔施恩封拜招賢舉正直選將訓兵出師營建宮室】	●甲寅時 ●乙卯時 ○丙辰時 ●丁巳時 ◎庚申時 ◎壬戌時 ◎癸亥時	甲寅時 四大吉時 壬子時 甲寅時 丙辰時 庚申時 壬戌時	日家奇遁陽遁癸未吉方艮方休門天乙紫白九星年七赤月五黃日五黃	癸未日，小滿上元，陽五局；乙卯時兌方地遁２人遁１休詐、中宮飛鳥跌穴；	丑年生人屬牛忌用此日房床廁外西北
2011/5/29 星期日	吉神：月空相日六合五富不將續世除神鳴吠 凶神：河魁死神月刑遊禍五虛八風血忌五離天刑	辛卯年 四月 二十七日 農曆神煞大空亡	辛卯年 癸巳月 甲申日 泉中水 小滿 平日 伐日 虛宿	宜：祭祀沐浴掃舍宇平治道塗 忌：祈福求嗣出行安床解除求醫療病針刺裁衣築堤防修造動土豎柱上梁修倉庫鼓鑄開倉庫出貨財修置產室開渠穿井安碓磑補垣塞穴破屋壞垣取魚乘船渡水【頒詔施恩封拜招賢舉正直宣政事布政事慶賜賞賀安撫邊境選將訓兵出師營建宮室修宮室繕城郭】	●甲子時 ●乙丑時 ○丙寅時 ●戊辰時 ●己巳時 ◎辛未時 ●甲戌時	四大吉時 甲子時 丙寅時 庚午時 壬申時 甲戌時	日家奇遁陽遁甲申吉方坎方開門太乙紫白九星年七赤月五黃日六白	甲申日，小滿中元，陽二局；甲子時坎方人遁１地遁２休詐；丙寅時乾方地遁２人遁１休詐、離方青龍返首；辛未時坎方地遁２人遁１休詐；壬申時震方地遁２人遁１休詐；癸酉時艮方地遁２人遁１風遁４休詐、坤方飛鳥跌穴；甲戌時坎方地遁２重詐；乙亥時震方人遁２真詐；	寅年生人屬虎忌用此日占門爐外西北

日期節日	吉神凶神○	農曆	干支	用事宜忌○	協記吉時	貴登天門	日家奇門	時家奇門遁甲	忌用
2011/5/30 星期一	吉神：月德合民日三合時陰不將要安除神鳴吠 凶神：死氣五離朱雀	辛卯年 四月 二十八日 農曆神煞 瘟星出，四不祥	辛卯年 癸巳月 乙酉日 泉中水 小滿 定日 伐日 危宿	宜：祭祀祈福求嗣上冊受封上表章襲爵受封冠帶出行上官赴任臨政親民結婚姻納采問名嫁娶進人口移徙解除沐浴剃頭整手足甲裁衣修造動土豎柱上梁修倉庫經絡醞釀開市立券交易納財安碓磑掃舍宇牧養納畜破土安葬【頒詔覃恩肆赦施恩封拜招賢舉正直施恩惠恤孤惸宣政事行惠愛雪冤枉緩刑獄營建宮室修宮室繕城郭】 忌：會親友求醫療病畋獵取魚栽種	●丙子時 ●戊寅時 ◎己卯時 ◎壬午時 ◎癸未時 ○甲申時 ◎乙酉時 ○丁亥時	四大吉時 丙子時 庚辰時 壬午時 甲申時 丙戌時	日家奇遁陽遁乙酉吉方離方休門太陰紫白九星年七赤月五黃日七赤	乙酉日，小滿中元，陽二局；丙子時震方地遁1鬼遁5重詐；丁丑時離方青龍返首；戊寅時巽方地遁2風遁2雲遁6鬼遁5重詐；己卯時坎方地遁2人遁3重詐；庚辰時艮方地遁2鬼遁5重詐、坤方飛鳥跌穴；辛巳時乾方人遁2真詐；甲申時艮方鬼遁3鬼遁4重詐；丙戌時坤方飛鳥跌穴；	卯年生人屬兔忌用此日碓磨門外西北
2011/5/31 星期二	吉神：天德合不將玉宇解神金匱 凶神：小耗天賊五墓復日	辛卯年 四月 二十九日 農曆神煞	辛卯年 癸巳月 丙戌日 屋上土 小滿 執日 寶日 室宿	宜：祭祀祈福求嗣上冊受封上表章襲爵受封會親友沐浴剃頭整手足甲裁衣捕捉【頒詔覃恩肆赦施恩封拜招賢舉正直施恩惠恤孤惸宣政事行惠愛雪冤枉緩刑獄慶賜賞賀】 忌：冠帶出行上官赴任臨政親民結婚姻納采問名嫁娶進人口移徙安床解除求醫療病修造動土豎柱上梁修倉庫開市立券交易開倉庫出貨財修置產室畋獵取魚栽種牧養納畜破土安葬啟攢【修宮室】	○戊子時 ●庚寅時 ◎壬辰時 ◎癸巳時 ●丙申時 ◎丁酉時 ○戊戌時 ●己亥時	戊戌時 四大吉時 庚寅時 壬辰時 甲午時 丙申時	日家奇遁陽遁丙戌吉方坤方生門天乙紫白九星年七赤月五黃日八白	丙戌日，小滿中元，陽二局；己丑時坎方鬼遁3重詐、離方青龍返首；辛卯時巽方鬼遁3重詐；甲午時坎方人遁1地遁2休詐；乙未時巽方地遁2人遁1風遁2休詐；丙申時離方青龍返首；丁酉時離方地遁2人遁1休詐；戊戌時坎方地遁2人遁1休詐；	辰年生人屬龍忌用此日廚灶栖外西北
2011/6/1 星期三	吉神：驛馬天后天倉不將金堂寶光 凶神：月破大耗四窮七鳥往亡重日	辛卯年 四月 三十日 農曆神煞 赤口	辛卯年 癸巳月 丁亥日 屋上土 小滿 破日 伐日 壁宿	宜：沐浴破屋壞垣 忌：祈福求嗣上冊受封上表章襲爵受封會親友冠帶出行上官赴任臨政親民結婚姻納采問名嫁娶進人口移徙安床剃頭整手足甲求醫療病裁衣築堤防修造動土豎柱上梁修倉庫鼓鑄經絡醞釀開市立券交易納財開倉庫出貨財修置產室開渠穿井安碓磑補垣塞穴修飾垣牆伐木捕捉畋獵取魚栽種牧養納畜破土安葬啟攢【頒詔施恩封拜招賢舉正直宣政事布政事慶賜賞賀安撫邊境選將訓兵出師營建宮室修宮室繕城郭】	●辛丑時 ●甲辰時 ◎丙午時 ◎丁未時 ○己酉時 ●庚戌時 ◎辛亥時	戊申時 庚戌時 四大吉時 庚子時 壬寅時 甲辰時 丙午時 庚戌時	日家奇遁陽遁丁亥吉方離方休門青龍紫白九星年七赤月五黃日九紫	丁亥日，小滿中元，陽二局；癸卯時艮方地遁2人遁1風遁4休詐、坤方飛鳥跌穴；甲辰時艮方人遁2鬼遁2真詐；乙巳時坤方飛鳥跌穴；	巳年生人屬蛇忌用此日倉庫床外西北
2011/6/2 星期四	吉神：四相天馬不將 凶神：天吏致死五虛白虎	辛卯年 五月 初一日 農曆神煞 六壬空	辛卯年 癸巳月 戊子日 霹靂火 小滿 危日 制日 奎宿	宜：祭祀會親友沐浴裁衣【慶賜賞賀】 忌：祈福求嗣上冊受封上表章襲爵受封冠帶出行上官赴任臨政親民結婚姻納采問名嫁娶進人口移徙安床解除求醫療病築堤防修造動土豎柱上梁修倉庫開市立券交易納財開倉庫出貨財修置產室栽種牧養納畜【招賢出師營建宮室】	◎壬子時 ◎癸丑時 ◎乙卯時 ◎戊午時 ●庚申時 ●辛酉時	壬子時 戊午時 四大吉時 壬子時 甲寅時 丙辰時 庚申時 壬戌時	日家奇遁陽遁戊子吉方坎方休門青龍紫白九星年七赤月五黃日一白	戊子日，小滿中元，陽二局；癸丑時坎方人遁4真詐、離方青龍返首；甲寅時艮方人遁1休詐；乙卯時巽方人遁1休詐；丙辰時乾方人遁1休詐；丁巳時巽方地遁2人遁2風遁2真詐；戊午時坎方人遁1休詐、離方青龍返首；己未時坤方人遁1休詐；庚申時兌方人遁1休詐；辛酉時坎方人遁1休詐、離方青龍返首；壬戌時震方人遁1風遁6休詐、坤方飛鳥跌穴；癸亥時艮方人遁1休詐；	午年生人屬馬忌用此日房床碓外正北

日期節日	吉神凶神○	農曆	干支	用事宜忌○	協記吉時	貴登天門	日家奇門	時家奇門遁甲	忌用
2011/6/3 星期五 禁煙節	吉神：月恩四相三合臨日天喜天醫六儀玉堂 凶神：厭對招搖四擊歸忌	辛卯年 五月 初二日 農曆神煞大空亡，龍禁，四方耗	辛卯年 癸巳月 己丑日 霹靂火 小滿 成日 專日 婁宿	宜：祭祀祈福求嗣上冊受封上表章襲爵受封入學出行上官赴任臨政親民結婚姻納采問名進人口解除求醫療病裁衣築堤防修造動土豎柱上梁修倉庫經絡醞釀開市立券交易納財開倉庫出貨財安碓磑栽種牧養納畜【施恩封拜舉正直慶賜賞賀修宮室繕城郭】　忌：冠帶嫁娶移徙遠迴取魚乘船渡水【選將訓兵出師】	○甲子時 ●丙寅時 ●丁卯時 ●己巳時 ◎壬申時 ◎甲戌時 ◎乙亥時	辛未時 乙亥時 四大吉時 甲子時 丙寅時 庚午時 壬申時 甲戌時	日家奇遁陽遁己丑吉方乾方開門太乙紫白九星年七赤月五黃日二黑	己丑日，小滿下元，陽八局；甲子時乾方重詐；乙丑時離方重詐；丙寅時乾方青龍返首；丁卯時巽方風遁３重詐；己巳時震方重詐；癸酉時艮方飛鳥跌穴天遁３重詐；甲戌時乾方人遁１休詐；乙亥時艮方飛鳥跌穴；	未年生人屬羊忌用此日占門廁外正北
2011/6/4 星期六	吉神：月德母倉敬安五合鳴吠對 凶神：天罡劫煞月害土符天牢	辛卯年 五月 初三日 農曆神煞	辛卯年 癸巳月 庚寅日 松柏木 小滿 收日 制日 胃宿	宜：上冊受封上表章襲爵受封會親友出行上官赴任臨政親民結婚姻納采問名嫁娶進人口移徙解除裁衣豎柱上梁立券交易納財捕捉牧養納畜安葬啟攢【覃恩肆赦施恩惠恤孤惸行惠愛雪冤枉緩刑獄】　忌：祭祀求醫療病築堤防修造動土修倉庫經絡修置產室開渠穿井安碓磑補垣修飾垣牆平治道塗破屋壞垣畋獵取魚栽種破土【布政事營建宮室】	◎丙子時 ●丁丑時 ●庚辰時 ◎辛巳時 ◎癸未時 ◎丙戌時	丙子時 壬午時 四大吉時 丙子時 庚辰時 壬午時 甲申時 丙戌時	日家奇遁陽遁庚寅吉方乾方開門天乙紫白九星年七赤月五黃日三碧	庚寅日，小滿下元，陽八局；丙子時震方人遁１休詐；丁丑時乾方地遁２人遁２真詐；庚辰時巽方人遁１休詐；壬午時乾方青龍返首、坤方人遁１休詐；乙酉時離方地遁１鬼遁５重詐；丁亥時巽方地遁２風遁２重詐；	申年生人屬猴忌用此日碓磨爐外正北
2011/6/5 星期日	吉神：天德母倉陰德時陽生氣普護五合鳴吠對 凶神：災煞天火元武	辛卯年 五月 初四日 農曆神煞四不祥	辛卯年 癸巳月 辛卯日 松柏木 小滿 開日 制日 昴宿	宜：祭祀祈福求嗣上冊受封上表章襲爵受封會親友入學出行上官赴任臨政親民結婚姻納采問名嫁娶移徙解除裁衣修造動土豎柱上梁修倉庫開市立券交易納財修置產室安碓磑栽種牧養納畜【覃恩肆赦施恩惠恤孤惸行惠愛雪冤枉緩刑獄】　忌：求醫療病醞釀穿井伐木畋獵取魚【布政事營建宮室】	◎戊子時 ●庚寅時 ●辛卯時 ○癸巳時 ◎甲午時 ◎乙未時 ◎丁酉時	己丑時 癸巳時 四大吉時 庚寅時 壬辰時 甲午時 丙申時	日家奇遁陽遁辛卯吉方兌方生門天乙紫白九星年七赤月五黃日四綠	辛卯日，小滿下元，陽八局；庚寅時兌方地遁２重詐；壬辰時艮方飛鳥跌穴；癸巳時艮方地遁２人遁３風遁４虎遁７重詐；丙申時艮方飛鳥跌穴；戊戌時巽方人遁２真詐；	酉年生人屬雞忌用此日廚灶門外正北
2011/6/6 星期一 09時43分 【巳時】 交芒種節 節前使用 為癸巳月	吉神：時德陽德福生司命 凶神：月煞月虛血支五虛	辛卯年 五月 初五日 農曆神煞赤口，月忌，楊公忌日	辛卯年 癸巳月 壬辰日 長流水 小滿 閉日 伐日 畢宿	宜：【施恩惠恤孤惸行惠愛雪冤枉緩刑獄】　忌：諸事不宜【頒詔招賢宣政事布政事安撫邊境選將訓兵出師營建宮室】	◎壬寅時 ◎甲辰時 ●乙巳時 ◎戊申時 ●己酉時 ●辛亥時	壬寅時 甲辰時 四大吉時 庚子時 壬寅時 甲辰時 丙午時 庚戌時	日家奇遁陽遁壬辰吉方離方開門太乙紫白九星年七赤月五黃日五黃	壬辰日，小滿下元，陽八局；壬寅時離方人遁２真詐；癸卯時乾方青龍返首；己酉時艮方飛鳥跌穴；庚戌時乾方青龍返首；	戌年生人屬狗忌用此日倉庫棲外正北

日期節日	吉神凶神○	農曆	干支	用事宜忌○	協記吉時	貴登天門	日家奇門	時家奇門遁甲	忌用
2011/6/6 星期一 09時43分 【巳時】 交芒種節 五月節 甲午月	太陽過黃經七十五度，稻穀成穗【斗指己為芒種，此時可種有芒之穀，過此即失效，故名芒種】			芒種五月節天道西北行宜向西北行宜修造西北維；天德在乾月德在丙月德合在辛月空在壬宜修造取土；月建在午月破在子月厭在午月刑在午月害在丑劫煞在亥災煞在子月煞在丑忌修造取土；十五日長星、二十五日短星；芒種後十六日往亡、夏至前一日四離；夏至五月中日躔在未宮為五月將宜用艮巽坤乾時；					
2011/6/6 星期一 09時43分 【巳時】 交芒種節 節後使用 為甲午月 工程師節 水利節 【大禹誕辰】端午節詩人節	吉神：月空時德時陽生氣要安 凶神：五虛九空天牢	辛卯年 五月 初五日 農曆神煞赤口，月忌，楊公忌日	辛卯年 甲午月 壬辰日 長流水 芒種 開日 伐日 畢宿	宜：祭祀祈福求嗣上冊受封上表章襲爵受封會親友入學出行上官赴任臨政親民結婚姻納采問名移徙解除求醫療病裁衣修造動土豎柱上梁修置產室安碓磑栽種牧養【頒詔覃恩肆赦施恩封拜招賢舉正直施恩惠恤孤惸宣政事行惠愛雪冤枉緩刑獄慶賜賞賀修宮室繕城郭】　忌：進人口修倉庫開市立券交易納財開倉庫出貨財開渠伐木畋獵取魚【安撫邊境選將訓兵出師】	◎壬寅時 ◎甲辰時 ●乙巳時 ◎戊申時 ●己酉時 ●辛亥時	壬寅時 甲辰時 四大吉時 庚子時 壬寅時 甲辰時 丙午時 庚戌時	日家奇遁陽遁壬辰吉方離方開門太乙紫白九星年七赤月四綠日五黃	壬辰日，小滿下元，陽八局；壬寅時離方人遁２真詐；癸卯時乾方青龍返首；己酉時艮方飛鳥跌穴；庚戌時乾方青龍返首；	戌年生人屬狗忌用此日倉庫栖外正北
2011/6/7 星期二	吉神：王日玉宇 凶神：遊禍血支重日元武	辛卯年 五月 初六日 農曆神煞小空亡	辛卯年 甲午月 癸巳日 長流水 芒種 閉日 制日 觜宿	宜：裁衣築堤防補垣塞穴【覃恩肆赦施恩惠恤孤惸行惠愛雪冤枉緩刑獄】　忌：祈福求嗣上冊受封上表章襲爵受封會親友出行上官赴任臨政親民結婚姻納采問名嫁娶進人口移徙安床解除求醫療病療目針刺修造動土豎柱上梁開市開倉庫出貨財修置產室開渠穿井破土安葬啟攢【布政事出師營建宮室修宮室】	◎癸丑時 ○乙卯時 ●丙辰時 ○丁巳時 ◎戊午時 ◎己未時 ◎壬戌時 ◎癸亥時	甲寅時 四大吉時 壬子時 甲寅時 丙辰時 庚申時 壬戌時	日家奇遁陽遁癸巳吉方離方開門天乙紫白九星年七赤月四綠日六白	癸巳日，小滿下元，陽八局；乙卯時艮方地遁２人遁１休詐；丁巳時艮方飛鳥跌穴；戊午時乾方青龍返首；辛酉時艮方飛鳥跌穴；	亥年生人屬豬忌用此日占房床房內北
2011/6/8 星期三	吉神：天赦陽德官日金堂司命鳴吠 凶神：月建小時土府月刑月厭地火土符	辛卯年 五月 初七日 農曆神煞六壬空，四不祥	辛卯年 甲午月 甲午日 沙中金 芒種 建日 寶日 參宿	宜：祭祀【覃恩肆赦施恩封拜施恩惠恤孤惸行惠愛雪冤枉緩刑獄】　忌：祈福求嗣上冊受封上表章襲爵受封會親友冠帶出行上官赴任臨政親民結婚姻納采問名嫁娶進人口移徙遠迴安床解除剃頭整手足甲求醫療病裁衣築堤防修造動土豎柱上梁修倉庫鼓鑄苫蓋經絡醞釀開市立券交易納財開倉庫出貨財修置產室開渠穿井安碓磑補垣塞穴修飾垣牆平治道塗破屋壞垣伐木畋獵取魚栽種牧養納畜破土安葬啟攢【布政事出師修宮室】	◎甲子時 ◎乙丑時 ○丙寅時 ●丁卯時 ◎庚午時 ○辛未時 ◎壬申時 ◎癸酉時	四大吉時 甲子時 丙寅時 庚午時 壬申時 甲戌時	日家奇遁陽遁甲午吉方艮方開門咸池紫白九星年七赤月四綠日七赤	甲午日，芒種上元，陽六局；乙丑時坎方人遁１休詐；丙寅時乾方飛鳥跌穴、巽方青龍返首；丁卯時坤方人遁１休詐；戊辰時震方人遁１休詐；庚午時離方人遁１休詐；癸酉時坎方人遁１休詐；	子年生人屬鼠忌用此日占房碓房內北

日期節日	吉神凶神〇	農曆	干支	用事宜忌〇	協記吉時	貴登天門	日家奇門	時家奇門遁甲	忌用
2011/6/9 星期四 鐵路節	吉神：守日吉期六合不將 凶神：勾陳	辛卯年 五月 初八日 農曆神煞 龍禁	辛卯年 甲午月 乙未日 沙中金 芒種 除日 制日 井宿	宜：襲爵受封會親友出行上官赴任臨政親民結婚姻嫁娶進人口解除沐浴剃頭整手足甲經絡醞釀立券交易納財掃舍宇納畜安葬【施恩封拜舉正直安撫邊境選將訓兵出師】　忌：求醫療病栽種	●戊寅時 ●己卯時 ◎辛巳時 ●甲申時 ●丙戌時 ●丁亥時	四大吉時 丙子時 庚辰時 壬午時 甲申時 丙戌時	日家奇遁 陽遁乙未 吉方震方 休門太乙 紫白九星 年七赤 月四綠 日八白	乙未日，芒種上元，陽六局；丁丑時乾方飛鳥跌穴、巽方青龍返首；乙酉時乾方飛鳥跌穴、巽方青龍返首；	丑年生人屬牛忌用此日碓磨廁房內北
2011/6/10 星期五	吉神：月德相日驛馬天后天巫福德不將除神青龍鳴吠 凶神：五虛五離	辛卯年 五月 初九日 農曆神煞	辛卯年 甲午月 丙申日 山下火 芒種 滿日 制日 鬼宿	宜：祭祀祈福求嗣上冊受封上表章襲爵受封會親友出行上官赴任臨政親民結婚姻納采問名嫁娶進人口移徙解除沐浴剃頭整手足甲求醫療病裁衣修造動土豎柱上梁修倉庫經絡開市立券交易納財開倉庫出貨財補垣塞穴掃舍宇栽種牧養納畜破土安葬【頒詔覃恩肆赦施恩惠恤孤惸宣政事行惠愛雪冤枉緩刑獄安撫邊境選將訓兵出師營建宮室修宮室繕城郭】 忌：安床畋獵取魚	●戊子時 ●己丑時 ◎壬辰時 ◎癸巳時 ●乙未時 〇丙申時 ●戊戌時	戊戌時 四大吉時 庚寅時 壬辰時 甲午時 丙申時	日家奇遁 陽遁丙申 吉方巽方 生門太乙 紫白九星 年七赤 月四綠 日九紫	丙申日，芒種上元，陽六局；癸巳時乾方飛鳥跌穴、巽方青龍返首；乙未時巽方鬼遁３重詐；丙申時艮方鬼遁３重詐；	寅年生人屬虎忌用此日廚灶爐房內北
2011/6/11 星期六	吉神：民日敬安除神明堂鳴吠 凶神：天罡死神天吏致死天賊復日五離	辛卯年 五月 初十日 農曆神煞 大空亡， 天乙絕氣	辛卯年 甲午月 丁酉日 山下火 芒種 平日 制日 柳宿	宜：沐浴整手足甲掃舍宇修飾垣牆平治道塗　忌：祈福求嗣上冊受封上表章襲爵受封會親友冠帶出行上官赴任臨政親民結婚姻納采問名嫁娶進人口移徙安床解除剃頭求醫療病裁衣築堤防修造動土豎柱上梁修倉庫鼓鑄經絡醞釀開市立券交易納財開倉庫出貨財修置產室開渠穿井栽種牧養納畜破土安葬啟攢【頒詔施恩封拜招賢舉正直宣政事布政事慶賜賞賀安撫邊境選將訓兵出師營建宮室修宮室繕城郭】	●庚子時 ◎壬寅時 ◎癸卯時 ●丙午時 ●丁未時 ◎己酉時 〇辛亥時	戊申時 庚戌時 四大吉時 庚子時 壬寅時 甲辰時 丙午時 庚戌時	日家奇遁 陽遁丁酉 吉方巽方 休門天乙 紫白九星 年七赤 月四綠 日一白	丁酉日，芒種上元，陽六局；辛丑時震方鬼遁３重詐；壬寅時乾方飛鳥跌穴、巽方青龍返首、兌方風遁６鬼遁３重詐；丁未時離方人遁２鬼遁２真詐；己酉時坎方人遁２鬼遁２真詐；辛亥時乾方飛鳥跌穴、巽方青龍返首；	卯年生人屬兔忌用此日倉庫門房內北
2011/6/12 星期日	吉神：月恩四相三合臨日時陰天倉不將普護 凶神：死氣天刑	辛卯年 五月 十一日 農曆神煞 赤口	辛卯年 甲午月 戊戌日 平地木 芒種 定日 專日 星宿	宜：祭祀祈福求嗣上冊受封上表章襲爵受封會親友冠帶出行上官赴任臨政親民結婚姻納采問名嫁娶進人口移徙裁衣修造動土豎柱上梁修倉庫經絡醞釀立券交易納財開倉庫出貨財安碓磑牧養納畜【施恩封拜舉正直慶賜賞賀修宮室繕城郭】　忌：解除求醫療病修置產室栽種【安撫邊境選將訓兵出師】	◎甲寅時 〇乙卯時 ◎丙辰時 ◎丁巳時 ●庚申時 ◎辛酉時 ◎癸亥時	壬子時 戊午時 四大吉時 壬子時 甲寅時 丙辰時 庚申時 壬戌時	日家奇遁 陽遁戊戌 吉方巽方 休門太陰 紫白九星 年七赤 月四綠 日二黑	戊戌日，芒種上元，陽六局；壬子時巽方人遁１風遁３休詐；癸丑時坎方人遁１休詐；丁巳時坎方重詐；庚申時乾方飛鳥跌穴、巽方青龍返首；	辰年生人屬龍忌用此日房床棲房內南

日期節日	吉神凶神○	農曆	干支	用事宜忌○	協記吉時	貴登天門	日家奇門	時家奇門遁甲	忌用
2011/6/13 星期一	吉神：四相五富福生 凶神：劫煞小耗重日朱雀	辛卯年 五月 十二日 農曆神煞	辛卯年 甲午月 己亥日 平地木 芒種 執日 制日 張宿	宜：祭祀沐浴捕捉　忌：祈福求嗣上冊受封上表章襲爵受封會親友冠帶出行上官赴任臨政親民結婚姻納采問名嫁娶進人口移徙安床解除剃頭整手足甲求醫療病裁衣築堤防修造動土豎柱上梁修倉庫鼓鑄經絡醞釀開市立券交易納財開倉庫出貨財修置產室開渠穿井安碓磑補垣塞穴修飾垣牆破屋壞垣栽種牧養納畜破土安葬啟攢【頒詔招賢宣政事布政事安撫邊境選將訓兵出師修宮室繕城郭】	◎乙丑時 ○丙寅時 ◎戊辰時 ●庚午時 ●辛未時 ●甲戌時 ◎乙亥時	辛未時 乙亥時 四大吉時 甲子時 丙寅時 庚午時 壬申時 甲戌時	日家奇遁 陽遁己亥 吉方震方 開門青龍 紫白九星 年七赤 月四綠 日三碧	己亥日，芒種中元，陽三局；甲子時坎方重詐；乙丑時坎方地遁2人遁1休詐；丙寅時坎方青龍返首、巽方地遁1人遁1風遁2休詐；丁卯時震方飛鳥跌穴、兌方人遁2鬼遁2真詐；戊辰時坤方地遁2人遁1休詐、兌方人遁4真詐；己巳時兌方地遁2人遁1休詐；庚午時巽方重詐；辛未時坤方風遁5重詐；壬申時離方天遁1重詐；癸酉時乾方重詐；乙亥時震方飛鳥跌穴；	巳年 生人 屬蛇 忌用 此日 占門 床房 內南
2011/6/14 星期二	吉神：六儀解神金匱鳴吠對 凶神：月破大耗災煞天火厭對招搖五虛	辛卯年 五月 十三日 農曆神煞 天休廢，六壬空	辛卯年 甲午月 庚子日 壁上土 芒種 破日 寶日 翼宿	忌：諸事不宜【頒詔施恩封拜招賢舉正直宣政事布政事慶賜賞賀安撫邊境選將訓兵出師營建宮室修宮室繕城郭】	◎丙子時 ●丁丑時 ◎己卯時 ◎壬午時 ●甲申時 ●乙酉時	丙子時 壬午時 四大吉時 丙子時 庚辰時 壬午時 甲申時 丙戌時	日家奇遁 陽遁庚子 吉方乾方 休門太陰 紫白九星 年七赤 月四綠 日四綠	庚子日，芒種中元，陽三局；庚辰時震方飛鳥跌穴；壬午時坎方地遁2人遁2真詐；癸未時坎方青龍返首；甲申時坎方人遁1休詐；	午年 生人 屬馬 忌用 此日 占碓 磨房 內南
2011/6/15 星期三 警察節	吉神：月德合陰德聖心寶光 凶神：月煞月虛月害四擊	辛卯年 五月 十四日 農曆神煞 月忌，龍禁，小空亡	辛卯年 甲午月 辛丑日 壁上土 芒種 危日 義日 軫宿	宜：祭祀【覃恩肆赦施恩惠恤孤惸行惠愛雪冤枉緩刑獄】　忌：冠帶求醫療病醞釀畋獵取魚【布政事修宮室】	●庚寅時 ●辛卯時 ◎癸巳時 ●丙申時 ◎戊戌時 ●己亥時	己丑時 癸巳時 四大吉時 庚寅時 壬辰時 甲午時 丙申時	日家奇遁 陽遁辛丑 吉方兌方 開門太陰 紫白九星 年七赤 月四綠 日五黃	辛丑日，芒種中元，陽三局；己丑時坎方青龍返首；庚寅時坎方人遁1休詐；辛卯時震方飛鳥跌穴；乙未時坎方青龍返首；戊戌時坎方地遁2鬼遁5重詐；	未年 生人 屬羊 忌用 此日 廚灶 廁房 內南
2011/6/16 星期四	吉神：月空母倉三合天馬天喜天醫益後五合鳴吠對 凶神：大煞歸忌白虎	辛卯年 五月 十五日 農曆神煞 長星，天地凶敗	辛卯年 甲午月 壬寅日 金箔金 芒種 成日 寶日 角宿	宜：上表章襲爵受封會親友入學出行上官赴任臨政親民結婚姻納采問名嫁娶進人口求醫療病裁衣築堤防修造動土豎柱上梁修倉庫經絡醞釀開市立券交易納財安碓磑栽種牧養納畜破土啟攢【施恩封拜招賢舉正直慶賜賞賀修宮室繕城郭】　忌：祭祀移徙遠迴開渠【安撫邊境選將訓兵出師】	●庚子時 ●辛丑時 ◎甲辰時 ◎乙巳時 ●丁未時 ●庚戌時 ○辛亥時	壬寅時 甲辰時 四大吉時 庚子時 壬寅時 甲辰時 丙午時 庚戌時	日家奇遁 陽遁壬寅 吉方坎方 生門太乙 紫白九星 年七赤 月四綠 日六白	壬寅日，芒種中元，陽三局；庚子時坎方青龍返首、巽方地遁1風遁2重詐；辛丑時坤方地遁2人遁3雲遁4重詐；癸卯時乾方地遁2雲遁1鬼遁5神遁1重詐、震方飛鳥跌穴；乙巳時巽方風遁6鬼遁3重詐；丙午時震方飛鳥跌穴、兌方鬼遁3重詐；丁未時坎方青龍返首、震方鬼遁3重詐；戊申時坎方鬼遁3重詐；己酉時坤方人遁2真詐；	申年 生人 屬猴 忌用 此日 倉庫 爐房 內南

日期節日	吉神凶神○	農曆	干支	用事宜忌○	協記吉時	貴登天門	日家奇門	時家奇門遁甲	忌用
2011/6/17 星期五	吉神：母倉續世五合玉堂鳴吠對 凶神：河魁大時大敗咸池九坎九焦血忌往亡	辛卯年 五月 十六日 農曆神煞 四不祥	辛卯年 甲午月 癸卯日 金箔金 芒種 收日 寶日 亢宿	宜：祭祀　忌：祈福求嗣上冊受封上表章襲爵受封會親友冠帶出行上官赴任臨政親民結婚姻納采問名嫁娶進人口移徙安床解除求醫療病針刺裁衣築堤防修造動土豎柱上梁修倉庫鼓鑄經絡醞釀開市立券交易納財開倉庫出貨財修置產室開渠穿井補垣塞穴捕捉畋獵取魚乘船渡水栽種牧養納畜破土安葬啟攢【頒詔施恩封拜招賢舉正直宣政事布政事慶賜賞賀安撫邊境選將訓兵出師營建宮室修宮室繕城郭】	◎壬子時 ●甲寅時 ●乙卯時 ●戊午時 ◎己未時 ◎辛酉時	甲寅時 四大吉時 壬子時 甲寅時 丙辰時 庚申時 壬戌時	日家奇遁 陽遁癸卯 吉方坤方 開門太乙 紫白九星 年七赤 月四綠 日七赤	癸卯日，芒種中元，陽三局；癸丑時乾方鬼遁3重詐；己未時震方飛鳥跌穴；辛酉時坎方青龍返首；	酉年生人屬雞忌用此日房床門房內南
2011/6/18 星期六	吉神：時德時陽生氣要安 凶神：五虛八風九空地囊天牢	辛卯年 五月 十七日 農曆神煞 赤口	辛卯年 甲午月 甲辰日 覆燈火 芒種 開日 制日 氐宿	宜：祭祀祈福求嗣上冊受封上表章襲爵受封會親友入學出行上官赴任臨政親民結婚姻納采問名移徙解除求醫療病裁衣豎柱上梁牧養【頒詔覃恩肆赦施恩封拜招賢舉正直施恩惠恤孤惸宣政事行惠愛雪冤枉緩刑獄慶賜賞賀】 忌：進人口築堤防修造動土修倉庫開市立券交易納財開倉庫出貨財修置產室開渠穿井安碓磑補垣修飾垣牆平治道塗破屋壞垣伐木畋獵取魚乘船渡水栽種破土【營建宮室】	◎丙寅時 ◎戊辰時 ●己巳時 ◎壬申時 ◎癸酉時 ●乙亥時	 四大吉時 甲子時 丙寅時 庚午時 壬申時 甲戌時	日家奇遁 陽遁甲辰 吉方坤方 開門天乙 紫白九星 年七赤 月四綠 日八白	甲辰日，芒種下元，陽九局；甲子時乾方人遁1休詐；乙丑時離方人遁1休詐；丙寅時艮方人遁1休詐、兌方青龍返首；戊辰時乾方人遁1休詐；己巳時震方人遁2虎遁6真詐；辛未時離方飛鳥跌穴；壬申時兌方人遁1休詐；癸酉時坎方人遁1風遁6休詐；	戌年生人屬狗忌用此日門雞栖房內東
2011/6/19 星期日	吉神：王日玉宇 凶神：遊禍血支重日元武	辛卯年 五月 十八日 農曆神煞 大空亡，天休廢	辛卯年 甲午月 乙巳日 覆燈火 芒種 閉日 寶日 房宿	宜：裁衣築堤防補垣塞穴【覃恩肆赦施恩惠恤孤惸行惠愛雪冤枉緩刑獄安撫邊境選將訓兵】 忌：祈福求嗣上冊受封上表章襲爵受封會親友出行上官赴任臨政親民結婚姻納采問名嫁娶進人口移徙安床解除求醫療病療目針刺修造動土豎柱上梁開市開倉庫出貨財修置產室開渠穿井栽種破土安葬啟攢【布政事出師營建宮室修宮室】	●丁丑時 ●庚辰時 ◎壬午時 ◎癸未時 ○甲申時 ●丙戌時 ◎丁亥時	 四大吉時 丙子時 庚辰時 壬午時 甲申時 丙戌時	日家奇遁 陽遁乙巳 吉方坤方 開門太陰 紫白九星 年七赤 月四綠 日九紫	乙巳日，芒種下元，陽九局；丙子時離方飛鳥跌穴；己卯時兌方重詐；辛巳時坎方重詐、兌方青龍返首；丁亥時艮方人遁2鬼遁2真詐、兌方青龍返首；	亥年生人屬豬忌用此日碓磨床房內東
2011/6/20 星期一	吉神：月德陽德官日金堂司命鳴吠 凶神：月建小時土府月刑月厭地火土符大會陰陽俱錯	辛卯年 五月 十九日 農曆神煞 四不祥，六壬空	辛卯年 甲午月 丙午日 天河水 芒種 建日 專日 心宿	宜：【覃恩肆赦施恩惠恤孤惸行惠愛雪冤枉緩刑獄】　忌：諸事不宜【布政事修宮室】　不註【慶賜賞賀宴會行幸遣使安撫邊境選將訓兵出師】上冊進表章上官赴任臨政親民結婚姻納采問名嫁娶進人口移徙開市立券交易捕捉畋獵取魚	◎戊子時 ◎己丑時 ◎辛卯時 ◎甲午時 ●丙申時 ●丁酉時	戊戌時 四大吉時 庚寅時 壬辰時 甲午時 丙申時	日家奇遁 陽遁丙午 吉方坎方 開門青龍 紫白九星 年七赤 月四綠 日一白	丙午日，芒種下元，陽九局；己丑時震方人遁2鬼遁2真詐；壬辰時離方飛鳥跌穴天遁3；戊戌時兌方青龍返首；己亥時離方飛鳥跌穴；	子年生人屬鼠忌用此日廚灶碓房內東

日期節日	吉神凶神○	農曆	干支	用事宜忌○	協記吉時	貴登天門	日家奇門	時家奇門遁甲	忌用
2011/6/21 星期二	吉神：天願守日吉期六合 凶神：復日八專勾陳　；夏至前一日四離、芒種後十六日氣往亡	辛卯年 五月 二十日 農曆神煞 龍禁	辛卯年 甲午月 丁未日 天河水 芒種 除日 寶日 尾宿	宜：祭祀解除沐浴整手足甲掃舍宇【覃恩肆赦施恩封拜舉正直施恩惠恤孤惸行惠愛雪冤枉緩刑獄慶賜賞賀營建宮室繕城郭】 忌：剃頭求醫療病【行幸遣使安撫邊境選將訓兵出師】求醫療病捕捉畋獵取魚	◎壬寅時 ◎癸卯時 ●乙巳時 ○丙午時 ●戊申時 ○己酉時 ●庚戌時 ●辛亥時	戊申時 庚戌時 四大吉時 庚子時 壬寅時 甲辰時 丙午時 庚戌時	日家奇遁陽遁丁未吉方艮方休門軒轅紫白九星年七赤月四綠日二黑	丁未日，芒種下元，陽九局；甲辰時艮方地遁２人遁３風遁４重詐；乙巳時離方飛鳥跌穴；丙午時離方地遁２重詐；丁未時震方人遁１休詐；戊申時乾方天遁２人遁１休詐；庚戌時兌方青龍返首；	丑年生人屬牛忌用此日倉庫廁房內東
2011/6/22 星期三 02時24分 【丑時】 交夏至氣 五月氣 甲午月	太陽過黃經九○度，陽光直射北緯23．5度，晝長夜短【斗指乙為夏至，萬物至此，皆假大而極至，時夏將至，故名夏至】								
2011/6/22 星期三 02時24分 【丑時】 交夏至氣 五月氣 甲午月	吉神：月恩四相相日驛馬天后天巫福德不將除神青龍 凶神：五虛五離　；夏至	辛卯年 五月 二十一日 農曆神煞	辛卯年 甲午月 戊申日 大驛土 夏至 滿日 寶日 箕宿	宜：祭祀祈福求嗣襲爵受封出行解除沐浴剃頭整手足甲求醫療病裁衣修造動土豎柱上梁經絡納財補垣塞穴掃舍宇栽種牧養【修宮室繕城郭】　忌：會親友結婚姻納采問名安床修倉庫立券交易開倉庫出貨財	◎壬子時 ◎癸丑時 ●丙辰時 ●丁巳時 ●己未時 ○庚申時 ◎壬戌時	丁巳時 癸亥時 四大吉時 甲寅時 丁巳時 庚申時 癸亥時	日家奇遁陰遁戊申吉方兌方生門青龍紫白九星年七赤月四綠日一白	戊申日，芒種下元，陽九局；壬子時兌方人遁１休詐；癸丑時坎方人遁１休詐、兌方青龍返首；乙卯時巽方人遁２鬼遁２真詐；丁巳時兌方青龍返首；壬戌時離方飛鳥跌穴；	寅年生人屬虎忌用此日房床爐房內東
2011/6/23 星期四	吉神：天恩四相民日敬安除神明堂鳴吠 凶神：天罡死神天吏致死天賊五離	辛卯年 五月 二十二日 農曆神煞 小空亡	辛卯年 甲午月 己酉日 大驛土 夏至 平日 寶日 斗宿	宜：祭祀沐浴剃頭整手足甲掃舍宇修飾垣牆平治道塗【覃恩肆赦施恩惠恤孤惸行惠愛雪冤枉緩刑獄】　忌：祈福求嗣上冊受封上表章襲爵受封會親友冠帶出行上官赴任臨政親民結婚姻納采問名嫁娶進人口移徙安床解除求醫療病裁衣築堤防修造動土豎柱上梁修倉庫鼓鑄經絡醞釀開市立券交易納財開倉庫出貨財修置產室開渠穿井栽種牧養納畜破土安葬啟攢【頒詔招賢宣政事安撫邊境選將訓兵出師營建宮室】	●甲子時 ◎丙寅時 ◎丁卯時 ●庚午時 ●辛未時 ◎癸酉時	庚午時 甲戌時 四大吉時 丙寅時 己巳時 壬申時 乙亥時	日家奇遁陰遁己酉吉方乾方開門青龍紫白九星年七赤月四綠日九紫	己酉日，夏至上元，陰九局；乙丑時兌方人遁２鬼遁２真詐；丙寅時巽方人遁２鬼遁２真詐、坤方青龍返首；戊辰時震方人遁２鬼遁２真詐；己巳時乾方人遁４真詐；壬申時坤方青龍返首；癸酉時艮方人遁２風遁６鬼遁２真詐、離方飛鳥跌穴；乙亥時離方飛鳥跌穴天遁４；	卯年生人屬兔忌用此日占大門外東北

日期節日	吉神凶神○	農曆	干支	用事宜忌○	協記吉時	貴登天門	日家奇門	時家奇門遁甲	忌用
2011/6/24 星期五	吉神：天恩三合臨日時陰天倉普護 凶神：死氣天刑	辛卯年 五月 二十三日 農曆神煞月忌，赤口	辛卯年 甲午月 庚戌日 釵釧金 夏至 定日 義日 牛宿	宜：祭祀祈福上冊受封上表章會親友冠帶上官赴任臨政親民結婚姻納采問名嫁娶進人口裁衣修造動土豎柱上梁修倉庫醞釀立券交易納財安碓磑納畜【覃恩肆赦施恩惠恤孤惸行惠愛雪冤枉緩刑獄慶賜賞賀修宮室繕城郭】　忌：解除求醫療病經絡修置產室栽種【安撫邊境選將訓兵出師】	◎戊寅時 ◎庚辰時 ●辛巳時 ●甲申時 ◎乙酉時 ●丁亥時	辛巳時 丁亥時 四大吉時 戊寅時 辛巳時 甲申時 丁亥時	日家奇遁陰遁庚戌吉方坎方休門太乙紫白九星年七赤月四綠日八白	庚戌日，夏至上元，陰九局；丁丑時坤方青龍返首；甲申時坎方地遁２重詐；乙酉時震方地遁２人遁３重詐；丙戌時乾方地遁２雲遁１重詐、離方飛鳥跌穴；丁亥時離方地遁２鬼遁５重詐；	辰年生人屬龍忌用此日碓磨栖外東北
2011/6/25 星期六	吉神：月德合天恩五富福生 凶神：劫煞小耗重日朱雀	辛卯年 五月 二十四日 農曆神煞瘟星入	辛卯年 甲午月 辛亥日 釵釧金 夏至 執日 寶日 女宿	宜：祭祀沐浴捕捉【覃恩肆赦施恩惠恤孤惸行惠愛雪冤枉緩刑獄】　忌：嫁娶求醫療病修倉庫醞釀開市立券交易納財開倉庫出貨財畋獵取魚【修宮室】	●己丑時 ◎壬辰時 ●甲午時 ●乙未時 ●戊戌時 ●己亥時	戊子時 壬辰時 四大吉時 庚寅時 癸巳時 丙申時 己亥時	日家奇遁陰遁辛亥吉方坎方休門天乙紫白九星年七赤月四綠日七赤	辛亥日，夏至上元，陰九局；辛卯時坤方青龍返首；壬辰時離方飛鳥跌穴；乙未時坤方青龍返首；	巳年生人屬蛇忌用此日廚灶房外東北
2011/6/26 星期日	吉神：月空天恩六儀解神金匱鳴吠對 凶神：月破大耗災煞天火厭對招搖四廢五虛陰陽擊衝	辛卯年 五月 二十五日 農曆神煞短星，六壬空，天地凶敗	辛卯年 甲午月 壬子日 桑柘木 夏至 破日 專日 虛宿	宜：【覃恩肆赦施恩惠恤孤惸行惠愛雪冤枉緩刑獄】　忌：諸事不宜【頒詔施恩封拜招賢舉正直宣政事安撫邊境選將訓兵出師營建宮室修宮室繕城郭】	●庚子時 ●辛丑時 ◎癸卯時 ◎丙午時 ◎戊申時 ●己酉時	辛丑時 癸卯時 四大吉時 壬寅時 乙巳時 戊申時 辛亥時	日家奇遁陰遁壬子吉方離方休門天乙紫白九星年七赤月四綠日六白	壬子日，夏至上元，陰九局；庚子時離方飛鳥跌穴天遁４真詐；癸卯時艮方人遁２真詐；乙巳時坤方人遁１休詐；丁未時乾方人遁１休詐；戊申時離方飛鳥跌穴天遁３；己酉時兌方人遁１休詐；庚戌時巽方人遁１休詐、坤方青龍返首；	午年生人屬馬忌用此日倉庫碓外東北
2011/6/27 星期一	吉神：天恩陰德聖心寶光 凶神：月煞月虛月害四擊八專觸水龍	辛卯年 五月 二十六日 農曆神煞大空亡，龍禁	辛卯年 甲午月 癸丑日 桑柘木 夏至 危日 伐日 危宿	宜：祭祀【覃恩肆赦施恩惠恤孤惸行惠愛雪冤枉緩刑獄】　忌：祈福求嗣上冊受封上表章襲爵受封會親友冠帶出行上官赴任臨政親民結婚姻納采問名嫁娶進人口移徙安床解除剃頭整手足甲求醫療病裁衣築堤防修造動土豎柱上梁修倉庫鼓鑄經絡醞釀開市立券交易納財開倉庫出貨財修置產室開渠穿井安碓磑補垣塞穴修飾垣牆破屋壞垣取魚乘船渡水栽種牧養納畜破土安葬啟攢【頒詔施恩封拜招賢舉正直宣政事出師營建宮室修宮室繕城郭】	◎甲寅時 ◎乙卯時 ○丙辰時 ●丁巳時 ●庚申時 ◎壬戌時 ◎癸亥時	四大吉時 甲寅時 丁巳時 庚申時 癸亥時	日家奇遁陰遁癸丑吉方離方休門太陰紫白九星年七赤月四綠日五黃	癸丑日，夏至上元，陰九局；壬子時震方人遁１休詐；癸丑時坎方人遁１休詐；甲寅時坎方人遁１地遁２休詐；丙辰時震方人遁１地遁２休詐；丁巳時離方飛鳥跌穴天遁４重詐；戊午時坤方青龍返首；己未時兌方人遁１地遁２休詐；庚申時巽方人遁１地遁２風遁２休詐；辛酉時離方人遁１地遁２休詐；壬戌時震方人遁１地遁２休詐；癸亥時坎方人遁１地遁２休詐；	未年生人屬羊忌用此日占房廁外東北

日期節日	吉神凶神○	農曆	干支	用事宜忌○	協記吉時	貴登天門	日家奇門	時家奇門遁甲	忌用
2011/6/28 星期二	吉神：母倉三合天馬天喜天醫益後五合鳴吠對 凶神：大煞歸忌八專白虎	辛卯年 五月 二十七日 農曆神煞 瘟星出	辛卯年 甲午月 甲寅日 大溪水 夏至 成日 專日 室宿	宜：襲爵受封會親友入學出行上官赴任臨政親民進人口求醫療病裁衣築堤防修造動土豎柱上梁修倉庫經絡醞釀開市立券交易納財安碓磑栽種牧養納畜破土啟攢【施恩封拜招賢舉正直慶賜賞賀修宮室缮城郭】 忌：祭祀結婚姻納采問名嫁娶移徙遠迴開倉庫出貨財【選將訓兵出師】	◎甲子時 ◎乙丑時 ○丙寅時 ●戊辰時 ◎己巳時 ●辛未時 ●甲戌時	 四大吉時 丙寅時 己巳時 壬申時 乙亥時	日家奇遁 陰遁甲寅 吉方巽方 開門軒轅 紫白九星 年七赤 月四綠 日四綠	甲寅日，夏至中元，陰三局；甲子時乾方人遁1休詐；丙寅時中宮青龍返首；戊辰時乾方人遁1休詐；己巳時中宮青龍返首；庚午時坤方人遁1風遁6休詐；甲戌時乾方鬼遁3重詐；	申年 生人 屬猴 忌用 此日 占門 爐外 東北
2011/6/29 星期三	吉神：母倉續世五合玉堂鳴吠對 凶神：河魁大時大敗咸池四耗九坎九焦血忌往亡	辛卯年 五月 二十八日 農曆神煞 四不祥	辛卯年 甲午月 乙卯日 大溪水 夏至 收日 專日 壁宿	宜：祭祀 忌：祈福求嗣上冊受封上表章襲爵受封會親友冠帶出行上官赴任臨政親民結婚姻納采問名嫁娶進人口移徙安床解除求醫療病針刺裁衣築堤防修造動土豎柱上梁修倉庫鼓鑄經絡醞釀開市立券交易納財開倉庫出貨財修置產室開渠穿井補垣塞穴捕捉畋獵取魚乘船渡水栽種牧養納畜破土安葬啟攢【頒詔施恩封拜招賢舉正直宣政事布政事慶賜賞賀安撫邊境選將訓兵出師營建宮室修宮室缮城郭】	◎丙子時 ●戊寅時 ●己卯時 ◎壬午時 ◎癸未時 ○甲申時 ◎乙酉時 ○丙戌時	丙戌時 四大吉時 戊寅時 辛巳時 甲申時 丁亥時	日家奇遁 陰遁乙卯 吉方震方 生門軒轅 紫白九星 年七赤 月四綠 日三碧	乙卯日，夏至中元，陰三局；丙子時乾方鬼遁3重詐；丁丑時坤方地遁1人遁2真詐；己卯時巽方地遁2人遁2風遁2真詐；庚辰時中宮青龍返首；辛巳時兌方鬼遁3重詐；癸未時坎方龍遁4鬼遁3重詐；乙酉時中宮青龍返首；	酉年 生人 屬雞 忌用 此日 碓磨 門外 正東
2011/6/30 星期四	吉神：月德時德時陽生氣要安 凶神：五虛九空天牢	辛卯年 五月 二十九日 農曆神煞 赤口	辛卯年 甲午月 丙辰日 沙中土 夏至 開日 寶日 奎宿	宜：祭祀祈福求嗣上冊受封上表章襲爵受封會親友入學出行上官赴任臨政親民結婚姻納采問名嫁娶移徙解除求醫療病裁衣修造動土豎柱上梁修倉庫開市納財開倉庫出貨財修置產室開渠穿井安碓磑栽種牧養納畜【頒詔覃恩肆赦施恩封拜招賢舉正直施恩惠恤孤惸宣政事行惠愛雪冤枉緩刑獄慶賜賞賀安撫邊境選將訓兵出師營建宮室修宮室缮城郭】 忌：伐木畋獵取魚	●庚寅時 ◎壬辰時 ◎癸巳時 ●丙申時 ●丁酉時 ●己亥時	丁酉時 四大吉時 庚寅時 癸巳時 丙申時 己亥時	日家奇遁 陰遁丙辰 吉方艮方 休門青龍 紫白九星 年七赤 月四綠 日二黑	丙辰日，夏至中元，陰三局；丁酉時中宮青龍返首；	戌年 生人 屬狗 忌用 此日 廚灶 栖外 正東
2011/7/1 星期五 公路節 漁民節 稅務節	吉神：王日玉宇 凶神：遊禍血支復日重日元武	辛卯年 六月 初一日 農曆神煞 大空亡，天地凶敗	辛卯年 甲午月 丁巳日 沙中土 夏至 閉日 專日 婁宿	宜：裁衣築堤防補垣塞穴【覃恩肆赦施恩惠恤孤惸行惠愛雪冤枉緩刑獄安撫邊境選將訓兵】 忌：祈福求嗣上冊受封上表章襲爵受封會親友出行上官赴任臨政親民結婚姻納采問名嫁娶進人口移徙安床解除剃頭求醫療病療目針刺修造動土豎柱上梁開市開倉庫出貨財修置產室開渠穿井破土安葬啟攢【布政事出師營建宮室修宮室】	◎辛丑時 ●甲辰時 ●丙午時 ●丁未時 ○己酉時 ●庚戌時 ◎辛亥時	丁未時 四大吉時 壬寅時 乙巳時 戊申時 辛亥時	日家奇遁 陰遁丁巳 吉方震方 生門太乙 紫白九星 年七赤 月四綠 日一白	丁巳日，夏至中元，陰三局；乙巳時坤方地遁1雲遁7龍遁2重詐；丙午時乾方地遁2人遁3重詐；丁未時坤方人遁2風遁6鬼遁2真詐；辛亥時兌方地遁2鬼遁5重詐、中宮青龍返首；	亥年 生人 屬豬 忌用 此日 倉庫 床外 正東

日期節日	吉神凶神○	農曆	干支	用事宜忌○	協記吉時	貴登天門	日家奇門	時家奇門遁甲	忌用
2011/7/2 星期六 合作節	吉神：月恩四相陽德官日金堂司命 凶神：月建小時土府月刑月厭地火土符小會	辛卯年 六月 初二日 農曆神煞 龍禁	辛卯年 甲午月 戊午日 天上火 夏至 建日 義日 胃宿	忌：諸事不宜【頒詔招賢宣政事布政事營建宮室】	◎壬子時 ◎癸丑時 ●乙卯時 ◎戊午時 ○己未時 ●庚申時 ●辛酉時	丁巳時 癸亥時 四大吉時 甲寅時 丁巳時 庚申時 癸亥時	日家奇遁 陰遁戊午 吉方乾方 生門青龍 紫白九星 年七赤 月四綠 日九紫	戊午日，夏至中元，陰三局；壬子時巽方地遁２風遁２重詐；癸丑時坎方地遁２重詐；乙卯時坎方地遁２人遁１休詐；丁巳時離方地遁２人遁１雲遁１休詐；壬戌時中宮青龍返首；	子年 生人 屬鼠 忌用 此日 房床 碓外 正東
2011/7/3 星期日	吉神：四相守日吉期六合 凶神：八專勾陳	辛卯年 六月 初三日 農曆神煞 四方耗，龍禁，楊公忌日	辛卯年 甲午月 己未日 天上火 夏至 除日 專日 昴宿	宜：祭祀祈福求嗣襲爵受封會親友出行上官赴任臨政親民進人口移徙解除沐浴剃頭整手足甲裁衣修造動土豎柱上梁修倉庫經絡醞釀立券交易納財開倉庫出貨財掃舍宇栽種牧養納畜安葬【施恩封拜舉正直慶賜賞賀修宮室繕城郭】　忌：結婚姻納采問名嫁娶求醫療病	●丙寅時 ●丁卯時 ●己巳時 ○庚午時 ○辛未時 ◎壬申時 ●甲戌時 ◎乙亥時	庚午時 甲戌時 四大吉時 丙寅時 己巳時 壬申時 乙亥時	日家奇遁 陰遁己未 吉方坤方 開門天乙 紫白九星 年七赤 月四綠 日八白	己未日，夏至下元，陰六局；甲子時艮方重詐；丙寅時艮方青龍返首、巽方風遁３重詐；己巳時乾方飛鳥跌穴、震方人遁１休詐；庚午時坤方重詐；壬申時乾方飛鳥跌穴重詐；	丑年 生人 屬牛 忌用 此日 占門 廁外 正東
2011/7/4 星期一	吉神：相日驛馬天后天巫福德除神青龍鳴吠 凶神：五虛五離八專	辛卯年 六月 初四日 農曆神煞 四不祥，赤口	辛卯年 甲午月 庚申日 石榴木 夏至 滿日 專日 畢宿	宜：祭祀祈福上冊受封上表章出行進人口移徙解除沐浴剃頭整手足甲裁衣開市納財補垣塞穴掃舍宇破土安葬【修宮室繕城郭】 忌：襲爵受封會親友上官赴任臨政親民結婚姻納采問名嫁娶安床求醫療病修倉庫經絡立券交易開倉庫出貨財【施恩封拜招賢舉正直安撫邊境選將訓兵出師】	◎丙子時 ◎丁丑時 ●庚辰時 ●辛巳時 ◎癸未時 ○甲申時 ◎丙戌時	辛巳時 丁亥時 四大吉時 戊寅時 辛巳時 甲申時 丁亥時	日家奇遁 陰遁庚申 吉方坤方 開門太陰 紫白九星 年七赤 月四綠 日七赤	庚申日，夏至下元，陰六局；戊寅時艮方青龍返首；庚辰時乾方飛鳥跌穴；甲申時艮方人遁２真詐；丙戌時乾方飛鳥跌穴；	寅年 生人 屬虎 忌用 此日 碓磨 爐外 東南
2011/7/5 星期二	吉神：月德合民日敬安除神明堂鳴吠 凶神：天罡死神天吏致死天賊五離	辛卯年 六月 初五日 農曆神煞 小空亡，月忌	辛卯年 甲午月 辛酉日 石榴木 夏至 平日 專日 觜宿	宜：祭祀沐浴剃頭整手足甲掃舍宇修飾垣牆平治道塗【覃恩肆赦施恩惠恤孤惸行惠愛雪冤枉緩刑獄】　忌：會親友出行求醫療病修倉庫醞釀開倉庫出貨財畋獵取魚【布政事修宮室】	◎戊子時 ●庚寅時 ◎辛卯時 ●甲午時 ●乙未時 ◎丁酉時	戊子時 壬辰時 四大吉時 庚寅時 癸巳時 丙申時 己亥時	日家奇遁 陰遁辛酉 吉方坎方 生門太陰 紫白九星 年七赤 月四綠 日六白	辛酉日，夏至下元，陰六局；己丑時艮方青龍返首；壬辰時艮方青龍返首；巽方人遁２真詐；丁酉時艮方青龍返首；	卯年 生人 屬兔 忌用 此日 廚灶 門外 東南

日期節日	吉神凶神○	農曆	干支	用事宜忌○	協記吉時	貴登天門	日家奇門	時家奇門遁甲	忌用
2011/7/6 星期三	吉神：月空三合臨日時陰天倉普護 凶神：死氣地囊天刑	辛卯年 六月 初六日 農曆神煞 六壬空	辛卯年 甲午月 壬戌日 大海水 夏至 定日 伐日 參宿	宜：祭祀祈福上冊受封上表章會親友冠帶上官赴任臨政親民結婚姻納采問名嫁娶進人口裁衣豎柱上梁經絡醞釀立券交易納財納畜【慶賜賞賀】　忌：解除求醫療病築堤防修造動土修倉庫修置產室開渠穿井安碓磑補垣修飾垣牆平治道塗破屋壞垣栽種破土【安撫邊境選將訓兵出師營建宮室】	◎壬寅時 ◎甲辰時 ●乙巳時 ◎戊申時 ◎己酉時 ●辛亥時	辛丑時 癸卯時 四大吉時 壬寅時 乙巳時 戊申時 辛亥時	日家奇遁 陰遁壬戌 吉方兌方 開門太乙 紫白九星 年七赤 月四綠 日五黃	壬戌日，夏至下元，陰六局；庚子時坤方鬼遁３重詐；辛丑時離方鬼遁３重詐；癸卯時乾方飛鳥跌穴天遁４；戊申時艮方青龍返首；庚戌時乾方飛鳥跌穴天遁４；	辰年 生人 屬龍 忌用 此日 倉庫 栖外 東南
2011/7/7 星期四 20時06分 【戌時】 交小暑節 節前使用 為甲午月	吉神：五富不將福生 凶神：劫煞小耗四廢重日朱雀	辛卯年 六月 初七日 農曆神煞 四不祥	辛卯年 甲午月 癸亥日 大海水 夏至 執日 專日 井宿	宜：祭祀沐浴　忌：祈福求嗣上冊受封上表章襲爵受封會親友冠帶出行上官赴任臨政親民結婚姻納采問名嫁娶進人口移徙安床解除剃頭整手足甲求醫療病裁衣築堤防修造動土豎柱上梁修倉庫鼓鑄經絡醞釀開市立券交易納財開倉庫出貨財修置產室開渠穿井安碓磑補垣塞穴修飾垣牆破屋壞垣栽種牧養納畜破土安葬啟攢【頒詔施恩封拜招賢舉正直宣政事布政事慶賜賞賀安撫邊境選將訓兵出師營建宮室修宮室繕城郭】	◎癸丑時 ○乙卯時 ●丙辰時 ●戊午時 ◎己未時 ◎壬戌時 ◎癸亥時	四大吉時 甲寅時 丁巳時 庚申時 癸亥時	日家奇遁 陰遁癸亥 吉方乾方 休門太乙 紫白九星 年七赤 月四綠 日四綠	癸亥日，夏至下元，陰六局；乙卯時乾方飛鳥跌穴；辛酉時艮方青龍返首；	巳年 生人 屬蛇 忌用 此日 占房 床外 東南
2011/7/7 星期四 20時06分 【戌時】 交小暑節 六月節 乙未月	太陽過黃經一〇五度，氣候稍熱【斗指辛為小暑，斯時天氣已熱，尚未達於極點，故名小暑】			小暑六月節天道東行宜向東行宜修造東方；天德在甲天德合在己月德在甲月德合在己月空在庚宜修造取土；月建在未月破在丑月厭在巳月刑在丑月害在子劫煞在申災煞在酉月煞在戌忌修造取土；初十日長星、二十日短星；小暑後二十四日往亡、土王用事後忌修造動土巳午日添母倉；大暑六月中日躔在午宮為六月將宜用癸乙丁辛時；					
2011/7/7 星期四 20時06分 【戌時】 交小暑節 節後使用 為乙未月	吉神：陰德三合時陰六儀玉宇明堂 凶神：厭對招搖死氣四廢重日	辛卯年 六月 初七日 農曆神煞 四不祥	辛卯年 乙未月 癸亥日 大海水 小暑 定日 專日 井宿	宜：沐浴【施恩惠恤孤惸行惠愛雪冤枉緩刑獄】　忌：祈福求嗣上冊受封上表章襲爵受封會親友冠帶出行上官赴任臨政親民結婚姻納采問名嫁娶進人口移徙安床解除求醫療病裁衣築堤防修造動土豎柱上梁修倉庫鼓鑄經絡醞釀開市立券交易納財開倉庫出貨財修置產室開渠穿井安碓磑補垣塞穴修飾垣牆取魚乘船渡水栽種牧養納畜破土安葬啟攢【頒詔施恩封拜招賢舉正直宣政事布政事安撫邊境選將訓兵出師營建宮室】	◎癸丑時 ○乙卯時 ●丙辰時 ●戊午時 ◎己未時 ◎壬戌時 ◎癸亥時	四大吉時 甲寅時 丁巳時 庚申時 癸亥時	日家奇遁 陰遁癸亥 吉方乾方 休門太乙 紫白九星 年七赤 月三碧 日四綠	癸亥日，夏至下元，陰六局；乙卯時乾方飛鳥跌穴；辛酉時艮方青龍返首；	巳年 生人 屬蛇 忌用 此日 占房 床外 東南

日期節日	吉神凶神○	農曆	干支	用事宜忌○	協記吉時	貴登天門	日家奇門	時家奇門遁甲	忌用
2011/7/8 星期五	吉神：天德月德天恩金堂解神 凶神：月害大時大敗咸池小耗五虛九坎九焦歸忌天刑	辛卯年 六月 初八日 農曆神煞龍禁	辛卯年 乙未月 甲子日 海中金 小暑 執日 義日 鬼宿	宜：祭祀祈福求嗣上冊受封上表章襲爵受封會親友出行上官赴任臨政親民結婚姻納采問名嫁娶解除沐浴剃頭整手足甲裁衣修造動土豎柱上梁修倉庫捕捉牧養納畜安葬【頒詔覃恩肆赦施恩惠恤孤惸宣政事布政事行惠愛雪冤枉緩刑獄慶賜賞賀】　忌：移徙遠迴求醫療病鼓鑄開倉庫出貨財補垣塞穴畋獵取魚乘船渡水栽種【修宮室】	●甲子時 ●乙丑時 ○丙寅時 ◎丁卯時 ◎庚午時 ◎壬申時 ◎癸酉時	四大吉時 丙寅時 己巳時 壬申時 乙亥時	日家奇遁陰遁甲子吉方坤方生門太乙紫白九星年七赤月三碧日九紫	甲子日，小暑上元，陰八局；丙寅時坎方青龍返首；癸酉時艮方飛鳥跌穴天遁3；甲戌時坎方重詐；乙亥時震方地遁2人遁2真詐；	午年生人屬馬忌用此日占門碓外東南
2011/7/9 星期六	吉神：天恩 凶神：月破大耗月刑四擊九空朱雀	辛卯年 六月 初九日 農曆神煞大空亡	辛卯年 乙未月 乙丑日 海中金 小暑 破日 制日 柳宿	宜：【覃恩肆赦施恩惠恤孤惸行惠愛雪冤枉緩刑獄】　忌：諸事不宜【頒詔施恩封拜招賢舉正直宣政事安撫邊境選將訓兵出師營建宮室修宮室繕城郭】	○丙子時 ○丁丑時 ●戊寅時 ●己卯時 ◎辛巳時 ●甲申時 ◎丙戌時 ◎丁亥時	丙戌時 四大吉時 戊寅時 辛巳時 甲申時 丁亥時	日家奇遁陰遁乙丑吉方坤方生門天乙紫白九星年七赤月三碧日八白	乙丑日，小暑上元，陰八局；丁丑時坎方青龍返首；戊寅時巽方風遁3重詐；己卯時坎方重詐；庚辰時艮方飛鳥跌穴天遁4重詐；辛巳時乾方重詐、坎方青龍返首；丙戌時艮方飛鳥跌穴、坤方地遁2人遁1休詐；丁亥時震方地遁2人遁1休詐；	未年生人屬羊忌用此日碓磨廁外東南
2011/7/10 星期日	吉神：天恩母倉五富五合金匱鳴吠對 凶神：遊禍	辛卯年 六月 初十日 農曆神煞赤口，長星	辛卯年 乙未月 丙寅日 爐中火 小暑 危日 義日 星宿	宜：會親友結婚姻安床經絡醞釀開市立券交易納財開倉庫出貨財栽種牧養納畜破土啟攢【覃恩肆赦施恩惠恤孤惸行惠愛雪冤枉緩刑獄慶賜賞賀安撫邊境選將訓兵】　忌：祭祀祈福求嗣解除求醫療病	●戊子時 ●己丑時 ◎壬辰時 ◎癸巳時 ●乙未時 ◎戊戌時	丁酉時 四大吉時 庚寅時 癸巳時 丙申時 己亥時	日家奇遁陰遁丙寅吉方坤方生門太陰紫白九星年七赤月三碧日七赤	丙寅日，小暑上元，陰八局；戊子時乾方人遁2鬼遁2真詐、兌方地遁1人遁1休詐；己丑時坎方青龍返首；庚寅時離方地遁2人遁1休詐；辛卯時震方地遁2人遁1休詐、巽方人遁2鬼遁2真詐；壬辰時坎方地遁2人遁1休詐；癸巳時乾方地遁2人遁1休詐、坎方人遁4真詐；乙未時坎方青龍返首；己亥時艮方飛鳥跌穴；	申年生人屬猴忌用此日廚灶爐外正南
2011/7/11 星期一 航海節	吉神：天恩母倉三合臨日天喜天醫敬安五合寶光鳴吠對 凶神：大煞	辛卯年 六月 十一日 農曆神煞天乙絕氣	辛卯年 乙未月 丁卯日 爐中火 小暑 成日 義日 張宿	宜：上冊受封上表章襲爵受封會親友入學出行上官赴任臨政親民結婚姻納采問名嫁娶進人口移徙求醫療病裁衣築堤防修造動土豎柱上梁修倉庫經絡醞釀開市立券交易納財安碓磑栽種牧養納畜破土啟攢【覃恩肆赦施恩封拜舉正直施恩惠恤孤惸布政事行惠愛雪冤枉緩刑獄慶賜賞賀修宮室繕城郭】　忌：剃頭穿井【選將訓兵出師】	◎庚子時 ◎壬寅時 ◎癸卯時 ●丙午時 ●丁未時 ◎己酉時	丁未時 四大吉時 壬寅時 乙巳時 戊申時 辛亥時	日家奇遁陰遁丁卯吉方坎方開門太陰紫白九星年七赤月三碧日六白	丁卯日，小暑上元，陰八局；甲辰時坎方人遁1休詐；乙巳時艮方飛鳥跌穴、兌方風遁6鬼遁3重詐；丙午時震方鬼遁3重詐；庚戌時離方人遁1休詐；	酉年生人屬雞忌用此日倉庫門外正南

日期節日	吉神凶神○	農曆	干支	用事宜忌○	協記吉時	貴登天門	日家奇門	時家奇門遁甲	忌用
2011/7/12 星期二	吉神：天恩四相時德天馬普護 凶神：天罡五虛五墓白虎	辛卯年 六月 十二日 農曆神煞 六壬空	辛卯年 乙未月 戊辰日 大林木 小暑 收日 專日 翼宿	宜：祭祀納財捕捉【覃恩肆赦施恩惠恤孤惸行惠愛雪冤枉緩刑獄】　忌：祈福求嗣上冊受封上表章襲爵受封會親友冠帶出行上官赴任臨政親民結婚姻納采問名嫁娶進人口移徙安床解除求醫療病裁衣築堤防修造動土豎柱上梁修倉庫鼓鑄經絡醞釀開市立券交易開倉庫出貨財修置產室開渠穿井栽種牧養納畜破土安葬啟攢【安撫邊境選將訓兵出師營建宮室】	◎甲寅時 ◎丙辰時 ●丁巳時 ●庚申時 ●辛酉時 ◎癸亥時	丁巳時 癸亥時 四大吉時 甲寅時 丁巳時 庚申時 癸亥時	日家奇遁 陰遁戊辰 吉方艮方 休門天乙 紫白九星 年七赤 月三碧 日五黃	戊辰日，小暑上元，陰八局；癸丑時乾方人遁１休詐、坎方青龍返首；丁巳時巽方人遁２真詐；戊午時坎方青龍返首；壬戌時艮方飛鳥跌穴真詐；	戌年生人屬狗忌用此日占房栖外正南
2011/7/13 星期三	吉神：天德合月德合四相王日驛馬天后時陽生氣福生玉堂 凶神：月厭地火復日重日陰錯	辛卯年 六月 十三日 農曆神煞 小空亡	辛卯年 乙未月 己巳日 大林木 小暑 開日 義日 軫宿	宜：祭祀入學【覃恩肆赦施恩惠恤孤惸行惠愛雪冤枉緩刑獄】 忌：祈福求嗣上冊受封上表章襲爵受封會親友冠帶出行上官赴任臨政親民結婚姻納采問名嫁娶進人口移徙遠迴安床解除剃頭整手足甲求醫療病裁衣築堤防修造動土豎柱上梁修倉庫鼓鑄經絡醞釀開市立券交易納財開倉庫出貨財修置產室開渠穿井安碓磑補垣塞穴修飾垣牆平治道塗破屋壞垣伐木畋獵取魚栽種牧養納畜破土安葬啟攢【布政事】	◎乙丑時 ●戊辰時 ●庚午時 ●辛未時 ◎甲戌時 ◎乙亥時	庚午時 甲戌時 四大吉時 丙寅時 己巳時 壬申時 乙亥時	日家奇遁 陰遁己巳 吉方坎方 開門青龍 紫白九星 年七赤 月三碧 日四綠	己巳日，小暑中元，陰二局；丙寅時坎方地遁１人遁１休詐、巽方青龍返首；戊辰時震方地遁２人遁１休詐；庚午時艮方地遁２人遁１風遁４雲遁１休詐；辛未時乾方人遁２真詐、兌方人遁１地遁２休詐；癸酉時坤方飛鳥跌穴；乙亥時離方地遁２重詐、坤方飛鳥跌穴；	亥年生人屬豬忌用此日占門床外正南
2011/7/14 星期四	吉神：月空官日六合鳴吠 凶神：天吏致死血支往亡天牢	辛卯年 六月 十四日 農曆神煞 月忌，龍禁	辛卯年 乙未月 庚午日 路傍土 小暑 閉日 伐日 角宿	宜：醞釀補垣塞穴破土安葬 忌：祈福求嗣上冊受封上表章襲爵受封會親友冠帶出行上官赴任臨政親民結婚姻納采問名嫁娶進人口移徙安床解除求醫療病療目針刺築堤防修造動土豎柱上梁修倉庫苫蓋經絡開市立券交易納財開倉庫出貨財修置產室開渠穿井捕捉畋獵取魚栽種牧養納畜【頒詔施恩封拜招賢舉正直宣政事布政事慶賜賞賀安撫邊境選將訓兵出師營建宮室修宮室繕城郭】	◎丙子時 ◎丁丑時 ●己卯時 ◎壬午時 ●甲申時 ●乙酉時	辛巳時 丁亥時 四大吉時 戊寅時 辛巳時 甲申時 丁亥時	日家奇遁 陰遁庚午 吉方兌方 休門太陰 紫白九星 年七赤 月三碧 日三碧	庚午日，小暑中元，陰二局；丁丑時乾方地遁２人遁３重詐；戊寅時乾方地遁２重詐；辛巳時巽方地遁２人遁３風遁２重詐；壬午時巽方青龍返首；癸未時艮方地遁２人遁３風遁４雲遁１重詐；乙酉時巽方青龍返首；	子年生人屬鼠忌用此日占碓磨外正南
2011/7/15 星期五	吉神：月恩守日聖心 凶神：月建小時土府元武	辛卯年 六月 十五日 農曆神煞	辛卯年 乙未月 辛未日 路傍土 小暑 建日 義日 亢宿	宜：祭祀祈福求嗣襲爵受封會親友出行上官赴任臨政親民結婚姻納采問名移徙解除裁衣豎柱上梁納財開倉庫出貨財牧養【施恩封拜舉正直慶賜賞賀安撫邊境選將訓兵出師】　忌：求醫療病築堤防修造動土修倉庫醞釀修置產室開渠穿井安碓磑補垣修飾垣牆平治道塗破屋壞垣伐木栽種破土【營建宮室】	●庚寅時 ●辛卯時 ◎癸巳時 ○甲午時 ●丙申時 ◎戊戌時 ◎己亥時	戊子時 壬辰時 四大吉時 庚寅時 癸巳時 丙申時 己亥時	日家奇遁 陰遁辛未 吉方乾方 生門太陰 紫白九星 年七赤 月三碧 日二黑	辛未日，小暑中元，陰二局；壬辰時坤方飛鳥跌穴天遁３；乙未時離方重詐；丙申時坤方飛鳥跌穴天遁４風遁５重詐；己亥時震方重詐；	丑年生人屬牛忌用此日廚灶廁外西南

日期節日	吉神凶神○	農曆	干支	用事宜忌○	協記吉時	貴登天門	日家奇門	時家奇門遁甲	忌用
2011/7/16 星期六	吉神：陽德相日吉期不將益後除神司命鳴吠 凶神：劫煞天賊五虛五離	辛卯年 六月 十六日 農曆神煞 四不祥，赤口	辛卯年 乙未月 壬申日 劍鋒金 小暑 除日 義日 氐宿	宜：祭祀沐浴掃舍宇【施恩惠恤孤惸行惠愛雪冤枉緩刑獄】 忌：上冊受封上表章會親友冠帶出行結婚姻納采問名進人口移徙安床求醫療病裁衣築堤防修造動土豎柱上梁修倉庫鼓鑄經絡醞釀開市立券交易納財開倉庫出貨財修置產室開渠穿井安碓磑補垣塞穴修飾垣牆破屋壞垣栽種牧養納畜【頒詔招賢宣政事布政事慶賜賞賀營建宮室修宮室缮城郭】	●庚子時 ●辛丑時 ●甲辰時 ●乙巳時 ●丁未時 ◎庚戌時	辛丑時 癸卯時 四大吉時 壬寅時 乙巳時 戊申時 辛亥時	日家奇遁 陰遁壬申 吉方兌方 休門青龍 紫白九星 年七赤 月三碧 日一白	壬申日，小暑中元，陰二局；癸卯時艮方虎遁6重詐、巽方青龍返首；丙午時坎方人遁1休詐；己酉時坤方飛鳥跌穴；庚戌時艮方人遁1休詐、巽方青龍返首；辛亥時兌方人遁1休詐；	寅年 生人 屬虎 忌用 此日 倉庫 爐外 西南
2011/7/17 星期日	吉神：民日天巫福德天倉不將續世除神鳴吠 凶神：災煞天火血忌五離勾陳	辛卯年 六月 十七日 農曆神煞 大空亡	辛卯年 乙未月 癸酉日 劍鋒金 小暑 滿日 義日 房宿	宜：祭祀沐浴掃舍宇　忌：祈福求嗣上冊受封上表章襲爵受封會親友冠帶出行上官赴任臨政親民結婚姻納采問名嫁娶進人口移徙安床解除剃頭整手足甲求醫療病針刺裁衣築堤防修造動土豎柱上梁修倉庫鼓鑄苫蓋經絡醞釀開市立券交易納財開倉庫出貨財修置產室開渠穿井安碓磑補垣塞穴修飾垣牆破屋壞垣栽種牧養納畜破土安葬啟攢【頒詔施恩封拜施恩封拜招賢舉正直宣政事布政事安撫邊境選將訓兵出師營建宮室】	◎壬子時 ●甲寅時 ◎乙卯時 ○丙辰時 ●戊午時 ◎己未時 ◎辛酉時	四大吉時 甲寅時 丁巳時 庚申時 癸亥時	日家奇遁 陰遁癸酉 吉方乾方 休門青龍 紫白九星 年七赤 月三碧 日九紫	癸酉日，小暑中元，陰二局；壬子時巽方人遁1休詐；丁巳時巽方青龍返首；戊午時巽方青龍返首；辛酉時坤方飛鳥跌穴；	卯年 生人 屬兔 忌用 此日 房床 門外 西南
2011/7/18 星期一	吉神：天德月德不將要安青龍 凶神：河魁死神月煞月虛土符	辛卯年 六月 十八日 農曆神煞 六壬空	辛卯年 乙未月 甲戌日 山頭火 小暑 平日 制日 心宿	宜：祭祀【覃恩肆赦施恩惠恤孤惸行惠愛雪冤枉緩刑獄】　忌：祈福求嗣上冊受封上表章襲爵受封會親友冠帶出行上官赴任臨政親民結婚姻納采問名嫁娶進人口移徙安床解除剃頭整手足甲求醫療病裁衣築堤防修造動土豎柱上梁修倉庫鼓鑄經絡醞釀開市立券交易納財開倉庫出貨財修置產室開渠穿井安碓磑補垣塞穴修飾垣牆平治道塗破屋壞垣畋獵取魚栽種牧養納畜破土安葬啟攢【布政事修宮室】	●丙寅時 ◎戊辰時 ●己巳時 ◎壬申時 ◎癸酉時 ●乙亥時	四大吉時 丙寅時 己巳時 壬申時 乙亥時	日家奇遁 陰遁甲戌 吉方坎方 生門太乙 紫白九星 年七赤 月三碧 日八白	甲戌日，小暑下元，陰五局；甲子時乾方地遁2鬼遁5重詐；庚午時離方地遁2重詐；壬申時震方地遁2重詐；癸酉時中宮飛鳥跌穴；甲戌時艮方人遁2鬼遁2真詐；	辰年 生人 屬龍 忌用 此日 門雞 栖外 西南
2011/7/19 星期二	吉神：陰德三合時陰六儀玉宇明堂 凶神：厭對招搖死氣重日	辛卯年 六月 十九日 農曆神煞 四不祥	辛卯年 乙未月 乙亥日 山頭火 小暑 定日 義日 尾宿	宜：會親友冠帶臨政親民結婚姻納采問名進人口沐浴裁衣修造動土豎柱上梁修倉庫經絡醞釀立券交易納財安碓磑牧養納畜【施恩惠恤孤惸行惠愛雪冤枉緩刑獄慶賜賞賀修宮室缮城郭】　忌：嫁娶解除求醫療病修置產室取魚乘船渡水栽種破土安葬啟攢【安撫邊境選將訓兵出師】	●丁丑時 ●庚辰時 ◎壬午時 ◎癸未時 ●丙戌時 ◎丁亥時	丙戌時 四大吉時 戊寅時 辛巳時 甲申時 丁亥時	日家奇遁 陰遁乙亥 吉方坎方 生門天乙 紫白九星 年七赤 月三碧 日七赤	乙亥日，小暑下元，陰五局；庚辰時中宮飛鳥跌穴；甲申時乾方地遁2人遁1休詐；乙酉時離方地遁2人遁1休詐；丁亥時中宮飛鳥跌穴；	巳年 生人 屬蛇 忌用 此日 碓磨 床外 西南

日期節日	吉神凶神○	農曆	干支	用事宜忌○	協記吉時	貴登天門	日家奇門	時家奇門遁甲	忌用
2011/7/20 星期三	吉神：金堂解神鳴吠對 凶神：月害大時大敗咸池小耗四忌七鳥五虛九坎九焦歸忌觸水龍天刑	辛卯年 六月 二十日 農曆神煞短星，龍禁，天地凶敗	辛卯年 乙未月 丙子日 澗下水 小暑 執日 伐日 箕宿	宜：沐浴剃頭整手足甲捕捉 忌：祈福求嗣上冊受封上表章襲爵受封會親友冠帶出行上官赴任臨政親民結婚姻納采問名嫁娶進人口移徙遠迴安床解除求醫療病築堤防修造動土豎柱上梁修倉庫鼓鑄經絡醞釀開市立券交易納財開倉庫出貨財修置產室補垣塞穴取魚乘船渡水栽種牧養納畜破土安葬啟攢【施恩封拜招賢舉正直安撫邊境選將訓兵出師營建宮室修宮室繕城郭】	●戊子時 ●己丑時 ◎辛卯時 ◎甲午時 ◎丙申時 ◎丁酉時	丁酉時 四大吉時 庚寅時 癸巳時 丙申時 己亥時	日家奇遁陰遁丙子吉方離方生門天乙紫白九星年七赤月三碧日六白	丙子日，小暑下元，陰五局；辛卯時震方地遁２人遁１休詐；癸巳時艮方地遁２人遁１風遁４休詐；甲午時乾方地遁２鬼遁５重詐；丙申時坎方地遁２人遁３重詐；丁酉時巽方地遁１風遁２雲遁６鬼遁５重詐；	午年生人屬馬忌用此日倉庫廁外正西
2011/7/21 星期四	凶神：月破大耗月刑四擊九空朱雀　；土王用事18	辛卯年 六月 二十一日 農曆神煞小空亡	辛卯年 乙未月 丁丑日 澗下水 小暑 破日 寶日 斗宿	忌：諸事不宜【頒詔施恩封拜招賢舉正直宣政事布政事慶賜賞賀安撫邊境選將訓兵出師營建宮室修宮室繕城郭】築堤防修造動土修倉庫修置產室開渠穿井安碓磑補垣修飾垣牆平治道塗破屋壞垣栽種破土	◎壬寅時 ◎癸卯時 ●乙巳時 ◎戊申時 ◎庚戌時 ●辛亥時	丁未時 四大吉時 壬寅時 乙巳時 戊申時 辛亥時	日家奇遁陰遁丁丑吉方離方生門太陰紫白九星年七赤月三碧日五黃	丁丑日，小暑下元，陰五局；辛丑時乾方地遁２人遁３重詐；癸卯時中宮飛鳥跌穴；乙巳時坤方人遁２虎遁６真詐、中宮飛鳥跌穴天遁３；丁未時乾方人遁２真詐；辛亥時巽方人遁２真詐；	未年生人屬羊忌用此日房床爐外正西
2011/7/22 星期五	吉神：母倉四相五富五合金匱 凶神：遊禍；土王用事17	辛卯年 六月 二十二日 農曆神煞天休廢，赤口	辛卯年 乙未月 戊寅日 城頭土 小暑 危日 伐日 牛宿	宜：襲爵受封會親友出行上官赴任臨政親民結婚姻納采問名移徙安床裁衣豎柱上梁經絡醞釀開市立券交易納財開倉庫出貨財牧養納畜【施恩封拜舉正直慶賜賞賀安撫邊境選將訓兵】　忌：祭祀祈福求嗣解除求醫療病【營建宮室】築堤防修置產室開渠穿井安碓磑補垣修飾垣牆平治道塗破屋壞垣破土	◎壬子時 ◎癸丑時 ●丙辰時 ◎丁巳時 ●己未時 ◎壬戌時	丁巳時 癸亥時 四大吉時 甲寅時 丁巳時 庚申時 癸亥時	日家奇遁陰遁戊寅吉方巽方休門軒轅紫白九星年七赤月三碧日四綠	戊寅日，小暑下元，陰五局；壬子時兌方人遁２真詐；甲寅時艮方人遁１休詐；乙卯時離方人遁１休詐；丙辰時巽方人遁１風遁６休詐；丁巳時巽方重詐；戊午時震方人遁１休詐；己未時坎方人遁１休詐、中宮飛鳥跌穴；庚申時乾方人遁１休詐；辛酉時震方人遁１休詐；壬戌時坤方人遁１休詐；癸亥時艮方人遁１休詐；	申年生人屬猴忌用此日占大門外正西
2011/7/23 星期六 13時17分 【未時】 交大暑氣 六月氣 乙未月	太陽過黃經一二○度，氣候酷暑【斗指丙為大暑，斯時天氣甚熱於小暑，故名大暑】								

日期節日	吉神凶神○	農曆	干支	用事宜忌○	協記吉時	貴登天門	日家奇門	時家奇門遁甲	忌用
2011/7/23 星期六 13時17分【未時】交大暑氣 六月氣 乙未月	吉神：天德合月德合天恩母倉四相三合臨日天喜天醫敬安五合寶光 凶神：大煞復日 ；土王用事16	辛卯年 六月 二十三日 農曆神煞瘟星入，月忌	辛卯年 乙未月 己卯日 城頭土 大暑 成日 伐日 女宿	宜：祭祀祈福求嗣上冊受封上表章襲爵受封會親友入學出行上官赴任臨政親民結婚姻納采問名嫁娶進人口移徙解除求醫療病裁衣豎柱上梁經絡醞釀開市立券交易納財開倉庫出貨財牧養納畜【頒詔覃恩肆赦施恩封拜招賢舉正直施恩惠恤孤惸宣政事布政事行惠愛雪冤枉緩刑獄慶賜賞賀】 忌：穿井畋獵取魚；修置產室開渠穿井補垣修飾垣牆平治道塗破屋壞垣破土	◎甲子時 ●丙寅時 ●丁卯時 ●庚午時 ●辛未時 ◎癸酉時	己巳時 四大吉時 乙丑時 丁卯時 辛未時 癸酉時 乙亥時	日家奇遁陰遁己卯吉方震方休門軒轅紫白九星年七赤月三碧日三碧	己卯日，大暑上元，陰七局；甲子時坎方龍遁４鬼遁３重詐；丙寅時離方青龍返首、兌方鬼遁３重詐；丁卯時兌方飛鳥跌穴天遁３人遁２真詐；庚午時巽方人遁２虎遁６真詐；辛未時坤方鬼遁３重詐；壬申時離方鬼遁３重詐；癸酉時乾方風遁６鬼遁３重詐；甲戌時艮方地遁２人遁３風遁４重詐；乙亥時兌方飛鳥跌穴；	酉年生人屬雞忌用此日碓磨栖外正西
2011/7/24 星期日	吉神：月空天恩時德天馬普護 凶神：天罡五虛白虎 ；土王用事15	辛卯年 六月 二十四日 農曆神煞六壬空	辛卯年 乙未月 庚辰日 白蠟金 大暑 收日 義日 虛宿	宜：祭祀進人口納財捕捉牧養納畜【覃恩肆赦施恩惠恤孤惸行惠愛雪冤枉緩刑獄】 忌：祈福求嗣上冊受封上表章襲爵受封會親友冠帶出行上官赴任臨政親民結婚姻納采問名嫁娶移徙安床解除求醫療病裁衣築堤防修造動土豎柱上梁修倉庫鼓鑄經絡醞釀開市立券交易開倉庫出貨財修置產室開渠穿井破土安葬啟攢【頒詔招賢安撫邊境選將訓兵出師營建宮室修宮室繕城郭】安碓磑補垣修飾垣牆平治道塗破屋壞垣	●戊寅時 ◎庚辰時 ●辛巳時 ◎甲申時 ◎乙酉時 ●丁亥時	庚辰時 丙戌時 四大吉時 丁丑時 辛巳時 癸未時 乙酉時 丁亥時	日家奇遁陰遁庚辰吉方巽方生門太乙紫白九星年七赤月三碧日二黑	庚辰日，大暑上元，陰七局；丁丑時震方地遁２鬼遁５重詐；己卯時艮方地遁２重詐；庚辰時離方青龍返首；壬午時乾方人遁１休詐；癸未時乾方地遁１鬼遁５重詐、離方青龍返首；	戌年生人屬狗忌用此日碓磨栖外正西
2011/7/25 星期一	吉神：天恩月恩王日驛馬天后時陽生氣福生玉堂 ；母倉凶神：月厭地火重日 ；土王用事14	辛卯年 六月 二十五日 農曆神煞大空亡	辛卯年 乙未月 辛巳日 白蠟金 大暑 開日 伐日 危宿	宜：祭祀入學【覃恩肆赦施恩惠恤孤惸行惠愛雪冤枉緩刑獄】 忌：祈福求嗣上冊受封上表章襲爵受封會親友冠帶出行上官赴任臨政親民結婚姻納采問名嫁娶進人口移徙遠迴安床解除剃頭整手足甲求醫療病裁衣築堤防修造動土豎柱上梁鼓鑄經絡醞釀開市立券交易開倉庫出貨財修置產室開渠穿井安碓磑補垣塞穴修飾垣牆平治道塗破屋壞垣伐木畋獵取魚破土安葬啟攢【出師營建宮室】【修宮室繕城郭】	●己丑時 ◎壬辰時 ○癸巳時 ●甲午時 ●乙未時 ●戊戌時 ◎己亥時	辛卯時 己亥時 四大吉時 辛卯時 癸巳時 乙未時 丁酉時	日家奇遁陰遁辛巳吉方震方休門太乙紫白九星年七赤月三碧日一白	辛巳日，大暑上元，陰七局；己丑時兌方飛鳥跌穴天遁４；辛卯時離方青龍返首；甲午時坎方人遁１休詐、艮方地遁２人遁２風遁４真詐；乙未時離方青龍返首、兌方人遁１休詐；丙申時艮方人遁１休詐；丁酉時坤方人遁１休詐、兌方地遁２人遁２虎遁７真詐；	亥年生人屬豬忌用此日廚灶床外正西
2011/7/26 星期二	吉神：天恩官日六合不將鳴吠 ；母倉凶神：天吏致死血支往亡天牢 ；土王用事13	辛卯年 六月 二十六日 農曆神煞瘟星出，龍禁	辛卯年 乙未月 壬午日 楊柳木 大暑 閉日 制日 室宿	宜：經絡醞釀塞穴安葬【覃恩肆赦施恩惠恤孤惸行惠愛雪冤枉緩刑獄】 忌：祈福求嗣上冊受封上表章襲爵受封會親友冠帶出行上官赴任臨政親民結婚姻納采問名嫁娶進人口移徙安床解除求醫療病療目針刺築堤防修造動土豎柱上梁修倉庫苫蓋開市立券交易納財開倉庫出貨財修置產室開渠穿井捕捉畋獵取魚栽種牧養納畜【頒詔施恩封拜招賢舉正直安撫邊境選將訓兵出師營建宮室修宮室繕城郭】安碓磑修飾垣牆平治道塗破屋壞垣	◎庚子時 ◎辛丑時 ◎癸卯時 ◎丙午時 ○丁未時 ◎戊申時 ◎己酉時	庚子時 壬寅時 四大吉時 辛丑時 癸卯時 乙巳時 丁未時 辛亥時	日家奇遁陰遁壬午吉方坤方休門太乙紫白九星年七赤月三碧日九紫	壬午日，大暑上元，陰七局；庚子時震方人遁１休詐、兌方飛鳥跌穴；癸卯時兌方飛鳥跌穴；甲辰時坎方人遁４真詐；乙巳時巽方重詐；丙午時兌方飛鳥跌穴重詐；丁未時震方重詐、離方青龍返首；戊申時坎方天遁１重詐；己酉時坤方人遁２鬼遁２真詐；	子年生人屬鼠忌用此日倉庫碓外西北

日期節日	吉神凶神○	農曆	干支	用事宜忌○	協記吉時	貴登天門	日家奇門	時家奇門遁甲	忌用
2011/7/27 星期三	吉神：天恩守日不將聖心 凶神：月建小時土府觸水龍元武 ；土王用事12	辛卯年 六月 二十七日 農曆神煞 天休廢	辛卯年 乙未月 癸未日 楊柳木 大暑 建日 伐日 壁宿	宜：祭祀襲爵受封會親友出行上官赴任臨政親民嫁娶【覃恩肆赦施恩封拜施恩惠恤孤惸行惠愛雪冤枉緩刑獄慶賜賞賀安撫邊境選將訓兵出師】 忌：祈福求嗣上冊受封上表章結婚姻納采問名解除剃頭整手足甲求醫療病築堤防修造動土豎柱上梁修倉庫開倉庫出貨財修置產室開渠穿井安碓磑補垣修飾垣牆平治道塗破屋壞垣伐木取魚乘船渡水栽種破土安葬啟攢【營建宮室修宮室繕城郭】	●甲寅時 ●乙卯時 ○丙辰時 ●丁巳時 ◎庚申時 ◎壬戌時 ◎癸亥時	甲寅時 四大吉時 癸丑時 乙卯時 丁巳時 辛酉時 癸亥時	日家奇遁陰遁癸未吉方坤方休門天乙紫白九星年七赤月三碧日八白	癸未日，大暑上元，陰七局；癸丑時乾方重詐；己未時兌方飛鳥跌穴；辛酉時離方青龍返首；	丑年生人屬牛忌用此日房床廁外西北
2011/7/28 星期四	吉神：天德月德陽德相日吉期不將益後除神司命鳴吠 凶神：劫煞天賊五虛八風五離 ；土王用事11	辛卯年 六月 二十八日 農曆神煞 四不祥，赤口	辛卯年 乙未月 甲申日 泉中水 大暑 除日 伐日 奎宿	宜：祭祀祈福求嗣上冊受封上表章襲爵受封會親友上官赴任臨政親民結婚姻納采問名嫁娶移徙解除沐浴剃頭整手足甲裁衣豎柱上梁掃舍宇牧養納畜安葬【覃恩肆赦施恩惠恤孤惸行惠愛雪冤枉緩刑獄】 忌：出行安床求醫療病修倉庫開倉庫出貨財畋獵取魚【布政事修宮室】【營建宮室繕城郭】築堤防修置產室開渠穿井安碓磑補垣修飾垣牆平治道塗破屋壞垣	●甲子時 ●乙丑時 ○丙寅時 ●戊辰時 ●己巳時 ◎辛未時 ●甲戌時	四大吉時 乙丑時 丁卯時 辛未時 癸酉時 乙亥時	日家奇遁陰遁甲申吉方離方開門太乙紫白九星年七赤月三碧日七赤	甲申日，大暑中元，陰一局；丙寅時震方青龍返首；丁卯時坤方風遁5重詐；己巳時兌方虎遁6重詐；庚午時巽方天遁1重詐；辛未時坎方飛鳥跌穴、巽方地遁2人遁1風遁2休詐；壬申時離方地遁1人遁1休詐；癸酉時乾方重詐；	寅年生人屬虎忌用此日占門爐外西北
2011/7/29 星期五	吉神：民日天巫福德天倉不將續世除神鳴吠 凶神：災煞天火血忌五離勾陳 ；土王用事10	辛卯年 六月 二十九日 農曆神煞 小空亡	辛卯年 乙未月 乙酉日 泉中水 大暑 滿日 伐日 婁宿	宜：祭祀沐浴掃舍宇 忌：祈福求嗣上冊受封上表章襲爵受封會親友冠帶出行上官赴任臨政親民結婚姻納采問名嫁娶進人口移徙安床解除剃頭整手足甲求醫療病針刺裁衣築堤防修造動土豎柱上梁修倉庫鼓鑄苫蓋經絡醞釀開市立券交易納財開倉庫出貨財修置產室開渠穿井安碓磑補垣塞穴修飾垣牆破屋壞垣栽種牧養納畜破土安葬啟攢【頒詔施恩封拜招賢舉正直宣政事布政事安撫邊境選將訓兵出師營建宮室】【修宮室繕城郭】平治道塗	●丙子時 ●戊寅時 ◎己卯時 ◎壬午時 ◎癸未時 ○甲申時 ◎乙酉時 ○丁亥時	乙酉時 四大吉時 丁丑時 辛巳時 癸未時 乙酉時 丁亥時	日家奇遁陰遁乙酉吉方坎方休門太陰紫白九星年七赤月三碧日六白	乙酉日，大暑中元，陰一局；丙子時坎方飛鳥跌穴；庚辰時乾方人遁2真詐；辛巳時震方青龍返首；壬午時坤方人遁2真詐；丁亥時震方青龍返首、坤方雲遁4鬼遁3重詐；	卯年生人屬兔忌用此日碓磨門外西北
2011/7/30 星期六	吉神：要安青龍 凶神：河魁死神月煞月虛土符地囊 ；土王用事9、小暑後二十四日氣往亡	辛卯年 六月 三十日 農曆神煞 六壬空	辛卯年 乙未月 丙戌日 屋上土 大暑 平日 寶日 胃宿	忌：諸事不宜【頒詔施恩封拜招賢舉正直宣政事布政事慶賜賞賀安撫邊境選將訓兵出師營建宮室修宮室繕城郭】築堤防修造動土修倉庫修置產室開渠穿井安碓磑補垣修飾垣牆平治道塗破屋壞垣栽種破土	○戊子時 ●庚寅時 ◎壬辰時 ◎癸巳時 ●丙申時 ◎丁酉時 ○戊戌時 ●己亥時	丙申時 四大吉時 辛卯時 癸巳時 乙未時 丁酉時	日家奇遁陰遁丙戌吉方艮方生門天乙紫白九星年七赤月三碧日五黃	丙戌日，大暑中元，陰一局；戊子時震方鬼遁3重詐；庚寅時巽方鬼遁3重詐；辛卯時坎方鬼遁3重詐；壬辰時坎方飛鳥跌穴；癸巳時乾方鬼遁3重詐；乙未時震方人遁1休詐；丙申時乾方人遁1休詐；戊戌時震方青龍返首、坤方人遁1休詐；己亥時坎方飛鳥跌穴天遁3；	辰年生人屬龍忌用此日廚灶栖外西北

日期節日	吉神凶神○	農曆	干支	用事宜忌○	協記吉時	貴登天門	日家奇門	時家奇門遁甲	忌用
2011/7/31 星期日	吉神：陰德三合時陰六儀玉宇明堂 凶神：厭對招搖死氣四窮七鳥重日；土王用事8	辛卯年 七月 初一日 農曆神煞楊公忌日	辛卯年 乙未月 丁亥日 屋上土 大暑 定日 伐日 昴宿	宜：會親友冠帶臨政親民沐浴裁衣豎柱上梁經絡醞釀牧養納畜【施恩惠恤孤惸行惠愛雪冤枉緩刑獄慶賜賞賀】　忌：結婚姻納采問名嫁娶進人口解除剃頭求醫療病修倉庫開市立券交易納財開倉庫出貨財修置產室取魚乘船渡水栽種破土安葬啟攢【安撫邊境選將訓兵出師】【營建宮室】築堤防開渠穿井補垣修飾垣牆平治道塗破屋壞垣	●辛丑時 ●甲辰時 ◎丙午時 ◎丁未時 ○己酉時 ●庚戌時 ◎辛亥時	丙午時 四大吉時 辛丑時 癸卯時 乙巳時 丁未時 辛亥時	日家奇遁陰遁丁亥吉方坎方休門青龍紫白九星年七赤月三碧日四綠	丁亥日，大暑中元，陰一局；壬寅時離方人遁１風遁６休詐；乙巳時坎方飛鳥跌穴；己酉時震方地遁２人遁２真詐；庚戌時震方青龍返首；	巳年生人屬蛇忌用此日倉庫床外西北
2011/8/1 星期一	吉神：四相金堂解神 凶神：月害大時大敗咸池小耗五虛九坎九焦歸忌天刑；土王用事7	辛卯年 七月 初二日 農曆神煞龍禁	辛卯年 乙未月 戊子日 霹靂火 大暑 執日 制日 畢宿	宜：祭祀沐浴剃頭整手足甲裁衣捕捉【慶賜賞賀】　忌：祈福求嗣上冊受封上表章襲爵受封會親友冠帶出行上官赴任臨政親民結婚姻納采問名嫁娶進人口移徙遠迴安床解除求醫療病築堤防修造動土豎柱上梁修倉庫鼓鑄經絡醞釀開市立券交易納財開倉庫出貨財修置產室補垣塞穴取魚乘船渡水栽種牧養納畜破土安葬啟攢【招賢安撫邊境選將訓兵出師營建宮室】【修宮室繕城郭】開渠穿井安碓磑修飾垣牆平治道塗破屋壞垣	◎壬子時 ◎癸丑時 ◎乙卯時 ◎戊午時 ●庚申時 ●辛酉時	丙辰時 壬戌時 四大吉時 癸丑時 乙卯時 丁巳時 辛酉時 癸亥時	日家奇遁陰遁戊子吉方離方休門青龍紫白九星年七赤月三碧日三碧	戊子日，大暑中元，陰一局；癸丑時坎方飛鳥跌穴；丁巳時坎方飛鳥跌穴人遁１休詐、艮方人遁２鬼遁２真詐；壬戌時震方青龍返首；	午年生人屬馬忌用此日房床碓外正北
2011/8/2 星期二	吉神：天德合月德合四相 凶神：月破大耗月刑四擊九空復日朱雀；土王用事6	辛卯年 七月 初三日 農曆神煞赤口	辛卯年 乙未月 己丑日 霹靂火 大暑 破日 專日 觜宿	宜：祭祀【覃恩肆赦施恩惠恤孤惸行惠愛雪冤枉緩刑獄】　忌：祈福求嗣上冊受封上表章襲爵受封會親友冠帶出行上官赴任臨政親民結婚姻納采問名嫁娶進人口移徙安床解除剃頭整手足甲求醫療病裁衣築堤防修造動土豎柱上梁修倉庫鼓鑄經絡醞釀開市立券交易納財開倉庫出貨財修置產室開渠穿井安碓磑補垣塞穴修飾垣牆破屋壞垣伐木畋獵取魚栽種牧養納畜破土安葬啟攢【布政事修宮室】【營建宮室繕城郭】平治道塗	○甲子時 ●丙寅時 ●丁卯時 ●己巳時 ◎壬申時 ◎甲戌時 ◎乙亥時	己巳時 四大吉時 乙丑時 丁卯時 辛未時 癸酉時 乙亥時	日家奇遁陰遁己丑吉方巽方開門太乙紫白九星年七赤月三碧日二黑	己丑日，大暑下元，陰四局；丙寅時乾方青龍返首、巽方飛鳥跌穴天遁３；甲戌時乾方人遁１休詐；乙亥時震方人遁１休詐；	未年生人屬羊忌用此日占門廁外正北
2011/8/3 星期三	吉神：月空母倉五富五合金匱鳴吠對 凶神：遊禍；土王用事5	辛卯年 七月 初四日 農曆神煞小空亡，天休廢，四方耗，四不祥	辛卯年 乙未月 庚寅日 松柏木 大暑 危日 制日 參宿	宜：上表章會親友結婚姻安床醞釀開市立券交易納財開倉庫出貨財牧養納畜啟攢【安撫邊境選將訓兵】　忌：祭祀祈福求嗣解除求醫療病經絡【營建宮室修宮室繕城郭】築堤防修造動土修倉庫修置產室開渠穿井安碓磑補垣修飾垣牆平治道塗破屋壞垣	◎丙子時 ●丁丑時 ●庚辰時 ◎辛巳時 ◎癸未時 ◎丙戌時	庚辰時 丙戌時 四大吉時 丁丑時 辛巳時 癸未時 乙酉時 丁亥時	日家奇遁陰遁庚寅吉方巽方開門天乙紫白九星年七赤月三碧日一白	庚寅日，大暑下元，陰四局；丁丑時乾方青龍返首、巽方飛鳥跌穴天遁３人遁１休詐；戊寅時坎方人遁１虎遁６休詐；壬午時艮方人遁１休詐；甲申時乾方重詐；	申年生人屬猴忌用此日碓磨爐外正北

日期節日	吉神凶神○	農曆	干支	用事宜忌○	協記吉時	貴登天門	日家奇門	時家奇門遁甲	忌用
2011/8/4 星期四	吉神：母倉月恩三合臨日天喜天醫敬安五合寶光鳴吠對 凶神：大煞 ；土王用事4	辛卯年 七月 初五日 農曆神煞 月忌，六壬空	辛卯年 乙未月 辛卯日 松柏木 大暑 成日 制日 井宿	宜：祭祀祈福求嗣上冊受封上表章襲爵受封會親友入學出行上官赴任臨政親民結婚姻納采問名嫁娶進人口移徙解除求醫療病裁衣豎柱上梁經絡開市立券交易納財開倉庫出貨財牧養納畜啟攢【施恩封拜舉正直慶賜賞賀】 忌：醞釀穿井【選將訓兵出師】【營建宮室】修置產室開渠補垣修飾垣牆平治道塗破屋壞垣	◎戊子時 ●庚寅時 ●辛卯時 ○癸巳時 ◎甲午時 ◎乙未時 ◎丁酉時	辛卯時 己亥時 四大吉時 辛卯時 癸巳時 乙未時 丁酉時	日家奇遁陰遁辛卯吉方震方生門天乙紫白九星年七赤月三碧日九紫	辛卯日，大暑下元，陰四局；庚寅時乾方重詐；壬辰時兌方天遁1重詐；癸巳時乾方青龍返首、巽方飛鳥跌穴；	酉年生人屬雞忌用此日廚灶門外正北
2011/8/5 星期五	吉神：時德天馬普護 凶神：天罡五虛白虎 ；土王用事3	辛卯年 七月 初六日 農曆神煞	辛卯年 乙未月 壬辰日 長流水 大暑 收日 伐日 鬼宿	宜：祭祀進人口納財捕捉牧養納畜 忌：祈福求嗣上冊受封上表章襲爵受封會親友冠帶出行上官赴任臨政親民結婚姻納采問名嫁娶移徙安床解除求醫療病裁衣築堤防修造動土豎柱上梁修倉庫鼓鑄經絡醞釀開市立券交易開倉庫出貨財修置產室開渠穿井破土安葬啟攢【頒詔招賢宣政事布政事安撫邊境選將訓兵出師營建宮室】【修宮室繕城郭】安碓磑補垣修飾垣牆平治道塗破屋壞垣	◎壬寅時 ◎甲辰時 ●乙巳時 ◎戊申時 ●己酉時 ●辛亥時	庚子時 壬寅時 四大吉時 辛丑時 癸卯時 乙巳時 丁未時 辛亥時	日家奇遁陰遁壬辰吉方坎方開門太乙紫白九星年七赤月三碧日八白	壬辰日，大暑下元，陰四局；庚子時巽方人遁4真詐；壬寅時乾方青龍返首、巽方飛鳥跌穴；丙午時艮方鬼遁3重詐；庚戌時乾方鬼遁3重詐；辛亥時乾方青龍返首、震方風遁6鬼遁3重詐、巽方飛鳥跌穴；	戌年生人屬狗忌用此日倉庫栖外正北
2011/8/6 星期六	吉神：王日驛馬天后時陽生氣福生玉堂；母倉 凶神：月厭地火重日 ；土王用事2	辛卯年 七月 初七日 農曆神煞 四不祥	辛卯年 乙未月 癸巳日 長流水 大暑 開日 制日 柳宿	宜：祭祀入學【覃恩肆赦施恩惠恤孤惸行惠愛雪冤枉緩刑獄】 忌：祈福求嗣上冊受封上表章襲爵受封會親友冠帶出行上官赴任臨政親民結婚姻納采問名嫁娶進人口移徙遠迴安床解除剃頭整手足甲求醫療病裁衣築堤防修造動土豎柱上梁修倉庫鼓鑄經絡醞釀開市立券交易納財開倉庫出貨財修置產室開渠穿井安碓磑補垣塞穴修飾垣牆平治道塗破屋壞垣伐木畋獵取魚栽種牧養納畜破土安葬啟攢【布政事出師營建宮室】【修宮室繕城郭】	◎癸丑時 ○乙卯時 ●丙辰時 ○丁巳時 ◎戊午時 ◎己未時 ◎壬戌時 ◎癸亥時	甲寅時 四大吉時 癸丑時 乙卯時 丁巳時 辛酉時 癸亥時	日家奇遁陰遁癸巳吉方坎方開門天乙紫白九星年七赤月三碧日七赤	癸巳日，大暑下元，陰四局；乙卯時乾方青龍返首、巽方飛鳥跌穴；丁巳時巽方人遁1休詐；庚申時乾方青龍返首、巽方飛鳥跌穴天遁4風遁3真詐；	亥年生人屬豬忌用此日占房床房內北
2011/8/7 星期日	吉神：天德月德天赦官日六合不將鳴吠；母倉 凶神：天吏致死血支往亡天牢；土王用事1、立秋前一日四絕	辛卯年 七月 初八日 農曆神煞 長星，天地凶敗，龍禁，大空亡	辛卯年 乙未月 甲午日 沙中金 大暑 閉日 寶日 星宿	宜：祭祀塞穴【覃恩肆赦施恩惠恤孤惸行惠愛雪冤枉緩刑獄】 忌：【布政事修宮室】【營建宮室繕城郭】築堤防修造動土修倉庫修置產室開渠穿井安碓磑修飾垣牆平治道塗破屋壞垣	◎甲子時 ◎乙丑時 ○丙寅時 ●丁卯時 ◎庚午時 ○辛未時 ◎壬申時 ◎癸酉時	四大吉時 乙丑時 丁卯時 辛未時 癸酉時 乙亥時	日家奇遁陰遁甲午吉方乾方生門軒轅紫白九星年七赤月三碧日六白	甲午日，立秋上元，陰二局；丙寅時坎方地遁1人遁1休詐、巽方青龍返首；戊辰時震方地遁2人遁1休詐；庚午時艮方地遁2人遁1風遁4雲遁1休詐；辛未時乾方人遁2真詐、兌方人遁1地遁2休詐；癸酉時坤方飛鳥跌穴；乙亥時離方地遁2重詐、坤方飛鳥跌穴天遁3；	子年生人屬鼠忌用此日占房碓房內北

日期節日	吉神凶神○	農曆	干支	用事宜忌○	協記吉時	貴登天門	日家奇門	時家奇門遁甲	忌用
2011/8/8 星期一 05時49分 【卯時】 交立秋節 節前使用 為乙未月	吉神：守日不將聖心 凶神：月建小時土府元武；立秋前土王用事	辛卯年 七月 初九日 農曆神煞天休廢，赤口	辛卯年 乙未月 乙未日 沙中金 大暑 建日 制日 張宿	宜：祭祀襲爵受封出行上官赴任臨政親民嫁娶【施恩封拜安撫邊境選將訓兵出師】　忌：祈福求嗣上冊受封上表章結婚姻納采問名解除剃頭整手足甲求醫療病築堤防修造動土豎柱上梁修倉庫開倉庫出貨財修置產室開渠穿井安碓磑補垣修飾垣牆平治道塗破屋壞垣伐木栽種破土安葬啟攢【營建宮室修宮室繕城郭】【營建宮室修宮室繕城郭】築堤防修造動土修倉庫修置產室開渠穿井安碓磑補垣修飾垣牆平治道塗破屋壞垣栽種破土	●戊寅時 ●己卯時 ◎辛巳時 ●甲申時 ●丙戌時 ●丁亥時	乙酉時 四大吉時 丁丑時 辛巳時 癸未時 乙酉時 丁亥時	日家奇遁陰遁乙未吉方兌方休門太乙紫白九星年七赤月三碧日五黃	乙未日，立秋上元，陰二局；丁丑時乾方地遁２人遁３重詐；戊寅時乾方地遁２重詐；辛巳時巽方地遁２人遁３風遁２重詐；壬午時巽方青龍返首；癸未時艮方地遁２人遁３風遁４雲遁１重詐；乙酉時巽方青龍返首；	丑年生人屬牛忌用此日碓磨廁房內北
2011/8/8 星期一 05時49分 【卯時】 交立秋節 七月節 丙申月	太陽過黃經一三五度，秋季開始【斗指西南維為立秋，陰意出地始殺萬物，按秋訓禾，穀熟也，故名立秋】			立秋七月節天道北行宜向北行宜修造北方；天德在癸天德合在戊月德在壬月德合在丁月空在丙宜修造取土；月建在申月破在寅月厭在辰月刑在寅月害在亥劫煞在巳災煞在午月煞在未忌修造取土；初八日長星、二十二日短星；立秋前一日四絕、後九日往亡；處暑七月中日躔在巳宮為七月將宜用甲丙庚壬時；					
2011/8/8 星期一 05時49分 【卯時】 交立秋節 節後使用 為丙申月 父親節	吉神：母倉不將金堂玉堂 凶神：月煞月虛血支天賊五虛	辛卯年 七月 初九日 農曆神煞天休廢，赤口	辛卯年 丙申月 乙未日 沙中金 立秋 閉日 制日 張宿	忌：諸事不宜【頒詔施恩封拜招賢舉正直宣政事布政事慶賜賞賀安撫邊境選將訓兵出師營建宮室修宮室繕城郭】	●戊寅時 ●己卯時 ◎辛巳時 ●甲申時 ●丙戌時 ●丁亥時	乙酉時 四大吉時 丁丑時 辛巳時 癸未時 乙酉時 丁亥時	日家奇遁陰遁乙未吉方兌方休門太乙紫白九星年七赤月二黑日五黃	乙未日，立秋上元，陰二局；丁丑時乾方地遁２人遁３重詐；戊寅時乾方地遁２重詐；辛巳時巽方地遁２人遁３風遁２重詐；壬午時巽方青龍返首；癸未時艮方地遁２人遁３風遁４雲遁１重詐；乙酉時巽方青龍返首；	丑年生人屬牛忌用此日碓磨廁房內北
2011/8/9 星期二	吉神：月空王日天倉除神鳴吠 凶神：月建小時土府五離天牢	辛卯年 七月 初十日 農曆神煞	辛卯年 丙申月 丙申日 山下火 立秋 建日 制日 翼宿	宜：襲爵受封出行上官赴任臨政親民進人口沐浴裁衣納財掃舍宇納畜【頒詔覃恩肆赦施恩封拜招賢舉正直施恩惠恤孤惸宣政事行惠愛雪冤枉緩刑獄安撫邊境選將訓兵出師】　忌：祈福求嗣上冊受封上表章會親友結婚姻納采問名安床解除剃頭整手足甲求醫療病築堤防修造動土豎柱上梁修倉庫立券交易開倉庫出貨財修置產室開渠穿井安碓磑補垣修飾垣牆平治道塗破屋壞垣伐木栽種破土安葬啟攢【營建宮室修宮室繕城郭】	●戊子時 ●己丑時 ◎壬辰時 ◎癸巳時 ●乙未時 ○丙申時 ●戊戌時	丙申時 四大吉時 辛卯時 癸巳時 乙未時 丁酉時	日家奇遁陰遁丙申吉方乾方生門太乙紫白九星年七赤月二黑日四綠	丙申日，立秋上元，陰二局；壬辰時坤方飛鳥跌穴天遁３；乙未時離方重詐；丙申時坤方飛鳥跌穴天遁４風遁５重詐；己亥時震方重詐；	寅年生人屬虎忌用此日廚灶爐房內北

日期節日	吉神凶神○	農曆	干支	用事宜忌○	協記吉時	貴登天門	日家奇門	時家奇門遁甲	忌用
2011/8/10 星期三	吉神：月德合陰德官日吉期除神鳴吠 凶神：大時大敗咸池九坎九焦往亡五離元武	辛卯年 七月 十一日 農曆神煞六壬空	辛卯年 丙申月 丁酉日 山下火 立秋 除日 制日 軫宿	宜：祭祀祈福求嗣結婚姻納采問名解除沐浴整手足甲裁衣修造動土豎柱上梁修倉庫掃舍宇牧養納畜破土安葬【覃恩肆赦施恩惠恤孤惸行惠愛雪冤枉緩刑獄】 忌：上冊受封上表章會親友出行上官赴任臨政親民嫁娶進人口移徙剃頭求醫療病鼓鑄補垣塞穴捕捉畋獵取魚乘船渡水栽種【修宮室】	●庚子時 ◎壬寅時 ◎癸卯時 ●丙午時 ●丁未時 ◎己酉時 ○辛亥時	丙午時 四大吉時 辛丑時 癸卯時 乙巳時 丁未時 辛亥時	日家奇遁陰遁丁酉吉方兌方開門太陰紫白九星年七赤月二黑日三碧	丁酉日，立秋上元，陰二局；癸卯時艮方虎遁6重詐、巽方青龍返首；丙午時坎方人遁1休詐；己酉時坤方飛鳥跌穴；庚戌時艮方人遁1休詐、巽方青龍返首；辛亥時兌方人遁1休詐；	卯年生人屬兔忌用此日倉庫門房內北
2011/8/11 星期四	吉神：天德合母倉陽德守日天巫福德六儀敬安司命 凶神：厭對招搖天狗九空	辛卯年 七月 十二日 農曆神煞小空亡，天乙絕氣	辛卯年 丙申月 戊戌日 平地木 立秋 滿日 專日 角宿	宜：上冊受封上表章襲爵受封會親友出行上官赴任臨政親民結婚姻納采問名嫁娶進人口移徙解除求醫療病裁衣修造動土豎柱上梁修倉庫經絡開市立券交易納財開倉庫出貨財補垣塞穴栽種牧養納畜安葬【頒詔覃恩肆赦施恩惠恤孤惸宣政事行惠愛雪冤枉緩刑獄慶賜賞賀營建宮室修宮室繕城郭】　忌：祭祀畋獵取魚	◎甲寅時 ○乙卯時 ◎丙辰時 ◎丁巳時 ●庚申時 ◎辛酉時 ◎癸亥時	丙辰時 壬戌時 四大吉時 癸丑時 乙卯時 丁巳時 辛酉時 癸亥時	日家奇遁陰遁戊戌吉方乾方休門太陰紫白九星年七赤月二黑日二黑	戊戌日，立秋上元，陰二局；壬子時巽方人遁1休詐；丁巳時巽方青龍返首；戊午時巽方青龍返首；辛酉時坤方飛鳥跌穴；	辰年生人屬龍忌用此日房床栖房內南
2011/8/12 星期五	吉神：相日普護 凶神：天罡死神月害遊禍五虛重日勾陳	辛卯年 七月 十三日 農曆神煞	辛卯年 丙申月 己亥日 平地木 立秋 平日 制日 亢宿	宜：祭祀沐浴修飾垣牆平治道塗 忌：祈福求嗣上冊受封上表章襲爵受封會親友冠帶出行上官赴任臨政親民結婚姻納采問名嫁娶進人口移徙安床解除求醫療病裁衣築堤防修造動土豎柱上梁修倉庫鼓鑄經絡醞釀開市立券交易納財開倉庫出貨財修置產室開渠穿井栽種牧養納畜破土安葬啟攢【頒詔施恩封拜招賢舉正直宣政事布政事慶賜賞賀安撫邊境選將訓兵出師營建宮室修宮室繕城郭】	◎乙丑時 ○丙寅時 ◎戊辰時 ●庚午時 ●辛未時 ●甲戌時 ◎乙亥時	己巳時 四大吉時 乙丑時 丁卯時 辛未時 癸酉時 乙亥時	日家奇遁陰遁己亥吉方兌方開門青龍紫白九星年七赤月二黑日一白	己亥日，立秋中元，陰五局；甲子時乾方地遁2鬼遁5重詐；庚午時離方地遁2重詐；壬申時震方地遁2重詐；癸酉時中宮飛鳥跌穴；甲戌時艮方人遁2鬼遁2真詐；	巳年生人屬蛇忌用此日占門床房內南
2011/8/13 星期六	吉神：時德民日三合臨日時陰福生青龍鳴吠對 凶神：死氣四忌九虎復日	辛卯年 七月 十四日 農曆神煞龍禁，月忌	辛卯年 丙申月 庚子日 壁上土 立秋 定日 寶日 氐宿	宜：祭祀祈福求嗣上冊受封上表章襲爵受封會親友冠帶出行上官赴任臨政親民進人口移徙沐浴裁衣修造動土豎柱上梁修倉庫醞釀開市立券交易納財開倉庫出貨財安碓磑牧養納畜【施恩封拜舉正直慶賜賞賀修宮室繕城郭】 忌：結婚姻納采問名嫁娶解除求醫療病經絡修置產室栽種破土安葬啟攢【安撫邊境選將訓兵出師】	◎丙子時 ●丁丑時 ◎己卯時 ◎壬午時 ●甲申時 ●乙酉時	庚辰時 丙戌時 四大吉時 丁丑時 辛巳時 癸未時 乙酉時 丁亥時	日家奇遁陰遁庚子吉方巽方休門太陰紫白九星年七赤月二黑日九紫	庚子日，立秋中元，陰五局；庚辰時中宮飛鳥跌穴；甲申時乾方地遁2人遁1休詐；乙酉時離方地遁2人遁1休詐；丁亥亥時中宮飛鳥跌穴；	午年生人屬馬忌用此日占碓磨房內南

日期節日	吉神凶神○	農曆	干支	用事宜忌○	協記吉時	貴登天門	日家奇門	時家奇門遁甲	忌用
2011/8/14 星期日	吉神：母倉明堂 凶神：小耗五墓歸忌	辛卯年 七月 十五日 農曆神煞 赤口	辛卯年 丙申月 辛丑日 壁上土 立秋 執日 義日 房宿	宜：捕捉　忌：冠帶出行上官赴任臨政親民結婚姻納采問名嫁娶進人口移徙遠迴安床解除求醫療病修造動土豎柱上梁修倉庫醞釀開市立券交易納財開倉庫出貨財修置產室栽種牧養納畜破土安葬啟攢【安撫邊境選將訓兵出師營建宮室修宮室繕城郭】	●庚寅時 ●辛卯時 ◎癸巳時 ●丙申時 ◎戊戌時 ●己亥時	辛卯時 己亥時 四大吉時 辛卯時 癸巳時 乙未時 丁酉時	日家奇遁陰遁辛丑吉方震方開門太陰紫白九星年七赤月二黑日八白	辛丑日，立秋中元，陰五局；辛卯時震方地遁２人遁１休詐；癸巳時艮方地遁２人遁１風遁４休詐；甲午時乾方地遁２鬼遁５重詐；丙申時坎方地遁２人遁３重詐；丁酉時巽方地遁１風遁２雲遁６鬼遁５重詐；	未年生人屬羊忌用此日廚灶廁房內南
2011/8/15 星期一	吉神：月德月恩四相驛馬天后聖心解神五合鳴吠對 凶神：月破大耗月刑天刑	辛卯年 七月 十六日 農曆神煞 大空亡，四不祥	辛卯年 丙申月 壬寅日 金箔金 立秋 破日 寶日 心宿	宜：沐浴【覃恩肆赦施恩惠恤孤惸行惠愛雪冤枉緩刑獄】　忌：祭祀祈福求嗣上冊受封上表章襲爵受封會親友冠帶出行上官赴任臨政親民結婚姻納采問名嫁娶進人口移徙安床解除剃頭整手足甲求醫療病裁衣築堤防修造動土豎柱上梁修倉庫鼓鑄經絡醞釀開市立券交易納財開倉庫出貨財修置產室開渠穿井安碓磑補垣塞穴修飾垣牆破屋壞垣伐木畋獵取魚栽種牧養納畜破土安葬啟攢【布政事】	●庚子時 ●辛丑時 ◎甲辰時 ◎乙巳時 ●丁未時 ●庚戌時 ○辛亥時	庚子時 壬寅時 四大吉時 辛丑時 癸卯時 乙巳時 丁未時 辛亥時	日家奇遁陰遁壬寅吉方巽方休門青龍紫白九星年七赤月二黑日七赤	壬寅日，立秋中元，陰五局；辛丑時乾方地遁２人遁３重詐；癸卯時中宮飛鳥跌穴；乙巳時坤方人遁２虎遁６真詐、中宮飛鳥跌穴；丁未時乾方人遁２真詐；辛亥時巽方人遁２真詐；	申年生人屬猴忌用此日倉庫爐房內南
2011/8/16 星期二	吉神：天德四相益後五合鳴吠對 凶神：天吏致死五虛土符朱雀　；立秋後九日氣往亡	辛卯年 七月 十七日 農曆神煞 六壬空	辛卯年 丙申月 癸卯日 金箔金 立秋 危日 寶日 尾宿	宜：祭祀祈福求嗣襲爵受封會親友出行結婚姻納采問名安床解除裁衣豎柱上梁立券交易納財開倉庫出貨財牧養納畜安葬啟攢【覃恩肆赦施恩惠恤孤惸行惠愛雪冤枉緩刑獄慶賜賞賀】　忌：求醫療病築堤防修造動土修倉庫修置產室開渠穿井安碓磑補垣修飾垣牆平治道塗破屋壞垣畋獵取魚栽種破土【招賢行幸遣使安撫邊境選將訓兵出師】進人口捕捉	◎壬子時 ●甲寅時 ●乙卯時 ●戊午時 ◎己未時 ◎辛酉時	甲寅時 四大吉時 癸丑時 乙卯時 丁巳時 辛酉時 癸亥時	日家奇遁陰遁癸卯吉方艮方開門太乙紫白九星年七赤月二黑日六白	癸卯日，立秋中元，陰五局；乙卯時離方人遁１休詐；己未時坎方人遁１休詐、中宮飛鳥跌穴；庚申時乾方人遁１休詐；辛酉時震方人遁１休詐；壬戌時坤方人遁１休詐；	酉年生人屬雞忌用此日房床門房內南
2011/8/17 星期三	吉神：母倉三合天喜天醫續世金匱 凶神：月厭地火四擊大煞血忌陰錯	辛卯年 七月 十八日 農曆神煞	辛卯年 丙申月 甲辰日 覆燈火 立秋 成日 制日 箕宿	宜：祭祀入學　忌：祈福求嗣上冊受封上表章襲爵受封會親友冠帶出行上官赴任臨政親民結婚姻納采問名嫁娶進人口移徙遠迴安床解除剃頭整手足甲求醫療病針刺裁衣築堤防修造動土豎柱上梁修倉庫鼓鑄經絡醞釀開市立券交易納財開倉庫出貨財修置產室開渠穿井安碓磑補垣塞穴修飾垣牆平治道塗破屋壞垣伐木栽種牧養納畜破土安葬啟攢【頒詔招賢宣政事布政事選將訓兵出師營建宮室】	◎丙寅時 ◎戊辰時 ●己巳時 ◎壬申時 ◎癸酉時 ●乙亥時	四大吉時 乙丑時 丁卯時 辛未時 癸酉時 乙亥時	日家奇遁陰遁甲辰吉方艮方開門天乙紫白九星年七赤月二黑日五黃	甲辰日，立秋下元，陰八局；丙寅時坎方青龍返首；癸酉時艮方飛鳥跌穴天遁３；甲戌時坎方重詐；乙亥時震方地遁２人遁２真詐；	戌年生人屬狗忌用此日門雞栖房內東

日期節日	吉神凶神○	農曆	干支	用事宜忌○	協記吉時	貴登天門	日家奇門	時家奇門遁甲	忌用
2011/8/18 星期四	吉神：六合五富不將要安寶光 凶神：河魁劫煞重日	辛卯年 七月 十九日 農曆神煞四不祥	辛卯年 丙申月 乙巳日 覆燈火 立秋 收日 寶日 斗宿	宜：會親友結婚姻嫁娶進人口經絡醞釀開市立券交易納財開倉庫出貨財捕捉牧養納畜　忌：出行求醫療病栽種【頒詔施恩封拜招賢舉正直宣政事布政事慶賜賞賀安撫邊境選將訓兵出師營建宮室修宮室繕城郭】	●丁丑時 ●庚辰時 ◎壬午時 ◎癸未時 ○甲申時 ●丙戌時 ◎丁亥時	乙酉時 四大吉時 丁丑時 辛巳時 癸未時 乙酉時 丁亥時	日家奇遁陰遁乙巳吉方艮方開門太陰紫白九星年七赤月二黑日四綠	乙巳日，立秋下元，陰八局；丁丑時坎方青龍返首；戊寅時巽方風遁3重詐；己卯時坎方重詐；庚辰時艮方飛鳥跌穴天遁4重詐；辛巳時乾方重詐、坎方青龍返首；丙戌時艮方飛鳥跌穴、坤方地遁2人遁1休詐；丁亥時震方地遁2人遁1休詐；	亥年生人屬豬忌用此日碓磨床房內東
2011/8/19 星期五	吉神：月空天馬時陽生氣玉宇鳴吠 凶神：災煞天火白虎	辛卯年 七月 二十日 農曆神煞瘟星入，小空亡，龍禁	辛卯年 丙申月 丙午日 天河水 立秋 開日 專日 牛宿	宜：祭祀入學【覃恩肆赦施恩惠恤孤惸行惠愛雪冤枉緩刑獄】 忌：冠帶結婚姻納采問名嫁娶進人口求醫療病苫蓋經絡醞釀伐木畋獵取魚【布政事安撫邊境選將訓兵出師營建宮室】	◎戊子時 ◎己丑時 ◎辛卯時 ◎甲午時 ●丙申時 ●丁酉時	丙申時 四大吉時 辛卯時 癸巳時 乙未時 丁酉時	日家奇遁陰遁丙午吉方兌方生門太陰紫白九星年七赤月二黑日三碧	丙午日，立秋下元，陰八局；戊子時乾方人遁2鬼遁2真詐、兌方地遁1人遁1休詐；己丑時坎方青龍返首龍遁3；庚寅時離方地遁2人遁1休詐；辛卯時震方地遁2人遁1休詐、巽方人遁2鬼遁2真詐；壬辰時坎方地遁2人遁1休詐；癸巳時乾方地遁2人遁1休詐、坎方人遁4真詐；乙未時坎方青龍返首；己亥時艮方飛鳥跌穴；	子年生人屬鼠忌用此日廚灶碓房內東
2011/8/20 星期六	吉神：月德合母倉金堂玉堂 凶神：月煞月虛血支天賊五虛八風八專	辛卯年 七月 二十一日 農曆神煞赤口，天地凶敗	辛卯年 丙申月 丁未日 天河水 立秋 閉日 寶日 女宿	宜：祭祀【覃恩肆赦施恩惠恤孤惸行惠愛雪冤枉緩刑獄】　忌：祈福求嗣上冊受封上表章襲爵受封會親友冠帶出行上官赴任臨政親民結婚姻納采問名嫁娶進人口移徙安床解除剃頭整手足甲求醫療病療目針刺裁衣築堤防修造動土豎柱上梁修倉庫鼓鑄經絡醞釀開市立券交易納財開倉庫出貨財修置產室開渠穿井安碓磑補垣塞穴修飾垣牆破屋壞垣畋獵取魚乘船渡水栽種納畜破土安葬啟攢【布政事修宮室】	◎壬寅時 ◎癸卯時 ●乙巳時 ○丙午時 ●戊申時 ○己酉時 ●庚戌時 ●辛亥時	丙午時 四大吉時 辛丑時 癸卯時 乙巳時 丁未時 辛亥時	日家奇遁陰遁丁未吉方坤方休門軒轅紫白九星年七赤月二黑日二黑	丁未日，立秋下元，陰八局；甲辰時坎方人遁1休詐；乙巳時艮方飛鳥跌穴、兌方風遁6鬼遁3重詐；丙午時震方鬼遁3重詐；庚戌時離方人遁1休詐；	丑年生人屬牛忌用此日倉庫廁房內東
2011/8/21 星期日	吉神：天德合天赦王日天倉不將除神 凶神：月建小時土府五離天牢	辛卯年 七月 二十二日 農曆神煞短星	辛卯年 丙申月 戊申日 大驛土 立秋 建日 寶日 虛宿	宜：祭祀祈福求嗣上冊受封上表章襲爵受封會親友出行上官赴任臨政親民結婚姻納采問名嫁娶進人口移徙解除沐浴剃頭整手足甲求醫療病裁衣豎柱上梁納財掃舍宇牧養納畜安葬【頒詔覃恩肆赦施恩封拜招賢舉正直施恩惠恤孤惸宣政事行惠愛雪冤枉緩刑獄安撫邊境選將訓兵出師】　忌：【修宮室】	◎壬子時 ◎癸丑時 ●丙辰時 ●丁巳時 ●己未時 ○庚申時 ◎壬戌時	丙辰時 壬戌時 四大吉時 癸丑時 乙卯時 丁巳時 辛酉時 癸亥時	日家奇遁陰遁戊申吉方兌方生門青龍紫白九星年七赤月二黑日一白	戊申日，立秋下元，陰八局；癸丑時乾方人遁1休詐、坎方青龍返首；丁巳時巽方人遁2真詐；戊午時坎方青龍返首；壬戌時艮方飛鳥跌穴；	寅年生人屬虎忌用此日房床爐房內東

日期節日	吉神凶神〇	農曆	干支	用事宜忌〇	協記吉時	貴登天門	日家奇門	時家奇門遁甲	忌用
2011/8/22 星期一	吉神：天恩陰德官日吉期除神鳴吠 凶神：大時大敗咸池九坎九焦往亡五離元武	辛卯年 七月 二十三日 農曆神煞瘟星出，月忌，六壬空	辛卯年 丙申月 己酉日 大驛土 立秋 除日 寶日 危宿	宜：解除沐浴剃頭整手足甲掃舍宇破土安葬【覃恩肆赦施恩惠恤孤惸行惠愛雪冤枉緩刑獄安撫邊境選將訓兵出師】　忌：上冊受封上表章會親友出行上官赴任臨政親民結婚姻納采問名嫁娶進人口移徙求醫療病鼓鑄立券交易補垣塞穴捕捉畋獵取魚乘船渡水栽種【頒詔招賢宣政事營建宮室修宮室繕城郭】	●甲子時 ◎丙寅時 ◎丁卯時 ●庚午時 ●辛未時 ◎癸酉時	己巳時 四大吉時 乙丑時 丁卯時 辛未時 癸酉時 乙亥時	日家奇遁陰遁己酉吉方乾方開門青龍紫白九星年七赤月二黑日九紫	己酉日，處暑上元，陰一局；丙寅時震方青龍返首；丁卯時坤方風遁5重詐；己巳時兌方虎遁6重詐；庚午時巽方天遁1重詐；辛未時坎方飛鳥跌穴、巽方地遁2人遁1風遁2休詐；壬申時離方地遁1人遁1休詐；癸酉時乾方重詐；	卯年生人屬兔忌用此日占大門外東北
2011/8/23 星期二 20時13分 【戌時】 交處暑氣 七月氣 丙申月	太陽過黃經一五〇度，暑氣漸消【斗指戊為處暑，暑將退，戊而潛處，故名處暑】								
2011/8/23 星期二 20時13分 【戌時】 交處暑氣 七月氣 丙申月	吉神：天恩母倉陽德守日天巫福德六儀敬安司命 凶神：厭對招搖天狗九空復日	辛卯年 七月 二十四日 農曆神煞大空亡	辛卯年 丙申月 庚戌日 釵釧金 處暑 滿日 義日 室宿	宜：上冊受封上表章會親友裁衣補垣塞穴栽種牧養納畜【覃恩肆赦施恩惠恤孤惸行惠愛雪冤枉緩刑獄慶賜賞賀修宮室繕城郭】 忌：祭祀襲爵受封上官赴任臨政親民結婚姻納采問名嫁娶進人口求醫療病修倉庫經絡開市立券交易納財開倉庫出貨財取魚乘船渡水破土安葬啟攢【施恩封拜招賢舉正直】	◎戊寅時 ◎庚辰時 ●辛巳時 ●甲申時 ◎乙酉時 ●丁亥時	己卯時 乙酉時 四大吉時 丙子時 庚辰時 壬午時 甲申時 丙戌時	日家奇遁陰遁庚戌吉方坎方休門太乙紫白九星年七赤月二黑日二黑	庚戌日，處暑上元，陰一局；丙子時坎方飛鳥跌穴；庚辰時乾方人遁2真詐；辛巳時震方青龍返首；壬午時坤方人遁2真詐；丁亥時震方青龍返首、坤方雲遁4鬼遁3重詐；	辰年生人屬龍忌用此日碓磨栖外東北
2011/8/24 星期三	吉神：天恩相日普護 凶神：天罡死神月害遊禍四窮九虎五虛重日勾陳	辛卯年 七月 二十五日 農曆神煞	辛卯年 丙申月 辛亥日 釵釧金 處暑 平日 寶日 壁宿	宜：祭祀沐浴修飾垣牆平治道塗【覃恩肆赦施恩惠恤孤惸行惠愛雪冤枉緩刑獄】　忌：祈福求嗣上冊受封上表章襲爵受封會親友冠帶出行上官赴任臨政親民結婚姻納采問名嫁娶進人口移徙安床解除求醫療病裁衣築堤防修造動土豎柱上梁修倉庫鼓鑄經絡醞釀開市立券交易納財開倉庫出貨財修置產室開渠穿井栽種牧養納畜破土安葬啟攢【頒詔施恩封拜招賢舉正直宣政事安撫邊境選將訓兵出師營建宮室修宮室繕城郭】	●己丑時 ◎壬辰時 ●甲午時 ●乙未時 ●戊戌時 ●己亥時	戊戌時 四大吉時 庚寅時 壬辰時 甲午時 丙申時	日家奇遁陰遁辛亥吉方坎方休門天乙紫白九星年七赤月二黑日一白	辛亥日，處暑上元，陰一局；戊子時震方鬼遁3重詐；庚寅時巽方鬼遁3重詐；辛卯時坎方鬼遁3重詐；壬辰時坎方飛鳥跌穴；癸巳時乾方鬼遁3重詐；乙未時震方人遁1休詐；丙申時乾方人遁1休詐；戊戌時震方青龍返首、坤方人遁1休詐；己亥時坎方飛鳥跌穴天遁3；	巳年生人屬蛇忌用此日廚灶房外東北

日期節日	吉神凶神○	農曆	干支	用事宜忌○	協記吉時	貴登天門	日家奇門	時家奇門遁甲	忌用
2011/8/25 星期四	吉神：月德天恩月恩四相時德民日三合臨日時陰福生青龍鳴吠對 凶神：死氣	辛卯年 七月 二十六日 農曆神煞龍禁	辛卯年 丙申月 壬子日 桑柘木 處暑 定日 專日 奎宿	宜：祭祀祈福求嗣上冊受封上表章襲爵受封會親友冠帶出行上官赴任臨政親民結婚姻納采問名嫁娶進人口移徙解除沐浴裁衣修造動土豎柱上梁修倉庫經絡醞釀開市立券交易納財開倉庫出貨財安碓磑栽種牧養納畜破土安葬啟攢【頒詔覃恩肆赦施恩封拜招賢舉正直施恩惠恤孤惸宣政事布政事行惠愛雪冤枉緩刑獄慶賜賞賀營建宮室修宮室繕城郭】　忌：求醫療病開渠畋獵取魚	●庚子時 ●辛丑時 ◎癸卯時 ◎丙午時 ◎戊申時 ●己酉時	辛亥時 四大吉時 庚子時 壬寅時 甲辰時 丙午時 庚戌時	日家奇遁陰遁壬子吉方離方休門天乙紫白九星年七赤月二黑日九紫	壬子日，處暑上元，陰一局；壬寅時離方人遁１風遁６休詐；乙巳時坎方飛鳥跌穴；己酉時震方地遁２人遁２真詐；庚戌時震方青龍返首；	午年生人屬馬忌用此日倉庫碓外東北
2011/8/26 星期五	吉神：天德天恩母倉四相明堂 凶神：小耗歸忌八專觸水龍	辛卯年 七月 二十七日 農曆神煞赤口	辛卯年 丙申月 癸丑日 桑柘木 處暑 執日 伐日 婁宿	宜：祭祀祈福求嗣上冊受封上表章襲爵受封會親友出行上官赴任臨政親民解除求醫療病裁衣修造動土豎柱上梁修倉庫納財開倉庫出貨財捕捉栽種牧養納畜安葬【頒詔覃恩肆赦施恩封拜招賢舉正直施恩惠恤孤惸宣政事布政事行惠愛雪冤枉緩刑獄慶賜賞賀營建宮室修宮室繕城郭】　忌：冠帶結婚姻納采問名嫁娶移徙遠迴畋獵取魚乘船渡水	◎甲寅時 ◎乙卯時 ○丙辰時 ●丁巳時 ●庚申時 ◎壬戌時 ◎癸亥時	癸丑時 四大吉時 壬子時 甲寅時 丙辰時 庚申時 壬戌時	日家奇遁陰遁癸丑吉方離方休門太陰紫白九星年七赤月二黑日八白	癸丑日，處暑上元，陰一局；癸丑時坎方飛鳥跌穴、艮方人遁２鬼遁２真詐；丁巳時坎方飛鳥跌穴人遁１休詐；壬戌時震方青龍返首；	未年生人屬羊忌用此日占房廁外東北
2011/8/27 星期六 鄭成功誕辰紀念日	吉神：驛馬天后聖心解神五合鳴吠對 凶神：月破大耗月刑四廢八專天刑	辛卯年 七月 二十八日 農曆神煞小空亡，四不祥	辛卯年 丙申月 甲寅日 大溪水 處暑 破日 專日 胃宿	忌：諸事不宜【頒詔施恩封拜招賢舉正直宣政事布政事慶賜賞賀安撫邊境選將訓兵出師營建宮室修宮室繕城郭】	◎甲子時 ◎乙丑時 ○丙寅時 ●戊辰時 ◎己巳時 ●辛未時 ●甲戌時	癸酉時 四大吉時 甲子時 丙寅時 庚午時 壬申時 甲戌時	日家奇遁陰遁甲寅吉方巽方開門軒轅紫白九星年七赤月二黑日七赤	甲寅日，處暑中元，陰四局；丙寅時乾方青龍返首、巽方飛鳥跌穴天遁３；甲戌時乾方人遁１休詐；乙亥時震方人遁１休詐；	申年生人屬猴忌用此日占門爐外東北
2011/8/28 星期日	吉神：益後五合鳴吠對 凶神：天吏致死四廢五虛土符朱雀三陰	辛卯年 七月 二十九日 農曆神煞六壬空，楊公忌日	辛卯年 丙申月 乙卯日 大溪水 處暑 危日 專日 昴宿	忌：諸事不宜【頒詔施恩封拜招賢舉正直宣政事布政事慶賜賞賀出師營建宮室修宮室繕城郭】	◎丙子時 ●戊寅時 ●己卯時 ◎壬午時 ◎癸未時 ○甲申時 ◎乙酉時 ○丙戌時	甲申時 四大吉時 丙子時 庚辰時 壬午時 甲申時 丙戌時	日家奇遁陰遁乙卯吉方震方生門軒轅紫白九星年七赤月二黑日六白	乙卯日，處暑中元，陰四局；丁丑時乾方青龍返首、巽方飛鳥跌穴天遁３人遁１休詐；戊寅時坎方人遁１虎遁６休詐；壬午時艮方人遁１休詐；甲申時乾方重詐；	酉年生人屬雞忌用此日碓磨門外正東

日期節日	吉神凶神○	農曆	干支	用事宜忌○	協記吉時	貴登天門	日家奇門	時家奇門遁甲	忌用
2011/8/29 星期一	吉神：月空母倉三合天喜天醫續世金匱 凶神：月厭地火四擊大煞血忌	辛卯年 八月 初一日 農曆神煞	辛卯年 丙申月 丙辰日 沙中土 處暑 成日 寶日 畢宿	宜：祭祀入學　忌：祈福求嗣上冊受封上表章襲爵受封會親友冠帶出行上官赴任臨政親民結婚姻納采問名嫁娶進人口移徙遠迴安床解除剃頭整手足甲求醫療病針刺裁衣築堤防修造動土豎柱上梁修倉庫鼓鑄經絡醞釀開市立券交易納財開倉庫出貨財修置產室開渠穿井安碓磑補垣塞穴修飾垣牆平治道塗破屋壞垣伐木栽種牧養納畜破土安葬啟攢【頒詔招賢宣政事布政事選將訓兵出師營建宮室】	●庚寅時 ◎壬辰時 ◎癸巳時 ●丙申時 ●丁酉時 ●己亥時	乙未時 四大吉時 庚寅時 壬辰時 甲午時 丙申時	日家奇遁陰遁丙辰吉方艮方休門青龍紫白九星年七赤月二黑日五黃	丙辰日，處暑中元，陰四局；庚寅時乾方重詐；壬辰時兌方天遁1重詐；癸巳時乾方青龍返首、巽方飛鳥跌穴；	戌年生人屬狗忌用此日廚灶栖外正東
2011/8/30 星期二	吉神：月德合六合五富要安寶光 凶神：河魁劫煞地囊重日	辛卯年 八月 初二日 農曆神煞 長星，天地凶敗，龍禁，赤口	辛卯年 丙申月 丁巳日 沙中土 處暑 收日 專日 觜宿	宜：祭祀祈福求嗣上冊受封上表章襲爵受封會親友上官赴任臨政親民結婚姻納采問名嫁娶進人口移徙解除裁衣豎柱上梁經絡醞釀開市立券交易納財開倉庫出貨財捕捉牧養納畜【覃恩肆赦施恩惠恤孤惸行惠愛雪冤枉緩刑獄】 忌：出行剃頭求醫療病築堤防修造動土修倉庫修置產室開渠穿井安碓磑補垣修飾垣牆平治道塗破屋壞垣畋獵取魚栽種破土【布政事修宮室】	◎辛丑時 ●甲辰時 ●丙午時 ●丁未時 ○己酉時 ●庚戌時 ◎辛亥時	乙巳時 四大吉時 庚子時 壬寅時 甲辰時 丙午時 庚戌時	日家奇遁陰遁丁巳吉方震方生門太乙紫白九星年七赤月二黑日四綠	丁巳日，處暑中元，陰四局；庚子時巽方人遁4真詐；壬寅時乾方青龍返首、巽方飛鳥跌穴；丙午時艮方鬼遁3重詐；庚戌時乾方鬼遁3重詐；辛亥時乾方青龍返首、震方風遁6鬼遁3重詐、巽方飛鳥跌穴；	亥年生人屬豬忌用此日倉庫床外正東
2011/8/31 星期三	吉神：天德合天馬時陽生氣不將玉宇鳴吠 凶神：災煞天火四耗白虎	辛卯年 八月 初三日 農曆神煞 小空亡，龍禁	辛卯年 丙申月 戊午日 天上火 處暑 開日 義日 參宿	宜：祭祀祈福求嗣上冊受封上表章襲爵受封會親友入學出行上官赴任臨政親民結婚姻納采問名嫁娶移徙解除裁衣修造動土豎柱上梁修倉庫開市修置產室開渠穿井安碓磑栽種牧養納畜【覃恩肆赦施恩惠恤孤惸行惠愛雪冤枉緩刑獄】　忌：求醫療病苫蓋伐木畋獵取魚【布政事】	◎壬子時 ◎癸丑時 ●乙卯時 ◎戊午時 ○己未時 ●庚申時 ●辛酉時	乙卯時 辛酉時 四大吉時 壬子時 甲寅時 丙辰時 庚申時 壬戌時	日家奇遁陰遁戊午吉方乾方生門青龍紫白九星年七赤月二黑日三碧	戊午日，處暑中元，陰四局；乙卯時乾方青龍返首、巽方飛鳥跌穴；丁巳時巽方人遁1休詐；庚申時乾方青龍返首、巽方飛鳥跌穴天遁4風遁3真詐；	子年生人屬鼠忌用此日房床碓外正東
2011/9/1 星期四 記者節	吉神：母倉金堂玉堂 凶神：月煞月虛血支天賊五虛八專	辛卯年 八月 初四日 農曆神煞 四不祥，六壬空	辛卯年 丙申月 己未日 天上火 處暑 閉日 專日 井宿	忌：諸事不宜【頒詔施恩封拜招賢舉正直宣政事布政事慶賜賞賀安撫邊境選將訓兵出師營建宮室修宮室繕城郭】	●丙寅時 ●丁卯時 ●己巳時 ○庚午時 ○辛未時 ◎壬申時 ●甲戌時 ◎乙亥時	戊辰時 四大吉時 甲子時 丙寅時 庚午時 壬申時 甲戌時	日家奇遁陰遁己未吉方坤方開門天乙紫白九星年七赤月二黑日二黑	己未日，處暑下元，陰七局；甲子時坎方龍遁4鬼遁3重詐；丙寅時離方青龍返首、兌方鬼遁3重詐；丁卯時兌方飛鳥跌穴天遁3人遁2真詐；庚午時巽方人遁2虎遁6真詐；辛未時坤方鬼遁3重詐；壬申時離方鬼遁3重詐；癸酉時乾方風遁6鬼遁3重詐；甲戌時艮方地遁2人遁3風遁4重詐；乙亥時兌方飛鳥跌穴人遁1休詐；	丑年生人屬牛忌用此日占門廁外正東

日期節日	吉神凶神○	農曆	干支	用事宜忌○	協記吉時	貴登天門	日家奇門	時家奇門遁甲	忌用
2011/9/2 星期五	吉神：王日天倉除神鳴吠 凶神：月建小時土府復日五離八專天牢陽錯	辛卯年 八月 初五日 農曆神煞月忌，長星，四方耗	辛卯年 丙申月 庚申日 石榴木 處暑 建日 專日 鬼宿	宜：襲爵受封出行上官赴任臨政親民進人口沐浴裁衣納財掃舍宇納畜【頒詔覃恩肆赦施恩封拜招賢舉正直施恩惠恤孤惸宣政事行惠愛雪冤枉緩刑獄】　忌：祈福求嗣上冊受封上表章會親友結婚姻納采問名嫁娶安床解除剃頭整手足甲求醫療病築堤防修造動土豎柱上梁修倉庫經絡立券交易開倉庫出貨財修置產室開渠穿井安碓磑補垣修飾垣牆平治道塗破屋壞垣伐木栽種破土安葬啟攢【營建宮室修宮室缮城郭】	◎丙子時 ◎丁丑時 ●庚辰時 ●辛巳時 ◎癸未時 ○甲申時 ◎丙戌時	己卯時 乙酉時 四大吉時 丙子時 庚辰時 壬午時 甲申時 丙戌時	日家奇遁 陰遁庚申 吉方坤方 開門太陰 紫白九星 年七赤 月二黑 日一白	庚申日，處暑下元，陰七局；丁丑時震方地遁２鬼遁５重詐；己卯時艮方地遁２重詐；庚辰時離方青龍返首；壬午時乾方人遁１休詐；癸未時乾方地遁１鬼遁５重詐、離方青龍返首；	寅年生人屬虎忌用此日碓磨爐外東南
2011/9/3 星期六 軍人節	吉神：陰德官日吉期除神鳴吠 凶神：大時大敗咸池九坎九焦往亡五離元武	辛卯年 八月 初六日 農曆神煞	辛卯年 丙申月 辛酉日 石榴木 處暑 除日 專日 柳宿	宜：解除沐浴剃頭整手足甲掃舍宇破土安葬【施恩惠恤孤惸行惠愛雪冤枉緩刑獄】　忌：上冊受封上表章會親友出行上官赴任臨政親民結婚姻納采問名嫁娶進人口移徙求醫療病鼓鑄醞釀立券交易補垣塞穴捕捉畋獵取魚乘船渡水栽種【頒詔招賢舉正直宣政事慶賜賞賀營建宮室修宮室缮城郭】	◎戊子時 ●庚寅時 ◎辛卯時 ●甲午時 ●乙未時 ◎丁酉時	戊戌時 四大吉時 庚寅時 壬辰時 甲午時 丙申時	日家奇遁 陰遁辛酉 吉方坎方 生門太陰 紫白九星 年七赤 月二黑 日九紫	辛酉日，處暑下元，陰七局；己丑時兌方飛鳥跌穴天遁４；辛卯時離方青龍返首；甲午時坎方人遁１休詐、艮方地遁２人遁２風遁４真詐；乙未時離方青龍返首、兌方人遁１休詐；丙申時艮方人遁１休詐；丁酉時坤方人遁１休詐、兌方地遁２人遁２虎遁７真詐；	卯年生人屬兔忌用此日廚灶門外東南
2011/9/4 星期日	吉神：月德母倉月恩四相陽德守日天巫福德六儀敬安司命 凶神：厭對招搖天狗九空	辛卯年 八月 初七日 農曆神煞大空亡，四不祥	辛卯年 丙申月 壬戌日 大海水 處暑 滿日 伐日 星宿	宜：上冊受封上表章襲爵受封會親友出行上官赴任臨政親民結婚姻納采問名嫁娶進人口移徙解除求醫療病裁衣修造動土豎柱上梁修倉庫經絡開市立券交易納財開倉庫出貨財補垣塞穴栽種牧養納畜安葬【頒詔覃恩肆赦施恩惠恤孤惸宣政事行惠愛雪冤枉緩刑獄慶賜賞賀營建宮室修宮室缮城郭】　忌：祭祀開渠畋獵取魚	◎壬寅時 ◎甲辰時 ●乙巳時 ◎戊申時 ◎己酉時 ●辛亥時	辛亥時 四大吉時 庚子時 壬寅時 甲辰時 丙午時 庚戌時	日家奇遁 陰遁壬戌 吉方兌方 開門太乙 紫白九星 年七赤 月二黑 日八白	壬戌日，處暑下元，陰七局；庚子時震方人遁１休詐、兌方飛鳥跌穴；癸卯時兌方飛鳥跌穴；甲辰時坎方人遁４真詐；乙巳時巽方重詐；丙午時兌方飛鳥跌穴重詐；丁未時震方重詐、離方青龍返首；戊申時坎方天遁１重詐；己酉時坤方人遁２鬼遁２真詐；	辰年生人屬龍忌用此日倉庫栖外東南
2011/9/5 星期一	吉神：天德四相相日普護 凶神：天罡死神月害遊禍五虛重日勾陳	辛卯年 八月 初八日 農曆神煞赤口，龍禁	辛卯年 丙申月 癸亥日 大海水 處暑 平日 專日 張宿	宜：祭祀沐浴修飾垣牆平治道塗【覃恩肆赦施恩惠恤孤惸行惠愛雪冤枉緩刑獄】　忌：祈福求嗣嫁娶解除求醫療病畋獵取魚【布政事】	◎癸丑時 ○乙卯時 ●丙辰時 ●戊午時 ◎己未時 ◎壬戌時 ◎癸亥時	癸丑時 四大吉時 壬子時 甲寅時 丙辰時 庚申時 壬戌時	日家奇遁 陰遁癸亥 吉方乾方 休門太乙 紫白九星 年七赤 月二黑 日七赤	癸亥日，處暑下元，陰七局；癸丑時乾方重詐；己未時兌方飛鳥跌穴；辛酉時離方青龍返首；	巳年生人屬蛇忌用此日占房床外東南

日期節日	吉神凶神〇	農曆	干支	用事宜忌〇	協記吉時	貴登天門	日家奇門	時家奇門遁甲	忌用
2011/9/6 星期二	吉神：天恩時德民日三合臨日時陰福生青龍 凶神：死氣	辛卯年 八月 初九日 農曆神煞	辛卯年 丙申月 甲子日 海中金 處暑 定日 義日 翼宿	宜：祭祀祈福求嗣上冊受封上表章襲爵受封會親友冠帶出行上官赴任臨政親民結婚姻納采問名嫁娶進人口移徙沐浴裁衣修造動土豎柱上梁修倉庫經絡醞釀開市立券交易納財安碓磑牧養納畜【覃恩肆赦施恩封拜舉正直施恩惠恤孤惸布政事行惠愛雪冤枉緩刑獄慶賜賞賀修宮室缮城郭】　忌：解除求醫療病開倉庫出貨財修置產室栽種【安撫邊境選將訓兵出師】	●甲子時 ●乙丑時 ○丙寅時 ◎丁卯時 ◎庚午時 ◎壬申時 ◎癸酉時	癸酉時 四大吉時 甲子時 丙寅時 庚午時 壬申時 甲戌時	日家奇遁陰遁甲子吉方坤方生門太乙紫白九星年七赤月二黑日三碧	甲子日，白露上元，陰九局；乙丑時兌方人遁２鬼遁２真詐；丙寅時巽方人遁２鬼遁２真詐、坤方青龍返首；戊辰時震方人遁２鬼遁２真詐；己巳時乾方人遁４真詐；壬申時坤方青龍返首；癸酉時離方飛鳥跌穴、艮方人遁２風遁６鬼遁２真詐；乙亥時離方飛鳥跌穴天遁４；	午年生人屬馬忌用此日占門碓外東南
2011/9/7 星期三	吉神：天恩母倉明堂 凶神：小耗歸忌	辛卯年 八月 初十日 農曆神煞 六壬空	辛卯年 丙申月 乙丑日 海中金 處暑 執日 制日 軫宿	宜：會親友捕捉牧養納畜【覃恩肆赦施恩惠恤孤惸布政事行惠愛雪冤枉緩刑獄慶賜賞賀】　忌：冠帶移徙遠迴修倉庫開市立券交易納財開倉庫出貨財栽種	○丙子時 ○丁丑時 ●戊寅時 ●己卯時 ◎辛巳時 ●甲申時 ◎丙戌時 ◎丁亥時	甲申時 四大吉時 丙子時 庚辰時 壬午時 甲申時 丙戌時	日家奇遁陰遁乙丑吉方坤方生門天乙紫白九星年七赤月二黑日二黑	乙丑日，白露上元，陰九局；丁丑時坤方青龍返首；甲申時坎方地遁２重詐；乙酉時震方地遁２人遁３重詐；丙戌時乾方地遁２雲遁１重詐、離方飛鳥跌穴；丁亥時離方地遁２鬼遁５重詐；	未年生人屬羊忌用此日碓磨廁外東南
2011/9/8 星期四 08時33分 【辰時】 交白露節節前使用為丙申月	吉神：月空天恩驛馬天后聖心解神五合鳴吠對 凶神：月破大耗月刑天刑	辛卯年 八月 十一日 農曆神煞 小空亡	辛卯年 丙申月 丙寅日 爐中火 處暑 破日 義日 角宿	宜：【覃恩肆赦施恩惠恤孤惸行惠愛雪冤枉緩刑獄】　忌：諸事不宜【施恩封拜招賢舉正直安撫邊境選將訓兵出師營建宮室修宮室缮城郭】	●戊子時 ●己丑時 ◎壬辰時 ◎癸巳時 ●乙未時 ◎戊戌時	乙未時 四大吉時 庚寅時 壬辰時 甲午時 丙申時	日家奇遁陰遁丙寅吉方坤方生門太陰紫白九星年七赤月二黑日一白	丙寅日，白露上元，陰九局；辛卯時坤方青龍返首；壬辰時離方飛鳥跌穴天遁３；乙未時坤方青龍返首；	申年生人屬猴忌用此日廚灶爐外正南
2011/9/8 星期四 08時33分 【辰時】 交白露節 八月節 丁酉月	太陽過黃經一六五度，夜涼，水氣凝結戊露【斗指癸為白露，陰氣漸重，凌而為露，故名白露】			白露八月節天道東北行宜向東北行宜修造東北維；天德在艮月德在庚月德合在乙月空在甲宜修造取土；月建在酉月破在卯月厭在卯月刑在酉月害在戌劫煞在寅災煞在卯月煞在辰忌修造取土；二日五日長星、十八十九日短星；白露後十八日往亡、秋分前一日四離；秋分八月中日躔在辰宮為八月將宜用艮巽坤乾時；					

日期節日	吉神凶神○	農曆	干支	用事宜忌○	協記吉時	貴登天門	日家奇門	時家奇門遁甲	忌用
2011/9/8 星期四 08時33分 【辰時】 交白露節 節後使用 為丁酉月	吉神：天恩解神五合青龍鳴吠對 凶神：劫煞小耗地囊歸忌	辛卯年 八月 十一日 農曆神煞 小空亡	辛卯年 丁酉月 丙寅日 爐中火 白露 執日 義日 角宿	宜：沐浴捕捉【覃恩肆赦施恩惠恤孤惸行惠愛雪冤枉緩刑獄】 忌：祭祀祈福求嗣上冊受封上表章襲爵受封會親友冠帶出行上官赴任臨政親民結婚姻納采問名嫁娶進人口移徙遠迴安床解除剃頭整手足甲求醫療病裁衣築堤防修造動土豎柱上梁修倉庫鼓鑄經絡醞釀開市立券交易納財開倉庫出貨財修置產室開渠穿井安碓磑補垣塞穴修飾垣牆平治道塗破屋壞垣栽種牧養納畜破土安葬啟攢【頒詔施恩封拜招賢舉正直宣政事安撫邊境選將訓兵出師營建宮室修宮室繕城郭】	●戊子時 ●己丑時 ◎壬辰時 ◎癸巳時 ●乙未時 ◎戊戌時	乙未時 四大吉時 庚寅時 壬辰時 甲午時 丙申時	日家奇遁陰遁丙寅吉方坤方生門太陰紫白九星年七赤月一白日一白	丙寅日，白露上元，陰九局；辛卯時坤方青龍返首；壬辰時離方飛鳥跌穴天遁３；乙未時坤方青龍返首；	申年生人屬猴忌用此日廚灶爐外正南
2011/9/9 星期五 體育節	吉神：天恩五合明堂鳴吠對 凶神：月破大耗災煞天火月厭地火五虛	辛卯年 八月 十二日 農曆神煞	辛卯年 丁酉月 丁卯日 爐中火 白露 破日 義日 亢宿	宜：【覃恩肆赦施恩惠恤孤惸行惠愛雪冤枉緩刑獄】　忌：諸事不宜【頒詔施恩封拜招賢舉正直宣政事安撫邊境選將訓兵出師營建宮室修宮室繕城郭】	◎庚子時 ◎壬寅時 ◎癸卯時 ●丙午時 ●丁未時 ◎己酉時	乙巳時 四大吉時 庚子時 壬寅時 甲辰時 丙午時 庚戌時	日家奇遁陰遁丁卯吉方坎方開門太陰紫白九星年七赤月一白日九紫	丁卯日，白露上元，陰九局；庚子時離方飛鳥跌穴天遁４真詐；癸卯時艮方人遁２真詐；乙巳時坤方人遁１休詐；丁未時乾方人遁１休詐；戊申時離方飛鳥跌穴天遁３；己酉時兌方人遁１休詐；庚戌時巽方人遁１休詐、坤方青龍返首；	酉年生人屬雞忌用此日倉庫門外正南
2011/9/10 星期六	吉神：天恩母倉六合不將敬安 凶神：月煞月虛四擊天刑	辛卯年 八月 十三日 農曆神煞 天休廢，天乙絕氣	辛卯年 丁酉月 戊辰日 大林木 白露 危日 專日 氐宿	宜：【覃恩肆赦施恩惠恤孤惸行惠愛雪冤枉緩刑獄】　忌：祈福求嗣上冊受封上表章襲爵受封出行上官赴任臨政親民解除剃頭整手足甲求醫療病裁衣築堤防修造動土豎柱上梁修倉庫鼓鑄修置產室開渠穿井安碓磑補垣塞穴修飾垣牆破屋壞垣【頒詔施恩封拜招賢舉正直宣政事出師營建宮室修宮室繕城郭】	◎甲寅時 ◎丙辰時 ●丁巳時 ●庚申時 ●辛酉時 ◎癸亥時	乙卯時 辛酉時 四大吉時 壬子時 甲寅時 丙辰時 庚申時 壬戌時	日家奇遁陰遁戊辰吉方艮方休門天乙紫白九星年七赤月一白日八白	戊辰日，白露上元，陰九局；壬子時震方人遁１休詐；癸丑時坎方人遁１休詐；甲寅時坎方人遁１地遁２休詐；丙辰時震方人遁１地遁２休詐；丁巳時離方飛鳥跌穴天遁４重詐；戊午時艮方地遁１人遁１休詐、坤方青龍返首；己未時兌方人遁１地遁２休詐；庚申時巽方人遁１地遁２風遁２休詐；辛酉時離方人遁１地遁２休詐；壬戌時震方人遁１地遁２休詐；癸亥時坎方人遁１地遁２休詐；	戌年生人屬狗忌用此日占房栖外正南
2011/9/11 星期日	吉神：三合臨日天喜天醫普護 凶神：重日朱雀	辛卯年 八月 十四日 農曆神煞 月忌，龍禁，赤口	辛卯年 丁酉月 己巳日 大林木 白露 成日 義日 房宿	宜：祭祀祈福上冊受封上表章襲爵受封會親友入學上官赴任臨政親民結婚姻納采問名嫁娶進人口移徙求醫療病裁衣築堤防修造動土豎柱上梁修倉庫經絡醞釀開市立券交易納財安碓磑栽種牧養納畜【施恩封拜慶賜賞賀安撫邊境修宮室繕城郭】　忌：出行破土安葬啟攢	◎乙丑時 ●戊辰時 ●庚午時 ●辛未時 ◎甲戌時 ◎乙亥時	戊辰時 四大吉時 甲子時 丙寅時 庚午時 壬申時 甲戌時	日家奇遁陰遁己巳吉方坎方開門青龍紫白九星年七赤月一白日七赤	己巳日，白露中元，陰三局；甲子時乾方人遁１休詐；丙寅時中宮青龍返首；戊辰時乾方人遁１休詐；己巳時中宮青龍返首；庚午時坤方人遁１風遁６休詐；甲戌時乾方鬼遁３重詐；	亥年生人屬豬忌用此日占門床外正南

日期節日	吉神凶神○	農曆	干支	用事宜忌○	協記吉時	貴登天門	日家奇門	時家奇門遁甲	忌用
2011/9/12 星期一 中秋節	吉神：月德福生金匱鳴吠 凶神：天罡大時大敗咸池天賊九坎九焦	辛卯年 八月 十五日 農曆神煞 大空亡	辛卯年 丁酉月 庚午日 路傍土 白露 收日 伐日 心宿	宜：祭祀捕捉【覃恩肆赦施恩惠恤孤惸行惠愛雪冤枉緩刑獄】 忌：出行求醫療病修倉庫鼓鑄苫蓋經絡開倉庫出貨財補垣塞穴畋獵取魚乘船渡水栽種【布政事修宮室】	◎丙子時 ◎丁丑時 ●己卯時 ◎壬午時 ●甲申時 ●乙酉時	己卯時 乙酉時 四大吉時 丙子時 庚辰時 壬午時 甲申時 丙戌時	日家奇遁陰遁庚午吉方兌方休門太陰紫白九星年七赤月一白日六白	庚午日，白露中元，陰三局；丙子時乾方鬼遁3重詐；丁丑時坤方地遁1人遁2真詐；己卯時巽方地遁2人遁2風遁2真詐；庚辰時中宮青龍返首；辛巳時兌方鬼遁3重詐；癸未時坎方龍遁4鬼遁3重詐；乙酉時中宮青龍返首；	子年生人屬鼠忌用此日占碓磨外正南
2011/9/13 星期二	吉神：母倉陰德時陽生氣天倉不將寶光 凶神：五虛九空土符復日	辛卯年 八月 十六日 農曆神煞 四不祥，六壬空	辛卯年 丁酉月 辛未日 路傍土 白露 開日 義日 尾宿	宜：祭祀祈福求嗣上冊受封上表章襲爵受封會親友入學出行上官赴任臨政親民嫁娶移徙解除裁衣豎柱上梁牧養納畜【頒詔覃恩肆赦施恩封拜招賢舉正直施恩惠恤孤惸宣政事行惠愛雪冤枉緩刑獄慶賜賞賀】　忌：進人口求醫療病築堤防修造動土修倉庫醞釀開市立券交易納財開倉庫出貨財修置產室開渠穿井安碓磑補垣修飾垣牆平治道塗破屋壞垣伐木畋獵取魚栽種破土安葬啟攢【營建宮室】	●庚寅時 ●辛卯時 ◎癸巳時 ○甲午時 ●丙申時 ◎戊戌時 ◎己亥時	戊戌時 四大吉時 庚寅時 壬辰時 甲午時 丙申時	日家奇遁陰遁辛未吉方乾方生門太陰紫白九星年七赤月一白日五黃	辛未日，白露中元，陰三局；丁酉時中宮青龍返首；	丑年生人屬牛忌用此日廚灶廁外西南
2011/9/14 星期三	吉神：四相王日天馬五富不將聖心除神鳴吠 凶神：遊禍血支五離白虎	辛卯年 八月 十七日 農曆神煞	辛卯年 丁酉月 壬申日 劍鋒金 白露 閉日 義日 箕宿	宜：祭祀沐浴剃頭整手足甲裁衣築堤防修倉庫經絡醞釀納財補垣塞穴掃舍宇栽種牧養納畜破土安葬【覃恩肆赦施恩惠恤孤惸行惠愛雪冤枉緩刑獄】　忌：祈福求嗣上冊受封上表章襲爵受封會親友出行上官赴任臨政親民結婚姻納采問名嫁娶進人口移徙安床解除求醫療病療目針刺修造動土豎柱上梁開市立券交易開倉庫出貨財修置產室開渠穿井【布政事出師營建宮室】	●庚子時 ●辛丑時 ●甲辰時 ●乙巳時 ●丁未時 ◎庚戌時	辛亥時 四大吉時 庚子時 壬寅時 甲辰時 丙午時 庚戌時	日家奇遁陰遁壬申吉方兌方休門青龍紫白九星年七赤月一白日四綠	壬申日，白露中元，陰三局；乙巳時坤方地遁1雲遁7龍遁2重詐；丙午時乾方地遁2人遁3重詐；丁未時坤方人遁2風遁6鬼遁2真詐；辛亥時兌方地遁2鬼遁5重詐、中宮青龍返首；	寅年生人屬虎忌用此日倉庫爐外西南
2011/9/15 星期四	吉神：月恩四相官日六儀益後除神玉堂鳴吠 凶神：月建小時土府月刑厭對招搖五離	辛卯年 八月 十八日 農曆神煞 短星，天休廢，天地凶敗	辛卯年 丁酉月 癸酉日 劍鋒金 白露 建日 義日 斗宿	宜：祭祀沐浴掃舍宇　忌：祈福求嗣上冊受封上表章襲爵受封會親友冠帶出行上官赴任臨政親民結婚姻納采問名嫁娶進人口移徙安床解除剃頭整手足甲求醫療病裁衣築堤防修造動土豎柱上梁修倉庫鼓鑄經絡醞釀開市立券交易納財開倉庫出貨財修置產室開渠穿井安碓磑補垣塞穴修飾垣牆平治道塗破屋壞垣伐木取魚乘船渡水栽種牧養納畜破土安葬啟攢【頒詔招賢宣政事布政事營建宮室】	◎壬子時 ●甲寅時 ◎乙卯時 ○丙辰時 ●戊午時 ◎己未時 ◎辛酉時	癸丑時 四大吉時 壬子時 甲寅時 丙辰時 庚申時 壬戌時	日家奇遁陰遁癸酉吉方乾方休門青龍紫白九星年七赤月一白日三碧	癸酉日，白露中元，陰三局；壬子時巽方地遁2風遁2重詐；癸丑時坎方地遁2重詐；乙卯時坎方地遁2人遁1休詐；丁巳時離方地遁2人遁1雲遁1休詐；壬戌時中宮青龍返首；	卯年生人屬兔忌用此日房床門外西南

日期節日	吉神凶神○	農曆	干支	用事宜忌○	協記吉時	貴登天門	日家奇門	時家奇門遁甲	忌用
2011/9/16 星期五	吉神：月空母倉守日吉期續世 凶神：月害血忌天牢	辛卯年 八月 十九日 農曆神煞小空亡，短星，四不祥	辛卯年 丁酉月 甲戌日 山頭火 白露 除日 制日 牛宿	宜：祭祀襲爵受封出行上官赴任臨政親民解除沐浴剃頭整手足甲掃舍宇栽種【施恩封拜舉正直】忌：祈福求嗣上冊受封上表章會親友結婚姻納采問名嫁娶進人口求醫療病針刺修倉庫經絡醞釀開市立券交易納財開倉庫出貨財修置產室牧養納畜破土安葬啟攢【慶賜賞賀】	●丙寅時 ◎戊辰時 ●己巳時 ◎壬申時 ◎癸酉時 ●乙亥時	癸酉時 四大吉時 甲子時 丙寅時 庚午時 壬申時 甲戌時	日家奇遁陰遁甲戌吉方坎方生門太乙紫白九星年七赤月一白日二黑	甲戌日，白露下元，陰六局；甲子時艮方重詐；丙寅時艮方青龍返首、巽方風遁3重詐；己巳時乾方飛鳥跌穴、震方人遁1休詐；庚午時坤方重詐；壬申時乾方飛鳥跌穴重詐；	辰年生人屬龍忌用此日門雞栖外西南
2011/9/17 星期六	吉神：月德合相日驛馬天后天巫福德要安 凶神：五虛大煞重日元武	辛卯年 八月 二十日 農曆神煞赤口	辛卯年 丁酉月 乙亥日 山頭火 白露 滿日 義日 女宿	宜：祭祀祈福求嗣上冊受封上表章襲爵受封會親友出行上官赴任臨政親民結婚姻納采問名進人口移徙解除沐浴求醫療病裁衣修造動土豎柱上梁修倉庫經絡開市立券交易納財開倉庫出貨財補垣塞穴牧養納畜【頒詔覃恩肆赦施恩惠恤孤惸宣政事行惠愛雪冤枉緩刑獄慶賜賞賀營建宮室修宮室繕城郭】 忌：嫁娶畋獵取魚栽種	●丁丑時 ●庚辰時 ◎壬午時 ◎癸未時 ●丙戌時 ◎丁亥時	甲申時 四大吉時 丙子時 庚辰時 壬午時 甲申時 丙戌時	日家奇遁陰遁乙亥吉方坎方生門天乙紫白九星年七赤月一白日一白	乙亥日，白露下元，陰六局；戊寅時艮方青龍返首；庚辰時乾方飛鳥跌穴；甲申時艮方人遁2真詐；丙戌時乾方飛鳥跌穴；	巳年生人屬蛇忌用此日碓磨床外西南
2011/9/18 星期日	吉神：時德陽德民日玉宇司命鳴吠對 凶神：河魁死神天吏致死往亡觸水龍	辛卯年 八月 二十一日 農曆神煞	辛卯年 丁酉月 丙子日 澗下水 白露 平日 伐日 虛宿	宜：祭祀沐浴修飾垣牆平治道塗【施恩惠恤孤惸行惠愛雪冤枉緩刑獄】 忌：祈福求嗣上冊受封上表章襲爵受封會親友冠帶出行上官赴任臨政親民結婚姻納采問名嫁娶進人口移徙安床解除求醫療病裁衣築堤防修造動土豎柱上梁修倉庫鼓鑄經絡醞釀開市立券交易納財開倉庫出貨財修置產室開渠穿井捕捉畋獵取魚乘船渡水栽種牧養納畜破土安葬啟攢【頒詔招賢宣政事布政事安撫邊境選將訓兵出師營建宮室】	●戊子時 ●己丑時 ◎辛卯時 ◎甲午時 ◎丙申時 ◎丁酉時	乙未時 四大吉時 庚寅時 壬辰時 甲午時 丙申時	日家奇遁陰遁丙子吉方離方生門天乙紫白九星年七赤月一白日九紫	丙子日，白露下元，陰六局；己丑時艮方青龍返首；壬辰時艮方青龍返首、巽方人遁2真詐；丁酉時艮方青龍返首；	午年生人屬馬忌用此日倉庫廁外正西
2011/9/19 星期一	吉神：母倉三合時陰金堂 凶神：死氣勾陳	辛卯年 八月 二十二日 農曆神煞龍禁，六壬空	辛卯年 丁酉月 丁丑日 澗下水 白露 定日 寶日 危宿	宜：會親友結婚姻納采問名嫁娶進人口裁衣修造動土豎柱上梁修倉庫經絡醞釀立券交易納財安碓磑牧養納畜【慶賜賞賀修宮室繕城郭】 忌：冠帶解除剃頭求醫療病修置產室栽種【安撫邊境選將訓兵出師】	◎壬寅時 ◎癸卯時 ●乙巳時 ◎戊申時 ◎庚戌時 ●辛亥時	乙巳時 四大吉時 庚子時 壬寅時 甲辰時 丙午時 庚戌時	日家奇遁陰遁丁丑吉方離方生門太陰紫白九星年七赤月一白日八白	丁丑日，白露下元，陰六局；庚子時坤方鬼遁3重詐；辛丑時離方鬼遁3重詐；癸卯時乾方飛鳥跌穴天遁4；戊申時艮方青龍返首；庚戌時乾方飛鳥跌穴天遁4；	未年生人屬羊忌用此日房床爐外正西

日期節日	吉神凶神○	農曆	干支	用事宜忌○	協記吉時	貴登天門	日家奇門	時家奇門遁甲	忌用
2011/9/20 星期二	吉神：解神五合青龍 凶神：劫煞小耗歸忌	辛卯年 八月 二十三日 農曆神煞大空亡，月忌	辛卯年 丁酉月 戊寅日 城頭土 白露 執日 伐日 室宿	宜：沐浴捕捉　忌：祭祀祈福求嗣上冊受封上表章襲爵受封會親友冠帶出行上官赴任臨政親民結婚姻納采問名嫁娶進人口移徙遠迴安床解除剃頭整手足甲求醫療病裁衣築堤防修造動土豎柱上梁修倉庫鼓鑄經絡醞釀開市立券交易納財開倉庫出貨財修置產室開渠穿井安碓磑補垣塞穴修飾垣牆破屋壞垣栽種牧養納畜破土安葬啟攢【頒詔施恩封拜招賢舉正直宣政事布政事慶賜賞賀安撫邊境選將訓兵出師營建宮室修宮室繕城郭】	◎壬子時 ◎癸丑時 ●丙辰時 ◎丁巳時 ●己未時 ◎壬戌時	乙卯時 辛酉時 四大吉時 壬子時 甲寅時 丙辰時 庚申時 壬戌時	日家奇遁陰遁戊寅吉方巽方休門軒轅 紫白九星 年七赤 月一白 日七赤	戊寅日，白露下元，陰六局；乙卯時乾方飛鳥跌穴；辛酉時艮方青龍返首；	申年生人屬猴忌用此日占大門外正西
2011/9/21 星期三	吉神：天恩五合明堂 凶神：月破大耗災煞天火月厭陰陽衝道地火五虛	辛卯年 八月 二十四日 農曆神煞	辛卯年 丁酉月 己卯日 城頭土 白露 破日 伐日 壁宿	宜：【覃恩肆赦施恩惠恤孤惸行惠愛雪冤枉緩刑獄】　忌：諸事不宜【頒詔施恩封拜招賢舉正直宣政事安撫邊境選將訓兵出師營建宮室修宮室繕城郭】	◎甲子時 ●丙寅時 ●丁卯時 ●庚午時 ●辛未時 ◎癸酉時	戊辰時 四大吉時 甲子時 丙寅時 庚午時 壬申時 甲戌時	日家奇遁陰遁己卯吉方震方休門軒轅 紫白九星 年七赤 月一白 日六白	己卯日，秋分上元，陰七局；甲子時坎方龍遁４鬼遁３重詐；丙寅時離方青龍返首、兌方鬼遁３重詐；丁卯時兌方飛鳥跌穴天遁３人遁２真詐；庚午時巽方人遁２虎遁６真詐；辛未時坤方鬼遁３重詐；壬申時離方鬼遁３重詐；癸酉時乾方風遁６鬼遁３重詐；甲戌時艮方地遁２人遁３風遁４重詐；乙亥時兌方飛鳥跌穴人遁１休詐；	酉年生人屬雞忌用此日碓磨栖外正西
2011/9/22 星期四	吉神：月德天恩母倉天願六合敬安 凶神：月煞月虛四擊天刑；秋分前一日四離	辛卯年 八月 二十五日 農曆神煞	辛卯年 丁酉月 庚辰日 白蠟金 白露 危日 義日 奎宿	宜：祭祀解除【覃恩肆赦施恩惠恤孤惸行惠愛雪冤枉緩刑獄】 忌：【修宮室】	●戊寅時 ◎庚辰時 ●辛巳時 ◎甲申時 ◎乙酉時 ●丁亥時	己卯時 乙酉時 四大吉時 丙子時 庚辰時 壬午時 甲申時 丙戌時	日家奇遁陰遁庚辰吉方巽方生門太乙 紫白九星 年七赤 月一白 日五黃	庚辰日，秋分上元，陰七局；丁丑時震方地遁２鬼遁５重詐；己卯時艮方地遁２重詐；庚辰時離方青龍返首；壬午時乾方人遁１休詐；癸未時乾方地遁１鬼遁５重詐、離方青龍返首；	戌年生人屬狗忌用此日碓磨栖外正西
2011/9/23 星期五 17時37分 【酉時】 交秋分氣 八月氣 丁酉月	太陽過黃經一八○度，陽光直射赤道，晝夜平分【斗指己為秋分，南北兩半球晝夜均分，又適當秋之半，故名秋分】								

日期節日	吉神凶神○	農曆	干支	用事宜忌○	協記吉時	貴登天門	日家奇門	時家奇門遁甲	忌用
2011/9/23 星期五 17時37分 【酉時】 交秋分氣 八月氣 丁酉月	吉神：天恩三合臨日天喜天醫不將普護 凶神：復日重日朱雀　； 秋分	辛卯年 八月 二十六日 農曆神煞 龍禁，赤口	辛卯年 丁酉月 辛巳日 白蠟金 秋分 成日 伐日 婁宿	宜：祭祀祈福襲爵受封會親友入學求醫療病裁衣築堤防修造動土豎柱上梁修倉庫經絡開納財安碓磑栽種牧養納畜【覃恩肆赦施恩封拜施恩惠恤孤惸行惠愛雪冤枉緩刑獄修宮室缮城郭】　忌：出行醞釀破土安葬啟攢【選將訓兵出師】	●己丑時 ◎壬辰時 ○癸巳時 ●甲午時 ●乙未時 ●戊戌時 ◎己亥時	丁酉時 四大吉時 庚寅時 癸巳時 丙申時 己亥時	日家奇遁 陰遁辛巳 吉方震方 休門太乙 紫白九星 年七赤 月一白 日四綠	辛巳日，秋分上元，陰七局；己丑時兌方飛鳥跌穴天遁４；辛卯時離方青龍返首；甲午時坎方人遁１休詐、艮方地遁２人遁２風遁４真詐；乙未時離方青龍返首、兌方人遁１休詐；丙申時艮方人遁１休詐；丁酉時坤方人遁１休詐、兌方地遁２人遁２虎遁７真詐；	亥年 生人 屬豬 忌用 此日 廚灶 床外 正西
2011/9/24 星期六	吉神：天恩四相不將福生金匱鳴吠 凶神：天罡大時大敗咸池天賊九坎九焦	辛卯年 八月 二十七日 農曆神煞 瘟星入，小空亡，楊公忌日	辛卯年 丁酉月 壬午日 楊柳木 秋分 收日 制日 胃宿	宜：祭祀捕捉【覃恩肆赦施恩惠恤孤惸行惠愛雪冤枉緩刑獄】 忌：祈福求嗣上冊受封上表章襲爵受封會親友冠帶出行上官赴任臨政親民結婚姻納采問名嫁娶進人口移徙安床解除求醫療病裁衣築堤防修造動土豎柱上梁修倉庫鼓鑄苫蓋經絡醞釀開市立券交易納財開倉庫出貨財修置產室開渠穿井補垣塞穴取魚乘船渡水栽種牧養納畜破土安葬啟攢【頒詔招賢宣政事安撫邊境選將訓兵出師營建宮室】	◎庚子時 ◎辛丑時 ◎癸卯時 ◎丙午時 ○丁未時 ◎戊申時 ◎己酉時	庚戌時 四大吉時 壬寅時 乙巳時 戊申時 辛亥時	日家奇遁 陰遁壬午 吉方坤方 休門太乙 紫白九星 年七赤 月一白 日三碧	壬午日，秋分上元，陰七局；庚子時震方人遁１休詐、兌方飛鳥跌穴；癸卯時兌方飛鳥跌穴；甲辰時坎方人遁４真詐；乙巳時巽方重詐；丙午時兌方飛鳥跌穴重詐；丁未時震方重詐、離方青龍返首；戊申時坎方天遁１重詐；己酉時坤方人遁２鬼遁２真詐；	子年 生人 屬鼠 忌用 此日 倉庫 碓外 西北
2011/9/25 星期日	吉神：天恩母倉月恩四相陰德時陽生氣天倉不將寶光 凶神：五虛九空土符觸水龍；白露後十八日氣往亡	辛卯年 八月 二十八日 農曆神煞 四不祥，六壬空	辛卯年 丁酉月 癸未日 楊柳木 秋分 開日 伐日 昴宿	宜：祭祀祈福求嗣襲爵受封會親友入學出行結婚姻納采問名解除裁衣豎柱上梁牧養納畜【覃恩肆赦施恩封拜舉正直施恩惠恤孤惸布政事行惠愛雪冤枉緩刑獄慶賜賞賀】　忌：進人口求醫療病築堤防修造動土修倉庫開市立券交易納財開倉庫出貨財修置產室開渠穿井安碓磑補垣修飾垣牆平治道塗破屋壞垣伐木畋獵取魚乘船渡水栽種破土【安撫邊境選將訓兵出師營建宮室】【行幸遣使】捕捉	●甲寅時 ●乙卯時 ○丙辰時 ●丁巳時 ◎庚申時 ◎壬戌時 ◎癸亥時	壬子時 四大吉時 甲寅時 丁巳時 庚申時 癸亥時	日家奇遁 陰遁癸未 吉方坤方 休門天乙 紫白九星 年七赤 月一白 日二黑	癸未日，秋分上元，陰七局；癸丑時乾方重詐；己未時兌方飛鳥跌穴；辛酉時離方青龍返首；	丑年 生人 屬牛 忌用 此日 房床 廁外 西北
2011/9/26 星期一	吉神：月空王日天馬五富不將聖心除神鳴吠 凶神：遊禍血支五離白虎	辛卯年 八月 二十九日 農曆神煞	辛卯年 丁酉月 甲申日 泉中水 秋分 閉日 伐日 畢宿	宜：祭祀沐浴剃頭整手足甲裁衣築堤防經絡醞釀納財補垣塞穴掃舍宇栽種牧養納畜破土安葬【覃恩肆赦施恩惠恤孤惸行惠愛雪冤枉緩刑獄】　忌：祈福求嗣上冊受封上表章襲爵受封會親友出行上官赴任臨政親民結婚姻納采問名嫁娶進人口移徙安床解除求醫療病療目針刺修造動土豎柱上梁開市立券交易開倉庫出貨財修置產室開渠穿井【施恩封拜布政事出師營建宮室修宮室】	●甲子時 ●乙丑時 ○丙寅時 ●戊辰時 ●己巳時 ◎辛未時 ●甲戌時	丙寅時 壬申時 四大吉時 丙寅時 己巳時 壬申時 乙亥時	日家奇遁 陰遁甲申 吉方離方 開門太乙 紫白九星 年七赤 月一白 日一白	甲申日，秋分中元，陰一局；丙寅時震方青龍返首；丁卯時坤方風遁５重詐；己巳時兌方虎遁６重詐；庚午時巽方天遁１重詐；辛未時坎方飛鳥跌穴、巽方地遁２人遁１風遁２休詐；壬申時離方地遁１人遁１休詐；癸酉時乾方重詐；	寅年 生人 屬虎 忌用 此日 占門 爐外 西北

日期節日	吉神凶神○	農曆	干支	用事宜忌○	協記吉時	貴登天門	日家奇門	時家奇門遁甲	忌用
2011/9/27 星期二	吉神：月德合官日六儀益後除神玉堂鳴吠 凶神：月建小時土府月刑厭對招搖五離	辛卯年 九月 初一日 農曆神煞 赤口	辛卯年 丁酉月 乙酉日 泉中水 秋分 建日 伐日 觜宿	宜：祭祀沐浴掃舍宇【覃恩肆赦施恩惠恤孤惸行惠愛雪冤枉緩刑獄】　忌：會親友求醫療病築堤防修造動土修倉庫修置產室開渠穿井安碓磑補垣修飾垣牆平治道塗破屋壞垣伐木畋獵取魚栽種破土【布政事修宮室】	●丙子時 ●戊寅時 ◎己卯時 ◎壬午時 ◎癸未時 ○甲申時 ◎乙酉時 ○丁亥時	己卯時 癸未時 四大吉時 戊寅時 辛巳時 甲申時 丁亥時	日家奇遁陰遁乙酉吉方坎方休門太陰紫白九星年七赤月一白日九紫	乙酉日，秋分中元，陰一局；丙子時坎方飛鳥跌穴；庚辰時乾方人遁2真詐；辛巳時震方青龍返首；壬午時坤方人遁2真詐；丁亥時震方青龍返首、坤方雲遁4鬼遁3重詐；	卯年生人屬兔忌用此日碓磨門外西北
2011/9/28 星期三 孔子誕辰紀念日 教師節	吉神：母倉守日吉期續世 凶神：月害血忌天牢	辛卯年 九月 初二日 農曆神煞 小空亡，龍禁，四方耗	辛卯年 丁酉月 丙戌日 屋上土 秋分 除日 寶日 參宿	宜：祭祀襲爵受封出行上官赴任臨政親民解除沐浴剃頭整手足甲掃舍宇栽種【施恩封拜舉正直】忌：祈福求嗣上冊受封上表章會親友結婚姻納采問名嫁娶進人口求醫療病針刺修倉庫經絡醞釀開市立券交易納財開倉庫出貨財修置產室牧養納畜破土安葬啟攢【慶賜賞賀】	○戊子時 ●庚寅時 ◎壬辰時 ◎癸巳時 ●丙申時 ◎丁酉時 ○戊戌時 ●己亥時	甲午時 四大吉時 庚寅時 癸巳時 丙申時 己亥時	日家奇遁陰遁丙戌吉方艮方生門天乙紫白九星年七赤月一白日八白	丙戌日，秋分中元，陰一局；戊子時震方鬼遁3重詐；庚寅時巽方鬼遁3重詐；辛卯時坎方鬼遁3重詐；壬辰時坎方飛鳥跌穴；癸巳時乾方鬼遁3重詐；乙未時震方人遁1休詐；丙申時乾方人遁1休詐；戊戌時震方青龍返首、坤方人遁1休詐；己亥時坎方飛鳥跌穴天遁3；	辰年生人屬龍忌用此日廚灶栖外西北
2011/9/29 星期四	吉神：相日驛馬天后天巫福德要安 凶神：五虛八符大煞重日元武	辛卯年 九月 初三日 農曆神煞 長星，六壬空，天地凶敗	辛卯年 丁酉月 丁亥日 屋上土 秋分 滿日 伐日 井宿	宜：祭祀祈福上冊受封上表章會親友出行進人口移徙沐浴裁衣經絡開市立券交易納財補垣塞穴【慶賜賞賀修宮室繕城郭】忌：襲爵受封上官赴任臨政親民結婚姻納采問名嫁娶剃頭求醫療病修倉庫開倉庫出貨財取魚乘船渡水破土安葬啟攢【施恩封拜招賢舉正直安撫邊境選將訓兵出師】	●辛丑時 ●甲辰時 ◎丙午時 ◎丁未時 ○己酉時 ●庚戌時 ◎辛亥時	甲辰時 四大吉時 壬寅時 乙巳時 戊申時 辛亥時	日家奇遁陰遁丁亥吉方坎方休門青龍紫白九星年七赤月一白日七赤	丁亥日，秋分中元，陰一局；壬寅時離方人遁1風遁6休詐；乙巳時坎方飛鳥跌穴；己酉時震方地遁2人遁2真詐；庚戌時震方青龍返首；	巳年生人屬蛇忌用此日倉庫床外西北
2011/9/30 星期五	吉神：時德陽德民日玉宇司命 凶神：河魁死神天吏致死往亡	辛卯年 九月 初四日 農曆神煞 四不祥，長星	辛卯年 丁酉月 戊子日 霹靂火 秋分 平日 制日 鬼宿	宜：祭祀沐浴修飾垣牆平治道塗【施恩惠恤孤惸行惠愛雪冤枉緩刑獄】　忌：祈福求嗣上冊受封上表章襲爵受封會親友冠帶出行上官赴任臨政親民結婚姻納采問名嫁娶進人口移徙安床解除求醫療病裁衣築堤防修造動土豎柱上梁修倉庫鼓鑄經絡醞釀開市立券交易納財開倉庫出貨財修置產室開渠穿井捕捉畋獵取魚栽種牧養納畜破土安葬啟攢【頒詔招賢宣政事布政事安撫邊境選將訓兵出師營建宮室】	◎壬子時 ◎癸丑時 ◎乙卯時 ◎戊午時 ●庚申時 ●辛酉時	四大吉時 甲寅時 丁巳時 庚申時 癸亥時	日家奇遁陰遁戊子吉方離方休門青龍紫白九星年七赤月一白日六白	戊子日，秋分中元，陰一局；癸丑時坎方飛鳥跌穴；丁巳時坎方飛鳥跌穴人遁1休詐、艮方人遁2鬼遁2真詐；壬戌時震方青龍返首；	午年生人屬馬忌用此日房床碓外正北

日期節日	吉神凶神○	農曆	干支	用事宜忌○	協記吉時	貴登天門	日家奇門	時家奇門遁甲	忌用
2011/10/1 星期六	吉神：母倉三合時陰金堂 凶神：死氣勾陳	辛卯年 九月 初五日 農曆神煞月忌	辛卯年 丁酉月 己丑日 霹靂火 秋分 定日 專日 柳宿	宜：會親友結婚姻納采問名嫁娶進人口裁衣修造動土豎柱上梁修倉庫經絡醞釀立券交易納財安碓磑牧養納畜【慶賜賞賀修宮室繕城郭】　忌：冠帶解除求醫療病修置產室栽種【安撫邊境選將訓兵出師】	○甲子時 ●丙寅時 ●丁卯時 ●己巳時 ◎壬申時 ◎甲戌時 ◎乙亥時	丁卯時 四大吉時 丙寅時 己巳時 壬申時 乙亥時	日家奇遁陰遁己丑吉方巽方開門太乙紫白九星年七赤月一白日五黃	己丑日，秋分下元，陰四局；丙寅時乾方青龍返首、巽方飛鳥跌穴天遁3；甲戌時乾方人遁1休詐；乙亥時震方人遁1休詐；	未年生人屬羊忌用此日占門廁外正北
2011/10/2 星期日	吉神：月德解神五合青龍鳴吠對 凶神：劫煞小耗歸忌	辛卯年 九月 初六日 農曆神煞大空亡	辛卯年 丁酉月 庚寅日 松柏木 秋分 執日 制日 星宿	宜：沐浴捕捉【覃恩肆赦施恩惠恤孤惸行惠愛雪冤枉緩刑獄】 忌：祭祀移徙遠迴求醫療病修倉庫經絡開市立券交易納財開倉庫出貨財畋獵取魚【布政事修宮室】	◎丙子時 ●丁丑時 ●庚辰時 ◎辛巳時 ◎癸未時 ◎丙戌時	四大吉時 戊寅時 辛巳時 甲申時 丁亥時	日家奇遁陰遁庚寅吉方巽方開門天乙紫白九星年七赤月一白日四綠	庚寅日，秋分下元，陰四局；丁丑時乾方青龍返首、巽方飛鳥跌穴天遁3人遁1休詐；戊寅時坎方人遁1虎遁6休詐；壬午時艮方人遁1休詐；甲申時乾方重詐；	申年生人屬猴忌用此日碓磨爐外正北
2011/10/3 星期一	吉神：五合明堂鳴吠對 凶神：月破大耗災煞天火月厭地火五虛復日大會	辛卯年 九月 初七日 農曆神煞赤口，四不祥	辛卯年 丁酉月 辛卯日 松柏木 秋分 破日 制日 張宿	忌：諸事不宜【頒詔施恩封拜招賢舉正直宣政事布政事慶賜賞賀安撫邊境選將訓兵出師營建宮室修宮室繕城郭】	◎戊子時 ●庚寅時 ●辛卯時 ○癸巳時 ◎甲午時 ◎乙未時 ◎丁酉時	丁酉時 四大吉時 庚寅時 癸巳時 丙申時 己亥時	日家奇遁陰遁辛卯吉方震方生門天乙紫白九星年七赤月一白日三碧	辛卯日，秋分下元，陰四局；庚寅時乾方重詐；壬辰時兌方天遁1重詐；癸巳時乾方青龍返首、巽方飛鳥跌穴；	酉年生人屬雞忌用此日廚灶門外正北
2011/10/4 星期二	吉神：母倉四相六合不將敬安 凶神：月煞月虛四擊天刑	辛卯年 九月 初八日 農曆神煞龍禁	辛卯年 丁酉月 壬辰日 長流水 秋分 危日 伐日 翼宿	宜：祭祀　忌：上冊受封上表章求醫療病開渠【頒詔招賢宣政事布政事安撫邊境選將訓兵出師營建宮室】	◎壬寅時 ◎甲辰時 ●乙巳時 ◎戊申時 ●己酉時 ●辛亥時	庚戌時 四大吉時 壬寅時 乙巳時 戊申時 辛亥時	日家奇遁陰遁壬辰吉方坎方開門太乙紫白九星年七赤月一白日二黑	壬辰日，秋分下元，陰四局；庚子時巽方人遁4真詐；壬寅時乾方青龍返首、巽方飛鳥跌穴；丙午時艮方鬼遁3重詐；庚戌時乾方鬼遁3重詐；辛亥時乾方青龍返首、震方風遁6鬼遁3重詐、巽方飛鳥跌穴；	戌年生人屬狗忌用此日倉庫栖外正北

日期節日	吉神凶神○	農曆	干支	用事宜忌○	協記吉時	貴登天門	日家奇門	時家奇門遁甲	忌用
2011/10/5 星期三 老人節	吉神：天恩四相三合臨日天喜天醫不將普護 凶神：重日朱雀	辛卯年 九月 初九日 農曆神煞 六壬空	辛卯年 丁酉月 癸巳日 長流水 秋分 成日 制日 軫宿	宜：祭祀祈福求嗣上冊受封上表章襲爵受封會親友入學上官赴任臨政親民結婚姻納采問名嫁娶進人口移徙解除求醫療病裁衣築堤防修造動土豎柱上梁修倉庫經絡醞釀開市立券交易納財開倉庫出貨財安碓磑栽種牧養納畜【覃恩肆赦施恩封拜舉正直施恩惠恤孤惸布政事行惠愛雪冤枉緩刑獄慶賜賞賀安撫邊境修宮室繕城郭】 忌：出行破土安葬啟攢	◎癸丑時 ○乙卯時 ●丙辰時 ○丁巳時 ◎戊午時 ◎己未時 ◎壬戌時 ◎癸亥時	壬子時 四大吉時 甲寅時 丁巳時 庚申時 癸亥時	日家奇遁 陰遁癸巳 吉方坎方 開門天乙 紫白九星 年七赤 月一白 日一白	癸巳日，秋分下元，陰四局；乙卯時乾方青龍返首、巽方飛鳥跌穴；丁巳時巽方人遁１休詐；庚申時乾方青龍返首、巽方飛鳥跌穴天遁４風遁３真詐；	亥年 生人 屬豬 忌用 此日 占房 床房 內北
2011/10/6 星期四	吉神：月空不將福生金匱鳴吠 凶神：天罡大時大敗咸池天賊九坎九焦	辛卯年 九月 初十日 農曆神煞 小空亡	辛卯年 丁酉月 甲午日 沙中金 秋分 收日 寶日 角宿	宜：祭祀捕捉　忌：祈福求嗣上冊受封上表章襲爵受封會親友冠帶出行上官赴任臨政親民結婚姻納采問名嫁娶進人口移徙安床解除求醫療病裁衣築堤防修造動土豎柱上梁修倉庫鼓鑄苫蓋經絡醞釀開市立券交易納財開倉庫出貨財修置產室開渠穿井補垣塞穴取魚乘船渡水栽種牧養納畜破土安葬啟攢【頒詔施恩封拜招賢舉正直宣政事布政事慶賜賞賀安撫邊境選將訓兵出師營建宮室修宮室繕城郭】	◎甲子時 ◎乙丑時 ○丙寅時 ●丁卯時 ◎庚午時 ○辛未時 ◎壬申時 ◎癸酉時	丙寅時 壬申時 四大吉時 丙寅時 己巳時 壬申時 乙亥時	日家奇遁 陰遁甲午 吉方乾方 生門軒轅 紫白九星 年七赤 月一白 日九紫	甲午日，寒露上元，陰六局；甲子時艮方重詐；丙寅時艮方青龍返首、巽方風遁３重詐；己巳時乾方飛鳥跌穴、震方人遁１休詐；庚午時坤方重詐；壬申時乾方飛鳥跌穴重詐；	子年 生人 屬鼠 忌用 此日 占房 碓房 內北
2011/10/7 星期五	吉神：月德合母倉陰德時陽生氣天倉寶光 凶神：五虛九空土符	辛卯年 九月 十一日 農曆神煞	辛卯年 丁酉月 乙未日 沙中金 秋分 開日 制日 亢宿	宜：祭祀祈福求嗣上冊受封上表章襲爵受封會親友入學出行上官赴任臨政親民結婚姻納采問名嫁娶進人口移徙解除裁衣豎柱上梁開市納財牧養納畜【頒詔覃恩肆赦施恩封拜招賢舉正直施恩惠恤孤惸宣政事行惠愛雪冤枉緩刑獄慶賜賞賀安撫邊境選將訓兵出師】　忌：求醫療病築堤防修造動土修倉庫修置產室開渠穿井安碓磑補垣修飾垣牆平治道塗破屋壞垣伐木畋獵取魚栽種破土	●戊寅時 ●己卯時 ◎辛巳時 ●甲申時 ●丙戌時 ●丁亥時	己卯時 癸未時 四大吉時 戊寅時 辛巳時 甲申時 丁亥時	日家奇遁 陰遁乙未 吉方兌方 休門太乙 紫白九星 年七赤 月一白 日八白	乙未日，寒露上元，陰六局；戊寅時艮方青龍返首；庚辰時乾方飛鳥跌穴；甲申時艮方人遁２真詐；丙戌時乾方飛鳥跌穴；	丑年 生人 屬牛 忌用 此日 碓磨 廁房 內北
2011/10/8 星期六 23時57分 【夜子】 交寒露節 節前使用 為丁酉月	吉神：王日天馬五富聖心除神鳴吠 凶神：遊禍血支地囊五離白虎	辛卯年 九月 十二日 農曆神煞 短星	辛卯年 丁酉月 丙申日 山下火 秋分 閉日 制日 氐宿	宜：祭祀沐浴剃頭整手足甲裁衣經絡醞釀納財掃舍宇牧養納畜安葬【覃恩肆赦施恩惠恤孤惸行惠愛雪冤枉緩刑獄安撫邊境選將訓兵】　忌：祈福求嗣上冊受封上表章襲爵受封會親友出行上官赴任臨政親民結婚姻納采問名嫁娶進人口移徙安床解除求醫療病療目針刺築堤防修造動土豎柱上梁修倉庫開市立券交易開倉庫出貨財修置產室開渠穿井安碓磑補垣修飾垣牆平治道塗破屋壞垣栽種破土【施恩封拜布政事出師營建宮室修宮室繕城郭】	●戊子時 ●己丑時 ◎壬辰時 ◎癸巳時 ●乙未時 ○丙申時 ●戊戌時	甲午時 四大吉時 庚寅時 癸巳時 丙申時 己亥時	日家奇遁 陰遁丙申 吉方乾方 生門太乙 紫白九星 年七赤 月一白 日七赤	丙申日，寒露上元，陰六局；己丑時艮方青龍返首；壬辰時艮方青龍返首、巽方人遁２真詐；丁酉時艮方青龍返首；	寅年 生人 屬虎 忌用 此日 廚灶 爐房 內北

日期節日	吉神凶神○	農曆	干支	用事宜忌○	協記吉時	貴登天門	日家奇門	時家奇門遁甲	忌用
2011/10/8 星期六 23時57分 【夜子】 交寒露節 九月節 戊戌月	太陽過黃經一九五度，夜露寒意沁心【斗指甲為寒露，斯時露寒而且將欲凝結，故名寒露】			寒露九月節天道南行宜向南行宜修造南方；天德在丙天德合在辛月德在丙月德合在辛月空在壬宜修造取土；月建在戌月破在辰月厭在寅月刑在未月害在酉劫煞在亥災煞在子月煞在丑忌修造取土；三日四七日長星、十六日十七日短星；寒露後二十七日往亡、土王用事後忌修造動土巳午日添母倉；霜降九月中日躔在卯宮為九月將宜用癸乙丁辛時；					
2011/10/8 星期六 23時57分 【夜子】 交寒露節 節後使用為戊戌月	吉神：天德月德王日驛馬天后時陽生氣六儀金堂除神金匱鳴吠 凶神：厭對招搖五離	辛卯年 九月 十二日 農曆神煞 短星	辛卯年 戊戌月 丙申日 山下火 寒露 開日 制日 氐宿	宜：祭祀祈福求嗣上冊受封上表章襲爵受封會親友入學出行上官赴任臨政親民結婚姻納采問名嫁娶移徙解除沐浴剃頭整手足甲求醫療病裁衣修造動土豎柱上梁修倉庫開市修置產室開渠穿井安碓磑掃舍宇栽種牧養納畜【頒詔覃恩肆赦施恩封拜招賢舉正直施恩惠恤孤惸宣政事行惠愛雪冤枉緩刑獄安撫邊境選將訓兵出師營建宮室繕城郭】 忌：安床伐木畋獵取魚	●戊子時 ●己丑時 ◎壬辰時 ◎癸巳時 ●乙未時 ○丙申時 ●戊戌時	甲午時 四大吉時 庚寅時 癸巳時 丙申時 己亥時	日家奇遁 陰遁丙申 吉方乾方 生門太乙 紫白九星 年七赤 月九紫 日七赤	丙申日，寒露上元，陰六局；己丑時艮方青龍返首；壬辰時艮方青龍返首、巽方人遁２真詐；丁酉時艮方青龍返首；	寅年生人屬虎忌用此日廚灶爐房內北
2011/10/9 星期日	吉神：官日除神寶光鳴吠 凶神：月害天吏致死血支五離	辛卯年 九月 十三日 農曆神煞 赤口	辛卯年 戊戌月 丁酉日 山下火 寒露 閉日 制日 房宿	宜：沐浴整手足甲補垣塞穴掃舍宇 忌：祈福求嗣上冊受封上表章襲爵受封會親友冠帶出行上官赴任臨政親民結婚姻納采問名嫁娶進人口移徙安床解除剃頭求醫療病療目針刺築堤防修造動土豎柱上梁修倉庫經絡醞釀開市立券交易納財開倉庫出貨財修置產室開渠穿井栽種牧養納畜破土安葬啟攢【頒詔施恩封拜招賢舉正直宣政事布政事慶賜賞賀安撫邊境選將訓兵出師營建宮室修宮室繕城郭】	●庚子時 ◎壬寅時 ◎癸卯時 ●丙午時 ●丁未時 ◎己酉時 ○辛亥時	甲辰時 四大吉時 壬寅時 乙巳時 戊申時 辛亥時	日家奇遁 陰遁丁酉 吉方兌方 開門太陰 紫白九星 年七赤 月九紫 日六白	丁酉日，寒露上元，陰六局；庚子時坤方鬼遁３重詐；辛丑時離方鬼遁３重詐；癸卯時乾方飛鳥跌穴天遁４；戊申時艮方青龍返首；庚戌時乾方飛鳥跌穴天遁４；	卯年生人屬兔忌用此日倉庫門房內北
2011/10/10 星期一 國慶紀念日	吉神：母倉守日天馬 凶神：月建小時土府復日白虎小會孤陽	辛卯年 九月 十四日 農曆神煞 月忌，龍禁，天乙絕氣，大空亡	辛卯年 戊戌月 戊戌日 平地木 寒露 建日 專日 心宿	宜：【施恩封拜】 忌：諸事不宜【營建宮室修宮室繕城郭】	◎甲寅時 ○乙卯時 ◎丙辰時 ◎丁巳時 ●庚申時 ◎辛酉時 ◎癸亥時	四大吉時 甲寅時 丁巳時 庚申時 癸亥時	日家奇遁 陰遁戊戌 吉方乾方 休門太陰 紫白九星 年七赤 月九紫 日五黃	戊戌日，寒露上元，陰六局；乙卯時乾方飛鳥跌穴；辛酉時艮方青龍返首；	辰年生人屬龍忌用此日房床栖房內南

日期節日	吉神凶神○	農曆	干支	用事宜忌○	協記吉時	貴登天門	日家奇門	時家奇門遁甲	忌用
2011/10/11 星期二	吉神：相日吉期五富敬安玉堂 凶神：劫煞五虛土符重日	辛卯年 九月 十五日 農曆神煞六壬空	辛卯年 戊戌月 己亥日 平地木 寒露 除日 制日 尾宿	宜：沐浴掃舍宇　忌：祈福求嗣上冊受封上表章會親友冠帶結婚姻納采問名嫁娶進人口移徙安床求醫療病裁衣築堤防修造動土豎柱上梁修倉庫鼓鑄開倉庫出貨財修置產室開渠穿井安碓磑補垣塞穴修飾垣牆平治道塗破屋壞垣栽種破土安葬啟攢【頒詔招賢宣政事布政事慶賜賞賀安撫邊境選將訓兵出師營建宮室修宮室繕城郭】	◎乙丑時 ○丙寅時 ◎戊辰時 ●庚午時 ●辛未時 ●甲戌時 ◎乙亥時	丁卯時 四大吉時 丙寅時 己巳時 壬申時 乙亥時	日家奇遁陰遁己亥吉方兌方開門青龍紫白九星年七赤月九紫日四綠	己亥日，寒露中元，陰九局；乙丑時兌方人遁2鬼遁2真詐；丙寅時巽方人遁2鬼遁2真詐、坤方青龍返首；戊辰時震方人遁2鬼遁2真詐；己巳時乾方人遁4真詐；壬申時坤方青龍返首；癸酉時艮方人遁2風遁6鬼遁2真詐、離方飛鳥跌穴；乙亥時離方飛鳥跌穴天遁4；	巳年生人屬蛇忌用此日占門床房內南
2011/10/12 星期三	吉神：月恩時德民日天巫福德普護鳴吠對 凶神：災煞天火四忌九虎大煞歸忌天牢	辛卯年 九月 十六日 農曆神煞短星，四不祥，天地凶敗	辛卯年 戊戌月 庚子日 壁上土 寒露 滿日 寶日 箕宿	宜：祭祀沐浴　忌：祈福求嗣上冊受封上表章襲爵受封會親友冠帶出行上官赴任臨政親民結婚姻納采問名嫁娶進人口移徙遠迴安床解除剃頭整手足甲求醫療病裁衣築堤防修造動土豎柱上梁修倉庫鼓鑄苫蓋經絡醞釀開市立券交易納財開倉庫出貨財修置產室開渠穿井安碓磑補垣塞穴修飾垣牆破屋壞垣栽種牧養納畜破土安葬啟攢【頒詔招賢宣政事布政事安撫邊境選將訓兵出師營建宮室】	◎丙子時 ●丁丑時 ◎己卯時 ◎壬午時 ●甲申時 ●乙酉時	四大吉時 戊寅時 辛巳時 甲申時 丁亥時	日家奇遁陰遁庚子吉方巽方休門太陰紫白九星年七赤月九紫日三碧	庚子日，寒露中元，陰九局；丁丑時坤方青龍返首；甲申時坎方地遁2重詐；乙酉時震方地遁2人遁3重詐；丙戌時乾方地遁2雲遁1重詐、離方飛鳥跌穴；丁亥時離方地遁2鬼遁5重詐；	午年生人屬馬忌用此日占碓磨房內南
2011/10/13 星期四	吉神：天德合月德合母倉福生 凶神：天罡死神月煞月虛地囊元武	辛卯年 九月 十七日 農曆神煞瘟星入，短星	辛卯年 戊戌月 辛丑日 壁上土 寒露 平日 義日 斗宿	宜：祭祀【覃恩肆赦施恩惠恤孤惸行惠愛雪冤枉緩刑獄】　忌：祈福求嗣上冊受封上表章襲爵受封會親友冠帶出行上官赴任臨政親民結婚姻納采問名嫁娶進人口移徙安床解除剃頭整手足甲求醫療病裁衣築堤防修造動土豎柱上梁修倉庫鼓鑄經絡醞釀開市立券交易納財開倉庫出貨財修置產室開渠穿井安碓磑補垣塞穴修飾垣牆平治道塗破屋壞垣畋獵取魚栽種牧養納畜破土安葬啟攢【布政事修宮室】	●庚寅時 ●辛卯時 ◎癸巳時 ●丙申時 ◎戊戌時 ●己亥時	丁酉時 四大吉時 庚寅時 癸巳時 丙申時 己亥時	日家奇遁陰遁辛丑吉方震方開門太陰紫白九星年七赤月九紫日二黑	辛丑日，寒露中元，陰九局；辛卯時坤方青龍返首；壬辰時離方飛鳥跌穴天遁3；乙未時坤方青龍返首；	未年生人屬羊忌用此日廚灶廁房內南
2011/10/14 星期五	吉神：月空四相陽德三合臨日時陰五合司命鳴吠對 凶神：月厭地火死氣九坎九焦了戾	辛卯年 九月 十八日 農曆神煞小空亡	辛卯年 戊戌月 壬寅日 金箔金 寒露 定日 寶日 牛宿	宜：【施恩惠恤孤惸行惠愛雪冤枉緩刑獄】　忌：祭祀祈福求嗣上冊受封上表章襲爵受封會親友冠帶出行上官赴任臨政親民結婚姻納采問名嫁娶進人口移徙遠迴安床解除剃頭整手足甲求醫療病裁衣築堤防修造動土豎柱上梁修倉庫鼓鑄經絡醞釀開市立券交易納財開倉庫出貨財修置產室開渠穿井安碓磑補垣塞穴修飾垣牆平治道塗破屋壞垣伐木取魚乘船渡水栽種牧養納畜破土安葬啟攢【頒詔招賢宣政事布政事安撫邊境選將訓兵出師營建宮室】	●庚子時 ●辛丑時 ◎甲辰時 ◎乙巳時 ●丁未時 ●庚戌時 ○辛亥時	庚戌時 四大吉時 壬寅時 乙巳時 戊申時 辛亥時	日家奇遁陰遁壬寅吉方巽方休門青龍紫白九星年七赤月九紫日一白	壬寅日，寒露中元，陰九局；庚子時離方飛鳥跌穴天遁4真詐；癸卯時艮方人遁2真詐；乙巳時坤方人遁1休詐；丁未時乾方人遁1休詐；戊申時離方飛鳥跌穴天遁3；己酉時兌方人遁1休詐；庚戌時巽方人遁1休詐、坤方青龍返首；	申年生人屬猴忌用此日倉庫爐房內南

日期節日	吉神凶神○	農曆	干支	用事宜忌○	協記吉時	貴登天門	日家奇門	時家奇門遁甲	忌用
2011/10/15 星期六	吉神：四相六合不將聖心五合鳴吠對 凶神：大時大敗咸池小耗五虛勾陳	辛卯年 九月 十九日 農曆神煞赤口，四不祥	辛卯年 戊戌月 癸卯日 金箔金 寒露 執日 寶日 女宿	宜：祭祀祈福求嗣襲爵受封會親友出行上官赴任臨政親民結婚姻納采問名嫁娶進人口移徙解除求醫療病裁衣修造動土豎柱上梁經絡醞釀捕捉畋獵栽種牧養納畜破土安葬啟攢【慶賜賞賀】 忌：修倉庫開市立券交易納財開倉庫出貨財穿井【招賢安撫邊境選將訓兵出師營建宮室】	◎壬子時 ●甲寅時 ●乙卯時 ●戊午時 ◎己未時 ◎辛酉時	壬子時 四大吉時 甲寅時 丁巳時 庚申時 癸亥時	日家奇遁 陰遁癸卯 吉方艮方 開門太乙 紫白九星 年七赤 月九紫 日九紫	癸卯日，寒露中元，陰九局；壬子時震方人遁1休詐；癸丑時坎方人遁1休詐；甲寅時坎方人遁1地遁2休詐；丙辰時震方人遁1地遁2休詐；丁巳時離方飛鳥跌穴天遁4重詐；戊午時坤方青龍返首；己未時兌方人遁1地遁2休詐；庚申時巽方人遁1地遁2風遁2休詐；辛酉時離方人遁1地遁2休詐；壬戌時震方人遁1地遁2休詐；癸亥時坎方人遁1地遁2休詐；	酉年生人屬雞忌用此日房床門房內南
2011/10/16 星期日	吉神：母倉益後解神青龍 凶神：月破大耗四擊九空往亡	辛卯年 九月 二十日 農曆神煞瘟星出，龍禁	辛卯年 戊戌月 甲辰日 覆燈火 寒露 破日 制日 虛宿	宜：祭祀解除沐浴破屋壞垣 忌：祈福求嗣上冊受封上表章襲爵受封會親友冠帶出行上官赴任臨政親民結婚姻納采問名嫁娶進人口移徙安床剃頭整手足甲求醫療病裁衣築堤防修造動土豎柱上梁修倉庫鼓鑄經絡醞釀開市立券交易納財開倉庫出貨財修置產室開渠穿井安碓磑補垣塞穴修飾垣牆伐木捕捉畋獵取魚栽種牧養納畜破土安葬啟攢【頒詔施恩封拜招賢舉正直宣政事布政事慶賜賞賀安撫邊境選將訓兵出師營建宮室修宮室繕城郭】	◎丙寅時 ◎戊辰時 ●己巳時 ◎壬申時 ◎癸酉時 ●乙亥時	丙寅時 壬申時 四大吉時 丙寅時 己巳時 壬申時 乙亥時	日家奇遁 陰遁甲辰 吉方艮方 開門天乙 紫白九星 年七赤 月九紫 日八白	甲辰日，寒露下元，陰三局；甲子時乾方人遁1休詐；丙寅時中宮青龍返首；戊辰時乾方人遁1休詐；己巳時中宮青龍返首；庚午時坤方人遁1風遁6休詐；甲戌時乾方鬼遁3重詐；	戌年生人屬狗忌用此日門雞棲房內東
2011/10/17 星期一	吉神：陰德續世明堂 凶神：遊禍天賊血忌重日	辛卯年 九月 二十一日 農曆神煞六壬空	辛卯年 戊戌月 乙巳日 覆燈火 寒露 危日 寶日 危宿	宜：祭祀安床畋獵【施恩惠恤孤惸行惠愛雪冤枉緩刑獄安撫邊境選將訓兵】 忌：祈福求嗣出行解除求醫療病針刺修倉庫開倉庫出貨財栽種破土安葬啟攢	●丁丑時 ●庚辰時 ◎壬午時 ◎癸未時 ○甲申時 ●丙戌時 ◎丁亥時	己卯時 癸未時 四大吉時 戊寅時 辛巳時 甲申時 丁亥時	日家奇遁 陰遁乙巳 吉方艮方 開門太陰 紫白九星 年七赤 月九紫 日七赤	乙巳日，寒露下元，陰三局；丙子時乾方鬼遁3重詐；丁丑時坤方地遁1人遁2真詐；己卯時巽方地遁2人遁2風遁2真詐；庚辰時中宮青龍返首；辛巳時兌方鬼遁3重詐；癸未時坎方龍遁4鬼遁3重詐；乙酉時中宮青龍返首；	亥年生人屬豬忌用此日碓磨床房內東
2011/10/18 星期二	吉神：天德月德三合天喜天醫天倉要安鳴吠 凶神：天刑	辛卯年 九月 二十二日 農曆神煞天休廢，大空亡	辛卯年 戊戌月 丙午日 天河水 寒露 成日 專日 室宿	宜：祭祀祈福求嗣上冊受封上表章襲爵受封會親友入學出行上官赴任臨政親民結婚姻納采問名嫁娶進人口移徙解除求醫療病裁衣築堤防修造動土豎柱上梁修倉庫經絡醞釀開市立券交易納財安碓磑栽種牧養納畜破土安葬【頒詔覃恩肆赦施恩封拜招賢舉正直施恩惠恤孤惸宣政事行惠愛雪冤枉緩刑獄慶賜賞賀營建宮室修宮室繕城郭】 忌：苫蓋畋獵取魚	◎戊子時 ◎己丑時 ◎辛卯時 ◎甲午時 ●丙申時 ●丁酉時	甲午時 四大吉時 庚寅時 癸巳時 丙申時 己亥時	日家奇遁 陰遁丙午 吉方兌方 生門太陰 紫白九星 年七赤 月九紫 日六白	丙午日，寒露下元，陰三局；丁酉時中宮青龍返首；	子年生人屬鼠忌用此日廚灶碓房內東

日期節日	吉神凶神○	農曆	干支	用事宜忌○	協記吉時	貴登天門	日家奇門	時家奇門遁甲	忌用
2011/10/19 星期三	吉神：母倉玉宇 凶神：河魁月刑五虛八風八專朱雀	辛卯年 九月 二十三日 農曆神煞 月忌	辛卯年 戊戌月 丁未日 天河水 寒露 收日 寶日 壁宿	宜：捕捉畋獵　忌：祈福求嗣上冊受封上表章襲爵受封會親友冠帶出行上官赴任臨政親民結婚姻納采問名嫁娶進人口移徙安床解除剃頭整手足甲求醫療病裁衣築堤防修造動土豎柱上梁修倉庫鼓鑄經絡醞釀開市立券交易納財開倉庫出貨財修置產室開渠穿井安碓磑補垣塞穴修飾垣牆破屋壞垣取魚乘船渡水栽種牧養納畜破土安葬啟攢【頒詔施恩封拜招賢舉正直宣政事布政事慶賜賞賀安撫邊境選將訓兵出師營建宮室修宮室繕城郭】	◎壬寅時 ◎癸卯時 ●乙巳時 ○丙午時 ●戊申時 ○己酉時 ●庚戌時 ●辛亥時	甲辰時 四大吉時 壬寅時 乙巳時 戊申時 辛亥時	日家奇遁陰遁丁未吉方坤方休門軒轅紫白九星年七赤月九紫日五黃	丁未日，寒露下元，陰三局；乙巳時坤方地遁1雲遁7龍遁2重詐；丙午時乾方地遁2人遁3重詐；丁未時坤方人遁2風遁6鬼遁2真詐；辛亥時兌方地遁2鬼遁5重詐、中宮青龍返首；	丑年生人屬牛忌用此日倉庫廁房內東
2011/10/20 星期四	吉神：天赦王日驛馬天后時陽生氣六儀金堂除神金匱鳴吠 凶神：厭對招搖復日五離	辛卯年 九月 二十四日 農曆神煞	辛卯年 戊戌月 戊申日 大驛土 寒露 開日 寶日 奎宿	宜：祭祀祈福求嗣上冊受封上表章襲爵受封會親友入學出行上官赴任臨政親民結婚姻納采問名嫁娶移徙解除沐浴整手足甲求醫療病裁衣修造動土豎柱上梁修倉庫開市修置產室穿井安碓磑掃舍宇栽種牧養納畜【頒詔覃恩肆赦施恩封拜招賢舉正直施恩惠恤孤惸宣政事行惠愛雪冤枉緩刑獄安撫邊境選將訓兵營建宮室修宮室繕城郭】　忌：安床伐木畋獵取魚	◎壬子時 ◎癸丑時 ●丙辰時 ●丁巳時 ●己未時 ○庚申時 ◎壬戌時	 四大吉時 甲寅時 丁巳時 庚申時 癸亥時	日家奇遁陰遁戊申吉方兌方生門青龍紫白九星年七赤月九紫日四綠	戊申日，寒露下元，陰三局；壬子時巽方地遁2風遁2重詐；癸丑時坎方地遁2重詐；乙卯時坎方地遁2人遁1休詐；丁巳時離方地遁2人遁1雲遁1休詐；壬戌時中宮青龍返首；	寅年生人屬虎忌用此日房床爐房內東
2011/10/21 星期五 華僑節	吉神：天恩官日除神寶光鳴吠 凶神：月害天吏致死血支五離　；土王用事18	辛卯年 九月 二十五日 農曆神煞 赤口，楊公忌日	辛卯年 戊戌月 己酉日 大驛土 寒露 閉日 寶日 婁宿	宜：沐浴剃頭整手足甲塞穴掃舍宇【覃恩肆赦施恩惠恤孤惸行惠愛雪冤枉緩刑獄】　忌：祈福求嗣上冊受封上表章襲爵受封會親友冠帶出行上官赴任臨政親民結婚姻納采問名嫁娶進人口移徙安床解除求醫療病療目針刺築堤防修造動土豎柱上梁修倉庫經絡醞釀開市立券交易納財開倉庫出貨財修置產室開渠穿井栽種牧養納畜破土安葬啟攢【頒詔施恩封拜招賢舉正直宣政事安撫邊境選將訓兵出師營建宮室修宮室繕城郭】安碓磑修飾垣牆平治道塗破屋壞垣	●甲子時 ◎丙寅時 ◎丁卯時 ●庚午時 ●辛未時 ◎癸酉時	丁卯時 四大吉時 丙寅時 己巳時 壬申時 乙亥時	日家奇遁陰遁己酉吉方乾方開門青龍紫白九星年七赤月九紫日三碧	己酉日，霜降上元，陰五局；甲子時乾方地遁2鬼遁5重詐；庚午時離方地遁2重詐；壬申時震方地遁2重詐；癸酉時中宮飛鳥跌穴；甲戌時艮方人遁2鬼遁2真詐；	卯年生人屬兔忌用此日占大門外東北
2011/10/22 星期六	吉神：天恩母倉月恩守日天馬 凶神：月建小時土府白虎陽錯　；土王用事17	辛卯年 九月 二十六日 農曆神煞 小空亡，龍禁	辛卯年 戊戌月 庚戌日 釵釧金 寒露 建日 義日 胃宿	宜：祭祀襲爵受封會親友出行上官赴任臨政親民移徙裁衣納財牧養納畜【覃恩肆赦施恩封拜招賢舉正直施恩惠恤孤惸宣政事布政事行惠愛雪冤枉緩刑獄慶賜賞賀安撫邊境選將訓兵出師】　忌：祈福求嗣上冊受封上表章結婚姻納采問名解除剃頭整手足甲求醫療病築堤防修造動土豎柱上梁修倉庫經絡開倉庫出貨財修置產室開渠穿井安碓磑補垣修飾垣牆平治道塗破屋壞垣伐木栽種破土安葬啟攢【營建宮室】【修宮室繕城郭】	◎戊寅時 ◎庚辰時 ●辛巳時 ●甲申時 ◎乙酉時 ●丁亥時	 四大吉時 戊寅時 辛巳時 甲申時 丁亥時	日家奇遁陰遁庚戌吉方坎方休門太乙紫白九星年七赤月九紫日二黑	庚戌日，霜降上元，陰五局；庚辰時中宮飛鳥跌穴；甲申時乾方地遁2人遁1休詐；乙酉時離方地遁2人遁1休詐；丁亥時中宮飛鳥跌穴；	辰年生人屬龍忌用此日碓磨栖外東北

日期節日	吉神凶神○	農曆	干支	用事宜忌○	協記吉時	貴登天門	日家奇門	時家奇門遁甲	忌用
2011/10/23 星期日	吉神：天德合月德合天恩相日吉期五富敬安玉堂 凶神：劫煞四窮九虎五虛土符重日　；土王用事16	辛卯年 九月 二十七日 農曆神煞天休廢，六壬空	辛卯年 戊戌月 辛亥日 釵釧金 寒露 除日 寶日 昴宿	宜：祭祀祈福求嗣上冊受封上表章襲爵受封會親友出行上官赴任臨政親民移徙解除沐浴剃頭整手足甲裁衣豎柱上梁經絡掃舍宇牧養納畜【覃恩肆赦施恩惠恤孤惸行惠愛雪冤枉緩刑獄】　忌：結婚姻納采問名嫁娶進人口求醫療病築堤防修造動土修倉庫醞釀開市立券交易納財開倉庫出貨財修置產室開渠穿井安碓磑補垣塞穴修飾垣牆平治道塗破屋壞垣畋獵取魚栽種破土安葬【修宮室】【營建宮室繕城郭】	●己丑時 ◎壬辰時 ●甲午時 ●乙未時 ●戊戌時 ●己亥時	丁酉時 四大吉時 庚寅時 癸巳時 丙申時 己亥時	日家奇遁陰遁辛亥吉方坎方休門天乙紫白九星年七赤月九紫日一白	辛亥日，霜降上元，陰五局；辛卯時震方地遁２人遁１休詐；癸巳時艮方地遁２人遁１風遁４休詐；甲午時乾方地遁２鬼遁５重詐；丙申時坎方地遁２人遁３重詐；丁酉時巽方地遁１風遁２雲遁６鬼遁５重詐；	巳年生人屬蛇忌用此日廚灶房外東北
2011/10/24 星期一 00時05分【早子】交霜降氣九月氣戊戌月	太陽過黃經二一○度，露結成霜【斗指己為霜降，氣肅，露凝結為霜而下降，故名霜降】								
2011/10/24 星期一 00時05分【早子】交霜降氣九月氣戊戌月	吉神：月空天恩四相時德民日天巫福德普護鳴吠對 凶神：災煞天火大煞歸忌天牢　；土王用事15	辛卯年 九月 二十八日 農曆神煞四不祥	辛卯年 戊戌月 壬子日 桑柘木 霜降 滿日 專日 畢宿	宜：祭祀沐浴【覃恩肆赦施恩惠恤孤惸行惠愛雪冤枉緩刑獄】 忌：祈福求嗣上冊受封上表章襲爵受封會親友冠帶出行上官赴任臨政親民結婚姻納采問名嫁娶進人口移徙遠迴安床解除剃頭整手足甲求醫療病裁衣築堤防修造動土豎柱上梁修倉庫鼓鑄苫蓋經絡醞釀開市立券交易納財開倉庫出貨財修置產室開渠穿井安碓磑補垣塞穴修飾垣牆破屋壞垣栽種牧養納畜破土安葬啟攢【頒詔招賢宣政事安撫邊境選將訓兵出師營建宮室】【修宮室繕城郭】平治道塗	●庚子時 ●辛丑時 ◎癸卯時 ◎丙午時 ◎戊申時 ●己酉時	己酉時 四大吉時 辛丑時 癸卯時 乙巳時 丁未時 辛亥時	日家奇遁陰遁壬子吉方離方休門天乙紫白九星年七赤月九紫日三碧	壬子日，霜降上元，陰五局；辛丑時乾方地遁２人遁３重詐；癸卯時中宮飛鳥跌穴；乙巳時坤方人遁２虎遁６真詐、中宮飛鳥跌穴天遁３；丁未時乾方人遁２真詐；辛亥時巽方人遁２真詐；	午年生人屬馬忌用此日倉庫碓外東北
2011/10/25 星期二 臺灣光復節	吉神：天恩母倉四相福生 凶神：天罡死神月煞月虛八專觸水龍元武；土王用事14	辛卯年 九月 二十九日 農曆神煞	辛卯年 戊戌月 癸丑日 桑柘木 霜降 平日 伐日 觜宿	宜：【覃恩肆赦施恩惠恤孤惸行惠愛雪冤枉緩刑獄】　忌：諸事不宜【頒詔招賢宣政事安撫邊境選將訓兵出師營建宮室】【修宮室繕城郭】築堤防修造動土修倉庫修置產室開渠穿井安碓磑補垣修飾垣牆平治道塗破屋壞垣栽種破土	◎甲寅時 ◎乙卯時 ○丙辰時 ●丁巳時 ●庚申時 ◎壬戌時 ◎癸亥時	辛酉時 癸亥時 四大吉時 癸丑時 乙卯時 丁巳時 辛酉時 癸亥時	日家奇遁陰遁癸丑吉方離方休門太陰紫白九星年七赤月九紫日二黑	癸丑日，霜降上元，陰五局；壬子時兌方人遁２真詐；甲寅時艮方人遁１休詐；乙卯時離方人遁１休詐；丙辰時巽方人遁１風遁６休詐；丁巳時巽方重詐；戊午時震方人遁１休詐；己未時坎方人遁１休詐、中宮飛鳥跌穴；庚申時乾方人遁１休詐；辛酉時震方人遁１休詐；壬戌時坤方人遁１休詐；癸亥時艮方人遁１休詐；	未年生人屬羊忌用此日占房廁外東北

日期節日	吉神凶神○	農曆	干支	用事宜忌○	協記吉時	貴登天門	日家奇門	時家奇門遁甲	忌用
2011/10/26 星期三	吉神：陽德三合臨日時陰五合司命鳴吠對 凶神：月厭地火死氣四廢九坎九焦八專孤辰陰錯　；土王用事13	辛卯年 九月 三十日 農曆神煞 大空亡	辛卯年 戊戌月 甲寅日 大溪水 霜降 定日 專日 參宿	宜：【施恩惠恤孤惸行惠愛雪冤枉緩刑獄】　忌：祭祀祈福求嗣上冊受封上表章襲爵受封會親友冠帶出行上官赴任臨政親民結婚姻納采問名嫁娶進人口移徙遠迴安床解除剃頭整手足甲求醫療病裁衣築堤防修造動土豎柱上梁修倉庫鼓鑄經絡醞釀開市立券交易納財開倉庫出貨財修置產室開渠穿井安碓磑補垣塞穴修飾垣牆平治道塗破屋壞垣伐木取魚乘船渡水栽種牧養納畜破土安葬啟攢【頒詔施恩封拜招賢舉正直宣政事布政事安撫邊境選將訓兵出師營建宮室】【修宮室繕城郭】	◎甲子時 ◎乙丑時 ○丙寅時 ●戊辰時 ◎己巳時 ●辛未時 ●甲戌時	乙丑時 辛未時 四大吉時 乙丑時 丁卯時 辛未時 癸酉時 乙亥時	日家奇遁陰遁甲寅吉方巽方開門軒轅紫白九星年七赤月九紫日一白	甲寅日，霜降中元，陰八局；丙寅時坎方青龍返首；癸酉時艮方飛鳥跌穴天遁3；甲戌時坎方重詐；乙亥時震方地遁2人遁2真詐；	申年生人屬猴忌用此日占門爐外東北
2011/10/27 星期四	吉神：六合聖心五合鳴吠對 凶神：大時大敗咸池小耗四廢五虛勾陳 ；土王用事12	辛卯年 十月 初一日 農曆神煞 長星，小空亡，天地凶敗	辛卯年 戊戌月 乙卯日 大溪水 霜降 執日 專日 井宿	宜：祭祀捕捉畋獵　忌：祈福求嗣上冊受封上表章襲爵受封會親友冠帶出行上官赴任臨政親民結婚姻納采問名嫁娶進人口移徙安床解除求醫療病裁衣築堤防修造動土豎柱上梁修倉庫鼓鑄經絡醞釀開市立券交易納財開倉庫出貨財修置產室開渠穿井安碓磑補垣塞穴修飾垣牆取魚乘船渡水栽種牧養納畜破土安葬啟攢【頒詔施恩封拜招賢舉正直宣政事布政事慶賜賞賀安撫邊境選將訓兵出師營建宮室修宮室缮城郭】平治道塗破屋壞垣	◎丙子時 ●戊寅時 ●己卯時 ◎壬午時 ◎癸未時 ○甲申時 ◎乙酉時 ○丙戌時	戊寅時 壬午時 四大吉時 丁丑時 辛巳時 癸未時 乙酉時 丁亥時	日家奇遁陰遁乙卯吉方震方生門軒轅紫白九星年七赤月九紫日九紫	乙卯日，霜降中元，陰八局；丁丑時坎方青龍返首；戊寅時巽方風遁3重詐；己卯時坎方重詐；庚辰時艮方飛鳥跌穴天遁4重詐；辛巳時乾方重詐、坎方青龍返首；丙戌時艮方飛鳥跌穴、坤方地遁2人遁1休詐；丁亥時震方地遁2人遁1休詐；	酉年生人屬雞忌用此日碓磨門外正東
2011/10/28 星期五	吉神：天德月德母倉益後解神青龍 凶神：月破大耗四擊九空往亡　；土王用事11	辛卯年 十月 初二日 農曆神煞 六壬空，龍禁	辛卯年 戊戌月 丙辰日 沙中土 霜降 破日 寶日 鬼宿	宜：祭祀解除沐浴【覃恩肆赦施恩惠恤孤惸行惠愛雪冤枉緩刑獄】　忌：祈福求嗣上冊受封上表章襲爵受封會親友冠帶出行上官赴任臨政親民結婚姻納采問名嫁娶進人口移徙安床剃頭整手足甲求醫療病裁衣築堤防修造動土豎柱上梁修倉庫鼓鑄經絡醞釀開市立券交易納財開倉庫出貨財修置產室開渠穿井安碓磑補垣塞穴修飾垣牆伐木捕捉畋獵取魚栽種牧養納畜破土安葬啟攢【布政事修宮室】【營建宮室繕城郭】平治道塗	●庚寅時 ◎壬辰時 ◎癸巳時 ●丙申時 ●丁酉時 ●己亥時	辛卯時 癸巳時 四大吉時 辛卯時 癸巳時 乙未時 丁酉時	日家奇遁陰遁丙辰吉方艮方休門青龍紫白九星年七赤月九紫日八白	丙辰日，霜降中元，陰八局；戊子時乾方人遁2鬼遁2真詐、兌方地遁1人遁1休詐；己丑時坎方青龍返首龍遁3；庚寅時離方地遁2人遁1休詐；辛卯時震方地遁2人遁1休詐、巽方人遁2鬼遁2真詐；壬辰時坎方地遁2人遁1休詐；癸巳時乾方地遁2人遁1休詐、坎方人遁4真詐；乙未時坎方青龍返首；己亥時艮方飛鳥跌穴；	戌年生人屬狗忌用此日廚灶棲外正東
2011/10/29 星期六	吉神：陰德續世明堂　；母倉 凶神：遊禍天賊血忌重日 ；土王用事10	辛卯年 十月 初三日 農曆神煞 四方耗	辛卯年 戊戌月 丁巳日 沙中土 霜降 危日 專日 柳宿	宜：祭祀安床畋獵【施恩惠恤孤惸行惠愛雪冤枉緩刑獄】納財牧養納畜　忌：祈福求嗣出行解除剃頭求醫療病針刺修倉庫開倉庫出貨財破土安葬啟攢【出師】【營建宮室修宮室繕城郭】築堤防修造動土修置產室開渠穿井安碓磑補垣修飾垣牆平治道塗破屋壞垣	◎辛丑時 ●甲辰時 ●丙午時 ●丁未時 ○己酉時 ●庚戌時 ◎辛亥時	癸卯時 四大吉時 辛丑時 癸卯時 乙巳時 丁未時 辛亥時	日家奇遁陰遁丁巳吉方震方生門太乙紫白九星年七赤月九紫日七赤	丁巳日，霜降中元，陰八局；甲辰時坎方人遁1休詐；乙巳時艮方飛鳥跌穴、兌方風遁6鬼遁3重詐；丙午時震方鬼遁3重詐；庚戌時離方人遁1休詐；	亥年生人屬豬忌用此日倉庫床外正東

日期節日	吉神凶神○	農曆	干支	用事宜忌○	協記吉時	貴登天門	日家奇門	時家奇門遁甲	忌用
2011/10/30 星期日	吉神：三合天喜天醫天倉不將要安　；母倉 凶神：復日天刑　；土王用事9	辛卯年 十月 初四日 農曆神煞天休廢，四不祥	辛卯年 戊戌月 戊午日 天上火 霜降 成日 義日 星宿	宜：襲爵受封會親友入學出行上官赴任臨政親民結婚姻納采問名嫁娶進人口移徙求醫療病裁衣豎柱上梁經絡醞釀開市立券交易納財安碓磑納畜【施恩封拜舉正直慶賜賞賀安撫邊境】牧養　忌：苫蓋安葬啟攢破土【營建宮室】修置產室開渠穿井安碓磑補垣修飾垣牆平治道塗破屋壞垣	◎壬子時 ◎癸丑時 ●乙卯時 ◎戊午時 ○己未時 ●庚申時 ●辛酉時	四大吉時 癸丑時 乙卯時 丁巳時 辛酉時 癸亥時	日家奇遁 陰遁戊午 吉方乾方 生門青龍 紫白九星 年七赤 月九紫 日六白	戊午日，霜降中元，陰八局；癸丑時乾方人遁1休詐、坎方青龍返首；丁巳時巽方人遁2真詐；戊午時坎方青龍返首；壬戌時艮方飛鳥跌穴真詐；	子年生人屬鼠忌用此日房床碓外正東
2011/10/31 星期一 先總統蔣公誕辰紀念日 榮民節	吉神：母倉玉宇 凶神：河魁月刑五虛八專朱雀　；土王用事8	辛卯年 十月 初五日 農曆神煞大空亡，月忌	辛卯年 戊戌月 己未日 天上火 霜降 收日 專日 張宿	宜：捕捉畋獵　忌：祈福求嗣上冊受封上表章襲爵受封會親友冠帶出行上官赴任臨政親民結婚姻納采問名嫁娶進人口移徙安床解除剃頭整手足甲求醫療病裁衣築堤防修造動土豎柱上梁修倉庫鼓鑄經絡醞釀開市立券交易納財開倉庫出貨財修置產室開渠穿井安碓磑補垣塞穴修飾垣牆破屋壞垣栽種牧養納畜破土安葬啟攢【頒詔施恩封拜招賢舉正直宣政事布政事慶賜賞賀安撫邊境選將訓兵出師營建宮室修宮室繕城郭】平治道塗	●丙寅時 ●丁卯時 ●己巳時 ○庚午時 ○辛未時 ◎壬申時 ●甲戌時 ◎乙亥時	四大吉時 乙丑時 丁卯時 辛未時 癸酉時 乙亥時	日家奇遁 陰遁己未 吉方坤方 開門天乙 紫白九星 年七赤 月九紫 日五黃	己未日，霜降下元，陰二局；丙寅時坎方地遁1人遁1休詐、巽方青龍返首；戊辰時震方地遁2人遁1休詐；庚午時艮方地遁2人遁1風遁4雲遁1休詐；辛未時乾方人遁2真詐、兌方人遁1地遁2休詐；癸酉時坤方飛鳥跌穴；乙亥時離方地遁2重詐、坤方飛鳥跌穴天遁3；	丑年生人屬牛忌用此日占門廁外正東
2011/11/1 星期二 商人節	吉神：月恩王日驛馬天后時陽生氣六儀金堂除神金匱鳴吠 凶神：厭對招搖五離八專；土王用事7	辛卯年 十月 初六日 農曆神煞赤口	辛卯年 戊戌月 庚申日 石榴木 霜降 開日 專日 翼宿	宜：祭祀祈福求嗣上冊受封上表章襲爵受封入學出行上官赴任臨政親民移徙解除沐浴剃頭整手足甲求醫療病裁衣豎柱上梁開市開倉庫出貨財掃舍宇牧養【頒詔覃恩肆赦施恩封拜招賢舉正直施恩惠恤孤惸宣政事行惠愛雪冤枉緩刑獄】　忌：會親友結婚姻納采問名嫁娶安床經絡立券交易伐木畋獵取魚乘船渡水【營建宮室】築堤防修倉庫補垣修飾垣牆平治道塗破屋壞垣破土	◎丙子時 ◎丁丑時 ●庚辰時 ●辛巳時 ◎癸未時 ○甲申時 ◎丙戌時	四大吉時 丁丑時 辛巳時 癸未時 乙酉時 丁亥時	日家奇遁 陰遁庚申 吉方坤方 開門太陰 紫白九星 年七赤 月九紫 日四綠	庚申日，霜降下元，陰二局；丁丑時乾方地遁2人遁3重詐；戊寅時乾方地遁2重詐；辛巳時巽方地遁2人遁3風遁2重詐；壬午時巽方青龍返首；癸未時艮方地遁2人遁3風遁4雲遁1重詐；乙酉時巽方青龍返首；	寅年生人屬虎忌用此日碓磨爐外東南
2011/11/2 星期三	吉神：天德合月德合官日除神寶光鳴吠 凶神：月害天吏致死血支五離　；土王用事6	辛卯年 十月 初七日 農曆神煞四不祥	辛卯年 戊戌月 辛酉日 石榴木 霜降 閉日 專日 軫宿	宜：祭祀沐浴剃頭整手足甲裁衣塞穴掃舍宇【覃恩肆赦施恩惠恤孤惸行惠愛雪冤枉緩刑獄】 忌：會親友求醫療病療目針刺醞釀畋獵取魚【布政事修宮室】【營建宮室繕城郭】築堤防修造動土修倉庫修置產室開渠穿井安碓磑修飾垣牆平治道塗破屋壞垣栽種破土	◎戊子時 ●庚寅時 ◎辛卯時 ●甲午時 ●乙未時 ◎丁酉時	四大吉時 辛卯時 癸巳時 乙未時 丁酉時	日家奇遁 陰遁辛酉 吉方坎方 生門太陰 紫白九星 年七赤 月九紫 日三碧	辛酉日，霜降下元，陰二局；壬辰時坤方飛鳥跌穴天遁3；乙未時離方重詐；丙申時坤方飛鳥跌穴天遁4風遁5重詐；己亥時震方重詐；	卯年生人屬兔忌用此日廚灶門外東南

日期節日	吉神凶神○	農曆	干支	用事宜忌○	協記吉時	貴登天門	日家奇門	時家奇門遁甲	忌用
2011/11/3 星期四	吉神：月空母倉四相守日天馬 凶神：月建小時土府白虎；土王用事5、寒露後二十七日氣往亡	辛卯年 十月 初八日 農曆神煞六壬空，龍禁	辛卯年 戊戌月 壬戌日 大海水 霜降 建日 伐日 角宿	宜：祭祀祈福求嗣上表章襲爵受封會親友出行上官赴任臨政親民結婚姻納采問名移徙解除求醫療病裁衣豎柱上梁納財開倉庫出貨財牧養納畜【施恩封拜舉正直慶賜賞賀】　忌：築堤防修造動土修倉庫修置產室開渠穿井安碓磑補垣修飾垣牆平治道塗破屋壞垣伐木栽種破土【營建宮室】【修宮室繕城郭】	◎壬寅時 ◎甲辰時 ●乙巳時 ◎戊申時 ◎己酉時 ●辛亥時	己酉時 四大吉時 辛丑時 癸卯時 乙巳時 丁未時 辛亥時	日家奇遁陰遁壬戌吉方兌方開門太乙紫白九星年七赤月九紫日二黑	壬戌日，霜降下元，陰二局；癸卯時艮方虎遁6重詐、巽方青龍返首；丙午時坎方人遁1休詐；己酉時坤方飛鳥跌穴；庚戌時艮方人遁1休詐、巽方青龍返首；辛亥時兌方人遁1休詐；	辰年生人屬龍忌用此日倉庫栖外東南
2011/11/4 星期五	吉神：四相相日吉期五富敬安玉堂 凶神：劫煞五虛土符重日；土王用事4	辛卯年 十月 初九日 農曆神煞天休廢，小空亡	辛卯年 戊戌月 癸亥日 大海水 霜降 除日 專日 亢宿	宜：祭祀沐浴掃舍宇　　忌：上冊受封上表章嫁娶求醫療病築堤防修造動土修倉庫開倉庫出貨財修置產室開渠穿井安碓磑補垣修飾垣牆平治道塗破屋壞垣栽種破土安葬啟攢【頒詔招賢宣政事布政事營建宮室】	◎癸丑時 ○乙卯時 ●丙辰時 ●戊午時 ◎己未時 ◎壬戌時 ◎癸亥時	辛酉時 癸亥時 四大吉時 癸丑時 乙卯時 丁巳時 辛酉時 癸亥時	日家奇遁陰遁癸亥吉方乾方休門太乙紫白九星年七赤月九紫日一白	癸亥日，霜降下元，陰二局；壬子時巽方人遁1休詐；丁巳時巽方青龍返首；戊午時巽方青龍返首；辛酉時坤方飛鳥跌穴；	巳年生人屬蛇忌用此日占房床外東南
2011/11/5 星期六	吉神：天恩時德民日天巫福德普護 凶神：災煞天火大煞歸忌天牢　；土王用事3	辛卯年 十月 初十日 農曆神煞	辛卯年 戊戌月 甲子日 海中金 霜降 滿日 義日 氐宿	宜：祭祀沐浴【覃恩肆赦施恩惠恤孤惸行惠愛雪冤枉緩刑獄】忌：祈福求嗣上冊受封上表章襲爵受封會親友冠帶出行上官赴任臨政親民結婚姻納采問名嫁娶進人口移徙遠迴安床解除剃頭整手足甲求醫療病裁衣築堤防修造動土豎柱上梁修倉庫鼓鑄苫蓋經絡醞釀開市立券交易納財開倉庫出貨財修置產室開渠穿井安碓磑補垣塞穴修飾垣牆破屋壞垣栽種牧養納畜破土安葬啟攢【頒詔招賢宣政事安撫邊境選將訓兵出師營建宮室】【修宮室繕城郭】平治道塗	●甲子時 ●乙丑時 ○丙寅時 ◎丁卯時 ◎庚午時 ◎壬申時 ◎癸酉時	乙丑時 辛未時 四大吉時 乙丑時 丁卯時 辛未時 癸酉時 乙亥時	日家奇遁陰遁甲子吉方坤方生門太乙紫白九星年七赤月九紫日六白	甲子日，立冬上元，陰六局；甲子時艮方重詐；丙寅時艮方青龍返首、巽方風遁3重詐；己巳時乾方飛鳥跌穴、震方人遁1休詐；庚午時坤方重詐；壬申時乾方飛鳥跌穴重詐；	午年生人屬馬忌用此日占門碓外東南
2011/11/6 星期日	吉神：天恩母倉福生 凶神：天罡死神月煞月虛元武　；土王用事2	辛卯年 十月 十一日 農曆神煞	辛卯年 戊戌月 乙丑日 海中金 霜降 平日 制日 房宿	宜：【覃恩肆赦施恩惠恤孤惸行惠愛雪冤枉緩刑獄】　忌：諸事不宜【頒詔施恩封拜招賢舉正直宣政事安撫邊境選將訓兵出師營建宮室修宮室缮城郭】築堤防修造動土修倉庫修置產室開渠穿井安碓磑補垣修飾垣牆平治道塗破屋壞垣栽種破土	○丙子時 ○丁丑時 ●戊寅時 ●己卯時 ◎辛巳時 ●甲申時 ◎丙戌時 ◎丁亥時	戊寅時 壬午時 四大吉時 丁丑時 辛巳時 癸未時 乙酉時 丁亥時	日家奇遁陰遁乙丑吉方坤方生門天乙紫白九星年七赤月九紫日五黃	乙丑日，立冬上元，陰六局；戊寅時艮方青龍返首；庚辰時乾方飛鳥跌穴；甲申時艮方人遁2真詐；丙戌時乾方飛鳥跌穴；	未年生人屬羊忌用此日碓磨廁外東南

日期節日	吉神凶神○	農曆	干支	用事宜忌○	協記吉時	貴登天門	日家奇門	時家奇門遁甲	忌用
2011/11/7 星期一	吉神：天德月德天恩陽德三合臨日時陰五合司命鳴吠對 凶神：月厭地火死氣九坎九焦孤辰　；土王用事1，立冬前一日四絕	辛卯年 十月 十二日 農曆神煞 赤口，瘟星入	辛卯年 戊戌月 丙寅日 爐中火 霜降 定日 義日 心宿	宜：【覃恩肆赦施恩惠恤孤惸行惠愛雪冤枉緩刑獄】　忌：祭祀出行上官赴任臨政親民結婚姻納采問名嫁娶移徙遠迴求醫療病鼓鑄補垣塞穴伐木畋獵取魚乘船渡水栽種【營建宮室修宮室繕城郭】築堤防修造動土修倉庫修置產室開渠穿井安碓磑修飾垣牆平治道塗破屋壞垣破土	●戊子時 ●己丑時 ◎壬辰時 ◎癸巳時 ●乙未時 ◎戊戌時	辛卯時 癸巳時 四大吉時 辛卯時 癸巳時 乙未時 丁酉時	日家奇遁陰遁丙寅吉方坤方生門太陰紫白九星年七赤月九紫日四綠	丙寅日，立冬上元，陰六局；己丑時艮方青龍返首；壬辰時艮方青龍返首、巽方人遁2真詐；丁酉時艮方青龍返首；	申年生人屬猴忌用此日廚灶爐外正南
2011/11/8 星期二 02時52分【丑時】交立冬節節前使用為戊戌月	吉神：天恩六合聖心五合鳴吠對 凶神：大時大敗咸池小耗五虛勾陳　；立冬前土王用事	辛卯年 十月 十三日 農曆神煞 大空亡	辛卯年 戊戌月 丁卯日 爐中火 霜降 執日 義日 尾宿	宜：祭祀祈福會親友結婚姻嫁娶進人口經絡醞釀捕捉畋獵納畜安葬啟攢【覃恩肆赦施恩惠恤孤惸布政事行惠愛雪冤枉緩刑獄慶賜賞賀】　忌：剃頭修倉庫開市立券交易納財開倉庫出貨財穿井【施恩封拜招賢舉正直安撫邊境選將訓兵出師營建宮室修宮室繕城郭】築堤防修造動土修倉庫修置產室開渠安碓磑補垣修飾垣牆平治道塗破屋壞垣栽種	◎庚子時 ◎壬寅時 ◎癸卯時 ●丙午時 ●丁未時 ◎己酉時	癸卯時 四大吉時 辛丑時 癸卯時 乙巳時 丁未時 辛亥時	日家奇遁陰遁丁卯吉方坎方開門太陰紫白九星年七赤月九紫日三碧	丁卯日，立冬上元，陰六局；庚子時坤方鬼遁3重詐；辛丑時離方鬼遁3重詐；癸卯時乾方飛鳥跌穴天遁4；戊申時艮方青龍返首；庚戌時乾方飛鳥跌穴天遁4；	酉年生人屬雞忌用此日倉庫門外正南
2011/11/8 星期二 02時52分【丑時】交立冬節十月節己亥月	太陽過黃經二二五度，冬季開始【斗指西南維為立冬，冬者終者，立冬之時萬物終成，故名立冬】			立冬十月節天道東行宜向東行宜修造東方；天德在乙天德合在庚月德在甲月德合在己月空在庚宜修造取土；月建在亥月破在巳月厭在丑月刑在亥月害在申劫煞在申災煞在酉月煞在戌忌修造取土；初一日長星、十四日短星；立冬前一日四絕、後十日往亡；小雪十月中日躔在寅宮為十月將宜用甲丙庚壬時；					
2011/11/8 星期二 02時52分【丑時】交立冬節節後使用為己亥月	吉神：天恩陰德民日三合時陰五合鳴吠對 凶神：死氣元武	辛卯年 十月 十三日 農曆神煞 大空亡	辛卯年 己亥月 丁卯日 爐中火 立冬 定日 義日 尾宿	宜：襲爵受封會親友冠帶出行上官赴任臨政親民結婚姻納采問名嫁娶進人口移徙裁衣修造動土豎柱上梁修倉庫經絡醞釀開市立券交易納財安碓磑牧養納畜破土啟攢【覃恩肆赦施恩惠恤孤惸行惠愛雪冤枉緩刑獄慶賜賞賀修宮室繕城郭】　忌：解除剃頭求醫療病修置產室穿井栽種【安撫邊境選將訓兵出師】	◎庚子時 ◎壬寅時 ◎癸卯時 ●丙午時 ●丁未時 ◎己酉時	癸卯時 四大吉時 辛丑時 癸卯時 乙巳時 丁未時 辛亥時	日家奇遁陰遁丁卯吉方坎方開門太陰紫白九星年七赤月八白日三碧	丁卯日，立冬上元，陰六局；庚子時坤方鬼遁3重詐；辛丑時離方鬼遁3重詐；癸卯時乾方飛鳥跌穴天遁4；戊申時艮方青龍返首；庚戌時乾方飛鳥跌穴天遁4；	酉年生人屬雞忌用此日倉庫門外正南

日期節日	吉神凶神○	農曆	干支	用事宜忌○	協記吉時	貴登天門	日家奇門	時家奇門遁甲	忌用
2011/11/9 星期三	吉神：天恩陽德解神司命 凶神：小耗天賊土符	辛卯年 十月 十四日 農曆神煞龍禁，短星，六壬空，天地凶敗，月忌	辛卯年 己亥月 戊辰日 大林木 立冬 執日 專日 箕宿	宜：上表章會親友解除沐浴剃頭整手足甲求醫療病捕捉畋獵【覃恩肆赦施恩惠恤孤惸行惠愛雪冤枉緩刑獄慶賜賞賀】　忌：出行築堤防修造動土修倉庫開市立券交易納財開倉庫出貨財修置產室開渠穿井安碓磑補垣修飾垣牆平治道塗破屋壞垣栽種破土【安撫邊境選將訓兵出師營建宮室修宮室繕城郭】	◎甲寅時 ◎丙辰時 ●丁巳時 ●庚申時 ●辛酉時 ◎癸亥時	四大吉時 癸丑時 乙卯時 丁巳時 辛酉時 癸亥時	日家奇遁陰遁戊辰吉方艮方休門天乙紫白九星年七赤月八白日二黑	戊辰日，立冬上元，陰六局；乙卯時乾方飛鳥跌穴；辛酉時艮方青龍返首；	戌年生人屬狗忌用此日占房栖外正南
2011/11/10 星期四	吉神：月德合驛馬天后天倉不將敬安 凶神：月破大耗重日勾陳	辛卯年 十月 十五日 農曆神煞天乙絕氣	辛卯年 己亥月 己巳日 大林木 立冬 破日 義日 斗宿	宜：祭祀解除求醫療病破屋壞垣【覃恩肆赦施恩惠恤孤惸行惠愛雪冤枉緩刑獄】　忌：祈福求嗣上冊受封上表章襲爵受封會親友冠帶出行上官赴任臨政親民結婚姻納采問名嫁娶進人口移徙安床剃頭整手足甲裁衣築堤防修造動土豎柱上梁修倉庫鼓鑄經絡醞釀開市立券交易納財開倉庫出貨財修置產室開渠穿井安碓磑補垣塞穴修飾垣牆伐木畋獵取魚栽種牧養納畜破土安葬啟攢【布政事修宮室】	◎乙丑時 ●戊辰時 ●庚午時 ●辛未時 ◎甲戌時 ◎乙亥時	四大吉時 乙丑時 丁卯時 辛未時 癸酉時 乙亥時	日家奇遁陰遁己巳吉方坎方開門青龍紫白九星年七赤月八白日一白	己巳日，立冬中元，陰九局；乙丑時兌方人遁2鬼遁2真詐；丙寅時巽方人遁2鬼遁2真詐、坤方青龍返首；戊辰時震方人遁2鬼遁2真詐；己巳時乾方人遁4真詐；壬申時坤方青龍返首；癸酉時艮方人遁2風遁6鬼遁2真詐、離方飛鳥跌穴；乙亥時離方飛鳥跌穴天遁4；	亥年生人屬豬忌用此日占門床外正南
2011/11/11 星期五 工業節 地政節	吉神：天德合月空不將普護青龍鳴吠 凶神：天吏致死五虛	辛卯年 十月 十六日 農曆神煞瘟星出，四不祥	辛卯年 己亥月 庚午日 路傍土 立冬 危日 伐日 牛宿	宜：祭祀祈福求嗣上冊受封上表章襲爵受封會親友出行上官赴任臨政親民結婚姻納采問名嫁娶移徙安床解除裁衣修造動土豎柱上梁修倉庫伐木栽種牧養納畜破土安葬【頒詔覃恩肆赦施恩惠恤孤惸宣政事行惠愛雪冤枉緩刑獄慶賜賞賀】　忌：求醫療病苫蓋經絡畋獵取魚【修宮室】	◎丙子時 ◎丁丑時 ●己卯時 ◎壬午時 ●甲申時 ●乙酉時	四大吉時 丁丑時 辛巳時 癸未時 乙酉時 丁亥時	日家奇遁陰遁庚午吉方兌方休門太陰紫白九星年七赤月八白日九紫	庚午日，立冬中元，陰九局；丁丑時坤方青龍返首；甲申時坎方地遁2重詐；乙酉時震方地遁2人遁3重詐；丙戌時乾方地遁2雲遁1重詐、離方飛鳥跌穴；丁亥時離方地遁2鬼遁5重詐；	子年生人屬鼠忌用此日占碓磨外正南
2011/11/12 星期六 國父誕辰紀念日 醫師節	吉神：三合臨日天喜天醫六儀福生明堂 凶神：厭對招搖四擊往亡	辛卯年 十月 十七日 農曆神煞小空亡	辛卯年 己亥月 辛未日 路傍土 立冬 成日 義日 女宿	宜：祭祀祈福會親友入學結婚姻納采問名裁衣築堤防修造動土豎柱上梁修倉庫經絡開市立券交易納財安碓磑納畜【施恩封拜舉正直慶賜賞賀修宮室繕城郭】 忌：上冊受封上表章出行上官赴任臨政親民嫁娶進人口移徙求醫療病醞釀捕捉畋獵取魚乘船渡水【頒詔招賢宣政事選將訓兵出師】	●庚寅時 ●辛卯時 ◎癸巳時 ○甲午時 ●丙申時 ◎戊戌時 ◎己亥時	四大吉時 辛卯時 癸巳時 乙未時 丁酉時	日家奇遁陰遁辛未吉方乾方生門太陰紫白九星年七赤月八白日八白	辛未日，立冬中元，陰九局；辛卯時坤方青龍返首；壬辰時離方飛鳥跌穴天遁3；乙未時坤方青龍返首；	丑年生人屬牛忌用此日廚灶廁外西南

日期節日	吉神凶神○	農曆	干支	用事宜忌○	協記吉時	貴登天門	日家奇門	時家奇門遁甲	忌用
2011/11/13 星期日	吉神：母倉除神鳴吠 凶神：天罡劫煞月害復日五離天刑	辛卯年 十月 十八日 農曆神煞 赤口	辛卯年 己亥月 壬申日 劍鋒金 立冬 收日 義日 虛宿	宜：沐浴掃舍宇伐木捕捉畋獵 忌：祈福求嗣上冊受封上表章襲爵受封會親友冠帶出行上官赴任臨政親民結婚姻納采問名嫁娶進人口移徙安床解除剃頭整手足甲求醫療病裁衣築堤防修造動土豎柱上梁修倉庫鼓鑄經絡醞釀開市立券交易納財開倉庫出貨財修置產室開渠穿井安碓磑補垣塞穴修飾垣牆破屋壞垣栽種牧養納畜破土安葬啟攢【頒詔施恩封拜招賢舉正直宣政事布政事慶賜賞賀安撫邊境選將訓兵出師營建宮室修宮室繕城郭】	●庚子時 ●辛丑時 ●甲辰時 ●乙巳時 ●丁未時 ◎庚戌時	己酉時 四大吉時 辛丑時 癸卯時 乙巳時 丁未時 辛亥時	日家奇遁陰遁壬申吉方兌方休門青龍紫白九星年七赤月八白日七赤	壬申日，立冬中元，陰九局；庚子時離方飛鳥跌穴天遁4真詐；癸卯時艮方人遁2真詐；乙巳時坤方人遁1休詐；丁未時乾方人遁1休詐；戊申時離方飛鳥跌穴天遁3；己酉時兌方人遁1休詐；庚戌時巽方人遁1休詐、坤方青龍返首；	寅年生人屬虎忌用此日倉庫爐外西南
2011/11/14 星期一	吉神：母倉時陽生氣聖心除神鳴吠 凶神：災煞天火五離朱雀	辛卯年 十月 十九日 農曆神煞 四不祥	辛卯年 己亥月 癸酉日 劍鋒金 立冬 開日 義日 危宿	宜：祭祀入學沐浴掃舍宇【覃恩肆赦施恩惠恤孤惸行惠愛雪冤枉緩刑獄】 忌：會親友冠帶結婚姻納采問名嫁娶進人口求醫療病經絡醞釀立券交易伐木畋獵取魚【布政事安撫邊境選將訓兵出師營建宮室】	◎壬子時 ●甲寅時 ◎乙卯時 ○丙辰時 ●戊午時 ◎己未時 ◎辛酉時	辛酉時 癸亥時 四大吉時 癸丑時 乙卯時 丁巳時 辛酉時 癸亥時	日家奇遁陰遁癸酉吉方乾方休門青龍紫白九星年七赤月八白日六白	癸酉日，立冬中元，陰九局；壬子時震方人遁1休詐；癸丑時坎方人遁1休詐；甲寅時坎方人遁1地遁2休詐；丙辰時震方人遁1地遁2休詐；丁巳時離方飛鳥跌穴天遁4重詐；戊午時坤方青龍返首；己未時兌方人遁1地遁2休詐；庚申時巽方人遁1地遁2風遁2休詐；辛酉時離方人遁1地遁2休詐；壬戌時震方人遁1地遁2休詐；癸亥時坎方人遁1地遁2休詐；	卯年生人屬兔忌用此日房床門外西南
2011/11/15 星期二	吉神：月德四相益後金匱 凶神：月煞月虛血支五虛八風	辛卯年 十月 二十日 農曆神煞 六壬空，龍禁	辛卯年 己亥月 甲戌日 山頭火 立冬 閉日 制日 室宿	宜：祭祀【覃恩肆赦施恩惠恤孤惸行惠愛雪冤枉緩刑獄】 忌：祈福求嗣上冊受封上表章襲爵受封會親友冠帶出行上官赴任臨政親民結婚姻納采問名嫁娶進人口移徙安床解除剃頭整手足甲求醫療病療目針刺裁衣築堤防修造動土豎柱上梁修倉庫鼓鑄經絡醞釀開市立券交易納財開倉庫出貨財修置產室開渠穿井安碓磑補垣塞穴修飾垣牆破屋壞垣畋獵取魚乘船渡水栽種牧養納畜破土安葬啟攢【布政事修宮室】	●丙寅時 ◎戊辰時 ●己巳時 ◎壬申時 ◎癸酉時 ●乙亥時	乙丑時 辛未時 四大吉時 乙丑時 丁卯時 辛未時 癸酉時 乙亥時	日家奇遁陰遁甲戌吉方坎方生門太乙紫白九星年七赤月八白日五黃	甲戌日，立冬下元，陰三局；甲子時乾方人遁1休詐；丙寅時中宮青龍返首；戊辰時乾方人遁1休詐；己巳時中宮青龍返首；庚午時坤方人遁1風遁6休詐；甲戌時乾方鬼遁3重詐；	辰年生人屬龍忌用此日門雞栖外西南
2011/11/16 星期三	吉神：天德月恩四相王日續世寶光 凶神：月建小時土府月刑九坎九焦血忌重日	辛卯年 十月 二十一日 農曆神煞 大空亡	辛卯年 己亥月 乙亥日 山頭火 立冬 建日 義日 壁宿	宜：祭祀沐浴【覃恩肆赦施恩封拜施恩惠恤孤惸行惠愛雪冤枉緩刑獄】 忌：冠帶嫁娶求醫療病針刺築堤防修造動土修倉庫鼓鑄修置產室開渠穿井安碓磑補垣塞穴修飾垣牆平治道塗破屋壞垣伐木畋獵取魚乘船渡水栽種破土【布政事】	●丁丑時 ●庚辰時 ◎壬午時 ◎癸未時 ●丙戌時 ◎丁亥時	戊寅時 壬午時 四大吉時 丁丑時 辛巳時 癸未時 乙酉時 丁亥時	日家奇遁陰遁乙亥吉方坎方生門天乙紫白九星年七赤月八白日四綠	乙亥日，立冬下元，陰三局；丙子時乾方鬼遁3重詐；丁丑時坤方地遁1人遁2真詐；己卯時巽方地遁2人遁2風遁2真詐；庚辰時中宮青龍返首；辛巳時兌方鬼遁3重詐；癸未時坎方龍遁4鬼遁3重詐；乙酉時中宮青龍返首；	巳年生人屬蛇忌用此日碓磨床外西南

日期節日	吉神凶神○	農曆	干支	用事宜忌○	協記吉時	貴登天門	日家奇門	時家奇門遁甲	忌用
2011/11/17 星期四	吉神：官日天馬吉期要安鳴吠對 凶神：大時大敗咸池觸水龍白虎　；立冬後十日氣往亡	辛卯年 十月 二十二日 農曆神煞	辛卯年 己亥月 丙子日 澗下水 立冬 除日 伐日 奎宿	宜：襲爵受封出行解除沐浴剃頭整手足甲求醫療病掃舍宇破土啟攢　忌：取魚乘船渡水【招賢營建宮室修宮室缮城郭】【頒詔宣政事行幸遣使安撫邊境選將訓兵出師】上冊受封上表章嫁娶進人口求醫療病捕捉畋獵	●戊子時 ●己丑時 ◎辛卯時 ◎甲午時 ◎丙申時 ◎丁酉時	辛卯時 癸巳時 四大吉時 辛卯時 癸巳時 乙未時 丁酉時	日家奇遁 陰遁丙子 吉方離方 生門天乙 紫白九星 年七赤 月八白 日三碧	丙子日，立冬下元，陰三局；丁酉時中宮青龍返首；	午年生人屬馬忌用此日倉庫廁外正西
2011/11/18 星期五	吉神：守日天巫福德玉宇玉堂 凶神：月厭地火九空大煞歸忌孤辰	辛卯年 十月 二十三日 農曆神煞 月忌，楊公忌日	辛卯年 己亥月 丁丑日 澗下水 立冬 滿日 寶日 婁宿	宜：祭祀　忌：祈福求嗣上冊受封上表章襲爵受封會親友冠帶出行上官赴任臨政親民結婚姻納采問名嫁娶進人口移徙遠迴安床解除剃頭整手足甲求醫療病裁衣築堤防修造動土豎柱上梁修倉庫鼓鑄經絡醞釀開市立券交易納財開倉庫出貨財修置產室開渠穿井安碓磑補垣塞穴修飾垣牆平治道塗破屋壞垣伐木畋獵牧養納畜破土安葬啟攢【頒詔施恩封拜招賢舉正直宣政事布政事安撫邊境選將訓兵出師營建宮室】	◎壬寅時 ◎癸卯時 ●乙巳時 ◎戊申時 ◎庚戌時 ●辛亥時	癸卯時 四大吉時 辛丑時 癸卯時 乙巳時 丁未時 辛亥時	日家奇遁 陰遁丁丑 吉方離方 生門太陰 紫白九星 年七赤 月八白 日二黑	丁丑日，立冬下元，陰三局；乙巳時坤方地遁1雲遁7龍遁2重詐；丙午時乾方地遁2人遁3重詐；丁未時坤方人遁2風遁6鬼遁2真詐；辛亥時兌方地遁2鬼遁5重詐、中宮青龍返首；	未年生人屬羊忌用此日房床爐外正西
2011/11/19 星期六	吉神：時德相日六合五富金堂五合 凶神：河魁死氣遊禍五虛地囊天牢	辛卯年 十月 二十四日 農曆神煞 赤口	辛卯年 己亥月 戊寅日 城頭土 立冬 平日 伐日 胃宿	宜：襲爵受封會親友出行上官赴任臨政親民結婚姻納采問名嫁娶進人口移徙裁衣豎柱上梁經絡醞釀開市立券交易納財開倉庫出貨財牧養納畜安葬　忌：祭祀祈福求嗣解除求醫療病築堤防修造動土修倉庫修置產室開渠穿井安碓磑補垣修飾垣牆平治道塗破屋壞垣栽種破土【頒詔招賢宣政事布政事安撫邊境選將訓兵出師營建宮室】	◎壬子時 ◎癸丑時 ●丙辰時 ◎丁巳時 ●己未時 ◎壬戌時	四大吉時 癸丑時 乙卯時 丁巳時 辛酉時 癸亥時	日家奇遁 陰遁戊寅 吉方巽方 休門軒轅 紫白九星 年七赤 月八白 日一白	戊寅日，立冬下元，陰三局；壬子時巽方地遁2風遁2重詐；癸丑時坎方地遁2重詐；乙卯時坎方地遁2人遁1休詐；丁巳時離方地遁2人遁1雲遁1休詐；壬戌時中宮青龍返首；	申年生人屬猴忌用此日占大門外正西
2011/11/20 星期日	吉神：月德合天恩陰德民日三合時陰不將五合 凶神：死氣元武	辛卯年 十月 二十五日 農曆神煞 小空亡	辛卯年 己亥月 己卯日 城頭土 立冬 定日 伐日 昴宿	宜：祭祀祈福求嗣上冊受封上表章襲爵受封會親友冠帶出行上官赴任臨政親民結婚姻納采問名嫁娶進人口移徙解除裁衣修造動土豎柱上梁修倉庫經絡醞釀開市立券交易納財安碓磑栽種牧養納畜安葬【頒詔覃恩肆赦施恩封拜招賢舉正直施恩惠恤孤惸宣政事布政事行惠愛雪冤枉緩刑獄慶賜賞賀營建宮室修宮室缮城郭】 忌：求醫療病穿井畋獵取魚	◎甲子時 ●丙寅時 ●丁卯時 ●庚午時 ●辛未時 ◎癸酉時	四大吉時 乙丑時 丁卯時 辛未時 癸酉時 乙亥時	日家奇遁 陰遁己卯 吉方震方 休門軒轅 紫白九星 年七赤 月八白 日九紫	己卯日，小雪上元，陰五局；甲子時乾方地遁2鬼遁5重詐；庚午時離方地遁2重詐；壬申時震方地遁2重詐；癸酉時中宮飛鳥跌穴；甲戌時艮方人遁2鬼遁2真詐；	酉年生人屬雞忌用此日碓磨栖外正西

日期節日	吉神凶神○	農曆	干支	用事宜忌○	協記吉時	貴登天門	日家奇門	時家奇門遁甲	忌用
2011/11/21 星期一 防空節	吉神：天德合月空天恩陽德不將解神司命 凶神：小耗天賊土符	辛卯年 十月 二十六日 農曆神煞龍禁，六壬空	辛卯年 己亥月 庚辰日 白蠟金 立冬 執日 義日 畢宿	宜：祭祀祈福求嗣上冊受封上表章襲爵受封會親友上官赴任臨政親民結婚姻納采問名嫁娶移徙解除沐浴剃頭整手足甲求醫療病裁衣豎柱上梁捕捉牧養納畜安葬【頒詔覃恩肆赦施恩封拜招賢舉正直施恩惠恤孤惸宣政事布政事行惠愛雪冤枉緩刑獄慶賜賞賀安撫邊境選將訓兵出師】 忌：出行築堤防修造動土修倉庫經絡開倉庫出貨財修置產室開渠穿井安碓磑補垣修飾垣牆平治道塗破屋壞垣畋獵取魚栽種破土【修宮室】	●戊寅時 ◎庚辰時 ●辛巳時 ◎甲申時 ◎乙酉時 ●丁亥時	四大吉時 丁丑時 辛巳時 癸未時 乙酉時 丁亥時	日家奇遁陰遁庚辰吉方巽方生門太乙紫白九星年七赤月八白日八白	庚辰日，小雪上元，陰五局；庚辰時中宮飛鳥跌穴；甲申時乾方地遁2人遁1休詐；乙酉時離方地遁2人遁1休詐；丁亥時中宮飛鳥跌穴；	戌年生人屬狗忌用此日碓磨栖外正西
2011/11/22 星期二	吉神：天恩驛馬天后天倉不將敬安 凶神：月破大耗重日勾陳	辛卯年 十月 二十七日 農曆神煞	辛卯年 己亥月 辛巳日 白蠟金 立冬 破日 伐日 觜宿	宜：求醫療病破屋壞垣【覃恩肆赦施恩惠恤孤惸行惠愛雪冤枉緩刑獄】 忌：祈福求嗣上冊受封上表章襲爵受封會親友冠帶出行上官赴任臨政親民結婚姻納采問名嫁娶進人口移徙安床剃頭整手足甲裁衣築堤防修造動土豎柱上梁修倉庫鼓鑄經絡醞釀開市立券交易納財開倉庫出貨財修置產室開渠穿井安碓磑補垣塞穴修飾垣牆伐木栽種牧養納畜破土安葬啟攢【施恩封拜招賢舉正直安撫邊境選將訓兵出師營建宮室修宮室繕城郭】	●己丑時 ◎壬辰時 ○癸巳時 ●甲午時 ●乙未時 ●戊戌時 ◎己亥時	四大吉時 辛卯時 癸巳時 乙未時 丁酉時	日家奇遁陰遁辛巳吉方震方休門太乙紫白九星年七赤月八白日七赤	辛巳日，小雪上元，陰五局；辛卯時震方地遁2人遁1休詐；癸巳時艮方地遁2人遁1風遁4休詐；甲午時乾方地遁2鬼遁5重詐；丙申時坎方地遁2人遁3重詐；丁酉時巽方地遁1風遁2雲遁6鬼遁5重詐；	亥年生人屬豬忌用此日廚灶床外正西
2011/11/23 星期三 00時05分【早子】交小雪氣 十月氣 己亥月	太陽過黃經二四○度，氣候寒冷，逐漸降雪【斗指己，斯時天已積陰，寒未深而雪未大，故名小雪】								
2011/11/23 星期三 00時05分【早子】交小雪氣 十月氣 己亥月	吉神：天恩不將普護青龍鳴吠 凶神：天吏致死五虛復日	辛卯年 十月 二十八日 農曆神煞四不祥	辛卯年 己亥月 壬午日 楊柳木 小雪 危日 制日 參宿	宜：祭祀會親友裁衣伐木畋獵【覃恩肆赦施恩惠恤孤惸行惠愛雪冤枉緩刑獄慶賜賞賀】 忌：祈福求嗣上冊受封上表章襲爵受封冠帶出行上官赴任臨政親民結婚姻納采問名嫁娶進人口移徙安床解除求醫療病築堤防修造動土豎柱上梁修倉庫苫蓋開市立券交易納財開倉庫出貨財修置產室開渠栽種牧養納畜破土安葬啟攢【施恩封拜招賢舉正直出師營建宮室修宮室繕城郭】	◎庚子時 ◎辛丑時 ◎癸卯時 ◎丙午時 ○丁未時 ◎戊申時 ◎己酉時	四大吉時 庚子時 壬寅時 甲辰時 丙午時 庚戌時	日家奇遁陰遁壬午吉方坤方休門太乙紫白九星年七赤月八白日六白	壬午日，小雪上元，陰五局；辛丑時乾方地遁2人遁3重詐；癸卯時中宮飛鳥跌穴；乙巳時坤方人遁2虎遁6真詐、中宮飛鳥跌穴天遁3；丁未時乾方人遁2真詐；辛亥時巽方人遁2真詐；	子年生人屬鼠忌用此日倉庫碓外西北

日期節日	吉神凶神○	農曆	干支	用事宜忌○	協記吉時	貴登天門	日家奇門	時家奇門遁甲	忌用
2011/11/24 星期四	吉神：天恩三合臨日天喜天醫六儀福生明堂 凶神：厭對招搖四擊往亡觸水龍	辛卯年 十月 二十九日 農曆神煞大空亡	辛卯年 己亥月 癸未日 楊柳木 小雪 成日 伐日 井宿	宜：祭祀祈福會親友入學結婚姻納采問名裁衣築堤防修造動土豎柱上梁修倉庫經絡醞釀開市立券交易納財安碓磑納畜【覃恩肆赦施恩封拜舉正直施恩惠恤孤惸布政事行惠愛雪冤枉緩刑獄慶賜賞賀修宮室缮城郭】　忌：上冊受封上表章出行上官赴任臨政親民嫁娶進人口移徙求醫療病捕捉畋獵取魚乘船渡水【頒詔招賢宣政事選將訓兵出師】	●甲寅時 ●乙卯時 ○丙辰時 ●丁巳時 ◎庚申時 ◎壬戌時 ◎癸亥時	庚申時 壬戌時 四大吉時 壬子時 甲寅時 丙辰時 庚申時 壬戌時	日家奇遁陰遁癸未吉方坤方休門天乙紫白九星年七赤月八白日五黃	癸未日，小雪上元，陰五局；壬子時兌方人遁2真詐；甲寅時艮方人遁1休詐；乙卯時離方人遁1休詐；丙辰時巽方人遁1風遁6休詐；丁巳時巽方重詐；戊午時震方人遁1休詐；己未時坎方人遁1休詐、中宮飛鳥跌穴；庚申時乾方人遁1休詐；辛酉時震方人遁1休詐；壬戌時坤方人遁1休詐；癸亥時艮方人遁1休詐；	丑年生人屬牛忌用此日房床廁外西北
2011/11/25 星期五	吉神：月德母倉四相除神鳴吠 凶神：天罡劫煞月害五離天刑	辛卯年 十一月 初一日 農曆神煞六壬空	辛卯年 己亥月 甲申日 泉中水 小雪 收日 伐日 鬼宿	宜：祭祀祈福求嗣上冊受封上表章襲爵受封會親友出行上官赴任臨政親民結婚姻納采問名嫁娶進人口移徙解除沐浴剃頭整手足甲裁衣修造動土豎柱上梁修倉庫納財掃舍宇伐木捕捉栽種牧養納畜破土安葬【覃恩肆赦施恩惠恤孤惸行惠愛雪冤枉緩刑獄】　忌：安床求醫療病開倉庫出貨財畋獵取魚【布政事】	●甲子時 ●乙丑時 ○丙寅時 ●戊辰時 ●己巳時 ◎辛未時 ●甲戌時	甲子時 庚午時 四大吉時 甲子時 丙寅時 庚午時 壬申時 甲戌時	日家奇遁陰遁甲申吉方離方開門太乙紫白九星年七赤月八白日四綠	甲申日，小雪中元，陰八局；丙寅時坎方青龍返首；癸酉時艮方飛鳥跌穴天遁3；甲戌時坎方重詐；乙亥時震方地遁2人遁2真詐；	寅年生人屬虎忌用此日占門爐外西北
2011/11/26 星期六	吉神：天德母倉月恩四相時陽生氣聖心除神鳴吠 凶神：災煞天火五離朱雀	辛卯年 十一月 初二日 農曆神煞龍禁	辛卯年 己亥月 乙酉日 泉中水 小雪 開日 伐日 柳宿	宜：祭祀祈福求嗣上冊受封上表章襲爵受封入學出行上官赴任臨政親民結婚姻納采問名嫁娶移徙解除沐浴剃頭整手足甲裁衣造動土豎柱上梁修倉庫開市納財開倉庫出貨財修置產室開渠穿井安碓磑掃舍宇牧養納畜【覃恩肆赦施恩惠恤孤惸行惠愛雪冤枉緩刑獄】　忌：會親友求醫療病伐木畋獵取魚栽種【布政事】	●丙子時 ●戊寅時 ◎己卯時 ◎壬午時 ◎癸未時 ○甲申時 ◎乙酉時 ○丁亥時	丁丑時 辛巳時 四大吉時 丙子時 庚辰時 壬午時 甲申時 丙戌時	日家奇遁陰遁乙酉吉方坎方休門太陰紫白九星年七赤月八白日三碧	乙酉日，小雪中元，陰八局；丁丑時坎方青龍返首；戊寅時巽方風遁3重詐；己卯時坎方重詐；庚辰時艮方飛鳥跌穴天遁4重詐；辛巳時乾方重詐、坎方青龍返首；丙戌時艮方飛鳥跌穴、坤方地遁2人遁1休詐；丁亥時震方地遁2人遁1休詐；	卯年生人屬兔忌用此日碓磨門外西北
2011/11/27 星期日	吉神：益後金匱 凶神：月煞月虛血支五虛	辛卯年 十一月 初三日 農曆神煞	辛卯年 己亥月 丙戌日 屋上土 小雪 閉日 寶日 星宿	忌：諸事不宜【頒詔施恩封拜招賢舉正直宣政事布政事慶賜賞賀選將訓兵出師營建宮室修宮室缮城郭】	○戊子時 ●庚寅時 ◎壬辰時 ◎癸巳時 ●丙申時 ◎丁酉時 ○戊戌時 ●己亥時	庚寅時 壬辰時 四大吉時 庚寅時 壬辰時 甲午時 丙申時	日家奇遁陰遁丙戌吉方艮方生門天乙紫白九星年七赤月八白日二黑	丙戌日，小雪中元，陰八局；戊子時乾方人遁2鬼遁2真詐；兌方地遁1人遁1休詐；己丑時坎方青龍返首龍遁3；庚寅時離方地遁2人遁1休詐；辛卯時震方地遁2人遁1休詐、巽方人遁2鬼遁2真詐；壬辰時坎方地遁2人遁1休詐；癸巳時乾方地遁2人遁1休詐、坎方人遁4真詐；乙未時坎方青龍返首；己亥時艮方飛鳥跌穴；	辰年生人屬龍忌用此日廚灶栖外西北

日期節日	吉神凶神○	農曆	干支	用事宜忌○	協記吉時	貴登天門	日家奇門	時家奇門遁甲	忌用
2011/11/28 星期一	吉神：王日續世寶光 凶神：月建小時土府月刑九坎九焦血忌重日	辛卯年 十一月 初四日 農曆神煞大空亡，四不祥，四方耗	辛卯年 己亥月 丁亥日 屋上土 小雪 建日 伐日 張宿	宜：祭祀沐浴【覃恩肆赦施恩惠恤孤惸行惠愛雪冤枉緩刑獄】 忌：祈福求嗣上冊受封上表章襲爵受封會親友冠帶出行上官赴任臨政親民結婚姻納采問名嫁娶進人口移徙安床解除剃頭整手足甲求醫療病針刺裁衣築堤防修造動土豎柱上梁修倉庫鼓鑄經絡醞釀開市立券交易納財開倉庫出貨財修置產室開渠穿井安碓磑補垣塞穴修飾垣牆平治道塗破屋壞垣伐木取魚乘船渡水栽種牧養納畜破土安葬啟攢【布政事營建宮室修宮室缮城郭】	●辛丑時 ●甲辰時 ◎丙午時 ◎丁未時 ○己酉時 ●庚戌時 ◎辛亥時	四大吉時 庚子時 壬寅時 甲辰時 丙午時 庚戌時	日家奇遁陰遁丁亥吉方坎方休門青龍紫白九星年七赤月八白日一白	丁亥日，小雪中元，陰八局；甲辰時坎方人遁1休詐；乙巳時艮方飛鳥跌穴、兌方風遁6鬼遁3重詐；丙午時震方鬼遁3重詐；庚戌時離方人遁1休詐；	巳年生人屬蛇忌用此日倉庫床外西北
2011/11/29 星期二	吉神：官日天馬吉期要安 凶神：大時大敗咸池白虎歲薄	辛卯年 十一月 初五日 農曆神煞赤口，月忌	辛卯年 己亥月 戊子日 霹靂火 小雪 除日 制日 翼宿	宜：沐浴掃舍宇　忌：祈福求嗣上冊受封上表章襲爵受封冠帶出行上官赴任臨政親民結婚姻納采問名嫁娶進人口移徙安床解除求醫療病築堤防修造動土豎柱上梁修倉庫開市立券交易納財開倉庫出貨財修置產室取魚乘船渡水栽種牧養納畜【招賢營建宮室修宮室缮城郭】	◎壬子時 ◎癸丑時 ◎乙卯時 ◎戊午時 ●庚申時 ●辛酉時	四大吉時 壬子時 甲寅時 丙辰時 庚申時 壬戌時	日家奇遁陰遁戊子吉方離方休門青龍紫白九星年七赤月八白日九紫	戊子日，小雪中元，陰八局；癸丑時乾方人遁1休詐、坎方青龍返首；丁巳時巽方人遁2真詐；戊午時坎方青龍返首；壬戌時艮方飛鳥跌穴真詐；	午年生人屬馬忌用此日房床碓外正北
2011/11/30 星期三	吉神：月德合守日天巫福德玉宇玉堂 凶神：月厭地火九空大煞歸忌孤辰	辛卯年 十一月 初六日 農曆神煞	辛卯年 己亥月 己丑日 霹靂火 小雪 滿日 專日 軫宿	宜：祭祀【覃恩肆赦施恩惠恤孤惸行惠愛雪冤枉緩刑獄】　忌：冠帶出行上官赴任臨政親民結婚姻納采問名嫁娶移徙遠迴求醫療病伐木畋獵取魚栽種【布政事】	○甲子時 ●丙寅時 ●丁卯時 ●己巳時 ◎壬申時 ◎甲戌時 ◎乙亥時	四大吉時 甲子時 丙寅時 庚午時 壬申時 甲戌時	日家奇遁陰遁己丑吉方巽方開門太乙紫白九星年七赤月八白日八白	己丑日，小雪下元，陰二局；丙寅時坎方地遁1人遁1休詐、巽方青龍返首；戊辰時震方地遁2人遁1休詐；庚午時艮方地遁2人遁1風遁4雲遁1休詐；辛未時乾方人遁2真詐、兌方人遁1地遁2休詐；癸酉時坤方飛鳥跌穴；乙亥時離方地遁2重詐、坤方飛鳥跌穴天遁3；	未年生人屬羊忌用此日占門廁外正北
2011/12/1 星期四	吉神：天德合月空時德相日六合五富不將金堂五合鳴吠對 凶神：河魁死氣遊禍五虛天牢	辛卯年 十一月 初七日 農曆神煞四不祥，六壬空	辛卯年 己亥月 庚寅日 松柏木 小雪 平日 制日 角宿	宜：上冊受封上表章襲爵受封會親友出行上官赴任臨政親民結婚姻納采問名嫁娶進人口移徙裁衣修造動土豎柱上梁修倉庫醞釀開市立券交易納財開倉庫出貨財修飾垣牆平治道塗栽種牧養納畜破土安葬啟攢【覃恩肆赦施恩惠恤孤惸行惠愛雪冤枉緩刑獄】 忌：祭祀祈福求嗣解除求醫療病經絡畋獵取魚【布政事修宮室】	◎丙子時 ●丁丑時 ●庚辰時 ◎辛巳時 ◎癸未時 ◎丙戌時	四大吉時 丙子時 庚辰時 壬午時 甲申時 丙戌時	日家奇遁陰遁庚寅吉方巽方開門天乙紫白九星年七赤月八白日七赤	庚寅日，小雪下元，陰二局；丁丑時乾方地遁2人遁3重詐；戊寅時乾方地遁2重詐；辛巳時巽方地遁2人遁3風遁2重詐；壬午時巽方青龍返首；癸未時艮方地遁2人遁3風遁4雲遁1重詐；乙酉時巽方青龍返首；	申年生人屬猴忌用此日碓磨爐外正北

日期節日	吉神凶神○	農曆	干支	用事宜忌○	協記吉時	貴登天門	日家奇門	時家奇門遁甲	忌用
2011/12/2 星期五	吉神：陰德民日三合時陰不將五合鳴吠對 凶神：死氣元武	辛卯年 十一月 初八日 農曆神煞 小空亡，龍禁	辛卯年 己亥月 辛卯日 松柏木 小雪 定日 制日 亢宿	宜：襲爵受封會親友冠帶出行上官赴任臨政親民結婚姻納采問名嫁娶進人口移徙裁衣修造動土豎柱上梁修倉庫經絡開市立券交易納財安碓磑牧養納畜破土啟攢【施恩惠恤孤惸行惠愛雪冤枉緩刑獄慶賜賞賀修宮室繕城郭】 忌：解除求醫療病醞釀修置產室穿井栽種【安撫邊境選將訓兵出師】	◎戊子時 ●庚寅時 ●辛卯時 ○癸巳時 ◎甲午時 ◎乙未時 ◎丁酉時	四大吉時 庚寅時 壬辰時 甲午時 丙申時	日家奇遁陰遁辛卯吉方震方生門天乙紫白九星年七赤月八白日六白	辛卯日，小雪下元，陰二局；壬辰時坤方飛鳥跌穴天遁３；乙未時離方重詐；丙申時坤方飛鳥跌穴天遁４風遁５重詐；己亥時震方重詐；	酉年生人屬雞忌用此日廚灶門外正北
2011/12/3 星期六	吉神：陽德不將解神司命 凶神：小耗天賊五墓土符復日	辛卯年 十一月 初九日 農曆神煞	辛卯年 己亥月 壬辰日 長流水 小雪 執日 伐日 氐宿	宜：上表章沐浴剃頭整手足甲裁衣捕捉畋獵【施恩惠恤孤惸行惠愛雪冤枉緩刑獄】 忌：冠帶出行上官赴任臨政親民結婚姻納采問名嫁娶進人口移徙安床解除求醫療病築堤防修造動土豎柱上梁修倉庫開市立券交易納財開倉庫出貨財修置產室開渠穿井安碓磑補垣修飾垣牆平治道塗破屋壞垣栽種牧養納畜破土安葬啟攢【安撫邊境選將訓兵出師營建宮室修宮室繕城郭】	◎壬寅時 ◎甲辰時 ●乙巳時 ◎戊申時 ●己酉時 ●辛亥時	四大吉時 庚子時 壬寅時 甲辰時 丙午時 庚戌時	日家奇遁陰遁壬辰吉方坎方開門太乙紫白九星年七赤月八白日五黃	壬辰日，小雪下元，陰二局；癸卯時艮方虎遁６重詐、巽方青龍返首；丙午時坎方人遁１休詐；己酉時坤方飛鳥跌穴；庚戌時艮方人遁１休詐、巽方青龍返首；辛亥時兌方人遁１休詐；	戌年生人屬狗忌用此日倉庫棲外正北
2011/12/4 星期日	吉神：驛馬天后天倉不將敬安 凶神：月破大耗重日勾陳	辛卯年 十一月 初十日 農曆神煞 天地凶敗	辛卯年 己亥月 癸巳日 長流水 小雪 破日 制日 房宿	宜：求醫療病破屋壞垣 忌：祈福求嗣上冊受封上表章襲爵受封會親友冠帶出行上官赴任臨政親民結婚姻納采問名嫁娶進人口移徙安床剃頭整手足甲裁衣築堤防修造動土豎柱上梁修倉庫鼓鑄經絡醞釀開市立券交易納財開倉庫出貨財修置產室開渠穿井安碓磑補垣塞穴修飾垣牆伐木栽種牧養納畜破土安葬啟攢【頒詔施恩封拜招賢舉正直宣政事布政事慶賜賞賀選將訓兵出師營建宮室修宮室繕城郭】	◎癸丑時 ○乙卯時 ●丙辰時 ○丁巳時 ◎戊午時 ◎己未時 ◎壬戌時 ◎癸亥時	庚申時 壬戌時 四大吉時 壬子時 甲寅時 丙辰時 庚申時 壬戌時	日家奇遁陰遁癸巳吉方坎方開門天乙紫白九星年七赤月八白日四綠	癸巳日，小雪下元，陰二局；壬子時巽方人遁１休詐；丁巳時巽方青龍返首；戊午時巽方青龍返首；辛酉時坤方飛鳥跌穴；	亥年生人屬豬忌用此日占房床房內北
2011/12/5 星期一	吉神：月德四相普護青龍鳴吠 凶神：天吏致死五虛	辛卯年 十一月 十一日 農曆神煞 赤口	辛卯年 己亥月 甲午日 沙中金 小雪 危日 寶日 心宿	宜：祭祀祈福求嗣上冊受封上表章襲爵受封出會親友出行上官赴任臨政親民結婚姻納采問名嫁娶移徙安床解除裁衣修造動土豎柱上梁修倉庫納財伐木栽種牧養納畜破土安葬【頒詔覃恩肆赦施恩惠恤孤惸宣政事行惠愛雪冤枉緩刑獄慶賜賞賀營建宮室修宮室繕城郭】 忌：求醫療病苫蓋開倉庫出貨財畋獵取魚	◎甲子時 ◎乙丑時 ○丙寅時 ●丁卯時 ◎庚午時 ○辛未時 ◎壬申時 ◎癸酉時	甲子時 庚午時 四大吉時 甲子時 丙寅時 庚午時 壬申時 甲戌時	日家奇遁陰遁甲午吉方乾方生門軒轅紫白九星年七赤月八白日三碧	甲午日，大雪上元，陰四局；丙寅時乾方青龍返首、巽方飛鳥跌穴天遁３；甲戌時乾方人遁１休詐；乙亥時震方人遁１休詐；	子年生人屬鼠忌用此日占房碓房內北

日期節日	吉神凶神○	農曆	干支	用事宜忌○	協記吉時	貴登天門	日家奇門	時家奇門遁甲	忌用
2011/12/6 星期二	吉神：天德月恩四相三合臨日天喜天醫六儀福生明堂 凶神：厭對招搖四擊往亡	辛卯年 十一月 十二日 農曆神煞大空亡，長星，瘟星入	辛卯年 己亥月 乙未日 沙中金 小雪 成日 制日 尾宿	宜：祭祀祈福求嗣會親友入學結婚姻納采問名解除裁衣築堤防修造動土豎柱上梁修倉庫經絡醞釀開市立券交易納財開倉庫出貨財安碓磑牧養納畜安葬【覃恩肆赦施恩封拜舉正直施恩惠恤孤惸行惠愛雪冤枉緩刑獄慶賜賞賀營建宮室修宮室缮城郭】 忌：上冊受封上表章出行上官赴任臨政親民嫁娶進人口移徙求醫療病捕捉畋獵取魚栽種	●戊寅時 ●己卯時 ◎辛巳時 ●甲申時 ●丙戌時 ●丁亥時	丁丑時 辛巳時 四大吉時 丙子時 庚辰時 壬午時 甲申時 丙戌時	日家奇遁陰遁乙未吉方兌方休門太乙紫白九星年七赤月八白日二黑	乙未日，大雪上元，陰四局；丁丑時乾方青龍返首、巽方飛鳥跌穴天遁3人遁1休詐；戊寅時坎方人遁1虎遁6休詐；壬午時艮方人遁1休詐；甲申時乾方重詐；	丑年生人屬牛忌用此日碓磨廁房內北
2011/12/7 星期三 19時32分 【戌時】 交大雪節節前使用為己亥月	吉神：母倉除神鳴吠 凶神：天罡劫煞月害五離天刑	辛卯年 十一月 十三日 農曆神煞天休廢，六壬空	辛卯年 己亥月 丙申日 山下火 小雪 收日 制日 箕宿	宜：沐浴掃舍宇伐木捕捉畋獵 忌：祈福求嗣上冊受封上表章襲爵受封會親友冠帶出行上官赴任臨政親民結婚姻納采問名嫁娶進人口移徙安床解除剃頭整手足甲求醫療病裁衣築堤防修造動土豎柱上梁修倉庫鼓鑄經絡醞釀開市立券交易納財開倉庫出貨財修置產室開渠穿井安碓磑補垣塞穴修飾垣牆破屋壞垣栽種牧養納畜破土安葬啟攢【頒詔施恩封拜招賢舉正直宣政事布政事慶賜賞賀安撫邊境選將訓兵出師營建宮室修宮室缮城郭】	●戊子時 ●己丑時 ◎壬辰時 ◎癸巳時 ●乙未時 ○丙申時 ●戊戌時	庚寅時 壬辰時 四大吉時 庚寅時 壬辰時 甲午時 丙申時	日家奇遁陰遁丙申吉方乾方生門太乙紫白九星年七赤月八白日一白	丙申日，大雪上元，陰四局；庚寅時乾方重詐；壬辰時兌方天遁1重詐；癸巳時乾方青龍返首、巽方飛鳥跌穴；	寅年生人屬虎忌用此日廚灶爐房內北
2011/12/7 星期三 19時32分 【戌時】 交大雪節十一月節庚子月	太陽過黃經二五五度，大雪紛飛【斗指甲，斯時積陰為雪，至此栗烈而大形於小雪，故名大雪】			大雪十一月節天道東南行宜向東南行宜修造東南維；天德在巽月德在壬月德合在丁月空在丙宜修造取土；月建在子月破在午月厭在子月刑在卯月害在未劫煞在巳災煞在午月煞在未忌修造取土；十二日長星、二十二日短星；大雪後二十二日往亡、冬至前一日四離；冬至十一月中日躔在丑宮為十一月將宜用艮巽坤乾時；					
2011/12/7 星期三 19時32分 【戌時】 交大雪節節後使用為庚子月	吉神：月空母倉三合天喜天醫玉宇除神青龍鳴吠 凶神：九坎九焦土符大煞五離	辛卯年 十一月 十三日 農曆神煞天休廢，六壬空	辛卯年 庚子月 丙申日 山下火 大雪 成日 制日 箕宿	宜：上表章襲爵受封會親友入學出行上官赴任臨政親民結婚姻納采問名嫁娶進人口移徙解除沐浴剃頭整手足甲求醫療病裁衣豎柱上梁經絡醞釀開市立券交易納財掃舍宇伐木牧養納畜安葬【施恩封拜舉正直】 忌：安床築堤防修造動土修倉庫鼓鑄修置產室開渠穿井安碓磑補垣塞穴修飾垣牆平治道塗破屋壞垣取魚乘船渡水栽種破土【選將訓兵出師營建宮室】	●戊子時 ●己丑時 ◎壬辰時 ◎癸巳時 ●乙未時 ○丙申時 ●戊戌時	庚寅時 壬辰時 四大吉時 庚寅時 壬辰時 甲午時 丙申時	日家奇遁陰遁丙申吉方乾方生門太乙紫白九星年七赤月八白日一白	丙申日，大雪上元，陰四局；庚寅時乾方重詐；壬辰時兌方天遁1重詐；癸巳時乾方青龍返首、巽方飛鳥跌穴；	寅年生人屬虎忌用此日廚灶爐房內北

日期節日	吉神凶神○	農曆	干支	用事宜忌○	協記吉時	貴登天門	日家奇門	時家奇門遁甲	忌用
2011/12/8 星期四	吉神：月德合母倉金堂除神明堂鳴吠 凶神：河魁大時大敗咸池五離	辛卯年 十一月 十四日 農曆神煞龍禁，月忌，天地凶敗	辛卯年 庚子月 丁酉日 山下火 大雪 收日 制日 斗宿	宜：祭祀沐浴整手足甲掃舍宇捕捉【覃恩肆赦施恩惠恤孤惸行惠愛雪冤枉緩刑獄】 忌：會親友剃頭求醫療病畋獵取魚【布政事修宮室】	●庚子時 ◎壬寅時 ◎癸卯時 ●丙午時 ●丁未時 ◎己酉時 ○辛亥時	四大吉時 庚子時 壬寅時 甲辰時 丙午時 庚戌時	日家奇遁陰遁丁酉吉方兌方開門太陰紫白九星年七赤月七赤日九紫	丁酉日，大雪上元，陰四局；庚子時巽方人遁4真詐；壬寅時乾方青龍返首、巽方飛鳥跌穴；丙午時艮方鬼遁3重詐；庚戌時乾方鬼遁3重詐；辛亥時乾方青龍返首、震方風遁6鬼遁3重詐、巽方飛鳥跌穴；	卯年生人屬兔忌用此日倉庫門房內北
2011/12/9 星期五	吉神：時陽生氣 凶神：五虛九空往亡天刑	辛卯年 十一月 十五日 農曆神煞瘟星出，天地凶敗	辛卯年 庚子月 戊戌日 平地木 大雪 開日 專日 牛宿	宜：祭祀祈福求嗣會親友入學解除裁衣修造動土豎柱上梁修置產室開渠穿井安碓磑栽種牧養【覃恩肆赦施恩封拜舉正直施恩惠恤孤惸行惠愛雪冤枉緩刑獄慶賜賞賀修宮室繕城郭】 忌：上冊受封上表章出行上官赴任臨政親民嫁娶進人口移徙求醫療病修倉庫開市立券交易納財開倉庫出貨財伐木捕捉畋獵取魚【安撫邊境選將訓兵出師】	◎甲寅時 ○乙卯時 ◎丙辰時 ◎丁巳時 ●庚申時 ◎辛酉時 ◎癸亥時	四大吉時 壬子時 甲寅時 丙辰時 庚申時 壬戌時	日家奇遁陰遁戊戌吉方乾方休門太陰紫白九星年七赤月七赤日八白	戊戌日，大雪上元，陰四局；乙卯時乾方青龍返首、巽方飛鳥跌穴；丁巳時巽方人遁1休詐；庚申時乾方青龍返首、巽方飛鳥跌穴天遁4風遁3真詐；	辰年生人屬龍忌用此日房床栖房內南
2011/12/10 星期六	吉神：王日 凶神：遊禍血支重日朱雀	辛卯年 十一月 十六日 農曆神煞小空亡，四不祥，天乙絕氣	辛卯年 庚子月 己亥日 平地木 大雪 閉日 制日 女宿	宜：沐浴裁衣築堤防補垣塞穴【覃恩肆赦舉正直施恩惠恤孤惸行惠愛雪冤枉緩刑獄】 忌：祈福求嗣上冊受封上表章襲爵受封會親友出行上官赴任臨政親民結婚姻納采問名嫁娶進人口移徙安床解除求醫療病療目針刺修造動土豎柱上梁開市開倉庫出貨財修置產室開渠穿井破土安葬啟攢【施恩封拜布政事出師營建宮室修宮室繕城郭】	◎乙丑時 ○丙寅時 ◎戊辰時 ●庚午時 ●辛未時 ●甲戌時 ◎乙亥時	四大吉時 甲子時 丙寅時 庚午時 壬申時 甲戌時	日家奇遁陰遁己亥吉方兌方開門青龍紫白九星年七赤月七赤日七赤	己亥日，大雪中元，陰七局；甲子時坎方龍遁4鬼遁3重詐；丙寅時離方青龍返首、兌方鬼遁3重詐；丁卯時兌方飛鳥跌穴天遁3人遁2真詐；庚午時巽方人遁2虎遁6真詐；辛未時坤方鬼遁3重詐；壬申時離方鬼遁3重詐；癸酉時乾方風遁6鬼遁3重詐；甲戌時艮方地遁2人遁3風遁4重詐；乙亥時兌方飛鳥跌穴人遁1休詐；	巳年生人屬蛇忌用此日占門床房內南
2011/12/11 星期日	吉神：官日敬安金匱鳴吠對 凶神：月建小時土府月厭地火	辛卯年 十一月 十七日 農曆神煞赤口	辛卯年 庚子月 庚子日 壁上土 大雪 建日 寶日 虛宿	忌：諸事不宜【頒詔招賢舉正直宣政事布政事慶賜賞賀營建宮室修宮室繕城郭】	◎丙子時 ●丁丑時 ◎己卯時 ◎壬午時 ●甲申時 ●乙酉時	四大吉時 丙子時 庚辰時 壬午時 甲申時 丙戌時	日家奇遁陰遁庚子吉方巽方休門太陰紫白九星年七赤月七赤日六白	庚子日，大雪中元，陰七局；丁丑時震方地遁2鬼遁5重詐；己卯時艮方地遁2重詐；庚辰時離方青龍返首；壬午時乾方人遁1休詐；癸未時乾方地遁1鬼遁5重詐、離方青龍返首；	午年生人屬馬忌用此日占碓磨房內南

日期節日	吉神凶神○	農曆	干支	用事宜忌○	協記吉時	貴登天門	日家奇門	時家奇門遁甲	忌用
2011/12/12 星期一	吉神：陰德守日吉期六合不將普護寶光	辛卯年 十一月 十八日 農曆神煞 天休廢	辛卯年 庚子月 辛丑日 壁上土 大雪 除日 義日 危宿	宜：祭祀祈福襲爵受封會親友出行上官赴任臨政親民結婚姻嫁娶進人口解除沐浴剃頭整手足甲經絡立券交易納財掃舍宇納畜安葬【施恩封拜舉正直施恩惠恤孤惸行惠愛雪冤枉緩刑獄安撫邊境選將訓兵出師】　忌：冠帶醞釀	●庚寅時 ●辛卯時 ◎癸巳時 ●丙申時 ◎戊戌時 ●己亥時	 四大吉時 庚寅時 壬辰時 甲午時 丙申時	日家奇遁陰遁辛丑吉方震方開門太陰紫白九星年七赤月七赤日五黃	辛丑日，大雪中元，陰七局；己丑時兌方飛鳥跌穴天遁4；辛卯時離方青龍返首；甲午時坎方人遁1休詐、艮方地遁2人遁2風遁4真詐；乙未時離方青龍返首、兌方人遁1休詐；丙申時艮方人遁1休詐；丁酉時坤方人遁1休詐、兌方地遁2人遁2虎遁7真詐；	未年生人屬羊忌用此日廚灶廁房內南
2011/12/13 星期二	吉神：月德時德相日驛馬天后天馬天巫福德不將福生五合鳴吠對 凶神：五虛歸忌白虎	辛卯年 十一月 十九日 農曆神煞 四不祥，六壬空	辛卯年 庚子月 壬寅日 金箔金 大雪 滿日 寶日 室宿	宜：上冊受封上表章襲爵受封會親友出行上官赴任臨政親民結婚姻納采問名嫁娶進人口解除求醫療病裁衣修造動土豎柱上梁修倉庫經絡開市立券交易納財開倉庫出貨財補垣塞穴栽種牧養納畜破土安葬啟攢【頒詔覃恩肆赦施恩惠恤孤惸宣政事行惠愛雪冤枉緩刑獄慶賜賞賀安撫邊境選將訓兵出師營建宮室修宮室繕城郭】 忌：祭祀移徙遠迴開渠畋獵取魚	●庚子時 ●辛丑時 ◎甲辰時 ◎乙巳時 ●丁未時 ●庚戌時 ○辛亥時	 四大吉時 庚子時 壬寅時 甲辰時 丙午時 庚戌時	日家奇遁陰遁壬寅吉方巽方休門青龍紫白九星年七赤月七赤日四綠	壬寅日，大雪中元，陰七局；庚子時震方人遁1休詐、兌方飛鳥跌穴；癸卯時兌方飛鳥跌穴；甲辰時坎方人遁4真詐；乙巳時巽方重詐；丙午時兌方飛鳥跌穴重詐；丁未時震方重詐、離方青龍返首；戊申時坎方天遁1重詐；己酉時坤方人遁2鬼遁2真詐；	申年生人屬猴忌用此日倉庫爐房內南
2011/12/14 星期三	吉神：民日五合玉堂鳴吠對 凶神：天罡死神月刑天吏致死天賊復日	辛卯年 十一月 二十日 農曆神煞 大空亡，龍禁	辛卯年 庚子月 癸卯日 金箔金 大雪 平日 寶日 壁宿	忌：諸事不宜【頒詔施恩封拜招賢舉正直宣政事布政事慶賜賞賀安撫邊境選將訓兵出師營建宮室修宮室繕城郭】	◎壬子時 ●甲寅時 ●乙卯時 ●戊午時 ◎己未時 ◎辛酉時	庚申時 壬戌時 四大吉時 甲寅時 丙辰時 庚申時 壬戌時	日家奇遁陰遁癸卯吉方艮方開門太乙紫白九星年七赤月七赤日三碧	癸卯日，大雪中元，陰七局；癸丑時乾方重詐；己未時兌方飛鳥跌穴；辛酉時離方青龍返首；	酉年生人屬雞忌用此日房床門房內南
2011/12/15 星期四	吉神：月恩四相三合臨日時陰天倉聖心 凶神：死氣天牢	辛卯年 十一月 二十一日 農曆神煞 楊公忌日	辛卯年 庚子月 甲辰日 覆燈火 大雪 定日 制日 奎宿	宜：祭祀祈福求嗣上冊受封上表章襲爵受封會親友冠帶出行上官赴任臨政親民結婚姻納采問名嫁娶進人口移徙裁衣修造動土豎柱上梁修倉庫經絡醞釀立券交易納財安碓磑牧養納畜【施恩封拜舉正直慶賜賞賀修宮室繕城郭】 忌：解除求醫療病開倉庫出貨財修置產室栽種【安撫邊境選將訓兵出師】	◎丙寅時 ◎戊辰時 ●己巳時 ◎壬申時 ◎癸酉時 ●乙亥時	甲子時 庚午時 四大吉時 甲子時 丙寅時 庚午時 壬申時 甲戌時	日家奇遁陰遁甲辰吉方艮方開門天乙紫白九星年七赤月七赤日二黑	甲辰日，大雪下元，陰一局；丙寅時震方青龍返首；丁卯時坤方風遁5重詐；己巳時兌方虎遁6重詐；庚午時巽方天遁1重詐；辛未時坎方飛鳥跌穴、巽方地遁2人遁1風遁2休詐；壬申時離方地遁1人遁1休詐；癸酉時乾方重詐；	戌年生人屬狗忌用此日門雞栖房內東

日期節日	吉神凶神○	農曆	干支	用事宜忌○	協記吉時	貴登天門	日家奇門	時家奇門遁甲	忌用
2011/12/16 星期五	吉神：四相五富益後 凶神：劫煞小耗重日元武	辛卯年 十一月 二十二日 農曆神煞短星	辛卯年 庚子月 乙巳日 覆燈火 大雪 執日 寶日 婁宿	宜：祭祀捕捉畋獵　忌：祈福求嗣上冊受封上表章襲爵受封會親友冠帶出行上官赴任臨政親民結婚姻納采問名嫁娶進人口移徙安床解除剃頭整手足甲求醫療病裁衣築堤防修造動土豎柱上梁修倉庫鼓鑄經絡醞釀開市立券交易納財開倉庫出貨財修置產室開渠穿井安碓磑補垣塞穴修飾垣牆破屋壞垣栽種牧養納畜破土安葬啟攢【頒詔招賢宣政事布政事安撫邊境選將訓兵出師營建宮室】	●丁丑時 ●庚辰時 ◎壬午時 ◎癸未時 ○甲申時 ●丙戌時 ◎丁亥時	丁丑時 辛巳時 四大吉時 丙子時 庚辰時 壬午時 甲申時 丙戌時	日家奇遁陰遁乙巳吉方艮方開門太陰紫白九星年七赤月七赤日一白	乙巳日，大雪下元，陰一局；丙子時坎方飛鳥跌穴；庚辰時乾方人遁2真詐；辛巳時震方青龍返首；壬午時坤方人遁2真詐；丁亥時震方青龍返首、坤方雲遁4鬼遁3重詐；	亥年生人屬豬忌用此日碓磨床房內東
2011/12/17 星期六	吉神：月空陽德六儀續世解神司命鳴吠 凶神：月破大耗災煞天火厭對招搖四廢五虛陰陽擊衝血忌	辛卯年 十一月 二十三日 農曆神煞赤口，月忌	辛卯年 庚子月 丙午日 天河水 大雪 破日 專日 胃宿	宜：【施恩惠恤孤惸行惠愛雪冤枉緩刑獄】　忌：諸事不宜【頒詔施恩封拜招賢舉正直宣政事布政事慶賜賞賀安撫邊境選將訓兵出師營建宮室修宮室繕城郭】	◎戊子時 ◎己丑時 ◎辛卯時 ◎甲午時 ●丙申時 ●丁酉時	庚寅時 壬辰時 四大吉時 庚寅時 壬辰時 甲午時 丙申時	日家奇遁陰遁丙午吉方兌方生門太陰紫白九星年七赤月七赤日九紫	丙午日，大雪下元，陰一局；戊子時震方鬼遁3重詐；庚寅時巽方鬼遁3重詐；辛卯時坎方鬼遁3重詐；壬辰時坎方飛鳥跌穴；癸巳時乾方鬼遁3重詐；乙未時震方人遁1休詐；丙申時乾方人遁1休詐；戊戌時震方青龍返首、坤方人遁1休詐；己亥時坎方飛鳥跌穴天遁3；	子年生人屬鼠忌用此日廚灶碓房內東
2011/12/18 星期日	吉神：月德合要安 凶神：月煞月虛月害四擊八專勾陳	辛卯年 十一月 二十四日 農曆神煞小空亡	辛卯年 庚子月 丁未日 天河水 大雪 危日 寶日 昴宿	宜：祭祀伐木【覃恩肆赦施恩惠恤孤惸行惠愛雪冤枉緩刑獄】 忌：結婚姻納采問名嫁娶剃頭求醫療病畋獵取魚【布政事修宮室】	◎壬寅時 ◎癸卯時 ●乙巳時 ○丙午時 ●戊申時 ○己酉時 ●庚戌時 ●辛亥時	 四大吉時 庚子時 壬寅時 甲辰時 丙午時 庚戌時	日家奇遁陰遁丁未吉方坤方休門軒轅紫白九星年七赤月七赤日八白	丁未日，大雪下元，陰一局；壬寅時離方人遁1風遁6休詐；乙巳時坎方飛鳥跌穴；己酉時震方地遁2人遁2真詐；庚戌時震方青龍返首；	丑年生人屬牛忌用此日倉庫廁房內東
2011/12/19 星期一	吉神：母倉三合天喜天醫玉宇除神青龍 凶神：九坎九焦土符大煞五離	辛卯年 十一月 二十五日 農曆神煞六壬空	辛卯年 庚子月 戊申日 大驛土 大雪 成日 寶日 畢宿	宜：襲爵受封會親友入學出行上官赴任臨政親民結婚姻納采問名嫁娶進人口移徙解除沐浴剃頭整手足甲求醫療病裁衣豎柱上梁經絡醞釀開市立券交易納財掃舍宇伐木牧養納畜【施恩封拜舉正直】　忌：安床築堤防修造動土修倉庫鼓鑄修置產室開渠穿井安碓磑補垣塞穴修飾垣牆平治道塗破屋壞垣取魚乘船渡水栽種破土【選將訓兵出師營建宮室】	◎壬子時 ◎癸丑時 ●丙辰時 ●丁巳時 ●己未時 ○庚申時 ◎壬戌時	 四大吉時 壬子時 甲寅時 丙辰時 庚申時 壬戌時	日家奇遁陰遁戊申吉方兌方生門青龍紫白九星年七赤月七赤日七赤	戊申日，大雪下元，陰一局；癸丑時坎方飛鳥跌穴；丁巳時坎方飛鳥跌穴人遁1休詐、艮方人遁2鬼遁2真詐；壬戌時震方青龍返首；	寅年生人屬虎忌用此日房床爐房內東

日期節日	吉神凶神○	農曆	干支	用事宜忌○	協記吉時	貴登天門	日家奇門	時家奇門遁甲	忌用
2011/12/20 星期二	吉神：天恩母倉金堂除神明堂鳴吠 凶神：河魁大時大敗咸池五離	辛卯年 十一月 二十六日 農曆神煞龍禁	辛卯年 庚子月 己酉日 大驛土 大雪 收日 寶日 觜宿	宜：沐浴剃頭整手足甲掃舍宇捕捉畋獵【覃恩肆赦施恩惠恤孤惸行惠愛雪冤枉緩刑獄】　忌：祈福求嗣上冊受封上表章襲爵受封會親友冠帶出行上官赴任臨政親民結婚姻納采問名嫁娶進人口移徙安床解除求醫療病裁衣築堤防修造動土豎柱上梁修倉庫鼓鑄經絡醞釀開市立券交易納財開倉庫出貨財修置產室開渠穿井取魚乘船渡水栽種牧養納畜破土安葬啟攢【頒詔施恩封拜招賢舉正直宣政事安撫邊境選將訓兵出師營建宮室修宮室缮城郭】	●甲子時 ◎丙寅時 ◎丁卯時 ●庚午時 ●辛未時 ◎癸酉時	四大吉時 甲子時 丙寅時 庚午時 壬申時 甲戌時	日家奇遁 陰遁己酉 吉方乾方 開門青龍 紫白九星 年七赤 月七赤 日六白	己酉日，冬至上元，陽一局；丙寅時艮方青龍返首；丁卯時離方鬼遁3重詐；戊辰時兌方鬼遁3重詐；辛未時艮方鬼遁3重詐；壬申時巽方鬼遁3重詐；癸酉時坎方飛鳥跌穴；乙亥時坎方飛鳥跌穴；	卯年生人屬兔忌用此日占大門外東北
2011/12/21 星期三	吉神：天恩時陽生氣 凶神：五虛九空往亡天刑；冬至前一日四離	辛卯年 十一月 二十七日 農曆神煞	辛卯年 庚子月 庚戌日 釵釧金 大雪 開日 義日 參宿	宜：祭祀解除【覃恩肆赦施恩封拜舉正直施恩惠恤孤惸布政事行惠愛雪冤枉緩刑獄慶賜賞賀修宮室缮城郭】　忌：上冊受封上表章出行上官赴任臨政親民嫁娶進人口移徙求醫療病修倉庫經絡開市立券交易納財開倉庫出貨財伐木捕捉畋獵取魚【安撫邊境選將訓兵出師】	◎戊寅時 ◎庚辰時 ●辛巳時 ●甲申時 ◎乙酉時 ●丁亥時	四大吉時 丙子時 庚辰時 壬午時 甲申時 丙戌時	日家奇遁 陰遁庚戌 吉方坎方 休門太乙 紫白九星 年七赤 月七赤 日五黃	庚戌日，冬至上元，陽一局；丁丑時艮方青龍返首；丙戌時坎方飛鳥跌穴；	辰年生人屬龍忌用此日碓磨栖外東北
2011/12/22 星期四 13時18分 【未時】 交冬至氣 十一月氣 庚子月	太陽過黃經二七〇度，陽光直射南緯23．5度，晝短夜長【斗指戊，斯時陰氣始之至，日行南至，北半球晝最短夜最長，故名冬至】								
2011/12/22 星期四 13時18分 【未時】 交冬至氣 十一月氣 庚子月	吉神：天恩王日 凶神：遊禍血支重日朱雀；冬至	辛卯年 十一月 二十八日 農曆神煞大空亡，四不祥	辛卯年 庚子月 辛亥日 釵釧金 冬至 閉日 寶日 井宿	宜：沐浴裁衣築堤防補垣塞穴【覃恩肆赦施恩惠恤孤惸行惠愛雪冤枉緩刑獄】　忌：祈福求嗣上冊受封上表章襲爵受封會親友出行上官赴任臨政親民結婚姻納采問名嫁娶進人口移徙安床解除求醫療病療目針刺修造動土豎柱上梁醞釀開市開倉庫出貨財修置產室開渠穿井破土安葬啟攢【施恩封拜出師營建宮室修宮室】	●己丑時 ◎壬辰時 ●甲午時 ●乙未時 ●戊戌時 ●己亥時	四大吉時 戊寅時 辛巳時 甲申時 丁亥時	日家奇遁 陽遁辛亥 吉方離方 休門天乙 紫白九星 年七赤 月七赤 日三碧	辛亥日，冬至上元，陽一局；辛卯時艮方青龍返首；癸巳時艮方地遁2人遁2風遁4真詐；甲午時艮方重詐；乙未時艮方青龍返首、震方重詐；丙申時離方人遁1休詐；丁酉時離方重詐；戊戌時兌方天遁1重詐；己亥時坎方人遁1休詐；	巳年生人屬蛇忌用此日廚灶房外東北

日期節日	吉神凶神〇	農曆	干支	用事宜忌〇	協記吉時	貴登天門	日家奇門	時家奇門遁甲	忌用
2011/12/23 星期五	吉神：月德天恩官日敬安金匱鳴吠對 凶神：月建小時土府月厭地火四忌六蛇大會陰陽俱錯	辛卯年 十一月 二十九日 農曆神煞 赤口	辛卯年 庚子月 壬子日 桑柘木 冬至 建日 專日 鬼宿	宜：【覃恩肆赦施恩惠恤孤惸行惠愛雪冤枉緩刑獄】　忌：諸事不宜【修宮室】	●庚子時 ●辛丑時 ◎癸卯時 ◎丙午時 ◎戊申時 ●己酉時	 四大吉時 壬寅時 乙巳時 戊申時 辛亥時	日家奇遁 陽遁壬子 吉方坎方 休門天乙 紫白九星 年七赤 月七赤 日四綠	壬子日，冬至上元，陽一局；庚子時坎方飛鳥跌穴、坤方人遁1風遁6休詐；辛丑時艮方重詐；壬寅時坎方人遁1休詐；乙巳時坎方飛鳥跌穴；丁未時艮方青龍返首；	午年 生人 屬馬 忌用 此日 倉庫 碓外 東北
2011/12/24 星期六	吉神：天恩天願陰德守日吉期六合普護寶光 凶神：復日八專觸水龍	辛卯年 十一月 三十日 農曆神煞	辛卯年 庚子月 癸丑日 桑柘木 冬至 除日 伐日 柳宿	宜：祭祀祈福求嗣上冊受封上表章襲爵受封會親友出行上官赴任臨政親民結婚姻納采問名嫁娶進人口移徙解除沐浴剃頭整手足甲求醫療病裁衣修造動土豎柱上梁修倉庫經絡醞釀開市立券交易納財掃舍宇栽種牧養納畜【頒詔覃恩肆赦施恩封拜頒詔招賢舉正直施恩惠恤孤惸宣政事布政事行惠愛雪冤枉緩刑獄慶賜賞賀營建宮室繕城郭】　忌：冠帶取魚乘船渡水	◎甲寅時 ◎乙卯時 〇丙辰時 ●丁巳時 ●庚申時 ◎壬戌時 ◎癸亥時	己未時 辛酉時 四大吉時 甲寅時 丁巳時 庚申時 癸亥時	日家奇遁 陽遁癸丑 吉方坎方 休門太陰 紫白九星 年七赤 月七赤 日五黃	癸丑日，冬至上元，陽一局；甲寅時艮方人遁2真詐；丙辰時巽方人遁2虎遁6真詐；丁巳時坎方飛鳥跌穴；戊午時艮方青龍返首、震方人遁2真詐；己未時乾方人遁2真詐；庚申時離方人遁2真詐；辛酉時坤方人遁2真詐；壬戌時乾方人遁2真詐；癸亥時艮方人遁2真詐；	未年 生人 屬羊 忌用 此日 占房 廁外 東北
2011/12/25 星期日 行憲紀念日	吉神：月恩四相時德相日驛馬天后天馬天巫福德福生五合鳴吠對 凶神：五虛八風歸忌八專白虎	辛卯年 十二月 初一日 農曆神煞	辛卯年 庚子月 甲寅日 大溪水 冬至 滿日 專日 星宿	宜：上冊受封上表章襲爵受封會親友出行上官赴任臨政親民進人口解除求醫療病裁衣修造動土豎柱上梁經絡開市立券交易納財補垣塞穴栽種牧養破土啟攢【慶賜賞賀修宮室繕城郭】　忌：祭祀結婚姻納采問名嫁娶移徙遠迴修倉庫開倉庫出貨財取魚乘船渡水【安撫邊境選將訓兵出師】	◎甲子時 ◎乙丑時 〇丙寅時 ●戊辰時 ◎己巳時 ●辛未時 ●甲戌時	己巳時 乙亥時 四大吉時 丙寅時 己巳時 壬申時 乙亥時	日家奇遁 陽遁甲寅 吉方艮方 生門天符 紫白九星 年七赤 月七赤 日六白	甲寅日，冬至中元，陽七局；丙寅時中宮青龍返首；壬申時中宮青龍返首；甲戌時乾方地遁2鬼遁5重詐；	申年 生人 屬猴 忌用 此日 占門 爐外 東北
2011/12/26 星期一	吉神：四相民日五合玉堂鳴吠對 凶神：天罡死神月刑天吏致死天賊　；大雪後二十日氣往亡	辛卯年 十二月 初二日 農曆神煞 龍禁	辛卯年 庚子月 乙卯日 大溪水 冬至 平日 專日 張宿	忌：諸事不宜【頒詔招賢宣政事布政事安撫邊境選將訓兵出師營建宮室修宮室繕城郭】【行幸遣使】上冊受封上表章上官赴任臨政親民嫁娶進人口移徙求醫療病捕捉畋獵取魚	◎丙子時 ●戊寅時 ●己卯時 ◎壬午時 ◎癸未時 〇甲申時 ◎乙酉時 〇丙戌時	丙子時 庚辰時 四大吉時 戊寅時 辛巳時 甲申時 丁亥時	日家奇遁 陽遁乙卯 吉方兌方 生門軒轅 紫白九星 年七赤 月七赤 日七赤	乙卯日，冬至中元，陽七局；丙子時乾方人遁4真詐；丁丑時坤方人遁2鬼遁2真詐；己卯時巽方人遁2鬼遁2真詐；辛巳時兌方地遁2重詐、中宮青龍返首；癸未時坎方地遁2雲遁1重詐；甲申時乾方地遁2人遁1休詐；丙戌時坎方地遁2人遁1雲遁1休詐；丁亥時兌方人遁1地遁2休詐、中宮青龍返首；	酉年 生人 屬雞 忌用 此日 碓磨 門外 正東

日期節日	吉神凶神○	農曆	干支	用事宜忌○	協記吉時	貴登天門	日家奇門	時家奇門遁甲	忌用
2011/12/27 星期二 建築師節	吉神：月空三合臨日時陰天倉聖心 凶神：死氣天牢	辛卯年 十二月 初三日 農曆神煞 大空亡	辛卯年 庚子月 丙辰日 沙中土 冬至 定日 寶日 翼宿	宜：祭祀祈福上冊受封上表章會親友冠帶上官赴任臨政親民結婚姻納采問名嫁娶進人口裁衣修造動土豎柱上梁修倉庫經絡醞釀立券交易納財安碓磑納畜【慶賜賞賀修宮室繕城郭】 忌：解除求醫療病修置產室栽種【安撫邊境選將訓兵出師】	●庚寅時 ◎壬辰時 ◎癸巳時 ●丙申時 ●丁酉時 ●己亥時	己丑時 四大吉時 庚寅時 癸巳時 丙申時 己亥時	日家奇遁 陽遁丙辰 吉方坤方 休門青龍 紫白九星 年七赤 月七赤 日八白	丙辰日，冬至中元，陽七局；辛卯時巽方地遁2人遁1風遁2休詐；乙未時中宮青龍返首；	戌年生人屬狗忌用此日廚灶栖外正東
2011/12/28 星期三 電信節	吉神：月德合五富不將益後 凶神：劫煞小耗四廢重日元武	辛卯年 十二月 初四日 農曆神煞 四不祥，赤口	辛卯年 庚子月 丁巳日 沙中土 冬至 執日 專日 軫宿	宜：祭祀捕捉【覃恩肆赦施恩惠恤孤惸行惠愛雪冤枉緩刑獄】 忌：祈福求嗣上冊受封上表章襲爵受封會親友冠帶出行上官赴任臨政親民結婚姻納采問名嫁娶進人口移徙安床解除剃頭求醫療病裁衣築堤防修造動土豎柱上梁修倉庫鼓鑄經絡醞釀開市立券交易納財開倉庫出貨財修置產室開渠穿井安碓磑補垣塞穴修飾垣牆破屋壞垣畋獵取魚栽種牧養納畜破土安葬啟攢【布政事修宮室】	◎辛丑時 ●甲辰時 ●丙午時 ●丁未時 ○己酉時 ●庚戌時 ◎辛亥時	癸卯時 四大吉時 壬寅時 乙巳時 戊申時 辛亥時	日家奇遁 陽遁丁巳 吉方兌方 生門太乙 紫白九星 年七赤 月七赤 日九紫	丁巳日，冬至中元，陽七局；庚子時乾方人遁1休詐；乙巳時坤方鬼遁3重詐；丙午時乾方地遁2人遁2真詐；丁未時艮方風遁6鬼遁3鬼遁4重詐；庚戌時中宮青龍返首；辛亥時兌方鬼遁3重詐；	亥年生人屬豬忌用此日倉庫床外正東
2011/12/29 星期四	吉神：陽德六儀續世解神司命 凶神：月破大耗災煞天火厭對招搖五虛血忌	辛卯年 十二月 初五日 農曆神煞 四方耗，月忌	辛卯年 庚子月 戊午日 天上火 冬至 破日 義日 角宿	宜：【施恩惠恤孤惸行惠愛雪冤枉緩刑獄】 忌：諸事不宜【頒詔施恩封拜招賢舉正直宣政事布政事慶賜賞賀安撫邊境選將訓兵出師營建宮室修宮室繕城郭】	◎壬子時 ◎癸丑時 ●乙卯時 ◎戊午時 ○己未時 ●庚申時 ●辛酉時	四大吉時 甲寅時 丁巳時 庚申時 癸亥時	日家奇遁 陽遁戊午 吉方巽方 生門青龍 紫白九星 年七赤 月七赤 日一白	戊午日，冬至中元，陽七局；壬子時巽方鬼遁3重詐；癸丑時坎方龍遁4鬼遁3重詐；己未時中宮青龍返首；	子年生人屬鼠忌用此日房床碓外正東
2011/12/30 星期五	吉神：要安 凶神：月煞月虛月害四擊八專勾陳	辛卯年 十二月 初六日 農曆神煞 六壬空	辛卯年 庚子月 己未日 天上火 冬至 危日 專日 亢宿	宜：伐木畋獵 忌：祈福求嗣上冊受封上表章襲爵受封會親友冠帶出行上官赴任臨政親民結婚姻納采問名嫁娶進人口移徙安床解除剃頭整手足甲求醫療病裁衣築堤防修造動土豎柱上梁修倉庫鼓鑄經絡醞釀開市立券交易納財開倉庫出貨財修置產室開渠穿井安碓磑補垣塞穴修飾垣牆破屋壞垣栽種牧養納畜破土安葬啟攢【頒詔施恩封拜招賢舉正直宣政事布政事慶賜賞賀安撫邊境選將訓兵出師營建宮室修宮室繕城郭】	●丙寅時 ●丁卯時 ●己巳時 ○庚午時 ○辛未時 ◎壬申時 ●甲戌時 ◎乙亥時	戊辰時 四大吉時 丙寅時 己巳時 壬申時 乙亥時	日家奇遁 陽遁己未 吉方艮方 開門天乙 紫白九星 年七赤 月七赤 日二黑	己未日，冬至下元，陽四局；丙寅時坤方青龍返首；己巳時坤方青龍返首；壬申時巽方飛鳥跌穴；甲戌時坎方人遁1休詐；	丑年生人屬牛忌用此日占門廁外正東

日期節日	吉神凶神○	農曆	干支	用事宜忌○	協記吉時	貴登天門	日家奇門	時家奇門遁甲	忌用
2011/12/31 星期六	吉神：母倉三合天喜天醫玉宇除神青龍鳴吠 凶神：九坎九焦土符大煞五離八專	辛卯年 十二月 初七日 農曆神煞 小空亡，四不祥	辛卯年 庚子月 庚申日 石榴木 冬至 成日 專日 氐宿	宜：襲爵受封會親友入學出行上官赴任臨政親民進人口移徙解除沐浴剃頭整手足甲求醫療病裁衣豎柱上梁醞釀開市立券交易納財掃舍宇伐木牧養納畜安葬【施恩封拜舉正直】　忌：結婚姻納采問名嫁娶安床築堤防修造動土修倉庫鼓鑄經絡修置產室開渠穿井安碓磑補垣塞穴修飾垣牆平治道塗破屋壞垣取魚乘船渡水栽種破土【選將訓兵出師營建宮室】	◎丙子時 ◎丁丑時 ●庚辰時 ●辛巳時 ◎癸未時 ○甲申時 ◎丙戌時	四大吉時 戊寅時 辛巳時 甲申時 丁亥時	日家奇遁陽遁庚申吉方艮方開門太陰紫白九星 年七赤 月七赤 日三碧	庚申日，冬至下元，陽四局；丙子時坎方人遁1休詐；丁丑時巽方人遁1休詐；戊寅時巽方飛鳥跌穴、兌方人遁1休詐；庚辰時坤方青龍返首；癸未時乾方人遁1休詐；乙酉時坎方天遁1重詐；丙戌時巽方飛鳥跌穴天遁3重詐；丁亥時兌方虎遁6重詐；	寅年生人屬虎忌用此日碓磨爐外東南

2011年重要用事
擇日速查篇

序	日期	星期	農曆月日	日干支	吉時	忌用	序	日期	星期	農曆月日	日干支	吉時	忌用
1	2011/1/1	六	十一月二十七	丙辰	寅申時酉時亥時	屬狗	61	2011/4/13	三	三月十一	戊戌	申時	屬龍
2	2011/1/2	日	十一月二十八	丁巳	辰時午時未戌時	屬豬	62	2011/4/15	五	三月十三	庚子	丑時申時酉時	屬馬
3	2011/1/6	四	十二月初三	辛酉	寅時午時未時	屬兔	63	2011/4/16	六	三月十四	辛丑	寅時卯時申亥時	屬羊
4	2011/1/7	五	十二月初四	壬戌	巳時亥時	屬龍	64	2011/4/21	四	三月十九	丙午	申時酉時	屬鼠
5	2011/1/9	日	十二月初六	甲子	早子時丑時	屬馬	65	2011/4/22	五	三月二十	丁未	巳時申時戌亥時	屬牛
6	2011/1/10	一	十二月初七	乙丑	寅時申時	屬羊	66	2011/4/24	日	三月二十二	己酉	早子時午時未時	屬兔
7	2011/1/12	三	十二月初九	丁卯	午時未時	屬雞	67	2011/4/25	一	三月二十三	庚戌	巳時申時亥時	屬龍
8	2011/1/13	四	十二月初十	戊辰	巳時申時酉時	屬狗	68	2011/4/27	三	三月二十五	壬子	早子時丑時酉時	屬馬
9	2011/1/15	六	十二月十二	庚午	卯時申時酉時	屬鼠	69	2011/4/28	四	三月二十六	癸丑	巳時申時	屬羊
10	2011/1/16	日	十二月十三	辛未	寅時卯時申時	屬牛	70	2011/5/1	日	三月二十九	丙辰	寅時申時酉亥時	屬狗
11	2011/1/17	一	十二月十四	壬申	早子丑辰巳未時	屬虎	71	2011/5/2	一	三月三十	丁巳	辰時午時未戌時	屬豬
12	2011/1/19	三	十二月十六	甲戌	寅時巳時亥時	屬龍	72	2011/5/3	二	四月初一	戊午	卯時申時酉時	屬鼠
13	2011/1/20	四	十二月十七	乙亥	丑時辰時戌時	屬蛇	73	2011/5/5	四	四月初三	庚申	辰時巳時	屬虎
14	2011/1/21	五	十二月十八	丙子	早子時丑時	屬馬	74	2011/5/6	五	四月初四	辛酉	寅時午時未時	屬兔
15	2011/1/24	一	十二月二十一	己卯	寅時卯時午未時	屬雞	75	2011/5/6	五	四月初四	辛酉	寅時午時未時	屬兔
16	2011/1/25	二	十二月二十二	庚辰	寅時巳時亥時	屬狗	76	2011/5/10	二	四月初八	乙丑	寅時卯時申時	屬羊
17	2011/1/26	三	十二月二十三	辛巳	丑時午時未戌時	屬豬	77	2011/5/12	四	四月初十	丁卯	午時未時	屬雞
18	2011/1/28	五	十二月二十五	癸未	寅時卯時巳時	屬牛	78	2011/5/15	日	四月十三	庚午	卯時申時酉時	屬鼠
19	2011/1/29	六	十二月二十六	甲申	早子丑辰巳戌時	屬虎	79	2011/5/16	一	四月十四	辛未	寅時卯時申時	屬牛
20	2011/1/30	日	十二月二十七	乙酉	早子時寅時	屬兔	80	2011/5/17	二	四月十五	壬申	早子丑辰巳未時	屬虎
21	2011/1/31	一	十二月二十八	丙戌	寅時申時亥時	屬龍	81	2011/5/20	五	四月十八	乙亥	丑時辰時戌時	屬蛇
22	2011/2/1	二	十二月二十九	丁亥	丑時辰時戌時	屬蛇	82	2011/5/21	六	四月十九	丙子	早子時丑時	屬馬
23	2011/2/2	三	十二月三十	戊子	申時酉時	屬馬	83	2011/5/24	二	四月二十二	己卯	寅時卯時午未時	屬雞
24	2011/2/5	六	正月初三	辛卯	◎寅時卯時	屬雞	84	2011/5/25	三	四月二十三	庚辰	寅時巳時亥時	屬狗
25	2011/2/6	日	正月初四	壬辰	巳時酉時亥時	屬狗	85	2011/5/26	四	四月二十四	辛巳	丑時午時未戌時	屬豬
26	2011/2/8	二	正月初六	甲午	卯時	屬鼠	86	2011/5/27	五	四月二十五	壬午	丑卯午申酉時	屬鼠
27	2011/2/10	四	正月初八	丙申	早子時丑未戌時	屬虎	87	2011/5/28	六	四月二十六	癸未	寅時卯時巳時	屬牛
28	2011/2/11	五	正月初九	丁酉	早子時午時未時	屬兔	88	2011/5/29	日	四月二十七	甲申	早子丑辰巳戌時	屬虎
29	2011/2/13	日	正月十一	己亥	午時未時戌時	屬蛇	89	2011/5/30	一	四月二十八	乙酉	早子時寅時	屬兔
30	2011/2/14	一	正月十二	庚子	丑時申時酉時	屬馬	90	2011/5/31	二	四月二十九	丙戌	寅時申時亥時	屬龍
31	2011/2/15	二	正月十三	辛丑	寅時卯時申亥時	屬羊	91	2011/6/2	四	五月初一	戊子	申時酉時	屬馬
32	2011/2/18	五	正月十六	甲辰	巳時亥時	屬狗	92	2011/6/3	五	五月初二	己丑	寅時卯時巳時	屬羊
33	2011/2/20	日	正月十八	丙午	申時酉時	屬鼠	93	2011/6/5	日	五月初四	辛卯	寅時卯時	屬雞
34	2011/2/21	一	正月十九	丁未	巳時申時戌亥時	屬牛	94	2011/6/6	一	五月初五	壬辰	巳時酉時亥時	屬狗
35	2011/2/22	二	正月二十	戊申	辰時巳時未時	屬虎	95	2011/6/8	三	五月初七	甲午	卯時	屬鼠
36	2011/2/23	三	正月二十一	己酉	早子時午時未時	屬兔	96	2011/6/10	五	五月初九	丙申	早子時丑未戌時	屬虎
37	2011/2/25	五	正月二十三	辛亥	丑午未戌時亥時	屬蛇	97	2011/6/12	日	五月十一	戊戌	申時	屬龍
38	2011/2/26	六	正月二十四	壬子	早子時丑時酉時	屬馬	98	2011/6/13	一	五月十二	己亥	午時未時戌時	屬蛇
39	2011/3/2	三	正月二十八	丙辰	寅時申時酉亥時	屬狗	99	2011/6/15	三	五月十四	辛丑	寅時卯時申亥時	屬羊
40	2011/3/3	四	正月二十九	丁巳	辰時午時未戌時	屬豬	100	2011/6/17	五	五月十六	癸卯	寅時卯時午時	屬雞
41	2011/3/4	五	正月三十	戊午	卯時申時酉時	屬鼠	101	2011/6/18	六	五月十七	甲辰	巳時亥時	屬狗
42	2011/3/10	四	二月初六	甲子	早子時丑時	屬馬	102	2011/6/21	二	五月二十	丁未	巳時申時戌亥時	屬牛
43	2011/3/11	五	二月初七	乙丑	寅時卯時申時	屬羊	103	2011/6/22	三	五月二十一	戊申	辰時巳時未時	屬虎
44	2011/3/13	日	二月初九	丁卯	午時未時	屬雞	104	2011/6/23	四	五月二十二	己酉	早子時午時未時	屬兔
45	2011/3/15	二	二月十一	己巳	辰時午時未時	屬豬	105	2011/6/24	五	五月二十三	庚戌	巳時申時亥時	屬龍
46	2011/3/16	三	二月十二	庚午	卯時申時酉時	屬鼠	106	2011/6/25	六	五月二十四	辛亥	丑午未時戌亥時	屬蛇
47	2011/3/17	四	二月十三	辛未	寅時卯時申時	屬牛	107	2011/6/27	一	五月二十六	癸丑	巳時申時	屬羊
48	2011/3/20	日	二月十六	甲戌	寅時巳時亥時	屬龍	108	2011/6/29	三	五月二十八	乙卯	寅時卯時	屬雞
49	2011/3/23	三	二月十九	丁丑	巳時亥時	屬羊	109	2011/6/30	四	五月二十九	丙辰	寅時申時酉亥時	屬狗
50	2011/3/27	日	二月二十三	辛巳	丑時午時未戌時	屬豬	110	2011/7/3	日	六月初三	己未	寅時卯時巳戌時	屬牛
51	2011/3/28	一	二月二十四	壬午	丑卯午申酉時	屬鼠	111	2011/7/4	一	六月初四	庚申	辰時巳時	屬虎
52	2011/3/29	二	二月二十五	癸未	寅時卯時巳時	屬牛	112	2011/7/5	二	六月初五	辛酉	寅時午時未時	屬兔
53	2011/3/30	三	二月二十六	甲申	早子丑辰巳戌時	屬虎	113	2011/7/6	三	六月初六	壬戌	巳時亥時	屬龍
54	2011/4/1	五	二月二十八	丙戌	寅時申時亥時	屬龍	114	2011/7/7	四	六月初七	癸亥	辰時午時	屬蛇
55	2011/4/2	六	二月二十九	丁亥	丑時辰時戌時	屬蛇	115	2011/7/8	五	六月初八	甲子	早子時丑時	屬馬
56	2011/4/4	一	三月初二	己丑	寅時卯時巳時	屬羊	116	2011/7/12	二	六月十二	戊辰	巳時申時酉時	屬狗
57	2011/4/7	四	三月初五	壬辰	巳時酉時亥時	屬狗	117	2011/7/13	三	六月十三	己巳	辰時午時未時	屬豬
58	2011/4/9	六	三月初七	甲午	卯時	屬鼠	118	2011/7/15	五	六月十五	辛未	寅時卯時申時	屬牛
59	2011/4/11	一	三月初九	丙申	早子時丑未戌時	屬虎	119	2011/7/16	六	六月十六	壬申	早子丑辰巳未時	屬虎
60	2011/4/12	二	三月初十	丁酉	早子時午時未時	屬兔	120	2011/7/17	日	六月十七	癸酉	寅時午時	屬兔

序	日期	星期	農曆月日	日干支	吉時	忌用	序	日期	星期	農曆月日	日干支	吉時	忌用
121	2011/7/18	一	六月十八	甲戌	寅時巳時亥時	屬龍	171	2011/10/7	五	九月十一	乙未	寅卯時申戌亥時	屬牛
122	2011/7/23	六	六月二十三	己卯	寅時卯時午未時	屬雞	172	2011/10/8	六	九月十二	丙申	早子時丑未戌時	屬虎
123	2011/7/24	日	六月二十四	庚辰	寅時巳時亥時	屬狗	173	2011/10/8	六	九月十二	丙申	早子時丑未戌時	屬虎
124	2011/7/25	一	六月二十五	辛巳	丑時午時未戌時	屬豬	174	2011/10/12	三	九月十六	庚子	丑時申時酉時	屬馬
125	2011/7/27	三	六月二十七	癸未	寅時卯時巳時	屬牛	175	2011/10/13	四	九月十七	辛丑	寅時卯時申亥時	屬羊
126	2011/7/28	四	六月二十八	甲申	早子丑辰巳戌時	屬虎	176	2011/10/15	六	九月十九	癸卯	寅時卯時午時	屬雞
127	2011/7/29	五	六月二十九	乙酉	早子時寅時	屬兔	177	2011/10/16	日	九月二十	甲辰	巳時亥時	屬狗
128	2011/8/1	一	七月初二	戊子	申時酉時	屬馬	178	2011/10/17	一	九月二十一	乙巳	丑時辰時戌時	屬豬
129	2011/8/2	二	七月初三	己丑	寅時卯時巳時	屬羊	179	2011/10/18	二	九月二十二	丙午	申時酉時	屬鼠
130	2011/8/4	四	七月初五	辛卯	寅時卯時	屬雞	180	2011/10/20	四	九月二十四	戊申	辰時巳時未時	屬虎
131	2011/8/5	五	七月初六	壬辰	巳時酉時亥時	屬狗	181	2011/10/22	六	九月二十六	庚戌	巳時申時亥時	屬龍
132	2011/8/6	六	七月初七	癸巳	辰時	屬豬	182	2011/10/23	日	九月二十七	辛亥	丑午未時戌亥時	屬蛇
133	2011/8/7	日	七月初八	甲午	卯時	屬鼠	183	2011/10/24	一	九月二十八	壬子	早子時丑時酉時	屬馬
134	2011/8/8	一	七月初九	乙未	寅卯時申戌亥時	屬牛	184	2011/10/27	四	十月初一	乙卯	寅時卯時	屬雞
135	2011/8/10	三	七月十一	丁酉	早子時午時未時	屬兔	185	2011/10/28	五	十月初二	丙辰	寅時申時酉亥時	屬狗
136	2011/8/12	五	七月十三	己亥	午時未時戌時	屬蛇	186	2011/10/29	六	十月初三	丁巳	辰時午時未戌時	屬豬
137	2011/8/13	六	七月十四	庚子	丑時申時酉時	屬馬	187	2011/11/1	二	十月初六	庚申	辰時巳時	屬虎
138	2011/8/16	二	七月十七	癸卯	寅時卯時午時	屬雞	188	2011/11/2	三	十月初七	辛酉	寅時午時未時	屬兔
139	2011/8/17	三	七月十八	甲辰	巳時亥時	屬狗	189	2011/11/3	四	十月初八	壬戌	巳時亥時	屬龍
140	2011/8/19	五	七月二十	丙午	申時酉時	屬鼠	190	2011/11/4	五	十月初九	癸亥	辰時午時	屬蛇
141	2011/8/20	六	七月二十一	丁未	巳時申時戌亥時	屬牛	191	2011/11/5	六	十月初十	甲子	早子時丑時	屬馬
142	2011/8/21	日	七月二十二	戊申	辰時巳時未時	屬虎	192	2011/11/8	二	十月十三	丁卯	午時未時	屬雞
143	2011/8/24	三	七月二十五	辛亥	丑午未時戌亥時	屬蛇	193	2011/11/10	四	十月十五	己巳	辰時午時未時	屬豬
144	2011/8/25	四	七月二十六	壬子	早子時丑時酉時	屬馬	194	2011/11/11	五	十月十六	庚午	卯時申時酉時	屬鼠
145	2011/8/26	五	七月二十七	癸丑	巳時申時	屬羊	195	2011/11/12	六	十月十七	辛未	寅時卯時申時	屬牛
146	2011/8/29	一	八月初一	丙辰	寅時申時酉亥時	屬狗	196	2011/11/14	一	十月十九	癸酉	寅時午時	屬兔
147	2011/8/30	二	八月初二	丁巳	辰時午時未戌時	屬豬	197	2011/11/15	二	十月二十	甲戌	寅時巳時亥時	屬龍
148	2011/8/31	三	八月初三	戊午	卯時申時酉時	屬鼠	198	2011/11/16	三	十月二十一	乙亥	丑時辰時戌時	屬蛇
149	2011/9/5	一	八月初八	癸亥	辰時午時◎	屬蛇	199	2011/11/18	五	十月二十三	丁丑	巳時亥時	屬羊
150	2011/9/6	二	八月初九	甲子	早子時丑時	屬馬	200	2011/11/20	日	十月二十五	己卯	寅時卯時午未時	屬雞
151	2011/9/11	日	八月十四	己巳	辰時午時未時	屬豬	201	2011/11/21	一	十月二十六	庚辰	寅時巳時亥時	屬狗
152	2011/9/12	一	八月十五	庚午	卯時申時酉時	屬鼠	202	2011/11/23	三	十月二十八	壬午	丑卯午申時酉時	屬鼠
153	2011/9/13	二	八月十六	辛未	寅時卯時申時	屬牛	203	2011/11/24	四	十月二十九	癸未	寅時卯時巳時	屬牛
154	2011/9/14	三	八月十七	壬申	早子丑辰巳未時	屬虎	204	2011/11/25	五	十一月初一	甲申	早子丑辰巳戌時	屬虎
155	2011/9/15	四	八月十八	癸酉	寅時午時	屬兔	205	2011/11/26	六	十一月初二	乙酉	早子時寅時	屬兔
156	2011/9/16	五	八月十九	甲戌	寅時巳時亥時	屬龍	206	2011/11/28	一	十一月初四	丁亥	丑時辰時戌時	屬蛇
157	2011/9/17	六	八月二十	乙亥	丑時辰時戌時	屬蛇	207	2011/11/30	三	十一月初六	己丑	寅時卯時巳時	屬羊
158	2011/9/18	日	八月二十一	丙子	早子時丑時	屬馬	208	2011/12/5	一	十一月十一	甲午	卯時	屬鼠
159	2011/9/22	四	八月二十五	庚辰	寅時巳時亥時	屬狗	209	2011/12/6	二	十一月十二	乙未	寅卯時申戌亥時	屬牛
160	2011/9/23	五	八月二十六	辛巳	丑時午時未戌時	屬豬	210	2011/12/8	四	十一月十四	丁酉	早子時午時未時	屬兔
161	2011/9/24	六	八月二十七	壬午	丑卯午申酉時	屬鼠	211	2011/12/9	五	十一月十五	戊戌	申時	屬龍
162	2011/9/25	日	八月二十八	癸未	寅時卯時巳時	屬牛	212	2011/12/12	一	十一月十八	辛丑	寅時卯時申亥時	屬羊
163	2011/9/26	一	八月二十九	甲申	早子丑辰巳戌時	屬虎	213	2011/12/15	四	十一月二十一	甲辰	巳時亥時	屬狗
164	2011/9/27	二	九月初一	乙酉	早子時寅時	屬兔	214	2011/12/16	五	十一月二十二	乙巳	丑時辰時戌時	屬豬
165	2011/9/28	三	九月初二	丙戌	寅時申時亥時	屬龍	215	2011/12/18	日	十一月二十四	丁未	巳時申時戌亥時	屬牛
166	2011/9/29	四	九月初三	丁亥	丑時辰時戌時	屬蛇	216	2011/12/21	三	十一月二十七	庚戌	巳時申時亥時	屬龍
167	2011/9/30	五	九月初四	戊子	申時酉時	屬馬	217	2011/12/24	六	十一月三十	癸丑	巳時申時	屬羊
168	2011/10/4	二	九月初八	壬辰	巳時酉時亥時	屬狗	218	2011/12/27	二	十二月初三	丙辰	寅時申時酉亥時	屬狗
169	2011/10/5	三	九月初九	癸巳	辰時	屬豬	219	2011/12/28	三	十二月初四	丁巳	辰時午時未戌時	屬豬
170	2011/10/6	四	九月初十	甲午	卯時	屬鼠	220						

序	日期	星期	農曆月日	日干支	吉時	忌用	序	日期	星期	農曆月日	日干支	吉時	忌用
1	2011/1/5	三	十二月初二	庚申	辰時巳時	屬虎	55	2011/7/4	一	六月初四	庚申	辰時巳時	屬虎
2	2011/1/6	四	十二月初三	辛酉	寅時午時未時	屬兔	56	2011/7/8	五	六月初八	甲子	早子時丑時	屬馬
3	2011/1/15	六	十二月十二	庚午	卯時申時酉時	屬鼠	57	2011/7/11	一	六月十一	丁卯	午時未時	屬雞
4	2011/1/18	二	十二月十五	癸酉	寅時午時	屬兔	58	2011/7/15	五	六月十五	辛未	寅時卯時申時	屬牛
5	2011/1/29	六	十二月二十六	甲申	早子丑辰巳戌時	屬虎	59	2011/7/22	五	六月二十二	戊寅	辰時未時	屬猴
6	2011/1/30	日	十二月二十七	乙酉	早子時寅時	屬兔	60	2011/7/23	六	六月二十三	己卯	寅卯時午時未時	屬雞
7	2011/2/5	六	正月初三	辛卯	寅時卯時	屬雞	61	2011/7/27	三	六月二十七	癸未	寅時卯時巳時	屬牛
8	2011/2/6	日	正月初四	壬辰	巳時酉時亥時	屬狗	62	2011/8/4	四	七月初五	辛卯	寅時卯時	屬雞
9	2011/2/8	二	正月初六	甲午	卯時	屬鼠	63	2011/8/8	一	七月初九	乙未	寅卯時申戌亥時	屬牛
10	2011/2/11	五	正月初九	丁酉	早子時午時未時	屬兔	64	2011/8/9	二	七月初十	丙申	早子丑未時戌時	屬虎
11	2011/2/17	四	正月十五	癸卯	寅時卯時午時	屬雞	65	2011/8/11	四	七月十二	戊戌	申時	屬龍
12	2011/2/20	日	正月十八	丙午	申時酉時	屬鼠	66	2011/8/13	六	七月十四	庚子	丑時申時酉時	屬馬
13	2011/2/21	一	正月十九	丁未	巳時申時戌亥時	屬牛	67	2011/8/16	二	七月十七	癸卯	寅時卯時午時	屬雞
14	2011/2/25	五	正月二十三	辛亥	丑午未戌時亥時	屬蛇	68	2011/8/21	日	七月二十二	戊申	辰時巳時未時	屬虎
15	2011/2/26	六	正月二十四	壬子	早子時丑時酉時	屬馬	69	2011/8/25	四	七月二十六	壬子	早子時丑時酉時	屬馬
16	2011/3/1	二	正月二十七	乙卯	寅時卯時	屬雞	70	2011/8/26	五	七月二十七	癸丑	巳時申時	屬羊
17	2011/3/2	三	正月二十八	丙辰	寅申時酉時亥時	屬狗	71	2011/8/31	三	八月初三	戊午	卯時申時酉時	屬鼠
18	2011/3/4	五	正月三十	戊午	卯時申時酉時	屬鼠	72	2011/9/2	五	八月初五	庚申	辰時巳時	屬虎
19	2011/3/11	五	二月初七	乙丑	寅時卯時申時	屬羊	73	2011/9/4	日	八月初七	壬戌	巳時亥時	屬龍
20	2011/3/13	日	二月初九	丁卯	午時未時	屬雞	74	2011/9/6	二	八月初九	甲子	早子時丑時	屬馬
21	2011/3/14	一	二月初十	戊辰	巳時申時酉時	屬狗	75	2011/9/13	二	八月十六	辛未	寅時卯時申時	屬牛
22	2011/3/21	一	二月十七	乙亥	丑時辰時戌時	屬蛇	76	2011/9/16	五	八月十九	甲戌	寅時巳時亥時	屬龍
23	2011/3/23	三	二月十九	丁丑	巳時亥時	屬羊	77	2011/9/17	六	八月二十	乙亥	丑時辰時戌時	屬蛇
24	2011/3/26	六	二月二十二	庚辰	寅時巳時亥時	屬狗	78	2011/9/25	日	八月二十八	癸未	寅時卯時巳時	屬牛
25	2011/4/2	六	二月二十九	丁亥	丑時辰時戌時	屬蛇	79	2011/9/28	三	九月初二	丙戌	寅時申時亥時	屬龍
26	2011/4/4	一	三月初二	己丑	寅時卯時巳時	屬羊	80	2011/9/29	四	九月初三	丁亥	丑時辰時戌時	屬蛇
27	2011/4/5	二	三月初三	庚寅	丑時辰時	屬猴	81	2011/10/7	五	九月十一	乙未	寅卯時申戌亥時	屬牛
28	2011/4/12	二	三月初十	丁酉	早子時午時未時	屬兔	82	2011/10/8	六	九月十二	丙申	早子丑未時戌時	屬虎
29	2011/4/15	五	三月十三	庚子	丑時申時酉時	屬馬	83	2011/10/15	六	九月十九	癸卯	寅時卯時午時	屬雞
30	2011/4/17	日	三月十五	壬寅	早子丑未時戌時	屬猴	84	2011/10/18	二	九月二十二	丙午	申時酉時	屬鼠
31	2011/4/27	三	三月二十五	壬子	早子時丑時酉時	屬馬	85	2011/10/20	四	九月二十四	戊申	辰時巳時未時	屬虎
32	2011/4/29	五	三月二十七	甲寅	辰時未時戌時	屬猴	86	2011/10/22	六	九月二十六	庚戌	巳時申時亥時	屬龍
33	2011/5/6	五	四月初四	辛酉	寅時午時未時	屬兔	87	2011/10/23	日	九月二十七	辛亥	丑午未時戌亥時	屬蛇
34	2011/5/10	二	四月初八	乙丑	寅時卯時申時	屬羊	88	2011/10/30	日	十月初四	戊午	卯時申時酉時	屬鼠
35	2011/5/11	三	四月初九	丙寅	早子時丑時未時	屬猴	89	2011/11/1	二	十月初六	庚申	辰時巳時	屬虎
36	2011/5/15	日	四月十三	庚午	卯時申時酉時	屬鼠	90	2011/11/3	四	十月初八	壬戌	巳時亥時	屬龍
37	2011/5/18	三	四月十六	癸酉	寅時午時	屬兔	91	2011/11/8	二	十月十三	丁卯	午時未時	屬雞
38	2011/5/21	六	四月十九	丙子	早子時丑時	屬馬	92	2011/11/11	五	十月十六	庚午	卯時申時酉時	屬鼠
39	2011/5/22	日	四月二十	丁丑	巳時亥時	屬羊	93	2011/11/17	四	十月二十二	丙子	早子時丑時	屬馬
40	2011/5/27	五	四月二十五	壬午	丑卯午申酉時	屬鼠	94	2011/11/19	六	十月二十四	戊寅	辰時未時	屬猴
41	2011/5/30	一	四月二十八	乙酉	早子時寅時	屬兔	95	2011/11/20	日	十月二十五	己卯	寅卯時午時未時	屬雞
42	2011/6/3	五	五月初二	己丑	寅時卯時巳時	屬羊	96	2011/11/25	五	十一月初一	甲申	早子丑辰巳戌時	屬虎
43	2011/6/4	六	五月初三	庚寅	丑時辰時	屬猴	97	2011/11/26	六	十一月初二	乙酉	早子時寅時	屬兔
44	2011/6/5	日	五月初四	辛卯	寅時卯時	屬雞	98	2011/12/1	四	十一月初七	庚寅	丑時辰時	屬猴
45	2011/6/6	一	五月初五	壬辰	巳時酉時亥時	屬狗	99	2011/12/2	五	十一月初八	辛卯	寅時卯時	屬雞
46	2011/6/9	四	五月初八	乙未	寅卯申戌時亥時	屬牛	100	2011/12/5	一	十一月十一	甲午	卯時	屬鼠
47	2011/6/10	五	五月初九	丙申	早子丑未時戌時	屬虎	101	2011/12/7	三	十一月十三	丙申	早子丑未時戌時	屬虎
48	2011/6/12	日	五月十一	戊戌	申時	屬龍	102	2011/12/12	一	十一月十八	辛丑	寅卯時申時亥時	屬羊
49	2011/6/16	四	五月十五	壬寅	早子丑未時戌時	屬猴	103	2011/12/13	二	十一月十九	壬寅	早子丑未時戌時	屬猴
50	2011/6/18	六	五月十七	甲辰	巳時亥時	屬狗	104	2011/12/15	四	十一月二十一	甲辰	巳時亥時	屬狗
51	2011/6/22	三	五月二十一	戊申	辰時巳時未時	屬虎	105	2011/12/19	一	十一月二十五	戊申	辰時巳時未時	屬虎
52	2011/6/28	二	五月二十七	甲寅	辰時未時戌時	屬猴	106	2011/12/24	六	十一月三十	癸丑	巳時申時	屬羊
53	2011/6/30	四	五月二十九	丙辰	寅申時酉時亥時	屬狗	107	2011/12/25	日	十二月初一	甲寅	辰時未時戌時	屬猴
54	2011/7/3	日	六月初三	己未	寅卯時巳時戌時	屬牛	108	2011/12/31	六	十二月初七	庚申	辰時巳時	屬虎

結婚姻嫁娶吉日

序	日期	星期	農曆月日	日干支	吉時	忌用	序	日期	星期	農曆月日	日干支	吉時	忌用
1	2011/1/1	六	十一月二十七	丙辰	寅時申時酉亥時	屬狗	42	2011/7/11	一	六月十一	丁卯	午時未時	屬雞
2	2011/1/6	四	十二月初三	辛酉	寅時午時未時	屬兔	43	2011/7/23	六	六月二十三	己卯	寅時卯時午未時	屬雞
3	2011/1/15	六	十二月十二	庚午	卯時申時酉時	屬鼠	44	2011/7/28	四	六月二十八	甲申	早子丑辰巳戌時	屬虎
4	2011/1/18	二	十二月十五	癸酉	寅時午時	屬兔	45	2011/8/4	四	七月初五	辛卯	寅時卯時	屬雞
5	2011/1/30	日	十二月二十七	乙酉	早子時寅時	屬兔	46	2011/8/11	四	七月十二	戊戌	申時	屬龍
6	2011/2/4	五	正月初二	庚寅	丑時辰時	屬猴	47	2011/8/18	四	七月十九	乙巳	丑時辰時戌時	屬豬
7	2011/2/5	六	正月初三	辛卯	寅時卯時	屬雞	48	2011/8/21	日	七月二十二	戊申	辰時巳時未時	屬虎
8	2011/2/6	日	正月初四	壬辰	巳時酉時亥時	屬狗	49	2011/8/25	四	七月二十六	壬子	早子時丑時酉時	屬馬
9	2011/2/8	二	正月初六	甲午	卯時	屬鼠	50	2011/8/30	二	八月初二	丁巳	辰時午時未戌時	屬豬
10	2011/2/11	五	正月初九	丁酉	早子時午時未時	屬兔	51	2011/8/31	三	八月初三	戊午	卯時申時酉時	屬鼠
11	2011/2/20	日	正月十八	丙午	申時酉時	屬鼠	52	2011/9/4	日	八月初七	壬戌	巳時亥時	屬龍
12	2011/2/26	六	正月二十四	壬子	早子時丑時酉時	屬馬	53	2011/9/6	二	八月初九	甲子	早子時丑時	屬馬
13	2011/3/2	三	正月二十八	丙辰	寅時申時酉亥時	屬狗	54	2011/9/11	日	八月十四	己巳	辰時午時未時	屬豬
14	2011/3/4	五	正月三十	戊午	卯時申時酉時	屬鼠	55	2011/9/19	一	八月二十二	丁丑	巳時亥時	屬羊
15	2011/3/17	四	二月十三	辛未	寅時卯時申時	屬牛	56	2011/10/1	六	九月初五	己丑	寅時卯時巳時	屬羊
16	2011/3/23	三	二月十九	丁丑	巳時亥時	屬羊	57	2011/10/5	三	九月初九	癸巳	辰時	屬豬
17	2011/3/29	二	二月二十五	癸未	寅時卯時巳時	屬牛	58	2011/10/7	五	九月十一	乙未	寅卯申時戌亥時	屬牛
18	2011/4/4	一	三月初二	己丑	寅時卯時巳時	屬羊	59	2011/10/8	六	九月十二	丙申	早子時丑未戌時	屬虎
19	2011/4/12	二	三月初十	丁酉	早子時午時未時	屬兔	60	2011/10/15	六	九月十九	癸卯	寅時卯時午時	屬雞
20	2011/4/15	五	三月十三	庚子	丑時申時酉時	屬馬	61	2011/10/18	二	九月二十二	丙午	申時酉時	屬鼠
21	2011/4/17	日	三月十五	壬寅	早子丑未時戌時	屬猴	62	2011/10/20	四	九月二十四	戊申	辰時巳時未時	屬虎
22	2011/4/24	日	三月二十二	己酉	早子時午時未時	屬兔	63	2011/10/30	日	十月初四	戊午	卯時申時酉時	屬鼠
23	2011/4/27	三	三月二十五	壬子	早子時丑時酉時	屬馬	64	2011/11/8	二	十月十三	丁卯	午時未時	屬雞
24	2011/5/2	一	三月三十	丁巳	辰時午時未戌時	屬豬	65	2011/11/8	二	十月十三	丁卯	午時未時	屬雞
25	2011/5/6	五	四月初四	辛酉	寅時午時未時	屬兔	66	2011/11/11	五	十月十六	庚午	卯時申時酉時	屬鼠
26	2011/5/10	二	四月初八	乙丑	寅時卯時申時	屬羊	67	2011/11/19	六	十月二十四	戊寅	辰時未時	屬猴
27	2011/5/11	三	四月初九	丙寅	早子時丑時未時	屬猴	68	2011/11/20	日	十月二十五	己卯	寅時卯時午未時	屬雞
28	2011/5/15	日	四月十三	庚午	卯時申時酉時	屬鼠	69	2011/11/21	一	十月二十六	庚辰	寅時巳時亥時	屬狗
29	2011/5/18	三	四月十六	癸酉	寅時午時	屬兔	70	2011/11/25	五	十一月初一	甲申	早子丑辰巳戌時	屬虎
30	2011/5/26	四	四月二十四	辛巳	丑時午時未戌時	屬豬	71	2011/11/26	六	十一月初二	乙酉	早子時寅時	屬兔
31	2011/5/30	一	四月二十八	乙酉	早子時寅時	屬兔	72	2011/12/1	四	十一月初七	庚寅	丑時辰時	屬猴
32	2011/6/4	六	五月初三	庚寅	丑時辰時	屬猴	73	2011/12/2	五	十一月初八	辛卯	寅時卯時	屬雞
33	2011/6/5	日	五月初四	辛卯	寅時卯時	屬雞	74	2011/12/5	一	十一月十一	甲午	卯時	屬鼠
34	2011/6/9	四	五月初八	乙未	寅卯申時戌亥時	屬牛	75	2011/12/7	三	十一月十三	丙申	早子時丑未戌時	屬虎
35	2011/6/10	五	五月初九	丙申	早子丑時未戌時	屬虎	76	2011/12/12	一	十一月十八	辛丑	寅時卯時申亥時	屬羊
36	2011/6/12	日	五月十一	戊戌	申時	屬龍	77	2011/12/13	二	十一月十九	壬寅	早子時丑未戌時	屬猴
37	2011/6/16	四	五月十五	壬寅	早子時丑未戌時	屬猴	78	2011/12/15	四	十一月二十一	甲辰	巳時亥時	屬狗
38	2011/6/24	五	五月二十三	庚戌	巳時申時亥時	屬龍	79	2011/12/19	一	十一月二十五	戊申	辰時巳時未時	屬虎
39	2011/6/30	四	五月二十九	丙辰	寅時申時酉亥時	屬狗	80	2011/12/24	六	十一月三十	癸丑	巳時申時	屬羊
40	2011/7/6	三	六月初六	壬戌	巳時亥時	屬龍	81	2011/12/27	二	十二月初三	丙辰	寅時申時酉亥時	屬狗
41	2011/7/8	五	六月初八	甲子	早子時丑時	屬馬	82						

招賢吉日

序	日期	星期	農曆月日	日干支	吉時	忌用	序	日期	星期	農曆月日	日干支	吉時	忌用
1	2011/1/30	日	十二月二十七	乙酉	早子寅時	屬兔	18	2011/6/28	二	五月二十七	甲寅	辰未戌時	屬猴
2	2011/2/20	日	正月十八	丙午	申酉時	屬鼠	19	2011/6/30	四	五月二十九	丙辰	寅申酉亥時	屬狗
3	2011/2/21	一	正月十九	丁未	巳申戌亥時	屬牛	20	2011/7/23	六	六月二十三	己卯	寅卯午未時	屬雞
4	2011/3/11	五	二月初七	乙丑	寅卯申時	屬羊	21	2011/8/9	二	七月初十	丙申	早子丑未戌時	屬虎
5	2011/3/13	日	二月初九	丁卯	午未時	屬雞	22	2011/8/21	日	七月二十二	戊申	辰巳未時	屬虎
6	2011/3/23	三	二月十九	丁丑	巳亥時	屬羊	23	2011/8/25	四	七月二十六	壬子	早子丑酉時	屬馬
7	2011/3/25	五	二月二十一	己卯	寅卯午未時	屬雞	24	2011/8/26	五	七月二十七	癸丑	巳申時	屬羊
8	2011/4/4	一	三月初二	己丑	寅卯巳時	屬羊	25	2011/9/2	五	八月初五	庚申	辰巳時	屬虎
9	2011/4/17	日	三月十五	壬寅	早子丑未戌時	屬猴	26	2011/9/13	二	八月十六	辛未	寅卯申時	屬牛
10	2011/4/27	三	三月二十五	壬子	早子丑酉時	屬馬	27	2011/10/7	五	九月十一	乙未	寅卯申戌亥時	屬牛
11	2011/4/29	五	三月二十七	甲寅	辰未戌時	屬猴	28	2011/10/18	二	九月二十二	丙午	申酉時	屬鼠
12	2011/5/10	二	四月初八	乙丑	寅卯申時	屬羊	29	2011/10/20	四	九月二十四	戊申	辰巳未時	屬虎
13	2011/5/26	四	四月二十四	辛巳	丑午未戌時	屬豬	30	2011/10/22	六	九月二十六	庚戌	巳申亥時	屬龍
14	2011/5/30	一	四月二十八	乙酉	早子寅時	屬兔	31	2011/11/1	二	十月初六	庚申	辰巳時	屬虎
15	2011/5/31	二	四月二十九	丙戌	寅申亥時	屬龍	32	2011/11/20	日	十月二十五	己卯	寅卯午未時	屬雞
16	2011/6/16	四	五月十五	壬寅	早子丑未戌時	屬猴	33	2011/11/21	一	十月二十六	庚辰	寅巳亥時	屬狗
17	2011/6/18	六	五月十七	甲辰	巳亥時	屬狗	34	2011/12/24	六	十一月三十	癸丑	巳申時	屬羊

移徙吉日

序	日期	星期	農曆月日	日干支	吉時	忌用	序	日期	星期	農曆月日	日干支	吉時	忌用
1	2011/1/5	三	十二月初二	庚申	辰時巳時	屬虎	45	2011/7/15	五	六月十五	辛未	寅時卯時申時	屬牛
2	2011/1/6	四	十二月初三	辛酉	寅時午時未時	屬兔	46	2011/7/22	五	六月二十二	戊寅	辰時未時	屬猴
3	2011/1/15	六	十二月十二	庚午	卯時申時酉時	屬鼠	47	2011/7/23	六	六月二十三	己卯	寅時卯時午未時	屬雞
4	2011/1/18	二	十二月十五	癸酉	寅時午時	屬兔	48	2011/7/28	四	六月二十八	甲申	早子丑辰巳戌時	屬虎
5	2011/1/26	三	十二月二十三	辛巳	丑時午時未戌時	屬豬	49	2011/8/4	四	七月初五	辛卯	寅時卯時	屬雞
6	2011/1/29	六	十二月二十六	甲申	早子丑辰巳戌時	屬虎	50	2011/8/11	四	七月十二	戊戌	申時	屬龍
7	2011/1/30	日	十二月二十七	乙酉	早子時寅時	屬兔	51	2011/8/13	六	七月十四	庚子	丑時申時酉時	屬馬
8	2011/2/4	五	正月初二	庚寅	丑時辰時	屬猴	52	2011/8/21	日	七月二十二	戊申	辰時巳時未時	屬虎
9	2011/2/5	六	正月初三	辛卯	寅時卯時	屬雞	53	2011/8/25	四	七月二十六	壬子	早子時丑時酉時	屬馬
10	2011/2/6	日	正月初四	壬辰	巳時酉時亥時	屬狗	54	2011/8/30	二	八月初二	丁巳	辰時午時未戌時	屬豬
11	2011/2/8	二	正月初六	甲午	卯時	屬鼠	55	2011/8/31	三	八月初三	戊午	卯時申時酉時	屬鼠
12	2011/2/11	五	正月初九	丁酉	早子時午時未時	屬兔	56	2011/9/4	日	八月初七	壬戌	巳時亥時	屬龍
13	2011/2/21	一	正月十九	丁未	巳時申時戌亥時	屬牛	57	2011/9/6	二	八月初九	甲子	早子時丑時	屬馬
14	2011/2/25	五	正月二十三	辛亥	丑午未戌時亥時	屬蛇	58	2011/9/11	日	八月十四	己巳	辰時午時未時	屬豬
15	2011/2/26	六	正月二十四	壬子	早子時丑時酉時	屬馬	59	2011/9/13	二	八月十六	辛未	寅時卯時申時	屬牛
16	2011/3/2	三	正月二十八	丙辰	寅時申時酉亥時	屬狗	60	2011/9/17	六	八月二十	乙亥	丑時辰時戌時	屬蛇
17	2011/3/4	五	正月三十	戊午	卯時申時酉時	屬鼠	61	2011/9/29	四	九月初三	丁亥	丑時辰時戌時	屬蛇
18	2011/3/11	五	二月初七	乙丑	寅時卯時申時	屬羊	62	2011/10/5	三	九月初九	癸巳	辰時	屬豬
19	2011/3/13	日	二月初九	丁卯	午時未時	屬雞	63	2011/10/7	五	九月十一	乙未	寅卯申時戌亥時	屬牛
20	2011/3/23	三	二月十九	丁丑	巳時亥時	屬羊	64	2011/10/8	六	九月十二	丙申	早子時丑未戌時	屬虎
21	2011/4/2	六	二月二十九	丁亥	丑時辰時戌時	屬蛇	65	2011/10/15	六	九月十九	癸卯	寅時卯時午時	屬雞
22	2011/4/4	一	三月初二	己丑	寅時卯時巳時	屬羊	66	2011/10/18	二	九月二十二	丙午	申時酉時	屬鼠
23	2011/4/5	二	三月初三	庚寅	丑時辰時	屬猴	67	2011/10/20	四	九月二十四	戊申	辰時巳時未時	屬虎
24	2011/4/12	二	三月初十	丁酉	早子時午時未時	屬兔	68	2011/10/22	六	九月二十六	庚戌	巳時申時亥時	屬龍
25	2011/4/17	日	三月十五	壬寅	早子時丑時戌時	屬猴	69	2011/10/23	日	九月二十七	辛亥	丑午未戌時亥時	屬蛇
26	2011/4/29	五	三月二十七	甲寅	辰時未時戌時	屬猴	70	2011/10/30	日	十月初四	戊午	卯時申時酉時	屬鼠
27	2011/5/2	一	三月三十	丁巳	辰時午時未戌時	屬豬	71	2011/11/1	二	十月初六	庚申	辰時巳時	屬虎
28	2011/5/6	五	四月初四	辛酉	寅時午時未時	屬兔	72	2011/11/3	四	十月初八	壬戌	巳時亥時	屬龍
29	2011/5/11	三	四月初九	丙寅	早子時丑時未時	屬猴	73	2011/11/8	二	十月十三	丁卯	午時未時	屬雞
30	2011/5/15	日	四月十三	庚午	卯時申時酉時	屬鼠	74	2011/11/11	五	十月十六	庚午	卯時申時酉時	屬鼠
31	2011/5/18	三	四月十六	癸酉	寅時午時	屬兔	75	2011/11/19	六	十月二十四	戊寅	辰時未時	屬猴
32	2011/5/21	六	四月十九	丙子	早子時丑時	屬馬	76	2011/11/20	日	十月二十五	己卯	寅時卯時午未時	屬雞
33	2011/5/26	四	四月二十四	辛巳	丑時午時未戌時	屬豬	77	2011/11/21	一	十月二十六	庚辰	寅時巳時亥時	屬狗
34	2011/5/30	一	四月二十八	乙酉	早子時寅時	屬兔	78	2011/11/25	五	十一月初一	甲申	早子丑辰巳戌時	屬虎
35	2011/6/4	六	五月初三	庚寅	丑時辰時	屬猴	79	2011/11/26	六	十一月初二	乙酉	早子時寅時	屬兔
36	2011/6/5	日	五月初四	辛卯	寅時卯時	屬雞	80	2011/12/1	四	十一月初七	庚寅	丑時辰時	屬猴
37	2011/6/6	一	五月初五	壬辰	巳時酉時亥時	屬狗	81	2011/12/2	五	十一月初八	辛卯	寅時卯時	屬雞
38	2011/6/10	五	五月初九	丙申	早子時丑未戌時	屬虎	82	2011/12/5	一	十一月十一	甲午	卯時	屬鼠
39	2011/6/12	日	五月十一	戊戌	申時	屬龍	83	2011/12/7	三	十一月十三	丙申	早子時丑未戌時	屬虎
40	2011/6/18	六	五月十七	甲辰	巳時亥時	屬狗	84	2011/12/15	四	十一月二十一	甲辰	巳時亥時	屬狗
41	2011/6/30	四	五月二十九	丙辰	寅時申時酉亥時	屬狗	85	2011/12/19	一	十一月二十五	戊申	辰時巳時未時	屬虎
42	2011/7/3	日	六月初三	己未	寅時卯時巳戌時	屬牛	86	2011/12/24	六	十一月三十	癸丑	巳時申時	屬羊
43	2011/7/4	一	六月初四	庚申	辰時巳時	屬虎	87	2011/12/31	六	十二月初七	庚申	辰時巳時	屬虎
44	2011/7/11	一	六月十一	丁卯	午時未時	屬雞	88						

安床吉日

序	日期	星期	農曆月日	日干支	吉時	忌用	序	日期	星期	農曆月日	日干支	吉時	忌用
1	2011/2/11	五	正月初九	丁酉	早子時午時未時	屬兔	7	2011/8/3	三	七月初四	庚寅	丑時辰時	屬猴
2	2011/4/14	四	三月十二	己亥	午時未時戌時	屬蛇	8	2011/8/16	二	七月十七	癸卯	寅時卯時午時	屬雞
3	2011/4/26	二	三月二十四	辛亥	丑時午未戌亥時	屬蛇	9	2011/10/17	一	九月二十一	乙巳	丑時辰時戌時	屬豬
4	2011/5/21	六	四月十九	丙子	早子時丑時	屬馬	10	2011/10/29	六	十月初三	丁巳	辰時午未時戌時	屬豬
5	2011/7/10	日	六月初十	丙寅	早子時丑時未時	屬猴	11	2011/11/11	五	十月十六	庚午	卯時申時酉時	屬鼠
6	2011/7/22	五	六月二十二	戊寅	辰時未時	屬猴	12	2011/12/5	一	十一月十一	甲午	卯時	屬鼠

開市立券交易吉日

序	日期	星期	農曆月日	日干支	吉時	忌用	序	日期	星期	農曆月日	日干支	吉時	忌用
1	2011/1/5	三	十二月初二	庚申	辰時巳時	屬虎	33	2011/7/22	五	六月二十二	戊寅	辰時未時	屬猴
2	2011/1/6	四	十二月初三	辛酉	寅時午時未時	屬兔	34	2011/7/23	六	六月二十三	己卯	寅時卯時午未時	屬雞
3	2011/1/18	二	十二月十五	癸酉	寅時午時	屬兔	35	2011/8/3	三	七月初四	庚寅	丑時辰時	屬猴
4	2011/1/30	日	十二月二十七	乙酉	早子時寅時	屬兔	36	2011/8/4	四	七月初五	辛卯	寅時卯時	屬雞
5	2011/2/6	日	正月初四	壬辰	巳時酉時亥時	屬狗	37	2011/8/11	四	七月十二	戊戌	申時	屬龍
6	2011/2/8	二	正月初六	甲午	卯時	屬鼠	38	2011/8/13	六	七月十四	庚子	丑時申時酉時	屬馬
7	2011/2/13	日	正月十一	己亥	午時未時戌時	屬蛇	39	2011/8/18	四	七月十九	乙巳	丑時辰時戌時	屬豬
8	2011/2/20	日	正月十八	丙午	申時酉時	屬鼠	40	2011/8/25	四	七月二十六	壬子	早子時丑時酉時	屬馬
9	2011/2/25	五	正月二十三	辛亥	丑時午未戌亥時	屬蛇	41	2011/8/30	二	八月初二	丁巳	辰時午時未戌時	屬豬
10	2011/3/2	三	正月二十八	丙辰	寅時申時酉亥時	屬狗	42	2011/9/4	日	八月初七	壬戌	巳時亥時	屬龍
11	2011/3/4	五	正月三十	戊午	卯時申時酉時	屬鼠	43	2011/9/6	二	八月初九	甲子	早子時丑時	屬馬
12	2011/3/15	二	二月十一	己巳	辰時午時未時	屬豬	44	2011/9/11	日	八月十四	己巳	辰時午時未時	屬豬
13	2011/3/27	日	二月二十三	辛巳	丑時午時未戌時	屬豬	45	2011/9/17	六	八月二十	乙亥	丑時辰時戌時	屬蛇
14	2011/4/2	六	二月二十九	丁亥	丑時辰時戌時	屬蛇	46	2011/9/29	四	九月初三	丁亥	丑時辰時戌時	屬蛇
15	2011/4/5	二	三月初三	庚寅	丑時辰時	屬猴	47	2011/10/5	三	九月初九	癸巳	辰時	屬豬
16	2011/4/15	五	三月十三	庚子	丑時申時酉時	屬馬	48	2011/10/18	二	九月二十二	丙午	申時酉時	屬鼠
17	2011/4/17	日	三月十五	壬寅	早子時丑未戌時	屬猴	49	2011/10/30	日	十月初四	戊午	卯時申時酉時	屬鼠
18	2011/4/27	三	三月二十五	壬子	早子時丑時酉時	屬馬	50	2011/11/8	二	十月十三	丁卯	午時未時	屬雞
19	2011/4/29	五	三月二十七	甲寅	辰時未時戌時	屬猴	51	2011/11/12	六	十月十七	辛未	寅時卯時申時	屬牛
20	2011/5/2	一	三月三十	丁巳	辰時午時未戌時	屬豬	52	2011/11/19	六	十月二十四	戊寅	辰時未時	屬猴
21	2011/5/6	五	四月初四	辛酉	寅時午時未時	屬兔	53	2011/11/20	日	十月二十五	己卯	寅時卯時午未時	屬雞
22	2011/5/10	二	四月初八	乙丑	寅時卯時申時	屬羊	54	2011/11/24	四	十月二十九	癸未	寅時卯時巳時	屬牛
23	2011/5/18	三	四月十六	癸酉	寅時午時	屬兔	55	2011/12/1	四	十一月初七	庚寅	丑時辰時	屬猴
24	2011/5/22	日	四月二十	丁丑	巳時亥時	屬羊	56	2011/12/2	五	十一月初八	辛卯	寅時卯時	屬雞
25	2011/5/30	一	四月二十八	乙酉	早子時寅時	屬兔	57	2011/12/6	二	十一月十二	乙未	寅卯時申戌亥時	屬牛
26	2011/6/3	五	五月初二	己丑	寅時卯時巳時	屬羊	58	2011/12/7	三	十一月十三	丙申	早子時丑未戌時	屬虎
27	2011/6/5	日	五月初四	辛卯	寅時卯時	屬雞	59	2011/12/13	二	十一月十九	壬寅	早子時丑未戌時	屬猴
28	2011/6/10	五	五月初九	丙申	早子時丑未戌時	屬虎	60	2011/12/19	一	十一月二十五	戊申	辰時巳時未時	屬虎
29	2011/6/16	四	五月十五	壬寅	早子時丑未戌時	屬猴	61	2011/12/24	六	十一月三十	癸丑	巳時申時	屬羊
30	2011/6/28	二	五月二十七	甲寅	辰時未時戌時	屬猴	62	2011/12/25	日	十二月初一	甲寅	辰時未時戌時	屬猴
31	2011/7/10	日	六月初十	丙寅	早子時丑時未時	屬猴	63	2011/12/31	六	十二月初七	庚申	辰時巳時	屬虎
32	2011/7/11	一	六月十一	丁卯	午時未時	屬雞	64						

築堤防吉日

序	日期	星期	農曆月日	日干支	吉時	忌用	序	日期	星期	農曆月日	日干支	吉時	忌用
1	2011/3/12	六	二月初八	丙寅	早子丑未時	屬猴	14	2011/7/11	一	六月十一	丁卯	午未時	屬雞
2	2011/3/21	一	二月十七	乙亥	丑辰戌時	屬蛇	15	2011/9/11	日	八月十四	己巳	辰午未時	屬豬
3	2011/3/24	四	二月二十	戊寅	辰未時	屬猴	16	2011/9/14	三	八月十七	壬申	早子丑辰巳未時	屬虎
4	2011/4/2	六	二月二十九	丁亥	丑辰戌時	屬蛇	17	2011/9/23	五	八月二十六	辛巳	丑午未戌時	屬豬
5	2011/4/15	五	三月十三	庚子	丑申酉時	屬馬	18	2011/9/26	一	八月二十九	甲申	早子丑辰巳戌時	屬虎
6	2011/5/10	二	四月初八	乙丑	寅卯申時	屬羊	19	2011/10/5	三	九月初九	癸巳	辰時	屬豬
7	2011/5/22	日	四月二十	丁丑	巳亥時	屬羊	20	2011/10/18	二	九月二十二	丙午	申酉時	屬鼠
8	2011/6/3	五	五月初二	己丑	寅卯巳時	屬羊	21	2011/11/12	六	十月十七	辛未	寅卯申時	屬牛
9	2011/6/7	二	五月初六	癸巳	辰時	屬豬	22	2011/11/24	四	十月二十九	癸未	寅卯巳時	屬牛
10	2011/6/16	四	五月十五	壬寅	早子丑未戌時	屬猴	23	2011/12/6	二	十一月十二	乙未	寅卯申戌亥時	屬牛
11	2011/6/19	日	五月十八	乙巳	丑辰戌時	屬豬	24	2011/12/10	六	十一月十六	己亥	午未戌時	屬蛇
12	2011/6/28	二	五月二十七	甲寅	辰未戌時	屬猴	25	2011/12/22	四	十一月二十八	辛亥	丑午未戌亥時	屬蛇
13	2011/7/1	五	六月初一	丁巳	辰午未戌時	屬豬	26						

修造動土吉日

序	日期	星期	農曆月日	日干支	吉時	忌用	序	日期	星期	農曆月日	日干支	吉時	忌用
1	2011/1/1	六	十一月二十七	丙辰	寅時申時酉亥時	屬狗	41	2011/6/30	四	五月二十九	丙辰	寅時申時酉亥時	屬狗
2	2011/1/6	四	十二月初三	辛酉	寅時午時未時	屬兔	42	2011/7/3	日	六月初三	己未	寅時卯時巳戌時	屬牛
3	2011/1/14	五	十二月十一	己巳	辰時午時未時	屬豬	43	2011/7/8	五	六月初八	甲子	早子時丑時	屬馬
4	2011/1/15	六	十二月十二	庚午	卯時申時酉時	屬鼠	44	2011/7/11	一	六月十一	丁卯	午時未時	屬雞
5	2011/2/5	六	正月初三	辛卯	寅時卯時	屬雞	45	2011/7/19	二	六月十九	乙亥	丑時辰時戌時	屬蛇
6	2011/2/6	日	正月初四	壬辰	巳時酉時亥時	屬狗	46	2011/8/10	三	七月十一	丁酉	早子時午時未時	屬兔
7	2011/2/8	二	正月初六	甲午	卯時	屬鼠	47	2011/8/11	四	七月十二	戊戌	申時	屬龍
8	2011/2/11	五	正月初九	丁酉	早子時午時未時	屬兔	48	2011/8/13	六	七月十四	庚子	丑時申時酉時	屬馬
9	2011/2/20	日	正月十八	丙午	申時酉時	屬鼠	49	2011/8/25	四	七月二十六	壬子	早子時丑時酉時	屬馬
10	2011/2/21	一	正月十九	丁未	巳時申時戌亥時	屬牛	50	2011/8/26	五	七月二十七	癸丑	巳時申時	屬羊
11	2011/2/25	五	正月二十三	辛亥	丑午未時戌亥時	屬蛇	51	2011/8/31	三	八月初三	戊午	卯時申時酉時	屬鼠
12	2011/2/26	六	正月二十四	壬子	早子時丑時酉時	屬馬	52	2011/9/4	日	八月初七	壬戌	巳時亥時	屬龍
13	2011/3/2	三	正月二十八	丙辰	寅時申時酉亥時	屬狗	53	2011/9/6	二	八月初九	甲子	早子時丑時	屬馬
14	2011/3/4	五	正月三十	戊午	卯時申時酉時	屬鼠	54	2011/9/11	日	八月十四	己巳	辰時午時未時	屬豬
15	2011/3/11	五	二月初七	乙丑	寅時卯時申時	屬羊	55	2011/9/17	六	八月二十	乙亥	丑時辰時戌時	屬蛇
16	2011/3/17	四	二月十三	辛未	寅時卯時申時	屬牛	56	2011/9/19	一	八月二十二	丁丑	巳時亥時	屬羊
17	2011/3/21	一	二月十七	乙亥	丑時辰時戌時	屬蛇	57	2011/9/23	五	八月二十六	辛巳	丑時午時未戌時	屬豬
18	2011/3/23	三	二月十九	丁丑	巳時亥時	屬羊	58	2011/10/1	六	九月初五	己丑	寅時卯時巳時	屬羊
19	2011/3/29	二	二月二十五	癸未	寅時卯時巳時	屬牛	59	2011/10/5	三	九月初九	癸巳	辰時	屬豬
20	2011/4/2	六	二月二十九	丁亥	丑時辰時戌時	屬蛇	60	2011/10/8	六	九月十二	丙申	早子時丑未戌時	屬虎
21	2011/4/4	一	三月初二	己丑	寅時卯時巳時	屬羊	61	2011/10/15	六	九月十九	癸卯	寅時卯時午時	屬雞
22	2011/4/5	二	三月初三	庚寅	丑時辰時	屬猴	62	2011/10/18	二	九月二十二	丙午	申時酉時	屬鼠
23	2011/4/15	五	三月十三	庚子	丑時申時酉時	屬馬	63	2011/10/20	四	九月二十四	戊申	辰時巳時未時	屬虎
24	2011/4/17	日	三月十五	壬寅	早子時丑未戌時	屬猴	64	2011/11/8	二	十月十三	丁卯	午時未時	屬雞
25	2011/5/6	五	四月初四	辛酉	寅時午時未時	屬兔	65	2011/11/11	五	十月十六	庚午	卯時申時酉時	屬鼠
26	2011/5/10	二	四月初八	乙丑	寅時卯時申時	屬羊	66	2011/11/12	六	十月十七	辛未	寅時卯時申時	屬牛
27	2011/5/15	日	四月十三	庚午	卯時申時酉時	屬鼠	67	2011/11/20	日	十月二十五	己卯	寅時卯時午未時	屬雞
28	2011/5/18	三	四月十六	癸酉	寅時午時	屬兔	68	2011/11/24	四	十月二十九	癸未	寅時卯時巳時	屬牛
29	2011/5/21	六	四月十九	丙子	早子時丑時	屬馬	69	2011/11/25	五	十一月初一	甲申	早子丑辰巳戌時	屬虎
30	2011/5/22	日	四月二十	丁丑	巳時亥時	屬羊	70	2011/12/1	四	十一月初七	庚寅	丑時辰時	屬猴
31	2011/5/30	一	四月二十八	乙酉	早子時寅時	屬兔	71	2011/12/2	五	十一月初八	辛卯	寅時卯時	屬雞
32	2011/6/3	五	五月初二	己丑	寅時卯時巳時	屬羊	72	2011/12/5	一	十一月十一	甲午	卯時	屬鼠
33	2011/6/5	日	五月初四	辛卯	寅時卯時	屬雞	73	2011/12/6	二	十一月十二	乙未	寅卯時申戌亥時	屬牛
34	2011/6/6	一	五月初五	壬辰	巳時酉時亥時	屬狗	74	2011/12/9	五	十一月十五	戊戌	申時	屬龍
35	2011/6/10	五	五月初九	丙申	早子時丑未戌時	屬虎	75	2011/12/13	二	十一月十九	壬寅	早子時丑未戌時	屬猴
36	2011/6/12	日	五月十一	戊戌	申時	屬龍	76	2011/12/15	四	十一月二十一	甲辰	巳時亥時	屬狗
37	2011/6/16	四	五月十五	壬寅	早子時丑未戌時	屬猴	77	2011/12/24	六	十一月三十	癸丑	巳時申時	屬羊
38	2011/6/22	三	五月二十一	戊申	辰時巳時未時	屬虎	78	2011/12/25	日	十二月初一	甲寅	辰時未時戌時	屬猴
39	2011/6/24	五	五月二十三	庚戌	巳時申時亥時	屬龍	79	2011/12/27	二	十二月初三	丙辰	寅時申時酉亥時	屬狗
40	2011/6/28	二	五月二十七	甲寅	辰時未時戌時	屬猴	80						

平治道塗吉日

序	日期	星期	農曆月日	日干支	吉時	忌用	序	日期	星期	農曆月日	日干支	吉時	忌用
1	2011/1/25	二	十二月二十二	庚辰	寅巳亥時	屬狗	10	2011/6/23	四	五月二十二	己酉	早子午未時	屬兔
2	2011/2/7	一	正月初五	癸巳	辰時	屬豬	11	2011/7/5	二	六月初五	辛酉	寅午未時	屬兔
3	2011/2/19	六	正月十七	乙巳	丑辰戌時	屬豬	12	2011/8/12	五	七月十三	己亥	午未戌時	屬蛇
4	2011/3/3	四	正月二十九	丁巳	辰午未戌時	屬豬	13	2011/8/24	三	七月二十五	辛亥	丑午未戌亥時	屬蛇
5	2011/3/16	三	二月十二	庚午	卯申酉時	屬鼠	14	2011/9/5	一	八月初八	癸亥	辰午時	屬蛇
6	2011/3/28	一	二月二十四	壬午		屬鼠	15	2011/9/18	日	八月二十一	丙子	早子丑時	屬馬
7	2011/5/17	二	四月十五	壬申	早子丑辰巳未時	屬虎	16	2011/9/30	五	九月初四	戊子	申酉時	屬馬
8	2011/5/29	日	四月二十七	甲申	早子丑辰巳戌時	屬虎	17	2011/12/1	四	十一月初七	庚寅	丑辰時	屬猴
9	2011/6/11	六	五月初十	丁酉	早子午未時	屬兔	18						

破土吉日

序	日期	星期	農曆月日	日干支	吉時	忌用	序	日期	星期	農曆月日	日干支	吉時	忌用
1	2011/1/6	四	十二月初三	辛酉	寅時午時未時	屬兔	21	2011/7/10	日	六月初十	丙寅	早子時丑時未時	屬猴
2	2011/1/15	六	十二月十二	庚午	卯時申時酉時	屬鼠	22	2011/7/11	一	六月十一	丁卯	午時未時	屬雞
3	2011/2/5	六	正月初三	辛卯	寅時卯時	屬雞	23	2011/7/14	四	六月十四	庚午	卯時申時酉時	屬鼠
4	2011/2/11	五	正月初九	丁酉	早子時午時未時	屬兔	24	2011/8/10	三	七月十一	丁酉	早子時午時未時	屬兔
5	2011/2/17	四	正月十五	癸卯	寅時卯時午時	屬雞	25	2011/8/22	一	七月二十三	己酉	早子時午時未時	屬兔
6	2011/2/20	日	正月十八	丙午	申時酉時	屬鼠	26	2011/8/25	四	七月二十六	壬子	早子時丑時酉時	屬馬
7	2011/2/23	三	正月二十一	己酉	早子時午時未時	屬兔	27	2011/9/3	六	八月初六	辛酉	寅時午時未時	屬兔
8	2011/3/1	二	正月二十七	乙卯	寅時卯時	屬雞	28	2011/9/14	三	八月十七	壬申	早子丑辰已未時	屬虎
9	2011/3/12	六	二月初八	丙寅	早子時丑時未時	屬猴	29	2011/9/26	一	八月二十九	甲申	早子丑辰巳戌時	屬虎
10	2011/4/5	二	三月初三	庚寅	丑時辰時	屬猴	30	2011/10/15	六	九月十九	癸卯	寅時卯時午時	屬雞
11	2011/4/15	五	三月十三	庚子	丑時申時酉時	屬馬	31	2011/10/18	二	九月二十二	丙午	申時酉時	屬鼠
12	2011/5/6	五	四月初四	辛酉	寅時午時未時	屬兔	32	2011/11/8	二	十月十三	丁卯	午時未時	屬雞
13	2011/5/15	日	四月十三	庚午	卯時申時酉時	屬鼠	33	2011/11/11	五	十月十六	庚午	卯時申時酉時	屬鼠
14	2011/5/18	三	四月十六	癸酉	寅時午時	屬兔	34	2011/11/17	四	十月二十二	丙子	早子時丑時	屬馬
15	2011/5/27	五	四月二十五	壬午	丑卯午申酉時	屬鼠	35	2011/11/25	五	十一月初一	甲申	早子丑辰巳戌時	屬虎
16	2011/5/30	一	四月二十八	乙酉	早子時寅時	屬兔	36	2011/12/1	四	十一月初七	庚寅	丑時辰時	屬猴
17	2011/6/10	五	五月初九	丙申	早子時丑未戌時	屬虎	37	2011/12/2	五	十一月初八	辛卯	寅時卯時	屬雞
18	2011/6/16	四	五月十五	壬寅	早子時丑未戌時	屬猴	38	2011/12/5	一	十一月十一	甲午	卯時	屬鼠
19	2011/6/28	二	五月二十七	甲寅	辰時未時戌時	屬猴	39	2011/12/13	二	十一月十九	壬寅	早子時丑未戌時	屬猴
20	2011/7/4	一	六月初四	庚申	辰時巳時	屬虎	40	2011/12/25	日	十二月初一	甲寅	辰時未時戌時	屬猴

安葬吉日

序	日期	星期	農曆月日	日干支	吉時	忌用	序	日期	星期	農曆月日	日干支	吉時	忌用
1	2011/1/5	三	十二月初二	庚申	辰時巳時	屬虎	34	2011/7/4	一	六月初四	庚申	辰時巳時	屬虎
2	2011/1/6	四	十二月初三	辛酉	寅時午時未時	屬兔	35	2011/7/8	五	六月初八	甲子	早子時丑時	屬馬
3	2011/1/9	日	十二月初六	甲子	早子時丑時	屬馬	36	2011/7/14	四	六月十四	庚午	卯時申時酉時	屬鼠
4	2011/1/10	一	十二月初七	乙丑	寅時卯時申時	屬羊	37	2011/7/26	二	六月二十六	壬午	丑卯午申時酉時	屬鼠
5	2011/1/15	六	十二月十二	庚午	卯時申時酉時	屬鼠	38	2011/7/28	四	六月二十八	甲申	早子丑辰巳戌時	屬虎
6	2011/1/17	一	十二月十四	壬申	早子丑辰巳未時	屬虎	39	2011/8/10	三	七月十一	丁酉	早子時午時未時	屬兔
7	2011/1/18	二	十二月十五	癸酉	寅時午時	屬兔	40	2011/8/11	四	七月十二	戊戌	申時	屬龍
8	2011/1/21	五	十二月十八	丙子	早子時丑時	屬馬	41	2011/8/16	二	七月十七	癸卯	寅時卯時午時	屬雞
9	2011/1/29	六	十二月二十六	甲申	早子丑辰巳戌時	屬虎	42	2011/8/21	日	七月二十二	戊申	辰時巳時未時	屬虎
10	2011/1/30	日	十二月二十七	乙酉	早子時寅時	屬兔	43	2011/8/22	一	七月二十三	己酉	早子時午時未時	屬兔
11	2011/2/4	五	正月初二	庚寅	丑時辰時	屬猴	44	2011/8/25	四	七月二十六	壬子	早子時丑時酉時	屬馬
12	2011/2/5	六	正月初三	辛卯	寅時卯時	屬雞	45	2011/8/26	五	七月二十七	癸丑	巳時申時	屬羊
13	2011/2/6	日	正月初四	壬辰	巳時酉時亥時	屬狗	46	2011/9/3	六	八月初六	辛酉	寅時午時未時	屬兔
14	2011/2/11	五	正月初九	丁酉	早子時午時未時	屬兔	47	2011/9/4	日	八月初七	壬戌	巳時亥時	屬龍
15	2011/2/16	三	正月十四	壬寅	早子時丑未戌時	屬猴	48	2011/9/14	三	八月十七	壬申	早子丑辰巳未時	屬虎
16	2011/2/20	日	正月十八	丙午	申時酉時	屬鼠	49	2011/9/26	一	八月二十九	甲申	早子丑辰巳戌時	屬虎
17	2011/2/21	一	正月十九	丁未	巳時申時戌亥時	屬牛	50	2011/10/8	六	九月十二	丙申	早子丑未時戌時	屬虎
18	2011/2/23	三	正月二十一	己酉	早子時午時未時	屬兔	51	2011/10/15	六	九月十九	癸卯	寅時卯時午時	屬雞
19	2011/3/2	三	正月二十八	丙辰	寅時申時酉亥時	屬狗	52	2011/10/18	二	九月二十二	丙午	申時酉時	屬鼠
20	2011/3/24	四	二月二十	戊寅	辰時未時	屬猴	53	2011/11/8	二	十月十三	丁卯	午時未時	屬雞
21	2011/4/12	二	三月初十	丁酉	早子時午時未時	屬兔	54	2011/11/11	五	十月十六	庚午	卯時申時酉時	屬鼠
22	2011/4/24	日	三月二十二	己酉	早子時午時未時	屬兔	55	2011/11/19	六	十月二十四	戊寅	辰時未時	屬猴
23	2011/4/27	三	三月二十五	壬子	早子時丑時酉時	屬馬	56	2011/11/20	日	十月二十五	己卯	寅時卯時午未時	屬雞
24	2011/5/6	五	四月初四	辛酉	寅時午時未時	屬兔	57	2011/11/21	一	十月二十六	庚辰	寅時巳時亥時	屬狗
25	2011/5/10	二	四月初八	乙丑	寅時卯時申時	屬羊	58	2011/11/25	五	十一月初一	甲申	早子丑辰巳戌時	屬虎
26	2011/5/15	日	四月十三	庚午	卯時申時酉時	屬鼠	59	2011/12/1	四	十一月初七	庚寅	丑時辰時	屬猴
27	2011/5/18	三	四月十六	癸酉	寅時午時	屬兔	60	2011/12/5	一	十一月十一	甲午	卯時	屬鼠
28	2011/5/27	五	四月二十五	壬午	丑時卯午申酉時	屬鼠	61	2011/12/6	二	十一月十二	乙未	寅卯時申戌亥時	屬牛
29	2011/5/30	一	四月二十八	乙酉	早子時寅時	屬兔	62	2011/12/7	三	十一月十三	丙申	早子丑時未戌時	屬虎
30	2011/6/4	六	五月初三	庚寅	丑時辰時	屬猴	63	2011/12/12	一	十一月十八	辛丑	寅時卯時申亥時	屬羊
31	2011/6/9	四	五月初八	乙未	寅卯時申戌亥時	屬牛	64	2011/12/13	二	十一月十九	壬寅	早子時丑未戌時	屬猴
32	2011/6/10	五	五月初九	丙申	早子時丑未戌時	屬虎	65	2011/12/31	六	十二月初七	庚申	辰時巳時	屬虎
33	2011/7/3	日	六月初三	己未	寅時卯時巳戌時	屬牛	66						

擇日 基礎資料篇

編號	神煞名稱	神煞用事宜忌	備註
1	歲德	歲德：開山立向修方吉。歲德屬上吉，有宜無忌，所理之地萬福咸集衆殃自避應有修營並獲福佑。歲幹合陰年即歲德、陽年即歲德合也。歲幹合：主宜除滅災咎而興福佑也，所理之方可以修營起土上官嫁娶遠行參謁。	協記卷三義例一6；星歷考原卷二年神方位5
2	歲德合	歲德合：開山立向修方吉。歲德合屬上吉，有宜無忌。歲幹合陽年即歲德合也。歲幹合：主宜除滅災咎而興福佑也，所理之方可以修營起土上官嫁娶遠行參謁。歲德剛辰也歲德合柔辰也。外事以剛內事以柔。	協記卷三義例一8；星歷考原卷二年神方位6
3	歲枝德【死符、小耗】	歲枝德：開山立向修方吉。歲枝德主救厄而濟弱，所理之方利以興造舉動衆務，如治橋樑築堤岸損己之財以利衆之事大吉、如為營居室當以小耗論。又為死符：忌為營塚等事。又為小耗：忌為市易造作等事。	協記卷三義例一11；星歷考原卷二年神方位6
4	歲祿馬貴人	歲祿馬貴人：開山立向修方吉。馬到山頭人富貴，祿到山頭旺子孫，若逢祿馬一同到，千祥百福自駢臻。祿馬為年方吉神同到尤吉。歲祿馬貴人山方皆吉，修造皆吉。祿到山頭主進財從外壓將來，馬到山頭進官職，要合三元白貴人與白同旺相貴子入廟堂。	協記卷八義例六3；選擇求真卷七3
5	奏書	奏書：開山立向修方吉。奏書者歲之貴神也，以出治者也，為神之貴而吉者，掌奏記主伺察，為諫臣，察私屈揚德意。所理之地宜祭祀求福營建宮室修飾垣牆。所理之方可舉賢能於國有益。	協記卷三義例一20；星歷考原卷二年神方位7
6	博士	博士：開山立向修方吉。博士者歲之善神也，文臣也，出納王命行政施惠，掌案牘主擬議，掌天子明堂綱紀政治之神，所居之方利於興修。所理之方可舉賢能於國有益，行政施惠。	協記卷三義例一21；星歷考原卷二年神方位8
7	三元九星【三元紫白】	三元九星：開山立向修方吉。三元者起於九宮，以休門為一白、開門為六白、生門為八白、景門為九紫，為吉。祿馬要合三元白貴人與白同旺相貴子入廟堂。六白屬金秋月旺、紫火春夏強、一八水土旺三冬立見福祿崇。紫白宜與祿馬同到，紫白喜旺相則愈有力所到之處造葬修作動土極吉，千工百工須求年白百工十工須求月白。	協記卷八義例六24；選擇求真卷七3
8	蓋山黃道【貪狼、巨門、文曲、武曲】	蓋山黃道【貪狼、巨門、文曲、武曲】：開山立向修方吉。其方開山立向修營並吉。青囊九曜以貪巨武輔為吉，破軍為浮天空亡廉貞為獨火歷來通書避忌用之。	協記卷八義例六22
9	通天竅【三合前方、三合後方】	通天竅【三合前方、三合後方】：開山立向修方吉。凡修造葬埋開山立向修方，若遇吉星，所值不問太歲、三煞、官符、大將軍諸凶煞，此星並能壓之，所到之處修之大吉。通天竅與走馬六壬並傳已久，世俗稱為竅馬。	協記卷八義例六13
10	走馬六壬【神后、功曹、天罡、勝光、傳送、河魁】	走馬六壬【神后、功曹、天罡、勝光、傳送、河魁】：開山立向修方吉。造葬用山頭吉星，修方用方道吉星，如修凶方，從吉方起手，主十二年田財大旺。大抵其方疊吉神則吉，無吉神則不能為福。	協記卷八義例六16
11	四利三元【太陽、太陰、龍德、福德】	四利三元【太陽、太陰、龍德、福德】：開山立向修方吉。其與三煞併不可以言吉，須兼看各神不可執一而定也。	協記卷八義例六20
12	太歲	太歲：開山立向修方凶。太歲人君之象，若國家巡狩省方出師略地營造宮闕開拓封疆不可向之，黎庶修營宅舍築壘牆垣並須迴避。太歲可坐不可向，三煞可向不可坐。	協記卷三義例一15；星歷考原卷二年神方位7
13	歲破【大耗】	歲破：開山立向修方凶。歲破者太歲所衝之辰也，其地不可興造移徙嫁娶遠行，犯者主損財物及害家長。惟戰伐向之吉。又為大耗：歲中虛耗之神，不可營造倉庫納財物及為建囷倉納財帛等事。，犯之當有寇賊驚恐之事。按歲破為最凶之辰。	協記卷三義例一16；星歷考原卷二年神方位13、19
14	劫煞	劫煞：開山立向修方凶。劫煞者歲之陰氣也，劫煞起於絕，主有殺害，所理之方忌有興造，犯之者主有劫盜傷殺之事。三煞最凶，三煞可向不可坐。	協記卷三義例一43；星歷考原卷二年神方位14
15	災煞	災煞：開山立向修方凶。災煞者五行陰氣之位也，災煞起於剋，主災病疾厄之事，所理之方不可抵向營造，犯之者當有疾患。三煞最凶，三煞可向不可坐。	協記卷三義例一44；星歷考原卷二年神方位14

編號	神煞名稱	神煞用事宜忌	備註
16	歲煞	歲煞：開山立向修方凶。歲煞者陰氣尤毒謂之煞也。歲煞之地不可穿鑿修營移徙，犯之者傷子孫六畜。劫煞、災煞、歲煞是爲三煞。三煞最凶，三煞可向不可坐。	協記卷三義例一45；星歷考原卷二年神方位13
17	坐煞向煞【伏兵、大禍】	坐煞向煞【伏兵、大禍】：開山立向修方凶。伏兵大禍者歲之五兵也，主兵革刑殺，所理之方忌出兵行師及修造，犯之主有兵傷刑戮之咎。伏兵災甚大禍災輕。伏兵大禍又爲夾三煞坐向皆不宜。	協記卷八義例六37，47；星歷考原卷二年神方位15
18	浮天空亡	浮天空亡：開山立向修方凶。浮天空亡其例出於變卦納甲乃絕命破軍之位，山向並忌。	協記卷八義例六43
19	年剋山家	年剋山家：開山凶。本年二十四山墓龍變運，某山運爲年月納音所剋即爲年月剋某山，惟新建宅舍、新立墳塋論之。其拆修豎造不動地基及舊塋附葬者皆不論。忌開山。	協記卷二本原二24
20	陰府太歲	陰府太歲：開山凶。陰府太歲乃本年之化氣剋山家之化氣，惟忌開山，營造修方不忌。	協記卷八義例六45
21	六害	六害：開山凶。月害者陽建所害之辰也，所值之日忌攻城野戰牧養群畜結會親姻請醫巫納奴婢。六害者不和也，凡事莫不喜合而忌衝。年日六害皆同月害取義。	協記卷六義例四18；星歷考原卷四月事凶神4
22	死符【小耗】	死符：開山凶。死符者歲之凶神也，所理之方不可營塚墓置死喪及有穿鑿，犯之者主有死亡。又爲小耗：歲中虛耗之神，所理之方不宜運動出入興販經營及有造作，犯之者當有遺亡虛驚之事。	協記卷三義例一40；星歷考原卷二年神方位17，19
23	灸退	灸退：開山立向修方凶。灸退主退敗，此太歲不足之氣也，宜用三合局補之。	協記卷八義例六40
24	巡山羅睺	巡山羅睺：立向凶。巡山羅睺止忌立向，開山修方不忌。	協記卷八義例六37
25	病符	病符：立向凶。病符主災病。病符者，歲之惡神也，主災病疫癘，所理之方不可安病人求醫藥及有興造，犯之者主多病患。	協記卷三義例一39；星歷考原卷二年神方位17
26	天官符	天官符：修方凶。天官符爲太歲三合五行方旺之氣，臨向方爲天官符，主官訟，宜三合局補之，故修造避之，忌修方。	協記卷八義例六49
27	官符【地官符、畜官】	官符【地官符】：修方凶。官符者歲之凶神也，掌符信之官文權之職也，主官府詞訟之事，又名地官符，所理之方不可興土工，犯之者當有訟獄之事。畜官者歲中牧養之神也，主養育群畜之事，所理之方忌造牛欄馬櫪及放牧，犯之者損六畜傷財。	協記卷三義例一33；星歷考原卷二年神方位16
28	大煞	大煞：修方凶。大煞者歲中刺史也，古刺史者得生殺一方也，主刑傷鬥殺之事，所理之地出軍不可向之，併忌修造，犯者主有刑殺。大煞者是歲三合五行健旺之辰將星之位名曰刺史，大煞亞於太歲而重於官符白虎，帝旺方爲打頭火主火災宜三合局剋之。	協記卷三義例一55；星歷考原卷二年神方位17
29	大將軍	大將軍：修方凶。大將軍歲之大將也，統御威武總領戰伐，然是鋤邪凶而扶正直，主殺伐，若國家命將出師攻城戰陣則宜背之，凡興造皆不可犯。所理之地可以命將帥選威勇以伐不義。	協記卷三義例一18；星歷考原卷二年神方位11
30	力士	力士：修方凶。力士者歲之惡神也，天子之護衛羽林軍，武臣也，主刑威掌殺戮，所居之方不宜抵向，犯之令人多瘟疾。所在之方可詔此方之臣以誅有罪。力士其方之軍旅可命以討有罪也。	協記卷三義例一23；星歷考原卷二年神方位8

編號	神煞名稱	神煞用事宜忌	備註
31	蠶室	蠶室：修方凶。蠶室者歲之凶神也，後宮之地后妃之屬也，主絲繭綿帛之事，所理之方不可修動，犯之蠶絲不收，蠶室亦不可抵向也，所在之方天子庶民皆可祠祀。	協記卷三義例一23；星歷考原卷二年神方位9
32	蠶官	蠶官：修方凶。蠶官者歲中掌絲之神也，所理之地忌營構宮室，犯之，蠶母多病絲繭不收。	協記卷三義例一25；星歷考原卷二年神方位10
33	蠶命	蠶命：修方凶。蠶命者掌蠶之命神也，所理之地不可舉動，百事犯之者主傷蠶絲繭不收。	協記卷三義例一10；星歷考原卷二年神方位10
34	歲刑	歲刑：修方凶。歲刑，刑戮之神也，歲刑之地攻城戰陣不可犯之，動土興工亦須迴避，犯之多鬥爭。	協記卷三義例一52；星歷考原卷二年神方位12
35	黃旛	黃旛：修方凶。黃旛者旌旗也，歲君安居之位華蓋也，所理之地不可開門取土嫁娶納財市賈及有造作，犯之者主有損亡。飛廉與黃旛豹尾同可有可無者也。	協記卷三義例一36；星歷考原卷二年神方位19
36	豹尾	豹尾：修方凶。豹尾者亦旌旗之象，虎賁之象先鋒之將也，所在之方不可嫁娶納奴婢進六畜及興造，犯之者破財物損小口。飛廉與黃旛豹尾同可有可無者也。	協記卷三義例一37；星歷考原卷二年神方位20
37	飛廉	飛廉：修方凶。飛廉者歲之廉察使君之象，亦名大煞，所理之方不可興工動土移徙嫁娶，犯之，主官府口舌疾病遺亡。飛廉與黃旛豹尾同可有可無者也。	協記卷三義例一57；星歷考原卷二年神方位20
38	喪門	喪門：修方凶。喪門者歲之凶神也，喪門之位又爲朱雀，主死喪哭泣之事，所理之地不可興舉，犯之者主盜賊遺亡死喪之事。	協記卷三義例一28；星歷考原卷二年神方位21
39	太陰【弔客】	太陰【弔客】：修方凶。太陰者歲后也，所理之地不可興修。弔客與太陰同位。弔客者歲之凶神也，主疾病哀泣之事，所理之地不可興造及問病尋醫弔孝送喪。	協記卷三義例一29；星歷考原卷二年神方位11、21
40	白虎	白虎：修方凶。白虎者歲中凶神也，武職也，主喪服之事，所理之地犯之主有喪服之災，切宜慎之。按官符白虎歲三合也，太歲之引從也，引爲文曰官符，從爲武曰白虎。	協記卷三義例一35；星歷考原卷二年神方位21
41	金神	金神：修方凶。金神者太白之精白獸之神，主兵戈喪亂水旱瘟疫，所理之地忌築城池建宮室暨樓閣廣園林興工上梁出軍征伐移徙嫁娶遠行赴任，若犯干神者其忌尤甚。以年干五虎遁得庚辛之方爲天金神，納音屬金者爲地金神，天金神一名遊天暗曜犯之患眼疾最準。	協記卷三義例一59；星歷考原卷二年神方位21
42	獨火	獨火：修方凶。獨火一名飛禍，又名六害，即蓋山黃道內朱雀廉貞也，忌修營動土，犯之主災，無凶神併不妨，埋葬不忌。以年干五虎遁至戊己方爲戊己煞，庚辛方爲天金神，丙丁方爲獨火。	協記卷八義例六41
43	五鬼	五鬼：修方凶。五鬼者五行之精氣也，五緯之魄氣也，主虛耗疾病驚怪之事，所理之方不可興舉抵向弔喪問病，犯之主財物耗散家招怪異。五鬼與地官符喪門太歲弔客白虎歲破同位之年各隨其所同位之神以類相應。五鬼小煞也，太陽紫白祿馬貴人蓋照皆可用也。	協記卷三義例一61；星歷考原卷二年神方位18；選擇求真卷十16
44	破敗五鬼	破敗五鬼：修方凶。主虛耗之事所理之方不可興舉，犯之主財物耗散。	協記卷三義例一63；星歷考原卷二年神方位21

編號	神煞名稱	神煞用事宜忌	備註
1	天道	天道：開山立向修方吉。天道者，天之元陽順理之方，天德所在之方也，能制此方之煞，其地宜興舉眾務，向之上吉。天道天德用日而兼用方，月厭亦兼方論也，世俗春不開東門夏不開南門秋不開西門冬不開北門則太白經五帝之義也。	協記卷五義例三4；星歷考原卷三月事吉神1
2	天德	天德：開山立向修方吉。天德者，天之福德也，能制此方之煞，所理之方、所值之日，可以興土功營宮室。　天德所在用之無不吉，順天也。天道即天德，專言其方則曰天道，兼日干與方向言之則天德，其實一也。	協記卷五義例三4；星歷考原卷三月事吉神1
3	天德合	天德合：開山立向修方吉。天德合者，合德之神也，能制此方之煞，所理之方宜營構宮室修築城垣，所值之日宜覃恩肆赦命將出師禱禮山川祈請福願。	協記卷五義例三12；星歷考原卷三月事吉神3
4	月德	月德：開山立向修方吉。月德者，月之德神也，能制此方之煞，取土修營宜向其方，宴樂上官利用其日。	協記卷五義例三10；星歷考原卷三月事吉神3
5	月德合	月德合：開山立向修方吉。月德合者，五行之精，符會爲合也，能制此方之煞，所理之地眾惡皆消，所值之日百福並集，利以出師命將上冊受封祠祀星辰營建宮室。	協記卷五義例三14；星歷考原卷三月事吉神4
6	月空	月空：開山立向修方吉。月空，月中之陽辰也，宜上書陳言，所理之日宜設籌謀陳計策。故利於上表章也。月中陰德之神也，所理之地宜會親姻安產室，所值之日宜設籌謀定計策陳剝利害獻寺表章。	協記卷五義例三16；星歷考原卷三月事吉神4
7	月祿馬貴人	月祿馬貴人：開山立向修方吉。馬到山頭人富貴，祿到山頭旺子孫，若逢祿馬一同到，千祥百福自駢臻。　按祿馬爲月方吉神同到尤吉。　祿馬貴人山方皆吉，修造皆吉。	參見協記卷八義例六歲祿3
8	月紫白【三元九星】	月紫白【三元九星】：開山立向修方吉。以一白、六白、八白、九紫爲吉。祿馬要合三元白貴人與白同旺相貴子入廟堂。六白屬金秋月旺、紫火春夏強、一八水土旺三冬立見福祿崇。紫白宜與祿馬同到，紫白喜旺相則愈有力所到之處造葬修作動土	參見協記卷八義例六三元九星24
9	八節三奇	八節三奇【乙丙丁】：開山立向修方吉。天上三奇乙丙丁者，能制煞發祥，中宮坐向得之上官嫁娶入宅移居修造營葬並吉，修作到山到方主進田產生貴子旺丁財。丙丁二奇又取照蓋山向制剋金神。	參見協記卷八義例六八節三奇31
10	月建	月建：開山凶。月建者，陽建之神也，所理之方戰鬥攻伐宜背之不可抵向【可坐不可向】，所值之日宜封建禡事，不宜興造土功結親禮。	協記卷四義例二43；星歷考原卷四月事凶神1
11	月破【大耗】	月破【大耗】：開山凶。月破者，月建所衝之日也，造葬皆不可犯【可向不可坐】。大耗者，月中虛耗之神也，其日忌營庫藏出財物遠經求取債負。	協記卷四義例二見破【大耗】26；星歷考原卷四月事凶
12	月剋山家	月剋山家：開山凶。月剋山家某山運爲年月納音所剋即爲年月剋某山，惟新建宅舍、新立墳塋論之。其拆修豎造不動地基及舊塋附葬者皆不論。	協記卷二本原二24
13	陰府太歲	陰府太歲：開山凶。陰府太歲惟忌開山，營造修方不忌。陰府太歲不論年而論山。	協記卷八義例六見陰府太歲45
14	天官符	天官符：修方凶。月家飛宮天官符即本年天官符逐月飛弔之位，天官符主官訟，忌修方。有吉星可用。	協記卷八義例六見飛天官符50
15	地官符	地官符：修方凶。月家飛宮地官符即本年地官符逐月飛弔之位，地官符主官府詞訟之事，忌修方。有吉星可用。	協記卷八義例六見飛地官符52
16	小月建	小月建：修方凶。小月建即小兒煞，忌修方。小月建忌占方，然占山占向亦忌。修造最重太歲，次之則月建故忌之。	協記卷八義例六58
17	大月建	大月建：修方凶。大月建忌修方動土。大月建係月家土煞，占山占向占方占中宮皆不宜動土。大月建爲土府，故動土忌之。	協記卷八義例六60
18	飛大煞【舊名打頭火】	飛大煞：修方凶。飛大煞俗名打頭火。打頭火忌修方。打頭火即三合旺方，又爲金匱將星，主火燭，以其旺極爲災，若疊太歲尤凶。忌修方。以月家一白或壬癸水德制之可也。	協記卷八義例六56
19	丙丁獨火	丙丁獨火：修方凶。丙丁獨火忌修方，修作動土犯之凶。丙丁獨火乃諸火星之總要，然必與年獨火、飛大煞併方忌。丙丁獨火本不爲凶第忌廉貞打頭月遊諸火星逢之而火發。用一白壬癸制之。	協記卷八義例六64
20	月遊火	月遊火：修方凶。月遊火忌修方，其煞與打頭火或年獨火位，飛得丙丁二字同到方其災方發，無凶神併不妨。故月遊火必與打頭火年獨火併又得丙丁同到而後爲忌也。月遊火不足忌。	協記卷八義例六66

編號	神煞名稱	神煞用事宜忌	備註
21	劫煞	劫煞：修方凶。劫煞者，劫害之辰也，其日忌臨官視事納禮成親戰伐行軍出入興販，主有殺害，所理之方忌有興造，犯之者主有劫盜傷殺之事。三煞最凶，三煞可向不可坐。	協記卷三義例一43、卷六義例四11；星歷考原卷四
22	災煞【天獄、天火】	災煞：修方凶。災煞主災病疾厄之事，所理之方不可抵向營造，犯之者當有疾患。　三煞最凶，三煞可向不可坐。天獄者，月中禁神也，其日忌獻封章興詞訟赴任征討。天火者，月中凶神也，其日忌苫蓋築壘垣牆振旅興師會親娶婦。	協記卷三義例一44、卷六義例四12；星歷考原卷四
23	月煞【月虛】	月煞：修方凶。月煞之地不可穿鑿修營移徙，犯之者傷子孫六畜。三煞最凶，三煞可向不可坐。月殺者月內之殺神也，其日忌停賓客興穿掘營種植納群畜。月虛：月內虛耗之神，忌開倉庫出財物結婚出行運動征行成親禮。	協記卷三45義例一、卷六義例四16；星歷考原卷四
24	月刑	月刑：修方凶。月刑：月刑之地攻城戰陣不可犯之，動土興工亦須迴避，犯之，多鬥爭。月建所刑之辰，其日忌出軍攻戰養育生財結婚姻營建屋舍。	協記卷三義例一52、卷六義例四17；星歷考原卷四
25	月害	月害：修方凶。月害者陽建所害之辰也，所值之日忌攻城野戰牧養群畜結會親姻請醫巫納奴婢。	協記卷六義例四18；星歷考原卷四月事凶神4
26	月厭【地火】	月厭【地火】：修方凶。月厭，陰建之辰也，所理之方可以禳災祈福避病，所值之日忌遠行歸家移徙婚嫁。地火：其日忌修築園圃栽植種蒔。月厭者厭魅之神也，其性暗昧私邪不正，故名忌之。月厭亦兼方論也。	協記卷四義例二45；星歷考原卷四月事凶神15、19
27	月金匱	月金匱方吉，即三合月分之旺方也，修之發丁。修年金匱不如修月金匱。年金匱不空則修，月金匱尤穩，月金匱又不必剋，但諸吉同到則吉。	協記卷八57義例六
28	月天赦	月天赦：修方吉。月天赦方吉，春戊寅夏甲午秋戊申冬甲子此天赦也，天赦者，赦過宥罪之辰也，其日可以緩刑獄雪冤枉施恩惠，若與德神會合尤宜興造，此方宜修造可制官符等煞。	協記卷五義例三20；星歷考原卷三月事吉神6

序	用事	用事註解	所宜方所忌方	所宜吉神所忌凶煞【協記】
1	祭祀	祭祀：曆例曰凡時享禘祫告成郊丘封禪嶽鎮禮享祈禱等事；通書謂祭祀家廟墳墓祈神作福設齋謝土等事。現今用為祭拜天地神佛仙聖祖先或陽宅之修造動土陰宅之破土等事完工後所舉行的請求神靈降福免禍的祈禱等事。	祭祀：宜奏書所理之地宜祭祀，蠶室所在之方天子庶民皆可祠祀，天德合所值之日宜禱禮山川，月德合所值之日宜祠祀星辰。 祭祀：忌	祭祀：宜天德、月德、天德合、月德合、天赦、天願、月恩、四相、時德、天巫、開日、普護、福生、聖心、益後、續世。 祭祀：忌天狗【滿日】、寅日。
2	祈福	祈福：曆例曰凡建立道場開設齋醮禳除災咎請求福願等事；通書謂建立道場開設齋醮技場除災咎請求福願等事。現今用為建立道場開設齋醮祈求神明降福消除災禍請求福氣願望等事。	祈福：宜奏書所理之地宜祈福，天德合所值之日宜祈請福願，月厭所理之方可以禳災祈福。 祈福：忌	祈福：宜天德、月德、天德合、月德合、天赦、天願、月恩、四相、時德、天巫、開日、普護、福生、聖心、益後、續世。 祈福：忌月建、月破、平日、收日、劫煞、災煞、月煞、月刑、月害、月厭、大時、遊禍、天吏、四廢。又忌祿空、上朔等日。
3	求嗣	求嗣：曆例曰凡祈禱子息等事；通書謂祈求子息等事。現今用為祈求得到子女等事。	求嗣：宜 求嗣：忌	求嗣：宜天德、月德、天德合、月德合、天赦、天願、月恩、四相、時德、開日、益後、續世。 求嗣：忌月建、月破、平日、收日、劫煞、災煞、月煞、月刑、月害、月厭、大時、遊禍、天吏、四廢。
4	上冊受封	上冊受封：曆例曰凡登壇受冊追封諡號等事；通書謂立壇禪受冊封諡等事。現今用為人死後受到加封追加諡號或獲得平反者設壇祭拜等事。	上冊受封：宜月德合所值之日宜上冊受封。 上冊受封：忌	上冊受封：宜天德、月德、天德合、月德合、天赦、天願、臨日、福德、開日。 上冊受封：忌月建、月破、平日、收日、閉日、劫煞、災煞、月煞、月刑、月害、月厭、大時、天吏、四廢、往亡。
5	上表章	上表章或稱納表上章：曆例曰凡進納封章披陳利害伸理詞訟等事；通書謂進納表章披陳利害伸理詞訟等事。現今用為推薦引進或接納收受計謀策略陳述利弊得失伸張公理爭辯是非的推薦書建議書陳情書等，更可引申為溝通對談互訪等事。	上表章：宜歲德、歲德合所理之方宜參謁，月空所理之日宜設籌謀定計策陳剝利害獻封表章。 上表章：忌災煞【天獄】其日忌獻封章興詞訟。	上表章：宜天德、月德、天德合、月德合、月空、天赦、天願、臨日、福德、開日、解神。 上表章：忌月建、月破、平日、收日、閉日、劫煞、災煞、月煞、月刑、月害、月厭、大時、天吏、四廢、往亡。
6	頒詔	頒詔：為古時皇帝頒布詔告臣民的文書。現今用為政府或企業之領導人對其人民員工所公開發表之宣言或談話等事。	頒詔：宜力士所在之方可詔此方之臣以誅有罪。 頒詔：忌	頒詔：宜天德、月德、天德合、月德合、天赦、天願、王日、開日。又天恩與驛馬、天馬、建日併者。 頒詔：忌月破、平日、收日、閉日、劫煞、災煞、月煞、月刑、月厭、四廢、往亡。
7	覃恩肆赦	覃恩肆赦：曆例曰凡晉遷官秩恤孤惸施恩惠謂之覃恩、凡赦過宥罪釋獄緩刑蠲除賦役起拔幽錮撫納流亡復還遷黜等事謂之肆赦。現今用為政府或企業對其員工升遷恤孤惸施恩惠或赦過宥罪釋獄緩刑蠲除賦役起拔幽錮撫納流亡復還遷黜等事。	覃恩肆赦：宜天德合所值之日宜覃恩肆赦，月天赦其日可以緩刑獄雪冤枉施恩惠。 覃恩肆赦：忌	覃恩肆赦：宜天德、月德、天德合、月德合、天恩、天赦、天願、王日、開日。 覃恩肆赦：忌

序	用事	用事註解	所宜方所忌方	所宜吉神所忌凶煞【協記】
8	施恩封拜	施恩封拜：通書謂賜恩命封贈頒宜入朝等事。現今用為政府或企業派任員工擔任各種重要職務等事。	施恩封拜：天恩之日乃可施恩，天赦之日乃可施恩赦罪。 施恩封拜：忌	施恩封拜：宜天德、月德、天德合、月德合、天赦、天願、月恩、四相、時德、王日、建日、吉期、天喜、開日。 施恩封拜：忌月破、平日、收日、滿日、閉日、劫煞、災煞、月煞、月刑、月厭、大時、天吏、四廢。
9	襲爵受封	襲爵受封或稱拜官：歷例曰凡襲封官爵等事；通書謂承恩命受官爵等事。現今用為政府或企業派任員工擔任各種職務等事。	襲爵受封：宜月天赦其日可以緩刑獄雪冤枉施恩惠。 襲爵受封：忌	襲爵受封：宜時德、天喜、驛馬、王日、官日、相日、民日、守日、建日。【見星歷考原】 襲爵受封：忌官符、徒隸、死別、伏罪、不舉、罪刑、四廢、牢日、獄日、破日、平日、收日、滿日、閉日。【見星歷考原】
10	招賢	招賢或稱詔命公卿招賢：歷例曰凡擇選寮寀委用謀猷舉隱逸賢能等事謂之招賢舉正直。通書謂招進賢良、招賢納士往京會試等事。現今用為政府或企業公開招募人才等事。	招賢：宜奏書所理之方宜招賢，博士所理之方宜招賢。 招賢：忌	招賢：宜天德、月德、天德合、月德合、天赦、天願、王日、建日、開日。又月恩、四相、時德、吉期、天喜與驛馬、天馬併者。 招賢：忌月破、平日、收日、滿日、閉日、劫煞、災煞、月煞、月刑、月厭、大時、天吏、四廢、往亡。
11	舉正直	舉正直：歷例曰凡擇選寮寀委用謀猷舉隱逸賢能等事謂之招賢舉正直。現今用為部屬向長官推舉有賢能之人才等事。	舉正直：宜奏書所理之方宜舉正直，博士所理之方宜舉正直。 舉正直：忌	舉正直：宜天德、月德、天德合、月德合、天赦、天願、月恩、四相、時德、王日、建日、吉期、天喜、開日。 舉正直：忌月破、平日、收日、滿日、閉日、劫煞、災煞、月煞、月刑、月厭、大時、天吏、四廢。
12	施恩惠恤孤惸	施恩惠恤孤惸：凡拿財物發散於人謂之施恩惠、凡救濟無父母兄弟孤單貧苦之人謂之恤孤惸。現今用為救助遭受災難困苦之人的總稱，政府企業或個人均可適用。	施恩惠恤孤惸：宜博士所理之方宜施恩惠恤孤惸，月天赦其日可以緩刑獄雪冤枉施恩惠。 施恩惠恤孤惸：忌	施恩惠恤孤惸：宜天德、月德、天德合、月德合、天恩、天赦、天願、陽德、陰德、王日、開日。 施恩惠恤孤惸：忌
13	宣政事	宣政事：凡公開宣布統治國家的一切行為之總稱、也就是國家的權力活動；重點在執行的部分。現今用為政府施政或企業推展業務等事。	宣政事：宜 宣政事：忌	宣政事：宜天德、月德、天德合、月德合、天赦、天願、王日、開日。又天恩與驛馬、天馬、建日併者。 宣政事：忌月破、平日、收日、閉日、劫煞、災煞、月煞、月刑、月厭、四廢、往亡。
14	布政事	布政事：歷例曰凡頒布制令敷揚風化等事。現今用為政府或企業為推展政令發展業務而制定發佈各種法令規章和宣導等事。	布政事：宜 布政事：忌	布政事：宜天恩。 布政事：忌月破、平日、收日、閉日、劫煞、災煞、月煞、月刑、月厭、四廢。

序	用事	用事註解	所宜方所忌方	所宜吉神所忌凶煞【協記】
15	行惠愛雪冤枉緩刑獄	行惠愛雪冤枉緩刑獄：謂展現愛人民的行為等事。現今用為政府或企業展現愛護人民或員工的各種措施等事。	行惠愛雪冤枉緩刑獄：宜博士所理之方宜行惠愛雪冤枉緩刑獄，月天赦其日可以緩刑獄雪冤枉施恩惠。 行惠愛雪冤枉緩刑獄：忌	行惠愛雪冤枉緩刑獄：宜天德、月德、天德合、月德合、天恩、天赦、天願、陽德、陰德、王日、開日。 行惠愛雪冤枉緩刑獄：忌
16	慶賜賞賀	慶賜賞賀或稱行賞：歷例曰凡給賜親戚賞賚勳德錫命藩屏等事。現今用為政府或企業對有功員工獎賞鼓勵等事。	慶賜賞賀：宜月德之日宜宴樂。 慶賜賞賀：忌	慶賜賞賀：宜天德、月德、天德合、月德合、天恩、天赦、天願、月恩、四相、時德、王日、三合、福德、天喜、開日。 慶賜賞賀：忌月破、平日、收日、閉日、劫煞、災煞、月煞、月刑、月害、月厭、四廢、五離。
17	會親友	會親友或稱張設宴樂：紀歲歷曰凡張設宴樂集會賓朋不在結親一例或有不值結親亦可用者；通書謂開筵會親友等事。現今用為設筵席款待親戚和朋友等事。	會親友：宜月德之日宜宴樂、月空所理之地宜會親姻。 會親友：忌六害、月害所值之日忌結會親姻，災煞【天火】其日忌會親，月煞其日忌停賓客。	會親友：宜天德、月德、天德合、月德合、天恩、天赦、天願、月恩、四相、時德、王日、民日、三合、福德、天喜、開日。 會親友：忌月破、平日、收日、閉日、劫煞、災煞、月煞、月刑、月害、月厭、四廢、五離、酉日。
18	入學	入學：歷例曰凡尊師傳經等事；通書謂尊師授傳經業等事。現今用為凡立志求學上進或拜師傳授經業學習技藝等事。	入學：宜 入學：忌	入學：宜成日、開日。 入學：忌
19	冠帶	冠帶：歷例曰凡冠帶加服等事；曹震圭曰內則云男子二十而冠、女子十五而笄，冠帶之事成人之禮也；通書謂冠帶巾服等事。現今用為舉行男女成年的儀式等事。	冠帶：宜 冠帶：忌	冠帶：宜定日。 冠帶：忌月破、平日、收日、劫煞、災煞、月煞、月刑、月厭、大時、天吏、四廢、五墓、丑日。
20	出行	出行【遠回乘船登高附】：歷例曰凡巡狩省方遠遊謀運經營轉輸等事；遠行：紀歲歷云凡遠旅求謀出入興販等事；出行求財：通書謂商賈經營乘船渡水遠行出外水陸經營等事。現今用為巡視地方業務出外旅遊出行求財或出外求謀事業發展等事。	出行：宜歲德、歲德合所理之方宜遠行，天道方宜出行。【按天道即是天德，專言其方則曰天道，兼日干與方向則曰天德，其實一也。】 出行：忌太歲不可向之，歲破之地、坐煞向煞所理之方忌出兵行師，死符所理之方不宜運動出入興販經營，黃旛所理之地不可開門，金神所理之地忌遠行，劫煞其日忌出入興販，月煞【月虛】其日忌出行，月厭所值之日忌遠行。	出行：宜天德、月德、天德合、月德合、天赦、天願、月恩、四相、時德、王日、驛馬、天馬、建日、吉期、天喜、開日。 出行：忌月破、平日、收日、閉日、劫煞、災煞、月煞、月刑、月厭、大時、天吏、天賊、四廢、五墓、往亡、巳日。
21	安撫邊境	安撫邊境：謂安頓撫慰邊界的地方等事。現今用為政府或企業對所屬單位提供支持援助，使能完成交付任務或促進業務發展等事。	安撫邊境：宜 安撫邊境：忌開拓封疆太歲不可向之。	安撫邊境：宜天德、月德、天德合、月德合、天赦、天願、王日、守日、兵福、兵寶、兵吉、危日、成日。 安撫邊境：忌月破、平日、死神、收日、劫煞、災煞、月煞、月刑、月害、月厭、大時、天吏、死氣、四擊、四耗四廢四忌四窮五墓兵禁、大煞、往亡、八專、專日、伐日。

序	用事	用事註解	所宜方所忌方	所宜吉神所忌凶煞【協記】
22	選將訓兵	選將訓兵或稱偃武教兵：通書謂督教軍伍偃習武藝附祭旗纛等事【謂選拔軍官將領訓練軍隊等事】。現今用為政府或企業對所屬單位人員進行選拔及訓練，以期能完成交付任務或促進業務發展等事。	選將訓兵：宜大將軍所理之地可以命將帥選威勇以伐不義、若國家命將出師攻城戰陣則宜背之。 選將訓兵：忌	選將訓兵：宜天德、月德、天德合、月德合、天赦、天願、王日、兵福、兵寶、兵吉、危日。 選將訓兵：忌月破、平日、死神、收日、劫煞、災煞、月煞、月刑、月害、月厭、大時、天吏、死氣、四擊、四耗、四廢、四忌、四窮、五墓、兵禁、大煞、往亡、八專、專日、伐日。
23	出師	出師或稱出兵收捕：歷例曰凡選將訓兵出師征討等事；通書謂征討盜賊收捕逃亡等事。現今用為政府或企業對所屬單位及人員交付任務，以期施政順利或促進事務發展等事。	出師：宜坐太歲、向歲破之地大吉，大將軍所理之地可以命將帥選威勇以伐不義，力士所在之方可詔此方之臣以誅有罪其方之軍旅可命以討有罪也、力士所居之方不宜抵向，天德合、月德合所值之日宜命將出師。 出師：忌太歲、月建不可向之，坐煞向煞所理之方忌出兵行師，六害、月害所值之日忌攻城野戰，大煞所理之地出軍不可向之，歲刑、月刑之地攻城戰陣不可犯之，金神所理之地忌出軍征伐，劫煞其日忌戰伐行軍，災煞【天獄、天火】其日忌征討、振旅興師，月煞其日忌征行，月建其日忌出軍攻戰。	出師：宜天德、月德、天德合、月德合、兵福、兵寶、兵吉。 出師：忌月破、平日、死神、收日、閉日、劫煞、災煞、月煞、月刑、月害、月厭、大時、天吏、死氣、四擊、四耗、四廢、四忌、四窮、五墓、兵禁、大煞、往亡、八專、專日、伐日。
24	上官赴任	上官赴任：歷例曰凡奉承恩命臨赴治任等事；通書謂奉承恩命赴任治政等事。現今用為凡奉派令到工作的地方就任主管職務等事。	上官赴任：宜歲德、歲德合所理之方宜上官赴任，月德之日宜上官，八節三奇中宮坐向得之上官吉。 上官赴任：忌金神所理之地忌赴任，災煞【天獄】其日忌赴任。	上官赴任：宜天德、月德、天德合、月德合、天赦、天願、月恩、四相、時德、王日、官日、守日、相日、臨日、建日、吉期、天喜。 上官赴任：忌月破、平日、收日、滿日、閉日、劫煞、災煞、月煞、月刑、月厭、大時、天吏、四廢、五墓、往亡。
25	臨政親民	臨政親民：歷例曰凡禮上參賀頒布條令受覽圖籍聽決獄訟等事；通書謂禮上參賀頒布條令受覽囚藉聽決獄訟等事。現今用為凡向人道喜祝賀喜事或宣布規定事項處理訴訟爭論等事。	臨政親民：宜月建所值之日宜封建視事。 臨政親民：忌劫煞其日忌臨官視事。	臨政親民：宜天德、月德、天德合、月德合、天赦、天願、月恩、四相、時德、王日、官日、守日、相日、臨日、建日、吉期、天喜、開日、六儀。 臨政親民：忌月破、平日、收日、滿日、閉日、劫煞、災煞、月煞、月刑、月厭、大時、天吏、四廢、五墓、往亡。
26	結婚姻	結婚姻：歷例曰凡結會親姻燕集賓友婚禮等事；男女結婚通書謂結婚會親聘禮納吉請期等事又謂結婚會親送禮納采等事。現今用為男女婚姻宴請賓客的結婚儀式等事。	結婚姻：宜月德之日宜宴樂。 結婚姻：忌六害、月害所值之日忌結會親姻，月建所值之日不宜結親禮結婚姻，劫煞其日忌成親，月煞【月虛】其日忌結婚成親禮，月厭所值之日忌婚嫁。	結婚姻：宜天德、月德、天德合、月德合、天赦、天願、月恩、四相、時德、民日、三合、天喜、六合、五合。 結婚姻：忌月建、月破、平日、收日、滿日、閉日、劫煞、災煞、月煞、月刑、月害、月厭、大時、天吏、四廢、四忌、四窮、五墓、五離、八專。
27	納采問名	納采問名：歷例曰凡婚姻之禮納采問名納吉納徵請期等事；送禮納吉通書謂送儀物請期納采等事。現今用為提親議婚相親受授聘金聘禮約定婚期等事。	納采問名：宜 納采問名：忌劫煞，其日忌納禮。	納采問名：宜天德、月德、天德合、月德合、天赦、天願、月恩、四相、時德、民日、三合、天喜。 納采問名：忌月建、月破、平日、收日、滿日、閉日、劫煞、災煞、月煞、月刑、月害、月厭、大時、天吏、四廢、四忌、四窮、五墓、五離、八專。
28	嫁娶	嫁娶：歷例曰凡出嫁迎娶等事；通書謂出嫁迎婚等事。現今用為出嫁迎娶等事。	嫁娶：宜歲德、歲德合所理之方宜嫁娶，八節三奇中宮坐向得之嫁娶吉。 嫁娶：忌歲破之地忌嫁娶，黃旛所理之地、豹尾所在之方、飛廉所理之方、金神所理之地忌嫁娶，災煞【天火】其日忌娶婦，月厭所值之日忌婚嫁。	嫁娶：宜天德、月德、天德合、月德合、天赦、天願、三合、天喜、六合、不將。 嫁娶：忌月破、平日、收日、閉日、劫煞、災煞、月煞、月刑、月害、月厭、厭對、大時、天吏、四廢、四忌、四窮、五墓、往亡、八專、亥日。

序	用事	用事註解	所宜方所忌方	所宜吉神所忌凶煞【協記】
29	進人口	進人口：凡為收養子女或家族添進用人口等事；買納奴婢通書謂買小厮納工僱添進人口等事。現今用為收養子女或家族添進用人口等事。	進人口：宜 進人口：忌六害、月害所值之日忌納奴婢，豹尾所在之方忌納奴婢。	進人口：宜天願、民日、三合、滿日、收日、六合、天倉。 進人口：忌月破、平日、死神、閉日、劫煞、災煞、月煞、月刑、月害、月厭、大時、天吏、四廢、四窮、五墓、往亡。
30	移徙	移徙：曆例曰凡移徙居處等事；另有入宅歸火通書謂入宅安奉祖先福神香火等事、避宅出火謂請祖先福神香火暫居空界等事。現今用為移徙居處等事。	移徙：宜八節三奇中宮坐向得之入宅移居吉。天德、月德、天德合、月德合方並諸吉方入宅吉。 移徙：忌歲破之地、歲煞之地、飛廉所理之方、金神所理之地、月厭所值之日忌移徙。	移徙：宜天德、月德、天德合、月德合、天赦、天願、月恩、四相、時德、民日、驛馬、天馬、成日、開日。 移徙：忌月破、平日、收日、閉日、劫煞、災煞、月煞、月刑、月厭、大時、天吏、四廢、五墓、歸忌、往亡。
31	遠迴	遠迴：凡因故長年出門在外的人啟程返回家鄉故居等事。	遠迴：宜 遠迴：忌月厭所值之日忌歸家。	遠迴：宜 遠迴：忌月厭、歸忌。
32	安床	安床【安置產室附】：曆例曰凡安置產室豎立屏帳張懸帷幄等事；通書謂安置產室豎立幃床張掛幃幔等事或謂造床安置床室等事。現今用為新婚安床或移徙安床或因人事不順或因久年不受孕重新安床或搬移舊床等事。	安床：宜月空所理之地宜安產室。 安床：忌	安床：宜危日。 安床：忌月破、平日、收日、閉日、劫煞、災煞、月煞、月刑、月厭、大時、天吏、四廢、五墓、申日。
33	解除	解除：曆例曰凡解安宅舍祓除災眚等事。現今用為和解安定宅舍清除不祥的禍害災難等事。	解除：宜 解除：忌	解除：宜天德、月德、天德合、月德合、天赦、月恩、四相、時德、除日、開日、解神、除神。 解除：忌月建、平日、死神、收日、劫煞、災煞、月煞、月刑、月厭、大時、遊禍、天吏、死氣、四廢、五墓。
34	沐浴	沐浴：凡於重大用事前為表示誠心而清潔身體等事；通書謂去垢梳瀹洗澡等事。現今用為凡於重大用事前為表示誠心而清潔身體等事。	沐浴：宜 沐浴：忌	沐浴：宜除日、解神、除神、亥日、子日。 沐浴：忌伏社日。
35	剃頭	剃頭：謂初生嬰兒第一次剃胎頭或新郎新娘婚前之修飾容貌理髮等事或出家削髮為僧尼等事【謂蓄髮修理髭鬢女子開眉面穿耳斷乳釋氏披剃等】。	剃頭：宜 剃頭：忌	剃頭：宜除日、解神、除神。 剃頭：忌月建、月破、劫煞、災煞、月煞、月刑、月厭、丁日、每月十二日、十五日。

序	用事	用事註解	所宜方所忌方	所宜吉神所忌凶煞【協記】
36	整手足甲	整手足甲：歷例曰除手足甲。現今用為初生嬰兒第一次剃胎頭整修手足甲或新郎新娘之整容修手足甲等事。	整手足甲：宜 整手足甲：忌	整手足甲：宜除日、解神、除神。 整手足甲：忌月建、月破、劫煞、災煞、月煞、月刑、月厭、每月一日、六日、十五日、十九日、二十一日、二十三日。
37	求醫療病	求醫療病：歷例曰凡針灸服藥求醫等事；通書謂用鍼灸服藥餌施禁咒治諸病等事。【急病自然立即送醫不必擇日，但先賢必用擇日是欲人不輕忽求醫服藥之事也】。	求醫療病：宜月厭所理之方可以避病。 求醫療病：忌病符所理之方不可安病人求醫藥，六害、月害所值之日忌請醫巫，弔客所理之地不可問病尋醫，五鬼所理之方不可抵向問病。	求醫療病：宜天德、月德、天德合、月德合、天赦、月恩、四相、時德、天后、除日、破日、天醫、開日、解神、除神。 求醫療病：忌月建、平日死神、收日、滿日閉日、劫煞、災煞、月煞、月刑月害月厭、大時、遊禍天吏死氣四廢、五墓往亡、未日每月十五日、朔、弦、望日。
38	療目	療目：謂治療眼睛病痛等事。	療目：宜 療目：忌	療目：宜天德、月德、天德合、月德合、天赦、月恩、四相、時德、天后、除日、破日、天醫、開日、解神、除神。 療目：忌閉日。
39	針刺	針刺：凡用針刺治療身體病痛等事。	針刺：宜 針刺：忌	針刺：宜天德、月德、天德合、月德合、天赦、月恩、四相、時德、天后、除日、破日、天醫、開日、解神、除神。 針刺：忌血支、血忌。
40	裁衣	裁衣：歷例曰凡製造冠帶衣裳等事；裁衣合帳通書謂製造冠冕佩帶衣衾等事。現今用為製造冠帶衣裳裁製新郎新娘的新衣或製作壽衣等事。	裁衣：宜 裁衣：忌	裁衣：宜天德、月德、天德合、月德合、天赦、天願、月恩、四相、時德、王日、三合、滿日、開日、復日。 裁衣：忌月破、平日、收日、劫煞、災煞、月煞、月刑、月厭、四廢。
41	營建宮室	營建宮室：謂營造辦公廳舍住所等事。現今用為政府或企業營造中央辦公廳舍住所等事。	營建宮室：宜奏書所理之地、天德所理之方、天德合所理之方、月德合所值之日宜營建宮室，八節三奇中宮坐向得之營葬吉。天赦日若與德神會合尤宜興造。 營建宮室：忌歲枝德所理之方忌營建宮室，營建宮室太歲不可向之，蠶官所理之地忌營構宮室，金神所理之地忌建宮室暨樓閣廣園林，病符所理之方忌興造，月建其日忌營建屋舍，月厭【地火】其日忌修築園圃。	營建宮室：宜天德、月德、天德合、月德合、天赦、天願。 營建宮室：忌月建、土府、月破、平日、收日、閉日、劫煞、災煞、月煞、月刑、月厭、大時、天吏、四廢、五墓、土符、地囊、土王用事後。
42	修宮室	修宮室：謂整修辦公廳舍住所等事。現今用為政府或企業整修辦公廳舍住所等事。	修宮室：宜 修宮室：忌	修宮室：宜月恩、四相、時德、三合、福德、開日。 修宮室：忌月建、土府、月破、平日、收日、閉日、劫煞、災煞、月煞、月刑、月厭、大時、天吏、四廢、五墓、土符、地囊、土王用事後。

序	用事	用事註解	所宜方所忌方	所宜吉神所忌凶煞【協記】
43	繕城郭	繕城郭：謂修築城池等事；立寨置煙墩通書謂修築城池等事同。現今用為政府或企業整修地方辦公廳舍住所等事。	繕城郭：宜天德合所理之方宜繕城郭。 繕城郭：忌金神所理之地忌築城池，災煞【天火】其日忌築壘垣牆。	繕城郭：宜天德、月德、天德合、月德合、天赦、天願、月恩、四相、時德、三合、福德、開日。 繕城郭：忌月建、土府、月破、平日、收日、劫煞、災煞、月煞、月刑、月厭、大時、天吏、四廢、五墓、土符、地囊、土王用事後。
44	築隄防	築隄防：凡修築防水的建築物遏水防止氾濫等事。現今用為修築隄防港口等水利建築設施等事。	築隄防：宜歲枝德所理之方宜築隄防。 築隄防：忌	築隄防：宜成日、閉日。 築隄防：忌土府、月破、平日、收日、劫煞、災煞、月煞、月刑、月厭、大時、天吏、四廢、土符、地囊、土王用事後。
45	修造動土	修造動土：歷例曰凡營建宮室修飾垣墻池臺榭園囿橋樑戶牖欄櫪等事謂之修造動土豎柱上樑。修造動土現今用為修理建造人類居住的房子住宅等事。	修造動土：宜歲德、歲德合所理之方可以起土，歲枝德所理之方利以興造舉動眾務【治橋樑等】，天道其地宜興舉眾務向之上吉，天月德合、月空方宜修造取土。天赦日若與德神會合尤宜興造。 修造動土：忌病符所理之方忌興造，五鬼、破敗五鬼所理之方不可興舉抵向，黃旛所理之地不可起土，廉貞所理之方不可動土，燭火忌動土，月破造葬皆不可犯【可向不可坐】，大月建占山向方中宮皆不宜動土，刑之地動土興工亦須迴避，月建月破月厭月刑月害劫煞災煞月煞方忌修造取土。	修造動土：宜天德、月德、天德合、月德合、天赦、天願、月恩、四相、時德、三合、開日。 修造動土：忌月建、土府、月破、平日、收日、閉日、劫煞、災煞、月煞、月刑、月厭、大時、天吏、四廢、五墓、土符、地囊、土王用事後。
46	豎柱上樑	豎柱上樑：歷例曰凡營建宮室修飾垣墻坡池臺榭園囿橋樑戶牖欄櫪等事謂之修造動土豎柱上樑；豎造宅舍通書謂起造廳堂豎柱上梁等事。豎柱上樑現今用為起造廳堂宅舍安放主要梁柱等事。	豎柱上樑：宜 豎柱上樑：忌金神所理之地不可上梁。	豎柱上樑：宜天德、月德、天德合、月德合、天赦、天願、月恩、四相、時德、三合、開日。 豎柱上樑：忌月建、月破、平日、收日、閉日、劫煞、災煞、月煞、月刑、月厭、大時、天吏、四廢、五墓。
47	修倉庫	修倉庫：凡有司穿竇窖修囷倉謹蓋藏務出納等事；謂修理建造儲藏米穀的場所儲藏貨物的房屋等事。現今用為修造倉庫等事。	修倉庫：宜 修倉庫：忌歲破之地不可營造倉庫納財物。	修倉庫：宜天德、月德、天德合、月德合、天赦、天願、三合、滿日。又收日、母倉、六合、五富、天倉與月德、四相、時德、開日併者。 修倉庫：忌月建土府月破大耗平日劫煞、災煞月煞月虛月刑月害月厭大時、天吏小耗天賊四耗四廢四窮五虛九空土符、地囊、土王用事後。
48	鼓鑄	鼓鑄：凡置爐冶、鎔鑄器物等事；謂冶金鑄造器具器物等事。現今用為鋼鐵工業從事生產等事。	鼓鑄：宜 鼓鑄：忌	鼓鑄：宜天德、月德、天德合、月德合、天赦、天願、月恩、四相、時德、三合、開日。 鼓鑄：忌月破、平日、收日、劫煞、災煞、月煞、月刑、月厭、四廢、九焦。
49	苫蓋	苫蓋：專指村舍之以茅草稻草或鐵皮等物覆蓋為屋頂之簡便居所等事。	苫蓋：宜 苫蓋：忌災煞【天火】其日忌苫蓋。	苫蓋：宜天德、月德、天德合、月德合、天赦、天願、月恩、四相、時德、三合、開日。 苫蓋：忌天火、午日。

序	用事	用事註解	所宜方所忌方	所宜吉神所忌凶煞【協記】
50	經絡	經絡或稱安機經絡：歷例曰凡經緯紡績絲麻織造布帛等事；通書謂經緯紡織絲麻織造布帛綢緞等事。現今用為紡織業或相關工業從事生產等事。	經絡：宜 經絡：忌	經絡：宜天願、三合、滿日、六合、五富。 經絡：忌月破、平日、收日、劫煞、災煞、月煞、月刑、月害、月厭、四廢、庚日。
51	醞釀	醞釀或稱造酒醋醬：歷例曰凡釀酒醴和醯醢等事；通書謂藏醃脯胙等事。現今用為造酒或食品加工等業從事生產等事。	醞釀：宜 醞釀：忌	醞釀：宜天願、三合、六合、五富。 醞釀：忌月破、平日、收日、劫煞、災煞、月煞、月刑、月害、月厭、四廢、辛日。
52	開市	開市或稱開張店肆：歷例曰凡開張店坊等事；通書謂開市舖場邸店等事。現今用為商場店家企業公司行號開張開幕開始做生意或工廠開工開始生產或神佛像開光等事。	開市：宜 開市：忌歲枝德所理之方、黃旛所理之地忌開市。	開市：宜天願、民日、滿日、成日、開日、五富。 開市：忌月破、大耗、平日、收日、閉日、劫煞、災煞、月煞、月刑、月害、月厭、大時、天吏、小耗、四耗、四廢、四窮、五墓、九空。
53	立券交易	立券交易：歷例曰凡立契券交貿易等事；通書謂書立契券買田屋交易等事。現今用為訂立契約合同交易買賣等事。	立券交易：宜 立券交易：忌歲枝德所理之方、黃旛所理之地忌立券交易。	立券交易：宜天願、民日、三合、滿日、六合、五富、五合。 立券交易：忌月破、大耗、平日、收日、劫煞、災煞、月煞、月刑、月害、月厭、大時、天吏、小耗、四耗、四廢、四窮、五墓、九空、五離。
54	納財	納財或稱納財取債：歷例曰凡受田宅納貨財等事；通書謂五穀入倉開張坊等事或謂五穀入倉財帛貯庫等事。現今用為收受田宅產業錢財等事。	納財：宜 納財：忌歲破之地不可營造倉庫納財物，黃旛所理之地忌納財，月破其日忌營庫藏遠經求取債負，月建其日忌養育生財，營建屋舍。	納財：宜母倉、天願、月恩、四相、時德、民日、三合、滿日、收日、六合、五富、天倉。 納財：忌月破、大耗、平日、劫煞、災煞、月煞、月刑、月害、月厭、大時、天吏、小耗、四耗、四廢、四窮、九空。
55	開倉庫出貨財	開倉庫出貨財或稱出財放債：謂將錢財物品等財物運送出去等事；通書謂放生金銀穀粟等事。現今用為由裡到外將錢財物品等財物運送出去等事。	開倉庫出貨財：宜 開倉庫出貨財：忌月破其日忌出財物，月煞【月虛】忌開倉庫出財物。	開倉庫出貨財：宜月恩、四相、時德、滿日、五富。 開倉庫出貨財：忌月建、月破、大耗、平日、收日、閉日、劫煞、災煞、月煞、月虛、月刑、月害、月厭、大時、天吏、小耗、天賊、四耗、四廢、四窮、五虛、九空、甲日。
56	修置產室	修置產室：調整修修理建造供婦人產兒的房間等事。現今用為醫院修造產房等事。	修置產室：宜月空所理之地宜安產室。 修置產室：忌	修置產室：宜開日。 修置產室：忌月建、土府、月破、平日、死神、收日、閉日、劫煞、災煞、月煞、月刑、月害、月厭、大時、天吏、死氣、四廢、五墓、土符、地囊、土王用事後。

序	用事	用事註解	所宜方所忌方	所宜吉神所忌凶煞【協記】
57	開渠	開渠或稱開渠放水：歷例曰凡穿浚溝渠池沼泉源等事；通書謂理暗溝水者通渠等事。現今用為開通溝渠池沼泉源以利引水灌溉使用或排水防洪等事。	開渠：宜 開渠：忌	開渠：宜開日。 開渠：忌土府、月破、平日、收日、閉日、劫煞、災煞、月煞、月刑、月厭、四廢、土符、地囊、土王用事後。
58	穿井	穿井或稱穿井導泉：謂為開鑿水井以利飲用灌溉等事；通書謂格龍定方鑿井尺寸附淘修符法等事。現今用為開鑿水井以利飲用灌溉等事。	穿井：宜 穿井：忌歲煞之地不可穿鑿，死符所理之方不可有穿鑿，月煞其日忌興穿鑿。	穿井：宜開日。 穿井：忌土府、月破、平日、收日、閉日、劫煞、災煞、月煞、月刑、月厭、四廢、土符、地囊、土王用事後。
59	安碓磑	安碓磑：謂為安裝磨具等簡易的加工機具油榨機具等事。現今用為小型加工業安裝磨具等簡易加工機具油榨機具生產機具等事。	安碓磑：宜 安碓磑：忌	安碓磑：宜三合、開日。 安碓磑：忌土府、月破、劫煞、災煞、月煞、月刑、月厭、四廢、土符、地囊、土王用事後。
60	補垣塞穴	補垣塞穴：謂填覆坑洞補葺垣墉基址等事。現今用為修補牆垣空隙堵塞洞穴防止蟲蟻鼠類等事。	補垣塞穴：宜 補垣塞穴：忌	補垣塞穴：宜滿日、閉日。 補垣塞穴：忌月破、劫煞、災煞、月煞、月刑、月厭、四廢、九坎。土府、土符、地囊、土王用事後止忌補垣。
61	掃舍宇	掃舍宇：謂掃除宮室宅舍等事。現今用為清潔宮室宅舍等事。	掃舍宇：宜 掃舍宇：忌	掃舍宇：宜除日、除神。 掃舍宇：忌
62	修飾垣牆	修飾垣牆：謂裝飾修理房屋四壁圍牆等事；通書修築牆垣謂填覆坑穿泥飾墻垣等事。現今用為裝飾修理房屋四壁圍牆等事。	修飾垣墻：宜奏書所理之地宜修飾垣墻。 修飾垣墻：忌	修飾垣墻：宜平日。 修飾垣墻：忌土府、月破、劫煞、災煞、月煞、月刑、月厭、四廢、土符、地囊、土王用事後。
63	平治道塗	平治道塗：謂平理地勢道路途徑等事；通書謂修路。現今用為整治舖平道路等事。	平治道塗：宜 平治道塗：忌	平治道塗：宜平日。 平治道塗：忌土府、月厭、土符、地囊、土王用事後。

序	用事	用事註解	所宜方所忌方	所宜吉神所忌凶煞【協記】
64	破屋壞垣	破屋壞垣：歷例曰凡毀拆屋舍平覆垣墉等事。現今用為毀拆屋舍及圍牆等事。	破屋壞垣：宜 破屋壞垣：忌	破屋壞垣：宜月破。 破屋壞垣：忌月建、土府、劫煞、災煞、月煞、月刑、月厭、土符、地囊、土王用事後。
65	伐木	伐木或稱入山伐木：歷例曰凡採取材木等事；通書謂砍伐木料等事。	伐木：宜 伐木：忌	伐木：宜立冬後立春前危日、午日、申日。 伐木：忌月建、月破、月厭、生氣。
66	捕捉	漁獵【捕捉附】：歷例曰凡狩獵取魚擒捕盜賊等事。現今用為擒捕拿盜賊或捕滅危害動植物的害蟲等事。	捕捉：宜 捕捉：忌	捕捉：宜執日、收日。 捕捉：忌往亡。
67	畋獵	畋獵或稱畋獵網魚：歷例曰凡狩獵取魚擒捕盜賊等事；通書謂畋獵捕獲禽獸附結網罟等事。現今用為打獵或捕捉禽獸等事。	畋獵：宜 畋獵：忌	畋獵：宜霜降後立春前執日、危日、收日。 畋獵：忌天德、月德、天德合、月德合、天赦、生氣、往亡。
68	取魚	取魚：謂撈捕魚類等事。	取魚：宜 取魚：忌	取魚：宜雨水後立夏前執日、危日、收日。 取魚：忌天德、月德、天德合、月德合、天赦、生氣、招搖、咸池、八風、九坎、往亡、觸水龍。
69	乘船渡水	乘船渡水：謂遠行出外水陸經營等事。	乘船渡水：宜 乘船渡水：忌	乘船渡水：宜 乘船渡水：忌招搖、咸池、八風、九坎、觸水龍。
70	栽種	栽種或稱種蒔栽植：歷例曰凡種植百穀及栽接花木等事；通書謂播種百穀菜蔬栽接花木竹等事。現今用為種植百穀及栽接花木等事。	栽種：宜 栽種：忌月煞其日忌營種植，月厭【地火】其日忌栽植種蒔。	栽種：宜天德、月德、天德合、月德合、天赦、母倉、天願、月恩、四相、時德、民日、開日、五富。 栽種：忌月建、土府、月破、平日、死神、劫煞、災煞、月煞、月刑、月厭、地火、大時、天吏、死氣、四廢、五墓、九焦、土符地囊、乙日、土王用事後。

序	用事	用事註解	所宜方所忌方	所宜吉神所忌凶煞【協記】
71	牧養	牧養【納畜附】：曆例曰凡孳育繁殖生產禽魚豢養獸類等事。現今用為孳育繁殖生產禽魚豢養獸類等事。	牧養：宜 牧養：忌六害所值之日忌牧養群畜，地官符所理之方忌造牛欄馬壢及放牧，月害所值之日忌牧養群畜，月建其日忌養育生財。	牧養：宜天德、月德、天德合、月德合、天赦、母倉、天願、月恩、四相、時德、民日、開日、五富。 牧養：忌月破、平日、死神、劫煞、災煞、月煞、月刑、月害、月厭、大時、天吏、四廢、五墓。
72	納畜	納畜：謂收買或畜養繁殖禽魚牲畜等事。現今用為收買或畜養繁殖禽魚牲畜等事。	納畜：宜 納畜：忌豹尾所在之方忌進六畜，月煞其日忌納群畜，月建其日忌養育生財。	納畜：宜天德、月德、天德合、月德合、天赦、母倉、天願、民日、三合、收日、六合、五富、天倉。 納畜：忌月破、平日、死神、劫煞、災煞、月煞、月刑、月害、月厭、大時、天吏、四廢、五墓。
73	破土	破土：曆例曰凡破地開穴發故啟攢權厝殯殮等事。現今用為修理建造墳墓陰宅等事。	破土：宜 破土：忌歲枝德所理之方。	破土：宜鳴吠、鳴吠對。 破土：忌月建、土府、月破、平日、收日、劫煞、災煞、月煞、月刑、月害、月厭、四廢、五墓、土符、地囊、復日、重日、土王用事後。
74	安葬	安葬：曆例曰安葬建塋權厝遷葬破土斬草等事。現今用為將棺木埋葬入土等事。	安葬：宜八節三奇中宮坐向得之營葬吉。 安葬：忌歲枝德所理之方忌安葬，死符所理之方不可營塚墓置死喪，弔客所理之地不可弔孝送喪，白虎所理之地犯之主有喪服之災，五鬼所理之方不可抵向弔喪，月破造葬皆不可犯【可向不可坐】。	安葬：宜天德、月德、天德合、月德合、天赦、天願、六合、鳴吠。 安葬：忌月建、月破、平日、收日、劫煞、災煞、月煞、月刑、月害、月厭、四廢、四忌、四窮、五墓、復日、重日。
75	啟攢	啟攢：謂打開墳墓陰宅開啟棺蓋收聚屍骨拾罐或重新埋葬等事。現今用為打開墳墓陰宅開啟棺蓋收聚屍骨拾罐或重新埋葬等事。	啟攢：宜 啟攢：忌	啟攢：宜鳴吠對。 啟攢：忌月建、月破、平日、收日、劫煞、災煞、月煞、月刑、月害、月厭、四廢、五墓、復日、重日。
76	附註	用事與宜忌相為經緯，療目針刺無宜日與療病同，鼓鑄苫蓋無宜日與修造同，遠迴乘船渡水無宜日除所忌外無日不宜。	四立前十八天屬土，土王用事後忌修造動土；歲枝德、天道所理之方利以興造舉動眾務【治橋樑等】向之上吉；年表年神煞月神煞開山立向修方吉凶各有不同，大抵其方疊吉神則吉，可參考年圖擇吉取用；營建宮室、修宮室、繕城郭、築堤防、修造動土、豎柱上梁、修倉庫、修置產室、開渠、穿井、安碓磑、補垣塞穴、修飾垣墻、平治道塗、破屋壞垣、栽種、破土、安葬、啟攢等用事，應先通過擇日，宜用事後，再就所宜吉神方取用，吉上加吉也。	用事與宜忌相為經緯。療目、針刺無宜日與療病同也。鼓鑄、苫蓋無宜日與修造同也。遠迴、乘船渡水無宜日除所忌之外無日不宜。

序	神煞名稱	用事宜忌○	備註
1	天德	天德宜：祭祀、祈福、求嗣、上冊進表章【上冊受封上表章同】、頒詔、覃恩肆赦、施恩封拜【襲爵受封同】、詔命公卿招賢、舉正直、施恩惠恤孤惸、宣政事、行惠愛雪寃枉緩刑獄、慶賜賞賀、宴會、行幸遣使、安撫邊境、選將訓兵、出師、上官赴任、臨政親民、結婚姻、納采問名、嫁娶、般移、解除、求醫療病、裁製、營建宮室、繕城郭、興造動土、豎柱上梁、修倉庫、栽種、牧養、納畜、安葬。 忌：畋獵、取魚。	協記辨方書卷五義例三4，卷十宜忌8
2	月德	月德宜：祭祀、祈福、求嗣、上冊進表章【上冊受封上表章同】、頒詔、覃恩肆赦、施恩封拜【襲爵受封同】、詔命公卿招賢、舉正直、施恩惠恤孤惸、宣政事、行惠愛雪寃枉緩刑獄、慶賜賞賀、宴會、行幸遣使、安撫邊境、選將訓兵、出師、上官赴任、臨政親民、結婚姻、納采問名、嫁娶、般移、解除、求醫療病、裁製、營建宮室、繕城郭、興造動土、豎柱上梁、修倉庫、栽種、牧養、納畜、安葬。 忌：畋獵、取魚。	協記辨方書卷五義例三10，卷十宜忌8
3	天德合	天德合宜：祭祀、祈福、求嗣、上冊進表章【上冊受封上表章同】、頒詔、覃恩肆赦、施恩封拜【襲爵受封同】、詔命公卿招賢、舉正直、施恩惠恤孤惸、宣政事、行惠愛雪寃枉緩刑獄、慶賜賞賀、宴會、行幸遣使、安撫邊境、選將訓兵、出師、上官赴任、臨政親民、結婚姻、納采問名、嫁娶、般移、解除、求醫療病、裁製、營建宮室、繕城郭、興造動土、豎柱上梁、修倉庫、栽種、牧養、納畜、安葬。 忌：畋獵、取魚。	協記辨方書卷五義例三12，卷十宜忌8
4	月德合	月德合宜：祭祀、祈福、求嗣、上冊進表章【上冊受封上表章同】、頒詔、覃恩肆赦、施恩封拜【襲爵受封同】、詔命公卿招賢、舉正直、施恩惠恤孤惸、宣政事、行惠愛雪寃枉緩刑獄、慶賜賞賀、宴會、行幸遣使、安撫邊境、選將訓兵、出師、上官赴任、臨政親民、結婚姻、納采問名、嫁娶、般移、解除、求醫療病、裁製、營建宮室、繕城郭、興造動土、豎柱上梁、修倉庫、栽種、牧養、納畜、安葬。 忌：畋獵、取魚。	協記辨方書卷五義例三14，卷十宜忌8
5	月空	月空宜：上表章。	協記辨方書卷五義例三16，卷十宜忌9
6	天恩	天恩宜：覃恩肆赦、施恩惠恤孤惸、布政事、行惠愛雪寃枉緩刑獄、慶賜賞賀、宴會。與驛馬、天馬、建日併宜頒詔、宣政事，與修造吉神併尤宜興作。	協記辨方書卷五義例三18，卷十宜忌9
7	天赦	天赦宜：祭祀、祈福、求嗣、上冊進表章【上冊受封上表章同】、頒詔、覃恩肆赦、施恩封拜【襲爵受封同】、詔命公卿招賢、舉正直、施恩惠恤孤惸、宣政事、行惠愛雪寃枉緩刑獄、慶賜賞賀、宴會、行幸遣使、安撫邊境、選將訓兵、上官赴任、臨政親民、結婚姻、納采問名、嫁娶、般移、解除、求醫療病、裁製、營建宮室、繕城郭、興造動土、豎柱上梁、修倉庫、栽種、牧養、納畜、安葬。 忌：畋獵、取魚。	協記辨方書卷五義例三20，卷十宜忌10
8	母倉	母倉宜：納財、栽種、牧養、納畜。與月恩、四相、開日併宜修倉庫。	協記辨方書卷五義例三26，卷十宜忌10
9	天願	天願宜：祭祀、祈福、求嗣、上冊進表章【上冊受封上表章同】、頒詔、覃恩肆赦、施恩封拜【襲爵受封同】、詔命公卿招賢、舉正直、施恩惠恤孤惸、宣政事、行惠愛雪寃枉緩刑獄、慶賜賞賀、宴會、行幸遣使、安撫邊境、選將訓兵、上官赴任、臨政親民、結婚姻、納采問名、嫁娶、進人口、般移、裁製、營建宮室、繕城郭、興造動土、豎柱上梁、修倉庫、經絡、醞釀、開市、立券交易、納財、栽種、牧養、納畜、安葬。	協記辨方書卷五義例三23，卷十宜忌11
10	月恩	月恩宜：祭祀、祈福、求嗣、施恩封拜【襲爵受封同】、舉正直、慶賜賞賀、宴會、行幸遣使、上官赴任、臨政親民、結婚姻、納采問名、般移、解除、求醫療病、裁製、修宮室、繕城郭、興造動土、豎柱上梁、納財、開倉庫出貨財、栽種、牧養。與驛馬、天馬併宜詔命公卿招賢。	協記辨方書卷五義例三28，卷十宜忌12
11	四相	四相宜：祭祀、祈福、求嗣、施恩封拜【襲爵受封同】、舉正直、慶賜賞賀、宴會、行幸遣使、上官赴任、臨政親民、結婚姻、納采問名、般移、解除、求醫療病、裁製、修宮室、繕城郭、興造動土、豎柱上梁、納財、開倉庫出貨財、栽種、牧養。與驛馬、天馬併宜詔命公卿招賢。	協記辨方書卷五義例三30，卷十宜忌12
12	時德	時德宜：祭祀、祈福、求嗣、施恩封拜【襲爵受封同】、舉正直、慶賜賞賀、宴會、行幸遣使、上官赴任、臨政親民、結婚姻、納采問名、般移、解除、求醫療病、裁製、修宮室、繕城郭、興造動土、豎柱上梁、納財、開倉庫出貨財、栽種、牧養。與驛馬、天馬併宜詔命公卿招賢。	協記辨方書卷五義例三32，卷十宜忌12
13	王日	王日宜：頒詔、覃恩肆赦、施恩封拜【襲爵受封同】、詔命公卿招賢、舉正直、施恩惠恤孤惸、宣政事、行惠愛雪寃枉緩刑獄、慶賜賞賀、宴會、行幸遣使、安撫邊境、選將訓兵、上官赴任、臨政親民、裁製。	協記辨方書卷五義例三34，卷十宜忌13

序	神煞名稱	用事宜忌〇	備註
14	官日	官日宜：襲爵受封、上官赴任、臨政親民。	協記辨方書卷五義例三34，卷十宜忌14
15	守日	守日宜：襲爵受封、上官赴任、臨政親民。守日又宜安撫邊境。	協記辨方書卷五義例三34，卷十宜忌14
16	相日	相日宜：襲爵受封、上官赴任、臨政親民。	協記辨方書卷五義例三34，卷十宜忌14
17	民日	民日宜：宴會、結婚姻、納采問名、進人口、般移、開市、立券交易、納財、栽種、牧養、納畜。	協記辨方書卷五義例三34，卷十宜忌14
18	牢日、獄日、徒隸、死別、伏罪、不舉、刑獄	牢日、獄日、徒隸、死別、伏罪、不舉、刑獄：忌臨官視事、登壇受職。	協記卷五義例三35；星歷考原卷四27
19	四擊	四擊忌：安撫邊境、選將訓兵、出師。　與德合天願併猶忌【天赦不得與四擊併】。	協記辨方書卷五義例三38，卷十宜忌56
20	九空	九空忌：進人口、修倉庫、開市、立券交易、納財、開倉庫出貨財。	協記辨方書卷五義例三39，卷十宜忌61
21	五墓	五墓忌：冠帶、行幸遣使、安撫邊境、選將訓兵、出師、上官赴任、臨政親民、結婚姻、納采問名、嫁娶、進人口、般移、安床、解除、求醫療病、營建宮室、修宮室、繕城郭、興造動土、豎柱上梁、開市、立券交易、修置產室、栽種、牧養、納畜、破土、安葬、啟攢。　五月十一月與月德併則不忌。	協記辨方書卷五義例三40，卷十宜忌60
22	四耗	四耗忌：安撫邊境、選將訓兵、出師、修倉庫、開市、立券交易、納財、開倉庫出貨財。	協記辨方書卷五義例三41，卷十宜忌57
23	四廢	四廢忌：祈福、求嗣、上冊進表章【上冊受封上表章同】、頒詔、施恩封拜【襲爵受封同】、詔命公卿招賢、舉正直、宣布政事、慶賜賞賀、宴會、冠帶、行幸遣使、安撫邊境、選將訓兵、出師、上官赴任、臨政親民、結婚姻、納采問名、嫁娶、進人口、般移、安床、解除、求醫療病、裁製、營建宮室、修宮室、繕城郭、築堤防、興造動土、豎柱上梁、修倉庫、鼓鑄、經絡、醞釀、開市、立券交易、納財、開倉庫出貨財、修置產室、	協記辨方書卷五義例三41，卷十宜忌57
24	四廢【續】	開渠穿井、安碓磑、補垣塞穴、修飾垣牆、栽種、牧養、納畜、破土、安葬、啟攢。　止不忌祭祀、覃恩肆赦、施恩惠恤孤惸、行惠愛雪冤枉緩刑獄、入學、沐浴、整容、剃頭、整手足甲、掃舍宇、平治道塗、破屋壞垣、伐木、捕捉、畋獵、取魚。　與德合併猶忌，與月破併諸事皆忌。	協記辨方書卷五義例三41，卷十宜忌57
25	四忌、四窮【八龍、七鳥、九虎、六蛇】	四忌四窮【八龍七鳥九虎六蛇】忌：安撫邊境、選將訓兵、出師、結婚姻、納采問名、嫁娶、安葬。　四窮又忌進人口、修倉庫、開市、立券交易、納財、開倉庫出貨財。　與天德月德天德合月德合併猶忌，惟正月乙亥與天願併止忌安撫邊境、選將訓兵、出師、餘皆不忌。	協記辨方書卷五義例三41，卷十宜忌58
26	九坎【九焦】	九坎【九焦】忌：補垣塞穴、取魚、乘船渡水。　又為九焦忌鼓鑄、栽種、修築園圃。　與德合併猶忌【鼓鑄不得與九坎併】。	協記辨方書卷五義例三45，卷十宜忌61

序	神煞名稱	用事宜忌○	備註
27	五虛	五虛忌：修倉庫、開倉庫出貨財。　與天德月德天德合月德合六合併則不忌【天赦不得與五虛併，天願必是六合故不言而已在其中】。	協記辨方書卷五義例三47，卷十宜忌59
28	八風、觸水龍	八風忌：取魚、乘船渡水。　與天德月德天德合月德合六合併則不忌【天赦不得與八風併】。 觸水龍忌：取魚、乘船渡水。　與德合天願併猶忌【觸水龍無天赦日】。	協記辨方書卷五義例三48，卷十宜忌60，卷十宜忌66
29	寶日、義日、制日、專日、伐日	寶日、義日、制日宜：行軍。　伐日忌：攻討征伐出軍掠地。　專日忌：出軍。 寶日、義日、制日與吉神併宜安撫邊境、選將訓兵、出師。 專日、伐日忌：安撫邊境、選將訓兵、出師。與德合赦願併猶忌。	協記辨方書卷五義例三51，卷十宜忌25，卷十宜忌66
30	八專	八專忌：安撫邊境、選將訓兵、出師、結婚姻、納采問名、嫁娶。　與德合併猶忌。　與天願併止忌安撫邊境、選將訓兵、出師、餘不忌。	協記辨方書卷五義例三53，卷十宜忌65
31	無祿日	無祿日：止註祭祀、解除、沐浴、整容、剃頭、整手足甲、掃舍宇、修飾垣牆、平治道塗、破屋壞垣、伐木、餘事不註。	協記辨方書卷五義例三54，卷十宜忌67
32	復日、重日	復日、重日忌：破土、安葬、啟攢。　與天德月德天德合月德合天赦六合併則不忌亦不註宜【天願必是六合故不言而已在其中】。　復日又宜裁製。	協記辨方書卷五義例三61，卷十宜忌64
33	五合	五合宜：宴會、結婚姻、立券交易。見義例。	協記辨方書卷五義例三56，卷十宜忌25
34	五離【除神】	五離【除神】忌：慶賜賞賀、宴會、結婚姻、納采問名、立券交易。　與天德月德天德合月德合天赦三合六合併則不忌。	協記辨方書卷五義例三56，卷十宜忌65
35	解神	解神宜：上表章、陳詞訟、解除、沐浴、整容、剃頭、整手足甲、求醫療病。	協記辨方書卷五義例三59，卷十宜忌24
36	鳴吠	鳴吠宜破土、安葬。	協記辨方書卷五義例三63，卷十宜忌26
37	鳴吠對	鳴吠對宜：破土、啟攢。見義例。	協記辨方書卷五義例三64，卷十宜忌26
38	三合	三合宜：慶賜賞賀、宴會、結婚姻、納采問名、嫁娶、進人口、裁製、修宮室、繕城郭、興造動土、豎柱上梁、修倉庫、經絡、醞釀、立券交易、納財、安碓磑、納畜。	協記辨方書卷六義例四4，卷十宜忌14
39	臨日	臨日宜：上冊進表章【上冊受封上表章同】、上官赴任、臨政親民、陳詞訟。	協記辨方書卷六義例四6，卷十宜忌15

序	神煞名稱	用事宜忌○	備註
40	驛馬【天后】	驛馬宜：行幸遣使、般移。與天恩併宜頒詔、宣政事，與月恩、四相、時德併宜詔命公卿招賢，又為天后宜求醫療病。	協記辨方書卷六義例四8，卷十宜忌16
41	劫煞	劫煞忌：祈福、求嗣、上冊進表章【上冊受封上表章同】、頒詔、施恩封拜【襲爵受封同】、詔命公卿招賢、舉正直、宣布政事、慶賜賞賀、宴會、冠帶、行幸遣使、安撫邊境、選將訓兵、出師、上官赴任、臨政親民、結婚姻、納采問名、嫁娶、進人口、般移、安床、解除、整容、剃頭、整手足甲、求醫療病、裁製、營建宮室、修宮室、繕城郭、築堤防、興造動土、豎柱上梁、修倉庫、鼓鑄、經絡、醞釀、開市、立券交易、納財、	協記辨方書卷六義例四11，卷十宜忌38
42	劫煞【續】	開倉庫出貨財、修置產室、開渠穿井、安碓磑、補垣塞穴、修飾垣牆、破屋壞垣、栽種、牧養、納畜、破土、安葬、啟攢。　止不忌祭祀、覃恩肆赦、施恩惠恤孤惸、行惠愛雪冤枉緩刑獄、入學、沐浴、掃舍宇、平治道塗、伐木、捕捉、畋獵、取魚。	協記辨方書卷六義例四11，卷十宜忌38
43	災煞【天火、天獄】	災煞忌：祈福、求嗣、上冊進表章【上冊受封上表章同】、頒詔、施恩封拜【襲爵受封同】、詔命公卿招賢、舉正直、宣布政事、慶賜賞賀、宴會、冠帶、行幸遣使、安撫邊境、選將訓兵、出師、上官赴任、臨政親民、結婚姻、納采問名、嫁娶、進人口、般移、安床、解除、整容、剃頭、整手足甲、求醫療病、裁製、營建宮室、修宮室、繕城郭、築堤防、興造動土、豎柱上梁、修倉庫、鼓鑄、經絡、醞釀、開市、立券交易、納財、	協記辨方書卷六義例四12，卷十宜忌40，忌同劫煞
44	災煞【天火、天獄】【續】	開倉庫出貨財、修置產室、開渠穿井、安碓磑、補垣塞穴、修飾垣牆、破屋壞垣、栽種、牧養、納畜、破土、安葬、啟攢。　止不忌祭祀、覃恩肆赦、施恩惠恤孤惸、行惠愛雪冤枉緩刑獄、入學、沐浴、掃舍宇、平治道塗、伐木、捕捉、畋獵、取魚。　天獄忌：獻封章興詞訟赴任征討。　天火忌：苫蓋築壘垣牆振旅興師會親娶婦。	協記辨方書卷六義例四12，卷十宜忌40，忌同劫煞
45	月煞【月虛】	月煞忌：祈福、求嗣、上冊進表章【上冊受封上表章同】、頒詔、施恩封拜【襲爵受封同】、詔命公卿招賢、舉正直、宣布政事、慶賜賞賀、宴會、冠帶、行幸遣使、安撫邊境、選將訓兵、出師、上官赴任、臨政親民、結婚姻、納采問名、嫁娶、進人口、般移、安床、解除、整容、剃頭、整手足甲、求醫療病、裁製、營建宮室、修宮室、繕城郭、築堤防、興造動土、豎柱上梁、修倉庫、鼓鑄、經絡、醞釀、開市、立券交易、納財、	協記辨方書卷六義例四16，卷十宜忌41，忌同劫煞
46	月煞【月虛】【續】	開倉庫出貨財、修置產室、開渠穿井、安碓磑、補垣塞穴、修飾垣牆、破屋壞垣、栽種、牧養、納畜、破土、安葬、啟攢。　止不忌祭祀、覃恩肆赦、施恩惠恤孤惸、行惠愛雪冤枉緩刑獄、入學、沐浴、掃舍宇、平治道塗、伐木、捕捉、畋獵、取魚。　月虛忌：開倉庫出財物結婚出行。	協記辨方書卷六義例四16，卷十宜忌41，忌同劫煞
47	月刑	月刑忌：祈福、求嗣、上冊進表章【上冊受封上表章同】、頒詔施恩封拜【襲爵受封同】、詔命公卿招賢、舉正直、宣布政事、慶賜賞賀、宴會、冠帶、行幸遣使、安撫邊境、選將訓兵、出師、上官赴任、臨政親民、結婚姻、納采問名、嫁娶、進人口、般移、安床、解除、整容、剃頭、整手足甲、求醫療病、裁製、營建宮室、修宮室、繕城郭、築堤防、興造動土、豎柱上梁、修倉庫、鼓鑄、經絡、醞釀、開市、立券交易、納財、	協記辨方書卷六義例四17，卷十宜忌43，忌同劫煞
48	月刑【續】	開倉庫出貨財、修置產室、開渠穿井、安碓磑、補垣塞穴、修飾垣牆、破屋壞垣、栽種、牧養、納畜、破土、安葬、啟攢。　止不忌祭祀、覃恩肆赦、施恩惠恤孤惸、行惠愛雪冤枉緩刑獄、入學、沐浴、掃舍宇、平治道塗、伐木、捕捉、畋獵、取魚。	協記辨方書卷六義例四17，卷十宜忌43，忌同劫煞
49	月害	月害忌：祈福、求嗣、上冊進表章【上冊受封上表章同】、慶賜賞賀、宴會、安撫邊境、選將訓兵、出師、結婚姻、納采問名、嫁娶、進人口、求醫療病、修倉庫、經絡、醞釀、開市、立券交易、納財、開倉庫出貨財、修置產室、牧養、納畜、破土、安葬、啟攢。	協記辨方書卷六義例四18，卷十宜忌45，忌同劫煞
50	大時【大敗、咸池】	大時忌：祈福、求嗣、上冊進表章【上冊受封上表章同】、施恩封拜【襲爵受封同】、詔命公卿招賢、舉正直、冠帶、行幸遣使、安撫邊境、選將訓兵、出師、上官赴任、臨政親民、結婚姻、納采問名、嫁娶、進人口、般移、安床、解除、求醫療病、營建宮室、修宮室、繕城郭、築堤防、興造動土、豎柱上梁、修倉庫、開市、立券交易、納財、開倉庫出貨財、修置產室、栽種、牧養、納畜。　又為咸池忌取魚、。乘船渡水	協記辨方書卷六義例四20，卷十宜忌52
51	遊禍	遊禍忌：祈福、求嗣、解除、求醫療病。　與德合天赦併猶忌【天願不得與遊禍併】。	協記辨方書卷六義例四22，卷十宜忌53
52	天吏【致死】	天吏【致死】忌：祈福、求嗣、上冊進表章【上冊受封上表章同】、施恩封拜【襲爵受封同】、詔命公卿招賢、舉正直、冠帶、行幸遣使、安撫邊境、選將訓兵、出師、上官赴任、臨政親民、結婚姻、納采問名、嫁娶、進人口、般移、安床、解除、求醫療病、營建宮室、修宮室、繕城郭、築堤防、興造動土、豎柱上梁、修倉庫、開市、立券交易、納財、開倉庫出貨財、修置產室、栽種、牧養、納畜。	協記辨方書卷六義例四24，卷十宜忌54

序	神煞名稱	用事宜忌○	備註
53	六合【無翹】	六合宜：宴會、結婚姻、嫁娶、進人口、經絡、醞釀、立券交易、納財、納畜、安葬。與月恩、四相、時德併宜修倉庫。	協記辨方書卷六義例四26，卷十宜忌22
54	兵吉	兵吉宜：安撫邊境、選將訓兵、出師。見義例。	協記辨方書卷六義例四28，卷十宜忌22
55	五富	五富宜：經絡、醞釀、開市、立券交易、納財、開倉庫出貨財、栽種、牧養、納畜。與月恩、四相、時德併宜修倉庫。	協記辨方書卷六義例四30，卷十宜忌23
56	天倉	天倉宜：進人口、納財、納畜。與月恩、四相、開日併宜修倉庫【時德不得與天倉併】。	協記辨方書卷六義例四32，卷十宜忌23
57	天賊	天賊忌：行幸遣使、修倉庫、開倉庫出貨財。　與德合併猶忌【天赦天願不得與天賊併】。	協記辨方書卷六義例四36，卷十宜忌56
58	要安、敬安	要安宜：安神。九神所宜見義例。　要安宜：安撫邊境修茸城隍。　敬安宜：睦親族叙尊卑納禮儀行慶賜。　要安言徼福於鬼神也，敬安安神位之日也。	協記辨方書卷六義例四35，卷十宜忌24
59	玉宇、金堂	玉宇、金堂宜：修祠宇。九神所宜見義例。　玉宇宜：修宮闕繕亭臺結婚姻會賓客。金堂宜：營建宮室興造修築。　金堂玉宇神所居也，修祠立廟之類用之，內神以金堂，外神以玉宇。	協記辨方書卷六義例四36，卷十宜忌24
60	普護、福生、聖心	普護、福生、聖心宜：祭祀、祈福。九神所宜見義例。　普護宜：祭祀禱祠尋醫避病。　福生宜：祈福求恩祀神致祭。　聖心宜：上表章行恩澤營百事。　普護福生聖心泛禱之日也。	協記辨方書卷六義例四39，卷十宜忌24
61	益後、續世【血忌】	益後續世【血忌】宜：祭祀、祈福、求嗣。九神所宜見義例。　益後宜：造宅舍築垣墻行嫁娶安產室。　續世宜：結婚姻睦親族祀神祇求嗣續。　益後續世世祠高禖之日也。	協記辨方書卷六義例四43，卷十宜忌24
62	血忌	血忌忌：針刺。　與德合赦願併猶忌。	協記辨方書卷六義例四44，卷十宜忌63
63	陽德	陽德宜：施恩惠恤孤惸、行惠愛雪寃枉緩刑獄。	協記辨方書卷六義例四48，卷十宜忌13
64	陰德	陰德宜：施恩惠恤孤惸、行惠愛雪寃枉緩刑獄。	協記辨方書卷六義例四49，卷十宜忌13
65	天馬	天馬宜：行幸遣使般移，與天恩併宜頒詔、宣政事，與月恩、四相、時德併宜詔命公卿招賢。	協記辨方書卷六義例四51，卷十宜忌16

序	神煞名稱	用事宜忌〇	備註
66	兵禁	兵禁忌：安撫邊境、選將訓兵、出師。　與德合赦願併猶忌。	協記辨方書卷六義例四52，卷十宜忌62
67	土符、地囊	土符、地囊忌：營建宮室、修宮室、繕城郭、築堤防、興造動土、修倉庫、修置產室、開渠穿井、安碓磑、補垣、修飾垣牆、平治道塗、破屋壞垣、栽種、破土。　與德合赦願併猶忌。	協記辨方書卷六義例四54，卷十宜忌62
68	大煞	大煞忌：安撫邊境、選將訓兵、出師。　與德合併猶忌【赦願不得與大煞併】。	協記辨方書卷六義例四61，卷十宜忌62
69	歸忌	歸忌忌：般移、遠迴。　與德合赦願併猶忌。	協記辨方書卷六義例四63，卷十宜忌63
70	往亡、氣往亡	往亡氣往亡忌：上冊進表章【上冊受封上表章同】、頒詔、詔命公卿招賢、宣政事、行幸遣使、安撫邊境、選將訓兵、出師、上官赴任、臨政親民、嫁娶、進人口、般移、求醫療病、捕捉、畋獵、取魚。　與德合赦願併猶忌。	協記辨方書卷六義例四65，卷十宜忌63
71	上朔、四離、四絕、晦日	上朔、四離、四絕、晦日：止不忌祭祀、解除、沐浴、整容、剃頭、整手足甲、補垣塞穴、掃舍宇、修飾垣牆、平治道塗、破屋壞垣、伐木、餘事皆忌。與德合赦願併猶忌。 四離忌：出行征伐。　四絕忌：出軍遠行。 註：四立前一日四絕。二分二至前一日四離。	協記辨方書卷六義例四70，卷十宜忌69
72	反支	反支忌：上冊進表章【上冊受封上表章同】、陳詞訟。　與德合赦願併猶忌。	協記辨方書卷六義例四72，卷十宜忌68
73	建日【兵福、小時、土府】	建日【兵福、小時、土府】宜：施恩封拜【襲爵受封同】、詔命公卿招賢、舉正直、行幸遣使、上官赴任、臨政親民。與天恩併宜頒詔、宣政事。又為兵福宜安撫邊境、選將訓兵、出師。	協記辨方書卷四義例二9，卷十宜忌17
74	除日【吉期、兵寶】	除日【吉期、兵寶】宜解除、沐浴、整容、剃頭、整手足甲、求醫療病、掃舍宇。又為吉期宜施恩封拜【襲爵受封同】、舉正直、行幸遣使、上官赴任、臨政親民。十月與天馬併宜詔命公卿招賢【驛馬不得與吉期併】。又為兵寶宜安撫邊境、選將訓兵、出師。	協記辨方書卷四義例二12，卷十宜忌17
75	滿日【天巫、福德】	滿日【天巫、福德】宜進人口、裁製、修倉庫、經絡、開市、立券交易、納財、開倉庫出貨財、補垣塞穴。又為天巫宜祭祀、祈福。又為福德宜上冊進表章【上冊受封上表章同】、慶賜賞賀、宴會、修宮室、繕城郭。	協記辨方書卷四義例二13，卷十宜忌18
76	平日【陽月天罡、陰月河魁、死神】	平日【陽月天罡、陰月河魁、死神】宜修飾垣牆、平治道塗。義取諸平。	協記辨方書卷四義例二17，卷十宜忌18
77	定日【時陰、官符、死氣】	定日【時陰、官符、死氣】宜冠帶，又為時陰宜運謀算畫計策。	協記辨方書卷四義例二21，卷十宜忌19
78	執日【枝德、小耗】	執日【枝德小耗】宜：捕捉。霜降後立春前宜畋獵，雨水後立夏前宜取魚。義取諸執且順時也。	協記辨方書卷四義例二24，卷十宜忌19

序	神煞名稱	用事宜忌○	備註
79	破日【大耗】	破日【大耗】宜求醫療病、破屋壞垣。義取諸破。	協記辨方書卷四義例二26，卷十宜忌19
80	危日	危日宜安撫邊境、選將訓兵、安床。立冬後立春前宜伐木，霜降後立春前宜畋獵，雨水後立夏前宜取魚。	協記辨方書卷四義例二27，卷十宜忌19
81	成日【天醫、天喜】	成日【天醫天喜】宜入學、安撫邊境、般移、築堤防、開市。又為天喜宜施恩封拜【襲爵受封同】、舉正直、慶賜賞賀、宴會、行幸遣使、上官赴任、臨政親民、結婚姻、納采問名、嫁娶。五月與天馬併宜詔命公卿招賢【驛馬不得與天喜併】。又為天醫宜求醫療病。	協記辨方書卷四義例二28，卷十宜忌20
82	收日	收日宜：進人口、納財、捕捉、納畜。霜降後立春前宜畋獵。雨水後立夏前宜取魚。與月恩、四相、時德併宜修倉庫。	協記辨方書卷四義例二30，卷十宜忌21
83	開日【時陽、生氣】	開日【時陽生氣】宜：祭祀、祈福、求嗣、上冊進表章【上冊受封上表章同】、頒詔、覃恩肆赦、施恩封拜【襲爵受封同】、詔命公卿招賢、舉正直、施恩惠恤孤惸、宣政事、行惠愛雪冤枉緩刑獄、慶賜賞賀、宴會、入學、行幸遣使、上官赴任、臨政親民、般移、解除、求醫療病、裁製、修宮室、繕城郭、興造動土、豎柱上梁、開市、修置產室、開渠穿井、安碓磑、栽種、牧養。	協記辨方書卷四義例二31，卷十宜忌21
84	閉日【血支】	閉日【血支】宜築堤防、補垣塞穴。義取諸閉。	協記辨方書卷四義例二34，卷十宜忌22
85	月建【小時、土府】	月建【小時土府】忌：祈福、求嗣、上冊進表章【上冊受封上表章同】、結婚姻、納采問名、解除、整容、剃頭、整手足甲、求醫療病、營建宮室、修宮室、繕城郭、興造動土、豎柱上梁、修倉庫、開倉庫出貨財、修置產室、破屋壞垣、伐木、栽種、破土、安葬、啟攢。正月建日又忌出師。又為土府專忌營建宮室、修宮室、繕城郭、築隄防、興造動土、修倉庫、修置產室、開渠穿井、安碓磑、補垣、修飾垣牆、平治道塗、破屋壞垣栽種、破土。	協記辨方書卷四義例二43，卷十宜忌26
86	月建【小時、土府】【續】	與天德、月德、天德合、月德合、天赦、月恩、四相併止忌營建宮室、修宮室、繕城郭、築隄防、興造動土、修倉庫、修置產室、開渠穿井、安碓磑、補垣、修飾垣牆、平治道塗、破屋壞垣、伐木、栽種、破土。未月己未日為陽錯不作德合論。子午月值月厭、辰午酉亥月值月刑從刑論。二月己卯、三月戊辰、四月己巳、五月戊午、八月己酉、九月戊戌、十月己亥、十一月戊子為陰陽小會。三月庚辰、九月甲戌為陰位諸事皆忌。	協記辨方書卷四義例二43，卷十宜忌26
87	月厭【地火】	月厭【地火】忌：祈福、求嗣、上冊進表章【上冊受封上表章同】、頒詔、施恩封拜【襲爵受封同】、詔命公卿招賢、舉正直、宣布政事、慶賜賞賀、宴會、冠帶、行幸遣使、安撫邊境、選將訓兵、出師、上官赴任、臨政親民、結婚姻、納采問名、嫁娶、進人口、般移、安床、解除、整容、剃頭、整手足甲、求醫療病、裁製、營建宮室、修宮室、繕城郭、築堤防、興造動土、豎柱上梁、修倉庫、鼓鑄、經絡、醞釀、開市、立券交易、納財、	協記辨方書卷四義例二45，卷十宜忌46，忌比劫煞還多
88	月厭【地火】【續】	開倉庫出貨財、修置產室、開渠穿井、安碓磑、補垣塞穴、修飾垣牆、平治道塗、破屋壞垣、伐木、栽種、牧養、納畜、破土、安葬、啟攢。　止不忌祭祀、覃恩肆赦、施恩惠恤孤惸、行惠愛雪冤枉緩刑獄、入學、沐浴、掃舍宇、捕捉、畋獵、取魚。　又為地火忌栽種、修築園圃。	協記辨方書卷四義例二45，卷十宜忌46，忌比劫煞還多
89	厭對【招搖】	厭對忌：嫁娶。　又為招搖忌取魚、乘船渡水。　與天德月德天德合月德合天赦併則不忌【天願不得與對併】、子午月與月破併則尤忌。	協記辨方書卷四義例二50，卷十宜忌51
90	六儀、厭對、招搖	六儀宜：臨政親民【視事臨官】見義例。　厭對忌：嫁娶。 招搖即六儀，六儀即天罡陰建之衝也，咸池五行沐浴之地也【見八風觸水龍條下】。	協記辨方書卷四義例二50，卷十宜忌23
91	不將	不將宜：嫁娶。見義例。	協記辨方書卷四義例二52，卷十宜忌23

序	神煞名稱	用事宜忌○	備註
92	陰陽大會、陰陽小會	曹震圭曰：以上諸日雖遇天德月德玉堂生氣黃道吉星亦不可用，集正所謂陰陽不足之辰是也，忌興造嫁娶上官赴任入宅遷移出行交易合藥問病百事不宜。	協記卷六義例四54
93	行狠、了戾、孤辰	曹震圭曰：以上諸日雖遇天德月德玉堂生氣黃道吉星亦不可用，集正所謂陰陽不足之辰是也，忌興造嫁娶上官赴任入宅遷移出行交易合藥問病百事不宜。	協記卷六義例四58
94	單陰、純陰、孤陽、純陽	曹震圭曰：以上諸日雖遇天德月德玉堂生氣黃道吉星亦不可用，集正所謂陰陽不足之辰是也，忌興造嫁娶上官赴任入宅遷移出行交易合藥問病百事不宜。	協記卷六義例四59
95	歲薄、逐陣	曹震圭曰：以上諸日雖遇天德月德玉堂生氣黃道吉星亦不可用，集正所謂陰陽不足之辰是也，忌興造嫁娶上官赴任入宅遷移出行交易合藥問病百事不宜。	協記卷六義例四60
96	陰陽交破、陰陽擊衝	曹震圭曰：以上諸日雖遇天德月德玉堂生氣黃道吉星亦不可用，集正所謂陰陽不足之辰是也，忌興造嫁娶上官赴任入宅遷移出行交易合藥問病百事不宜。	協記卷六義例四61
97	陽破陰衝、陰道衝陽、陰位三陰	曹震圭曰：以上諸日雖遇天德月德玉堂生氣黃道吉星亦不可用，集正所謂陰陽不足之辰是也，忌興造嫁娶上官赴任入宅遷移出行交易合藥問病百事不宜。	協記卷六義例四62
98	陽錯、陰錯	曹震圭曰：以上諸日雖遇天德月德玉堂生氣黃道吉星亦不可用，集正所謂陰陽不足之辰是也，忌興造嫁娶上官赴任入宅遷移出行交易合藥問病百事不宜。	協記卷六義例四63
99	陰陽俱錯	曹震圭曰：以上諸日雖遇天德月德玉堂生氣黃道吉星亦不可用，集正所謂陰陽不足之辰是也，忌興造嫁娶上官赴任入宅遷移出行交易合藥問病百事不宜。	協記卷六義例四64
100	青龍、明堂、金匱、寶光、玉堂、司命	青龍、明堂、金匱、寶光、玉堂、司命，與吉神併則從所宜與凶神併則從所忌。	協記辨方書卷七義例五3，卷十宜忌25
101	天刑、朱雀、白虎、天牢、元武、勾陳	天刑、朱雀、白虎、天牢、元武、勾陳，與凶神併則從所忌與吉神併則從所宜。	協記辨方書卷七義例五3，卷十宜忌67
102	除神	除神宜：解除、沐浴、整容、剃頭、整手足甲、求醫療病、掃舍宇。義名除日。	協記辨方書卷五義例三56，卷十宜忌25
103	月破【大耗】	月破【大耗】忌：祈福、求嗣、上冊進表章【上冊受封上表章同】、頒詔、施恩封拜【襲爵受封同】、詔命公卿招賢、舉正直、宣布政事、慶賜賞賀、宴會、冠帶、行幸遣使、安撫邊境、選將訓兵、出師、上官赴任、臨政親民、結婚姻、納采問名、嫁娶、進人口、般移、安床、整容、剃頭、整手足甲、裁製、營建宮室、修宮室、繕城郭、築堤防、興造動土、豎柱上梁、修倉庫、鼓鑄、經絡、醞釀、開市、立券交易、納財、開倉庫出貨財、修置產	協記辨方書卷四義例二26，卷十宜忌28
104	月破【大耗】【續】	室、開渠穿井、安碓磑、補垣塞穴、修飾垣牆、伐木、栽種、牧養、納畜、破土、安葬、啟攢。　又為大耗忌修倉庫、開市、立券交易、納財、開倉庫出貨財。　與天德、月德、天德合、月德合合併【天赦天願不得與月破併】猶忌之。止不忌覃恩肆赦、施恩惠恤孤惸、行惠愛雪冤枉緩刑獄、入學、解除、沐浴、求醫療病、掃舍宇、平治道塗、破屋壞垣、捕捉、畋獵、取魚。	協記辨方書卷四義例二26，卷十宜忌28

序	神煞名稱	用事宜忌○	備註
105	平日【死神】	平日【死神】忌：祈福、求嗣、上冊進表章【上冊受封上表章同】、頒詔、施恩封拜【襲爵受封同】、詔命公卿招賢、舉正直、宣布政事、慶賜賞賀、宴會、冠帶、行幸遣使、安撫邊境、選將訓兵、出師、上官赴任、臨政親民、結婚姻、納采問名、嫁娶、進人口、般移、安床、解除、求醫療病、裁製、營建宮室、修宮室、繕城郭、築堤防、興造動土、豎柱上梁、修倉庫、鼓鑄、經絡、醞釀、開市、立券交易、納財、開倉庫出貨財、修置產室、開渠穿井、	協記辨方書卷四義例二17，卷十宜忌31
106	平日【死神】【續】	栽種、牧養、納畜、破土、安葬、啟攢。　止不忌祭祀、覃恩肆赦、施恩惠恤孤惸、行惠愛雪冤枉緩刑獄、入學、沐浴、整容、剃頭、整手足甲、安碓磑、補垣塞穴、掃舍宇、修飾垣牆、平治道塗、破屋壞垣、伐木、捕捉、畋獵、取魚。　又為死神忌安撫邊境、選將訓兵、出師、進人口、解除、求醫療病、修置產室、栽種、牧養、納畜。	協記辨方書卷四義例二17，卷十宜忌31
107	收日	收日忌：祈福、求嗣、上冊進表章【上冊受封上表章同】、頒詔、施恩封拜【襲爵受封同】、詔命公卿招賢、舉正直、宣布政事、慶賜賞賀、宴會、冠帶、行幸、遣使、安撫邊境、選將訓兵、出師、上官赴任、臨政親民、結婚姻、納采問名、嫁娶、般移、安床、解除、求醫療病、裁製、營建宮室、修宮室、繕城郭、築堤防、興造動土、豎柱上梁、鼓鑄、經絡、醞釀、開市、立券交易、納財、開倉庫出貨財、修置產室、開渠穿井、破土	協記辨方書卷四義例二30，卷十宜忌34
108	收日【續】	、安葬、啟攢。　止不忌祭祀、覃恩肆赦、施恩惠恤孤惸、行惠愛雪冤枉緩刑獄、入學、進人口、沐浴、整容、剃頭、整手足甲、修倉庫、納財、安碓磑、補垣塞穴、掃舍宇、修飾垣牆、平治道塗、破屋壞垣、伐木、捕捉、畋獵、取魚、栽種、牧養、納畜。	協記辨方書卷四義例二30，卷十宜忌34
109	滿日【天狗】	滿日【天狗】忌：施恩封拜【襲爵受封同】、詔命公卿招賢、舉正直、上官赴任、臨政親民、結婚姻、納采問名、求醫療病。寅申月值守日、子午卯酉月值相日與月德天德合月德合月恩四相併則不忌。辰戌丑未月值災煞從災煞論。巳亥月值月厭從月厭論。　申月又為天狗忌祭祀與德合併猶忌。	協記辨方書卷四義例二15，卷十宜忌36
110	閉日【血支】	閉日【血支】忌：上冊進表章【上冊受封上表章同】、頒詔、施恩封拜【襲爵受封同】、詔命公卿招賢、舉正直、宣布政事、慶賜賞賀、宴會、行幸遣使、出師、上官赴任、臨政親民、結婚姻、納采問名、嫁娶、進人口、般移、安床、求醫療目、營建宮室、修宮室、興造動土、豎柱上梁、開市、開倉庫出貨財、修置產室、開渠穿井。　又為血支專忌針刺。	協記辨方書卷四義例二34，卷十宜忌37
111	死氣	死氣忌：安撫邊境、選將訓兵、出師、解除、求醫療病、修置產室、栽種。　與天德月德天德合月德合併【天赦天願不得與死氣併】止忌安撫邊境、選將訓兵、出師、解除、求醫療病餘不忌。辰戌月值月厭雖與德合併猶忌。	協記辨方書卷四義例二21，卷十宜忌55
112	小耗	小耗忌：修倉庫、開市、立券交易、納財、開倉庫出貨財。　與天德月德天德合月德合併則不忌。　子午卯酉月值劫煞雖與德合併猶忌。	協記辨方書卷四義例二24，卷十宜忌56
113	亥、子日	亥、子日宜：沐浴。取水旺也。	協記辨方書卷十宜忌二十六
114	午、申日	午、申日：立冬後立夏前宜伐木。午木死、申木絕也。以上所宜。	協記辨方書卷十宜忌二十六
115	冬至、夏至、春分、秋分	冬至、夏至、春分、秋分：不註上冊進表章【上冊受封上表章同】、慶賜賞賀、宴會、行幸遣使、安撫邊境、選將訓兵、出師、上官赴任、臨政親民、結婚姻、納采問名、嫁娶、進人口、般移、開市、立券交易、捕捉、畋獵、取魚。　冬至日又不註伐木。	協記辨方書卷十宜忌六十九
116	土王用事	土王用事忌：營建宮室、修宮室、繕城郭、築堤防、興造動土、修倉庫、修置產室、開渠穿井、安碓磑、補垣、修飾垣牆、平治道塗、破屋壞垣、栽種、破土。 註：四立前十八日土王用事。	協記辨方書卷一本原一31，卷十宜忌70
117	伏社	伏社忌：沐浴。	協記辨方書卷十宜忌七十

序	神煞名稱	用事宜忌〇	備註
118	朔、弦、望	朔、弦、望忌：求醫療病。	協記辨方書卷十宜忌七十
119	月忌日	月忌日止註祭祀、宴會、沐浴、整容、剃頭、整手足甲、求醫療病、補垣、掃舍宇、修飾垣牆、平治道塗、破屋壞垣，餘事不註。	協記辨方書卷六義例四74，卷十宜忌71
120	十五日	十五日忌：求醫療病。	協記辨方書卷十宜忌七十一
121	人神所在日	人神所在日：十二日在髮際，十五日在偏身忌剃頭，一日在足大指，六日在手，十九日在足，二十一日在手小指，二十三日在肝及足忌整手足甲。	協記辨方書卷三十五附錄11，卷十宜忌71
122	長星、短星	長星短星忌：進人口、裁製、經絡、開市、立券交易、納財、納畜。	協記辨方書卷三十五附錄13，卷十宜忌71
123	百忌日	百忌日：甲日忌開倉庫出貨財，乙日忌栽種，丁日忌剃頭，庚日忌經絡，辛日忌醞釀，壬日忌開渠，丑日忌冠帶，寅日忌祭祀，卯日忌穿井，巳日忌出行，午日忌苫蓋，未日忌求醫療病，申日忌安床，酉日忌宴會，亥日忌嫁娶。	協記辨方書卷三十五附錄17，卷十宜忌72
124	鋪註條例一	凡鋪註萬年書通書依用事次第察其所宜忌之日，於某日下註宜某事，某日下註忌某事，次按宜忌較量其吉凶之輕重，以定去取。 凡宜宣政事布政事之日止註宜宣政事。 凡宜營建宮室修宮室之日止註宜營建宮室。 凡吉足勝凶從宜不忌者如遇德猶忌之事則仍註忌。	協記辨方書卷十宜忌七十三
125	鋪註條例二	凡吉凶相抵不註宜亦不註忌者如遇德猶忌之事則仍註忌。 凡德合赦願月恩四相時德等日不註忌進人口安床經絡醞釀開市立卷交易納財開倉庫出貨財如遇德猶忌及從忌不從宜之日則仍註忌。 凡天狗寅日祭祀不註宜求福祈嗣。 凡卯日忌穿井不註宜開渠壬日忌開渠不註宜穿井。	
126	鋪註條例三	凡巳日忌出行不註宜出師遣使。 凡酉日忌宴會不註宜慶賜賞慶。 凡丁日忌剃頭亦不註宜整容。 凡吉凶相抵不註忌祈福亦不註記求嗣。 凡忌詔命公卿招賢不註宜施恩封拜舉正直襲爵受封。	
127	鋪註條例四	凡忌施恩封拜舉正直襲爵受封亦不註宜詔命公卿招賢。 凡宜宣政事之日遇往亡則改宣為布。 凡月厭忌行幸上官不註宜頒詔施恩封拜詔命公卿招賢舉正直遇宣政事之日則改宣為布。 凡吉凶相抵不註忌結婚姻亦不註忌冠帶納采問名嫁娶進人口如遇德猶忌之日則仍註忌。 凡吉凶相抵不註忌般移亦不註忌安床不註忌安床亦不註忌般移如遇德猶忌之日則仍註忌。	
128	鋪註條例五	凡吉凶相抵不註忌修造動土豎柱上梁亦不註忌修宮室繕城郭築隄防修倉庫鼓鑄苫蓋修置產室開渠穿井安碓磑補垣塞穴修飾垣牆平治道塗破屋壞垣如遇德猶忌之日則仍註忌。 凡吉凶相抵不註忌開市亦不註忌立券交易納財不註忌納財亦不註忌開市立券交易不註忌立券交易亦不註忌開市納財。 凡吉凶相抵不註忌開市立券交易亦不註忌開倉庫出貨財如遇專忌之日則仍註忌。	
129	鋪註條例五	凡吉凶相抵不註忌牧養亦不註忌納畜不註忌納畜亦不註忌牧養。 凡吉凶相抵有宜安葬不註忌啟攢有宜啟攢不註忌安葬。 凡土府土符土囊止註忌補垣亦不註宜塞穴。凡開日不註宜破土安葬啟攢亦不註忌遇忌則註。 凡四忌四窮止忌安葬如遇鳴吠鳴吠對亦不註宜破土啟攢。 凡天吏大時不以死敗論者遇四廢歲薄逐陣仍以死敗論。	
130	鋪註條例五	凡歲薄逐陣日所宜事服月厭所忌則仍從本日。 二月甲戌四月丙申六月甲子七月戊申八月庚辰九月辛卯十月甲子十二月甲子德合與赦願所會之辰諸事不忌。	

十二月月表增補資料

月	建寅	宜修造吉方	宜取土吉方	忌修造取土方	增補神煞	土王用事	日躔	月紫白九星
正月	甲己年建丙寅 乙庚年建戊寅 丙辛年建庚寅 丁壬年建壬寅 戊癸年建甲寅	立春正月節天道南行，宜向南行宜修造南方。	天德在丁，天德合在壬，月德在丙，月德合在辛，月空在壬，宜修造取土。	月建在寅，月破在申，月厭在戌，月刑在巳，月害在巳，劫煞在亥，災煞在子，月煞在丑，忌修造取土。	立春前一日四絕，後七日往亡。初七日長星，二十一日短星。		雨水正月中，日躔在亥宮為正月將，宜用甲丙庚壬時。	孟年二黑入中宮，仲年八白入中宮，季年五黃入中宮。
二月	甲己年建丁卯 乙庚年建己卯 丙辛年建辛卯 丁壬年建癸卯 戊癸年建乙卯	驚蟄二月節天道西南行，宜向西南行宜修造西南維。	天德在坤，月德在甲，月德合在己，月空在庚，宜修造取土。	月建在卯，月破在酉，月厭在酉，月刑在子，月害在辰，劫煞在申，災煞在酉，月煞在戌，忌修造取土。	驚蟄後十四日往亡，春分前一日四離。初四日長星，十九日短星。		春分二月中，日躔在戌宮為二月將，宜用艮巽坤乾時。	孟年一白入中宮，仲年七赤入中宮，季年四綠入中宮。
三月	甲己年建戊辰 乙庚年建庚辰 丙辛年建壬辰 丁壬年建甲辰 戊癸年建丙辰	清明三月節天道北行，宜向北行宜修造北方。	天德在壬，天德合在丁，月德在壬，月德合在丁，月空在丙，宜修造取土。	月建在辰，月破在戌，月厭在申，月刑在辰，月害在卯，劫煞在巳，災煞在午，月煞在未，忌修造取土。	清明後二十一日往亡。初一日長星，十六日短星。	立夏前十八日土王用事，土王用事後忌修造動土，巳午日添母倉。	穀雨三月中，日躔在酉宮為三月將，宜用癸乙丁辛時。	孟年九紫入中宮，仲年六白入中宮，季年三碧入中宮。
四月	甲己年建己巳 乙庚年建辛巳 丙辛年建癸巳 丁壬年建乙巳 戊癸年建丁巳	立夏四月節天道西行，宜向西行宜修造西方。	天德在辛，天德合在丙，月德在庚，月德合在乙，月空在甲，宜修造取土。	月建在巳，月破在亥，月厭在未，月刑在申，月害在寅，劫煞在寅，災煞在卯，月煞在辰，忌修造取土。	立夏前一日四絕，後八日往亡。初九日長星，二十五日短星。		小滿四月中，日躔在申宮為四月將，宜用甲丙庚壬時。	孟年八白入中宮，仲年五黃入中宮，季年二黑入中宮。
五月	甲己年建庚午 乙庚年建壬午 丙辛年建甲午 丁壬年建丙午 戊癸年建戊午	芒種五月節天道西北行，宜向西北行宜修造西北維。	天德在乾，月德在丙，月德合在辛，月空在壬，宜修造取土。	月建在午，月破在子，月厭在午，月刑在午，月害在丑，劫煞在亥，災煞在子，月煞在丑，忌修造取土。	芒種後十六日往亡，夏至前一日四離。十五日長星，二十五日短星。		夏至五月中，日躔在未宮為五月將，宜用艮巽坤乾時。	孟年七赤入中宮，仲年四綠入中宮，季年一白入中宮。
六月	甲己年建辛未 乙庚年建癸未 丙辛年建乙未 丁壬年建丁未 戊癸年建己未	小暑六月節天道東行，宜向東行宜修造東方。	天德在甲，天德合在己，月德在甲，月德合在己，月空在庚，宜修造取土。	月建在未，月破在丑，月厭在巳，月刑在丑，月害在子，劫煞在申，災煞在酉，月煞在戌，忌修造取土。	小暑後二十四日往亡。初十日長星，二十日短星。	立秋前十八日土王用事，土王用事後忌修造動土，巳午日添母倉。	大暑六月中，日躔在午宮為六月將，宜用癸乙丁辛時。	孟年六白入中宮，仲年三碧入中宮，季年九紫入中宮。
七月	甲己年建壬申 乙庚年建甲申 丙辛年建丙申 丁壬年建戊申 戊癸年建庚申	立秋七月節天道北行，宜向北行宜修造北方。	天德在癸，天德合在戊，月德在壬，月德合在丁，月空在丙，宜修造取土。	月建在申，月破在寅，月厭在辰，月刑在寅，月害在亥，劫煞在巳，災煞在午，月煞在未，忌修造取土。	立秋前一日四絕，後九日往亡。初八日長星，二十二日短星。		處暑七月中，日躔在巳宮為七月將，宜用甲丙庚壬時。	孟年五黃入中宮，仲年二黑入中宮，季年八白入中宮。
八月	甲己年建癸酉 乙庚年建乙酉 丙辛年建丁酉 丁壬年建己酉 戊癸年建辛酉	白露八月節天道東北行，宜向東北行宜修造東北維。	天德在艮，月德在庚，月德合在乙，月空在甲，宜修造取土。	月建在酉，月破在卯，月厭在卯，月刑在酉，月害在戌，劫煞在寅，災煞在卯，月煞在辰，忌修造取土。	白露後十八日往亡，秋分前一日四離。二日五日長星，十八日十九日		秋分八月中，日躔在辰宮為八月將，宜用艮巽坤乾時。	孟年四綠入中宮，仲年一白入中宮，季年七赤入中宮。
九月	甲己年建甲戌 乙庚年建丙戌 丙辛年建戊戌 丁壬年建庚戌 戊癸年建壬戌	寒露九月節天道南行，宜向南行宜修造南方。	天德在丙，天德合在辛，月德在丙，月德合在辛，月空在壬，宜修造取土。	月建在戌，月破在辰，月厭在寅，月刑在未，月害在酉，劫煞在亥，災煞在子，月煞在丑，忌修造取土。	寒露後二十七日往亡。三日四日長星，十六日十七日短星。	立冬前十八日土王用事，土王用事後忌修造動土，巳午日添母倉。	霜降九月中，日躔在卯宮為九月將，宜用癸乙丁辛時。	孟年三碧入中宮，仲年九紫入中宮，季年六白入中宮。
十月	甲己年建乙亥 乙庚年建丁亥 丙辛年建己亥 丁壬年建辛亥 戊癸年建癸亥	立冬十月節天道東行，宜向東行宜修造東方。	天德在乙，天德合在庚，月德在甲，月德合在己，月空在庚，宜修造取土。	月建在亥，月破在巳，月厭在丑，月刑在亥，月害在申，劫煞在申，災煞在酉，月煞在戌，忌修造取土。	立冬前一日四絕，後十日往亡。初一日長星，十四日短星。		小雪十月中，日躔在寅宮為十月將，宜用甲丙庚壬時。	孟年二黑入中宮，仲年八白入中宮，季年五黃入中宮。
十一月	甲己年建丙子 乙庚年建戊子 丙辛年建庚子 丁壬年建壬子 戊癸年建甲子	大雪十一月節天道東南行，宜向東南行宜修造東南維。	天德在巽，月德在壬，月德合在丁，月空在丙，宜修造取土。	月建在子，月破在午，月厭在子，月刑在卯，月害在未，劫煞在巳，災煞在午，月煞在未，忌修造取土。	大雪後二十日往亡，冬至前一日四離。十二日長星，二十二日短星。		冬至十一月中，日躔在丑宮為十一月將，宜用艮巽坤乾時。	孟年一白入中宮，仲年七赤入中宮，季年四綠入中宮。
十二月	甲己年建丁丑 乙庚年建己丑 丙辛年建辛丑 丁壬年建癸丑 戊癸年建乙丑	小寒十二月節天道西行，宜向西行宜修造西方。	天德在庚，天德合在乙，月德在庚，月德合在乙，月空在甲，宜修造取土。	月建在丑，月破在未，月厭在亥，月刑在戌，月害在午，劫煞在寅，災煞在卯，月煞在辰，忌修造取土。	小寒後三十日往亡。初九日長星，二十五日短星。	立春前十八日土王用事，土王用事後忌修造動土，巳午日添母倉。	大寒十二月中，日躔在子宮為十二月將，宜用癸乙丁辛時。	孟年九紫入中宮，仲年六白入中宮，季年三碧入中宮。

編號	日干支	協記每日時辰		附記
1	甲子	●甲子時【金匱日建】 ○丙寅時【日祿喜神福星日馬白虎】 ※戊辰時【天牢】 ◎庚午時【司命日破不遇】 ◎壬申時【青龍路空】 ※甲戌時【天刑旬空】	●乙丑時【天德天乙日合】 ◎丁卯時【玉堂日刑】 ※己巳時【元武】 ※辛未時【天乙勾陳日害】 ◎癸酉時【明堂天官路空】 ※乙亥時【朱雀旬空】	甲子日　支生干義日大吉 甲不開倉子不問卜 戊癸年二八月凶 天恩吉日神在吉日 青帝生 喜神正南貴神西南鶴神巳方神煞東遊
2	乙丑	○丙子時【天乙日合天刑】 ●戊寅時【金匱】 ※庚辰時【白虎】 ※壬午時【天牢路空日害】 ●甲申時【司命天乙天官】 ◎丙戌時【青龍喜神日刑旬空】	○丁丑時【福星日建朱雀】 ●己卯時【天德日祿】 ◎辛巳時【玉堂不遇】 ※癸未時【元武路空日破】 ※乙酉時【勾陳】 ◎丁亥時【明堂福星日馬旬空】	乙丑日　干剋支制日平 乙不栽種丑不冠帶 辰戌丑未月玉皇值日 天恩吉日神在吉日 地啞日 喜神西北貴神西南鶴神巳方神煞東遊
3	丙寅	●戊子時【青龍天官福星】 ※庚寅時【日建天刑】 ◎壬辰時【金匱不遇路空】 ※甲午時【白虎】 ※丙申時【喜神日馬天牢日破】 ◎戊戌時【司命福星旬空】	●己丑時【明堂】 ※辛卯時【朱雀】 ◎癸巳時【天德日祿路空日害日刑】 ●乙未時【玉堂】 ※丁酉時【天乙元武】 ※己亥時【天乙日合勾陳旬空】	丙寅日　支生干義日吉 丙不作灶寅不祭祀 子午卯酉月玉皇值日辰戌丑未月天皇 值日年月凶　天恩吉日 陰陽合天聾日 喜神西南貴神西南鶴神丙方神煞東遊
4	丁卯	◎庚子時【司命日刑】 ◎壬寅時【青龍路空】 ※甲辰時【天刑日害】 ●丙午時【金匱日祿喜神】 ※戊申時【白虎】 ※庚戌時【日合天牢旬空】	※辛丑時【勾陳】 ◎癸卯時【明堂日建不遇路空】 ※乙巳時【日馬朱雀】 ●丁未時【天德】 ◎己酉時【玉堂天乙福星日破】 ※辛亥時【天乙天官元武旬空】	丁卯日　支生干義日吉 丁不剃頭卯不穿井 寅申巳亥月玉皇值日子午卯酉月天皇 值日甲己年五三月凶天恩吉日神在吉 日　陰陽合地啞日 喜神正南貴神西南鶴神丙午神煞東遊
5	戊辰	※壬子時【天牢路空】 ◎甲寅時【司命日馬不遇】 ◎丙辰時【青龍喜神日建日刑】 ※戊午時【天刑】 ●庚申時【金匱福星】 ※壬戌時【白虎路空日破旬空】	※癸丑時【天乙元武路空】 ※乙卯時【天官勾陳日害】 ●丁巳時【明堂日祿】 ※己未時【天乙朱雀】 ●辛酉時【天德日合】 ◎癸亥時【玉堂路空旬空】	戊辰日　干支同專日吉 戊不受田辰不哭泣 寅申巳亥月天皇值日吉 甲己年丑未月凶　天恩吉日神在吉日 天聾日 喜神東南貴神正南鶴神正南神煞東遊
6	己巳	※甲子時【天乙白虎】 ※丙寅時【喜神天官天牢日害】 ●戊辰時【司命】 ●庚午時【青龍日祿】 ※壬申時【天乙日合天刑路空日刑】 ◎甲戌時【金匱旬空】	◎乙丑時【玉堂不遇】 ※丁卯時【元武】 ※己巳時【日建勾陳】 ●辛未時【明堂福星】 ※癸酉時【朱雀路空】 ◎乙亥時【天德日馬不遇日破旬空】	己巳日　支生干義日吉 己不破卷巳不出行 辰戌丑未月紫微值日吉 甲己年正七月凶 喜神東北　貴神西南　鶴神午丁
7	庚午	◎丙子時【金匱不遇日破】 ※戊寅時【日馬白虎】 ※庚辰時【天牢】 ◎壬午時【司命天官福星日建路空日刑】 ●甲申時【青龍祿馬】 ※丙戌時【喜神天刑不遇旬空】	◎丁丑時【天德天乙日害】 ●己卯時【玉堂】 ※辛巳時【元武】 ※癸未時【天乙日合勾陳路空】 ●乙酉時【明堂】 ※丁亥時【朱雀旬空】	庚午日　支剋干伐日凶 庚不經絡午不苫蓋 子午卯酉月紫微值日吉　甲己年二八 月凶 喜神西北　貴神西南　鶴神丁方
8	辛未	※戊子時【天刑日害】 ●庚寅時【金匱天乙】 ※壬辰時【白虎路空】 ○甲午時【天乙日合天牢】 ●丙申時【司命喜神】 ◎戊戌時【青龍旬空】	※己丑時【朱雀日破日刑】 ●辛卯時【天德】 ◎癸巳時【玉堂天官福星日馬路空】 ※乙未時【日建元武】 ※丁酉時【日祿勾陳不遇】 ◎己亥時【明堂旬空】	辛未日　支生干義日吉 辛不醞釀未不求醫療病 寅申巳亥月紫微值日吉　甲己年三九 月凶 大明神在吉日 喜神西南　貴神西北　鶴神未方
9	壬申	●庚子時【青龍】 ※壬寅時【日馬天刑路空日破日刑】 ●甲辰時【金匱福星】 ※丙午時【喜神白虎】 ※戊申時【日建天牢不遇】 ◎庚戌時【司命旬空】	●辛丑時【明堂天官】 ※癸卯時【天乙朱雀路空】 ●乙巳時【天德天乙日合】 ●丁未時【玉堂天官】 ※己酉時【元武】 ※辛亥時【日祿勾陳日害旬空】	壬申日　支生干義日大吉 壬不開渠申不安床 甲己年四十月凶 大明神在吉日　地虎不食日 喜神正南　貴神東南　鶴神未方
10	癸酉	◎壬子時【司命日祿路空】 ●甲寅時【青龍】 ○丙辰時【喜神天官日合天刑】 ●戊午時【金匱】 ※庚申時【白虎】 ※壬戌時【天官天牢路空日害旬空】	※癸丑時【勾陳路空】 ◎乙卯時【明堂天乙福星日破】 ※丁巳時【天乙朱雀】 ◎己未時【天德不遇】 ◎辛酉時【玉堂日建日刑】 ※癸亥時【日馬元武路空旬空】	癸酉日　支生干義日大吉 癸不詞訟酉不宴會 甲己年五十一月凶 大明神在吉日　地虎不食日 喜神東南　貴神正北　鶴神西南

編號	日干支	協記每日時辰		附記
11	甲戌	※甲子時【天牢】 ●丙寅時【司命日祿喜神福星】 ◎戊辰時【青龍日破】 ※庚午時【天刑不遇】 ◎壬申時【金匱日馬路空旬空】 ※甲戌時【日建白虎】	※乙丑時【天乙元武】 ※丁卯時【日合勾陳】 ●己巳時【明堂】 ※辛未時【天乙朱雀日刑】 ◎癸酉時【天德天官路空日害旬空】 ●乙亥時【玉堂】	甲戌日　干剋支制日中平 甲不開倉戌不食犬 辰戌丑未月玉皇值日吉　甲己年未丑 月凶 神在吉日 喜神東北　貴神西北　鶴神坤方
12	乙亥	※丙子時【天乙白虎】 ※戊寅時【日合天牢】 ●庚辰時【司命】 ◎壬午時【青龍路空】 ※甲申時【天乙天官天刑日害旬空】 ●丙戌時【金匱喜神】	●丁丑時【玉堂福星】 ※己卯時【日祿元武】 ※辛巳時【日馬勾陳不遇日破】 ◎癸未時【明堂路空】 ※乙酉時【朱雀旬空】 ◎丁亥時【天德福星日建日刑】	乙亥日　支生干義日大吉 乙不栽種亥不嫁娶 子午卯酉月玉皇值日 辰戌丑未月天皇值日 甲己年寅申巳亥月凶 喜神西北　貴神西北　鶴神申方
13	丙子	●戊子時【金匱天官福星日建】 ※庚寅時【日馬白虎】 ※壬辰時【天牢不遇路空】 ◎甲午時【司命日破】 ◎丙申時【青龍喜神旬空】 ※戊戌時【福星天刑】	●己丑時【天德日合】 ◎辛卯時【玉堂日刑】 ※癸巳時【日祿元武路空】 ※乙未時【勾陳日害】 ◎丁酉時【明堂天乙旬空】 ※己亥時【天乙朱雀】	丙子日　支剋干伐日凶 丙不作灶子不問卜 寅申巳亥月玉皇值日 子午卯酉月天皇值日　甲年卯酉月凶 天聾日 喜神西南貴神西北鶴神申方神煞南遊
14	丁丑	※庚子時【日合天刑】 ◎壬寅時【金匱路空】 ※甲辰時【白虎】 ※丙午時【日祿喜神天牢日害】 ◎戊申時【司命旬空】 ◎庚戌時【青龍日刑】	※辛丑時【日建朱雀】 ◎癸卯時【天德不遇路空】 ●乙巳時【玉堂】 ※丁未時【元武日破】 ※己酉時【天乙福星勾陳旬空】 ●辛亥時【明堂天乙天官日馬】	丁丑日　干生支寶日上吉 丁不剃頭丑不冠帶 寅申巳亥月天皇值日 甲己年辰戌月凶 喜神西南貴神西北鶴神庚方神煞南遊
15	戊寅	◎壬子時【青龍路空】 ※甲寅時【日建天刑不遇】 ●丙辰時【金匱喜神】 ※戊午時【白虎】 ※庚申時【福星日馬天牢日破旬空】 ◎壬戌時【司命路空】	◎癸丑時【明堂天乙路空】 ※乙卯時【天官朱雀】 ◎丁巳時【天德日祿日害日刑】 ●己未時【玉堂天乙】 ※辛酉時【元武旬空】 ※癸亥時【日合勾陳路空】	戊寅日　支剋干伐日凶 戊不受田寅不祭祀 辰戌丑未月紫微值日 乙庚年己亥月凶 人民合 喜神東南貴神正北鶴神庚酉神煞南遊
16	己卯	◎甲子時【司命天乙日刑】 ●丙寅時【青龍喜神天官】 ※戊辰時【天刑日害】 ●庚午時【金匱日祿】 ※壬申時【天乙白虎路空旬空】 ※甲戌時【日合天牢】	※乙丑時【勾陳不遇】 ●丁卯時【明堂日建】 ※己巳時【日馬朱雀】 ●辛未時【天德福星】 ◎癸酉時【玉堂路空日破旬空】 ※乙亥時【元武不遇】	己卯日　支剋干伐日凶 己不破卷卯不穿井 子午卯酉月紫微值日 乙庚年午未月凶 天恩吉日大明神在吉日人民合地啞日 喜神東北貴神正南鶴神正北神煞南遊
17	庚辰	※丙子時【天牢不遇】 ●戊寅時【司命日馬】 ◎庚辰時【青龍日建日刑】 ※壬午時【天官福星天刑路空】 ◎甲申時【金匱日祿旬空】 ※丙戌時【喜神白虎不遇日破】	※丁丑時【天乙元武】 ※己卯時【勾陳日害】 ●辛巳時【明堂】 ※癸未時【天乙朱雀路空】 ◎乙酉時【天德日合旬空】 ●丁亥時【玉堂】	庚辰日　支生干義日上吉 庚不經絡辰不哭泣 寅申巳亥月紫微值日 乙庚年丑未月凶 天恩吉日神在吉日 喜神西北貴神正北鶴神酉辛神煞南遊
18	辛巳	※戊子時【白虎】 ※庚寅時【天乙天牢日害】 ◎壬辰時【司命路空】 ●甲午時【青龍天乙】 ※丙申時【喜神日合天刑日刑旬空】 ●戊戌時【金匱】	●己丑時【玉堂】 ※辛卯時【元武】 ○癸巳時【天官福星日建勾陳路空】 ●乙未時【明堂】 ※丁酉時【日祿朱雀不遇旬空】 ◎己亥時【天德日馬日破】	辛巳日　支剋干伐日凶 辛不醞釀巳不出行 乙庚年寅申月凶 天恩吉日 地啞日 喜神西南　貴神西北　鶴神辛方
19	壬午	◎庚子時【金匱日破】 ※壬寅時【白虎路空】 ※甲辰時【福星天牢】 ◎丙午時【司命喜神日建日刑】 ◎戊申時【青龍日馬不遇旬空】 ※庚戌時【天刑】	◎辛丑時【天德天官日害】 ◎癸卯時【玉堂天乙路空】 ※乙巳時【天乙元武】 ○丁未時【天官日合勾陳】 ◎己酉時【明堂旬空】 ※辛亥時【日祿朱雀】	壬午日　干剋支制日平 壬不開渠午不苦蓋 乙庚年卯酉月凶 天恩吉日大明神在吉日　地虎不食日 喜神正南　貴神正南　鶴神戌方
20	癸未	※壬子時【日祿天刑路空日害】 ●甲寅時【金匱】 ○丙辰時【喜神天官白虎】 ※戊午時【日合天牢】 ◎庚申時【司命旬空】 ◎壬戌時【青龍天官路空】	※癸丑時【朱雀路空日破日刑】 ●乙卯時【天德天乙福星】 ●丁巳時【玉堂天乙日馬】 ※己未時【日建元武不遇】 ※辛酉時【勾陳旬空】 ◎癸亥時【明堂路空】	癸未日　支剋干伐日凶 癸不詞訟未不求醫療病 辰戌丑未月玉皇值日 乙庚年辰戌月凶 天恩吉日 喜神東南　貴神正東　鶴神戌方

編號	日干支	協記每日時辰		附記
21	甲申	●甲子時【青龍】 ○丙寅時【日祿喜神福星日馬天刑日破日刑】 ●戊辰時【金匱】 ※庚午時【白虎不遇旬空】 ※壬申時【日建天牢路空】 ●甲戌時【司命】	●乙丑時【明堂天乙】 ※丁卯時【朱雀】 ●己巳時【天德日合】 ◎辛未時【玉堂天乙旬空】 ※癸酉時【天官元武路空】 ※乙亥時【勾陳日害】	甲申日　支剋干伐日凶 甲不開倉申不安床 子午卯酉月玉皇值日 辰戌丑未月天皇值日乙庚年己亥月凶 大明神在吉日地虎不食日喜神東北 貴神東北　鶴神乾方
22	乙酉	●丙子時【司命天乙】 ●戊寅時【青龍】 ※庚辰時【日合天刑】 ◎壬午時【金匱路空旬空】 ○甲申時【天乙天官白虎】 ※丙戌時【喜神天牢日害】	※丁丑時【福星勾陳】 ◎己卯時【明堂日祿日破】 ※辛巳時【天乙朱雀不遇】 ◎癸未時【天德路空旬空】 ◎乙酉時【玉堂日建日刑】 ○丁亥時【福星日馬元武】	乙酉日　支剋干伐日凶 乙不栽種酉不宴會 寅申巳亥月玉皇值日 子午卯酉月天皇值日乙庚年子午月凶 神在吉日　地虎不食日 喜神西北　貴神西南　鶴神乾方
23	丙戌	○戊子時【天官福星天牢】 ●庚寅時【司命】 ◎壬辰時【青龍不遇路空日破】 ※甲午時【天刑旬空】 ●丙申時【金匱喜神日馬】 ○戊戌時【福星日建白虎】	※己丑時【元武】 ※辛卯時【日合勾陳】 ◎癸巳時【明堂日祿路空】 ※乙未時【朱雀日刑旬空】 ◎丁酉時【天德天乙日害】 ●己亥時【玉堂天乙】	丙戌日　干生支寶日上吉 丙不作灶戌不食犬 寅申巳亥月天皇值日 乙庚年丑未月凶 神在吉日 喜神西南　貴神西北　鶴神亥方
24	丁亥	※庚子時【白虎】 ※壬寅時【日合天牢路空】 ●甲辰時【司命】 ◎丙午時【青龍日祿喜神旬空】 ※戊申時【天刑日害】 ●庚戌時【金匱】	●辛丑時【玉堂】 ※癸卯時【元武不遇路空】 ※乙巳時【日馬勾陳日破】 ◎丁未時【明堂旬空】 ○己酉時【天乙福星朱雀】 ◎辛亥時【天德天乙天官日建日刑】	丁亥日　支剋干伐日凶 丁不剃頭亥不嫁娶 辰戌丑未月紫微值日 乙庚年寅申月凶 大明神在吉日 喜神正南　貴神東南　鶴神亥方
25	戊子	◎壬子時【金匱日建路空】 ※甲寅時【日馬白虎不遇】 ※丙辰時【喜神天牢】 ◎戊午時【司命日破旬空】 ●庚申時【青龍福星】 ※壬戌時【天刑路空】	◎癸丑時【天德天乙日合路空】 ◎乙卯時【玉堂天官日刑】 ※丁巳時【日祿元武】 ※己未時【天乙勾陳日害旬空】 ●辛酉時【明堂】 ※癸亥時【朱雀路空】	戊子日　干剋支制日中平 戊不受田子不問卜 子午卯酉月紫微值日 乙庚年卯酉月凶 神在吉日　黃帝生　　喜神東南 貴神東北　鶴神壬方　神煞遊中宮
26	己丑	○甲子時【天乙日合天刑】 ●丙寅時【金匱喜神天官】 ※戊辰時【白虎】 ※庚午時【日祿天牢日害旬空】 ◎壬申時【司命天乙路空】 ◎甲戌時【青龍日刑】	※乙丑時【日建朱雀不遇】 ●丁卯時【天德】 ●己巳時【玉堂】 ※辛未時【福星元武日破旬空】 ※癸酉時【勾陳路空】 ◎乙亥時【明堂日馬不遇】	己丑日　干支同專日大吉 己不破卷丑不冠帶 寅申巳亥月紫微值日 乙庚年辰戌月凶 神在吉日　　喜神東北 貴神西南　鶴神壬子　神煞遊中宮
27	庚寅	◎丙子時【青龍不遇】 ※戊寅時【日建天刑】 ●庚辰時【金匱】 ※壬午時【天官福星白虎路空旬空】 ※甲申時【祿馬天牢日破】 ◎丙戌時【司命喜神不遇】	●丁丑時【明堂天乙】 ※己卯時【朱雀】 ◎辛巳時【天德日害日刑】 ◎癸未時【玉堂天乙路空旬空】 ※乙酉時【元武】 ※丁亥時【日合勾陳】	庚寅日　干剋支制日中平 庚不經絡寅不祭祀 丙辛年己亥月凶 金石合 喜神西北　貴神正東　鶴神正北 神煞遊中宮
28	辛卯	◎戊子時【司命日刑】 ●庚寅時【青龍天乙】 ※壬辰時【天刑路空日害】 ◎甲午時【金匱天乙旬空】 ※丙申時【喜神白虎】 ※戊戌時【日合天牢】	※己丑時【勾陳】 ●辛卯時【明堂日建】 ○癸巳時【天官福星日馬朱雀路空】 ◎乙未時【天德旬空】 ◎丁酉時【玉堂日祿不遇日破】 ※己亥時【元武】	辛卯日　干剋支制日中平 辛不醞釀卯不穿井 丙辛年午月中凶 神在吉日　金石合 喜神西南　貴神西北　鶴神子癸 神煞遊中宮
29	壬辰	※庚子時【天牢】 ◎壬寅時【司命日馬路空】 ◎甲辰時【青龍福星日建日刑】 ※丙午時【喜神天刑旬空】 ◎戊申時【金匱不遇】 ※庚戌時【白虎日破】	※辛丑時【天官元武】 ※癸卯時【天乙勾陳路空日害】 ●乙巳時【明堂天乙】 ※丁未時【天官朱雀旬空】 ●己酉時【天德日合】 ●辛亥時【玉堂日祿】	壬辰日　支剋干伐日凶 壬不開渠辰不哭泣 辰戌丑未月玉皇值日丙辛年丑未月凶 大明吉日　白帝生　地虎不食日 喜神正南　貴神正南　鶴神癸方 神煞遊中宮
30	癸巳	※壬子時【日祿白虎路空】 ※甲寅時【天牢日害】 ●丙辰時【司命喜神天官】 ◎戊午時【青龍旬空】 ※庚申時【日合天刑日刑】 ◎壬戌時【金匱天官路空】	◎癸丑時【玉堂路空】 ○乙卯時【天乙福星元武】 ○丁巳時【天乙日建勾陳】 ◎己未時【明堂不遇旬空】 ※辛酉時【朱雀】 ◎癸亥時【天德日馬路空日破】	癸巳日　干剋支制日中平 癸不詞訟巳不出行 子午卯酉月玉皇值日 辰戌丑未月天皇值日 丙辛年寅申月凶 喜神東南　貴神正南　鶴神上天

編號	日干支	協記每日時辰		附記
31	甲午	◎甲子時【金匱日破】 ○丙寅時【日祿喜神福星白虎】 ※戊辰時【天牢旬空】 ◎庚午時【司命日建不遇日刑】 ◎壬申時【青龍日馬路空】 ※甲戌時【天刑】	◎乙丑時【天德天乙日害】 ●丁卯時【玉堂】 ※己巳時【元武旬空】 ○辛未時【天乙日合勾陳】 ◎癸酉時【明堂天官路空】 ※乙亥時【朱雀】	甲午日　干生支寶日上吉 甲不開倉午不苫蓋 寅申巳亥月玉皇值日 子午卯酉月天皇值日丙辛年卯酉月凶 神在吉日 喜神東北　貴神東北　鶴神上天
32	乙未	※丙子時【天乙天刑日害】 ●戊寅時【金匱】 ※庚辰時【白虎旬空】 ※壬午時【日合天牢路空】 ●甲申時【司命天乙天官】 ●丙戌時【青龍喜神】	※丁丑時【福星朱雀日破日刑】 ●己卯時【天德日祿】 ◎辛巳時【玉堂日馬不遇旬空】 ※癸未時【日建元武路空】 ※乙酉時【勾陳】 ●丁亥時【明堂福星】	乙未日　干剋支制日平 乙不栽種未不求醫療病 寅申巳亥月天皇值日 丙辛年辰戌月凶 大明吉日　地啞日 喜神西北　貴神西北　鶴神上天
33	丙申	●戊子時【青龍天官福星】 ※庚寅時【日馬天刑日破日刑】 ◎壬辰時【金匱不遇路空旬空】 ※甲午時【白虎】 ○丙申時【喜神日建天牢】 ●戊戌時【司命福星】	●己丑時【明堂】 ※辛卯時【朱雀】 ◎癸巳時【天德日祿日合路空旬空】 ●乙未時【玉堂】 ※丁酉時【天乙元武】 ※己亥時【天乙勾陳日害】	丙申日　干剋支制日中平 丙不作灶申不安床 辰戌丑未月紫微值日 丙辛年巳亥月凶 神在吉日　天聾日 喜神西南　貴神西北　鶴神上天
34	丁酉	●庚子時【司命】 ◎壬寅時【青龍路空】 ※甲辰時【日合天刑旬空】 ●丙午時【金匱日祿喜神】 ※戊申時【白虎】 ※庚戌時【天牢日害】	※辛丑時【勾陳】 ◎癸卯時【明堂不遇路空日破】 ※乙巳時【朱雀旬空】 ●丁未時【天德】 ◎己酉時【玉堂天乙福星日建日刑】 ○辛亥時【天乙天官日馬元武】	丁酉日　干剋支制日中平 丁不剃頭酉不宴會 子午卯酉月紫微值日 丙辛年子午月凶 神在吉日　地虎不食日　地啞日 喜神正南　貴神西北　鶴神上天
35	戊戌	※壬子時【天牢路空】 ◎甲寅時【司命不遇】 ◎丙辰時【青龍喜神日破旬空】 ※戊午時【天刑】 ●庚申時【金匱福星日馬】 ※壬戌時【日建白虎路士空】	※癸丑時【天乙元武路空】 ○乙卯時【天官日合勾陳】 ◎丁巳時【明堂日祿旬空】 ※己未時【天乙朱雀日刑】 ◎辛酉時【天德日害】 ◎癸亥時【玉堂路空】	戊戌日　干支同專日大吉 戊不受田戌不食犬 寅申巳亥月紫微值日 丙辛年丑未月凶 喜神東南　貴神正北　鶴神上天
36	己亥	※甲子時【天乙白虎】 ○丙寅時【喜神天官日合天牢】 ◎戊辰時【司命旬空】 ●庚午時【青龍日祿】 ※壬申時【天乙天刑路空日害】 ●甲戌時【金匱】	◎乙丑時【玉堂不遇】 ※丁卯時【元武】 ※己巳時【日馬勾陳日破旬空】 ●辛未時【明堂福星】 ※癸酉時【朱雀路空】 ◎乙亥時【天德日建不遇日刑】	己亥日　干剋支制日中平 己不破卷亥不嫁娶 丙辛年寅申月凶 地啞日 喜神東北　貴神西北　鶴神上天
37	庚子	◎丙子時【金匱日建不遇】 ※戊寅時【日馬白虎】 ※庚辰時【天牢旬空】 ◎壬午時【司命天官福星路空日破】 ●甲申時【青龍日祿】 ※丙戌時【喜神天刑不遇】	●丁丑時【天德天乙日合】 ◎己卯時【玉堂日刑】 ※辛巳時【元武旬空】 ※癸未時【天乙勾陳路空日害】 ●乙酉時【明堂】 ※丁亥時【朱雀】	庚子日　干生支寶日上吉 庚不經絡子不問卜 丙辛年卯酉月凶 天聾日 喜神西北　貴神正北　鶴神上天 神煞西遊
38	辛丑	※戊子時【日合天刑】 ●庚寅時【金匱天乙】 ※壬辰時【白虎路空旬空】 ※甲午時【天乙天牢日害】 ●丙申時【司命喜神】 ◎戊戌時【青龍日刑】	※己丑時【日建朱雀】 ●辛卯時【天德】 ◎癸巳時【玉堂天官福星路空旬空】 ※乙未時【元武日破】 ※丁酉時【日祿勾陳不遇】 ●己亥時【明堂日馬】	辛丑日　支生干義日上吉 辛不醞釀丑不冠帶 辰戌丑未月玉皇值日 丙辛年辰戌月凶 地啞日 喜神西南貴神東北鶴神上天神煞西遊
39	壬寅	●庚子時【青龍】 ※壬寅時【日建天刑路空】 ◎甲辰時【金匱福星旬空】 ※丙午時【喜神白虎】 ※戊申時【日馬天牢不遇日破】 ●庚戌時【司命】	●辛丑時【明堂天官】 ※癸卯時【天乙朱雀路空】 ◎乙巳時【天德天乙日害日刑旬空】 ●丁未時【玉堂天官】 ※己酉時【元武】 ○辛亥時【日祿日合勾陳】	壬寅日　干生支寶日上吉 壬不開渠寅不祭祀 子午卯酉月玉皇值日 辰戌丑未月天皇值日丁壬年巳亥月凶 大明吉日　江河合 喜神正南貴神東北鶴神上天神煞西遊
40	癸卯	◎壬子時【司命日祿路空日刑】 ●甲寅時【青龍】 ※丙辰時【喜神天官天刑日害旬空】 ●戊午時【金匱】 ※庚申時【白虎】 ※壬戌時【天官日合天牢路空】	※癸丑時【勾陳路空】 ●乙卯時【明堂天乙福星日建】 ※丁巳時【天乙日馬朱雀旬空】 ◎己未時【天德不遇】 ◎辛酉時【玉堂日破】 ※癸亥時【元武路空】	癸卯日　干生支寶日上吉 癸不詞訟卯不穿井 寅申巳亥月玉皇值日 辰戌丑未月天皇值日　丁年子午月凶 江河合 喜神東南貴神東南鶴神上天神煞西遊

編號	日干支	協記每日時辰		附記
41	甲辰	※甲子時【天牢】 ◎丙寅時【司命日祿喜神福星日馬旬空】 ◎戊辰時【青龍日建日刑】 ※庚午時【天刑不遇】 ◎壬申時【金匱路空】 ※甲戌時【白虎日破】	※乙丑時【天乙元武】 ※丁卯時【勾陳日害旬空】 ●己巳時【明堂】 ※辛未時【天乙朱雀】 ◎癸酉時【天德天官日合路空】 ●乙亥時【玉堂】	甲辰日　干剋支制日中平 甲不開倉辰不哭泣 寅申巳亥月玉皇值日 丁壬年未丑月凶 大明吉日　赤帝生　地虎不食日 喜神東北貴神正北鶴神上天神煞西遊
42	乙巳	※丙子時【天乙白虎】 ※戊寅時【天牢日害旬空】 ●庚辰時【司命】 ◎壬午時【青龍路空】 ○甲申時【天乙天官日合天刑日刑】 ●丙戌時【金匱喜神】	●丁丑時【玉堂福星】 ※己卯時【日祿元武旬空】 ※辛巳時【日建勾陳不遇】 ◎癸未時【明堂路空】 ※乙酉時【朱雀】 ◎丁亥時【天德福星日馬日破】	乙巳日　干生支寶日上吉 乙不栽種巳不出行 辰戌丑未月紫微值日 丁壬年寅申月凶 大明吉日 喜神西北　貴神正北　鶴神上天
43	丙午	◎戊子時【金匱天官福星日破】 ※庚寅時【白虎旬空】 ※壬辰時【天牢不遇路空】 ◎甲午時【司命日建日刑】 ●丙申時【青龍喜神日馬】 ※戊戌時【福星天刑】	◎己丑時【天德日害】 ◎辛卯時【玉堂旬空】 ※癸巳時【日祿元武路空】 ※乙未時【日合勾陳】 ●丁酉時【明堂天乙】 ※己亥時【天乙朱雀】	丙午日　干支同專日吉 丙不作灶午不苫蓋 子午卯酉月紫微值日 丁壬年卯酉月凶 大明神在吉日　地虎不食日 喜神西南　貴神西北　鶴神上天
44	丁未	※庚子時【天刑日害】 ◎壬寅時【金匱路空旬空】 ※甲辰時【白虎】 ○丙午時【日祿喜神日合天牢】 ●戊申時【司命】 ●庚戌時【青龍】	※辛丑時【朱雀日破日刑】 ◎癸卯時【天德不遇路空旬空】 ●乙巳時【玉堂日馬】 ※丁未時【日建元武】 ○己酉時【天乙福星勾陳】 ●辛亥時【明堂天乙天官】	丁未日　干生支寶日吉 丁不剃頭未不求醫療病 寅申巳亥月紫微值日 神在吉日 喜神正南　貴神正北　鶴神上天
45	戊申	◎壬子時【青龍路空】 ※甲寅時【日馬天刑不遇日破日刑旬空】 ●丙辰時【金匱喜神】 ※戊午時【白虎】 ○庚申時【福星日建天牢】 ◎壬戌時【司命路空】	◎癸丑時【明堂天乙路空】 ※乙卯時【天官朱雀旬空】 ●丁巳時【天德日祿日合】 ●己未時【玉堂天乙】 ※辛酉時【元武】 ※癸亥時【勾陳路空日害】	戊申日　干生支寶日上吉 戊不受田申不安床 丁壬年巳亥月凶 神在吉日 喜神東南　貴神正東　鶴神上天
46	己酉	●甲子時【司命天乙】 ◎丙寅時【青龍喜神天官旬空】 ※戊辰時【日合天刑】 ●庚午時【金匱日祿】 ※壬申時【天乙白虎路空】 ※甲戌時【天牢日害】	※乙丑時【勾陳不遇】 ◎丁卯時【明堂日破旬空】 ※己巳時【朱雀】 ●辛未時【天德福星】 ◎癸酉時【玉堂日建路空日刑】 ※乙亥時【日馬元武不遇】	己酉日　干生支寶日上吉 己不破卷酉不宴會 丁壬年子午月凶 天恩吉日大明神在吉日　地虎不食日 喜神東北　貴神正北　鶴神丑方
47	庚戌	※丙子時【天牢不遇】 ◎戊寅時【司命旬空】 ◎庚辰時【青龍日破】 ※壬午時【天官福星天刑路空】 ●甲申時【金匱日祿日馬】 ※丙戌時【喜神日建白虎不遇】	※丁丑時【天乙元武】 ※己卯時【日合勾陳旬空】 ●辛巳時【明堂】 ※癸未時【天乙朱雀路空日刑】 ◎乙酉時【天德日害】 ●丁亥時【玉堂】	庚戌日　支生干義日吉 庚不經絡戌不食犬 辰戌丑未月玉皇值日 丁壬年丑未月凶 天恩吉日大明神在吉日 喜神西北　貴神正南　鶴神丑方
48	辛亥	※戊子時【白虎】 ※庚寅時【天乙日合天牢旬空】 ◎壬辰時【司命路空】 ●甲午時【青龍天乙】 ※丙申時【喜神天刑日害】 ●戊戌時【金匱】	●己丑時【玉堂】 ※辛卯時【元武旬空】 ※癸巳時【天官福星日馬勾陳日破路空】 ●乙未時【明堂】 ※丁酉時【日祿朱雀不遇】 ●己亥時【天德日建】	辛亥日　干生支寶日上吉 辛不醞釀亥不嫁娶 辰戌丑未月天皇值日 子午卯酉月玉皇值日丁壬年寅申月凶 天恩吉日大明吉日地啞日 喜神西南　貴神西北　鶴神艮方
49	壬子	●庚子時【金匱日建】 ※壬寅時【日馬白虎路空旬空】 ※甲辰時【福星天牢】 ◎丙午時【司命喜神日破】 ◎戊申時【青龍不遇】 ※庚戌時【天刑】	●辛丑時【天德天官日合】 ◎癸卯時【玉堂天乙路空日刑旬空】 ※乙巳時【天乙元武】 ※丁未時【天官勾陳日害】 ●己酉時【明堂】 ※辛亥時【日祿朱雀】	壬子日　干支同專日大吉 壬不開渠子不問卜 寅申巳亥月玉皇值日 子午卯酉月玉皇值日丁壬年二八月凶 天恩吉日　黑帝生天聾日 喜神正南貴神東北鶴神艮方神煞北遊
50	癸丑	※壬子時【日祿日合天刑路空】 ◎甲寅時【金匱旬空】 ○丙辰時【喜神天官白虎】 ※戊午時【天牢日害】 ●庚申時【司命】 ◎壬戌時【青龍天官路空日刑】	※癸丑時【日建朱雀路空】 ◎乙卯時【天德天乙福星旬空】 ●丁巳時【玉堂天乙】 ※己未時【元武不遇日破】 ※辛酉時【勾陳】 ◎癸亥時【明堂日馬路空】	癸丑日　支剋干伐日凶 癸不詞訟丑不冠帶 寅申巳亥月天皇值日 丁壬年辰戌月凶 天恩吉日　地啞日 喜神東南貴神東南鶴神寅方神煞北遊

編號	日干支	協記每日時辰		附記
51	甲寅	◎甲子時【青龍旬空】 ○丙寅時【日祿喜神福星日建天刑】 ●戊辰時【金匱】 ※庚午時【白虎不遇】 ※壬申時【日馬天牢路空日破】 ●甲戌時【司命】	◎乙丑時【明堂天乙旬空】 ※丁卯時【朱雀】 ◎己巳時【天德日刑日害】 ●辛未時【玉堂天乙】 ※癸酉時【天乙元武路空】 ※乙亥時【日合勾陳】	甲寅日　干支同專日大吉 甲不開倉寅不祭祀 辰戌丑未月紫微值日 戊癸年己亥月凶 日月合 喜神東北貴神正南鶴神寅方神煞北遊
52	乙卯	◎丙子時【司命天乙日刑旬空】 ●戊寅時【青龍】 ※庚辰時【天刑日害】 ◎壬午時【金匱路空】 ○甲申時【天乙天官白虎】 ○丙戌時【喜神日合天牢】	※丁丑時【福星勾陳旬空】 ●己卯時【明堂日祿日建】 ※辛巳時【日馬朱雀不遇】 ◎癸未時【天德路空】 ◎乙酉時【玉堂日破】 ※丁亥時【福星元武】	乙卯日　干支同專日大吉 乙不栽種卯不穿井 子午卯酉月紫微值日 戊癸年午子月凶 神在吉日　日月合 喜神西北貴神正北鶴神甲方神煞北遊
53	丙辰	※戊子時【天官福星天牢旬空】 ●庚寅時【司命日馬】 ◎壬辰時【青龍日建不遇路空日刑】 ※甲午時【天刑】 ●丙申時【金匱喜神】 ※戊戌時【福星白虎日破】	※己丑時【元武旬空】 ※辛卯時【勾陳日害】 ◎癸巳時【明堂日祿路空】 ※乙未時【朱雀】 ●丁酉時【天德天乙日合】 ●己亥時【玉堂天乙】	丙辰日　干生支寶日上吉 丙不作灶辰不哭泣 寅申巳亥月紫微值日 戊癸年丑未月凶 大明神在吉日　天聾日　地虎不食日 喜神西南貴神正北鶴神甲方神煞北遊
54	丁巳	※庚子時【白虎旬空】 ※壬寅時【天牢路空日害】 ●甲辰時【司命】 ●丙午時【青龍日祿喜神】 ※戊申時【日合天刑日刑】 ●庚戌時【金匱】	◎辛丑時【玉堂旬空】 ※癸卯時【元武不遇路空】 ※乙巳時【日建勾陳】 ●丁未時【明堂】 ○己酉時【天乙福星朱雀】 ◎辛亥時【天德天乙天官日馬日破】	丁巳日　干支同專日大吉 丁不剃頭巳不出行 戊癸年寅申月凶 神在吉日 喜神正南　貴神正東　鶴神正東
55	戊午	◎壬子時【金匱路空日破旬空】 ※甲寅時【白虎不遇】 ※丙辰時【喜神天牢】 ◎戊午時【司命日建日刑】 ●庚申時【青龍福星日馬】 ※壬戌時【天刑路空】	◎癸丑時【天德天乙路空日害旬空】 ●乙卯時【玉堂天官】 ※丁巳時【日祿元武】 ○己未時【天乙日合勾陳】 ●辛酉時【明堂】 ※癸亥時【朱雀路空】	戊午日　支生干義日吉 戊不受田午不苫蓋 戊癸年卯酉月凶 喜神東南　貴神正北　鶴神乙卯
56	己未	※甲子時【天乙天刑日害旬空】 ●丙寅時【金匱喜神天官】 ※戊辰時【白虎】 ○庚午時【日祿日合天牢】 ◎壬申時【司命天乙路空】 ●甲戌時【青龍】	※乙丑時【朱雀不遇日破日刑旬空】 ●丁卯時【天德】 ●己巳時【玉堂日馬】 ○辛未時【福星日建元武】 ※癸酉時【勾陳路空】 ◎乙亥時【明堂不遇】	己未日　干支同專日吉 己不破卷未不求醫療病 辰戌丑未月玉皇值日 戊癸年辰戌月凶 大明神在吉日　地虎不食日 喜神東北　貴神西北　鶴神乙方
57	庚申	◎丙子時【青龍不遇旬空】 ※戊寅時【日馬天刑日破日刑】 ●庚辰時【金匱】 ※壬午時【天官福星白虎路空】 ○甲申時【日祿日建天牢】 ◎丙戌時【司命喜神不遇】	◎丁丑時【明堂天乙旬空】 ※己卯時【朱雀】 ●辛巳時【天德日合】 ◎癸未時【玉堂天乙路空】 ※乙酉時【元武】 ※丁亥時【勾陳日害】	庚申日　干支同專日吉 庚不經絡申不安床 子午卯酉月玉皇值日 辰戌丑未月天皇值日戊癸年己亥月凶 大明吉日　地虎不食日 喜神西北　貴神西北　鶴神辰方
58	辛酉	◎戊子時【司命旬空】 ●庚寅時【青龍天乙】 ※壬辰時【日合天刑路空】 ●甲午時【金匱天乙】 ※丙申時【喜神白虎】 ※戊戌時【天牢日害】	※己丑時【勾陳旬空】 ◎辛卯時【明堂日破】 ※癸巳時【天官福星朱雀路空】 ●乙未時【天德】 ◎丁酉時【玉堂日祿日建不遇日刑】 ※己亥時【日馬元武】	辛酉日　干支同專日吉 辛不醞釀酉不宴會 子午卯酉月天皇值日 戊癸年子午月凶 大明神在吉日　地虎不食日　地啞日 喜神西南　貴神西北　鶴神辰方
59	壬戌	※庚子時【天牢旬空】 ◎壬寅時【司命路空】 ◎甲辰時【青龍福星日破】 ※丙午時【喜神天刑】 ◎戊申時【金匱日馬不遇】 ※庚戌時【日建白虎】	※辛丑時【天官元武旬空】 ※癸卯時【天乙日合勾陳路空】 ●乙巳時【明堂天乙】 ※丁未時【天官朱雀日刑】 ◎己酉時【天德日害】 ●辛亥時【玉堂日祿】	壬戌日　支剋干伐日凶 壬不開渠戌不食犬 寅申巳亥月天皇值日 戊癸年子午月凶 喜神正南　貴神西北　鶴神東南
60	癸亥	※壬子時【日祿白虎路空旬空】 ※甲寅時【日合天牢】 ●丙辰時【司命喜神天官】 ●戊午時【青龍】 ※庚申時【天刑日害】 ◎壬戌時【金匱天官路空】	◎癸丑時【玉堂路空旬空】 ○乙卯時【天乙福星元武】 ※丁巳時【天乙日馬勾陳日害】 ◎己未時【明堂不遇】 ※辛酉時【朱雀】 ◎癸亥時【天德日建路空日刑】	癸亥日　干支同專日大吉 癸不詞訟亥不嫁娶 辰戌丑未月紫微值日 戊癸年寅申月凶 神在吉日 喜神東南　貴神東南　鶴神東南

編號	日	早子00-01	丑01-03	寅03-05	卯05-07	辰07-09	巳09-11	午11-13	未13-15	申15-17	酉17-19	戌19-21	亥21-23	夜子23-24
1	甲子	●甲子時	●乙丑時	○丙寅時	◎丁卯時	※戊辰時	※己巳時	◎庚午時	※辛未時	◎壬申時	◎癸酉時	※甲戌時	※乙亥時	○丙子時
2	乙丑	○丙子時	○丁丑時	●戊寅時	●己卯時	※庚辰時	◎辛巳時	※壬午時	※癸未時	●甲申時	※乙酉時	◎丙戌時	◎丁亥時	●戊子時
3	丙寅	●戊子時	●己丑時	※庚寅時	※辛卯時	◎壬辰時	◎癸巳時	※甲午時	●乙未時	※丙申時	※丁酉時	◎戊戌時	※己亥時	◎庚子時
4	丁卯	◎庚子時	※辛丑時	◎壬寅時	◎癸卯時	※甲辰時	※乙巳時	●丙午時	●丁未時	※戊申時	◎己酉時	※庚戌時	※辛亥時	※壬子時
5	戊辰	※壬子時	※癸丑時	◎甲寅時	※乙卯時	◎丙辰時	●丁巳時	※戊午時	※己未時	●庚申時	●辛酉時	※壬戌時	◎癸亥時	※甲子時
6	己巳	※甲子時	◎乙丑時	※丙寅時	※丁卯時	●戊辰時	※己巳時	●庚午時	●辛未時	※壬申時	※癸酉時	◎甲戌時	◎乙亥時	◎丙子時
7	庚午	◎丙子時	◎丁丑時	※戊寅時	●己卯時	※庚辰時	※辛巳時	◎壬午時	※癸未時	●甲申時	●乙酉時	※丙戌時	※丁亥時	※戊子時
8	辛未	※戊子時	※己丑時	●庚寅時	●辛卯時	※壬辰時	◎癸巳時	○甲午時	※乙未時	●丙申時	※丁酉時	◎戊戌時	◎己亥時	●庚子時
9	壬申	●庚子時	●辛丑時	※壬寅時	※癸卯時	●甲辰時	●乙巳時	※丙午時	●丁未時	※戊申時	※己酉時	◎庚戌時	※辛亥時	◎壬子時
10	癸酉	◎壬子時	※癸丑時	●甲寅時	◎乙卯時	○丙辰時	※丁巳時	●戊午時	◎己未時	※庚申時	◎辛酉時	※壬戌時	※癸亥時	※甲子時
11	甲戌	※甲子時	※乙丑時	●丙寅時	※丁卯時	◎戊辰時	●己巳時	※庚午時	※辛未時	◎壬申時	◎癸酉時	※甲戌時	●乙亥時	※丙子時
12	乙亥	※丙子時	●丁丑時	※戊寅時	※己卯時	●庚辰時	※辛巳時	◎壬午時	◎癸未時	※甲申時	※乙酉時	●丙戌時	◎丁亥時	●戊子時
13	丙子	●戊子時	●己丑時	※庚寅時	◎辛卯時	※壬辰時	※癸巳時	◎甲午時	※乙未時	◎丙申時	◎丁酉時	※戊戌時	※己亥時	※庚子時
14	丁丑	※庚子時	※辛丑時	◎壬寅時	◎癸卯時	※甲辰時	●乙巳時	※丙午時	※丁未時	◎戊申時	※己酉時	◎庚戌時	●辛亥時	◎壬子時
15	戊寅	◎壬子時	◎癸丑時	※甲寅時	※乙卯時	●丙辰時	◎丁巳時	※戊午時	●己未時	※庚申時	※辛酉時	◎壬戌時	※癸亥時	◎甲子時
16	己卯	◎甲子時	※乙丑時	●丙寅時	●丁卯時	※戊辰時	※己巳時	●庚午時	●辛未時	※壬申時	◎癸酉時	※甲戌時	※乙亥時	※丙子時
17	庚辰	※丙子時	※丁丑時	●戊寅時	※己卯時	◎庚辰時	●辛巳時	※壬午時	※癸未時	◎甲申時	◎乙酉時	※丙戌時	●丁亥時	※戊子時
18	辛巳	※戊子時	●己丑時	※庚寅時	※辛卯時	◎壬辰時	○癸巳時	●甲午時	●乙未時	※丙申時	※丁酉時	●戊戌時	◎己亥時	◎庚子時
19	壬午	◎庚子時	◎辛丑時	※壬寅時	◎癸卯時	※甲辰時	※乙巳時	◎丙午時	○丁未時	◎戊申時	◎己酉時	※庚戌時	※辛亥時	※壬子時
20	癸未	※壬子時	※癸丑時	●甲寅時	●乙卯時	○丙辰時	●丁巳時	※戊午時	※己未時	◎庚申時	※辛酉時	◎壬戌時	◎癸亥時	●甲子時
21	甲申	●甲子時	●乙丑時	○丙寅時	※丁卯時	●戊辰時	●己巳時	※庚午時	◎辛未時	※壬申時	※癸酉時	●甲戌時	※乙亥時	●丙子時
22	乙酉	●丙子時	※丁丑時	●戊寅時	◎己卯時	※庚辰時	※辛巳時	◎壬午時	◎癸未時	○甲申時	◎乙酉時	※丙戌時	○丁亥時	○戊子時
23	丙戌	○戊子時	※己丑時	●庚寅時	※辛卯時	◎壬辰時	◎癸巳時	※甲午時	※乙未時	●丙申時	◎丁酉時	○戊戌時	●己亥時	※庚子時
24	丁亥	※庚子時	●辛丑時	※壬寅時	※癸卯時	●甲辰時	※乙巳時	◎丙午時	◎丁未時	※戊申時	○己酉時	●庚戌時	◎辛亥時	◎壬子時
25	戊子	◎壬子時	◎癸丑時	※甲寅時	◎乙卯時	※丙辰時	※丁巳時	◎戊午時	※己未時	●庚申時	●辛酉時	※壬戌時	※癸亥時	○甲子時
26	己丑	○甲子時	※乙丑時	●丙寅時	●丁卯時	※戊辰時	●己巳時	※庚午時	※辛未時	◎壬申時	※癸酉時	◎甲戌時	◎乙亥時	◎丙子時
27	庚寅	◎丙子時	●丁丑時	※戊寅時	※己卯時	●庚辰時	◎辛巳時	※壬午時	◎癸未時	※甲申時	※乙酉時	◎丙戌時	※丁亥時	◎戊子時
28	辛卯	◎戊子時	※己丑時	●庚寅時	●辛卯時	※壬辰時	○癸巳時	◎甲午時	◎乙未時	※丙申時	◎丁酉時	※戊戌時	※己亥時	※庚子時
29	壬辰	※庚子時	※辛丑時	◎壬寅時	※癸卯時	◎甲辰時	●乙巳時	※丙午時	※丁未時	◎戊申時	●己酉時	※庚戌時	●辛亥時	※壬子時
30	癸巳	※工了時	◎癸丑時	※甲寅時	○乙卯時	●丙辰時	○丁巳時	◎戊午時	◎己未時	※庚申時	※辛酉時	◎壬戌時	◎癸亥時	◎甲子時
31	甲午	◎甲子時	◎乙丑時	○丙寅時	●丁卯時	※戊辰時	※己巳時	◎庚午時	○辛未時	◎壬申時	◎癸酉時	※甲戌時	※乙亥時	※丙子時
32	乙未	※丙子時	※丁丑時	●戊寅時	●己卯時	※庚辰時	◎辛巳時	※壬午時	※癸未時	●甲申時	※乙酉時	●丙戌時	●丁亥時	●戊子時
33	丙申	●戊子時	●己丑時	※庚寅時	※辛卯時	◎壬辰時	◎癸巳時	※甲午時	●乙未時	○丙申時	※丁酉時	●戊戌時	※己亥時	●庚子時
34	丁酉	●庚子時	※辛丑時	◎壬寅時	◎癸卯時	※甲辰時	※乙巳時	●丙午時	●丁未時	※戊申時	◎己酉時	※庚戌時	○辛亥時	※壬子時
35	戊戌	※壬子時	※癸丑時	◎甲寅時	○乙卯時	◎丙辰時	◎丁巳時	※戊午時	※己未時	●庚申時	◎辛酉時	※壬戌時	◎癸亥時	※甲子時
36	己亥	※甲子時	◎乙丑時	○丙寅時	※丁卯時	◎戊辰時	※己巳時	●庚午時	●辛未時	※壬申時	※癸酉時	●甲戌時	◎乙亥時	◎丙子時
37	庚子	◎丙子時	●丁丑時	※戊寅時	◎己卯時	※庚辰時	※辛巳時	◎壬午時	※癸未時	●甲申時	●乙酉時	※丙戌時	※丁亥時	※戊子時
38	辛丑	※戊子時	※己丑時	●庚寅時	●辛卯時	※壬辰時	◎癸巳時	※甲午時	※乙未時	●丙申時	※丁酉時	◎戊戌時	●己亥時	●庚子時
39	壬寅	●庚子時	●辛丑時	※壬寅時	※癸卯時	◎甲辰時	◎乙巳時	※丙午時	●丁未時	※戊申時	※己酉時	●庚戌時	○辛亥時	◎壬子時
40	癸卯	◎壬子時	※癸丑時	●甲寅時	●乙卯時	※丙辰時	※丁巳時	●戊午時	◎己未時	※庚申時	◎辛酉時	※壬戌時	※癸亥時	※甲子時
41	甲辰	※甲子時	※乙丑時	◎丙寅時	※丁卯時	◎戊辰時	●己巳時	※庚午時	※辛未時	◎壬申時	◎癸酉時	※甲戌時	●乙亥時	※丙子時
42	乙巳	※丙子時	●丁丑時	※戊寅時	※己卯時	●庚辰時	※辛巳時	◎壬午時	◎癸未時	○甲申時	※乙酉時	●丙戌時	◎丁亥時	◎戊子時
43	丙午	◎戊子時	◎己丑時	※庚寅時	◎辛卯時	※壬辰時	※癸巳時	◎甲午時	※乙未時	●丙申時	●丁酉時	※戊戌時	※己亥時	※庚子時
44	丁未	※庚子時	※辛丑時	◎壬寅時	◎癸卯時	※甲辰時	●乙巳時	○丙午時	※丁未時	●戊申時	○己酉時	●庚戌時	●辛亥時	◎壬子時
45	戊申	◎壬子時	◎癸丑時	※甲寅時	※乙卯時	●丙辰時	●丁巳時	※戊午時	●己未時	○庚申時	※辛酉時	◎壬戌時	※癸亥時	●甲子時
46	己酉	●甲子時	※乙丑時	◎丙寅時	◎丁卯時	※戊辰時	※己巳時	●庚午時	●辛未時	※壬申時	◎癸酉時	※甲戌時	※乙亥時	※丙子時
47	庚戌	※丙子時	※丁丑時	◎戊寅時	※己卯時	◎庚辰時	●辛巳時	※壬午時	※癸未時	●甲申時	◎乙酉時	※丙戌時	●丁亥時	※戊子時
48	辛亥	※戊子時	●己丑時	※庚寅時	※辛卯時	◎壬辰時	※癸巳時	●甲午時	●乙未時	※丙申時	※丁酉時	●戊戌時	●己亥時	●庚子時
49	壬子	●庚子時	●辛丑時	※壬寅時	◎癸卯時	※甲辰時	※乙巳時	◎丙午時	※丁未時	◎戊申時	●己酉時	※庚戌時	※辛亥時	※壬子時
50	癸丑	※壬子時	※癸丑時	◎甲寅時	◎乙卯時	○丙辰時	●丁巳時	※戊午時	※己未時	●庚申時	※辛酉時	◎壬戌時	◎癸亥時	◎甲子時
51	甲寅	◎甲子時	◎乙丑時	○丙寅時	※丁卯時	●戊辰時	◎己巳時	※庚午時	●辛未時	※壬申時	※癸酉時	●甲戌時	※乙亥時	◎丙子時
52	乙卯	◎丙子時	※丁丑時	●戊寅時	●己卯時	※庚辰時	※辛巳時	◎壬午時	◎癸未時	○甲申時	◎乙酉時	○丙戌時	※丁亥時	※戊子時
53	丙辰	※戊子時	※己丑時	●庚寅時	※辛卯時	◎壬辰時	◎癸巳時	※甲午時	※乙未時	●丙申時	●丁酉時	※戊戌時	●己亥時	※庚子時
54	丁巳	※庚子時	◎辛丑時	※壬寅時	※癸卯時	●甲辰時	※乙巳時	●丙午時	●丁未時	※戊申時	○己酉時	●庚戌時	◎辛亥時	◎壬子時
55	戊午	◎壬子時	◎癸丑時	※甲寅時	●乙卯時	※丙辰時	※丁巳時	◎戊午時	○己未時	●庚申時	●辛酉時	※壬戌時	※癸亥時	※甲子時
56	己未	※甲子時	※乙丑時	●丙寅時	●丁卯時	※戊辰時	●己巳時	○庚午時	○辛未時	◎壬申時	※癸酉時	●甲戌時	◎乙亥時	◎丙子時
57	庚申	◎丙子時	◎丁丑時	※戊寅時	※己卯時	●庚辰時	●辛巳時	※壬午時	◎癸未時	○甲申時	※乙酉時	◎丙戌時	※丁亥時	◎戊子時
58	辛酉	◎戊子時	※己丑時	●庚寅時	◎辛卯時	※壬辰時	※癸巳時	●甲午時	●乙未時	※丙申時	◎丁酉時	※戊戌時	※己亥時	※庚子時
59	壬戌	※庚子時	※辛丑時	◎壬寅時	※癸卯時	◎甲辰時	●乙巳時	※丙午時	※丁未時	◎戊申時	◎己酉時	※庚戌時	●辛亥時	※壬子時
60	癸亥	※壬子時	◎癸丑時	※甲寅時	○乙卯時	●丙辰時	※丁巳時	●戊午時	◎己未時	※庚申時	※辛酉時	◎壬戌時	◎癸亥時	●甲子時
61	吉凶	●為吉時	無凶煞。	◎黃道時	帶凶煞。	○黑道時	多吉神。	※黑道時	帶凶煞。					

編號	時吉凶神煞	吉凶	簡稱	別名	時神宜忌
1	時吉神				時吉神
2	天官貴人	吉	天官		天官貴人：宜祭祀、祈福、襲爵受封、入學、出行、上官赴任、修造動土、破土、安葬
3	福星貴人	吉	福星		福星貴人：宜祭祀、祈福、求嗣、出行、臨政親民、嫁娶、移徙、修造動土、開市、破土、安葬
4	天乙貴人	吉	天乙	陽貴人	天乙貴人【陽貴】：宜祈福、求嗣、襲爵受封、入學、出行、上官赴任、嫁娶、移徙、修造動土、破土、安葬【冬至後用陽貴，子時至巳時用陽貴】
5	天乙貴人	吉	天乙	陰貴人	天乙貴人【陰貴】：宜祈福、求嗣、襲爵受封、入學、出行、上官赴任、嫁娶、移徙、修造動土、破土、安葬【夏至後用陰貴，午時至亥時用陰貴】
6	日祿	吉		五符，八祿	日祿：宜祈福、出行、上官赴任、嫁娶、移徙、修造動土、開市、破土、安葬
7	喜神	吉			喜神：宜祭祀、祈福、求嗣、會親友、出行、臨政親民、嫁娶、移徙、修造動土、開市、立券交易、破土、安葬
8	明堂黃道	吉	明堂	貴人星明輔星	明堂黃道：宜上表章、出行、移徙、安床、修造動土、開市
9	金匱黃道	吉	金匱	福德星月仙星	金匱黃道：宜祈福、嫁娶、移徙、安床、修造動土、破土、安葬
10	天德黃道	吉	天德	寶光星天德星	天德黃道：宜祭祀、祈福、修造動土
11	玉堂黃道	吉	玉堂	少微星天開星	玉堂黃道：宜出行、移徙、安床、修造動土、開市
12	司命黃道	吉	司命	鳳輦星日仙星	司命黃道：宜祭祀、祈福、修造動土【日間用事吉，寅時至申時】
13	青龍黃道	吉	青龍	太乙星天貴星	青龍黃道：宜祭祀、祈福、嫁娶、移徙、安床、修造動土、開市、破土、安葬
14	日合	吉		六合時	日合：宜祭祀、祈福、出行、嫁娶、移徙、修造動土、開市、立券交易、破土、安葬
15	日馬	吉		驛馬時	日馬：宜祈福、出行、上官赴任、嫁娶、移徙、修造動土、開市、破土、安葬
16	貴登天門時	吉			貴登天門時：宜祭祀、祈福、求嗣、出行、上官赴任、嫁娶、移徙、修造動土、開市、立券交易、破土、安葬【用陰陽貴人登天門時不忌旬中空截路空孤辰寡宿大敗等時】
17	四大吉時	吉			四大吉時：用之極吉不忌旬中空截路空孤辰寡宿大敗等時
18	時凶神				時凶神：
19	日建	凶		時建	日建：忌出行，餘吉用
20	日破	凶		時破	日破：忌嫁娶、修造動土、破土、安葬
21	日刑	凶		時刑	日刑：忌出行、上官赴任、嫁娶，諸眾務須黃道合德祿貴化
22	日害	凶		時害	日害：忌出行、上官赴任，諸眾務須黃道合德祿貴化
23	天刑黑道	凶	天刑	天刑星	天刑黑道：忌出行、上官赴任、移徙、修造動土、破土、安葬，眾務吉多可用
24	朱雀黑道	凶	朱雀	天訟星	朱雀黑道：忌修造動土、破土、安葬
25	白虎黑道	凶	白虎	天殺星	白虎黑道：忌修造動土、破土、安葬　只宜：祭祀、畋獵
26	天牢黑道	凶	天牢	鎖神星	天牢黑道：忌出行、上官赴任、移徙、修造動土、破土、安葬，眾務吉多可用
27	元武黑道	凶	元武	天獄星	元武黑道：忌出行、上官赴任、移徙、修造動土、破土、安葬，眾務吉多可用
28	勾陳黑道	凶	勾陳	地獄星	勾陳黑道：忌出行、上官赴任、移徙、修造動土、破土、安葬，眾務吉多可用
29	截路空亡	凶	路空	路空	截路空亡：忌祭祀、祈福、上表章、出行、上官赴任、嫁娶、移徙、開市、納財、開倉庫出貨財【有動態的現象】，修造埋葬則不忌　宜：合壽木
30	旬中空亡	凶	旬空	旬空	旬中空亡：忌出行、上官赴任、嫁娶、移徙、修造動土、開市　宜開生墳合壽木大吉葬埋不忌餘事並忌
31	五不遇	凶	不遇		五不遇：忌出行、上官赴任、修造動土，其餘須合德祿貴解化

二十八宿用事宜忌

編號	二十八宿	星期	七曜	二十八宿名	吉凶	二十八宿用事宜忌	備註
1	角宿	四	木	角木蛟	○	角宿：宜訂盟、嫁娶、入宅、開市、交易、納財、上官赴任、出行、求醫療病；忌行喪、安葬、修墳、破土、啓攢。	●代表全吉
2	亢宿	五	金	亢金龍	※	亢宿：忌修造動土、安葬、嫁娶、上官赴任。	○代表吉凶參半
3	氐宿	六	土	氐土貉	※	氐宿：忌修造動土、行喪、安葬、嫁娶、出行。	※代表凶
4	房宿	日	日	房日兔	●	房宿：宜修造動土、開市、交易、嫁娶、行喪、安葬、出行、赴任。	
5	心宿	一	月	心月狐	※	心宿：忌婚嫁、行喪、安葬、入宅、出行、訴訟、置產。	
6	尾宿	二	火	尾火虎	●	尾宿：宜開市、交易、嫁娶、納采、行喪、安喪、出行、放水、上官赴任。	
7	箕宿	三	水	箕水豹	●	箕宿：宜埋葬、行喪、修造動土、開市、交易、納財、納畜、入宅、牧養、栽種、醞釀。	
8	斗宿	四	木	斗木獬	●	斗宿：宜行喪、安葬、修墳、破土、開市、納財、納畜、牧養、栽種、置產。	
9	牛宿	五	金	牛金牛	※	牛宿：忌行喪、安葬、嫁娶、納采、開市、交易、納畜、牧養、栽種、出行、入宅、修造。	
10	女宿	六	土	女土蝠	※	女宿：忌行喪、安葬、納采、嫁娶、開市、交易、出行、放水、上官赴任。	
11	虛宿	日	日	虛日鼠	※	虛宿：忌修造動土、破土、安葬、嫁娶、入宅、分家、置產、出行、開市、納財。	
12	危宿	一	月	危月燕	※	危宿：忌行喪、安葬、破土、修造動土、啓攢、出行、放水、訴訟。	
13	室宿	二	火	室火豬	●	室宿：宜修造動土、開市、交易、嫁娶、納采、行喪、安葬、修墳、啓攢、牧養、納畜。	
14	壁宿	三	水	壁水㺄	●	壁宿：宜行喪、安葬、入宅、修造動土、嫁娶、訂盟、開市、交易、上官赴任、牧養、納畜、栽種、出行。	
15	奎宿	四	木	奎木狼	○	奎宿：宜修造動土、上梁、平治道塗、破屋壞垣、入宅、安機 忌：行喪、安葬、修墳、啓攢、出行、訴訟、上官赴任。	
16	婁宿	五	金	婁金狗	●	婁宿：宜監造、修造動土、入宅、婚姻、嫁娶、開市、交易、出行、上官赴任。	
17	胃宿	六	土	胃土雉	●	胃宿：宜訂盟、嫁娶、納采、行喪、安葬、啓攢、上官赴任。	
18	昴宿	日	日	昴日雞	※	昴宿：宜納畜、牧養、教牛馬；忌安葬、行喪、修墳、啓攢、嫁娶、婚姻、開市、交易、出行、入宅、訴訟。	
19	畢宿	一	月	畢月烏	●	畢宿：宜喪、安葬、啓攢、婚姻、嫁娶、納采、開市、交易、納財、納畜、牧養、栽種、置產、出行。	
20	觜宿	二	火	觜火猴	※	觜宿：忌行喪、安葬、修墳、啓攢、破土、入宅、修造、上梁、安機。	
21	參宿	三	水	參水猿	○	參宿：宜修造、入宅、栽種、牧養、上官赴任；忌行喪、安葬、破土、啓攢、訂盟、嫁娶。	
22	井宿	四	木	井木犴	○	井宿：宜市、交易、納財、納畜、牧養、栽種、上官赴任、出行；忌行喪、安葬、破土、啓攢。	
23	鬼宿	五	金	鬼金羊	○	鬼宿：宜行喪、安葬、破土、啓攢、修墳；忌訂盟、嫁娶、平治道塗、破屋壞垣、出行、修造動土。	
24	柳宿	六	土	柳土獐	※	柳宿：忌行喪、安葬、破土、啓攢、開市、交易、修造動土、入宅、出行、訴訟。	
25	星宿	日	日	星日馬	○	星宿：宜修造動土、入宅、安香、上梁、安機、上官赴任；忌行喪、安葬、破土、修墳、啓攢、栽種、牧養、納畜、放水。	
26	張宿	一	月	張月鹿	●	張宿：宜修造動土、入宅、行喪、安葬、破土、修墳、啓攢、開市、交易、嫁娶、栽種、牧養、納畜。	
27	翼宿	二	火	翼火蛇	※	翼宿：忌修造動土、入宅、行喪、安葬、破土、修墳、嫁娶、納采、出行、上官赴任。	
28	軫宿	三	水	軫水蚓	●	軫宿：宜行喪、安葬、破土、啓攢、修造動土、入宅、嫁娶、納采、上官赴任、開市、交易、納畜、牧養、栽種。	

編號	農曆神煞	農曆神煞宜忌
1	龍禁	龍禁：忌乘船、行船。
2	赤口	赤口：忌納表上章、鋪筵設席會親、求師入學、應試、上官赴任、納采問名、嫁娶、進人口、安床、裁衣、造紡車、開市、立券交易、納財取債、出財放債、入倉開庫、開池、塞穴、畋獵、取魚、起工架馬、造廁、拆屋、伐木、分居各爨、偃武教兵、檢舉刑獄、給由考滿、募緣隨化、煉丹點黃。
3	長星短星	長星：忌裁衣、開市、立券交易、納財取債、出財放債。短星：忌裁衣、開市、立券交易、納財取債、出財放債。
4	楊公忌日	楊公忌日：忌起造、豎柱上梁、修廚、入宅、修造欄枋、造府縣衙門、建立橋樑。
5	四不祥	四不祥：忌上官赴任。
6	天休廢	天休廢：忌襲爵受封、求師入學、應試、造試卷、上官赴任、臨政親民、進人口、安床、經絡、開池、割蜂、分居各爨、求賢、立寨置煙墩、分居各爨、偃武教兵、給由考滿、習掌技藝、修造欄坊、打灶、抱雞鴨卵、雕刻印版。
7	天乙絕炁	天乙絕氣：宜冠笄、作廁【造作廁道】；忌開神光畫佛像行樂圖。
8	瘟星入瘟星出	瘟星入瘟星出：忌修造欄坊【修牛欄、造牛屋、造羊棧、造作豬欄、造雞鵝鴨栖】。
9	月忌	月忌：忌出行、遠迴、納采問名、檢舉刑獄。
10	天地凶敗	天地凶敗：忌祈福、上冊受封、上表章、襲爵受封、習掌技藝、上官赴任、臨政親民、納采問名、進人口、入宅、分居各爨、修倉庫、入倉開庫、修築牆垣、立寨置煙墩、偃武教兵、檢舉刑獄、起造、起工架馬、豎柱上梁、修廚、造門、打灶、割蜂、畋獵、取魚、修造欄坊【修牛欄、造牛屋、造羊棧、造作豬欄、造雞鵝鴨栖】、造府縣衙門、煉丹點黃。
11	四方耗	四方耗：忌開市、立券交易、納財取債、出財放債、入倉開庫、堆垛、割蜂、砌天井放水、募緣隨化。
12	大空亡	大空亡：忌納表上章、求師入學、應試、出行求財、上官赴任、臨政親民、納采問名、安床、經絡、修倉庫、開市、立券交易、納財取債、出財放債、入倉開庫、開池、塞穴、畋獵、取魚、起工架馬、祀灶、分居各爨、合伴、遠迴、乘船、給由考滿、修造欄坊、募緣隨化、抱雞鴨卵。
13	小空亡	小空亡：忌納表上章、求師入學、應試、出行求財、上官赴任、臨政親民、納采問名、安床、經絡、修倉庫、開市、立券交易、納財取債、出財放債、入倉開庫、開池、塞穴、畋獵、取魚、起工架馬、祀灶、分居各爨、合伴、遠迴、乘船、給由考滿、修造欄坊、募緣隨化、抱雞鴨卵。
14	六壬空	六壬空：忌納表上章、求師入學、造試卷、應試、出行求財、上官赴任、臨政親民、安床、修倉庫、開市、立券交易、納財取債、出財放債、入倉開庫、開池、塞穴、畋獵、取魚、祀灶、分居各爨、合伴、遠迴、乘船、給由考滿、募緣隨化、塑繪神像雕刻、抱雞鴨卵。

陽宅〔八宅〕篇

福祿壽財喜

紫白九星飛佈圖

九紫	五黃	七赤
八白	一白	三碧
四綠	六白	二黑

一白入中宮

一白	六白	八白
九紫	二黑	四綠
五黃	七赤	三碧

二黑入中宮

二黑	七赤	九紫
一白	三碧	五黃
六白	八白	四綠

三碧入中宮

三碧	八白	一白
二黑	四綠	六白
七赤	九紫	五黃

四綠入中宮

四綠	九紫	二黑
三碧	五黃	七赤
八白	一白	六白

五黃入中宮

五黃	一白	三碧
四綠	六白	八白
九紫	二黑	七赤

六白入中宮

六白	二黑	四綠
五黃	七赤	九紫
一白	三碧	八白

七赤入中宮

七赤	三碧	五黃
六白	八白	一白
二黑	四綠	九紫

八白入中宮

八白	四綠	六白
七赤	九紫	二黑
三碧	五黃	一白

九紫入中宮

東南	南	西南
東	中宮	西
東北	北	西北

基本方位圖

例：一白入中宮圖，七赤在西南方，四綠在東北方。
　　九紫入中宮圖，一白在西北方，八白在東南方。

八宅－認識宅屋

圖一：由宅屋平面圖，找出中心位置

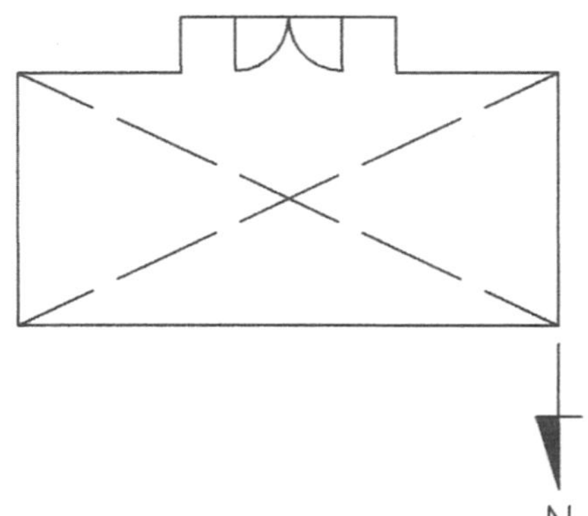

圖二：由宅屋平面圖，找出中心位置

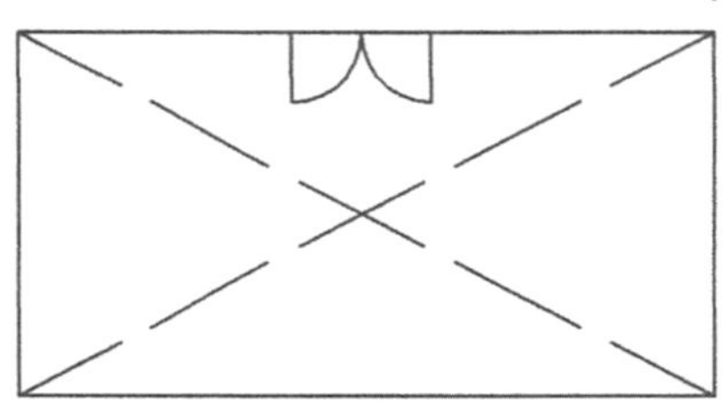

圖三：由宅屋平面圖，找出中心位置

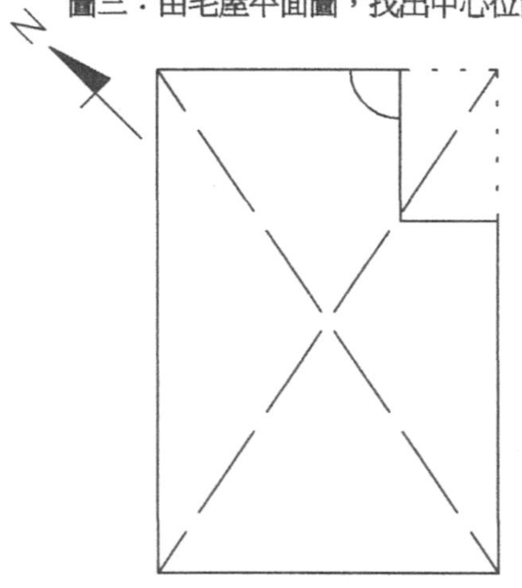

圖四：宅屋的九分法，以圖二爲例

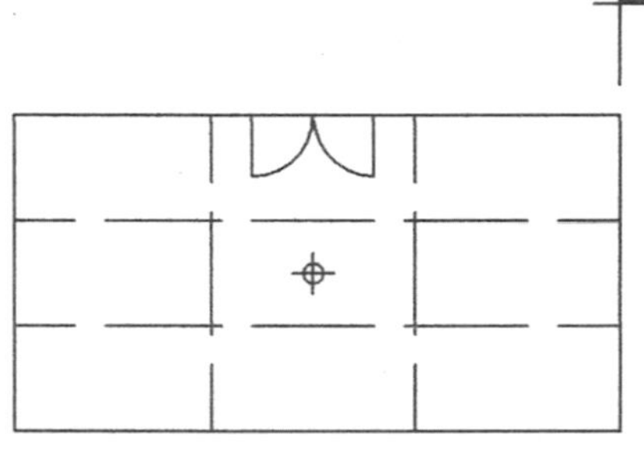

圖五：指南針示意圖

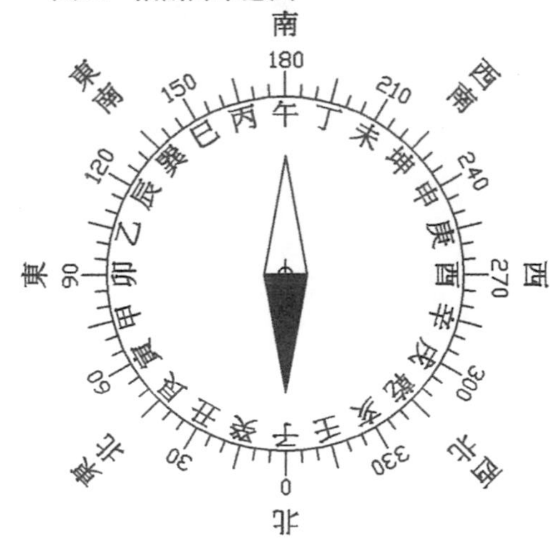

圖六：將圖四中心點與指南針中心點重疊，圖北方與針北方對齊，可知此宅爲坐南朝北爲離宅，對照八宅資料，即可瞭解宅屋的適當配置

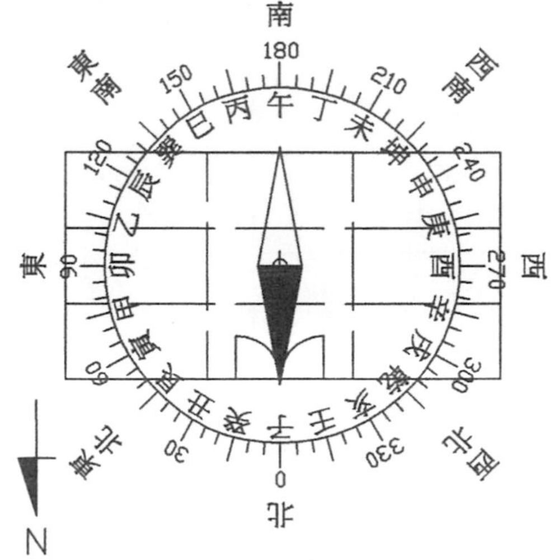

序	西元	中國	三元甲子	年紫白	立春日期	立春時辰	立春陰曆月日	男命	男命卦數	女命	女命卦數	歲數
1	1912	民國元年	上元壬子	七赤	1912/2/5	午時	十二月十八	兌命人	七	艮命人	八	一百歲
2	1913	民國二年	上元癸丑	六白	1913/2/4	酉時	十二月二十九	乾命人	六	離命人	九	九十九歲
3	1914	民國三年	上元甲寅	五黃	1914/2/4	夜子時	正月初十	中宮命人	五	坎命人	一	九十八歲
4	1915	民國四年	上元乙卯	四綠	1915/2/5	卯時	十二月二十二	巽命人	四	坤命人	二	九十七歲
5	1916	民國五年	上元丙辰	三碧	1916/2/5	午時	正月初三	震命人	三	震命人	三	九十六歲
6	1917	民國六年	上元丁巳	二黑	1917/2/4	申時	正月十三	坤命人	二	巽命人	四	九十五歲
7	1918	民國七年	上元戊午	一白	1918/2/4	亥時	十二月二十三	坎命人	一	中宮命人	五	九十四歲
8	1919	民國八年	上元己未	九紫	1919/2/5	寅時	正月初五	離命人	九	乾命人	六	九十三歲
9	1920	民國九年	上元庚申	八白	1920/2/5	巳時	十二月十六	艮命人	八	兌命人	七	九十二歲
10	1921	民國十年	上元辛酉	七赤	1921/2/4	申時	十二月二十七	兌命人	七	艮命人	八	九十一歲
11	1922	民國十一年	上元壬戌	六白	1922/2/4	亥時	正月初八	乾命人	六	離命人	九	九十歲
12	1923	民國十二年	上元癸亥	五黃	1923/2/5	寅時	十二月二十	中宮命人	五	坎命人	一	八十九歲
13	1924	民國十三年	中元甲子	四綠	1924/2/5	巳時	正月初一	巽命人	四	坤命人	二	八十八歲
14	1925	民國十四年	中元乙丑	三碧	1925/2/4	申時	正月十二	震命人	三	震命人	三	八十七歲
15	1926	民國十五年	中元丙寅	二黑	1926/2/4	亥時	十二月二十二	坤命人	二	巽命人	四	八十六歲
16	1927	民國十六年	中元丁卯	一白	1927/2/5	寅時	正月初四	坎命人	一	中宮命人	五	八十五歲
17	1928	民國十七年	中元戊辰	九紫	1928/2/5	巳時	正月十四	離命人	九	乾命人	六	八十四歲
18	1929	民國十八年	中元己巳	八白	1929/2/4	申時	十二月二十五	艮命人	八	兌命人	七	八十三歲
19	1930	民國十九年	中元庚午	七赤	1930/2/4	戌時	正月初六	兌命人	七	艮命人	八	八十二歲
20	1931	民國二十年	中元辛未	六白	1931/2/5	丑時	十二月十八	乾命人	六	離命人	九	八十一歲
21	1932	民國二十一年	中元壬申	五黃	1932/2/5	辰時	十二月二十九	中宮命人	五	坎命人	一	八十歲
22	1933	民國二十二年	中元癸酉	四綠	1933/2/4	未時	正月初十	巽命人	四	坤命人	二	七十九歲
23	1934	民國二十三年	中元甲戌	三碧	1934/2/4	戌時	十二月二十一	震命人	三	震命人	三	七十八歲
24	1935	民國二十四年	中元乙亥	二黑	1935/2/5	丑時	正月初二	坤命人	二	巽命人	四	七十七歲
25	1936	民國二十五年	中元丙子	一白	1936/2/5	辰時	正月十三	坎命人	一	中宮命人	五	七十六歲
26	1937	民國二十六年	中元丁丑	九紫	1937/2/4	未時	十二月二十三	離命人	九	乾命人	六	七十五歲
27	1938	民國二十七年	中元戊寅	八白	1938/2/4	戌時	正月初五	艮命人	八	兌命人	七	七十四歲
28	1939	民國二十八年	中元己卯	七赤	1939/2/5	丑時	十二月十七	兌命人	七	艮命人	八	七十三歲
29	1940	民國二十九年	中元庚辰	六白	1940/2/5	辰時	十二月二十八	乾命人	六	離命人	九	七十二歲
30	1941	民國三十年	中元辛巳	五黃	1941/2/4	午時	正月初九	中宮命人	五	坎命人	一	七十一歲
31	1942	民國三十一年	中元壬午	四綠	1942/2/4	酉時	十二月十九	巽命人	四	坤命人	二	七十歲
32	1943	民國三十二年	中元癸未	三碧	1943/2/5	早子時	正月初一	震命人	三	震命人	三	六十九歲
33	1944	民國三十三年	中元甲申	二黑	1944/2/5	卯時	正月十二	坤命人	二	巽命人	四	六十八歲
34	1945	民國三十四年	中元乙酉	一白	1945/2/4	亥時	十二月二十二	坎命人	一	中宮命人	五	六十七歲
35	1946	民國三十五年	中元丙戌	九紫	1946/2/4	酉時	正月初三	離命人	九	乾命人	六	六十六歲
36	1947	民國三十六年	中元丁亥	八白	1947/2/4	夜子時	正月十四	艮命人	八	兌命人	七	六十五歲
37	1948	民國三十七年	中元戊子	七赤	1948/2/5	卯時	十二月二十六	兌命人	七	艮命人	八	六十四歲
38	1949	民國三十八年	中元己丑	六白	1949/2/4	午時	正月初七	乾命人	六	離命人	九	六十三歲
39	1950	民國三十九年	中元庚寅	五黃	1950/2/4	酉時	十二月十八	中宮命人	五	坎命人	一	六十二歲
40	1951	民國四十年	中元辛卯	四綠	1951/2/4	夜子時	十二月二十八	巽命人	四	坤命人	二	六十一歲
41	1952	民國四十一年	中元壬辰	三碧	1952/2/5	寅時	正月初十	震命人	三	震命人	三	六十歲
42	1953	民國四十二年	中元癸巳	二黑	1953/2/4	巳時	十二月二十一	坤命人	二	巽命人	四	五十九歲
43	1954	民國四十三年	中元甲午	一白	1954/2/4	申時	正月初二	坎命人	一	中宮命人	五	五十八歲
44	1955	民國四十四年	中元乙未	九紫	1955/2/4	亥時	正月十二	離命人	九	乾命人	六	五十七歲
45	1956	民國四十五年	中元丙申	八白	1956/2/5	寅時	十二月二十四	艮命人	八	兌命人	七	五十六歲
46	1957	民國四十六年	中元丁酉	七赤	1957/2/4	巳時	正月初五	兌命人	七	艮命人	八	五十五歲
47	1958	民國四十七年	中元戊戌	六白	1958/2/4	申時	十二月十六	乾命人	六	離命人	九	五十四歲
48	1959	民國四十八年	中元己亥	五黃	1959/2/4	亥時	十二月二十七	中宮命人	五	坎命人	一	五十三歲
49	1960	民國四十九年	中元庚子	四綠	1960/2/5	寅時	正月初九	巽命人	四	坤命人	二	五十二歲
50	1961	民國五十年	中元辛丑	三碧	1961/2/4	巳時	十二月十九	震命人	三	震命人	三	五十一歲
51	1962	民國五十一年	中元壬寅	二黑	1962/2/4	申時	十二月三十	坤命人	二	巽命人	四	五十歲
52	1963	民國五十二年	中元癸卯	一白	1963/2/4	亥時	正月十一	坎命人	一	中宮命人	五	四十九歲
53	1964	民國五十三年	中元甲辰	九紫	1964/2/5	寅時	十二月二十二	離命人	九	乾命人	六	四十八歲
54	1965	民國五十四年	中元乙巳	八白	1965/2/4	辰時	正月初三	艮命人	八	兌命人	七	四十七歲
55	1966	民國五十五年	中元丙午	七赤	1966/2/4	未時	正月十五	兌命人	七	艮命人	八	四十六歲
56	1967	民國五十六年	中元丁未	六白	1967/2/4	酉時	十二月二十五	乾命人	六	離命人	九	四十五歲
57	1968	民國五十七年	中元戊申	五黃	1968/2/5	丑時	正月初七	中宮命人	五	坎命人	一	四十四歲
58	1969	民國五十八年	中元己酉	四綠	1969/2/4	辰時	十二月十八	巽命人	四	坤命人	二	四十三歲
59	1970	民國五十九年	中元庚戌	三碧	1970/2/4	未時	十二月二十八	震命人	三	震命人	三	四十二歲
60	1971	民國六十年	中元辛亥	二黑	1971/2/4	戌時	正月初九	坤命人	二	巽命人	四	四十一歲
61	1972	民國六十一年	中元壬子	一白	1972/2/5	丑時	十二月二十一	坎命人	一	中宮命人	五	四十歲

62	1973	民國六十二年	中元癸丑	九紫	1973/2/4	辰時	正月初二	離命人	九	乾命人	六	三十九歲
63	1974	民國六十三年	中元甲寅	八白	1974/2/4	未時	正月十三	艮命人	八	兌命人	七	三十八歲
64	1975	民國六十四年	中元乙卯	七赤	1975/2/4	酉時	十二月二十四	兌命人	七	艮命人	八	三十七歲
65	1976	民國六十五年	中元丙辰	六白	1976/2/5	早子時	正月初六	乾命人	六	離命人	九	三十六歲
66	1977	民國六十六年	中元丁巳	五黃	1977/2/4	卯時	十二月十七	中宮命人	五	坎命人	一	三十五歲
67	1978	民國六十七年	中元戊午	四綠	1978/2/4	午時	十二月二十七	巽命人	四	坤命人	二	三十四歲
68	1979	民國六十八年	中元己未	三碧	1979/2/4	酉時	正月初八	震命人	三	震命人	三	三十三歲
69	1980	民國六十九年	中元庚申	二黑	1980/2/5	早子時	十二月十九	坤命人	二	巽命人	四	三十二歲
70	1981	民國七十年	中元辛酉	一白	1981/2/4	卯時	十二月三十	坎命人	一	中宮命人	五	三十一歲
71	1982	民國七十一年	中元壬戌	九紫	1982/2/4	午時	正月十一	離命人	九	乾命人	六	三十歲
72	1983	民國七十二年	中元癸亥	八白	1983/2/4	丑時	十二月二十二	艮命人	八	兌命人	七	二十九歲
73	1984	民國七十三年	下元甲子	七赤	1984/2/4	夜子時	正月初三	兌命人	七	艮命人	八	二十八歲
74	1985	民國七十四年	下元乙丑	六白	1985/2/4	卯時	十二月十五	乾命人	六	離命人	九	二十七歲
75	1986	民國七十五年	下元丙寅	五黃	1986/2/4	午時	十二月二十六	中宮命人	五	坎命人	一	二十六歲
76	1987	民國七十六年	下元丁卯	四綠	1987/2/4	申時	正月初七	巽命人	四	坤命人	二	二十五歲
77	1988	民國七十七年	下元戊辰	三碧	1988/2/4	亥時	十二月十七	震命人	三	震命人	三	二十四歲
78	1989	民國七十八年	下元己巳	二黑	1989/2/4	寅時	十二月二十八	坤命人	二	巽命人	四	二十三歲
79	1990	民國七十九年	下元庚午	一白	1990/2/4	巳時	正月初九	坎命人	一	中宮命人	五	二十二歲
80	1991	民國八十年	下元辛未	九紫	1991/2/4	申時	十二月二十	離命人	九	乾命人	六	二十一歲
81	1992	民國八十一年	下元壬申	八白	1992/2/4	亥時	正月初一	艮命人	八	兌命人	七	二十歲
82	1993	民國八十二年	下元癸酉	七赤	1993/2/4	寅時	正月十三	兌命人	七	艮命人	八	十九歲
83	1994	民國八十三年	下元甲戌	六白	1994/2/4	巳時	十二月二十四	乾命人	六	離命人	九	十八歲
84	1995	民國八十四年	下元乙亥	五黃	1995/2/4	申時	正月初五	中宮命人	五	坎命人	一	十七歲
85	1996	民國八十五年	下元丙子	四綠	1996/2/4	亥時	十二月十六	巽命人	四	坤命人	二	十六歲
86	1997	民國八十六年	下元丁丑	三碧	1997/2/4	寅時	十二月二十七	震命人	三	震命人	三	十五歲
87	1998	民國八十七年	下元戊寅	二黑	1998/2/4	辰時	正月初八	坤命人	二	巽命人	四	十四歲
88	1999	民國八十八年	下元己卯	一白	1999/2/4	未時	十二月十九	坎命人	一	中宮命人	五	十三歲
89	2000	民國八十九年	下元庚辰	九紫	2000/2/4	戌時	十二月二十九	離命人	九	乾命人	六	十二歲
90	2001	民國九十年	下元辛巳	八白	2001/2/4	丑時	正月十二	艮命人	八	兌命人	七	十一歲
91	2002	民國九十一年	下元壬午	七赤	2002/2/4	辰時	十二月二十三	兌命人	七	艮命人	八	十歲
92	2003	民國九十二年	下元癸未	六白	2003/2/4	未時	正月初四	乾命人	六	離命人	九	九歲
93	2004	民國九十三年	下元甲申	五黃	2004/2/4	戌時	正月十四	中宮命人	五	坎命人	一	八歲
94	2005	民國九十四年	下元乙酉	四綠	2005/2/4	丑時	十二月二十六	巽命人	四	坤命人	二	七歲
95	2006	民國九十五年	下元丙戌	三碧	2006/2/4	辰時	正月初七	震命人	三	震命人	三	六歲
96	2007	民國九十六年	下元丁亥	二黑	2007/2/4	未時	十二月十七	坤命人	二	巽命人	四	五歲
97	2008	民國九十七年	下元戊子	一白	2008/2/4	戌時	十二月二十八	坎命人	一	中宮命人	五	四歲
98	2009	民國九十八年	下元己丑	九紫	2009/2/4	早子時	正月初十	離命人	九	乾命人	六	三歲
99	2010	民國九十九年	下元庚寅	八白	2010/2/4	卯時	十二月二十一	艮命人	八	兌命人	七	二歲
100	2011	民國一百年	下元辛卯	七赤	2011/2/4	午時	正月初二	兌命人	七	艮命人	八	一歲

人命八宅九宮表之一

編號	人命	命宅	八宅	八宅坐向	本命宅命文昌方	流年文昌方	流年官星方	修養方	修行時間
1	坎命人	東四命 東四宅	坎宅	坎宅：坐北向南的房子	東北方	2017年東北方	2011年東北方	北方	子時
2	坤命人	西四命 西四宅	坤宅	坤宅：坐西南向東北的房子	西方	2016年西方	2010年西方	西南方	未申時
3	震命人	東四命 東四宅	震宅	震宅：坐東向西的房子	西北方	2015年西北方	2009年西北方	東方	卯時
4	巽命人	東四命 東四宅	巽宅	巽宅：坐東南向西北的房子	中宮	2014年中宮	2017年中宮	東南方	辰巳時
5	中宮命人	西四命 西四宅	坤宅 艮宅	男坤宅：坐西南向東北的房子 女艮宅：坐東北向西南的房子	東南方 北方	2013年東南方 2010年北方	2016年東南方 2013年北方	中宮	隨緣
6	乾命人	西四命 西四宅	乾宅	乾宅：坐西北向東南的房子	東方	2012年東方	2015年東方	西北方	戌亥時
7	兌命人	西四命 西四宅	兌宅	兌宅：坐西向東的房子	西南方	2011年西南方	2014年西南方	西方	酉時
8	艮命人	西四命 西四宅	艮宅	艮宅：坐東北向西南的房子	北方	2010年北方	2013年北方	東北方	丑寅時
9	離命人	東四命 東四宅	離宅	離宅：坐南向北的房子	南方	2009年南方	2012年南方	南方	午時

編號	人命	祝禱方向	性向	人際磁場智慧開啓法	讀經日	適合服飾顏色	備註
1	坎命人	向東南方	適合旅遊	一坎與六乾的組合爲最佳的師生或道友之組合	子日	白色	一白官星與四綠文昌同宮時主發科甲
2	坤命人	向東方	適合婚姻愛情學	二坤與七兌的組合爲最佳的師生或道友之組合	未申日	赤色	
3	震命人	向西南方	適合行銷學	三震與八艮的組合爲最佳的師生或道友之組合	卯日	白色	
4	巽命人	向北方	適合創意或設計學	四巽與九離的組合爲最佳的師生或道友之組合	辰巳日	紫色	
5	中宮命人	向南方	適合管理學	中宮命人，男命與七兌、女命與三震爲最佳	隨緣	黃色【白色】	
6	乾命人	向東北方	適合領袖學	六乾與一坎的組合爲最佳的師生或道友之組合	戌亥日	藍色【黑色】	
7	兌命人	向西方	適合財經學	七兌與二坤的組合爲最佳的師生或道友之組合	酉日	黑色【碧色】	
8	艮命人	向西北方	適合仙道學	八艮與三震的組合爲最佳的師生或道友之組合	丑寅日	碧色【綠色】	
9	離命人	向中宮方	適合宗教學	九離與四巽的組合爲最佳的師生或道友之組合	午日	綠色【黃色】	

人命八宅九宮表之二

編號	八宅	名稱	坐向	北方	東北方	東方	東南方	南方	西南方	西方	西北方	中宮	備註
1	坎宅	東四命 東四宅	坎宅：坐北向南的房子	伏位吉 六白金	五鬼凶 四綠木 文昌方	天醫吉 八白土	生氣吉 九紫火	延年吉 五黃土	絕命凶 七赤金	禍害凶 三碧木	六煞凶 二黑土	一白水 官星方	
2	離宅	東四命 東四宅	離宅：坐南向北的房子	延年吉 五黃土	禍害凶 三碧木	生氣吉 七赤金	天醫吉 八白土	伏位吉 四綠木 文昌方	六煞凶 六白金	五鬼凶 二黑土	絕命凶 一白水 官星方	九紫火	
3	震宅	東四命 東四宅	震宅：坐東向西的房子	天醫吉 八白土	六煞凶 六白金	伏位吉 一白水 官星方	延年吉 二黑土	生氣吉 七赤金	禍害凶 九紫火	絕命凶 五黃土	五鬼凶 四綠木 文昌方	三碧木	
4	巽宅	東四命 東四宅	巽宅：坐東南向西北的房子	生氣吉 九紫火	絕命凶 七赤金	延年吉 二黑土	伏位吉 三碧木	天醫吉 八白土	五鬼凶 一白水 官星方	六煞凶 六白金	禍害凶 五黃土	四綠木 文昌方	
5	乾宅	西四命 西四宅	乾宅：坐西北向東南的房子	六煞凶 二黑土	天醫吉 九紫火	五鬼凶 四綠木 文昌方	禍害凶 五黃土	絕命凶 一白水 官星方	延年吉 三碧木	生氣吉 八白土	伏位吉 七赤金	六白金	
6	坤宅	西四命 西四宅	坤宅：坐西南向東北的房子	絕命凶 七赤金	生氣吉 五黃土	禍害凶 九紫火	五鬼凶 一白水 官星方	六煞凶 六白金	伏位吉 八白土	天醫吉 四綠木 文昌方	延年吉 三碧木	二黑土	
7	艮宅	西四命 西四宅	艮宅：坐東北向西南的房子	五鬼凶 四綠木 文昌方	伏位吉 二黑土	六煞凶 六白金	絕命凶 七赤金	禍害凶 三碧木	生氣吉 五黃土	延年吉 一白水 官星方	天醫吉 九紫火	八白土	
8	兌宅	西四命 西四宅	兌宅：坐西向東的房子	禍害凶 三碧木	延年吉 一白水 官星方	絕命凶 五黃土	六煞凶 六白金	五鬼凶 二黑土	天醫吉 四綠木 文昌方	伏位吉 九紫火	生氣吉 八白土	七赤金	

編號	八宅	名稱	坐向	山向	坐山方位	宅屬性	宅運	宜求財方
1	乾宅	西四宅	乾宅：坐西北向東南的房子	戌山辰向 乾山巽向 亥山巳向	292.5→307.5； 307.5→322.5； 322.5→337.5。	金宅	●1984→2043大運下元七赤金運，乾宅金金比和，旺氣也。2004→2023小運八白土運，乾宅得土生金，生氣；乾宅生氣。	戌○乾○亥● 丑○艮○寅● 戌○乾●亥○
2	坎宅	東四宅	坎宅：坐北向南的房子	壬山丙向 子山午向 癸山丁向	337.5→352.5； 352.5→007.5； 007.5→022.5。	水宅	○1984→2043大運下元七赤金運，坎宅得金生水，生氣也。2004→2023小運八白土運，坎宅受剋；坎宅無妨。	甲○卯●乙○ 壬○子●癸○ 辰○巽○巳●
3	艮宅	西四宅	艮宅：坐東北向西南的房子	丑山未向 艮山坤向 寅山申向	022.5→037.5； 037.5→052.5； 052.5→067.5。	土宅	○1984→2043大運下元七赤金運，艮宅土生金洩氣也；2004→2023小運八白土運，土土比和，艮宅旺氣；艮宅無妨也。	甲○卯●乙○ 辰●巽○巳○ 戌●乾○亥○
4	震宅	東四宅	震宅：坐東向西的房子	甲山庚向 卯山酉向 乙山辛向	067.5→082.5； 082.5→097.5； 097.5→112.5。	木宅	※1984→2043大運下元七赤金運，震宅受剋；2004→2023小運八白土運，震宅木剋土；震宅不利。	未●坤○申○ 丑○艮○寅● 辰○巽○巳●
5	巽宅	東四宅	巽宅：坐東南向西北的房子	辰山戌向 巽山乾向 巳山亥向	112.5→127.5； 127.5→142.5； 142.5→157.5。	木宅	※1984→2043大運下元七赤金運，巽宅受剋；2004→2023小運八白土運，巽宅木剋土；巽宅不利。	未●坤○申○ 壬○子●癸○ 丑○艮●寅○
6	離宅	東四宅	離宅：坐南向北的房子	丙山壬向 午山子向 丁山癸向	157.5→172.5； 172.5→187.5； 187.5→202.5。	火宅	※1984→2043大運下元七赤金運，離宅火剋金；2004→2023小運八白土運，離宅火生土洩氣也；離宅不利。	丙○午○丁● 未●坤○申○ 未○坤○申●
7	坤宅	西四宅	坤宅：坐西南向東北的房子	未山丑向 坤山艮向 申山寅向	202.5→217.5； 217.5→232.5； 232.5→247.5。	土宅	○1984→2043大運下元七赤金運，坤宅土生金洩氣也；2004→2023小運八白土運，土土比和，坤宅旺氣；坤宅無妨也。	壬○子●癸○ 戌●乾○亥○ 甲○卯○乙●
8	兌宅	西四宅	兌宅：坐西向東的房子	庚山甲向 酉山卯向 辛山乙向	247.5→262.5； 262.5→277.5； 277.5→292.5。	金宅，陰金	●1984→2043大運下元七赤金運，金金比和，兌宅旺氣也。2004→2023小運八白土運土生金，兌宅生氣；兌宅生氣旺矣。	壬○子●癸○ 庚○酉●辛○ 戌○乾○亥●

編號	八宅	宜求福方	二十四山放水法	明堂	備註
1	乾宅	丙○午○丁● 戌○乾○亥● 未○坤○申●	水宜放甲乙方，煞巽巳。 水宜放巽甲方，煞辰丙。 水宜放甲乙方，煞巽坤。	金宜明而忌暗；明則出聰明人，多主秀氣；暗則出人愚笨，而損陽人。凡金宜生不宜剋，剋則金輕，田土敗退，且出盲者。	●代表吉； ○代表次吉； ※代表凶。
2	坎宅	戌○乾○亥● 庚○酉●辛○ 甲○卯●乙○	水宜放甲丁方，煞辰巽。 水宜放丁甲辛，煞在坤。 水宜放丙丁甲，煞在坤。	水宜沉而忌露，露則田土敗退，人亦不旺，沉則財旺太盛，主人口不多。水宜洩不宜生旺，生旺犯水厄，且又主遊蕩他鄉。	
3	艮宅	庚○酉○辛● 未○坤○申● 辰○巽○巳●	水宜放庚丙方，煞在坤。 水宜放坤丙方，煞庚丁。 水宜放乾丁方，煞坤酉。	窄則無害，初年人財兩旺，但不久也。土宜旺不宜剋，剋則土崩，主退財，男婦浮黃。	
4	震宅	壬●子○癸○ 戌○乾○亥● 丑●艮○寅○	水宜放庚丁方，煞坤申。 水宜放辛丙方，煞乾坤。 水宜放庚辛方，煞戌乾。	木宜深而忌淺，深則發財旺人；淺則田土敗，人多殘疾且多病。木宜生不宜剋，剋則木折，退田土，而男人多疾少亡。	
5	巽宅	丙○午○丁● 未○坤○申● 壬○子○癸●	水宜放辛丁方，煞乾方。 水宜放癸庚方，煞壬乾。 水宜放庚辛方，煞乾壬。	宜以淺爲度，此論明堂然也。木宜生不宜剋，剋則木折，退田土，而男人多疾少亡。	
6	離宅	丑○艮○寅● 辰○巽○巳● 丙●午○丁○	水宜放壬辛癸，煞乾方。 水宜放癸方，煞乾方。 水宜放辛壬癸，煞乾艮。	火宜實而忌虛，實則人財兩旺，虛則犯火官非。火宜洩不宜生旺，生旺則犯火，主傷人官非，寅午戌年應驗災禍。	
7	坤宅	甲○卯●乙○ 庚○酉●辛○ 戌○乾○亥●	水宜放甲方，煞艮丑。 水宜放艮丙方，煞甲癸。 水宜放甲方，煞艮方。	土宜厚而忌窄，厚則人財兩旺；窄則人財雖有，不甚興旺。土宜旺不宜剋，剋則土崩，主退財，男婦浮黃。	
8	兌宅	未○坤○申● 辰●巽○巳○ 庚●酉○辛○	水宜放甲壬方，煞艮巽。 水宜放乙方，煞巽巳。 水宜放甲乙方，煞巽巳。	不宜太明，太明則女掌男權，恐有傷夫之危。凡金宜生不宜剋，剋則金輕，田土敗退，且出盲者。	

東	東南	南
東北	↑	西南
北	西北	西

乾宅【西四宅、坐西北向東南的房子】

乾宅震宮：東方，甲卯乙三方，
方位067．5→112．5度。
※遊年九星【五鬼】。
※紫白九星飛四綠到震，四綠木中宮六白金剋之爲【死氣方】※紫白九星【四綠】
●2008→2019戊子木運安床十二年旺財。
●大門、書房、灶位，吉。
※廁所，不宜。
※死氣方，由此方出行，失財；房門在此方，生女不生男。

●四綠文昌星，應出文秀。
○開門宜，女人少利。
●池井，小利。
○作灶，木生火，旺丁，但不可久居。
※旁邊有高屋，應防火災。
※碾磨、廁所，主口舌是非。
●有書房，有外六事高聳，形異尋常者，2015年見一白、2012年見四綠，表示升官發科甲。
●流年2015年見一白生四綠木，主發丁。

乾宅巽宮：東南方，辰巽巳三方，
方位112．5→157．5度。
※遊年九星【禍害】。
●紫白九星飛五黃到巽，關方，屬土生中宮金爲【生氣方】。※紫白九星【五黃】
※2008→2019戊子木運安床十二年不利。
○香火、廁所可。
※五黃關方，犯動則遭瘟火，在巽方，木制五黃土，禍稍輕；但不可造屋，立錐子也。

●若大門在關方，洩地下之殺氣大吉，但外屏牆不可高逼，恐反樸天上殺氣入內。
○上元、下元平平，中元不利。
●安香火，利。
※池井，不宜。
※巽上峰尖高起，其家常遭火災。
※流年2015年見二黑2012年見五黃，主生病【宅母孕婦應災】。
●流年2017年見九紫生五黃土，主發丁。
●流年2009年見八白，旺星來，主發財。

乾宅離宮：南方，丙午丁三方，
方位157・5→202・5度。
※遊年九星【絕命】。
※紫白九星飛一白到離，一白水中宮六白金生之爲【洩氣方】●紫白九星【一白】
※2008→2019戊子木運，安床十二年有丁無財。●大門、灶位吉。○臥房，可。
※退氣方，犯之退田莊、損六畜、人口遭災，房門在此方，漏胎小產。
●有水來朝，利。○安床，平吉。

2012年見一白爲凶中藏吉，爲善曜，逢生旺運，主生貴子，科地連中。
○神廟無妨。※廁所不宜。※樹木財散。
●有書房，有外六事高聳，形異尋常者，2009年見四綠、2012年見一白，表示升官發科甲。●有大門、房間、房門，在三白方，2014年見八白2016年見六白2012年見一白，必受胎生男 。
●流年2014八白，生神加紫白，主發丁。
●流年2012年見一白，旺星來，主發財。

乾宅艮宮：東北方，丑艮寅三方，
方位022．5→067．5度。
●遊年九星【天醫】。
※紫白九星飛九紫到艮，九紫屬火剋中宮六白金爲【殺氣方】○紫白九星【九紫】
●2008→2019戊子木運安床十二年旺丁。
●香火，大吉。●臥房、書房、財位，吉【財位可放財神、金庫、魚缸、珠寶等】
※殺氣方宜靜不宜動，不宜高聳；宅外六事如橋、屋樑、宮殿、高塔、涼亭、高台

等，均不利，人財不旺。　○有樹木可。
※開門，主火盜，損少丁，犯血症。
※作灶，絕丁。※路沖不利 。※池井，水剋本方九紫火，主丁空財乏※有高屋、高山、水來，主丙子戊子年更加不利。
※其方外六事有異常之物，2014年見七赤2016年見五黃2010年見二黑2012年見九紫主發火，月建星同到斷在此月發火●有大門，2012年見九紫又會合吉曜星主家有喜慶之事●2012年見九紫旺星來主發財。

乾宅中宮：宅中央，六白六宮，武曲地尊星入中宮，管宅長，商音，天心開門值事天門之位，正陽山也，其吉凶，六旬六月六年應驗，喜乾坎兌三方爲吉，忌艮巽二方爲凶。
乾山，六白入中宮，爲金山也。
●1984→2043大運下元七赤金運，乾宅金金比和，旺氣也。2004→2023小運八白土運，乾宅得土生金，生氣。乾宅生氣。
●乾宅，此星戌亥年入中宮利，巳午未申

酉年月日時爲有氣逢丑墓寅絕入墓凶也。
※2008→2019戊子木運，安床十二年有災殃破財損丁。●臥房、財位【財位可放財神、金庫、魚缸、珠寶等】。
●2010年八白生氣一到方，修造之，主異常喜慶。　●香火、書房，大吉。
●有房間、房門，在三白方，流年2017年見一白2010年見八白2012年見六白，必受胎生男。
●流年2010年見八白生神加紫白主發丁。
●流年2012年見六白，旺星來，主發財。

乾宅坤宮：西南方，未坤申三方，
方位202・5→247．5度。
●遊年九星【延年】。
※紫白九星飛三碧到坤，三碧木，中宮六白金剋之爲【死氣方】※紫白九星三碧，
●2008→2019戊子木運安床十二年旺財。
●香火，大吉。
●臥房、書房、財位吉【財位可放財神、金庫、魚缸、珠寶等】。
○灶位，可。

※死氣方，由此方出行，失財；房門在此方，生女不生男。
○安床，主小災，有丁。
○作灶、池井，普通。
※開門、屋脊、高峰、神廟、水路沖，俱不宜。
※流年2008年見七赤2012年見三碧，主被盜官訟。
●流年2005年見一白，生三碧木，主發丁。

乾宅坎宮：北方，壬子癸三山，
方位337．5→022．5度。
※遊年九星【六煞】。
●紫白九星飛二黑到坎，二黑屬土生中宮六白金爲【生氣方】※紫白九星【二黑】
※2008→2019戊子木運安床十二年不利。
●灶位，吉。
○臥房，可。
●得生氣門路，主旺丁，孝義良善，科甲傳芳，壽命延長。

○安床，普通。
●開門、安香火、有高峰，吉。
○路沖不妨。
※井、碾磨、廁所、神廟在旁，不利。
※有樹木，不利小孩。
※流年2009年見五黃2012年見二黑，主生病【宅母孕婦應災】。
●流年2014年見九紫生五黃土，主發丁。
●流年2015年見八白，旺星來，主發財。

乾宅乾宮：西北方，戌乾亥三山，
方位292．5→337．5度。
●遊年九星【伏位】。
●紫白九星飛七赤到乾，爲天門屬金，金金比和爲【旺氣方】※紫白九星【七赤】
※2008→2019戊子木運，安床十二年有災殃破財損丁。●香火、書房、財位，大吉【財位可放財神、金庫魚缸、珠寶等】。
○可開後門，廁所，可。
●有水流來朝，利。　●臥房，吉。

●旺氣方，宜造作，主富貴文章，子孫繁盛家和意協兄友弟恭。●開門，利。
●有高峰，土金形體，大旺。
※有大樹，主火災。
※作灶、神廟，均不宜。
○井，戌亥兩方可用，乾方不宜
○廁所、碾磨、水池，普通※流年2016年見三碧2012年見七赤，主被盜官訟。
●流年2011年見八白，生七赤金主發丁。
●流年2013年見六白，旺星來，主發財。

乾宅兌宮：西方，庚酉辛三方，
方位247．5→292．5度。
●遊年九星【生氣】。
●紫白九星飛八白到兌，八白屬土，土生中宮爲【生氣方】。●紫白九星【八白】
※2008→2019戊子木運安床十二年不利。
●香火、臥房、書房、財位，大吉【財位可放財神、金庫、魚缸、珠寶等】。
○可開後門，灶位、廁所，可。
●有碾磨、廁所、灶、開門，均利。

●得生氣門路，主旺丁，孝義良善，科甲傳芳，壽命延長。
●有碾磨、廁所、灶、開門，均利。
○有大樹、池井、安床，普通。
●有高峰土體形吉。●有鼓聲，主大利。
●有水來朝，旺財。●有大門、房間、房門，在三白方，流年2014年見六白2010年見一白2012年見八白，必受胎生男。
●流年2011年見九紫，生八白土主發丁。
●流年2012年見八白，旺星來，主發財。

坎宅【東四宅、坐北向南的房子】

東南	南	西南
東	↑	西
東北	北	西北

坎宅巽宮：東南方，辰巽巳三方，
方位112・5→157・5度。
●遊年九星【生氣】。
※飛九紫到巽，九紫屬火，中宮一白水剋火為【死氣方】。〇紫白九星【九紫】。
●2008→2019戊子木運安床十二年旺丁。
●大門、臥房，大吉。●香火、書房、財位，吉【財位可放財神、金庫、魚缸、珠寶等】。※死氣方，由此方出行，失財；房門，生女不生男。
2017年見九紫為魁星，逢生旺運，財旺生官，功名顯耀。
※有大樹、神廟，必招刑法。
※巽方高起，出寡婦，少人丁；高橋，主血症；作灶，不利。※其方外六事有異常之物，2015年見二黑2017年見九紫2010年見七赤2012年見五黃，主發火，月建星同到，斷在此月發火。
●有大門，2017年見九紫，又會合吉曜星主家有喜慶之事；旺星來，主發財。

坎宅離宮：南方，丙午丁三方，
方位157・5→202・5度。
●遊年九星【延年】。※紫白九星飛五黃到離關方土剋中宮水殺氣方【關殺方】。※紫白九星【五黃】。※2008→2019戊子木運，安床十二年不利。●大門、香火、臥房、書房，吉　※殺氣方，不宜動及高聳，有宅外六事，人財不旺，犯動則遭瘟火，離方禍不小，建塔，逢歲殺加臨，常會毀五數宅或殺五數人，有水剋制無恙。
●大門，洩地下殺氣大吉，外門高於內門名朱雀開口，多口舌※子午、壬丙不宜作灶及廁，否則生眼疾※南方有屋五間或六間住宅，其宅土剋水敗絕〇池水，普通※有井名破軍不利，主腫瘋※多進之古宅，其第一進高過正堂，稱為大頭屋不利，主人丁少生產危險不順※有樓房高高來沖，為朱雀門口多口舌是非；有神廟，不利※2017年見五黃2011年見二黑主生病●2013年見九紫主發丁●2014年見八白主發財。

坎宅坤宮：西南方，未坤申三方，
方位202・5→247・5度。
※遊年九星【絕命】。
●紫白九星飛七赤到坤，七赤屬金生中宮一白水為【生氣方】※紫白九星【七赤】
※2008→2019戊子木運，十二年有災殃破財損丁。　●灶位、廁所，大吉【灶口宜向東南、東、南、北方】。●大門，吉。
●得生氣門路，主旺丁，孝義良善，科甲傳芳，壽命延長。
●開門、作灶大利，唯未上不宜。
●有水來朝大利，河流來主發富貴；有更鼓聲及神廟利。　※大樹，不宜；有尖峰屬火，西方之屋必火災。
●有高山高屋，如平土形，或高高低低水形，大利。　〇安床女多男少。
●碓磨井廁，不沖本屋則大利。
※流年2017年見七赤2012年見三碧，主被盜官訟。　●流年2016年見八白，主發丁
●流年2009年見六白，主發財。

坎宅震宮：東方，甲卯乙三方，
方位067・5→112・5度。
●遊年九星【天醫】。
※紫白九星飛八白到震，八白屬土剋中宮一白水為【殺氣方】●紫白九星【八白】
※2008→2019戊子木運安床十二年不利。
●香火、書房、財位，吉【財位可放財神、金庫、魚缸、珠寶等】。
●臥房，大吉。
※開門，凶；井，不吉。
※殺氣方宜靜不宜動，不宜高聳；宅外六事如橋、屋樑、宮殿、高塔、涼亭、高台等，均不利，人財不旺。
※有山峰、碓磨、神廟、大樹、廁所、屋宇、水來沖，均不利。
●有大門、房間、房門，在三白方，流年2015年見一白2017年見八白2010年見六白必受胎生男。
●流年2016年見九紫，生八白，主發丁。
●流年2017年見八白，旺星來，主發財。

坎宅中宮：宅中央，一白一宮，貪狼天尊星入中宮，管中男，羽音【水】天蓬休門值事，半陰半陽山也，其吉凶，一旬一月一年應驗，喜坎坤二方為吉，忌乾離震三方為凶。坎山，一白入中宮，為水山也。
〇1984→2043大運下元七赤金運，坎宅得金生水，生氣也。2004→2023小運八白土運，坎宅受剋；坎宅無妨。●坎宅遇子年月日時大利營造，主百日內君子進職庶人進財，中男先發，遇太歲諸殺不妨礙也，申酉戌亥子年月日時均有氣，丑寅卯辰巳年月日時為無氣則凶也。〇2008→2019戊子木運，安床十二年有丁無財。
●書房、財位，吉【財位可放財神、金庫魚缸、珠寶等】。●香火、臥房，大吉。
●有書房，流年2014年見四綠、2017見一白，表示升官發科甲。●有大門、房間、房門，在三白方，2008年見一白2010年見八白2012年見六白必受胎生男。
●2008年見一白旺星來主發財。

坎宅兌宮：西方，庚酉辛三方，
方位247・5→292・5度。
※遊年九星【禍害】。
※紫白九星飛三碧到兌，三碧屬木，中宮水生木為【退氣方】※紫白九星【三碧】
●2008→2019戊子木運安床十二年旺財。
●廁所，吉。
※洩氣方，犯之退田莊、損六畜、人口遭災，房門在此方，漏胎小產。
〇作灶，表其家女多男少〇有神廟普通。
※有大樹名為退財木；有井方名為退曜。
※高峰為破軍名退田筆；有獸頭【石獅、瓦上獸、廟角獸】名白虎入明堂，表有口舌是非之爭。
※有水直沖【或路沖】，名射腰水，其家常生病毒而死。
※流年2013年見七赤2017年見三碧，主被盜官訟。
●流年2010年見一白生三碧木，主發丁。

坎宅艮宮：東北方，丑艮寅三方，
方位022・5→067・5度。
※遊年九星【五鬼】。
※紫白九星飛四綠到艮，四綠屬木，中宮水生木為【洩氣方】※紫白九星【四綠】
●2008→2019戊子木運安床十二年旺財。
●灶位，大吉。　●臥房、書房，吉。
※廁所，不宜。※退氣方，犯之退田莊、損六畜人口遭災，房門在此方漏胎小產。
●當書房主登科中舉應驗在四綠臨官年。
※作廁所，名為污穢文昌，永不科甲；神廟不宜。
〇寅方作灶，普通。
●有池水來生木，主文秀；有井，普通。
●安香火，則上元最佳；安床，上元水運普通，中元木運大利
●安書房，有外六事高聳，形異尋常者，2017年見四綠、2011年見一白，表示升官發科甲。
●流年2011年見一白，生四綠木主發丁。

坎宅坎宮：北方，壬子癸三山，
方位337・5→022・5度。
●遊年九星【伏位】。
●飛六白到坎，六白屬金，金生中宮水，為【生氣方】。　●紫白九星【六白】。
※2008→2019戊子木運安床十二年不利。
●香火、臥房、財位，大吉【財位可放財神金庫魚缸珠寶等】；書房吉。●得生氣門路，主旺丁，孝義良善科甲傳芳壽命延長。●開門吉；作灶水火既濟旺丁旺財。
※有火星沖射必犯血症，不可開門，流年2009年五黃到不利。●井在壬癸方，為水火既濟但井不可對灶，如子午相沖，出寡●神廟庵佛，不宜太近；遠方有更鼓聲及油車磨坊響動大利※有大樹夫婦受災多病※池山不宜，有水來則不妨。●高山土阜大發丁財※北方低，則無靠而退敗●有大門房間房門在三白方，2015年見一白2017年見八白2010年見六白必受胎生男●2015年見一白主發丁●2017年見八白發財。

坎宅乾宮：西北方，戌乾亥三山，
方位292・5→337・5度。
※遊年九星【六煞】。※紫白九星飛二黑到乾，二黑土剋中宮一白水為【殺氣方】※紫白九星【二黑】。※2008→2019戊子木運，十二年不利。●灶位大吉【灶口宜向東南、東、南、北方】●臥房吉。〇廁所，可※殺氣方宜靜不宜動，不宜高聳；有宅外六事不利人財不旺※有高牆高樓庵廟埠站主不利；初住吉，久則丁財兩敗，終主火災；不可開門。流年2005年五黃到主宅長倒路而亡，先敗長房後絕子。※有大樹，主外來之禍。有池井為破軍，主產厄失盜不利小孩；流年2014五黃或2012七赤到則應驗。●西邊有路，則成震局，絕處逢生，旺財，不可久居●安床大吉，發丁財※開門，名為走破天門凶；安步梯，對小孩不利。※2014年見五黃2017年見二黑，主生病【宅母孕婦應災】●2010年見九紫，主發丁●2011年見八白，主發財。

艮宅【西四宅、坐東北向西南的房子】

<table>
<tr><td>南</td><td>西南</td><td>西</td></tr>
<tr><td>東南</td><td>↑</td><td>西北</td></tr>
<tr><td>東</td><td>東北</td><td>北</td></tr>
</table>

<table>
<tr>
<td>艮宅離宮：南方，丙午丁三方，
方位157・5→202・5度。
※遊年九星【禍害】。
※紫白九星飛三碧到離，三碧屬木，木剋宅之土爲【殺氣方】※紫白九星【三碧】
●2008→2019戊子木運安床十二年旺財。
○廁所，可。
※殺氣方宜靜不宜動，不宜高聳；宅外六事如橋、屋樑、宮殿、高塔、涼亭、高台等，均不利，人財不旺。
○開門，先富後貧，二十年後，少年血症而亡。
○作灶，一發之後即敗。
○井，不妨。
●神廟，吉。
※流年2015年見七赤2010年見三碧，主被盜官訟。
●流年2012年見一白生三碧木，主發丁。</td>
<td>艮宅坤宮：西南方，未坤申三方，
方位202・5→247・5度。
●遊年九星【生氣】。
※紫白九星飛五黃到坤，關方屬土，與本山土比和爲【旺氣方】※紫白九星五黃，
※2008→2019戊子木運安床十二年不利。
●大門大吉。●香火、臥房、書房，吉。
○財位可【財位可放財神、金庫、魚缸、珠寶等】。 ●旺氣方，宜造作，主富貴文章，子孫繁盛家和意協兄友弟恭。
※五黃關方犯動則遭瘟火，此坤方造屋，必發流行性疾病有木制則無恙●大門在關方洩地下之殺氣大吉，外牆高逼，則不利※有樹，主火災※池井當關爲破軍，不利※廁所，主目疾○有青煙進門，財進但眼疾●高峰如火形，大發※關方，水朝名潑面水，合宅皆凶○住宅當門爲天門，天門宜開，地戶宜閉※2013年見二黑2010年見五黃主生病【宅母孕婦應災】●2015年見九紫主發丁●流年2016年見八白主發財。</td>
<td>艮宅兌宮：西方，庚酉辛三方，
方位247・5→292・5度。
●遊年九星【延年】。
※紫白九星飛一白到兌，一白屬水，中宮土剋水爲【死氣方】※紫白九星【一白】
○2008→2019戊子木運十二年有丁無財。
●大門，大吉。 ●香火、臥房、書房，吉。○財位，可【財位可放財神、金庫、魚缸、珠寶等】。 ※死氣方，由此方出行，失財；房門在此方生女不生男。
2010年見一白爲魁星，逢生旺運，財旺生官，功名顯耀。●開門，上元水見水吉。※路沖不利。※作灶，受水剋凶※碾磨、廁所，不宜。※流年五黃到，不利。●有外六事高聳形異尋常者，2016年見四綠、2010年見一白表示升官發科甲。 ●有大門、房間、房門在三白方，流年2014年見六白2010年見一白2012年見八白，必受胎生男●流年2014年見六白生一白水，主發丁●流年2010年見一白旺星來，主發財。</td>
</tr>
<tr>
<td>艮宅巽宮：東南方，辰巽巳三方，方位112・5→157・5度。 ※遊年九星【絕命】。
※紫白九星飛七赤到巽，七赤屬金，中宮土生金爲【洩氣方】※紫白九星七赤。
※2008→2019戊子木運，安床十二年有災殃破財損丁。 ○灶位、廁所，可【艮命人灶口不宜向西南】。
※退氣方，犯之退田莊、損六畜、人口遭災，房門在此方，漏胎小產。
○開門，有丁，但無財。
○安床、井，平平 ○路沖，無妨。
※神廟、高峰，不利。 ※作灶，火剋金，女人血症。
※流年2014年見三碧2010年見七赤，主被盜官訟。
●流年2009年見八白，生神加紫白，主發丁。
●流年2011年見六白，旺星來，主發財。</td>
<td>艮宅中宮：宅中央，八白八宮，左輔明龍星入中宮管少男，宮音，天任生門值事，正陽山也，其吉凶，八旬八月八年應驗，喜乾艮方二爲吉，忌離坤兌坎四方爲凶。艮山，八白入中宮，爲土山宅也。
○1984→2043大運下元七赤金運，艮宅土生金洩氣也；2004→2023小運八白土運，土土比和，艮宅旺氣；艮宅無妨也。
●艮宅，此星丑寅年利，寅卯辰巳午年有氣，戌亥年犯墓絕。
※2008→2019戊子木運安床十二年不利。
●香火，大吉。
●臥房、書房，吉。
○財位可【財位可放財神、金庫、魚缸、珠寶等】。
●有房間、房門，在三白方，流年2017年見一白2010年見八白2012年見六白，必受胎生男。
●流年2009年見九紫生八白土，主發丁。
●流年2010年見八白，旺星來，主發財。</td>
<td>艮宅乾宮：西北方，戌乾亥三山，
方位292・5→337・5度。
●遊年九星【天醫】。
●紫白九星飛九紫到乾，九紫屬火，生中宮八白土爲【生氣方】○紫白九星九紫。
●2008→2019戊子木運安床十二年旺財。
●香火、財位，大吉【財位可放財神、金庫、魚缸、珠寶等】。
●得生氣門路，主旺丁，孝義良善，科甲傳芳，壽命延長。
●臥房、書房，吉。
●富貴多丁。
※此宅屬土，周圍不宜種滿樹木。
※其方外六事有異常之物，流年2014年見九紫2016年見七赤2009年見五黃2012年見二黑，主發火，月建星同到，斷在此月發火。
●有大門，2014年見九紫，又會合吉曜，主家有喜慶之事。
●2014年見九紫，旺星來，主發財。</td>
</tr>
<tr>
<td>艮宅震宮：東方，甲卯乙三方，
方位067・5→112・5度。
※遊年九星【六煞】。
※紫白九星飛六白到震，六白屬金，本山土生金爲【洩氣方】●紫白九星【六白】
※2008→2019戊子木運，安床十二年有災殃破財損丁。 ※退氣方，犯之退田莊、損六畜、人口遭災，房門在此方，漏胎小產；2010年見六白爲凶中藏吉，爲善曜，逢生旺運，主生貴子，科地連中。
○廁所，可。
※作灶，火剋金，女人血症
※神廟、高峰，不利。○開門有丁無財。
○安床、井，平平。 ○路沖，無妨。
●有大門、房間、房門，在三白方，流年2015年見一白2017年見八白2010年見六白必受胎生男。
●流年2017年見八白，生神加紫白，主發丁。
●流年2010年見六白旺星來，主發財。</td>
<td>艮宅艮宮：東北方，丑艮寅三方，
方位022・5→067・5度。
●遊年九星【伏位】。
※紫白九星飛二黑到艮，二黑屬土，山方土土比和爲【旺氣方】
※紫白九星二黑，
※2008→2019戊子木運安床十二年不利。
●香火、財位，大吉【財位可放財神、金庫、魚缸、珠寶等】
●臥房、書房，吉。
○寅方可開後門。
●旺氣方宜造作，主富貴文章，子孫繁盛家和意協兄友弟恭。
●作灶，火土相生，吉。
○開門，在寅上，可。
※有樹木，不宜。
※流年2016年見五黃2010年見二黑，主生病【宅母孕婦應災】
●流年2012年見九紫生神加紫白主發丁。
●流年2013年見八白，旺星來，主發財。</td>
<td>艮宅坎宮：北方，壬子癸三山，
方位337・5→022・5度。
※遊年九星【五鬼】。
※紫白九星飛四綠到坎，四綠屬木，木剋中宮土爲【殺氣方】※紫白九星【四綠】
●2008→2019戊子木運安床十二年旺財。
●臥房、書房、灶位，吉【艮命人灶口不宜向西南】。 ※殺氣方宜靜不宜動，不宜高聳；宅外六事如橋、屋樑、宮殿、高塔、涼亭、高台等，均不利，人財不旺。
○可開後門。 ○作灶，有丁無財。
※廁所，不宜。●井，屬壬癸水，則可。
※廁所，汙及文昌，不能中科第。
●坎方，作書房，發貴。
●安床，旺丁，出文秀。
●開門，宜在乾艮生旺方，住久發貴。
●有書房，有外六事高聳，形異尋常者，2013年見一白、2010年見四綠，表示升官發科甲。
●流年2013年見一白生四綠木，主發丁。</td>
</tr>
</table>

西南	西	西北
南	↑	北
東南	東	東北

震宅【東四宅、坐東向西的房子】

震宅坤宮：西南方，未坤申三方， 方位202，5→247・5度。 ※遊年九星【禍害】。 ※紫白九星飛九紫到坤，九紫屬火，本山木生火爲【洩氣方】○紫白九星【九紫】●2008→2019戊子木運安床十二年旺丁。○灶位，可【灶口應朝向南、北、東、東南方】。　●大門、臥房，吉。 ※退氣方，犯之退田莊、損六畜、人口遭災，房門在此方，漏胎小產。 2015年見九紫爲凶中藏吉，爲善曜，逢生旺運，主生貴子科地連中。※開門，流年2010年五黃到，主犯官訟口舌之災。※神廟高，犯火災。※有池井水剋火，凶也。●安床，宜子孫。※其方外六事有異常之物，流年2013年見二黑2015年見九紫2017年見七赤2010年見五黃主發火，月建星同到斷在此月發火●有大門，流年2015年見九紫，又會合吉曜星，主家有喜慶之事。 ●流年2015年見九紫旺星來，主發財。	震宅兌宮：西方，庚酉辛三方， 方位247・5→292・5度。 ※遊年九星【絕命】。 ※紫白九星飛五黃到兌，關方，屬土中宮木剋土爲【死氣方】※紫白九星【五黃】 ※2008→2019戊子木運安床十二年不利。 ※五黃關方，犯動則遭瘟火，在兌金方造圓廁，洩五黃之氣其禍稍輕，坑不宜大，若尖形更犯大火焚燒。　※由死氣方出行，失財；房門在此方，生女不生男。 ※不宜開門放水；有山如金星，不宜，九紫到，犯火災。 ※有樹木、井、神廟、石碑、石碾、或碓磨、廁所，均不宜。 ※流年2015年見五黃2009年見二黑，主生病【宅母孕婦應災】 ●流年2011年見九紫生五黃土，主發丁。 ●流年2012年見八白，旺星來，主發財。	震宅乾宮：西北方，戌乾亥三山， 方位292・5→337・5度。 ※遊年九星【五鬼】。 ●紫白九星飛四綠到乾，四綠屬木與中宮木比和爲【旺氣方】※紫白九星【四綠】 ●2008→2019戊子木運安床十二年旺財。 ●大門、灶位，大吉【灶口應朝向南、北、東、東南方】。 ●臥房、書房，吉。　※廁所，不宜。 ●開門，出秀。　●有高峰，主科第。 ●旺氣方，宜造作，主富貴文章，子孫繁盛家和意協兄友弟恭。 ●有井，利。 ●作灶財丁大旺，出文士。 ●安床，生聰明女。　○有樹，無妨。 ●上元開門，水木相生，利也。 ●書房，有外六事高聳，形異尋常者，流年2015年見四綠、2009年見一白，表示升官發科甲。 ●流年2009年見一白生四綠木，主發丁。
震宅離宮：南方，丙午丁三方， 方位157・5→202・5度。 ●遊年九星【生氣】。 ※紫白九星飛七赤到離，七赤屬金，剋山之木爲【殺氣方】。※紫白九星【七赤】 ※2008→2019戊子木運，安床十二年有災殃破財損丁。 ●香火、臥房、書房、財位，吉【財位可放財神、金庫、魚缸、珠寶等】。 ※作灶，少財丁；開門，出寡。 ○可開後門，如車庫。 ※殺氣方宜靜不宜動，不宜高聳；宅外六事如橋、屋樑、宮殿、高塔、涼亭、高台等，均不利，人財不旺。 ※有池，洩氣又剋火，小孩不利；有廁所，高山，高屋，不利。 ※流年2015年見七赤2010年見三碧，主被盜官訟。 ●流年2014年見八白生七赤金，主發丁。 ●流年2015年見六白，旺星來，主發財。	震宅中宮：宅中央，三碧三宮，祿存天罡星入中宮，管長男，角音，天衝傷門值事，半陰半陽山也，其吉凶，三旬三月三年應驗，喜乾震二方爲吉，忌艮離兌三方爲凶。 震山，三碧入中宮，爲木山也。 ※1984→2043大運下元七赤金運，震宅受剋；2004→2023小運八白土運，震宅木剋土；震宅不利。 ●震宅，此星卯年入中宮利，亥子丑並寅卯年月日時爲有氣，未年月日時入墓，修造犯之，凶也，五黃六白七赤即兌宮艮宮離宮，凶也。 ●2008→2019戊子木運安床十二年旺財。 ●香火、書房，吉。 ※流年2015年見三碧2011年見七赤，主被盜官訟。 ●流年2017年見一白，生三碧木主發丁。 ●流年2016年見六白，旺星來，主發財。	震宅坎宮：北方，壬子癸三山， 方位337・5→022・5度。 ●遊年九星【天醫】。 ●紫白九星飛八白到坎，八白屬土，本山木剋土爲【死氣方】●紫白九星【八白】 ※2008→2019戊子木運安床十二年不利。 ●臥房、財位，大吉【財位可放財神、金庫、魚缸、珠寶等】●香火、書房，吉。 ※死氣方，由此方出行，失財；房門，生女不生男； 2015年見八白爲魁星，逢生旺運，財旺生官，功名顯耀。 ●安床，利。 ※有樹，凶；安步梯及廁所，不利。 ※有高峰，少財丁；有廟，不利。 ●有大門、房間、房門，在三白方，流年2013年見一白2015年見八白2017年見六白必受胎生男。 ●流年2014年見九紫爲生神，加紫白主發丁。●2015年見八白，旺星來，主發財。
震宅巽宮：東南方，辰巽巳三方， 方位112・5→157・5度。 ●遊年九星【延年】。 ※紫白九星飛二黑到巽，二黑屬土，本山木剋土爲【死氣方】紫白九星【二黑】 ※2008→2019戊子木運安床十二年不利。 ●臥房，大吉。　○可開後門，如車庫。 ●香火、書房、灶位、財位，吉【財位可放財神、金庫、魚缸、珠寶等；灶口應朝向南、北、東、東南方】。 ※死氣方，由此方出行，失財；房門在此方，生女不生男。 ●安床、作灶，吉。 ○開門，普通。 ○有高峰財旺而少丁。 ※安步梯，損小孩。 ※流年2015年見二黑、2012年見五黃，主生病【宅母孕婦應災】。 ●流年2017年見九紫生二黑土，主發丁。 ●流年2009年見八白，旺星來，主發財。	震宅震宮：東方，甲卯乙三方， 方位067・5→112・5度。 ●遊年九星【伏位】。 ●紫白九星飛一白到震，一白屬水，水生中宮木爲【生氣方】※紫白九星【一白】 ○2008→2019戊子木運，十二年有丁無財 ●香火、財位，大吉【財位可放財神金庫魚缸珠寶等】。●臥房、書房，灶位，吉【灶口應朝向南、北、東、東南方】。 ●得生氣門路主旺丁，孝義良善，科甲傳芳壽命延長。○可開後門如車庫。 ●開門安香火井廁碾米，利也●有峰如水形則大利，如峰爲金形金剋木則不利●遠方有水來朝吉利 ○安床多生但少健全。※未年2011年五黃到，土剋一白水主產亡●書房有外六事高聳形異尋常者，2015年見一白、2012年見四綠，表示升官發科甲●有大門房間房門，在三白方，2015年見一白2017年見八白2010年見六白，必受胎生男。●2015年見一白旺星來主發財。	震宅艮宮：東北方，丑艮寅三方， 方位022・5→067・5度。 ※遊年九星【六煞】。 ※紫白九星飛六白到艮，六白屬金，剋山之木爲【殺氣方】。●紫白九星【六白】 ※2008→2019戊子木運，十二年有災殃破財損丁。 ※殺氣方宜靜不宜動，不宜高聳；宅外六事如橋、屋樑、宮殿、高塔、涼亭、高台等，均不利，人財不旺。 ○廁所，可。 ※作灶、開門，俱主女人月經不調；有樹木，不宜。 ※有池爲破軍，不宜；有碓與高峰不宜；有神廟，主有火災。 ●有大門、房間、房門，在三白方，流年2013年見八白2015年見六白2011年見六白必受胎生男。 ●流年2013年見八，生六白土，主發丁。 ●流年2015年見六白，旺星來，主發財。

西	西北	北
西南	↑	東北
南	東南	東

巽宅【東四宅、坐東南向西北的房子】

巽宅兌宮：西方，庚酉辛三方，
方位247・5→292・5度。
※遊年九星【六煞】。
※紫白九星飛六白到兌，六白屬金，剋中宮木爲【殺氣方】。●紫白九星【六白】
※2008→2019戊子木運，安床十二年有災殃破財損丁。　○大門、灶位，可。
※殺氣方宜靜不宜動，不宜高聳；宅外六事如橋、屋樑、宮殿、高塔、涼亭、高台等，均不利，人財不旺。

○安床，有丁無財，惟上元水運則兌金生水，而反有利於木山，以爲化殺作恩。
●安床，利。
○有廟、井，平平。
※廁所、橋，不宜。
●有大門、房間、房門，在三白方，2014年見六白2010年見一白2012年見八白，必受胎生男。
●流年2012年見八白，主發丁。
●流年2014年見六白，旺星來，主發財。

巽宅乾宮：西北方，戌乾亥三山，
方位292・5→337・5度。
※遊年九星【禍害】。
※紫白九星飛五黃到乾，關方屬土，中宮木剋土爲【死氣方】※紫白九星【五黃】
※2008→2019戊子木運安床十二年不利。
※死氣方，由此方出行，失財；房門在此方，生女不生男。　※五黃關方犯動則遭瘟火，在乾方造圓廁，洩五黃之氣，其禍稍輕，坑不宜大，若尖形更犯大火焚燒。

●大門，吉。●大門在關方，洩地下之殺氣，吉，有財但少丁，但外牆不可高逼，恐反樸天上殺氣入內※有高樹，主口舌火盜；有高峰金星形則受制，不可居。
※有井爲破軍，不利※明堂斜側不正，主婦女不良※如聞鐘鼓聲，名朱雀鳴，主官符口舌※斜飛屋射亦不吉※碾磨，不宜。
※流年2014年見五黃2017年見二黑，主生病【宅母孕婦應災】。●流年2010年見九紫，主發丁●流年2011年見八白主發財。

巽宅坎宮：北方，壬子癸三山，
方位337・5→022・5度。
●遊年九星【生氣】。
※紫白九星飛九紫到坎，九紫屬火，中宮木生火爲【洩氣方】○紫白九星【九紫】
●2008→2019戊子木運安床十二年旺丁。
●書房、財位吉【財位可放財神、金庫、魚缸、珠寶等】。●大門，大吉。
※廁所，不宜。※退氣方犯之退田莊損六畜、人口遭災，房門在此方，漏胎小產。

○臥房可。2014年見九紫爲凶中藏吉，爲善曜，逢生旺運，主生貴子，科地連中。
○有樹，無妨。※廁所碾磨，不宜。
※開門、作灶、安香火、安床、池井、水俱不利。　※其方外六事有異常之物，2014年見九紫2016年見七赤2009年見五黃2012年見二黑，主發火，月建星同到，斷在此月發火。●有大門，2014年見九紫，又會合吉曜星，主家有喜慶之事。
●流年2014年見九紫，旺星來，主發財。

巽宅坤宮：西南方，未坤申三方，
方位202・5→247・5度。
※遊年九星【五鬼】。
※紫白九星飛一白到坤，一白屬水，水生中宮木爲【生氣方】※紫白九星【一白】
○2008→2019戊子木運十二年有丁無財。
○臥房、書房、財位可【財位可放財神、金庫、魚缸、珠寶等】。●灶位吉。
●得生氣門路，主旺丁，孝義良善，科甲傳芳，壽命延長。

●開門，吉。○有樹，不妨。
○有廁所可。　●有高峰，旺。
●安床，一白屬天喜，發丁旺財。●有碾磨，利。●有書房，有外六事高聳，形異尋常者，流年2014年見四綠、2017年見一白，表示升官發科甲。
●有大門、房間、房門，在三白方，流年2014年見一白2016年見八白2009年見六白必受胎生男。
●流年2014年見一白，旺星來，主發財。

巽宅中宮：宅中央，四綠四宮，文曲地計星入中宮管長女，角音，天輔杜門值事，正陰山也，其吉凶，四旬四月四年應驗，喜巽坤二方爲吉，忌艮乾兌三方爲凶。
巽山，四綠入中宮，爲木宅也，中宮如安香火，主出科第，前有水，要南方有橫界之水，此爲坎向之水，遇戊子運屬木，與坎水相生，發科甲。　※1984→2043大運下元七赤金運，巽宅受剋；2004→2023小運八白土運，巽宅木剋土；巽宅不利。

●巽宅，此星辰巳年入中宮利，亥子丑寅卯年月日時爲有氣，未年月入墓，修造犯之凶也，五黃六白七赤方即乾兌艮方，切忌修造，否則大凶。
●2008→2019戊子木運安床十二年旺財。
●香火、臥房、書房、財位，吉【財位可放財神、金庫、魚缸、珠寶等】。
※廁所，不宜。●書房，流年2014年見四綠、2017年見一白，表示升官發科甲。
●流年2017年見一白生四綠木，主發丁。

巽宅艮宮：東北方，丑艮寅三方，
方位022・5→067・5度。
※遊年九星【絕命】。
※紫白九星飛七赤到艮，七赤屬金，剋坐山木爲【殺氣方】。※紫白九星【七赤】
※2008→2019戊子木運，安床十二年有災殃破財損丁。
※殺氣方宜靜不宜動，不宜高聳；宅外六事如橋、屋樑、宮殿、高塔、涼亭、高台等，均不利，人財不旺。

○灶位，可。
●交土運，財丁兩旺。
●逢丙子水運，發丁。
●金運，比和。
※逢火運，人財兩敗。
※流年2014年見七赤2009年見三碧，主被盜官訟。
●流年2013年見八白，生七赤金主發丁。
●流年2015年見六白，旺星來，主發財。

巽宅離宮：南方，丙午丁三方，
方位157・5→202・5度。
●遊年九星【天醫】。
※紫白九星飛八白到離，八白屬土，中宮木剋土爲【死氣方】●紫白九星【八白】
※2008→2019戊子木運安床十二年不利。
●臥房、財位，大吉【財位可放財神、金庫、魚缸、珠寶等】●香火、書房，吉。
※死氣方，由此方出行，失財；房門在此方，生女不生男。

●2014年見八白爲魁星，逢生旺運，財旺生官，功名顯耀。
※高峰、路，不利。
●安床，財丁兩盛。
○灶、廁所、開門普通。○灶位，可。
●有大門、房間、房門，在三白方，流年2014年見八白2016年見六白2012年見一白必受胎生男。
●流年2013年見九紫生八白土，主發丁。
●流年2014年見八白，旺星來，主發財。

巽宅巽宮：東南方，辰巽巳三方，
方位112・5→157・5度。
●遊年九星【伏位】。
●紫白九星飛三碧到巽，三碧屬木，與中宮木比和爲【旺氣方】紫白九星【三碧】
●2008→2019戊子木運安床十二年旺財。
●香火、臥房、書房、灶位、財位吉【財位可放財神、金庫、魚缸、珠寶等】。
●旺氣方，宜造作，主富貴文章，子孫繁盛家和意協兄友弟恭。

○可開後門。
●作灶，大利，發秀。
●開門，利。
※池、井，不宜。
※流年2014年見三碧2010年見七赤，主被盜官訟。
●流年2016年見一白，生三碧木主發丁。

巽宅震宮：東方，甲卯乙三方，
方位067・5→112・5度。
●遊年九星【延年】。
※紫白九星飛二黑到震，二黑屬土，中宮木剋土爲【死氣方】※紫白九星【二黑】
※2008→2019戊子木運安床十二年不利。
●香火、書房、財位吉【財位可放財神、金庫魚缸、珠寶等】。
※死氣方，由此方出行，失財；房門在此方，生女不生男。

●臥房，大吉。
●安床，財丁兩盛。
※有高峰、高屋來沖，應防火盜之災。
※開門、碾磨、池井，均不宜。
※流年2014年見二黑2011年見五黃，主生病【宅母孕婦應災】。
●流年2016年見九紫生二黑土，主發丁。
●流年2017年見八白，旺星來，主發財。

離宅【東四宅、坐南向北的房子】

<table>
<tr><td>西北</td><td>北</td><td>東北</td></tr>
<tr><td>西</td><td>↑</td><td>東</td></tr>
<tr><td>西南</td><td>南</td><td>東南</td></tr>
</table>

<table>
<tr>
<td>離宅乾宮：西北方，戌乾亥三山，
方位292．5→337．5度。
※遊年九星【絕命】。
※紫白九星飛一白到乾，一白屬水，水剋中宮火爲【殺氣方】※紫白九星【一白】
○2008→2019戊子木運，安床十二年有丁無財。○大門【流年三白到可開】。
○臥房、書房、灶位、廁所，可【灶口宜向北、東、東南、南方】。
※殺氣方宜靜不宜動不宜高聳；有宅外六事人財不旺。

※大樹，不宜※開門，財丁兩敗，蓋外氣剋內宮主外來剋剝，又名走破天門※作灶財丁兩敗。※池井不可，破害到天門。
●如西邊有路或水，以震局論，爲絕處逢生，無妨●安床，以一白天喜之星主發丁
●書房，有外六事高聳形異尋常者，2015年見四綠、2009年見一白表示升官發科甲
●有大門、房間、房門，在三白方，2013年見六白2009年見一白2011年見八白，必受胎生男。●2013年見六白主發丁。
●2009年見一白主發財。</td>
<td>離宅坎宮：北方，壬子癸三山，
方位337．5→022．5度。
●遊年九星【延年】。
※紫白九星飛五黃到坎，爲關方屬土，中宮火生土【洩氣方】※紫白九星【五黃】
※2008→2019戊子木運安床十二年不利。
※退氣方，犯之退田莊、損六畜、人口遭災，房門在此方漏胎小產。
※五黃關方，犯動則遭瘟火，在坎方，受五黃制，瘟火任其所施，無不酷烈，若有木制則禍減。

●大門大吉。
●香火書房吉。○臥房可。
●若大門在關方，洩地下之殺氣，大吉，但外屏牆不可高逼恐反樸天上殺氣入內。
●開門，有丁但財少。
※樹、井、廟、安床、廁所、碓磨，均不宜。
※流年2009年見五黃2012年見二黑，主生病【宅母孕婦應災】。
●流年2014年見九紫生五黃土，主發丁。
●流年2015年見八白，旺星來，主發財。</td>
<td>離宅艮宮：東北方，丑艮寅三方，
方位022．5→067．5度。
※遊年九星【禍害】。
●紫白九星飛三碧到艮，三碧屬木，木生中宮火爲【生氣方】※紫白九星【三碧】
●2008→2019戊子木運安床十二年旺財。
●灶位，上吉【灶口宜向北、東、東南、南方】。
○大門【流年三白到可開2013見八白2015見六白2011見一白】
○廁所，可。

●得生氣門路，主旺丁，孝義良善，科甲傳芳，壽命延長。　●開門上元利。
●池井如果在屋旁，主發秀。
●有樹在旁吉。
●有更鼓鐘聲，主大發財源。
●有高山、神廟，利。
●作灶，財丁並茂。○安床，女多男少。
○作廁、碓磨，均可。
※流年2014年見七赤2009年見三碧主被盜官訟。
●流年2011年見一白生三碧木，主發丁。</td>
</tr>
<tr>
<td>離宅兌宮：西方，庚酉辛三方，
方位247．5→292．5度。
※遊年九星【五鬼】。
※紫白九星飛二黑到兌，二黑屬土，中宮火生土爲【洩氣方】※紫白九星【二黑】
※2008→2019戊子木運安床十二年不利。
●灶位，吉【灶口宜向北、東、東南、南方】。
○臥房、廁所，可。
※退氣方，犯之退田莊、損六畜、人口遭災，房門在此方，漏胎小產。

○作灶普通。
●安床有丁。
●有高樹，吉也。
※開門，洩氣，不利。※池井名爲腰穿，不宜。※神廟不利。
※路沖腰，主女人難產，宜用大石碑鎮此路以化解。
※流年2015年見五黃2009年見二黑，主生病【宅母孕婦應災】。
●流年2011年見九紫，二黑土，主發丁。
●流年2012年見八白，旺星來，主發財。</td>
<td>離宅中宮：宅中央，九紫九宮，右弼應龍星入中宮，管中女，徵音，天英景門値事，半陰半陽山也，其吉凶，九旬九月九年應驗，喜艮離二方爲吉，忌乾坎二方爲凶。
離山，九紫入中宮，爲火山也。
●香火，大吉。
※1984→2043大運下元七赤金運，離宅火剋金；2004→2023小運八白土運，離宅火生土洩氣也；離宅不利。
●離宅，此星午年入中宮利，寅卯辰巳午年月日時爲有氣，逢戌年月爲入墓，忌修造，犯之主病禍，逢九紫到坤艮中宮大利，遇天月德黃道相並臨則更吉。
○2008→2019戊子木運安床十二年旺丁。
※流年2015年見二黑2017年見九紫、2010年見七赤2012年見五黃，主發火，月建星同到，斷在此月發火。
●流年2017年見九紫，又會合吉曜星，主家有喜慶之事。
●流年2017年見九紫，旺星來，主發財。</td>
<td>離宅震宮：東方，甲卯乙三方，
方位067．5→112．5度。
●遊年九星【生氣】。
※紫白九星飛七赤到震，七赤屬金，中宮火剋金爲【死氣方】※紫白九星【七赤】
※2008→2019戊子木運，安床十二年有災殃破財損丁。
●香火、書房，吉。
※由死氣方出行，失財；房門在此方，生女不生男。
●開門大吉。

○臥房，可。
※作灶，主女人經痛。
※池、井、廁所，均不利。
※流年2013年見三碧2009年見七赤，主被盜官訟。
●流年2015年見一白生七赤金，主發丁。
●流年2010年見六白，旺星來，主發財。</td>
</tr>
<tr>
<td>離宅坤宮：西南方，未坤申三方，
方位202．5→247．5度。
※遊年九星【六煞】。
※紫白九星飛六白到坤，六白屬金，中宮火剋金爲【死氣方】●紫白九星【六白】
※2008→2019戊子木運，安床十二年有災殃破財損丁。
○臥房書房灶位，可【灶口宜向北、東、東南、南方】。
※死氣方，由此方出行失財；房門在此方生女不生男。

2009年見六白爲魁星，逢生旺運財旺生官功名顯耀。
●開門大吉。　○安床可。
※作灶，主女人經病。
※池、井、廁所，均不利。
※流年九紫入中宮，主其年此方盜賊。
●有大門、房間、房門，在三白方，流年2014年見一白2016年見八白2009年見六白必受胎生男。
●流年2016年見八白生六白金，主發丁。
●流年2009年見六白，旺星來，主發財。</td>
<td>離宅離宮：南方，丙午丁三方，
方位157．5→202．5度。
●遊年九星【伏位】。
●紫白九星飛四綠到離，四綠屬木，木生中宮火爲【生氣方】※紫白九星【四綠】
●2008→2019戊子木運安床十二年旺財。
●香火、臥房、書房、財位，大吉【財位可放財神、金庫、魚缸、珠寶等】。
●灶位，吉【灶口宜向北、東、東南、南方】。
●後門，吉。　※廁所，不宜。

●得生氣門路，主旺丁，孝義良善，科甲傳芳，壽命延長。
●開門利。
●作灶，出文秀之人
●樹，吉
●安床利。※廁所，主眼疾。
●書房，有外六事高聳，形異尋常者，流年2009年見四綠、2012年見一白，表示升官發科甲。
●流年2012年見一白生四綠木，主發丁。</td>
<td>離宅巽宮：東南方，辰巽巳三方，
方位112．5→157．5度。
●遊年九星【天醫】。
※紫白九星飛八白到巽，八白屬土，火山生土爲【洩氣方】。●紫白九星【八白】
※2008→2019戊子木運安床十二年不利。
●財位，大吉【財位可放財神、金庫、魚缸、珠寶等】。
●香火、臥房、書房。※退氣方，犯之退田莊、損六畜、人口遭災，房門在此方，漏胎小產。

2009年見八白爲凶中藏吉，爲善曜，逢生旺運，主生貴子，科地連中。
●灶、碓磨、廁所，利。
○床略可。
※門、井、池、屋、樹、廟、橋俱不宜。
●有大門、房間、房門，在三白方，流年2016年見一白2009年見八白2011年見六白，必受胎生男。
●流年2017年見九紫生八白土，主發丁。
●流年2009年見八白，旺星來，主發財。</td>
</tr>
</table>

北	東北	東
西北	↑	東南
西	西南	南

坤宅【西四宅、坐西南向東北的房子】

坤宅坎宮：北方，壬子癸三山，
方位337．5→022．5度。
※遊年九星【絕命】。
※紫白九星飛七赤到坎，七赤屬金，中宮土生金爲【洩氣方】※紫白九星【七赤】
※2008→2019戊子木運，安床十二年有災殃破財損丁。
●灶位，吉【坤命人灶口不宜向東北】。
※退氣方，犯之退田莊、損六畜、人口遭災，房門在此方，漏胎小產。
○開門有丁，但退財。

○安床，略可。
○碾磨、廁所，可。
※作灶不利，作灶主產亡，又犯血症。
※有高屋、高山，財丁兩敗。
※池井，不宜，初住略可進財。
※流年2016年見七赤2011年見三碧，主被盜官訟。
●流年2013年見一白生七赤金，主發丁。
●流年2017年見六白，旺星來，主發財。

坤宅艮宮：東北方，丑艮寅三方，
方位022．5→067．5度。
●遊年九星【生氣】。
●紫白九星飛五黃到艮，關方屬土與中宮土比和爲【旺氣方】※紫白九星【五黃】
※2008→2019戊子木運安床十二年不利。
●大門，大吉。●香火、臥房、灶位、財位，吉【財位可放財神、金庫、魚缸、珠寶；坤命人灶口不宜向東北】。
●旺氣方，宜造作，主富貴文章，子孫繁盛家和意協兄友弟恭。

○廁所可。
※五黃關方犯動則遭瘟火，此艮方造屋，必發流行性疾病，若有木制則無恙。
●若大門在關方，洩地下之殺氣大吉，但外屏牆不可高逼，恐反樸天上殺氣入內。
●當關方有水來朝，其家發財。
●有尖峰，財丁兩旺※餘事不宜。
※流年2016年見五黃2010年見二黑，主生病【宅母孕婦應災】。
●流年2012年見九紫生五黃土，主發丁。
●流年2013年見八白，旺星來，主發財。

坤宅震宮：東方，甲卯乙三方，
方位067．5→112．5度。
※遊年九星【禍害】。
●紫白九星飛九紫到震，九紫屬火，火生中宮土爲【生氣方】○紫白九星【九紫】
●2008→2019戊子木運，安床十二年旺財丁。
●灶位大吉【坤命人灶口不宜向東北】。
●香火，吉。　○大門、書房，可。
●得生氣門路，主旺丁，孝義良善，科甲傳芳，壽命延長。

○開門，普通，逢丙子火運比和，而生中宮之土，利。　○安床，主生紅髮之人。
○有神廟、高山、橋、路，不忌。
●有樹木，利。　●作灶、安香火、有鐘鼓聲，大利。※有水來朝、池井，不宜。
※其方外六事有異常之物，2014年見二黑2016年見九紫2009年見七赤2011年見五黃主發火，月建星同到，斷在此月發火。
●2012年見九紫，旺星來，主發財。
●有大門，2012年見九紫，又會合吉曜星主家有喜慶之事。

坤宅乾宮：西北方，戌乾亥三山，
方位292．5→337．5度。
●遊年九星【延年】。
※紫白九星飛三碧白到乾，三碧屬木，剋山之土爲【殺氣方】※紫白九星【三碧】
●2008→2019戊子木運安床十二年旺財。
●臥房，大吉。
●香火、書房、財位吉【財位可放財神、金庫、魚缸、珠寶等】。
※廁所，不宜。
○作灶，木火通明，但發福不久。

※殺氣方宜靜不宜動，不宜高聳；宅外六事如橋、屋樑、宮　殿、高塔、涼亭、高台等，均不利，人財不旺。
●安床，有丁。
※有廁所、路、池井、碾磨，不利。
※有鐘鼓聲，其家大凶。
※開門，不可。
※流年2016年見三碧2012年見七赤，主被盜官訟。
●流年2009年見一白生三碧木，主發丁。

坤宅中宮：宅中央，二黑二宮，巨門地福星入中宮，管宅母，宮音，天芮死門値事，純陰山也，其吉凶，於二旬二月二年應驗，喜震坤二方爲吉，忌艮兌乾三方爲凶。
坤宅，二黑入中宮，爲土山也。
●香火，大吉。
●臥房、書房，吉。
○1984→2043大運下元七赤金運，坤宅土生金洩氣也；2004→2023小運八白土運，土土比和，坤宅旺氣；坤宅無妨也。

●坤宅，此星未申年入中宮利，申酉戌亥子年月日時爲有氣，辰巳年月犯墓絕，修造犯之，主瘟疫、官訟、橫死，辰戌丑未年應。
※2008→2019戊子木運安床十二年不利。
※流年2013年見五黃2016年見二黑，主生病【宅母孕婦應災】。
●流年2009年見九紫生二黑土，主發丁。
●流年2010年見八白，旺星來，主發財。

坤宅巽宮：東南方，辰巽巳三方，
方位112．5→157．5度。
※遊年九星【五鬼】。
※紫白九星飛一白到巽，一白屬水，中宮土剋水爲【死氣方】※紫白九星【一白】
○2008→2019戊子木運，安床十二年有丁無財。●臥房、灶位、財位，吉【財位可放財神、金庫、魚缸、珠寶等；坤命人灶口不宜向東北】。　○書房，可。
※死氣方，由此方出行，失財；房門在此方，生女不生男。

2016年見一白爲魁星，逢生旺運，財旺生官，功名顯耀。
●安床，財丁兩旺，逢上元水運更妙。
※井橋路樹高屋、作灶、開門，俱不利。
●有外六事高聳，形異尋常者，2013年見四綠、2016年見一白，表示升官發科甲。
●有大門、房間、房門，在三白方，流年2016年見一白2009年見八白2011年見六白必受胎生男。
●流年2011年見六白，主發丁。
●流年2016年見一白，旺星來，主發財。

坤宅兌宮：西方，庚酉辛三方，
方位247．5→292．5度。
●遊年九星【天醫】。
※紫白九星飛四綠到兌，四綠屬木，木剋本山土爲【殺氣方】※紫白九星【四綠】
●2008→2019戊子木運安床十二年旺財。
●臥房、書房，大吉。●香火，吉。
○財位可【財位可放財神、金庫、魚缸、珠寶等】。
※廁所，不宜。
●安床，出文秀，生聰明女。

※殺氣方宜靜不宜動，不宜高聳；宅外六事如橋、屋樑、宮殿、高塔、涼亭、高台等，均不利，人財不旺。
※宅內外六事，靠近三碧位，均不甚宜。
●有書房，有外六事高聳，形異尋常者，2016年見四綠、2010年見一白，表示升官發科甲　。
●流年2010年見一白，四綠木，主發丁。

坤宅坤宮：西南方，未坤申三方，
方位202．5→247．5度。
●遊年九星【伏位】。
●紫白九星飛八白到坤，八白屬土與中宮土比和爲【旺氣方】●紫白九星【八白】
●2008→2019戊子木運安床十二年不利。
●香火、財位，大吉【財位可放財神、金庫、魚缸、珠寶等】。
●臥房、書房，吉。○可開後門，灶位，可【坤命人灶口不宜向東北】。
※廁所，不宜。

●旺氣方，宜造作，主富貴文章，子孫繁盛家和意協兄友弟恭。
●作灶、開門、安香火，利。
※如樓房上下此位均安床位，主女多男少
※樹，凶，主生腫毒※池、井，不利，主老母殘疾，2010年五黃到，更主肺疾。
●有大門、房間、房門，在三白方，流年2014年見一白2016年見八白2009年見六白必受胎生男。
●流年2015年見九紫，主發丁。
●流年2016年見八白，旺星來，主發財。

坤宅離宮：南方，丙午丁三方，
方位157．5→202．5度。
※遊年九星【六煞】。
※紫白九星飛六白到離，六白屬金，中宮土生金爲【洩氣方】●紫白九星【六白】
※1996→2007丙子火運安床十二年不利。
●臥房，吉。　○書房，可。
○可開後門，書房、財位，可【財位可放財神、金庫、魚缸、珠寶等】。
※退氣方，犯之退田莊、損六畜、人口遭災，房門在此方，漏胎小產。見六白爲凶

中藏吉，爲善曜，逢生旺運，主生貴子，科地連中。●逢土水金運，財丁兩旺，丙子火戊子木兩運不好●開門有丁財平平。
○安床，略可。○碾磨、廁所，可。
※作灶不利，主產亡，又犯血症。
※有高屋、高山，財丁兩敗。※池井，不宜，初住略可進財。●有大門、房間、房門，在三白方，流年2014年見八白2016年見六白2012年見一白，必受胎生男。
●流年2012年見一白，主發丁。
●流年2007年見六白，主發財。

兌宅【西四宅、坐西向東的房子】

東北	東	東南
北	↑	南
西北	西	西南

兌宅艮宮：東北方，丑艮寅三方，
方位022・5→067・5度。
●遊年九星【延年】。
※紫白九星飛一白到艮，一白屬水，中宮金生水爲【洩氣方】※紫白九星【一白】
○2008→2019戊子木運，安床十二年有丁無財。●大門、香火，大吉。
●卧房、書房、財位吉【財位可放財神、金庫、魚缸、珠寶等】。
※廁所不宜※退氣方，犯之退田莊、損六畜、人口遭災，房門在此方，漏胎小產。
2011年見一白爲凶中藏吉，爲善曜，逢生旺運，主生貴子，科地連中○開門，可，流年2011一白2017四綠星到，發秀而貴也
○安床，生女。○安香火、井，普通。
※作灶，主冷退。※神廟、路沖，不利。
●有外六事高聳，形異尋常者，2017年見四綠、2011年見一白，表示升官發科甲。
●有大門、房間、房門，在三白方，流年2013年見八白2015年見六白2011年見一白必受胎生男。●流年2015年見六白，主發丁。●流年2011年見一白，主發財。

兌宅震宮：東方，甲卯乙三方，
方位067・5→112・5度。
※遊年九星【絕命】。
●紫白九星飛五黃到震，關方屬土，生中宮金爲【生氣方】。※紫白九星【五黃】
※2008→2019戊子木運安床十二年不利。
●得生氣門路，主旺丁，孝義良善，科甲傳芳，壽命延長。
●大門，吉。
※五黃關方，犯動則遭瘟火，在震方木制五黃土禍稍輕，但不可造屋，立錐子也。
●若大門在關方，洩地下之殺氣大吉，但外屏牆不可高逼，恐反樸天上殺氣入內。
●如五間，可開中門，如三間，不可開中門，中屬火，反生關方土，火間又剋中宮金，故不宜。※有神廟、樹，不利。
※鐘鼓聲，有口舌※有尖峰，火星，生關方之土，剋中宮之金，先富後貧。
※流年2014年見二黑2011年見五黃，主生病【宅母孕婦應災】。
●2016年見九紫，生五黃土，主發丁。
●2017年見八白，旺星來，主發財。

兌宅巽宮：東南方，辰巽巳三方，
方位112・5→157・5度。
※遊年九星【六煞】。
●紫白九星飛六白到巽，六白屬金與中宮金比和爲【旺氣方】●紫白九星【六白】
※2008→2019戊子木運，安床十二年有災殃破財損丁。　●大門、香火，吉。
○書房、財位可【財位可放財神、金庫、魚缸、珠寶等】。●灶位，大吉。
●旺氣方宜造作主富貴文章子孫繁盛家和意協兄友弟恭。
●宜作灶，以制二金之剛，爲絕處逢生，用之發丁旺財。※如九紫到，應防盜賊。
※池井，洩氣，不宜。※有樹不宜。
●安香火，大利。
●高屋如平土形，大發丁財出武職之人。
●六白到，有鐘鼓聲，主發富，後旺丁。
●有大門、房間、房門，在三白方，流年2016年見一白2009年見八白2011年見六白必受胎生男。
●流年2016年見一白生六白土，主發丁。
●流年2011年見六白，旺星來，主發財。

兌宅坎宮：北方，壬子癸三山，
方位337・5→022・5度。
※遊年九星【禍害】。
※紫白九星飛三碧到坎，三碧屬木，金山剋木爲【死氣方】。※紫白九星【三碧】
●2008→2019戊子木運安床十二年旺財。
●卧房、灶位，吉。
○財位、香火可【財位可放財神、金庫、魚缸、珠寶等】。
※死氣方，由此方出行，失財；房門在此方，生女不生男。
○作灶，上元可用。
○池井，東北可。
○樹木在旁，不妨。
●安香火、安床，發丁財。
※神廟、尖峰、路沖，不利。
※流年2016年見七赤2011年見三碧，主被盜官訟。
●流年2013年見一白生三碧木，主發丁。

兌宅中宮：宅中央，七赤七宮，破軍天計星入中宮，管少女，商音，天柱驚門值事，正陰山也，其吉凶，七旬七月七年應驗，喜乾巽離三方爲吉，忌震兌二方爲凶。
兌山，七赤入中宮，爲金山也。
●1984→2043大運下元七赤金運，金金比和，兌宅旺氣也。2004→2023小運八白土運土生金，兌宅生氣；兌宅生氣旺矣。
●兌宅，此星酉年入中宮利，巳午未申酉年月日時爲有氣，逢丑墓寅絕年月入墓，犯之凶也，如在八方亦忌，犯之殺人，刀兵火盜。
※2008→2019戊子木運，安床十二年有災殃破財損丁。
●香火、卧房、書房，吉。
○財位可【財位可放財神、金庫、魚缸、珠寶等】。
※流年2015年見三碧2011年見七赤，主被盜官訟。
●流年2017年見一白生七赤金，主發丁。
●流年2012年見六白，旺星來，主發財。

兌宅離宮：南方，丙午丁三方，
方位157・5→202・5度。
※遊年九星【五鬼】。
●紫白九星飛二黑到離，二黑屬土，生中宮金爲【生氣方】。※紫白九星【二黑】
※2008→2019戊子木運安床十二年不利。
●灶位，大吉。
●得生氣門路，主旺丁，孝義良善，科甲傳芳，壽命延長。
※開門，子午相沖，不利。
●作灶、安香火，利。
○香火，可。
○池井、神廟，普通。
※流年2017年見五黃2011年見二黑，主生病【宅母孕婦應災】。
●流年2013年見九紫生二黑土，主發丁。
●流年2014年見八白，旺星來，主發財。

兌宅乾宮：西北方，戌乾亥三山，
方位292・5→337・5度。
●遊年九星【生氣】。
●紫白九星飛八白到乾，八白屬土，生中宮金爲【生氣方】。●紫白九星【八白】
※2008→2019戊子木運安床十二年不利。
●香火、卧房、書房、財位，大吉【財位可放財神、金庫、魚缸、珠寶等】。
●灶位，吉　※廁所，不宜。
●得生氣門路，主旺丁，孝義良善，科甲傳芳，壽命延長。
●作灶，大利，但不可在戌上。有高峰在乾方，生氣永遠發福○如乾方開門，要朝北，總宜亥，不宜戌方。○高樓，無妨。
●如聞鐘鼓聲富貴可許。●安香火大利。
※有樹木，不利○安床，多生女。
○神廟、井，平平。　※廁所，不可。
●有大門、房間、房門，在三白方，流年2013年見六白2009年見一白2011年見八白必受胎生男。
●流年2010年見九紫生八白土，主發丁。
●流年2011年見八白，旺星來，主發財。

兌宅兌宮：西方，庚酉辛三方，
方位247・5→292・5度。
●遊年九星【伏位】。
※紫白九星飛九紫到兌，九紫屬火，火剋中宮金爲【殺氣方】○紫白九星【九紫】
●2008→2019戊子木運安床十二年旺丁。
●香火、卧房、書房，吉。
○財位可【財位可放財神、金庫、魚缸、珠寶等】。
※殺氣方宜靜不宜動，不宜高聳；宅外六事，不利人財不旺。
※作灶，不利。※開門，人財兩敗。
※五黃到此，殺氣方，殺兩人。※有井，主損小孩，久住敗絕※有高峰，火星形，財丁兩敗。※有大樹，主火災。　○安香火，在樓上略可。※上元甲子水運，如開門，其害尤甚。　※其方外六事有異常之物，2013年見七赤2015年見五黃2009年見二黑2011年見九紫主發火，月建星同到，斷在此月發火。●有大門，2011年見九紫又會合吉曜星，主家有喜慶之事。
●2011年見九紫，旺星來，主發財。

兌宅坤宮：西南方，未坤申三方，
方位202，5→247・5度。
●遊年九星【天醫】。
※紫白九星飛四綠到坤，四綠屬木，中宮金剋木爲【死氣方】※紫白九星【四綠】
●2008→2019戊子木運安床十二年旺財。
●卧房、書房，大吉。
○財位可【財位可放財神、金庫、魚缸、珠寶等】。
※死氣方，由此方出行，失財；房門在此方，生女不生男。
※廁所，不宜。
●安床出秀。
○池井，水來，生木可用。
※安香火，不可。
●四綠，名催官星，上元水運水木相生，大利。
●有書房，有外六事高聳，形異尋常者，2014年見一白、2011年見四綠，表示升官發科甲。
●流年2014年見一白生四綠木，主發丁。

奇門遁甲篇

日家八門宜忌

編號	日家八門	日家八門屬性	日家八門宜忌	日家八門尅應
1	休門	休門貪狼水星	休門見貴最爲良。休門宜面君謁貴、上官赴任、嫁娶、移徙、商賈、營建諸事皆吉；不宜行刑、斷獄。	出休門宜出行謁貴求財宜取和集法演兵習陣求財萬事吉，休門出入貴人留。
2	生門	生門左輔土星	欲求財利往生方。生門宜征討、謀望、入官、見貴、嫁娶、移徙諸事皆吉；不宜埋葬、治喪。	出生門者宜求財見貴營謀百事大吉，出生門二十里必見飛鳥來迎之大吉。
3	傷門	傷門祿存木星	索債須往傷上去。傷門漁獵、討捕、索債、博戲、收歛貨財；餘皆不宜。	出傷門者百事不如意惟宜索債大吉，出傷門必見驚怪嚇喧事扭洩血傷，六十里內見血光兵陣相傷。
4	杜門	杜門文曲木星	杜門無事好逃藏。杜門宜躲災避難、捕捉逃亡、斷絕奸謀、誅凶除暴、判獄、塡坑塞穴、截路避邪；餘皆不宜。	出杜門者諸事閉塞只宜隱伏逃躲避難大吉，出杜門必憂求謀不遂出軍大敗不利。
5	景門	景門右弼火星	思量飲酒景門高。景門宜上書獻策、招賢、謁貴、拜職、遣使、行誅、突圍破陣等事；餘皆不宜。	出景門者遠行有阻或遭逢盜賊若謁故尋親大吉，出景門四十里必見喜樂聲求財多獲利，八十里外逢盜賊求謀不遂出軍大敗。
6	死門	死門巨門土星	葬獵須知死路強。死門宜決斷刑獄、弔死送喪、埋葬等事；忌遠行遇疾病、失財物、出師行兵大敗。	出死門者遠行必有重厄道路閉塞百事不通只宜採獵捕魚葬埋大吉，出死門行二十里路旁必見死傷應之，百里外遇疾病失財物出師行兵大敗。
7	驚門	驚門破軍金星	捉賊驚門無不獲。驚門宜捕捉盜賊、恐嚇亂眾等事；忌出行、上官赴任、競賽。	出驚門者遠行有恐懼之災官事連綿只宜捕盜捉賊大吉，出驚門行六七里必見驚怪犬物驗方，求財不遂有血光之災，見驚恐大凶。
8	開門	開門武曲金星	征戰遠行開門吉。開門宜征討、謀望、入官、見貴、應舉、遠行、嫁娶、移徙、商賈、營建；不宜治政有私人窺伺。	出開門者遠行利見貴人接引大吉，出開門行三十里必見婦人或穿顏色衣人以應之。

日家九星宜忌

編號	日家九星	日家九星屬性	日家九星宜忌	日家九星尅應
1	太乙	一太乙水吉	太乙：宜出行求財、嫁娶、移徙、博戲、競賽、開市、立券交易、謁見賢良。	出太乙星者行數里見著皂衣人來求請邀用婚姻謁見賢良大吉。
2	攝提	二攝提土凶	攝提：宜隱遁，忌出行、嫁娶、納財、競賽、開市、立券交易。	出攝提星者不吉主逢耕地損牛犁遇死鬥大凶逢老婦悲啼鬥打鬧重重不堪親。
3	軒轅	三軒轅木平	軒轅：忌出行、求財、博戲、競賽。	出軒轅星者行三五里路逢一官員，出入多驚恐逢鬥毆血光宜安靜。
4	招搖	四招搖木平	招搖：忌出行、博戲、競賽。	出招搖星者行三五里逢陰人口舌行數十里必見二親人見血光不堪親怪夢驚恐鄰家釜鳴屋響不吉。
5	天符	五天符土凶	天符：宜畋獵，忌詞訟、人財走失難尋、陰人謀害。	出天符星者路逢一尼姑行七八里可見一親故，見婦人謀害行人阻滯官非口舌不利。
6	青龍	六青龍金吉	青龍：宜謁貴、求財、上官、嫁娶、移徙、修造動土、開市、立券交易、博戲、競賽、會親友、推薦求謀建議。	出青龍星者行五六里路上逢醫人。
7	咸池	七咸池金凶	咸池：宜穿井，忌出行、求財、博戲、競賽。	出咸池星者求財賭博空手回多官事遭口舌。
8	太陰	八太陰土吉	太陰：宜謁貴、求財、嫁娶、開市、立券交易、會親友、納財。	出太陰星者行七八里逢小兒牽牛求財成就吉。
9	天乙	九天乙火吉	天乙：宜謁貴、出行、求財、嫁娶、開市、立券交易、推薦求謀建議、會親友。	出天乙星者行三五里見一婦人著五色衣抱小兒百事大吉。

日家八門九星斷例

編號	日家八門九星	日家八門九星斷例	備註
1	休門青龍	休門若獲遇青龍，凡事謀爲盡亨通，覓利求財興百倍，出軍排陣定摧鋒。	奇門遁甲全書金函丁甲大全卷一2反八門遇九星斷例
2	休門太乙	休門太乙百事興，相爭戰鬥旺雄兵，起營立寨終須勝，見貴參官喜相逢。	
3	休門天乙	休門若遇天乙興，出入求財大快亨，多遇貴人憐憂喜，邀迎酒食得人欽。	
4	生門青龍	生門最喜見青龍，謁貴謀爲百事通，經商定獲千倍利，出入無憂展笑容。	
5	生門太乙	生門太乙福德多，所求稱意任張羅，覓利求財期百倍，出入行軍無滯過。	
6	生門天乙	生門若遇天乙星，出入定無鬥爭迎，佈陣排兵皆得勝，萬事從心大亨貞。	
7	開門青龍	開門若得遇青龍，覓利重逢得裕豐，謁貴參官多見愛，求謀出入定無空。	
8	開門太乙	開門若合太乙星，雖時劫寨好偷營，出戰行兵無不勝，只有開門用安寧。	
9	開門天乙	開門如遇天乙星，出軍行陣莫懷猜，求聖經營多得利，參官偏得貴人財。	

日家十二神宜忌

編號	日家十二神	日家十二神屬性	日家十二神宜忌	備註
1	五符	五符星吉、五符吉神屬火謁貴。	五符：宜謁貴、上官赴任、出行、求財、行兵、捕盜、祈福、婚娶、移徙、開市、修造、安葬、入宅百事吉。	【1】古今圖書集成博物彙編藝術典七百十三卷術數部彙考二十七日家奇門推十二神吉凶訣164。
2	天曹	天曹星吉、天曹屬金主詞訟。	天曹：宜詞訟。	【2】奇門遁甲全書卷六14之五符法。 【3】鰲頭通書卷七20時家吉神凶神定局。 【4】鰲頭通書卷七30時家吉神註。
3	地府	地府星吉、地府半吉半凶屬土迫避。	地府：宜躲災避難吉。	【5】象吉通書卷十一10上。 【6】象吉通書卷十五22反時家吉神凶神定局。 【7】古今第四七七冊07葉定時吉凶。
4	風伯	風伯精凶、風伯屬木主驚恐。	風伯：忌，主驚恐。	
5	雨師	雨師精凶、雨師陽水出行主陰雨。	雨師：出行主陰雨。	
6	雷公	雷公精凶、雷公屬木主驚恐。	雷公：忌，主驚恐。	
7	風雲	風雲吉、風雲陰木主半陰。	風雲：主半陰。	
8	唐符	唐符吉、唐符屬金求財吉。	唐符：宜求財、出行、見官、上官赴任、收捕、行兵、捕盜、見貴、婚娶、進人口、移徙、造葬。	
9	國印	國印吉、國印屬金主陞遷。	國印：宜主陞遷、上官赴任、出行、求財、見貴、行兵、捕盜、收捕、婚娶、進人口、移徙、造葬。	
10	天關	天關神凶、天關屬木主阻隔。	天關：忌，主阻隔。	
11	地鎖	地鎖神凶、地鎖陰土主反覆。	地鎖：忌，主反覆。	
12	天賊	天賊神凶、天賊陰水主失盜。	天賊：忌，主失盜。	

日期	星期	日家奇遁	門星【開門】	開門方位*	門星【休門】	休門方位*	門星【生門】	生門方位*	門星【景門】	景門方位*
2011/1/1	六	陽遁丙辰	開門，招搖	157.5→202.5	休門，青龍	202.5→247.5	生門，攝提	247.5→292.5	景門，軒轅	022.5→067.5
2011/1/2	日	陽遁丁巳	開門，軒轅	157.5→202.5	休門，天符	202.5→247.5	生門，太乙	247.5→292.5	景門，攝提	022.5→067.5
2011/1/3	一	陽遁戊午	開門，太乙	022.5→067.5	休門，天符	067.5→112.5	生門，青龍	112.5→157.5	景門，天乙	247.5→292.5
2011/1/4	二	陽遁己未	開門，天乙	022.5→067.5	休門，招搖	067.5→112.5	生門，天符	112.5→157.5	景門，太陰	247.5→292.5
2011/1/5	三	陽遁庚申	開門，太陰	022.5→067.5	休門，軒轅	067.5→112.5	生門，招搖	112.5→157.5	景門，咸池	247.5→292.5
2011/1/6	四	陽遁辛酉	開門，攝提	067.5→112.5	休門，軒轅	112.5→157.5	生門，太陰	157.5→202.5	景門，天符	292.5→337.5
2011/1/7	五	陽遁壬戌	開門，太乙	067.5→112.5	休門，攝提	112.5→157.5	生門，咸池	157.5→202.5	景門，招搖	292.5→337.5
2011/1/8	六	陽遁癸亥	開門，天乙	067.5→112.5	休門，太乙	112.5→157.5	生門，青龍	157.5→202.5	景門，軒轅	292.5→337.5
2011/1/9	日	陽遁甲子	開門，太陰	292.5→337.5	休門，軒轅	337.5→022.5	生門，太乙	022.5→067.5	景門，攝提	157.5→202.5
2011/1/10	一	陽遁乙丑	開門，咸池	292.5→337.5	休門，攝提	337.5→022.5	生門，天乙	022.5→067.5	景門，太乙	157.5→202.5
2011/1/11	二	陽遁丙寅	開門，青龍	292.5→337.5	休門，太乙	337.5→022.5	生門，太陰	022.5→067.5	景門，天乙	157.5→202.5
2011/1/12	三	陽遁丁卯	開門，太陰	157.5→202.5	休門，太乙	202.5→247.5	生門，青龍	247.5→292.5	景門，咸池	022.5→067.5
2011/1/13	四	陽遁戊辰	開門，咸池	157.5→202.5	休門，天乙	202.5→247.5	生門，天符	247.5→292.5	景門，青龍	022.5→067.5
2011/1/14	五	陽遁己巳	開門，青龍	157.5→202.5	休門，太陰	202.5→247.5	生門，招搖	247.5→292.5	景門，天符	022.5→067.5
2011/1/15	六	陽遁庚午	開門，招搖	022.5→067.5	休門，太陰	067.5→112.5	生門，天乙	112.5→157.5	景門，軒轅	247.5→292.5
2011/1/16	日	陽遁辛未	開門，軒轅	022.5→067.5	休門，咸池	067.5→112.5	生門，太陰	112.5→157.5	景門，攝提	247.5→292.5
2011/1/17	一	陽遁壬申	開門，攝提	022.5→067.5	休門，青龍	067.5→112.5	生門，咸池	112.5→157.5	景門，太乙	247.5→292.5
2011/1/18	二	陽遁癸酉	開門，天符	067.5→112.5	休門，青龍	112.5→157.5	生門，攝提	157.5→202.5	景門，太陰	292.5→337.5
2011/1/19	三	陽遁甲戌	開門，招搖	067.5→112.5	休門，天符	112.5→157.5	生門，太乙	157.5→202.5	景門，咸池	292.5→337.5
2011/1/20	四	陽遁乙亥	開門，軒轅	067.5→112.5	休門，招搖	112.5→157.5	生門，天乙	157.5→202.5	景門，青龍	292.5→337.5
2011/1/21	五	陽遁丙子	開門，青龍	247.5→292.5	休門，天符	292.5→337.5	生門，天乙	337.5→022.5	景門，軒轅	112.5→157.5
2011/1/22	六	陽遁丁丑	開門，天符	247.5→292.5	休門，招搖	292.5→337.5	生門，太陰	337.5→022.5	景門，攝提	112.5→157.5
2011/1/23	日	陽遁戊寅	開門，招搖	247.5→292.5	休門，軒轅	292.5→337.5	生門，咸池	337.5→022.5	景門，太乙	112.5→157.5
2011/1/24	一	陽遁己卯	開門，咸池	202.5→247.5	休門，軒轅	247.5→292.5	生門，攝提	292.5→337.5	景門，太陰	067.5→112.5
2011/1/25	二	陽遁庚辰	開門，青龍	202.5→247.5	休門，攝提	247.5→292.5	生門，太乙	292.5→337.5	景門，咸池	067.5→112.5
2011/1/26	三	陽遁辛巳	開門，天符	202.5→247.5	休門，太乙	247.5→292.5	生門，天乙	292.5→337.5	景門，青龍	067.5→112.5
2011/1/27	四	陽遁壬午	開門，軒轅	337.5→022.5	休門，太乙	022.5→067.5	生門，天符	067.5→112.5	景門，招搖	202.5→247.5
2011/1/28	五	陽遁癸未	開門，攝提	337.5→022.5	休門，天乙	022.5→067.5	生門，招搖	067.5→112.5	景門，軒轅	202.5→247.5
2011/1/29	六	陽遁甲申	開門，太乙	337.5→022.5	休門，太陰	022.5→067.5	生門，軒轅	067.5→112.5	景門，攝提	202.5→247.5
2011/1/30	日	陽遁乙酉	開門，軒轅	112.5→157.5	休門，太陰	157.5→202.5	生門，太乙	202.5→247.5	景門，天乙	337.5→022.5
2011/1/31	一	陽遁丙戌	開門，攝提	112.5→157.5	休門，咸池	157.5→202.5	生門，天乙	202.5→247.5	景門，太陰	337.5→022.5
2011/2/1	二	陽遁丁亥	開門，太乙	112.5→157.5	休門，青龍	157.5→202.5	生門，太陰	202.5→247.5	景門，咸池	337.5→022.5
2011/2/2	三	陽遁戊子	開門，攝提	292.5→337.5	休門，青龍	337.5→022.5	生門，招搖	022.5→067.5	景門，天符	157.5→202.5
2011/2/3	四	陽遁己丑	開門，太乙	292.5→337.5	休門，天符	337.5→022.5	生門，軒轅	022.5→067.5	景門，招搖	157.5→202.5
2011/2/4	五	陽遁庚寅	開門，天乙	292.5→337.5	休門，招搖	337.5→022.5	生門，攝提	022.5→067.5	景門，軒轅	157.5→202.5
2011/2/5	六	陽遁辛卯	開門，攝提	157.5→202.5	休門，招搖	202.5→247.5	生門，天乙	247.5→292.5	景門，太乙	022.5→067.5
2011/2/6	日	陽遁壬辰	開門，太乙	157.5→202.5	休門，軒轅	202.5→247.5	生門，太陰	247.5→292.5	景門，天乙	022.5→067.5
2011/2/7	一	陽遁癸巳	開門，天乙	157.5→202.5	休門，攝提	202.5→247.5	生門，咸池	247.5→292.5	景門，太陰	022.5→067.5
2011/2/8	二	陽遁甲午	開門，咸池	022.5→067.5	休門，攝提	067.5→112.5	生門，軒轅	112.5→157.5	景門，青龍	247.5→292.5
2011/2/9	三	陽遁乙未	開門，青龍	022.5→067.5	休門，太乙	067.5→112.5	生門，攝提	112.5→157.5	景門，天符	247.5→292.5
2011/2/10	四	陽遁丙申	開門，天符	022.5→067.5	休門，天乙	067.5→112.5	生門，太乙	112.5→157.5	景門，招搖	247.5→292.5
2011/2/11	五	陽遁丁酉	開門，太陰	067.5→112.5	休門，天乙	112.5→157.5	生門，天符	157.5→202.5	景門，攝提	292.5→337.5
2011/2/12	六	陽遁戊戌	開門，咸池	067.5→112.5	休門，太陰	112.5→157.5	生門，招搖	157.5→202.5	景門，太乙	292.5→337.5
2011/2/13	日	陽遁己亥	開門，青龍	067.5→112.5	休門，咸池	112.5→157.5	生門，軒轅	157.5→202.5	景門，天乙	292.5→337.5
2011/2/14	一	陽遁庚子	開門，天乙	247.5→292.5	休門，太陰	292.5→337.5	生門，軒轅	337.5→022.5	景門，青龍	112.5→157.5
2011/2/15	二	陽遁辛丑	開門，太陰	247.5→292.5	休門，咸池	292.5→337.5	生門，攝提	337.5→022.5	景門，天符	112.5→157.5
2011/2/16	三	陽遁壬寅	開門，咸池	247.5→292.5	休門，青龍	292.5→337.5	生門，太乙	337.5→022.5	景門，招搖	112.5→157.5
2011/2/17	四	陽遁癸卯	開門，太乙	202.5→247.5	休門，青龍	247.5→292.5	生門，天符	292.5→337.5	景門，攝提	067.5→112.5
2011/2/18	五	陽遁甲辰	開門，天乙	202.5→247.5	休門，天符	247.5→292.5	生門，招搖	292.5→337.5	景門，太乙	067.5→112.5
2011/2/19	六	陽遁乙巳	開門，太陰	202.5→247.5	休門，招搖	247.5→292.5	生門，軒轅	292.5→337.5	景門，天乙	067.5→112.5
2011/2/20	日	陽遁丙午	開門，青龍	337.5→022.5	休門，招搖	022.5→067.5	生門，太陰	067.5→112.5	景門，咸池	202.5→247.5
2011/2/21	一	陽遁丁未	開門，天符	337.5→022.5	休門，軒轅	022.5→067.5	生門，咸池	067.5→112.5	景門，青龍	202.5→247.5
2011/2/22	二	陽遁戊申	開門，招搖	337.5→022.5	休門，攝提	022.5→067.5	生門，青龍	067.5→112.5	景門，天符	202.5→247.5
2011/2/23	三	陽遁己酉	開門，青龍	112.5→157.5	休門，攝提	157.5→202.5	生門，招搖	202.5→247.5	景門，軒轅	337.5→022.5
2011/2/24	四	陽遁庚戌	開門，天符	112.5→157.5	休門，太乙	157.5→202.5	生門，軒轅	202.5→247.5	景門，攝提	337.5→022.5
2011/2/25	五	陽遁辛亥	開門，招搖	112.5→157.5	休門，天乙	157.5→202.5	生門，攝提	202.5→247.5	景門，太乙	337.5→022.5
2011/2/26	六	陽遁壬子	開門，天符	292.5→337.5	休門，天乙	337.5→022.5	生門，咸池	022.5→067.5	景門，太陰	157.5→202.5
2011/2/27	日	陽遁癸丑	開門，招搖	292.5→337.5	休門，太陰	337.5→022.5	生門，青龍	022.5→067.5	景門，咸池	157.5→202.5
2011/2/28	一	陽遁甲寅	開門，軒轅	292.5→337.5	休門，咸池	337.5→022.5	生門，天符	022.5→067.5	景門，青龍	157.5→202.5
2011/3/1	二	陽遁乙卯	開門，天符	157.5→202.5	休門，咸池	202.5→247.5	生門，軒轅	247.5→292.5	景門，招搖	022.5→067.5
2011/3/2	三	陽遁丙辰	開門，招搖	157.5→202.5	休門，青龍	202.5→247.5	生門，攝提	247.5→292.5	景門，軒轅	022.5→067.5

日期	星期	日家奇遁	門星【開門】	開門方位*	門星【休門】	休門方位*	門星【生門】	生門方位*	門星【景門】	景門方位*
2011/3/3	四	陽遁丁巳	開門，軒轅	157.5→202.5	休門，天符	202.5→247.5	生門，太乙	247.5→292.5	景門，攝提	022.5→067.5
2011/3/4	五	陽遁戊午	開門，太乙	022.5→067.5	休門，天符	067.5→112.5	生門，青龍	112.5→157.5	景門，天乙	247.5→292.5
2011/3/5	六	陽遁己未	開門，天乙	022.5→067.5	休門，招搖	067.5→112.5	生門，天符	112.5→157.5	景門，太陰	247.5→292.5
2011/3/6	日	陽遁庚申	開門，太陰	022.5→067.5	休門，軒轅	067.5→112.5	生門，招搖	112.5→157.5	景門，咸池	247.5→292.5
2011/3/7	一	陽遁辛酉	開門，攝提	067.5→112.5	休門，軒轅	112.5→157.5	生門，太陰	157.5→202.5	景門，天符	292.5→337.5
2011/3/8	二	陽遁壬戌	開門，太乙	067.5→112.5	休門，攝提	112.5→157.5	生門，咸池	157.5→202.5	景門，招搖	292.5→337.5
2011/3/9	三	陽遁癸亥	開門，天乙	067.5→112.5	休門，太乙	112.5→157.5	生門，青龍	157.5→202.5	景門，軒轅	292.5→337.5
2011/3/10	四	陽遁甲子	開門，太陰	292.5→337.5	休門，軒轅	337.5→022.5	生門，太乙	022.5→067.5	景門，攝提	157.5→202.5
2011/3/11	五	陽遁乙丑	開門，咸池	292.5→337.5	休門，攝提	337.5→022.5	生門，天乙	022.5→067.5	景門，太乙	157.5→202.5
2011/3/12	六	陽遁丙寅	開門，青龍	292.5→337.5	休門，太乙	337.5→022.5	生門，太陰	022.5→067.5	景門，天乙	157.5→202.5
2011/3/13	日	陽遁丁卯	開門，太陰	157.5→202.5	休門，太乙	202.5→247.5	生門，青龍	247.5→292.5	景門，咸池	022.5→067.5
2011/3/14	一	陽遁戊辰	開門，咸池	157.5→202.5	休門，天乙	202.5→247.5	生門，天符	247.5→292.5	景門，青龍	022.5→067.5
2011/3/15	二	陽遁己巳	開門，青龍	157.5→202.5	休門，太陰	202.5→247.5	生門，招搖	247.5→292.5	景門，天符	022.5→067.5
2011/3/16	三	陽遁庚午	開門，招搖	022.5→067.5	休門，太陰	067.5→112.5	生門，天乙	112.5→157.5	景門，軒轅	247.5→292.5
2011/3/17	四	陽遁辛未	開門，軒轅	022.5→067.5	休門，咸池	067.5→112.5	生門，太陰	112.5→157.5	景門，攝提	247.5→292.5
2011/3/18	五	陽遁壬申	開門，攝提	022.5→067.5	休門，青龍	067.5→112.5	生門，咸池	112.5→157.5	景門，太乙	247.5→292.5
2011/3/19	六	陽遁癸酉	開門，天符	067.5→112.5	休門，青龍	112.5→157.5	生門，攝提	157.5→202.5	景門，太陰	292.5→337.5
2011/3/20	日	陽遁甲戌	開門，招搖	067.5→112.5	休門，天符	112.5→157.5	生門，太乙	157.5→202.5	景門，咸池	292.5→337.5
2011/3/21	一	陽遁乙亥	開門，軒轅	067.5→112.5	休門，招搖	112.5→157.5	生門，天乙	157.5→202.5	景門，青龍	292.5→337.5
2011/3/22	二	陽遁丙子	開門，青龍	247.5→292.5	休門，天符	292.5→337.5	生門，天乙	337.5→022.5	景門，軒轅	112.5→157.5
2011/3/23	三	陽遁丁丑	開門，天符	247.5→292.5	休門，招搖	292.5→337.5	生門，太陰	337.5→022.5	景門，攝提	112.5→157.5
2011/3/24	四	陽遁戊寅	開門，招搖	247.5→292.5	休門，軒轅	292.5→337.5	生門，咸池	337.5→022.5	景門，太乙	112.5→157.5
2011/3/25	五	陽遁己卯	開門，咸池	202.5→247.5	休門，軒轅	247.5→292.5	生門，攝提	292.5→337.5	景門，太陰	067.5→112.5
2011/3/26	六	陽遁庚辰	開門，青龍	202.5→247.5	休門，攝提	247.5→292.5	生門，太乙	292.5→337.5	景門，咸池	067.5→112.5
2011/3/27	日	陽遁辛巳	開門，天符	202.5→247.5	休門，太乙	247.5→292.5	生門，天乙	292.5→337.5	景門，青龍	067.5→112.5
2011/3/28	一	陽遁壬午	開門，軒轅	337.5→022.5	休門，太乙	022.5→067.5	生門，天符	067.5→112.5	景門，招搖	202.5→247.5
2011/3/29	二	陽遁癸未	開門，攝提	337.5→022.5	休門，天乙	022.5→067.5	生門，招搖	067.5→112.5	景門，軒轅	202.5→247.5
2011/3/30	三	陽遁甲申	開門，太乙	337.5→022.5	休門，太陰	022.5→067.5	生門，軒轅	067.5→112.5	景門，攝提	202.5→247.5
2011/3/31	四	陽遁乙酉	開門，軒轅	112.5→157.5	休門，太陰	157.5→202.5	生門，太乙	202.5→247.5	景門，天乙	337.5→022.5
2011/4/1	五	陽遁丙戌	開門，攝提	112.5→157.5	休門，咸池	157.5→202.5	生門，天乙	202.5→247.5	景門，太陰	337.5→022.5
2011/4/2	六	陽遁丁亥	開門，太乙	112.5→157.5	休門，青龍	157.5→202.5	生門，太陰	202.5→247.5	景門，咸池	337.5→022.5
2011/4/3	日	陽遁戊子	開門，攝提	292.5→337.5	休門，青龍	337.5→022.5	生門，招搖	022.5→067.5	景門，天符	157.5→202.5
2011/4/4	一	陽遁己丑	開門，太乙	292.5→337.5	休門，天符	337.5→022.5	生門，軒轅	022.5→067.5	景門，招搖	157.5→202.5
2011/4/5	二	陽遁庚寅	開門，天乙	292.5→337.5	休門，招搖	337.5→022.5	生門，攝提	022.5→067.5	景門，軒轅	157.5→202.5
2011/4/6	三	陽遁辛卯	開門，攝提	157.5→202.5	休門，招搖	202.5→247.5	生門，天乙	247.5→292.5	景門，太乙	022.5→067.5
2011/4/7	四	陽遁壬辰	開門，太乙	157.5→202.5	休門，軒轅	202.5→247.5	生門，太陰	247.5→292.5	景門，天乙	022.5→067.5
2011/4/8	五	陽遁癸巳	開門，天乙	157.5→202.5	休門，攝提	202.5→247.5	生門，咸池	247.5→292.5	景門，太陰	022.5→067.5
2011/4/9	六	陽遁甲午	開門，咸池	022.5→067.5	休門，攝提	067.5→112.5	生門，軒轅	112.5→157.5	景門，青龍	247.5→292.5
2011/4/10	日	陽遁乙未	開門，青龍	022.5→067.5	休門，太乙	067.5→112.5	生門，攝提	112.5→157.5	景門，天符	247.5→292.5
2011/4/11	一	陽遁丙申	開門，天符	022.5→067.5	休門，天乙	067.5→112.5	生門，太乙	112.5→157.5	景門，招搖	247.5→292.5
2011/4/12	二	陽遁丁酉	開門，太陰	067.5→112.5	休門，天乙	112.5→157.5	生門，天符	157.5→202.5	景門，攝提	292.5→337.5
2011/4/13	三	陽遁戊戌	開門，咸池	067.5→112.5	休門，太陰	112.5→157.5	生門，招搖	157.5→202.5	景門，太乙	292.5→337.5
2011/4/14	四	陽遁己亥	開門，青龍	067.5→112.5	休門，咸池	112.5→157.5	生門，軒轅	157.5→202.5	景門，天乙	292.5→337.5
2011/4/15	五	陽遁庚子	開門，天乙	247.5→292.5	休門，太陰	292.5→337.5	生門，軒轅	337.5→022.5	景門，青龍	112.5→157.5
2011/4/16	六	陽遁辛丑	開門，太陰	247.5→292.5	休門，咸池	292.5→337.5	生門，攝提	337.5→022.5	景門，天符	112.5→157.5
2011/4/17	日	陽遁壬寅	開門，咸池	247.5→292.5	休門，青龍	292.5→337.5	生門，太乙	337.5→022.5	景門，招搖	112.5→157.5
2011/4/18	一	陽遁癸卯	開門，太乙	202.5→247.5	休門，青龍	247.5→292.5	生門，天符	292.5→337.5	景門，攝提	067.5→112.5
2011/4/19	二	陽遁甲辰	開門，天乙	202.5→247.5	休門，天符	247.5→292.5	生門，招搖	292.5→337.5	景門，太乙	067.5→112.5
2011/4/20	三	陽遁乙巳	開門，太陰	202.5→247.5	休門，招搖	247.5→292.5	生門，軒轅	292.5→337.5	景門，天乙	067.5→112.5
2011/4/21	四	陽遁丙午	開門，青龍	337.5→022.5	休門，招搖	022.5→067.5	生門，太陰	067.5→112.5	景門，咸池	202.5→247.5
2011/4/22	五	陽遁丁未	開門，天符	337.5→022.5	休門，軒轅	022.5→067.5	生門，咸池	067.5→112.5	景門，青龍	202.5→247.5
2011/4/23	六	陽遁戊申	開門，招搖	337.5→022.5	休門，攝提	022.5→067.5	生門，青龍	067.5→112.5	景門，天符	202.5→247.5
2011/4/24	日	陽遁己酉	開門，青龍	112.5→157.5	休門，攝提	157.5→202.5	生門，招搖	202.5→247.5	景門，軒轅	337.5→022.5
2011/4/25	一	陽遁庚戌	開門，天符	112.5→157.5	休門，太乙	157.5→202.5	生門，軒轅	202.5→247.5	景門，攝提	337.5→022.5
2011/4/26	二	陽遁辛亥	開門，招搖	112.5→157.5	休門，天乙	157.5→202.5	生門，攝提	202.5→247.5	景門，太乙	337.5→022.5
2011/4/27	三	陽遁壬子	開門，天符	292.5→337.5	休門，天乙	337.5→022.5	生門，咸池	022.5→067.5	景門，太陰	157.5→202.5
2011/4/28	四	陽遁癸丑	開門，招搖	292.5→337.5	休門，太陰	337.5→022.5	生門，青龍	022.5→067.5	景門，咸池	157.5→202.5
2011/4/29	五	陽遁甲寅	開門，軒轅	292.5→337.5	休門，咸池	337.5→022.5	生門，天符	022.5→067.5	景門，青龍	157.5→202.5
2011/4/30	六	陽遁乙卯	開門，天符	157.5→202.5	休門，咸池	202.5→247.5	生門，軒轅	247.5→292.5	景門，招搖	022.5→067.5
2011/5/1	日	陽遁丙辰	開門，招搖	157.5→202.5	休門，青龍	202.5→247.5	生門，攝提	247.5→292.5	景門，軒轅	022.5→067.5
2011/5/2	一	陽遁丁巳	開門，軒轅	157.5→202.5	休門，天符	202.5→247.5	生門，太乙	247.5→292.5	景門，攝提	022.5→067.5

日期	星期	日家奇遁	門星【開門】	開門方位*	門星【休門】	休門方位*	門星【生門】	生門方位*	門星【景門】	景門方位*
2011/5/3	二	陽遁戊午	開門，太乙	022.5→067.5	休門，天符	067.5→112.5	生門，青龍	112.5→157.5	景門，天乙	247.5→292.5
2011/5/4	三	陽遁己未	開門，天乙	022.5→067.5	休門，招搖	067.5→112.5	生門，天符	112.5→157.5	景門，太陰	247.5→292.5
2011/5/5	四	陽遁庚申	開門，太陰	022.5→067.5	休門，軒轅	067.5→112.5	生門，招搖	112.5→157.5	景門，咸池	247.5→292.5
2011/5/6	五	陽遁辛酉	開門，攝提	067.5→112.5	休門，軒轅	112.5→157.5	生門，太陰	157.5→202.5	景門，天符	292.5→337.5
2011/5/7	六	陽遁壬戌	開門，太乙	067.5→112.5	休門，攝提	112.5→157.5	生門，咸池	157.5→202.5	景門，招搖	292.5→337.5
2011/5/8	日	陽遁癸亥	開門，天乙	067.5→112.5	休門，太乙	112.5→157.5	生門，青龍	157.5→202.5	景門，軒轅	292.5→337.5
2011/5/9	一	陽遁甲子	開門，太陰	292.5→337.5	休門，軒轅	337.5→022.5	生門，太乙	022.5→067.5	景門，攝提	157.5→202.5
2011/5/10	二	陽遁乙丑	開門，咸池	292.5→337.5	休門，攝提	337.5→022.5	生門，天乙	022.5→067.5	景門，太乙	157.5→202.5
2011/5/11	三	陽遁丙寅	開門，青龍	292.5→337.5	休門，太乙	337.5→022.5	生門，太陰	022.5→067.5	景門，天乙	157.5→202.5
2011/5/12	四	陽遁丁卯	開門，太陰	157.5→202.5	休門，太乙	202.5→247.5	生門，青龍	247.5→292.5	景門，咸池	022.5→067.5
2011/5/13	五	陽遁戊辰	開門，咸池	157.5→202.5	休門，天乙	202.5→247.5	生門，天符	247.5→292.5	景門，青龍	022.5→067.5
2011/5/14	六	陽遁己巳	開門，青龍	157.5→202.5	休門，太陰	202.5→247.5	生門，招搖	247.5→292.5	景門，天符	022.5→067.5
2011/5/15	日	陽遁庚午	開門，招搖	022.5→067.5	休門，太陰	067.5→112.5	生門，天乙	112.5→157.5	景門，軒轅	247.5→292.5
2011/5/16	一	陽遁辛未	開門，軒轅	022.5→067.5	休門，咸池	067.5→112.5	生門，太陰	112.5→157.5	景門，攝提	247.5→292.5
2011/5/17	二	陽遁壬申	開門，攝提	022.5→067.5	休門，青龍	067.5→112.5	生門，咸池	112.5→157.5	景門，太乙	247.5→292.5
2011/5/18	三	陽遁癸酉	開門，天符	067.5→112.5	休門，青龍	112.5→157.5	生門，攝提	157.5→202.5	景門，太陰	292.5→337.5
2011/5/19	四	陽遁甲戌	開門，招搖	067.5→112.5	休門，天符	112.5→157.5	生門，太乙	157.5→202.5	景門，咸池	292.5→337.5
2011/5/20	五	陽遁乙亥	開門，軒轅	067.5→112.5	休門，招搖	112.5→157.5	生門，天乙	157.5→202.5	景門，青龍	292.5→337.5
2011/5/21	六	陽遁丙子	開門，青龍	247.5→292.5	休門，天符	292.5→337.5	生門，天乙	337.5→022.5	景門，軒轅	112.5→157.5
2011/5/22	日	陽遁丁丑	開門，天符	247.5→292.5	休門，招搖	292.5→337.5	生門，太陰	337.5→022.5	景門，攝提	112.5→157.5
2011/5/23	一	陽遁戊寅	開門，招搖	247.5→292.5	休門，軒轅	292.5→337.5	生門，咸池	337.5→022.5	景門，太乙	112.5→157.5
2011/5/24	二	陽遁己卯	開門，咸池	202.5→247.5	休門，軒轅	247.5→292.5	生門，攝提	292.5→337.5	景門，太陰	067.5→112.5
2011/5/25	三	陽遁庚辰	開門，青龍	202.5→247.5	休門，攝提	247.5→292.5	生門，太乙	292.5→337.5	景門，咸池	067.5→112.5
2011/5/26	四	陽遁辛巳	開門，天符	202.5→247.5	休門，太乙	247.5→292.5	生門，天乙	292.5→337.5	景門，青龍	067.5→112.5
2011/5/27	五	陽遁壬午	開門，軒轅	337.5→022.5	休門，太乙	022.5→067.5	生門，天符	067.5→112.5	景門，招搖	202.5→247.5
2011/5/28	六	陽遁癸未	開門，攝提	337.5→022.5	休門，天乙	022.5→067.5	生門，招搖	067.5→112.5	景門，軒轅	202.5→247.5
2011/5/29	日	陽遁甲申	開門，太乙	337.5→022.5	休門，太陰	022.5→067.5	生門，軒轅	067.5→112.5	景門，攝提	202.5→247.5
2011/5/30	一	陽遁乙酉	開門，軒轅	112.5→157.5	休門，太陰	157.5→202.5	生門，太乙	202.5→247.5	景門，天乙	337.5→022.5
2011/5/31	二	陽遁丙戌	開門，攝提	112.5→157.5	休門，咸池	157.5→202.5	生門，天乙	202.5→247.5	景門，太陰	337.5→022.5
2011/6/1	三	陽遁丁亥	開門，太乙	112.5→157.5	休門，青龍	157.5→202.5	生門，太陰	202.5→247.5	景門，咸池	337.5→022.5
2011/6/2	四	陽遁戊子	開門，攝提	292.5→337.5	休門，青龍	337.5→022.5	生門，招搖	022.5→067.5	景門，天符	157.5→202.5
2011/6/3	五	陽遁己丑	開門，太乙	292.5→337.5	休門，天符	337.5→022.5	生門，軒轅	022.5→067.5	景門，招搖	157.5→202.5
2011/6/4	六	陽遁庚寅	開門，天乙	292.5→337.5	休門，招搖	337.5→022.5	生門，攝提	022.5→067.5	景門，軒轅	157.5→202.5
2011/6/5	日	陽遁辛卯	開門，攝提	157.5→202.5	休門，招搖	202.5→247.5	生門，天乙	247.5→292.5	景門，太乙	022.5→067.5
2011/6/6	一	陽遁壬辰	開門，太乙	157.5→202.5	休門，軒轅	202.5→247.5	生門，太陰	247.5→292.5	景門，天乙	022.5→067.5
2011/6/7	二	陽遁癸巳	開門，天乙	157.5→202.5	休門，攝提	202.5→247.5	生門，咸池	247.5→292.5	景門，太陰	022.5→067.5
2011/6/8	三	陽遁甲午	開門，咸池	022.5→067.5	休門，攝提	067.5→112.5	生門，軒轅	112.5→157.5	景門，青龍	247.5→292.5
2011/6/9	四	陽遁乙未	開門，青龍	022.5→067.5	休門，太乙	067.5→112.5	生門，攝提	112.5→157.5	景門，天符	247.5→292.5
2011/6/10	五	陽遁丙申	開門，天符	022.5→067.5	休門，天乙	067.5→112.5	生門，太乙	112.5→157.5	景門，招搖	247.5→292.5
2011/6/11	六	陽遁丁酉	開門，太陰	067.5→112.5	休門，天乙	112.5→157.5	生門，天符	157.5→202.5	景門，攝提	292.5→337.5
2011/6/12	日	陽遁戊戌	開門，咸池	067.5→112.5	休門，太陰	112.5→157.5	生門，招搖	157.5→202.5	景門，太乙	292.5→337.5
2011/6/13	一	陽遁己亥	開門，青龍	067.5→112.5	休門，咸池	112.5→157.5	生門，軒轅	157.5→202.5	景門，天乙	292.5→337.5
2011/6/14	二	陽遁庚子	開門，天乙	247.5→292.5	休門，太陰	292.5→337.5	生門，軒轅	337.5→022.5	景門，青龍	112.5→157.5
2011/6/15	三	陽遁辛丑	開門，太陰	247.5→292.5	休門，咸池	292.5→337.5	生門，攝提	337.5→022.5	景門，天符	112.5→157.5
2011/6/16	四	陽遁壬寅	開門，咸池	247.5→292.5	休門，青龍	292.5→337.5	生門，太乙	337.5→022.5	景門，招搖	112.5→157.5
2011/6/17	五	陽遁癸卯	開門，太乙	202.5→247.5	休門，青龍	247.5→292.5	生門，天符	292.5→337.5	景門，攝提	067.5→112.5
2011/6/18	六	陽遁甲辰	開門，天乙	202.5→247.5	休門，天符	247.5→292.5	生門，招搖	292.5→337.5	景門，太乙	067.5→112.5
2011/6/19	日	陽遁乙巳	開門，太陰	202.5→247.5	休門，招搖	247.5→292.5	生門，軒轅	292.5→337.5	景門，天乙	067.5→112.5
2011/6/20	一	陽遁丙午	開門，青龍	337.5→022.5	休門，招搖	022.5→067.5	生門，太陰	067.5→112.5	景門，咸池	202.5→247.5
2011/6/21	二	陽遁丁未	開門，天符	337.5→022.5	休門，軒轅	022.5→067.5	生門，咸池	067.5→112.5	景門，青龍	202.5→247.5
2011/6/22	三	陰遁戊申	開門，招搖	157.5→202.5	休門，攝提	202.5→247.5	生門，青龍	247.5→292.5	景門，天符	022.5→067.5
2011/6/23	四	陰遁己酉	開門，青龍	292.5→337.5	休門，攝提	337.5→022.5	生門，招搖	022.5→067.5	景門，軒轅	157.5→202.5
2011/6/24	五	陰遁庚戌	開門，天符	292.5→337.5	休門，太乙	337.5→022.5	生門，軒轅	022.5→067.5	景門，攝提	157.5→202.5
2011/6/25	六	陰遁辛亥	開門，招搖	292.5→337.5	休門，天乙	337.5→022.5	生門，攝提	022.5→067.5	景門，太乙	157.5→202.5
2011/6/26	日	陰遁壬子	開門，天符	112.5→157.5	休門，天乙	157.5→202.5	生門，咸池	202.5→247.5	景門，太陰	337.5→022.5
2011/6/27	一	陰遁癸丑	開門，招搖	112.5→157.5	休門，太陰	157.5→202.5	生門，青龍	202.5→247.5	景門，咸池	337.5→022.5
2011/6/28	二	陰遁甲寅	開門，軒轅	112.5→157.5	休門，咸池	157.5→202.5	生門，天符	202.5→247.5	景門，青龍	337.5→022.5
2011/6/29	三	陰遁乙卯	開門，天符	337.5→022.5	休門，咸池	022.5→067.5	生門，軒轅	067.5→112.5	景門，招搖	202.5→247.5
2011/6/30	四	陰遁丙辰	開門，招搖	337.5→022.5	休門，青龍	022.5→067.5	生門，攝提	067.5→112.5	景門，軒轅	202.5→247.5
2011/7/1	五	陰遁丁巳	開門，軒轅	337.5→022.5	休門，天符	022.5→067.5	生門，太乙	067.5→112.5	景門，攝提	202.5→247.5
2011/7/2	六	陰遁戊午	開門，太乙	202.5→247.5	休門，天符	247.5→292.5	生門，青龍	292.5→337.5	景門，天乙	067.5→112.5

2011年日家奇遁開休生景四門應用表

日期	星期	日家奇遁	門星【開門】	開門方位*	門星【休門】	休門方位*	門星【生門】	生門方位*	門星【景門】	景門方位*
2011/7/3	日	陰遁己未	開門，天乙	202.5→247.5	休門，招搖	247.5→292.5	生門，天符	292.5→337.5	景門，太陰	067.5→112.5
2011/7/4	一	陰遁庚申	開門，太陰	202.5→247.5	休門，軒轅	247.5→292.5	生門，招搖	292.5→337.5	景門，咸池	067.5→112.5
2011/7/5	二	陰遁辛酉	開門，攝提	247.5→292.5	休門，軒轅	292.5→337.5	生門，太陰	337.5→022.5	景門，天符	112.5→157.5
2011/7/6	三	陰遁壬戌	開門，太乙	247.5→292.5	休門，攝提	292.5→337.5	生門，咸池	337.5→022.5	景門，招搖	112.5→157.5
2011/7/7	四	陰遁癸亥	開門，天乙	247.5→292.5	休門，太乙	292.5→337.5	生門，青龍	337.5→022.5	景門，軒轅	112.5→157.5
2011/7/8	五	陰遁甲子	開門，太陰	112.5→157.5	休門，軒轅	157.5→202.5	生門，太乙	202.5→247.5	景門，攝提	337.5→022.5
2011/7/9	六	陰遁乙丑	開門，咸池	112.5→157.5	休門，攝提	157.5→202.5	生門，天乙	202.5→247.5	景門，太乙	337.5→022.5
2011/7/10	日	陰遁丙寅	開門，青龍	112.5→157.5	休門，太乙	157.5→202.5	生門，太陰	202.5→247.5	景門，天乙	337.5→022.5
2011/7/11	一	陰遁丁卯	開門，太陰	337.5→022.5	休門，太乙	022.5→067.5	生門，青龍	067.5→112.5	景門，咸池	202.5→247.5
2011/7/12	二	陰遁戊辰	開門，咸池	337.5→022.5	休門，天乙	022.5→067.5	生門，天符	067.5→112.5	景門，青龍	202.5→247.5
2011/7/13	三	陰遁己巳	開門，青龍	337.5→022.5	休門，太陰	022.5→067.5	生門，招搖	067.5→112.5	景門，天符	202.5→247.5
2011/7/14	四	陰遁庚午	開門，招搖	202.5→247.5	休門，太陰	247.5→292.5	生門，天乙	292.5→337.5	景門，軒轅	067.5→112.5
2011/7/15	五	陰遁辛未	開門，軒轅	202.5→247.5	休門，咸池	247.5→292.5	生門，太陰	292.5→337.5	景門，攝提	067.5→112.5
2011/7/16	六	陰遁壬申	開門，攝提	202.5→247.5	休門，青龍	247.5→292.5	生門，咸池	292.5→337.5	景門，太乙	067.5→112.5
2011/7/17	日	陰遁癸酉	開門，天符	247.5→292.5	休門，青龍	292.5→337.5	生門，攝提	337.5→022.5	景門，太陰	112.5→157.5
2011/7/18	一	陰遁甲戌	開門，招搖	247.5→292.5	休門，天符	292.5→337.5	生門，太乙	337.5→022.5	景門，咸池	112.5→157.5
2011/7/19	二	陰遁乙亥	開門，軒轅	247.5→292.5	休門，招搖	292.5→337.5	生門，天乙	337.5→022.5	景門，青龍	112.5→157.5
2011/7/20	三	陰遁丙子	開門，青龍	067.5→112.5	休門，天符	112.5→157.5	生門，天乙	157.5→202.5	景門，軒轅	292.5→337.5
2011/7/21	四	陰遁丁丑	開門，天符	067.5→112.5	休門，招搖	112.5→157.5	生門，太陰	157.5→202.5	景門，攝提	292.5→337.5
2011/7/22	五	陰遁戊寅	開門，招搖	067.5→112.5	休門，軒轅	112.5→157.5	生門，咸池	157.5→202.5	景門，太乙	292.5→337.5
2011/7/23	六	陰遁己卯	開門，咸池	022.5→067.5	休門，軒轅	067.5→112.5	生門，攝提	112.5→157.5	景門，太陰	247.5→292.5
2011/7/24	日	陰遁庚辰	開門，青龍	022.5→067.5	休門，攝提	067.5→112.5	生門，太乙	112.5→157.5	景門，咸池	247.5→292.5
2011/7/25	一	陰遁辛巳	開門，天符	022.5→067.5	休門，太乙	067.5→112.5	生門，天乙	112.5→157.5	景門，青龍	247.5→292.5
2011/7/26	二	陰遁壬午	開門，軒轅	157.5→202.5	休門，太乙	202.5→247.5	生門，天符	247.5→292.5	景門，招搖	022.5→067.5
2011/7/27	三	陰遁癸未	開門，攝提	157.5→202.5	休門，天乙	202.5→247.5	生門，招搖	247.5→292.5	景門，軒轅	022.5→067.5
2011/7/28	四	陰遁甲申	開門，太乙	157.5→202.5	休門，太陰	202.5→247.5	生門，軒轅	247.5→292.5	景門，攝提	022.5→067.5
2011/7/29	五	陰遁乙酉	開門，軒轅	292.5→337.5	休門，太陰	337.5→022.5	生門，太乙	022.5→067.5	景門，天乙	157.5→202.5
2011/7/30	六	陰遁丙戌	開門，攝提	292.5→337.5	休門，咸池	337.5→022.5	生門，天乙	022.5→067.5	景門，太陰	157.5→202.5
2011/7/31	日	陰遁丁亥	開門，太乙	292.5→337.5	休門，青龍	337.5→022.5	生門，太陰	022.5→067.5	景門，咸池	157.5→202.5
2011/8/1	一	陰遁戊子	開門，攝提	112.5→157.5	休門，青龍	157.5→202.5	生門，招搖	202.5→247.5	景門，天符	337.5→022.5
2011/8/2	二	陰遁己丑	開門，太乙	112.5→157.5	休門，天符	157.5→202.5	生門，軒轅	202.5→247.5	景門，招搖	337.5→022.5
2011/8/3	三	陰遁庚寅	開門，天乙	112.5→157.5	休門，招搖	157.5→202.5	生門，攝提	202.5→247.5	景門，軒轅	337.5→022.5
2011/8/4	四	陰遁辛卯	開門，攝提	337.5→022.5	休門，招搖	022.5→067.5	生門，天乙	067.5→112.5	景門，太乙	202.5→247.5
2011/8/5	五	陰遁壬辰	開門，太乙	337.5→022.5	休門，軒轅	022.5→067.5	生門，太陰	067.5→112.5	景門，天乙	202.5→247.5
2011/8/6	六	陰遁癸巳	開門，天乙	337.5→022.5	休門，攝提	022.5→067.5	生門，咸池	067.5→112.5	景門，太陰	202.5→247.5
2011/8/7	日	陰遁甲午	開門，咸池	202.5→247.5	休門，攝提	247.5→292.5	生門，軒轅	292.5→337.5	景門，青龍	067.5→112.5
2011/8/8	一	陰遁乙未	開門，青龍	202.5→247.5	休門，太乙	247.5→292.5	生門，攝提	292.5→337.5	景門，天符	067.5→112.5
2011/8/9	二	陰遁丙申	開門，天符	202.5→247.5	休門，天乙	247.5→292.5	生門，太乙	292.5→337.5	景門，招搖	067.5→112.5
2011/8/10	三	陰遁丁酉	開門，太陰	247.5→292.5	休門，天乙	292.5→337.5	生門，天符	337.5→022.5	景門，攝提	112.5→157.5
2011/8/11	四	陰遁戊戌	開門，咸池	247.5→292.5	休門，太陰	292.5→337.5	生門，招搖	337.5→022.5	景門，太乙	112.5→157.5
2011/8/12	五	陰遁己亥	開門，青龍	247.5→292.5	休門，咸池	292.5→337.5	生門，軒轅	337.5→022.5	景門，天乙	112.5→157.5
2011/8/13	六	陰遁庚子	開門，天乙	067.5→112.5	休門，太陰	112.5→157.5	生門，軒轅	157.5→202.5	景門，青龍	292.5→337.5
2011/8/14	日	陰遁辛丑	開門，太陰	067.5→112.5	休門，咸池	112.5→157.5	生門，攝提	157.5→202.5	景門，天符	292.5→337.5
2011/8/15	一	陰遁壬寅	開門，咸池	067.5→112.5	休門，青龍	112.5→157.5	生門，太乙	157.5→202.5	景門，招搖	292.5→337.5
2011/8/16	二	陰遁癸卯	開門，太乙	022.5→067.5	休門，青龍	067.5→112.5	生門，天符	112.5→157.5	景門，攝提	247.5→292.5
2011/8/17	三	陰遁甲辰	開門，天乙	022.5→067.5	休門，天符	067.5→112.5	生門，招搖	112.5→157.5	景門，太乙	247.5→292.5
2011/8/18	四	陰遁乙巳	開門，太陰	022.5→067.5	休門，招搖	067.5→112.5	生門，軒轅	112.5→157.5	景門，天乙	247.5→292.5
2011/8/19	五	陰遁丙午	開門，青龍	157.5→202.5	休門，招搖	202.5→247.5	生門，太陰	247.5→292.5	景門，咸池	022.5→067.5
2011/8/20	六	陰遁丁未	開門，天符	157.5→202.5	休門，軒轅	202.5→247.5	生門，咸池	247.5→292.5	景門，青龍	022.5→067.5
2011/8/21	日	陰遁戊申	開門，招搖	157.5→202.5	休門，攝提	202.5→247.5	生門，青龍	247.5→292.5	景門，天符	022.5→067.5
2011/8/22	一	陰遁己酉	開門，青龍	292.5→337.5	休門，攝提	337.5→022.5	生門，招搖	022.5→067.5	景門，軒轅	157.5→202.5
2011/8/23	二	陰遁庚戌	開門，天符	292.5→337.5	休門，太乙	337.5→022.5	生門，軒轅	022.5→067.5	景門，攝提	157.5→202.5
2011/8/24	三	陰遁辛亥	開門，招搖	292.5→337.5	休門，天乙	337.5→022.5	生門，攝提	022.5→067.5	景門，太乙	157.5→202.5
2011/8/25	四	陰遁壬子	開門，天符	112.5→157.5	休門，天乙	157.5→202.5	生門，咸池	202.5→247.5	景門，太陰	337.5→022.5
2011/8/26	五	陰遁癸丑	開門，招搖	112.5→157.5	休門，太陰	157.5→202.5	生門，青龍	202.5→247.5	景門，咸池	337.5→022.5
2011/8/27	六	陰遁甲寅	開門，軒轅	112.5→157.5	休門，咸池	157.5→202.5	生門，天符	202.5→247.5	景門，青龍	337.5→022.5
2011/8/28	日	陰遁乙卯	開門，天符	337.5→022.5	休門，咸池	022.5→067.5	生門，軒轅	067.5→112.5	景門，招搖	202.5→247.5
2011/8/29	一	陰遁丙辰	開門，招搖	337.5→022.5	休門，青龍	022.5→067.5	生門，攝提	067.5→112.5	景門，軒轅	202.5→247.5
2011/8/30	二	陰遁丁巳	開門，軒轅	337.5→022.5	休門，天符	022.5→067.5	生門，太乙	067.5→112.5	景門，攝提	202.5→247.5
2011/8/31	三	陰遁戊午	開門，太乙	202.5→247.5	休門，天符	247.5→292.5	生門，青龍	292.5→337.5	景門，天乙	067.5→112.5
2011/9/1	四	陰遁己未	開門，天乙	202.5→247.5	休門，招搖	247.5→292.5	生門，天符	292.5→337.5	景門，太陰	067.5→112.5

日期	星期	日家奇遁	門星【開門】	開門方位*	門星【休門】	休門方位*	門星【生門】	生門方位*	門星【景門】	景門方位*
2011/9/2	五	陰遁庚申	開門，太陰	202.5→247.5	休門，軒轅	247.5→292.5	生門，招搖	292.5→337.5	景門，咸池	067.5→112.5
2011/9/3	六	陰遁辛酉	開門，攝提	247.5→292.5	休門，軒轅	292.5→337.5	生門，太陰	337.5→022.5	景門，天符	112.5→157.5
2011/9/4	日	陰遁壬戌	開門，太乙	247.5→292.5	休門，攝提	292.5→337.5	生門，咸池	337.5→022.5	景門，招搖	112.5→157.5
2011/9/5	一	陰遁癸亥	開門，天乙	247.5→292.5	休門，太乙	292.5→337.5	生門，青龍	337.5→022.5	景門，軒轅	112.5→157.5
2011/9/6	二	陰遁甲子	開門，太陰	112.5→157.5	休門，軒轅	157.5→202.5	生門，太乙	202.5→247.5	景門，攝提	337.5→022.5
2011/9/7	三	陰遁乙丑	開門，咸池	112.5→157.5	休門，攝提	157.5→202.5	生門，天乙	202.5→247.5	景門，太乙	337.5→022.5
2011/9/8	四	陰遁丙寅	開門，青龍	112.5→157.5	休門，太乙	157.5→202.5	生門，太陰	202.5→247.5	景門，天乙	337.5→022.5
2011/9/9	五	陰遁丁卯	開門，太陰	337.5→022.5	休門，太乙	022.5→067.5	生門，青龍	067.5→112.5	景門，咸池	202.5→247.5
2011/9/10	六	陰遁戊辰	開門，咸池	337.5→022.5	休門，天乙	022.5→067.5	生門，天符	067.5→112.5	景門，青龍	202.5→247.5
2011/9/11	日	陰遁己巳	開門，青龍	337.5→022.5	休門，太陰	022.5→067.5	生門，招搖	067.5→112.5	景門，天符	202.5→247.5
2011/9/12	一	陰遁庚午	開門，招搖	202.5→247.5	休門，太陰	247.5→292.5	生門，天乙	292.5→337.5	景門，軒轅	067.5→112.5
2011/9/13	二	陰遁辛未	開門，軒轅	202.5→247.5	休門，咸池	247.5→292.5	生門，太陰	292.5→337.5	景門，攝提	067.5→112.5
2011/9/14	三	陰遁壬申	開門，攝提	202.5→247.5	休門，青龍	247.5→292.5	生門，咸池	292.5→337.5	景門，太乙	067.5→112.5
2011/9/15	四	陰遁癸酉	開門，天符	247.5→292.5	休門，青龍	292.5→337.5	生門，攝提	337.5→022.5	景門，太陰	112.5→157.5
2011/9/16	五	陰遁甲戌	開門，招搖	247.5→292.5	休門，天符	292.5→337.5	生門，太乙	337.5→022.5	景門，咸池	112.5→157.5
2011/9/17	六	陰遁乙亥	開門，軒轅	247.5→292.5	休門，招搖	292.5→337.5	生門，天乙	337.5→022.5	景門，青龍	112.5→157.5
2011/9/18	日	陰遁丙子	開門，青龍	067.5→112.5	休門，天符	112.5→157.5	生門，天乙	157.5→202.5	景門，軒轅	292.5→337.5
2011/9/19	一	陰遁丁丑	開門，天符	067.5→112.5	休門，招搖	112.5→157.5	生門，太陰	157.5→202.5	景門，攝提	292.5→337.5
2011/9/20	二	陰遁戊寅	開門，招搖	067.5→112.5	休門，軒轅	112.5→157.5	生門，咸池	157.5→202.5	景門，太乙	292.5→337.5
2011/9/21	三	陰遁己卯	開門，咸池	022.5→067.5	休門，軒轅	067.5→112.5	生門，攝提	112.5→157.5	景門，太陰	247.5→292.5
2011/9/22	四	陰遁庚辰	開門，青龍	022.5→067.5	休門，攝提	067.5→112.5	生門，太乙	112.5→157.5	景門，咸池	247.5→292.5
2011/9/23	五	陰遁辛巳	開門，天符	022.5→067.5	休門，太乙	067.5→112.5	生門，天乙	112.5→157.5	景門，青龍	247.5→292.5
2011/9/24	六	陰遁壬午	開門，軒轅	157.5→202.5	休門，太乙	202.5→247.5	生門，天符	247.5→292.5	景門，招搖	022.5→067.5
2011/9/25	日	陰遁癸未	開門，攝提	157.5→202.5	休門，天乙	202.5→247.5	生門，招搖	247.5→292.5	景門，軒轅	022.5→067.5
2011/9/26	一	陰遁甲申	開門，太乙	157.5→202.5	休門，太陰	202.5→247.5	生門，軒轅	247.5→292.5	景門，攝提	022.5→067.5
2011/9/27	二	陰遁乙酉	開門，軒轅	292.5→337.5	休門，太陰	337.5→022.5	生門，太乙	022.5→067.5	景門，天乙	157.5→202.5
2011/9/28	三	陰遁丙戌	開門，攝提	292.5→337.5	休門，咸池	337.5→022.5	生門，天乙	022.5→067.5	景門，太陰	157.5→202.5
2011/9/29	四	陰遁丁亥	開門，太乙	292.5→337.5	休門，青龍	337.5→022.5	生門，太陰	022.5→067.5	景門，咸池	157.5→202.5
2011/9/30	五	陰遁戊子	開門，攝提	112.5→157.5	休門，青龍	157.5→202.5	生門，招搖	202.5→247.5	景門，天符	337.5→022.5
2011/10/1	六	陰遁己丑	開門，太乙	112.5→157.5	休門，天符	157.5→202.5	生門，軒轅	202.5→247.5	景門，招搖	337.5→022.5
2011/10/2	日	陰遁庚寅	開門，天乙	112.5→157.5	休門，招搖	157.5→202.5	生門，攝提	202.5→247.5	景門，軒轅	337.5→022.5
2011/10/3	一	陰遁辛卯	開門，攝提	337.5→022.5	休門，招搖	022.5→067.5	生門，天乙	067.5→112.5	景門，太乙	202.5→247.5
2011/10/4	二	陰遁壬辰	開門，太乙	337.5→022.5	休門，軒轅	022.5→067.5	生門，太陰	067.5→112.5	景門，天乙	202.5→247.5
2011/10/5	三	陰遁癸巳	開門，天乙	337.5→022.5	休門，攝提	022.5→067.5	生門，咸池	067.5→112.5	景門，太陰	202.5→247.5
2011/10/6	四	陰遁甲午	開門，咸池	202.5→247.5	休門，攝提	247.5→292.5	生門，軒轅	292.5→337.5	景門，青龍	067.5→112.5
2011/10/7	五	陰遁乙未	開門，青龍	202.5→247.5	休門，太乙	247.5→292.5	生門，攝提	292.5→337.5	景門，天符	067.5→112.5
2011/10/8	六	陰遁丙申	開門，天符	202.5→247.5	休門，天乙	247.5→292.5	生門，太乙	292.5→337.5	景門，招搖	067.5→112.5
2011/10/9	日	陰遁丁酉	開門，太陰	247.5→292.5	休門，天乙	292.5→337.5	生門，天符	337.5→022.5	景門，攝提	112.5→157.5
2011/10/10	一	陰遁戊戌	開門，咸池	247.5→292.5	休門，太陰	292.5→337.5	生門，招搖	337.5→022.5	景門，太乙	112.5→157.5
2011/10/11	二	陰遁己亥	開門，青龍	247.5→292.5	休門，咸池	292.5→337.5	生門，軒轅	337.5→022.5	景門，天乙	112.5→157.5
2011/10/12	三	陰遁庚子	開門，天乙	067.5→112.5	休門，太陰	112.5→157.5	生門，軒轅	157.5→202.5	景門，青龍	292.5→337.5
2011/10/13	四	陰遁辛丑	開門，太陰	067.5→112.5	休門，咸池	112.5→157.5	生門，攝提	157.5→202.5	景門，天符	292.5→337.5
2011/10/14	五	陰遁壬寅	開門，咸池	067.5→112.5	休門，青龍	112.5→157.5	生門，太乙	157.5→202.5	景門，招搖	292.5→337.5
2011/10/15	六	陰遁癸卯	開門，太乙	022.5→067.5	休門，青龍	067.5→112.5	生門，天符	112.5→157.5	景門，攝提	247.5→292.5
2011/10/16	日	陰遁甲辰	開門，天乙	022.5→067.5	休門，天符	067.5→112.5	生門，招搖	112.5→157.5	景門，太乙	247.5→292.5
2011/10/17	一	陰遁乙巳	開門，太陰	022.5→067.5	休門，招搖	067.5→112.5	生門，軒轅	112.5→157.5	景門，天乙	247.5→292.5
2011/10/18	二	陰遁丙午	開門，青龍	157.5→202.5	休門，招搖	202.5→247.5	生門，太陰	247.5→292.5	景門，咸池	022.5→067.5
2011/10/19	三	陰遁丁未	開門，天符	157.5→202.5	休門，軒轅	202.5→247.5	生門，咸池	247.5→292.5	景門，青龍	022.5→067.5
2011/10/20	四	陰遁戊申	開門，招搖	157.5→202.5	休門，攝提	202.5→247.5	生門，青龍	247.5→292.5	景門，天符	022.5→067.5
2011/10/21	五	陰遁己酉	開門，青龍	292.5→337.5	休門，攝提	337.5→022.5	生門，招搖	022.5→067.5	景門，軒轅	157.5→202.5
2011/10/22	六	陰遁庚戌	開門，天符	292.5→337.5	休門，太乙	337.5→022.5	生門，軒轅	022.5→067.5	景門，攝提	157.5→202.5
2011/10/23	日	陰遁辛亥	開門，招搖	292.5→337.5	休門，天乙	337.5→022.5	生門，攝提	022.5→067.5	景門，太乙	157.5→202.5
2011/10/24	一	陰遁壬子	開門，天符	112.5→157.5	休門，天乙	157.5→202.5	生門，咸池	202.5→247.5	景門，太陰	337.5→022.5
2011/10/25	二	陰遁癸丑	開門，招搖	112.5→157.5	休門，太陰	157.5→202.5	生門，青龍	202.5→247.5	景門，咸池	337.5→022.5
2011/10/26	三	陰遁甲寅	開門，軒轅	112.5→157.5	休門，咸池	157.5→202.5	生門，天符	202.5→247.5	景門，青龍	337.5→022.5
2011/10/27	四	陰遁乙卯	開門，天符	337.5→022.5	休門，咸池	022.5→067.5	生門，軒轅	067.5→112.5	景門，招搖	202.5→247.5
2011/10/28	五	陰遁丙辰	開門，招搖	337.5→022.5	休門，青龍	022.5→067.5	生門，攝提	067.5→112.5	景門，軒轅	202.5→247.5
2011/10/29	六	陰遁丁巳	開門，軒轅	337.5→022.5	休門，天符	022.5→067.5	生門，太乙	067.5→112.5	景門，攝提	202.5→247.5
2011/10/30	日	陰遁戊午	開門，太乙	202.5→247.5	休門，天符	247.5→292.5	生門，青龍	292.5→337.5	景門，天乙	067.5→112.5
2011/10/31	一	陰遁己未	開門，天乙	202.5→247.5	休門，招搖	247.5→292.5	生門，天符	292.5→337.5	景門，太陰	067.5→112.5
2011/11/1	二	陰遁庚申	開門，太陰	202.5→247.5	休門，軒轅	247.5→292.5	生門，招搖	292.5→337.5	景門，咸池	067.5→112.5

日期	星期	日家奇遁	門星【開門】	開門方位*	門星【休門】	休門方位*	門星【生門】	生門方位*	門星【景門】	景門方位*
2011/11/2	三	陰遁辛酉	開門，攝提	247.5→292.5	休門，軒轅	292.5→337.5	生門，太陰	337.5→022.5	景門，天符	112.5→157.5
2011/11/3	四	陰遁壬戌	開門，太乙	247.5→292.5	休門，攝提	292.5→337.5	生門，咸池	337.5→022.5	景門，招搖	112.5→157.5
2011/11/4	五	陰遁癸亥	開門，天乙	247.5→292.5	休門，太乙	292.5→337.5	生門，青龍	337.5→022.5	景門，軒轅	112.5→157.5
2011/11/5	六	陰遁甲子	開門，太陰	112.5→157.5	休門，軒轅	157.5→202.5	生門，太乙	202.5→247.5	景門，攝提	337.5→022.5
2011/11/6	日	陰遁乙丑	開門，咸池	112.5→157.5	休門，攝提	157.5→202.5	生門，天乙	202.5→247.5	景門，太乙	337.5→022.5
2011/11/7	一	陰遁丙寅	開門，青龍	112.5→157.5	休門，太乙	157.5→202.5	生門，太陰	202.5→247.5	景門，天乙	337.5→022.5
2011/11/8	二	陰遁丁卯	開門，太陰	337.5→022.5	休門，太乙	022.5→067.5	生門，青龍	067.5→112.5	景門，咸池	202.5→247.5
2011/11/9	三	陰遁戊辰	開門，咸池	337.5→022.5	休門，天乙	022.5→067.5	生門，天符	067.5→112.5	景門，青龍	202.5→247.5
2011/11/10	四	陰遁己巳	開門，青龍	337.5→022.5	休門，太陰	022.5→067.5	生門，招搖	067.5→112.5	景門，天符	202.5→247.5
2011/11/11	五	陰遁庚午	開門，招搖	202.5→247.5	休門，太陰	247.5→292.5	生門，天乙	292.5→337.5	景門，軒轅	067.5→112.5
2011/11/12	六	陰遁辛未	開門，軒轅	202.5→247.5	休門，咸池	247.5→292.5	生門，太陰	292.5→337.5	景門，攝提	067.5→112.5
2011/11/13	日	陰遁壬申	開門，攝提	202.5→247.5	休門，青龍	247.5→292.5	生門，咸池	292.5→337.5	景門，太乙	067.5→112.5
2011/11/14	一	陰遁癸酉	開門，天符	247.5→292.5	休門，青龍	292.5→337.5	生門，攝提	337.5→022.5	景門，太陰	112.5→157.5
2011/11/15	二	陰遁甲戌	開門，招搖	247.5→292.5	休門，天符	292.5→337.5	生門，太乙	337.5→022.5	景門，咸池	112.5→157.5
2011/11/16	三	陰遁乙亥	開門，軒轅	247.5→292.5	休門，招搖	292.5→337.5	生門，天乙	337.5→022.5	景門，青龍	112.5→157.5
2011/11/17	四	陰遁丙子	開門，青龍	067.5→112.5	休門，天符	112.5→157.5	生門，天乙	157.5→202.5	景門，軒轅	292.5→337.5
2011/11/18	五	陰遁丁丑	開門，天符	067.5→112.5	休門，招搖	112.5→157.5	生門，太陰	157.5→202.5	景門，攝提	292.5→337.5
2011/11/19	六	陰遁戊寅	開門，招搖	067.5→112.5	休門，軒轅	112.5→157.5	生門，咸池	157.5→202.5	景門，太乙	292.5→337.5
2011/11/20	日	陰遁己卯	開門，咸池	022.5→067.5	休門，軒轅	067.5→112.5	生門，攝提	112.5→157.5	景門，太陰	247.5→292.5
2011/11/21	一	陰遁庚辰	開門，青龍	022.5→067.5	休門，攝提	067.5→112.5	生門，太乙	112.5→157.5	景門，咸池	247.5→292.5
2011/11/22	二	陰遁辛巳	開門，天符	022.5→067.5	休門，太乙	067.5→112.5	生門，天乙	112.5→157.5	景門，青龍	247.5→292.5
2011/11/23	三	陰遁壬午	開門，軒轅	157.5→202.5	休門，太乙	202.5→247.5	生門，天符	247.5→292.5	景門，招搖	022.5→067.5
2011/11/24	四	陰遁癸未	開門，攝提	157.5→202.5	休門，天乙	202.5→247.5	生門，招搖	247.5→292.5	景門，軒轅	022.5→067.5
2011/11/25	五	陰遁甲申	開門，太乙	157.5→202.5	休門，太陰	202.5→247.5	生門，軒轅	247.5→292.5	景門，攝提	022.5→067.5
2011/11/26	六	陰遁乙酉	開門，軒轅	292.5→337.5	休門，太陰	337.5→022.5	生門，太乙	022.5→067.5	景門，天乙	157.5→202.5
2011/11/27	日	陰遁丙戌	開門，攝提	292.5→337.5	休門，咸池	337.5→022.5	生門，天乙	022.5→067.5	景門，太陰	157.5→202.5
2011/11/28	一	陰遁丁亥	開門，太乙	292.5→337.5	休門，青龍	337.5→022.5	生門，太陰	022.5→067.5	景門，咸池	157.5→202.5
2011/11/29	二	陰遁戊子	開門，攝提	112.5→157.5	休門，青龍	157.5→202.5	生門，招搖	202.5→247.5	景門，天符	337.5→022.5
2011/11/30	三	陰遁己丑	開門，太乙	112.5→157.5	休門，天符	157.5→202.5	生門，軒轅	202.5→247.5	景門，招搖	337.5→022.5
2011/12/1	四	陰遁庚寅	開門，天乙	112.5→157.5	休門，招搖	157.5→202.5	生門，攝提	202.5→247.5	景門，軒轅	337.5→022.5
2011/12/2	五	陰遁辛卯	開門，攝提	337.5→022.5	休門，招搖	022.5→067.5	生門，天乙	067.5→112.5	景門，太乙	202.5→247.5
2011/12/3	六	陰遁壬辰	開門，太乙	337.5→022.5	休門，軒轅	022.5→067.5	生門，太陰	067.5→112.5	景門，天乙	202.5→247.5
2011/12/4	日	陰遁癸巳	開門，天乙	337.5→022.5	休門，攝提	022.5→067.5	生門，咸池	067.5→112.5	景門，太陰	202.5→247.5
2011/12/5	一	陰遁甲午	開門，咸池	202.5→247.5	休門，攝提	247.5→292.5	生門，軒轅	292.5→337.5	景門，青龍	067.5→112.5
2011/12/6	二	陰遁乙未	開門，青龍	202.5→247.5	休門，太乙	247.5→292.5	生門，攝提	292.5→337.5	景門，天符	067.5→112.5
2011/12/7	三	陰遁丙申	開門，天符	202.5→247.5	休門，天乙	247.5→292.5	生門，太乙	292.5→337.5	景門，招搖	067.5→112.5
2011/12/8	四	陰遁丁酉	開門，太陰	247.5→292.5	休門，天乙	292.5→337.5	生門，天符	337.5→022.5	景門，攝提	112.5→157.5
2011/12/9	五	陰遁戊戌	開門，咸池	247.5→292.5	休門，太陰	292.5→337.5	生門，招搖	337.5→022.5	景門，太乙	112.5→157.5
2011/12/10	六	陰遁己亥	開門，青龍	247.5→292.5	休門，咸池	292.5→337.5	生門，軒轅	337.5→022.5	景門，天乙	112.5→157.5
2011/12/11	日	陰遁庚子	開門，天乙	067.5→112.5	休門，太陰	112.5→157.5	生門，軒轅	157.5→202.5	景門，青龍	292.5→337.5
2011/12/12	一	陰遁辛丑	開門，太陰	067.5→112.5	休門，咸池	112.5→157.5	生門，攝提	157.5→202.5	景門，天符	292.5→337.5
2011/12/13	二	陰遁壬寅	開門，咸池	067.5→112.5	休門，青龍	112.5→157.5	生門，太乙	157.5→202.5	景門，招搖	292.5→337.5
2011/12/14	三	陰遁癸卯	開門，太乙	022.5→067.5	休門，青龍	067.5→112.5	生門，天符	112.5→157.5	景門，攝提	247.5→292.5
2011/12/15	四	陰遁甲辰	開門，天乙	022.5→067.5	休門，天符	067.5→112.5	生門，招搖	112.5→157.5	景門，太乙	247.5→292.5
2011/12/16	五	陰遁乙巳	開門，太陰	022.5→067.5	休門，招搖	067.5→112.5	生門，軒轅	112.5→157.5	景門，天乙	247.5→292.5
2011/12/17	六	陰遁丙午	開門，青龍	157.5→202.5	休門，招搖	202.5→247.5	生門，太陰	247.5→292.5	景門，咸池	022.5→067.5
2011/12/18	日	陰遁丁未	開門，天符	157.5→202.5	休門，軒轅	202.5→247.5	生門，咸池	247.5→292.5	景門，青龍	022.5→067.5
2011/12/19	一	陰遁戊申	開門，招搖	157.5→202.5	休門，攝提	202.5→247.5	生門，青龍	247.5→292.5	景門，天符	022.5→067.5
2011/12/20	二	陰遁己酉	開門，青龍	292.5→337.5	休門，攝提	337.5→022.5	生門，招搖	022.5→067.5	景門，軒轅	157.5→202.5
2011/12/21	三	陰遁庚戌	開門，天符	292.5→337.5	休門，太乙	337.5→022.5	生門，軒轅	022.5→067.5	景門，攝提	157.5→202.5
2011/12/22	四	陽遁辛亥	開門，招搖	112.5→157.5	休門，天乙	157.5→202.5	生門，攝提	202.5→247.5	景門，太乙	337.5→022.5
2011/12/23	五	陽遁壬子	開門，天符	292.5→337.5	休門，天乙	337.5→022.5	生門，咸池	022.5→067.5	景門，太陰	157.5→202.5
2011/12/24	六	陽遁癸丑	開門，招搖	292.5→337.5	休門，太陰	337.5→022.5	生門，青龍	022.5→067.5	景門，咸池	157.5→202.5
2011/12/25	日	陽遁甲寅	開門，軒轅	292.5→337.5	休門，咸池	337.5→022.5	生門，天符	022.5→067.5	景門，青龍	157.5→202.5
2011/12/26	一	陽遁乙卯	開門，天符	157.5→202.5	休門，咸池	202.5→247.5	生門，軒轅	247.5→292.5	景門，招搖	022.5→067.5
2011/12/27	二	陽遁丙辰	開門，招搖	157.5→202.5	休門，青龍	202.5→247.5	生門，攝提	247.5→292.5	景門，軒轅	022.5→067.5
2011/12/28	三	陽遁丁巳	開門，軒轅	157.5→202.5	休門，天符	202.5→247.5	生門，太乙	247.5→292.5	景門，攝提	022.5→067.5
2011/12/29	四	陽遁戊午	開門，太乙	022.5→067.5	休門，天符	067.5→112.5	生門，青龍	112.5→157.5	景門，天乙	247.5→292.5
2011/12/30	五	陽遁己未	開門，天乙	022.5→067.5	休門，招搖	067.5→112.5	生門，天符	112.5→157.5	景門，太陰	247.5→292.5
2011/12/31	六	陽遁庚申	開門，太陰	022.5→067.5	休門，軒轅	067.5→112.5	生門，招搖	112.5→157.5	景門，咸池	247.5→292.5

2011年日家奇遁死傷驚杜四門應用表

日期	星期	日家奇遁	門星【死門】	死門方位*	門星【傷門】	傷門方位*	門星【驚門】	驚門方位*	門星【杜門】	杜門方位*
2011/1/1	六	陽遁丙辰	死門，咸池	067.5→112.5	傷門，太乙	292.5→337.5	驚門，太陰	112.5→157.5	杜門，天符	337.5→022.5
2011/1/2	日	陽遁丁巳	死門，青龍	067.5→112.5	傷門，天乙	292.5→337.5	驚門，咸池	112.5→157.5	杜門，招搖	337.5→022.5
2011/1/3	一	陽遁戊午	死門，太陰	292.5→337.5	傷門，攝提	157.5→202.5	驚門，軒轅	337.5→022.5	杜門，招搖	202.5→247.5
2011/1/4	二	陽遁己未	死門，咸池	292.5→337.5	傷門，太乙	157.5→202.5	驚門，攝提	337.5→022.5	杜門，軒轅	202.5→247.5
2011/1/5	三	陽遁庚申	死門，青龍	292.5→337.5	傷門，天乙	157.5→202.5	驚門，太乙	337.5→022.5	杜門，攝提	202.5→247.5
2011/1/6	四	陽遁辛酉	死門，天乙	337.5→022.5	傷門，太乙	202.5→247.5	驚門，咸池	022.5→067.5	杜門，青龍	247.5→292.5
2011/1/7	五	陽遁壬戌	死門，太陰	337.5→022.5	傷門，天乙	202.5→247.5	驚門，青龍	022.5→067.5	杜門，天符	247.5→292.5
2011/1/8	六	陽遁癸亥	死門，咸池	337.5→022.5	傷門，太陰	202.5→247.5	驚門，天符	022.5→067.5	杜門，招搖	247.5→292.5
2011/1/9	日	陽遁甲子	死門，招搖	202.5→247.5	傷門，天符	067.5→112.5	驚門，天乙	247.5→292.5	杜門，青龍	112.5→157.5
2011/1/10	一	陽遁乙丑	死門，軒轅	202.5→247.5	傷門，招搖	067.5→112.5	驚門，太陰	247.5→292.5	杜門，天符	112.5→157.5
2011/1/11	二	陽遁丙寅	死門，攝提	202.5→247.5	傷門，軒轅	067.5→112.5	驚門，咸池	247.5→292.5	杜門，招搖	112.5→157.5
2011/1/12	三	陽遁丁卯	死門，攝提	067.5→112.5	傷門，天符	292.5→337.5	驚門，軒轅	112.5→157.5	杜門，天乙	337.5→022.5
2011/1/13	四	陽遁戊辰	死門，太乙	067.5→112.5	傷門，招搖	292.5→337.5	驚門，攝提	112.5→157.5	杜門，太陰	337.5→022.5
2011/1/14	五	陽遁己巳	死門，天乙	067.5→112.5	傷門，軒轅	292.5→337.5	驚門，太乙	112.5→157.5	杜門，咸池	337.5→022.5
2011/1/15	六	陽遁庚午	死門，攝提	292.5→337.5	傷門，天符	157.5→202.5	驚門，青龍	337.5→022.5	杜門，咸池	202.5→247.5
2011/1/16	日	陽遁辛未	死門，太乙	292.5→337.5	傷門，招搖	157.5→202.5	驚門，天符	337.5→022.5	杜門，青龍	202.5→247.5
2011/1/17	一	陽遁壬申	死門，天乙	292.5→337.5	傷門，軒轅	157.5→202.5	驚門，招搖	337.5→022.5	杜門，天符	202.5→247.5
2011/1/18	二	陽遁癸酉	死門，軒轅	337.5→022.5	傷門，招搖	202.5→247.5	驚門，太乙	022.5→067.5	杜門，天乙	247.5→292.5
2011/1/19	三	陽遁甲戌	死門，攝提	337.5→022.5	傷門，軒轅	202.5→247.5	驚門，天乙	022.5→067.5	杜門，太陰	247.5→292.5
2011/1/20	四	陽遁乙亥	死門，太乙	337.5→022.5	傷門，攝提	202.5→247.5	驚門，太陰	022.5→067.5	杜門，咸池	247.5→292.5
2011/1/21	五	陽遁丙子	死門，太陰	157.5→202.5	傷門，咸池	022.5→067.5	驚門，太乙	202.5→247.5	杜門，攝提	067.5→112.5
2011/1/22	六	陽遁丁丑	死門，咸池	157.5→202.5	傷門，青龍	022.5→067.5	驚門，天乙	202.5→247.5	杜門，太乙	067.5→112.5
2011/1/23	日	陽遁戊寅	死門，青龍	157.5→202.5	傷門，天符	022.5→067.5	驚門，太陰	202.5→247.5	杜門，天乙	067.5→112.5
2011/1/24	一	陽遁己卯	死門，天乙	112.5→157.5	傷門，青龍	337.5→022.5	驚門，天符	157.5→202.5	杜門，招搖	022.5→067.5
2011/1/25	二	陽遁庚辰	死門，太陰	112.5→157.5	傷門，天符	337.5→022.5	驚門，招搖	157.5→202.5	杜門，軒轅	022.5→067.5
2011/1/26	三	陽遁辛巳	死門，咸池	112.5→157.5	傷門，招搖	337.5→022.5	驚門，軒轅	157.5→202.5	杜門，攝提	022.5→067.5
2011/1/27	四	陽遁壬午	死門，天乙	247.5→292.5	傷門，青龍	112.5→157.5	驚門，太陰	292.5→337.5	杜門，攝提	157.5→202.5
2011/1/28	五	陽遁癸未	死門，太陰	247.5→292.5	傷門，天符	112.5→157.5	驚門，咸池	292.5→337.5	杜門，太乙	157.5→202.5
2011/1/29	六	陽遁甲申	死門，咸池	247.5→292.5	傷門，招搖	112.5→157.5	驚門，青龍	292.5→337.5	杜門，天乙	157.5→202.5
2011/1/30	日	陽遁乙酉	死門，咸池	022.5→067.5	傷門，青龍	247.5→292.5	驚門，攝提	067.5→112.5	杜門，天符	292.5→337.5
2011/1/31	一	陽遁丙戌	死門，青龍	022.5→067.5	傷門，天符	247.5→292.5	驚門，太乙	067.5→112.5	杜門，招搖	292.5→337.5
2011/2/1	二	陽遁丁亥	死門，天符	022.5→067.5	傷門，招搖	247.5→292.5	驚門，天乙	067.5→112.5	杜門，軒轅	292.5→337.5
2011/2/2	三	陽遁戊子	死門，咸池	202.5→247.5	傷門，太陰	067.5→112.5	驚門，軒轅	247.5→292.5	杜門，天乙	112.5→157.5
2011/2/3	四	陽遁己丑	死門，青龍	202.5→247.5	傷門，咸池	067.5→112.5	驚門，攝提	247.5→292.5	杜門，太陰	112.5→157.5
2011/2/4	五	陽遁庚寅	死門，天符	202.5→247.5	傷門，青龍	067.5→112.5	驚門，太乙	247.5→292.5	杜門，咸池	112.5→157.5
2011/2/5	六	陽遁辛卯	死門，天符	067.5→112.5	傷門，太陰	292.5→337.5	驚門，青龍	112.5→157.5	杜門，軒轅	337.5→022.5
2011/2/6	日	陽遁壬辰	死門，招搖	067.5→112.5	傷門，咸池	292.5→337.5	驚門，天符	112.5→157.5	杜門，攝提	337.5→022.5
2011/2/7	一	陽遁癸巳	死門，軒轅	067.5→112.5	傷門，青龍	292.5→337.5	驚門，招搖	112.5→157.5	杜門，太乙	337.5→022.5
2011/2/8	二	陽遁甲午	死門，天符	292.5→337.5	傷門，太陰	157.5→202.5	驚門，天乙	337.5→022.5	杜門，太乙	202.5→247.5
2011/2/9	三	陽遁乙未	死門，招搖	292.5→337.5	傷門，咸池	157.5→202.5	驚門，太陰	337.5→022.5	杜門，天乙	202.5→247.5
2011/2/10	四	陽遁丙申	死門，軒轅	292.5→337.5	傷門，青龍	157.5→202.5	驚門，咸池	337.5→022.5	杜門，太陰	202.5→247.5
2011/2/11	五	陽遁丁酉	死門，青龍	337.5→022.5	傷門，咸池	202.5→247.5	驚門，招搖	022.5→067.5	杜門，軒轅	247.5→292.5
2011/2/12	六	陽遁戊戌	死門，天符	337.5→022.5	傷門，青龍	202.5→247.5	驚門，軒轅	022.5→067.5	杜門，攝提	247.5→292.5
2011/2/13	日	陽遁己亥	死門，招搖	337.5→022.5	傷門，天符	202.5→247.5	驚門，攝提	022.5→067.5	杜門，太乙	247.5→292.5
2011/2/14	一	陽遁庚子	死門，攝提	157.5→202.5	傷門，太乙	022.5→067.5	驚門，招搖	202.5→247.5	杜門，天符	067.5→112.5
2011/2/15	二	陽遁辛丑	死門，太乙	157.5→202.5	傷門，天乙	022.5→067.5	驚門，軒轅	202.5→247.5	杜門，招搖	067.5→112.5
2011/2/16	三	陽遁壬寅	死門，天乙	157.5→202.5	傷門，太陰	022.5→067.5	驚門，攝提	202.5→247.5	杜門，軒轅	067.5→112.5
2011/2/17	四	陽遁癸卯	死門，軒轅	112.5→157.5	傷門，天乙	337.5→022.5	驚門，太陰	157.5→202.5	杜門，咸池	022.5→067.5
2011/2/18	五	陽遁甲辰	死門，攝提	112.5→157.5	傷門，太陰	337.5→022.5	驚門，咸池	157.5→202.5	杜門，青龍	022.5→067.5
2011/2/19	六	陽遁乙巳	死門，太乙	112.5→157.5	傷門，咸池	337.5→022.5	驚門，青龍	157.5→202.5	杜門，天符	022.5→067.5
2011/2/20	日	陽遁丙午	死門，軒轅	247.5→292.5	傷門，天乙	112.5→157.5	驚門，攝提	292.5→337.5	杜門，天符	157.5→202.5
2011/2/21	一	陽遁丁未	死門，攝提	247.5→292.5	傷門，太陰	112.5→157.5	驚門，太乙	292.5→337.5	杜門，招搖	157.5→202.5
2011/2/22	二	陽遁戊申	死門，太乙	247.5→292.5	傷門，咸池	112.5→157.5	驚門，天乙	292.5→337.5	杜門，軒轅	157.5→202.5
2011/2/23	三	陽遁己酉	死門，太乙	022.5→067.5	傷門，天乙	247.5→292.5	驚門，天符	067.5→112.5	杜門，太陰	292.5→337.5
2011/2/24	四	陽遁庚戌	死門，天乙	022.5→067.5	傷門，太陰	247.5→292.5	驚門，招搖	067.5→112.5	杜門，咸池	292.5→337.5
2011/2/25	五	陽遁辛亥	死門，太陰	022.5→067.5	傷門，咸池	247.5→292.5	驚門，軒轅	067.5→112.5	杜門，青龍	292.5→337.5
2011/2/26	六	陽遁壬子	死門，太乙	202.5→247.5	傷門，攝提	067.5→112.5	驚門，青龍	247.5→292.5	杜門，軒轅	112.5→157.5
2011/2/27	日	陽遁癸丑	死門，天乙	202.5→247.5	傷門，太乙	067.5→112.5	驚門，天符	247.5→292.5	杜門，攝提	112.5→157.5
2011/2/28	一	陽遁甲寅	死門，太陰	202.5→247.5	傷門，天乙	067.5→112.5	驚門，招搖	247.5→292.5	杜門，太乙	112.5→157.5
2011/3/1	二	陽遁乙卯	死門，太陰	067.5→112.5	傷門，攝提	292.5→337.5	驚門，天乙	112.5→157.5	杜門，青龍	337.5→022.5
2011/3/2	三	陽遁丙辰	死門，咸池	067.5→112.5	傷門，太乙	292.5→337.5	驚門，太陰	112.5→157.5	杜門，天符	337.5→022.5

日期	星期	日家奇遁	門星【死門】	死門方位*	門星【傷門】	傷門方位*	門星【驚門】	驚門方位*	門星【杜門】	杜門方位*
2011/3/3	四	陽遁丁巳	死門，青龍	067.5→112.5	傷門，天乙	292.5→337.5	驚門，咸池	112.5→157.5	杜門，招搖	337.5→022.5
2011/3/4	五	陽遁戊午	死門，太陰	292.5→337.5	傷門，攝提	157.5→202.5	驚門，軒轅	337.5→022.5	杜門，招搖	202.5→247.5
2011/3/5	六	陽遁己未	死門，咸池	292.5→337.5	傷門，太乙	157.5→202.5	驚門，攝提	337.5→022.5	杜門，軒轅	202.5→247.5
2011/3/6	日	陽遁庚申	死門，青龍	292.5→337.5	傷門，天乙	157.5→202.5	驚門，太乙	337.5→022.5	杜門，攝提	202.5→247.5
2011/3/7	一	陽遁辛酉	死門，天乙	337.5→022.5	傷門，太乙	202.5→247.5	驚門，咸池	022.5→067.5	杜門，青龍	247.5→292.5
2011/3/8	二	陽遁壬戌	死門，太陰	337.5→022.5	傷門，天乙	202.5→247.5	驚門，青龍	022.5→067.5	杜門，天符	247.5→292.5
2011/3/9	三	陽遁癸亥	死門，咸池	337.5→022.5	傷門，太陰	202.5→247.5	驚門，天符	022.5→067.5	杜門，招搖	247.5→292.5
2011/3/10	四	陽遁甲子	死門，招搖	202.5→247.5	傷門，天符	067.5→112.5	驚門，天乙	247.5→292.5	杜門，青龍	112.5→157.5
2011/3/11	五	陽遁乙丑	死門，軒轅	202.5→247.5	傷門，招搖	067.5→112.5	驚門，太陰	247.5→292.5	杜門，天符	112.5→157.5
2011/3/12	六	陽遁丙寅	死門，攝提	202.5→247.5	傷門，軒轅	067.5→112.5	驚門，咸池	247.5→292.5	杜門，招搖	112.5→157.5
2011/3/13	日	陽遁丁卯	死門，攝提	067.5→112.5	傷門，天符	292.5→337.5	驚門，軒轅	112.5→157.5	杜門，天乙	337.5→022.5
2011/3/14	一	陽遁戊辰	死門，太乙	067.5→112.5	傷門，招搖	292.5→337.5	驚門，攝提	112.5→157.5	杜門，太陰	337.5→022.5
2011/3/15	二	陽遁己巳	死門，天乙	067.5→112.5	傷門，軒轅	292.5→337.5	驚門，太乙	112.5→157.5	杜門，咸池	337.5→022.5
2011/3/16	三	陽遁庚午	死門，攝提	292.5→337.5	傷門，天符	157.5→202.5	驚門，青龍	337.5→022.5	杜門，咸池	202.5→247.5
2011/3/17	四	陽遁辛未	死門，太乙	292.5→337.5	傷門，招搖	157.5→202.5	驚門，天符	337.5→022.5	杜門，青龍	202.5→247.5
2011/3/18	五	陽遁壬申	死門，天乙	292.5→337.5	傷門，軒轅	157.5→202.5	驚門，招搖	337.5→022.5	杜門，天符	202.5→247.5
2011/3/19	六	陽遁癸酉	死門，軒轅	337.5→022.5	傷門，招搖	202.5→247.5	驚門，太乙	022.5→067.5	杜門，天乙	247.5→292.5
2011/3/20	日	陽遁甲戌	死門，攝提	337.5→022.5	傷門，軒轅	202.5→247.5	驚門，天乙	022.5→067.5	杜門，太陰	247.5→292.5
2011/3/21	一	陽遁乙亥	死門，太乙	337.5→022.5	傷門，攝提	202.5→247.5	驚門，太陰	022.5→067.5	杜門，咸池	247.5→292.5
2011/3/22	二	陽遁丙子	死門，太陰	157.5→202.5	傷門，咸池	022.5→067.5	驚門，太乙	202.5→247.5	杜門，攝提	067.5→112.5
2011/3/23	三	陽遁丁丑	死門，咸池	157.5→202.5	傷門，青龍	022.5→067.5	驚門，天乙	202.5→247.5	杜門，太乙	067.5→112.5
2011/3/24	四	陽遁戊寅	死門，青龍	157.5→202.5	傷門，天符	022.5→067.5	驚門，太陰	202.5→247.5	杜門，天乙	067.5→112.5
2011/3/25	五	陽遁己卯	死門，天乙	112.5→157.5	傷門，青龍	337.5→022.5	驚門，天符	157.5→202.5	杜門，招搖	022.5→067.5
2011/3/26	六	陽遁庚辰	死門，太陰	112.5→157.5	傷門，天符	337.5→022.5	驚門，招搖	157.5→202.5	杜門，軒轅	022.5→067.5
2011/3/27	日	陽遁辛巳	死門，咸池	112.5→157.5	傷門，招搖	337.5→022.5	驚門，軒轅	157.5→202.5	杜門，攝提	022.5→067.5
2011/3/28	一	陽遁壬午	死門，天乙	247.5→292.5	傷門，青龍	112.5→157.5	驚門，太陰	292.5→337.5	杜門，攝提	157.5→202.5
2011/3/29	二	陽遁癸未	死門，太陰	247.5→292.5	傷門，天符	112.5→157.5	驚門，咸池	292.5→337.5	杜門，太乙	157.5→202.5
2011/3/30	三	陽遁甲申	死門，咸池	247.5→292.5	傷門，招搖	112.5→157.5	驚門，青龍	292.5→337.5	杜門，天乙	157.5→202.5
2011/3/31	四	陽遁乙酉	死門，咸池	022.5→067.5	傷門，青龍	247.5→292.5	驚門，攝提	067.5→112.5	杜門，天符	292.5→337.5
2011/4/1	五	陽遁丙戌	死門，青龍	022.5→067.5	傷門，天符	247.5→292.5	驚門，太乙	067.5→112.5	杜門，招搖	292.5→337.5
2011/4/2	六	陽遁丁亥	死門，天符	022.5→067.5	傷門，招搖	247.5→292.5	驚門，天乙	067.5→112.5	杜門，軒轅	292.5→337.5
2011/4/3	日	陽遁戊子	死門，咸池	202.5→247.5	傷門，太陰	067.5→112.5	驚門，軒轅	247.5→292.5	杜門，天乙	112.5→157.5
2011/4/4	一	陽遁己丑	死門，青龍	202.5→247.5	傷門，咸池	067.5→112.5	驚門，攝提	247.5→292.5	杜門，太陰	112.5→157.5
2011/4/5	二	陽遁庚寅	死門，天符	202.5→247.5	傷門，青龍	067.5→112.5	驚門，太乙	247.5→292.5	杜門，咸池	112.5→157.5
2011/4/6	三	陽遁辛卯	死門，天符	067.5→112.5	傷門，太陰	292.5→337.5	驚門，青龍	112.5→157.5	杜門，軒轅	337.5→022.5
2011/4/7	四	陽遁壬辰	死門，招搖	067.5→112.5	傷門，咸池	292.5→337.5	驚門，天符	112.5→157.5	杜門，攝提	337.5→022.5
2011/4/8	五	陽遁癸巳	死門，軒轅	067.5→112.5	傷門，青龍	292.5→337.5	驚門，招搖	112.5→157.5	杜門，太乙	337.5→022.5
2011/4/9	六	陽遁甲午	死門，天符	292.5→337.5	傷門，太陰	157.5→202.5	驚門，天乙	337.5→022.5	杜門，太乙	202.5→247.5
2011/4/10	日	陽遁乙未	死門，招搖	292.5→337.5	傷門，咸池	157.5→202.5	驚門，太陰	337.5→022.5	杜門，天乙	202.5→247.5
2011/4/11	一	陽遁丙申	死門，軒轅	292.5→337.5	傷門，青龍	157.5→202.5	驚門，咸池	337.5→022.5	杜門，太陰	202.5→247.5
2011/4/12	二	陽遁丁酉	死門，青龍	337.5→022.5	傷門，咸池	202.5→247.5	驚門，招搖	022.5→067.5	杜門，軒轅	247.5→292.5
2011/4/13	三	陽遁戊戌	死門，天符	337.5→022.5	傷門，青龍	202.5→247.5	驚門，軒轅	022.5→067.5	杜門，攝提	247.5→292.5
2011/4/14	四	陽遁己亥	死門，招搖	337.5→022.5	傷門，天符	202.5→247.5	驚門，攝提	022.5→067.5	杜門，太乙	247.5→292.5
2011/4/15	五	陽遁庚子	死門，攝提	157.5→202.5	傷門，太乙	022.5→067.5	驚門，招搖	202.5→247.5	杜門，天符	067.5→112.5
2011/4/16	六	陽遁辛丑	死門，太乙	157.5→202.5	傷門，天乙	022.5→067.5	驚門，軒轅	202.5→247.5	杜門，招搖	067.5→112.5
2011/4/17	日	陽遁壬寅	死門，天乙	157.5→202.5	傷門，太陰	022.5→067.5	驚門，攝提	202.5→247.5	杜門，軒轅	067.5→112.5
2011/4/18	一	陽遁癸卯	死門，軒轅	112.5→157.5	傷門，天乙	337.5→022.5	驚門，太陰	157.5→202.5	杜門，咸池	022.5→067.5
2011/4/19	二	陽遁甲辰	死門，攝提	112.5→157.5	傷門，太陰	337.5→022.5	驚門，咸池	157.5→202.5	杜門，青龍	022.5→067.5
2011/4/20	三	陽遁乙巳	死門，太乙	112.5→157.5	傷門，咸池	337.5→022.5	驚門，青龍	157.5→202.5	杜門，天符	022.5→067.5
2011/4/21	四	陽遁丙午	死門，軒轅	247.5→292.5	傷門，天乙	112.5→157.5	驚門，攝提	292.5→337.5	杜門，天符	157.5→202.5
2011/4/22	五	陽遁丁未	死門，攝提	247.5→292.5	傷門，太陰	112.5→157.5	驚門，太乙	292.5→337.5	杜門，招搖	157.5→202.5
2011/4/23	六	陽遁戊申	死門，太乙	247.5→292.5	傷門，咸池	112.5→157.5	驚門，天乙	292.5→337.5	杜門，軒轅	157.5→202.5
2011/4/24	日	陽遁己酉	死門，太乙	022.5→067.5	傷門，天乙	247.5→292.5	驚門，天符	067.5→112.5	杜門，太陰	292.5→337.5
2011/4/25	一	陽遁庚戌	死門，天乙	022.5→067.5	傷門，太陰	247.5→292.5	驚門，招搖	067.5→112.5	杜門，咸池	292.5→337.5
2011/4/26	二	陽遁辛亥	死門，太陰	022.5→067.5	傷門，咸池	247.5→292.5	驚門，軒轅	067.5→112.5	杜門，青龍	292.5→337.5
2011/4/27	三	陽遁壬子	死門，太乙	202.5→247.5	傷門，攝提	067.5→112.5	驚門，青龍	247.5→292.5	杜門，軒轅	112.5→157.5
2011/4/28	四	陽遁癸丑	死門，天乙	202.5→247.5	傷門，太乙	067.5→112.5	驚門，天符	247.5→292.5	杜門，攝提	112.5→157.5
2011/4/29	五	陽遁甲寅	死門，太陰	202.5→247.5	傷門，天乙	067.5→112.5	驚門，招搖	247.5→292.5	杜門，太乙	112.5→157.5
2011/4/30	六	陽遁乙卯	死門，太陰	067.5→112.5	傷門，攝提	292.5→337.5	驚門，天乙	112.5→157.5	杜門，青龍	337.5→022.5
2011/5/1	日	陽遁丙辰	死門，咸池	067.5→112.5	傷門，太乙	292.5→337.5	驚門，太陰	112.5→157.5	杜門，天符	337.5→022.5
2011/5/2	一	陽遁丁巳	死門，青龍	067.5→112.5	傷門，天乙	292.5→337.5	驚門，咸池	112.5→157.5	杜門，招搖	337.5→022.5

日期	星期	日家奇遁	門星【死門】	死門方位*	門星【傷門】	傷門方位*	門星【驚門】	驚門方位*	門星【杜門】	杜門方位*
2011/5/3	二	陽遁戊午	死門，太陰	292.5→337.5	傷門，攝提	157.5→202.5	驚門，軒轅	337.5→022.5	杜門，招搖	202.5→247.5
2011/5/4	三	陽遁己未	死門，咸池	292.5→337.5	傷門，太乙	157.5→202.5	驚門，攝提	337.5→022.5	杜門，軒轅	202.5→247.5
2011/5/5	四	陽遁庚申	死門，青龍	292.5→337.5	傷門，天乙	157.5→202.5	驚門，太乙	337.5→022.5	杜門，攝提	202.5→247.5
2011/5/6	五	陽遁辛酉	死門，天乙	337.5→022.5	傷門，太乙	202.5→247.5	驚門，咸池	022.5→067.5	杜門，青龍	247.5→292.5
2011/5/7	六	陽遁壬戌	死門，太陰	337.5→022.5	傷門，天乙	202.5→247.5	驚門，青龍	022.5→067.5	杜門，天符	247.5→292.5
2011/5/8	日	陽遁癸亥	死門，咸池	337.5→022.5	傷門，太陰	202.5→247.5	驚門，天符	022.5→067.5	杜門，招搖	247.5→292.5
2011/5/9	一	陽遁甲子	死門，招搖	202.5→247.5	傷門，天符	067.5→112.5	驚門，天乙	247.5→292.5	杜門，青龍	112.5→157.5
2011/5/10	二	陽遁乙丑	死門，軒轅	202.5→247.5	傷門，招搖	067.5→112.5	驚門，太陰	247.5→292.5	杜門，天符	112.5→157.5
2011/5/11	三	陽遁丙寅	死門，攝提	202.5→247.5	傷門，軒轅	067.5→112.5	驚門，咸池	247.5→292.5	杜門，招搖	112.5→157.5
2011/5/12	四	陽遁丁卯	死門，攝提	067.5→112.5	傷門，天符	292.5→337.5	驚門，軒轅	112.5→157.5	杜門，天乙	337.5→022.5
2011/5/13	五	陽遁戊辰	死門，太乙	067.5→112.5	傷門，招搖	292.5→337.5	驚門，攝提	112.5→157.5	杜門，太陰	337.5→022.5
2011/5/14	六	陽遁己巳	死門，天乙	067.5→112.5	傷門，軒轅	292.5→337.5	驚門，太乙	112.5→157.5	杜門，咸池	337.5→022.5
2011/5/15	日	陽遁庚午	死門，攝提	292.5→337.5	傷門，天符	157.5→202.5	驚門，青龍	337.5→022.5	杜門，咸池	202.5→247.5
2011/5/16	一	陽遁辛未	死門，太乙	292.5→337.5	傷門，招搖	157.5→202.5	驚門，天符	337.5→022.5	杜門，青龍	202.5→247.5
2011/5/17	二	陽遁壬申	死門，天乙	292.5→337.5	傷門，軒轅	157.5→202.5	驚門，招搖	337.5→022.5	杜門，天符	202.5→247.5
2011/5/18	三	陽遁癸酉	死門，軒轅	337.5→022.5	傷門，招搖	202.5→247.5	驚門，太乙	022.5→067.5	杜門，天乙	247.5→292.5
2011/5/19	四	陽遁甲戌	死門，攝提	337.5→022.5	傷門，軒轅	202.5→247.5	驚門，天乙	022.5→067.5	杜門，太陰	247.5→292.5
2011/5/20	五	陽遁乙亥	死門，太乙	337.5→022.5	傷門，攝提	202.5→247.5	驚門，太陰	022.5→067.5	杜門，咸池	247.5→292.5
2011/5/21	六	陽遁丙子	死門，太陰	157.5→202.5	傷門，咸池	022.5→067.5	驚門，太乙	202.5→247.5	杜門，攝提	067.5→112.5
2011/5/22	日	陽遁丁丑	死門，咸池	157.5→202.5	傷門，青龍	022.5→067.5	驚門，天乙	202.5→247.5	杜門，太乙	067.5→112.5
2011/5/23	一	陽遁戊寅	死門，青龍	157.5→202.5	傷門，天符	022.5→067.5	驚門，太陰	202.5→247.5	杜門，天乙	067.5→112.5
2011/5/24	二	陽遁己卯	死門，天乙	112.5→157.5	傷門，青龍	337.5→022.5	驚門，天符	157.5→202.5	杜門，招搖	022.5→067.5
2011/5/25	三	陽遁庚辰	死門，太陰	112.5→157.5	傷門，天符	337.5→022.5	驚門，招搖	157.5→202.5	杜門，軒轅	022.5→067.5
2011/5/26	四	陽遁辛巳	死門，咸池	112.5→157.5	傷門，招搖	337.5→022.5	驚門，軒轅	157.5→202.5	杜門，攝提	022.5→067.5
2011/5/27	五	陽遁壬午	死門，天乙	247.5→292.5	傷門，青龍	112.5→157.5	驚門，太陰	292.5→337.5	杜門，攝提	157.5→202.5
2011/5/28	六	陽遁癸未	死門，太陰	247.5→292.5	傷門，天符	112.5→157.5	驚門，咸池	292.5→337.5	杜門，太乙	157.5→202.5
2011/5/29	日	陽遁甲申	死門，咸池	247.5→292.5	傷門，招搖	112.5→157.5	驚門，青龍	292.5→337.5	杜門，天乙	157.5→202.5
2011/5/30	一	陽遁乙酉	死門，咸池	022.5→067.5	傷門，青龍	247.5→292.5	驚門，攝提	067.5→112.5	杜門，天符	292.5→337.5
2011/5/31	二	陽遁丙戌	死門，青龍	022.5→067.5	傷門，天符	247.5→292.5	驚門，太乙	067.5→112.5	杜門，招搖	292.5→337.5
2011/6/1	三	陽遁丁亥	死門，天符	022.5→067.5	傷門，招搖	247.5→292.5	驚門，天乙	067.5→112.5	杜門，軒轅	292.5→337.5
2011/6/2	四	陽遁戊子	死門，咸池	202.5→247.5	傷門，太陰	067.5→112.5	驚門，軒轅	247.5→292.5	杜門，天乙	112.5→157.5
2011/6/3	五	陽遁己丑	死門，青龍	202.5→247.5	傷門，咸池	067.5→112.5	驚門，攝提	247.5→292.5	杜門，太陰	112.5→157.5
2011/6/4	六	陽遁庚寅	死門，天符	202.5→247.5	傷門，青龍	067.5→112.5	驚門，太乙	247.5→292.5	杜門，咸池	112.5→157.5
2011/6/5	日	陽遁辛卯	死門，天符	067.5→112.5	傷門，太陰	292.5→337.5	驚門，青龍	112.5→157.5	杜門，軒轅	337.5→022.5
2011/6/6	一	陽遁壬辰	死門，招搖	067.5→112.5	傷門，咸池	292.5→337.5	驚門，天符	112.5→157.5	杜門，攝提	337.5→022.5
2011/6/7	二	陽遁癸巳	死門，軒轅	067.5→112.5	傷門，青龍	292.5→337.5	驚門，招搖	112.5→157.5	杜門，太乙	337.5→022.5
2011/6/8	三	陽遁甲午	死門，天符	292.5→337.5	傷門，太陰	157.5→202.5	驚門，天乙	337.5→022.5	杜門，太乙	202.5→247.5
2011/6/9	四	陽遁乙未	死門，招搖	292.5→337.5	傷門，咸池	157.5→202.5	驚門，太陰	337.5→022.5	杜門，天乙	202.5→247.5
2011/6/10	五	陽遁丙申	死門，軒轅	292.5→337.5	傷門，青龍	157.5→202.5	驚門，咸池	337.5→022.5	杜門，太陰	202.5→247.5
2011/6/11	六	陽遁丁酉	死門，青龍	337.5→022.5	傷門，咸池	202.5→247.5	驚門，招搖	022.5→067.5	杜門，軒轅	247.5→292.5
2011/6/12	日	陽遁戊戌	死門，天符	337.5→022.5	傷門，青龍	202.5→247.5	驚門，軒轅	022.5→067.5	杜門，攝提	247.5→292.5
2011/6/13	一	陽遁己亥	死門，招搖	337.5→022.5	傷門，天符	202.5→247.5	驚門，攝提	022.5→067.5	杜門，太乙	247.5→292.5
2011/6/14	二	陽遁庚子	死門，攝提	157.5→202.5	傷門，太乙	022.5→067.5	驚門，招搖	202.5→247.5	杜門，天符	067.5→112.5
2011/6/15	三	陽遁辛丑	死門，太乙	157.5→202.5	傷門，天乙	022.5→067.5	驚門，軒轅	202.5→247.5	杜門，招搖	067.5→112.5
2011/6/16	四	陽遁壬寅	死門，天乙	157.5→202.5	傷門，太陰	022.5→067.5	驚門，攝提	202.5→247.5	杜門，軒轅	067.5→112.5
2011/6/17	五	陽遁癸卯	死門，軒轅	112.5→157.5	傷門，天乙	337.5→022.5	驚門，太陰	157.5→202.5	杜門，咸池	022.5→067.5
2011/6/18	六	陽遁甲辰	死門，攝提	112.5→157.5	傷門，太陰	337.5→022.5	驚門，咸池	157.5→202.5	杜門，青龍	022.5→067.5
2011/6/19	日	陽遁乙巳	死門，太乙	112.5→157.5	傷門，咸池	337.5→022.5	驚門，青龍	157.5→202.5	杜門，天符	022.5→067.5
2011/6/20	一	陽遁丙午	死門，軒轅	247.5→292.5	傷門，天乙	112.5→157.5	驚門，攝提	292.5→337.5	杜門，天符	157.5→202.5
2011/6/21	二	陽遁丁未	死門，攝提	247.5→292.5	傷門，太陰	112.5→157.5	驚門，太乙	292.5→337.5	杜門，招搖	157.5→202.5
2011/6/22	三	陰遁戊申	死門，太乙	067.5→112.5	傷門，咸池	292.5→337.5	驚門，天乙	112.5→157.5	杜門，軒轅	337.5→022.5
2011/6/23	四	陰遁己酉	死門，太乙	202.5→247.5	傷門，天乙	067.5→112.5	驚門，天符	247.5→292.5	杜門，太陰	112.5→157.5
2011/6/24	五	陰遁庚戌	死門，天乙	202.5→247.5	傷門，太陰	067.5→112.5	驚門，招搖	247.5→292.5	杜門，咸池	112.5→157.5
2011/6/25	六	陰遁辛亥	死門，太陰	202.5→247.5	傷門，咸池	067.5→112.5	驚門，軒轅	247.5→292.5	杜門，青龍	112.5→157.5
2011/6/26	日	陰遁壬子	死門，太乙	022.5→067.5	傷門，攝提	247.5→292.5	驚門，青龍	067.5→112.5	杜門，軒轅	292.5→337.5
2011/6/27	一	陰遁癸丑	死門，天乙	022.5→067.5	傷門，太乙	247.5→292.5	驚門，天符	067.5→112.5	杜門，攝提	292.5→337.5
2011/6/28	二	陰遁甲寅	死門，太陰	022.5→067.5	傷門，天乙	247.5→292.5	驚門，招搖	067.5→112.5	杜門，太乙	292.5→337.5
2011/6/29	三	陰遁乙卯	死門，太陰	247.5→292.5	傷門，攝提	112.5→157.5	驚門，天乙	292.5→337.5	杜門，青龍	157.5→202.5
2011/6/30	四	陰遁丙辰	死門，咸池	247.5→292.5	傷門，太乙	112.5→157.5	驚門，太陰	292.5→337.5	杜門，天符	157.5→202.5
2011/7/1	五	陰遁丁巳	死門，青龍	247.5→292.5	傷門，天乙	112.5→157.5	驚門，咸池	292.5→337.5	杜門，招搖	157.5→202.5
2011/7/2	六	陰遁戊午	死門，太陰	112.5→157.5	傷門，攝提	337.5→022.5	驚門，軒轅	157.5→202.5	杜門，招搖	022.5→067.5

日期	星期	日家奇遁	門星【死門】	死門方位*	門星【傷門】	傷門方位*	門星【驚門】	驚門方位*	門星【杜門】	杜門方位*
2011/7/3	日	陰遁己未	死門，咸池	112.5→157.5	傷門，太乙	337.5→022.5	驚門，攝提	157.5→202.5	杜門，軒轅	022.5→067.5
2011/7/4	一	陰遁庚申	死門，青龍	112.5→157.5	傷門，天乙	337.5→022.5	驚門，太乙	157.5→202.5	杜門，攝提	022.5→067.5
2011/7/5	二	陰遁辛酉	死門，天乙	157.5→202.5	傷門，太乙	022.5→067.5	驚門，咸池	202.5→247.5	杜門，青龍	067.5→112.5
2011/7/6	三	陰遁壬戌	死門，太陰	157.5→202.5	傷門，天乙	022.5→067.5	驚門，青龍	202.5→247.5	杜門，天符	067.5→112.5
2011/7/7	四	陰遁癸亥	死門，咸池	157.5→202.5	傷門，太陰	022.5→067.5	驚門，天符	202.5→247.5	杜門，招搖	067.5→112.5
2011/7/8	五	陰遁甲子	死門，招搖	022.5→067.5	傷門，天符	247.5→292.5	驚門，天乙	067.5→112.5	杜門，青龍	292.5→337.5
2011/7/9	六	陰遁乙丑	死門，軒轅	022.5→067.5	傷門，招搖	247.5→292.5	驚門，太陰	067.5→112.5	杜門，天符	292.5→337.5
2011/7/10	日	陰遁丙寅	死門，攝提	022.5→067.5	傷門，軒轅	247.5→292.5	驚門，咸池	067.5→112.5	杜門，招搖	292.5→337.5
2011/7/11	一	陰遁丁卯	死門，攝提	247.5→292.5	傷門，天符	112.5→157.5	驚門，軒轅	292.5→337.5	杜門，天乙	157.5→202.5
2011/7/12	二	陰遁戊辰	死門，太乙	247.5→292.5	傷門，招搖	112.5→157.5	驚門，攝提	292.5→337.5	杜門，太陰	157.5→202.5
2011/7/13	三	陰遁己巳	死門，天乙	247.5→292.5	傷門，軒轅	112.5→157.5	驚門，太乙	292.5→337.5	杜門，咸池	157.5→202.5
2011/7/14	四	陰遁庚午	死門，攝提	112.5→157.5	傷門，天符	337.5→022.5	驚門，青龍	157.5→202.5	杜門，咸池	022.5→067.5
2011/7/15	五	陰遁辛未	死門，太乙	112.5→157.5	傷門，招搖	337.5→022.5	驚門，天符	157.5→202.5	杜門，青龍	022.5→067.5
2011/7/16	六	陰遁壬申	死門，天乙	112.5→157.5	傷門，軒轅	337.5→022.5	驚門，招搖	157.5→202.5	杜門，天符	022.5→067.5
2011/7/17	日	陰遁癸酉	死門，軒轅	157.5→202.5	傷門，招搖	022.5→067.5	驚門，太乙	202.5→247.5	杜門，天乙	067.5→112.5
2011/7/18	一	陰遁甲戌	死門，攝提	157.5→202.5	傷門，軒轅	022.5→067.5	驚門，天乙	202.5→247.5	杜門，太陰	067.5→112.5
2011/7/19	二	陰遁乙亥	死門，太乙	157.5→202.5	傷門，攝提	022.5→067.5	驚門，太陰	202.5→247.5	杜門，咸池	067.5→112.5
2011/7/20	三	陰遁丙子	死門，太陰	337.5→022.5	傷門，咸池	202.5→247.5	驚門，太乙	022.5→067.5	杜門，攝提	247.5→292.5
2011/7/21	四	陰遁丁丑	死門，咸池	337.5→022.5	傷門，青龍	202.5→247.5	驚門，天乙	022.5→067.5	杜門，太乙	247.5→292.5
2011/7/22	五	陰遁戊寅	死門，青龍	337.5→022.5	傷門，天符	202.5→247.5	驚門，太陰	022.5→067.5	杜門，天乙	247.5→292.5
2011/7/23	六	陰遁己卯	死門，天乙	292.5→337.5	傷門，青龍	157.5→202.5	驚門，天符	337.5→022.5	杜門，招搖	202.5→247.5
2011/7/24	日	陰遁庚辰	死門，太陰	292.5→337.5	傷門，天符	157.5→202.5	驚門，招搖	337.5→022.5	杜門，軒轅	202.5→247.5
2011/7/25	一	陰遁辛巳	死門，咸池	292.5→337.5	傷門，招搖	157.5→202.5	驚門，軒轅	337.5→022.5	杜門，攝提	202.5→247.5
2011/7/26	二	陰遁壬午	死門，天乙	067.5→112.5	傷門，青龍	292.5→337.5	驚門，太陰	112.5→157.5	杜門，攝提	337.5→022.5
2011/7/27	三	陰遁癸未	死門，太陰	067.5→112.5	傷門，天符	292.5→337.5	驚門，咸池	112.5→157.5	杜門，太乙	337.5→022.5
2011/7/28	四	陰遁甲申	死門，咸池	067.5→112.5	傷門，招搖	292.5→337.5	驚門，青龍	112.5→157.5	杜門，天乙	337.5→022.5
2011/7/29	五	陰遁乙酉	死門，咸池	202.5→247.5	傷門，青龍	067.5→112.5	驚門，攝提	247.5→292.5	杜門，天符	112.5→157.5
2011/7/30	六	陰遁丙戌	死門，青龍	202.5→247.5	傷門，天符	067.5→112.5	驚門，太乙	247.5→292.5	杜門，招搖	112.5→157.5
2011/7/31	日	陰遁丁亥	死門，天符	202.5→247.5	傷門，招搖	067.5→112.5	驚門，天乙	247.5→292.5	杜門，軒轅	112.5→157.5
2011/8/1	一	陰遁戊子	死門，咸池	022.5→067.5	傷門，太陰	247.5→292.5	驚門，軒轅	067.5→112.5	杜門，天乙	292.5→337.5
2011/8/2	二	陰遁己丑	死門，青龍	022.5→067.5	傷門，咸池	247.5→292.5	驚門，攝提	067.5→112.5	杜門，太陰	292.5→337.5
2011/8/3	三	陰遁庚寅	死門，天符	022.5→067.5	傷門，青龍	247.5→292.5	驚門，太乙	067.5→112.5	杜門，咸池	292.5→337.5
2011/8/4	四	陰遁辛卯	死門，天符	247.5→292.5	傷門，太陰	112.5→157.5	驚門，青龍	292.5→337.5	杜門，軒轅	157.5→202.5
2011/8/5	五	陰遁壬辰	死門，招搖	247.5→292.5	傷門，咸池	112.5→157.5	驚門，天符	292.5→337.5	杜門，攝提	157.5→202.5
2011/8/6	六	陰遁癸巳	死門，軒轅	247.5→292.5	傷門，青龍	112.5→157.5	驚門，招搖	292.5→337.5	杜門，太乙	157.5→202.5
2011/8/7	日	陰遁甲午	死門，天符	112.5→157.5	傷門，太陰	337.5→022.5	驚門，天乙	157.5→202.5	杜門，太乙	022.5→067.5
2011/8/8	一	陰遁乙未	死門，招搖	112.5→157.5	傷門，咸池	337.5→022.5	驚門，太陰	157.5→202.5	杜門，天乙	022.5→067.5
2011/8/9	二	陰遁丙申	死門，軒轅	112.5→157.5	傷門，青龍	337.5→022.5	驚門，咸池	157.5→202.5	杜門，太陰	022.5→067.5
2011/8/10	三	陰遁丁酉	死門，青龍	157.5→202.5	傷門，咸池	022.5→067.5	驚門，招搖	202.5→247.5	杜門，軒轅	067.5→112.5
2011/8/11	四	陰遁戊戌	死門，天符	157.5→202.5	傷門，青龍	022.5→067.5	驚門，軒轅	202.5→247.5	杜門，攝提	067.5→112.5
2011/8/12	五	陰遁己亥	死門，招搖	157.5→202.5	傷門，天符	022.5→067.5	驚門，攝提	202.5→247.5	杜門，太乙	067.5→112.5
2011/8/13	六	陰遁庚子	死門，攝提	337.5→022.5	傷門，太乙	202.5→247.5	驚門，招搖	022.5→067.5	杜門，天符	247.5→292.5
2011/8/14	日	陰遁辛丑	死門，太乙	337.5→022.5	傷門，天乙	202.5→247.5	驚門，軒轅	022.5→067.5	杜門，招搖	247.5→292.5
2011/8/15	一	陰遁壬寅	死門，天乙	337.5→022.5	傷門，太陰	202.5→247.5	驚門，攝提	022.5→067.5	杜門，軒轅	247.5→292.5
2011/8/16	二	陰遁癸卯	死門，軒轅	292.5→337.5	傷門，天乙	157.5→202.5	驚門，太陰	337.5→022.5	杜門，咸池	202.5→247.5
2011/8/17	三	陰遁甲辰	死門，攝提	292.5→337.5	傷門，太陰	157.5→202.5	驚門，咸池	337.5→022.5	杜門，青龍	202.5→247.5
2011/8/18	四	陰遁乙巳	死門，太乙	292.5→337.5	傷門，咸池	157.5→202.5	驚門，青龍	337.5→022.5	杜門，天符	202.5→247.5
2011/8/19	五	陰遁丙午	死門，軒轅	067.5→112.5	傷門，天乙	292.5→337.5	驚門，攝提	112.5→157.5	杜門，天符	337.5→022.5
2011/8/20	六	陰遁丁未	死門，攝提	067.5→112.5	傷門，太陰	292.5→337.5	驚門，太乙	112.5→157.5	杜門，招搖	337.5→022.5
2011/8/21	日	陰遁戊申	死門，太乙	067.5→112.5	傷門，咸池	292.5→337.5	驚門，天乙	112.5→157.5	杜門，軒轅	337.5→022.5
2011/8/22	一	陰遁己酉	死門，太乙	202.5→247.5	傷門，天乙	067.5→112.5	驚門，天符	247.5→292.5	杜門，太陰	112.5→157.5
2011/8/23	二	陰遁庚戌	死門，天乙	202.5→247.5	傷門，太陰	067.5→112.5	驚門，招搖	247.5→292.5	杜門，咸池	112.5→157.5
2011/8/24	三	陰遁辛亥	死門，太陰	202.5→247.5	傷門，咸池	067.5→112.5	驚門，軒轅	247.5→292.5	杜門，青龍	112.5→157.5
2011/8/25	四	陰遁壬子	死門，太乙	022.5→067.5	傷門，攝提	247.5→292.5	驚門，青龍	067.5→112.5	杜門，軒轅	292.5→337.5
2011/8/26	五	陰遁癸丑	死門，天乙	022.5→067.5	傷門，太乙	247.5→292.5	驚門，天符	067.5→112.5	杜門，攝提	292.5→337.5
2011/8/27	六	陰遁甲寅	死門，太陰	022.5→067.5	傷門，天乙	247.5→292.5	驚門，招搖	067.5→112.5	杜門，太乙	292.5→337.5
2011/8/28	日	陰遁乙卯	死門，太陰	247.5→292.5	傷門，攝提	112.5→157.5	驚門，天乙	292.5→337.5	杜門，青龍	157.5→202.5
2011/8/29	一	陰遁丙辰	死門，咸池	247.5→292.5	傷門，太乙	112.5→157.5	驚門，太陰	292.5→337.5	杜門，天符	157.5→202.5
2011/8/30	二	陰遁丁巳	死門，青龍	247.5→292.5	傷門，天乙	112.5→157.5	驚門，咸池	292.5→337.5	杜門，招搖	157.5→202.5
2011/8/31	三	陰遁戊午	死門，太陰	112.5→157.5	傷門，攝提	337.5→022.5	驚門，軒轅	157.5→202.5	杜門，招搖	022.5→067.5
2011/9/1	四	陰遁己未	死門，咸池	112.5→157.5	傷門，太乙	337.5→022.5	驚門，攝提	157.5→202.5	杜門，軒轅	022.5→067.5

日期	星期	日家奇遁	門星【死門】	死門方位*	門星【傷門】	傷門方位*	門星【驚門】	驚門方位*	門星【杜門】	杜門方位*
2011/9/2	五	陰遁庚申	死門，青龍	112.5→157.5	傷門，天乙	337.5→022.5	驚門，太乙	157.5→202.5	杜門，攝提	022.5→067.5
2011/9/3	六	陰遁辛酉	死門，天乙	157.5→202.5	傷門，太乙	022.5→067.5	驚門，咸池	202.5→247.5	杜門，青龍	067.5→112.5
2011/9/4	日	陰遁壬戌	死門，太陰	157.5→202.5	傷門，天乙	022.5→067.5	驚門，青龍	202.5→247.5	杜門，天符	067.5→112.5
2011/9/5	一	陰遁癸亥	死門，咸池	157.5→202.5	傷門，太陰	022.5→067.5	驚門，天符	202.5→247.5	杜門，招搖	067.5→112.5
2011/9/6	二	陰遁甲子	死門，招搖	022.5→067.5	傷門，天符	247.5→292.5	驚門，天乙	067.5→112.5	杜門，青龍	292.5→337.5
2011/9/7	三	陰遁乙丑	死門，軒轅	022.5→067.5	傷門，招搖	247.5→292.5	驚門，太陰	067.5→112.5	杜門，天符	292.5→337.5
2011/9/8	四	陰遁丙寅	死門，攝提	022.5→067.5	傷門，軒轅	247.5→292.5	驚門，咸池	067.5→112.5	杜門，招搖	292.5→337.5
2011/9/9	五	陰遁丁卯	死門，攝提	247.5→292.5	傷門，天符	112.5→157.5	驚門，軒轅	292.5→337.5	杜門，天乙	157.5→202.5
2011/9/10	六	陰遁戊辰	死門，太乙	247.5→292.5	傷門，招搖	112.5→157.5	驚門，攝提	292.5→337.5	杜門，太陰	157.5→202.5
2011/9/11	日	陰遁己巳	死門，天乙	247.5→292.5	傷門，軒轅	112.5→157.5	驚門，太乙	292.5→337.5	杜門，咸池	157.5→202.5
2011/9/12	一	陰遁庚午	死門，攝提	112.5→157.5	傷門，天符	337.5→022.5	驚門，青龍	157.5→202.5	杜門，咸池	022.5→067.5
2011/9/13	二	陰遁辛未	死門，太乙	112.5→157.5	傷門，招搖	337.5→022.5	驚門，天符	157.5→202.5	杜門，青龍	022.5→067.5
2011/9/14	三	陰遁壬申	死門，天乙	112.5→157.5	傷門，軒轅	337.5→022.5	驚門，招搖	157.5→202.5	杜門，天符	022.5→067.5
2011/9/15	四	陰遁癸酉	死門，軒轅	157.5→202.5	傷門，招搖	022.5→067.5	驚門，太乙	202.5→247.5	杜門，天乙	067.5→112.5
2011/9/16	五	陰遁甲戌	死門，攝提	157.5→202.5	傷門，軒轅	022.5→067.5	驚門，天乙	202.5→247.5	杜門，太陰	067.5→112.5
2011/9/17	六	陰遁乙亥	死門，太乙	157.5→202.5	傷門，攝提	022.5→067.5	驚門，太陰	202.5→247.5	杜門，咸池	067.5→112.5
2011/9/18	日	陰遁丙子	死門，太陰	337.5→022.5	傷門，咸池	202.5→247.5	驚門，太乙	022.5→067.5	杜門，攝提	247.5→292.5
2011/9/19	一	陰遁丁丑	死門，咸池	337.5→022.5	傷門，青龍	202.5→247.5	驚門，天乙	022.5→067.5	杜門，太乙	247.5→292.5
2011/9/20	二	陰遁戊寅	死門，青龍	337.5→022.5	傷門，天符	202.5→247.5	驚門，太陰	022.5→067.5	杜門，天乙	247.5→292.5
2011/9/21	三	陰遁己卯	死門，天乙	292.5→337.5	傷門，青龍	157.5→202.5	驚門，天符	337.5→022.5	杜門，招搖	202.5→247.5
2011/9/22	四	陰遁庚辰	死門，太陰	292.5→337.5	傷門，天符	157.5→202.5	驚門，招搖	337.5→022.5	杜門，軒轅	202.5→247.5
2011/9/23	五	陰遁辛巳	死門，咸池	292.5→337.5	傷門，招搖	157.5→202.5	驚門，軒轅	337.5→022.5	杜門，攝提	202.5→247.5
2011/9/24	六	陰遁壬午	死門，天乙	067.5→112.5	傷門，青龍	292.5→337.5	驚門，太陰	112.5→157.5	杜門，攝提	337.5→022.5
2011/9/25	日	陰遁癸未	死門，太陰	067.5→112.5	傷門，天符	292.5→337.5	驚門，咸池	112.5→157.5	杜門，太乙	337.5→022.5
2011/9/26	一	陰遁甲申	死門，咸池	067.5→112.5	傷門，招搖	292.5→337.5	驚門，青龍	112.5→157.5	杜門，天乙	337.5→022.5
2011/9/27	二	陰遁乙酉	死門，咸池	202.5→247.5	傷門，青龍	067.5→112.5	驚門，攝提	247.5→292.5	杜門，天符	112.5→157.5
2011/9/28	三	陰遁丙戌	死門，青龍	202.5→247.5	傷門，天符	067.5→112.5	驚門，太乙	247.5→292.5	杜門，招搖	112.5→157.5
2011/9/29	四	陰遁丁亥	死門，天符	202.5→247.5	傷門，招搖	067.5→112.5	驚門，天乙	247.5→292.5	杜門，軒轅	112.5→157.5
2011/9/30	五	陰遁戊子	死門，咸池	022.5→067.5	傷門，太陰	247.5→292.5	驚門，軒轅	067.5→112.5	杜門，天乙	292.5→337.5
2011/10/1	六	陰遁己丑	死門，青龍	022.5→067.5	傷門，咸池	247.5→292.5	驚門，攝提	067.5→112.5	杜門，太陰	292.5→337.5
2011/10/2	日	陰遁庚寅	死門，天符	022.5→067.5	傷門，青龍	247.5→292.5	驚門，太乙	067.5→112.5	杜門，咸池	292.5→337.5
2011/10/3	一	陰遁辛卯	死門，天符	247.5→292.5	傷門，太陰	112.5→157.5	驚門，青龍	292.5→337.5	杜門，軒轅	157.5→202.5
2011/10/4	二	陰遁壬辰	死門，招搖	247.5→292.5	傷門，咸池	112.5→157.5	驚門，天符	292.5→337.5	杜門，攝提	157.5→202.5
2011/10/5	三	陰遁癸巳	死門，軒轅	247.5→292.5	傷門，青龍	112.5→157.5	驚門，招搖	292.5→337.5	杜門，太乙	157.5→202.5
2011/10/6	四	陰遁甲午	死門，天符	112.5→157.5	傷門，太陰	337.5→022.5	驚門，天乙	157.5→202.5	杜門，太乙	022.5→067.5
2011/10/7	五	陰遁乙未	死門，招搖	112.5→157.5	傷門，咸池	337.5→022.5	驚門，太陰	157.5→202.5	杜門，天乙	022.5→067.5
2011/10/8	六	陰遁丙申	死門，軒轅	112.5→157.5	傷門，青龍	337.5→022.5	驚門，咸池	157.5→202.5	杜門，太陰	022.5→067.5
2011/10/9	日	陰遁丁酉	死門，青龍	157.5→202.5	傷門，咸池	022.5→067.5	驚門，招搖	202.5→247.5	杜門，軒轅	067.5→112.5
2011/10/10	一	陰遁戊戌	死門，天符	157.5→202.5	傷門，青龍	022.5→067.5	驚門，軒轅	202.5→247.5	杜門，攝提	067.5→112.5
2011/10/11	二	陰遁己亥	死門，招搖	157.5→202.5	傷門，天符	022.5→067.5	驚門，攝提	202.5→247.5	杜門，太乙	067.5→112.5
2011/10/12	三	陰遁庚子	死門，攝提	337.5→022.5	傷門，太乙	202.5→247.5	驚門，招搖	022.5→067.5	杜門，天符	247.5→292.5
2011/10/13	四	陰遁辛丑	死門，太乙	337.5→022.5	傷門，天乙	202.5→247.5	驚門，軒轅	022.5→067.5	杜門，招搖	247.5→292.5
2011/10/14	五	陰遁壬寅	死門，天乙	337.5→022.5	傷門，太陰	202.5→247.5	驚門，攝提	022.5→067.5	杜門，軒轅	247.5→292.5
2011/10/15	六	陰遁癸卯	死門，軒轅	292.5→337.5	傷門，天乙	157.5→202.5	驚門，太陰	337.5→022.5	杜門，咸池	202.5→247.5
2011/10/16	日	陰遁甲辰	死門，攝提	292.5→337.5	傷門，太陰	157.5→202.5	驚門，咸池	337.5→022.5	杜門，青龍	202.5→247.5
2011/10/17	一	陰遁乙巳	死門，太乙	292.5→337.5	傷門，咸池	157.5→202.5	驚門，青龍	337.5→022.5	杜門，天符	202.5→247.5
2011/10/18	二	陰遁丙午	死門，軒轅	067.5→112.5	傷門，天乙	292.5→337.5	驚門，攝提	112.5→157.5	杜門，天符	337.5→022.5
2011/10/19	三	陰遁丁未	死門，攝提	067.5→112.5	傷門，太陰	292.5→337.5	驚門，太乙	112.5→157.5	杜門，招搖	337.5→022.5
2011/10/20	四	陰遁戊申	死門，太乙	067.5→112.5	傷門，咸池	292.5→337.5	驚門，天乙	112.5→157.5	杜門，軒轅	337.5→022.5
2011/10/21	五	陰遁己酉	死門，太乙	202.5→247.5	傷門，天乙	067.5→112.5	驚門，天符	247.5→292.5	杜門，太陰	112.5→157.5
2011/10/22	六	陰遁庚戌	死門，天乙	202.5→247.5	傷門，太陰	067.5→112.5	驚門，招搖	247.5→292.5	杜門，咸池	112.5→157.5
2011/10/23	日	陰遁辛亥	死門，太陰	202.5→247.5	傷門，咸池	067.5→112.5	驚門，軒轅	247.5→292.5	杜門，青龍	112.5→157.5
2011/10/24	一	陰遁壬子	死門，太乙	022.5→067.5	傷門，攝提	247.5→292.5	驚門，青龍	067.5→112.5	杜門，軒轅	292.5→337.5
2011/10/25	二	陰遁癸丑	死門，天乙	022.5→067.5	傷門，太乙	247.5→292.5	驚門，天符	067.5→112.5	杜門，攝提	292.5→337.5
2011/10/26	三	陰遁甲寅	死門，太陰	022.5→067.5	傷門，天乙	247.5→292.5	驚門，招搖	067.5→112.5	杜門，太乙	292.5→337.5
2011/10/27	四	陰遁乙卯	死門，太陰	247.5→292.5	傷門，攝提	112.5→157.5	驚門，天乙	292.5→337.5	杜門，青龍	157.5→202.5
2011/10/28	五	陰遁丙辰	死門，咸池	247.5→292.5	傷門，太乙	112.5→157.5	驚門，太陰	292.5→337.5	杜門，天符	157.5→202.5
2011/10/29	六	陰遁丁巳	死門，青龍	247.5→292.5	傷門，天乙	112.5→157.5	驚門，咸池	292.5→337.5	杜門，招搖	157.5→202.5
2011/10/30	日	陰遁戊午	死門，太陰	112.5→157.5	傷門，攝提	337.5→022.5	驚門，軒轅	157.5→202.5	杜門，招搖	022.5→067.5
2011/10/31	一	陰遁己未	死門，咸池	112.5→157.5	傷門，太乙	337.5→022.5	驚門，攝提	157.5→202.5	杜門，軒轅	022.5→067.5
2011/11/1	二	陰遁庚申	死門，青龍	112.5→157.5	傷門，天乙	337.5→022.5	驚門，太乙	157.5→202.5	杜門，攝提	022.5→067.5

日期	星期	日家奇遁	門星【死門】	死門方位*	門星【傷門】	傷門方位*	門星【驚門】	驚門方位*	門星【杜門】	杜門方位*
2011/11/2	三	陰遁辛酉	死門，天乙	157.5→202.5	傷門，太乙	022.5→067.5	驚門，咸池	202.5→247.5	杜門，青龍	067.5→112.5
2011/11/3	四	陰遁壬戌	死門，太陰	157.5→202.5	傷門，天乙	022.5→067.5	驚門，青龍	202.5→247.5	杜門，天符	067.5→112.5
2011/11/4	五	陰遁癸亥	死門，咸池	157.5→202.5	傷門，太陰	022.5→067.5	驚門，天符	202.5→247.5	杜門，招搖	067.5→112.5
2011/11/5	六	陰遁甲子	死門，招搖	022.5→067.5	傷門，天符	247.5→292.5	驚門，天乙	067.5→112.5	杜門，青龍	292.5→337.5
2011/11/6	日	陰遁乙丑	死門，軒轅	022.5→067.5	傷門，招搖	247.5→292.5	驚門，太陰	067.5→112.5	杜門，天符	292.5→337.5
2011/11/7	一	陰遁丙寅	死門，攝提	022.5→067.5	傷門，軒轅	247.5→292.5	驚門，咸池	067.5→112.5	杜門，招搖	292.5→337.5
2011/11/8	二	陰遁丁卯	死門，攝提	247.5→292.5	傷門，天符	112.5→157.5	驚門，軒轅	292.5→337.5	杜門，天乙	157.5→202.5
2011/11/9	三	陰遁戊辰	死門，太乙	247.5→292.5	傷門，招搖	112.5→157.5	驚門，攝提	292.5→337.5	杜門，太陰	157.5→202.5
2011/11/10	四	陰遁己巳	死門，天乙	247.5→292.5	傷門，軒轅	112.5→157.5	驚門，太乙	292.5→337.5	杜門，咸池	157.5→202.5
2011/11/11	五	陰遁庚午	死門，攝提	112.5→157.5	傷門，天符	337.5→022.5	驚門，青龍	157.5→202.5	杜門，咸池	022.5→067.5
2011/11/12	六	陰遁辛未	死門，太乙	112.5→157.5	傷門，招搖	337.5→022.5	驚門，天符	157.5→202.5	杜門，青龍	022.5→067.5
2011/11/13	日	陰遁壬申	死門，天乙	112.5→157.5	傷門，軒轅	337.5→022.5	驚門，招搖	157.5→202.5	杜門，天符	022.5→067.5
2011/11/14	一	陰遁癸酉	死門，軒轅	157.5→202.5	傷門，招搖	022.5→067.5	驚門，太乙	202.5→247.5	杜門，天乙	067.5→112.5
2011/11/15	二	陰遁甲戌	死門，攝提	157.5→202.5	傷門，軒轅	022.5→067.5	驚門，天乙	202.5→247.5	杜門，太陰	067.5→112.5
2011/11/16	三	陰遁乙亥	死門，太乙	157.5→202.5	傷門，攝提	022.5→067.5	驚門，太陰	202.5→247.5	杜門，咸池	067.5→112.5
2011/11/17	四	陰遁丙子	死門，太陰	337.5→022.5	傷門，咸池	202.5→247.5	驚門，太乙	022.5→067.5	杜門，攝提	247.5→292.5
2011/11/18	五	陰遁丁丑	死門，咸池	337.5→022.5	傷門，青龍	202.5→247.5	驚門，天乙	022.5→067.5	杜門，太乙	247.5→292.5
2011/11/19	六	陰遁戊寅	死門，青龍	337.5→022.5	傷門，天符	202.5→247.5	驚門，太陰	022.5→067.5	杜門，天乙	247.5→292.5
2011/11/20	日	陰遁己卯	死門，天乙	292.5→337.5	傷門，青龍	157.5→202.5	驚門，天符	337.5→022.5	杜門，招搖	202.5→247.5
2011/11/21	一	陰遁庚辰	死門，太陰	292.5→337.5	傷門，天符	157.5→202.5	驚門，招搖	337.5→022.5	杜門，軒轅	202.5→247.5
2011/11/22	二	陰遁辛巳	死門，咸池	292.5→337.5	傷門，招搖	157.5→202.5	驚門，軒轅	337.5→022.5	杜門，攝提	202.5→247.5
2011/11/23	三	陰遁壬午	死門，天乙	067.5→112.5	傷門，青龍	292.5→337.5	驚門，太陰	112.5→157.5	杜門，攝提	337.5→022.5
2011/11/24	四	陰遁癸未	死門，太陰	067.5→112.5	傷門，天符	292.5→337.5	驚門，咸池	112.5→157.5	杜門，太乙	337.5→022.5
2011/11/25	五	陰遁甲申	死門，咸池	067.5→112.5	傷門，招搖	292.5→337.5	驚門，青龍	112.5→157.5	杜門，天乙	337.5→022.5
2011/11/26	六	陰遁乙酉	死門，咸池	202.5→247.5	傷門，青龍	067.5→112.5	驚門，攝提	247.5→292.5	杜門，天符	112.5→157.5
2011/11/27	日	陰遁丙戌	死門，青龍	202.5→247.5	傷門，天符	067.5→112.5	驚門，太乙	247.5→292.5	杜門，招搖	112.5→157.5
2011/11/28	一	陰遁丁亥	死門，天符	202.5→247.5	傷門，招搖	067.5→112.5	驚門，天乙	247.5→292.5	杜門，軒轅	112.5→157.5
2011/11/29	二	陰遁戊子	死門，咸池	022.5→067.5	傷門，太陰	247.5→292.5	驚門，軒轅	067.5→112.5	杜門，天乙	292.5→337.5
2011/11/30	三	陰遁己丑	死門，青龍	022.5→067.5	傷門，咸池	247.5→292.5	驚門，攝提	067.5→112.5	杜門，太陰	292.5→337.5
2011/12/1	四	陰遁庚寅	死門，天符	022.5→067.5	傷門，青龍	247.5→292.5	驚門，太乙	067.5→112.5	杜門，咸池	292.5→337.5
2011/12/2	五	陰遁辛卯	死門，天符	247.5→292.5	傷門，太陰	112.5→157.5	驚門，青龍	292.5→337.5	杜門，軒轅	157.5→202.5
2011/12/3	六	陰遁壬辰	死門，招搖	247.5→292.5	傷門，咸池	112.5→157.5	驚門，天符	292.5→337.5	杜門，攝提	157.5→202.5
2011/12/4	日	陰遁癸巳	死門，軒轅	247.5→292.5	傷門，青龍	112.5→157.5	驚門，招搖	292.5→337.5	杜門，太乙	157.5→202.5
2011/12/5	一	陰遁甲午	死門，天符	112.5→157.5	傷門，太陰	337.5→022.5	驚門，天乙	157.5→202.5	杜門，太乙	022.5→067.5
2011/12/6	二	陰遁乙未	死門，招搖	112.5→157.5	傷門，咸池	337.5→022.5	驚門，太陰	157.5→202.5	杜門，天乙	022.5→067.5
2011/12/7	三	陰遁丙申	死門，軒轅	112.5→157.5	傷門，青龍	337.5→022.5	驚門，咸池	157.5→202.5	杜門，太陰	022.5→067.5
2011/12/8	四	陰遁丁酉	死門，青龍	157.5→202.5	傷門，咸池	022.5→067.5	驚門，招搖	202.5→247.5	杜門，軒轅	067.5→112.5
2011/12/9	五	陰遁戊戌	死門，天符	157.5→202.5	傷門，青龍	022.5→067.5	驚門，軒轅	202.5→247.5	杜門，攝提	067.5→112.5
2011/12/10	六	陰遁己亥	死門，招搖	157.5→202.5	傷門，天符	022.5→067.5	驚門，攝提	202.5→247.5	杜門，太乙	067.5→112.5
2011/12/11	日	陰遁庚子	死門，攝提	337.5→022.5	傷門，太乙	202.5→247.5	驚門，招搖	022.5→067.5	杜門，天符	247.5→292.5
2011/12/12	一	陰遁辛丑	死門，太乙	337.5→022.5	傷門，天乙	202.5→247.5	驚門，軒轅	022.5→067.5	杜門，招搖	247.5→292.5
2011/12/13	二	陰遁壬寅	死門，天乙	337.5→022.5	傷門，太陰	202.5→247.5	驚門，攝提	022.5→067.5	杜門，軒轅	247.5→292.5
2011/12/14	三	陰遁癸卯	死門，軒轅	292.5→337.5	傷門，天乙	157.5→202.5	驚門，太陰	337.5→022.5	杜門，咸池	202.5→247.5
2011/12/15	四	陰遁甲辰	死門，攝提	292.5→337.5	傷門，太陰	157.5→202.5	驚門，咸池	337.5→022.5	杜門，青龍	202.5→247.5
2011/12/16	五	陰遁乙巳	死門，太乙	292.5→337.5	傷門，咸池	157.5→202.5	驚門，青龍	337.5→022.5	杜門，天符	202.5→247.5
2011/12/17	六	陰遁丙午	死門，軒轅	067.5→112.5	傷門，天乙	292.5→337.5	驚門，攝提	112.5→157.5	杜門，天符	337.5→022.5
2011/12/18	日	陰遁丁未	死門，攝提	067.5→112.5	傷門，太陰	292.5→337.5	驚門，太乙	112.5→157.5	杜門，招搖	337.5→022.5
2011/12/19	一	陰遁戊申	死門，太乙	067.5→112.5	傷門，咸池	292.5→337.5	驚門，天乙	112.5→157.5	杜門，軒轅	337.5→022.5
2011/12/20	二	陰遁己酉	死門，太乙	202.5→247.5	傷門，天乙	067.5→112.5	驚門，天符	247.5→292.5	杜門，太陰	112.5→157.5
2011/12/21	三	陰遁庚戌	死門，天乙	202.5→247.5	傷門，太陰	067.5→112.5	驚門，招搖	247.5→292.5	杜門，咸池	112.5→157.5
2011/12/22	四	陽遁辛亥	死門，太陰	022.5→067.5	傷門，咸池	247.5→292.5	驚門，軒轅	067.5→112.5	杜門，青龍	292.5→337.5
2011/12/23	五	陽遁壬子	死門，太乙	202.5→247.5	傷門，攝提	067.5→112.5	驚門，青龍	247.5→292.5	杜門，軒轅	112.5→157.5
2011/12/24	六	陽遁癸丑	死門，天乙	202.5→247.5	傷門，太乙	067.5→112.5	驚門，天符	247.5→292.5	杜門，攝提	112.5→157.5
2011/12/25	日	陽遁甲寅	死門，太陰	202.5→247.5	傷門，天乙	067.5→112.5	驚門，招搖	247.5→292.5	杜門，太乙	112.5→157.5
2011/12/26	一	陽遁乙卯	死門，太陰	067.5→112.5	傷門，攝提	292.5→337.5	驚門，天乙	112.5→157.5	杜門，青龍	337.5→022.5
2011/12/27	二	陽遁丙辰	死門，咸池	067.5→112.5	傷門，太乙	292.5→337.5	驚門，太陰	112.5→157.5	杜門，天符	337.5→022.5
2011/12/28	三	陽遁丁巳	死門，青龍	067.5→112.5	傷門，天乙	292.5→337.5	驚門，咸池	112.5→157.5	杜門，招搖	337.5→022.5
2011/12/29	四	陽遁戊午	死門，太陰	292.5→337.5	傷門，攝提	157.5→202.5	驚門，軒轅	337.5→022.5	杜門，招搖	202.5→247.5
2011/12/30	五	陽遁己未	死門，咸池	292.5→337.5	傷門，太乙	157.5→202.5	驚門，攝提	337.5→022.5	杜門，軒轅	202.5→247.5
2011/12/31	六	陽遁庚申	死門，青龍	292.5→337.5	傷門，天乙	157.5→202.5	驚門，太乙	337.5→022.5	杜門，攝提	202.5→247.5

編號	格局名稱	方	八門	上盤干	下盤干	九星	九神	時遁吉格用事宜忌整理
1	天遁1		休 生 開	丙	丁		九地 太陰	宜藏形遁跡。宜行兵獻策攝王侯之權百事生旺。宜祭禱天神。倘鍊祭丁甲呼風喚雨等項之事用天遁可以全吉。
2	天遁2		休 生 開	丙	丁			宜藏形遁跡。用事興兵施為出入修營造作宮室出行商賈埋葬嫁娶萬事所為吉利。其方可以稱王侯之權利朝君王謝穹蒼禮求福並利征戰使敵自伏上書獻策求官進職修身隱跡剪惡除凶市賈出行百事皆吉婚姻入宅來往此方大吉。其方可以發號施令出兵行營。宜求財。能聽而修者升天，倘鍊祭丁甲呼風喚雨等項之事用天遁可以全吉也。
3	天遁3		生	丙	戊			宜藏形遁跡。宜用兵。
4	天遁4		開	丙	戊			宜藏形遁跡。宜用兵。宜祭禱天神。
5	地遁1		休 生 開	乙	己		六合 九地 太陰	宜藏形遁跡。宜設伏謀為百事皆吉，宜修築起造埋葬藏匿之事俱皆大吉。
6	地遁2		休 生 開	乙			六合 九地 太陰	宜藏形遁跡。宜設伏謀為百事皆吉，宜修築起造埋葬藏匿之事俱皆大吉。
7	地遁3		開	乙	己			宜藏形遁跡。可安墳。用事興兵施為出入修營造作宮室出行商賈埋葬嫁娶萬事所為吉利。能修之者南宮列仙，其方可以藏兵伏將紮寨安營建府造倉築垣修墻安墳開壙修道求仙逃亡絕跡出陣攻城全師捷勝百事皆吉。其方可以設伏安營埋藏兵馬萬舉萬全。宜求財。
8	人遁1		休 生 開	乙 丙 丁			六合	宜藏形遁跡。乘日祿喜神及貴神者主財喜和合之事，乘朱雀者主詞訟得理，乘螣蛇者主惡夢邪魅之事，乘白虎者忌行船，乘玄武者主盜賊，若天輔天柱之星主雨天衝主雷天英主電，占疾病危急。
9	人遁2		生	乙 丙 丁			太陰	宜藏形遁跡。乘日祿喜神及貴神者主財喜和合之事，乘朱雀者主詞訟得理，乘螣蛇者主惡夢邪魅之事，乘白虎者忌行船，乘玄武者主盜賊，若天輔天柱之星主雨天衝主雷天英主電，占疾病危急。
10	人遁3		生	乙			九地	宜藏形遁跡。乘日祿喜神及貴神者主財喜和合之事，乘朱雀者主詞訟得理，乘螣蛇者主惡夢邪魅之事，乘白虎者忌行船，乘玄武者主盜賊，若天輔天柱之星主雨天衝主雷天英主電，占疾病危急。
11	人遁4		休	丁			太陰	宜藏形遁跡。宜置營造宅造葬。用事興兵施為出入修營造作宮室出行商賈埋葬嫁娶萬事所為吉利。修之者駐世長年，其方可以擇賢人求猛將說敵和仇三年竝吉，又宜謀結婚姻添進人口和合交易利市十倍，若藏伏獻策上書俱為大吉。其方可以藏形隱跡若陰神更逢六合臨之可以擇勇將選賢士說敵人和仇讐舉兵列陣招兵買馬設伏埋藏大利。宜求財。
12	風遁1	巽	休 生 開	乙	辛			乘天衝天輔二星者此方可以祭風但不利行舟，信息至行兵利火攻大勝。

編號	格局名稱	方	八門	上盤干	下盤干	九星	九神	時遁吉格用事宜忌整理
13	風遁2	巽	休 生 開	乙				其方可以默吸風雲噴嘆旂旐令眾士沉吟聽音又丙奇開門相合下臨坤宮更宜禱祭風伯雨師敵壘戰立旌旗以候風應。宜祭風伯以火攻敵戰立旌旗以候風應。
14	風遁3	巽	開	丙				其方可以默吸風雲噴嘆旂旐音遙普遍或托異遁令眾軍士沉吟聽音，又丙奇與開門臨坤宮更宜禱祭風伯雨師同敵壘立旌旗以候風應。其方可以默吸風雲噴嘆旂旐令眾士沉吟聽音又丙奇開門相合下臨坤宮更宜禱祭風伯雨師敵壘戰立旌旗以候風應。參籌秘書云開門乙奇臨巽宜祭風伯以火攻敵戰立旌旗以候風應。
15	風遁4	艮	生	乙				
16	風遁5	坤	開	丙				其方可以默吸風雲噴嘆旂旐音遙普遍或托異遁令眾軍士沉吟聽音，又丙奇與開門臨坤宮更宜禱祭風伯雨師同敵壘立旌旗以候風應。其方可以默吸風雲噴嘆旂旐令眾士沉吟聽音又丙奇開門相合下臨坤宮更宜禱祭風伯雨師敵壘戰立旌旗以候風應。
17	風遁6		休 生 開	丁	己			其方可以默吸風雲噴嘆旂旐令眾士沉吟聽音又丙奇開門相合下臨坤宮更宜禱祭風伯雨師敵壘戰立旌旗以候風應。
18	風遁7		休 生 開	辛	乙			其方可以默吸風雲噴嘆旂旐音遙普遍或托異遁令眾軍士沉吟聽音，又丙奇與開門臨坤宮更宜禱祭風伯雨師同敵壘立旌旗以候風應。
19	雲遁1		休 生 開	乙	辛			其方可以默吸風雲噴嘆甲冑青雲普遍或托射鵰為名令士卒仰望更宜求雨澤利農稼建營寨造軍器以候風雲。冬月宜祈雲，夏月宜求雨，若乘白虎主有冰雹，乘螣蛇朱雀者主旱強求招禍災，行兵宜劫營彼不能知也。
20	雲遁2		休 生 開	辛	乙			冬月宜祈雲，夏月宜求雨，若乘白虎主有冰雹，乘螣蛇朱雀者主旱強求招禍災，行兵宜劫營彼不能知也。
21	雲遁3	坤	生	壬		天芮		冬月宜祈雲，夏月宜求雨，若乘白虎主有冰雹，乘螣蛇朱雀者主旱強求招禍災，行兵宜劫營彼不能知也。
22	雲遁4	坤	生			天芮	九地	冬月宜祈雲，夏月宜求雨，若乘白虎主有冰雹，乘螣蛇朱雀者主旱強求招禍災，行兵宜劫營彼不能知也。
23	雲遁5	坤	開	乙				其方可以默吸風雲噴嘆甲冑青雲普遍或托射鵰為名令士卒仰望更宜求雨澤利農稼建營寨造軍器以候風雲。
24	雲遁6	巽	開	乙				

編號	格局名稱	方	八門	上盤干	下盤干	九星	九神	時遁吉格用事宜忌整理
25	雲遁7	坤	休	乙				宜藏形蔽敵，如雲氣形如婦人雙手雙足主三日有喜所臨處吉，白雲在外中有黑雲主有伏兵，形似雁行主有大將出所臨處吉，形如坐狗有奇兵埋伏，雲震片片被風吹斷主大敗，一云乙休臨坤利求雨澤建立雲寨製造軍器以候雲應。
26	龍遁1	坎	休 生 開	戊		天心		
27	龍遁2	坤	休	乙				此方祈雨必應水戰必勝再得青龍玄武神后之神主霪雨仍防奸細盜賊。
28	龍遁3		開	戊			九地	此方祈雨必應水戰必勝再得青龍玄武神后之神主霪雨仍防奸細盜賊。
29	龍遁4	坎	休	丁			九地	此方祈雨必應水戰必勝再得青龍玄武神后之神主霪雨仍防奸細盜賊。
30	龍遁5	坎	休	乙	戊			龍遁祈雨水戰有功。是蛟龍得雲雨。其方可以祭龍神祈雨澤水戰演敵計量江面把守渡河教習水戰密運機謀移舟轉向下船開江造置水櫃祭禱鬼神填隄塞河修橋穿井以候風應。此時宜祭龍神祈求雨澤掩捕賊人密計渡河把守水口設機伏謀攻敵料量水面得龍神助又利水戰。
31	龍遁6	坎	休	乙	癸			即是蛟龍得雲雨。其方可以祭龍神祈雨澤水戰演敵計量江面把守河渡教習水戰密運機謀移舟轉向下船開江造置水櫃祭禱鬼神填堤塞河修橋穿井以候龍應。此時宜祭龍神祈求雨澤掩捕賊人密計渡河把守水口設機伏謀攻敵料量水面得龍神助又利水戰。
32	虎遁1	兌	開	庚				此方宜祭風鎮邪驅鬼安宅並吉行船宜招安攻險剿巢利為客若安營伏兵賊不敢正視也。
33	虎遁2	艮	休	乙	辛			虎遁招安據險為勝。其方可以招安設伏邀擊計度要害據險守禦建立山寨措置關隘防險修鑿以候虎應。此時宜招安亡命及戰用急攻賊必勝，設伏遊擊藏兵計渡要害道路量險用謀得虎之威，一云生門丙可合辛亦是，利守禦宜建立山寨以應虎候。此方宜祭風鎮邪驅鬼安宅並吉行船宜招安攻險剿巢利為客若安營伏兵賊不敢正視也。
34	虎遁3	坎	休	癸	戊			
35	虎遁4	艮	生	辛	乙			此方宜祭風鎮邪驅鬼安宅並吉行船宜招安攻險剿巢利為客若安營伏兵賊不敢正視也。
36	虎遁5	艮	生	辛				招安討險為勝。其方可以招安逆黨設伏邀擊計度要害據險守禦建立山寨措置關隘防險修鑿以候風應。其方可以招安設伏邀擊計度要害據險守禦建立山寨措置關隘防險修鑿以候虎應。

編號	格局名稱	方	八門	上盤干	下盤干	九星	九神	時遁吉格用事宜忌整理
37	虎遁6		生	丙	辛			此時宜招安亡命及戰用急攻賊必勝，設伏遊擊藏兵計渡要害道路量險用謀得虎之威，一云生門丙可合辛亦是，利守禦宜建立山寨以應虎候。
38	虎遁7		生	乙	戊			猛虎神威淨八蠻。其方可以招安逆黨設伏邀擊計度要害據險守禦建立山寨措置關隘防險修鑿以候風應。
39	神遁1	乾	開	乙		天心 天禽	九天	此方宜驅神遣將施計神必暗助行兵宜作神將塗抹三軍神即至矣，更宜祭祀神必來享，若有白虎雷煞劫煞主雷傷。
40	神遁2		生	丙		天心 天禽	九天	此方宜驅神遣將施計神必暗助行兵宜作神將塗抹三軍神即至矣，更宜祭祀神必來享，若有白虎雷煞劫煞主雷傷。
41	神遁3		生	丙			九天	神遁利於設壇行法。其方可以祭神明用聖術畫地立籌步罡造壇場刻鬼神攝魔魅自有威伏更利攻虛遁門陰謀密計最為元妙開路塞河修塑神像祓禳神畫以候神臨。此時宜禱神靈行神術畫地布籌萬罡造壇驅邪命將呼風招雨及制伏鬼神魔魅得天靈百神之蔽，一云修塑神像神靈佑之。
42	鬼遁1	艮	休	辛	丁	天輔		宜探路偵賊處實行間謀布謠言彼不能察而疑惑軍心宅中有鬼宜書符鎮之則吉餘事不利。
43	鬼遁2		生	丁			太陰	宜探路偵賊處實行間謀布謠言彼不能察而疑惑軍心宅中有鬼宜書符鎮之則吉餘事不利。
44	鬼遁3		休 生 開	丁			九地	得鬼神隱匿之蔽其方可以探機偷營劫寨設伏攻虛密伺動靜詭詐文書超亡薦孤拔寡以候鬼應。此時宜哨探賊機偷營劫寨設為伏虛驅神役鬼得鬼神之蔽，一云開門丁奇合地亦是鬼遁。
45	鬼遁4	艮	生	丁			九地	鬼遁可以探敵偷營。此時宜哨探賊機偷營劫寨設為伏虛驅神役鬼得鬼神之蔽，一云開門丁奇合地亦是鬼遁。宜探路偵賊處實行間謀布謠言彼不能察而疑惑軍心宅中有鬼宜書符鎮之則吉餘事不利。
46	鬼遁5		開	乙			九地	得鬼神隱伏之蔽，其方可以探機偷營劫寨設伏攻虛密伺動靜詭詐文書超亡薦孤拔寡以候鬼應。
47	鬼遁6		杜	乙			九地	得鬼神隱伏之蔽，其方可以探機偷營劫寨設伏攻虛密伺動靜詭詐文書超亡薦孤拔寡以候鬼應。此時宜哨探賊機偷營劫寨設為伏虛驅神役鬼得鬼神之蔽，一云開門丁奇合地亦是鬼遁。
48	天假		景	乙 丙 丁			九天	宜陳利便進謁。更得直符直使利兵家用事最為貴常從此地擊其衝百戰百勝君須記。宜陳利便進謁干求。

編號	格局名稱	方	八門	上盤干	下盤干	九星	九神	時遁吉格用事宜忌整理
49	地假1		杜	丁 己 癸			九地	臨九地宜潛伏可以藏形隱神，臨太陰利遣人探事，臨六合利逃亡。宜潛伏，此三時加杜門者可以藏形。可以藏形隱神。宜潛藏埋伏此三時宜遁跡藏修。
50	地假2		杜	丁 己 癸			六合	臨九地宜潛伏可以藏形隱神，臨太陰利遣人探事，臨六合利逃亡。利逃亡。利逃亡。宜遣人行間諜探私事又如六合宮者亦名地假宜逃亡躲災避難。
51	神假		傷	丁 己 癸			九地	傷門合丁己癸下臨六合名曰物假，利求財買賣酒食之類。神假利埋葬。神假利埋伏藏人不能知也。
52	人假1		驚	壬			九天	驚門合六壬下臨九天名曰人假利捕捉逃亡。若太白熒惑已其下必獲。人假利捕逃亡。人假利捕捉逃亡若太白入熒惑己其下必獲。
53	人假2		杜	丁 己 癸			太陰	利遣人間諜探事。
54	鬼假		死	丁 己 癸			九地	鬼假利埋葬。利超亡薦度。
55	真詐		休 生 開	乙 丙 丁			太陰	三詐之格征戰必勝營謀皆美。遇詐宮出兵百戰百勝午時甲吉利咸臻有十分之利，合詐門宜嫁娶遠行求財商賈拜官受爵設齋簿事大吉利也。真詐宜施恩便隱遁求仙。詐門凡事遠行商賈嫁娶百事大吉。
56	休詐		休 生 開	乙 丙 丁			六合	三詐之格征戰必勝營謀皆美。遇詐宮出兵百戰百勝午時甲吉利咸臻有十分之利，合詐門宜嫁娶遠行求財商賈拜官受爵設齋簿事大吉利也。休詐宜合藥治疫祛邪祈禳之事。詐門凡事遠行商賈嫁娶百事大吉。
57	重詐		休 生 開	乙 丙 丁			九地	三詐之格征戰必勝營謀皆美。遇詐宮出兵百戰百勝午時甲吉利咸臻有十分之利，合詐門宜嫁娶遠行求財商賈拜官受爵設齋簿事大吉利也。重詐宜進人口取財拜官授爵。詐門凡事遠行商賈嫁娶百事大吉。
58	飛鳥跌穴			丙	戊			鳥跌穴則顯灼易成此時百事利出兵行營興造吉。運用有成。文書到家。進飛得地雲龍聚會君臣燕喜舉動皆利。此時為百事利出兵行營舉造埋葬大吉。若得奇門行兵出戰大勝求名遂意中求財利益修造嫁娶百事大吉。與吉門同宮遠行出兵百事大吉從征擊賊一敵萬人。
59	青龍返首			戊	丙			龍返首則悅懌易遂此時出兵行營百事皆吉。動作無阻。錢財進益。利見大人求名舉兵利客揚威萬里出入利此時從生擊死一敵萬人。豎造安葬修方用龍回首貴格當有龍甲伏藏金魚落穴雷轟光照金銀牕花繒彩來應其時相助其吉。利見大人舉兵利客揚威萬里一敵萬人。，雖無門亦可用事若從生擊死一敵萬人。宜舉百事雖無吉門封局亦可用事。

綜合利用篇

編號	標題	利用、選擇要論、楊筠松造命歌
1	利用	利用一：選擇之道有體有用，龍山方向之一定者體也，年月日時之無定者用也。補龍扶山制凶助吉，以無定而合有定者用之體也。弔替飛宮合局相主，以無定而合無定者用之用也。錯綜參伍精義入神，庶足前民而利用矣，作利用。
2	選擇要論	選擇要論：選擇宗鏡曰：楊筠松曰：年月要妙少人知，年月無如造命法。吳景鸞曰：選擇之法莫如造命，體用之妙可奪神工。郭景純曰：天光下臨地德上載藏神合朔神迎鬼避，此十六字至精至微，即造命體用之謂也。蓋藏神者收藏地中元神也，其法選成四柱八字支干純粹成格成局，於以扶補龍氣，則地脉旺盛而上騰於墳宅之中。
3		所謂藏神、所謂地德上載，造命之體也。合朔者取初一日太陽太陰合照之義，舉一以該百也，其法取三奇三德金水紫白貴人祿馬到山到向自然吉慶。所謂合朔、所謂天光下臨，造命之用也。然使犯動凶煞則禍且隨之亦屬無益。又必先於年月之內推求山向吉神相迎，一切歲破三煞陰府等項盡行退避不相干犯乃為全吉，則神迎鬼避之說也。此亦體中之最緊者，體用兼全上也，不然寧舍用而取體。
4		每年之中有吉神凶神焉、有吉星凶星焉，二者不同不可不辨。神隸於地或吉或凶隨太歲之所指揮而已，蓋太歲君也，其分最尊其力最大。共此二十四山，其與太歲相喜相合及為太歲之所生扶者即為吉神，故凡歲德歲德合歲貴歲祿歲馬，以及開字成字平字危字俱吉，除字定字次吉，總之與歲君相得故吉也。其與太歲相衝相鬥及為太歲之所尅制者則為凶神，故歲破者太歲所對衝而破也。
5		三煞者太歲所殺之三方也，陰府者太歲之化氣尅山化氣也，年尅者太歲納音尅坐山本墓納音也，此皆受尅於太歲而不可犯之者也。臨官方為天官符主官訟，帝旺方為打頭火主火災，此太歲有餘之氣也；故宜三合局尅之。 死方為六害為灸退主退敗，此太歲不足之氣也，故宜三合局補之。又以歲干起五虎遁遁至戊己方為戊己煞，
6		庚辛方為天金神，丙丁方為獨火，以上神煞總之隨歲君而轉移，其餘紛紛神煞不從太歲而起者，皆後人之所添設者也。內惟歲破最凶，例無制法，三煞亦大凶不可輕犯，其餘凶煞俟其休囚之月而以四柱制化之可也。若不知制化之法則寧避之，此神迎鬼避之大略也。 星運於天，七政中之日月金水、四餘中之紫氣月孛及八節之三奇紫白竅馬皆吉星也，內中日最尊，月與三奇
7		竅馬紫白次之，至於玉皇鑾駕等星皆捏造而無據者也。月令為權要之官，其所沖者為月破、所尅者為月陰府為月尅山家，與年家之歲破陰府年尅同也，月家之土煞為大月建，小兒煞與年家之戊己煞同也，惟大月建更凶，此月家真凶神也。本月之旺方為金匱星，臨官帝旺之間為月德相合之方為月德合，正丁二坤之類為天德，相合之方為天德合，此月家真吉神也。
8		天星可以降地曜，然天星氣清地煞力猛，若犯三煞陰府及月家之大月建小兒煞，則太陽到亦不能制，況他乎，大煞避之、中煞制之、小煞不必論也。但得八字停當，吉星照臨自然貞吉。若捏造之假煞則削之而已。修凶福猛不如修吉之穩然，修吉如修太歲方、三德方、本命貴祿方食祿方，必取吉方旺相之月而以四柱扶補之則吉者愈吉矣。修凶如修三煞方、官符方、金神方，必俟凶方休囚之月而以八字尅制之則凶者亦吉矣。
9		修吉要扶得旺，制凶要制得伏，如本命祿馬貴人飛到山向最吉，亦可降中下等煞。 二十四山方無吉凶，聽太歲以吉凶而已，不從太歲起者皆偽造也，如偽吉神則曰玉皇曰紫微曰鑾駕之類，偽凶神則曰天命煞飛天火星及各樣火星官符血刃之類不可勝紀，一考其起例，再考其所以然則乖謬了然矣。 六十日亦無吉凶，聽月令以吉凶而已。日統於月，為月之所合所生者及與月令同旺者乃真吉日，如旺日相日
10		月德日之類是也。日支干為月之所尅所衝及休囚而不當月令者乃真凶日，如破日四廢日之類是也。其不從月令起者皆偽造也，如偽吉日則曰滿德吉慶之類，偽凶日則曰死別滅門之類，細考起例真假了然矣。 楊筠松疑龍經已及造命體用之概，而千金歌言言名理愈翫愈佳，真千古日家之指南車也。嗣是曾文辿陳希夷吳景鸞廖金精以及後來名術一切葬課皆以扶龍相主為宗。其修吉方則曲盡扶吉之法，其修凶方則曲盡制凶之
11		法，取而玩之無不鑿鑿有理，通書未有及此者也。 造命之法：一看來龍宜何局以補之。二看山向何煞宜避何煞可制，以何法制之，取何吉星照之。三看主人本命宜何如以扶之，三者俱得而後舉事吉無不利矣。至於修吉方則擇吉方旺相之月而扶持之，如培植善類也。修凶方則擇凶方休囚之月而剋制之，如收降盜賊必我強而彼弱乃為我用也。彼選定八字不問龍山主命而概施
12		之乃假造命也，於古法天淵矣。學者當辨別其是非以定從違，庶無差誤。 按自此以下十二篇並註皆出選擇宗鏡，其於龍山歲命之理獨為精細，故並錄之。其中有錯誤駁雜者則取其意而刪易其辭，別本有與為發明者則亦取而附于其後。惟戊己除危成開等方及尊帝等星皆今通書所不用，以其自成一家之言，故存其舊辨論詳後各條並見附錄辨偽卷。
13	楊筠松造命歌	楊筠松造命歌又名千金歌：天機妙訣值千金，不用行年與姓音，但看山頭併命位，五行生旺好推尋。【此造命之綱領也，行年如幾十幾歲之類，姓音即五姓修宅也，世俗以此二者分吉凶謬甚故不用也。山頭乃來龍入首一節及坐山也，命位者即本山命五虎遁納音是也。山命所屬五行合年月日時皆要生旺。如子山命擇申子辰年月日時有氣，用之併取天干合格合局大吉。】
14		一要陰陽不溷雜，二要坐向逢三合，三要明星入向來，四要帝星當六甲。四中失一還無妨，若是平分便非法。【一論龍之淨陰淨陽，此龍單指入首結穴一節之脈非坐山也。乾甲坤乙坎癸申辰離壬寅戌十二來龍屬陽宜立陽向用申子辰寅午戌陽日期也。艮丙巽辛震庚亥未兌丁巳丑十二來龍屬陰宜立陰向用巳酉丑亥卯未陰日期也。反此則為溷雜不吉，然古人不盡拘此。如艮亥龍用申子辰者三合補龍法也。】
15		【二論三合，以三合補龍則補之有力。不言龍而言坐向者借坐向以補龍也。如巽龍作巳山亥向用卯未局以補巽木龍非真補亥向也。發福全在龍上，即坐山亦次之，況向有何益乎。俱以正五行論，有四柱與向三合者則不可衝山必減一字。如亥龍則亥山巳向止用丑酉金局以生亥龍可也，如巳字則衝破亥山矣，餘倣此推。】 【三要七政中之日月到向，明星即日月也，蓋到向則照山。陳希夷云太陽到山惟國家修宮殿宜之，士庶人不

編號	標題	利用、選擇要論、楊筠松造命歌
16		能當也。故楊公屢言三合對宮福祿堅。若太陰金水則山向皆可或日在向月在山前後夾照尤妙。】 【四要尊星帝星到山到向。六甲者六個甲子，蓋尊帝從甲子起乾次坎故也。此四者乃造命之樞，得全爲上，失一猶可，若失二得二則非法矣，況全不合者乎。】 煞在山頭更若何，貴人祿馬喜相過，三奇諸德能降煞吉制凶神發福多。【山頭坐山也，煞謂年月諸惡曜犯占
17		也，必求年命真祿馬貴人同到山方及山家祿馬貴人同到爲美。如丁卯年煞在西、丁貴人亦在西，多用酉日時修之乃貴人制煞。又如丙午生人用丁亥年辛亥月乙亥日丁亥時作亥向乃一氣貴人壓制太歲三奇奇門乙丙丁也，或取八節三奇亦驗，諸德歲德并天月二德也。如其年方位有年月諸凶煞，若用德奇制之化之則化煞爲權反能召福。】
18		二位尊星宜值日一氣堆干爲第一，拱祿拱貴喜到山飛馬臨方爲愈吉，三元合格最爲上，四柱喜見財官旺，用支不可有損傷，取干最宜逢健旺，生旺得合喜相逢，須避剋破與刑衝，吉星有氣小成大，惡曜休囚不作凶。【尊帝二星喜於年月到矣，而日時亦宜取之更能助吉。一氣堆干謂四干一樣也，然必與山向及命主之干支相合而無刑剋爲美。
19		拱祿者如甲命祿在寅四柱用二丑二卯則拱出寅祿矣，怕衝所拱及填實亦要與山頭相關爲吉，拱貴倣此。喜到山則指四柱之祿馬貴人到山也，修方者宜到方也、修向者宜到向，曰山而包方與向也。】【飛馬又包祿貴在內，即活祿活馬活貴人之謂也。本命者以太歲入中宮遁之，本年者又以月建入中宮遁之，或飛到山或飛到向或飛到方皆吉。
20		八字以干爲天元、支爲地元、納音爲人元，如堆干堆支兩干兩支三合局及四納音皆以純粹不雜而又補龍相主方爲合格也。財官論主命不論山，如甲生人用三四點己字爲合財，己命人用三四點甲字爲合官，以合爲妙不合不佳。 查楊曾日課，凡用財官者皆十干合氣也，四柱地支或互相衝刑則彼此互傷而大凶，故曰不可有傷損。四柱中
21		日干甚重最宜旺相得令，日干休囚非貧即夭。】【或三干四干一氣，不則正當月令，如比肩既少又不當月令則必年月上有印以生之，再用祿時亦健旺而有力矣。然支干有力固好，又必與山命相合，補龍補山補命是得眾力之扶持也，何吉如之。若剋龍剋山剋主刑龍刑山刑主衝龍衝山衝主是受眾力之搏擊也，凶可知矣。故曰生旺得合喜相逢，須避剋破與刑衝，至此而造命之法無遺蘊矣。
22		若八字自相刑衝，則用支損傷之謂也，古八字亦有自相衝者即破也。如用辰戌局丑未局以補土山之類四墓之山不衝則不開也。若衝主命則斷斷不可，至於制煞修方以吉降凶，則全看月令必凶方休囚之月制，神旺相之月則吉。】　【如以一白水制南方打頭火，必申子辰水旺火衰之月可也，故曰吉星有氣惡曜休囚也。此指方而言，若坐山休囚則不吉矣。】
23		山家造命既合局更有金水來相逐，太陽照處自光輝，周天度數看躔伏六個太陽三個緊，中間歷數第一親，前後照臨扶山脈，不可坐下支干缺，更得玉兔照坐處，能使生人沾福澤。既解天機字字金精微選擇可追尋，不然背理庸士術執著浮丈枉用心字字如金真可誇，會使天機錦上花，不得真龍得年月也應富貴旺人家。 【此申結上文造命之法，全以補龍爲主也，因龍山屬何五行而以四柱補之則可以奪神功改天命，此之謂山家
24		造命法也。蓋從山脈而造富貴非四柱之能自造也，如上所云則造命八字已合格局矣，此造命之體也，有體而後言用。】 【求諸吉星皆照山向乃用。如金水二星亦喜到山到向，蓋天以五星爲經，日月而外莫尊於此。然火星凶烈，土星木星又能掩日月之光而蔽山向之明故不可用。金清水秀二星獨吉，若與日月同到山向謂之金水扶日月大
25		吉之兆也。此惟臺歷可查外，此有昇元金水、周仙金水皆終年守住一方而不運行不足信也。太陽照臨諸吉之首，必以臺歷日躔宮度爲真外，此有昇元太陽都纂太陽烏兔太陽四利太陽皆不足信。天無二日且一太陽在東一太陽在西終年不動有是理乎，得真太陽矣又得真太陰同臨山向福澤尤厚。然此日月金水奇德祿馬貴人皆助福之星，非發福之根本也。】
26		【福之根本全在坐下山脈，山脈旺相則發、休囚則不發，此全在吉課以生扶之，天干地支純全不缺乃可，若支干既缺，補脈不起，雖諸吉併臨亦無大福，如無爲無用之人，縱得貴人扶持終不能大有爲也。故再丁寧曰不可坐下支干缺，蓋明體之重而用之輕也，人悟得此義，古人之選擇亦可追蹤比美，不然庸術之士背造命之正理，不論年月之生龍剋龍，只曰某山宜、某年又云某日大造某日大葬，龍山受剋主命休囚何益之有，末四
27		句復深自贊美此歌，以啓人之留意也。】 又歌：方方位位煞神臨，避得山過向又侵，只有山家自旺處，天機妙訣好留心，支如不合干中取，迎福消凶旺處尋，任是羅喉陰府煞，也須藏伏九泉陰。【二十四方位神煞占犯最多，避得年煞又有月煞避得月煞又有日煞，且山利向又不利、向利山又不利，難得全吉，只取本山來脈自旺處得令有氣，更四柱干支乘時旺相，
28		如坐山得干取天干一氣或堆祿堆干，坐山得支取地支一氣或三合年月日時，無非於山家自旺處，斟酌調和使之更旺耳，此旺則彼衰，凶煞自伏，是天機妙訣。】

補龍

編號	山龍	山屬性	來龍屬性	節氣	太陽過宮	月將	十二神	長生●	帝旺●	墓庫	臨官●	三合旺局●	印局●
1	艮	屬陰	艮龍屬土	立春	子	子將	神后	申	子	辰	亥	申子辰	寅午戌
2	寅	屬陽	寅龍屬木	雨水	壬	亥將	登明	亥	卯	未	寅	亥卯未	申子辰
3	甲	屬陽	甲龍屬木	驚蟄	亥	亥將	登明	亥	卯	未	寅	亥卯未	申子辰
4	卯	屬陰	卯龍屬木	春分	乾	戌將	河魁	亥	卯	未	寅	亥卯未	申子辰
5	乙	屬陽	乙龍屬木	清明	戌	戌將	河魁	亥	卯	未	寅	亥卯未	申子辰
6	辰	屬陽	辰龍屬土	穀雨	辛	酉將	從魁	申	子	辰	亥	申子辰	寅午戌
7	巽	屬陰	巽龍屬木	立夏	酉	酉將	從魁	亥	卯	未	寅	亥卯未	申子辰
8	巳	屬陰	巳龍屬火	小滿	庚	申將	傳送	寅	午	戌	巳	寅午戌	亥卯未
9	丙	屬陰	丙龍屬火	芒種	申	申將	傳送	寅	午	戌	巳	寅午戌	亥卯未
10	午	屬陽	午龍屬火	夏至	坤	未將	小吉	寅	午	戌	巳	寅午戌	亥卯未
11	丁	屬陰	丁龍屬火	小暑	未	未將	小吉	寅	午	戌	巳	寅午戌	亥卯未
12	未	屬陰	未龍屬土	大暑	丁	午將	勝光	申	子	辰	亥	申子辰	寅午戌
13	坤	屬陽	坤龍屬土	立秋	午	午將	勝光	申	子	辰	亥	申子辰	寅午戌
14	申	屬陽	申龍屬金	處暑	丙	巳將	太乙	巳	酉	丑	申	巳酉丑	辰戌丑未
15	庚	屬陰	庚龍屬金	白露	巳	巳將	太乙	巳	酉	丑	申	巳酉丑	辰戌丑未
16	酉	屬陰	酉龍屬金	秋分	巽	辰將	天罡	巳	酉	丑	申	巳酉丑	辰戌丑未
17	辛	屬陰	辛龍屬金	寒露	辰	辰將	天罡	巳	酉	丑	申	巳酉丑	辰戌丑未
18	戌	屬陽	戌龍屬土	霜降	乙	卯將	太衝	申	子	辰	亥	申子辰	寅午戌
19	乾	屬陽	乾龍屬金	立冬	卯	卯將	太衝	巳	酉	丑	申	巳酉丑	辰戌丑未
20	亥	屬陰	亥龍屬水	小雪	甲	寅將	功曹	申	子	辰	亥	申子辰	巳酉丑
21	壬	屬陽	壬龍屬水	大雪	寅	寅將	功曹	申	子	辰	亥	申子辰	巳酉丑
22	子	屬陽	子龍屬水	冬至	艮	丑將	大吉	申	子	辰	亥	申子辰	巳酉丑
23	癸	屬陽	癸龍屬水	小寒	丑	丑將	大吉	申	子	辰	亥	申子辰	巳酉丑
24	丑	屬陰	丑龍屬土	大寒	癸	子將	神后	申	子	辰	亥	申子辰	寅午戌

補龍

編號	山龍	財局●	洩局※	鬼煞局※	所宜天干	正氣官星	備註
1	艮	申子辰	巳酉丑	亥卯未	丙丁戊己	癸	協記卷三十三利用一
2	寅		寅午戌	巳酉丑	壬癸	己	補龍古課
3	甲		寅午戌	巳酉丑	壬癸	辛	山屬陽宜立陽向用陽日
4	卯		寅午戌	巳酉丑	壬癸	丁	申子辰寅午戌年月日時
5	乙		寅午戌	巳酉丑	壬癸	庚	山屬陰宜立陰向用陰日
6	辰	申子辰	巳酉丑	亥卯未	丙丁戊己	戊	巳酉丑亥卯未年月日時
7	巽		寅午戌	巳酉丑	壬癸	丙	
8	巳	巳酉丑	辰戌丑未	申子辰	丙丁甲乙	壬	
9	丙	巳酉丑	辰戌丑未	申子辰	丙丁甲乙	癸	
10	午	巳酉丑	辰戌丑未	申子辰	丙丁甲乙	己	
11	丁	巳酉丑	辰戌丑未	申子辰	丙丁甲乙	壬	
12	未	申子辰	巳酉丑	亥卯未	丙丁戊己	丁	
13	坤	申子辰	巳酉丑	亥卯未	丙丁戊己	庚	
14	申	亥卯未	申子辰	寅午戌	庚辛戊己	戊	印局然相衝不吉
15	庚	亥卯未	申子辰	寅午戌	庚辛戊己	丁	印局然相衝不吉
16	酉	亥卯未	申子辰	寅午戌	庚辛戊己	壬	印局然相衝不吉
17	辛	亥卯未	申子辰	寅午戌	庚辛戊己	丙	印局然相衝不吉
18	戌	申子辰	巳酉丑	亥卯未	丙丁戊己	己	
19	乾	亥卯未	申子辰	寅午戌	庚辛戊己	辛	印局然相衝不吉
20	亥	寅午戌	亥卯未	辰戌丑未	壬癸庚辛	丁	
21	壬	寅午戌	亥卯未	辰戌丑未	壬癸庚辛	己	
22	子	寅午戌	亥卯未	辰戌丑未	壬癸庚辛	戊	
23	癸	寅午戌	亥卯未	辰戌丑未	壬癸庚辛	戊	
24	丑	申子辰	巳酉丑	亥卯未	丙丁戊己	壬	

編號	生年	相主最佳格局	備註
1	甲	己【合財】、甲【比肩】、癸【正印】、寅　【祿】、丑未【貴人】、亥【長生】	
2	乙	庚【合官】、乙【比肩】、壬【正印】、卯　【祿】、子申【貴人】、午【長生】	
3	丙	辛【合財】、丙【比肩】、乙【正印】、巳　【祿】、亥酉【貴人】、寅【長生】	
4	丁	壬【合官】、丁【比肩】、甲【正印】、午　【祿】、亥酉【貴人】、酉【長生】	
5	戊	癸【合財】、戊【比肩】、丁【正印】、巳　【祿】、丑未【貴人】、寅【長生】	
6	己	甲【合官】、己【比肩】、丙【正印】、午　【祿】、子申【貴人】、酉【長生】	
7	庚	乙【合財】、庚【比肩】、己【正印】、申　【祿】、丑未【貴人】、巳【長生】	
8	辛	丙【合官】、辛【比肩】、戊【正印】、酉　【祿】、午寅【貴人】、子【長生】	
9	壬	丁【合財】、壬【比肩】、辛【正印】、亥　【祿】、卯巳【貴人】、申【長生】	
10	癸	戊【合官】、癸【比肩】、庚【正印】、子　【祿】、卯巳【貴人】、卯【長生】	
11	子	乙己　【貴人】、癸　【祿】　　　　　、辛　【長生】	
12	丑	甲戊庚【貴人】	
13	寅	辛　　【貴人】、甲　【祿】、申子辰【馬】、丙戊【長生】	
14	卯	壬癸　【貴人】、乙　【祿】　　　　　、癸　【長生】	
15	辰		
16	巳	壬癸　【貴人】、丙戊【祿】、亥卯未【馬】、庚　【長生】	
17	午	辛　　【貴人】、丁己【祿】　　　　　、乙　【長生】	
18	未	甲戊庚【貴人】	
19	申	乙己　【貴人】、庚　【祿】、寅午戌【馬】、壬　【長生】	
20	酉	丙丁　【貴人】、辛　【祿】　　　　　、丁己【長生】	
21	戌		
22	亥	丙丁　【貴人】、壬　【祿】、巳酉丑【馬】、甲　【長生】	

編號	修應法	說明	宜用神煞	備註
1	各種修應	修應之法，先賢用之而屢驗。蓋修一方，如用獨味之藥，功力尤勝以致效。故書云：若要發，修三殺。若要財，修流財。若要官，修官符。蓋仕宦以官符爲文書故也。又云：吉莫吉於修太歲。何也，有病方爲貴，無病不是奇，因其病以治之，故取效也。愚閱修應之法亦有在理，但其中載有許多僞吉神凶殺應行刪除。然姑存者，正見取效之妙，皆本五行正理，與真喜神之力也。		選擇求真卷四9反
2	修天嗣求子法	凡人家人丁不旺，必因本命天嗣男女星方失陷，又值龍氣剋泄之故也。宜擇本年天嗣方金匱方紅鸞天喜方，併取青龍生氣火星勝光神后功曹傳送及太陽太陰，而帶本命天嗣男女主祿馬貴人，再合丁奇生門貴人同到其方，修之大有應驗。別有移床改灶求子法載後床灶篇。以月將加太歲看所修之方得何星，宜神后功曹傳送勝光四星最吉。假如子年三月修卯方，即以三月從魁將加子太歲順行，河魁在丑、登明在寅、神后在卯，是卯方上得神后將到，修之吉也，餘仿此。	金匱方【帝旺方】，生氣方【弔客、開】，天嗣方、紅鸞方、天喜方、月金匱、月生氣方。歌曰：功曹傳送家千口、勝光神后百餘丁；又曰：功曹傳送敵國富、勝光神后百年陳；是修倉庫，亦宜此四吉星也；然要按時憲曆查中氣，太陽過宮的確方准。	選擇求真卷四9反
3	修科甲貴人法一	凡人家功名不利者，必官祿星失陷。宜修官祿方，本命貴人食祿方，而帶本命官祿，主祿馬貴元同到，并年月科名科甲文昌文魁催官薦元火星臨於其方，而課又宜扶起，官祿成堆拱等格。今取丙奇爲上乙奇次之丁奇又次之，仍用休門到奇上局，取飛鳥跌穴格青龍回首格吉，依法修之極驗。	年干吉神：科甲星、科名星、文魁星【傷官與其六合】、魁星、催官星【正官六合】、文昌星【食神祿】、天官星【正官】、天祿星【祿與本宮卦】、天嗣星。	選擇求真卷四12
4	修科甲貴人法二	又曰：宜修甲方，蓋甲屬木，掌圖書文章，又爲科甲之義也。凡未貴而求科甲，以貴人爲先。已貴而求出仕併久仕不陞遷者，以祿馬爲先，而帶天祿天貴天嗣土曲官國催官金匱生氣火星同太陽照臨，必准無疑矣。	年支吉神：年魁星【官符、定】、催官使、天貴星【福德、收】、天官星、活催官、官國星【病符、閉】、土曲星【太陰、平】。	選擇求真卷四12
5	修科甲貴人法三	閑居起復，宜修丙方，用太歲五虎遁遁至丙字位，是如甲己年丙在寅艮，乙庚年丙在戌辛之類是也，或用丙年月日時亦可，但不宜再用金匱火星，如用火星即不宜用丙年月日時矣，宜更合土曲官國催官太陽太陰貴人祿馬同到其方，必主復，在榮遷。	文昌文曲天貴星到方向扦作主發科催官貴、天喜催丁喜、天財星【執、天福】催富極驗；天貴星【收、天倉星田宅星】到處功名定顯榮；造葬求嗣求財得功曹傳送勝光神后四星照臨最吉，作福地到山向極吉，主有驗；【須看天月將過宮方可用之有驗】。	選擇求真卷四12反，象吉卷十三16反
6	修財祿法	凡人家財祿不旺者，多由財帛田宅二星失陷，又或因修造有犯大耗故也，宜修流財方而帶月財金匱火星極富穀將青龍天富等星，併合本命祿馬田財二星及太陽乙丙丁休生開門共到其方，修之必主驟發。按傳送功曹勝光神后四吉將亦宜到方，例載上修天嗣內。流財者財星流行之義與月財相似非退財也，用之得法反主進財，所謂捉著流財財便發是也，又曰要大來修流財，從太歲起建取危定二字到其方修之，或月家之危定二字亦可，併合青龍月財金匱等吉同到修之必大發也。	干神：天財星；支神：金匱星【帝旺方】、天富星【喪門、滿】、生氣星【弔客、開】、極富星【官符、定】、天財星【死符、執】、穀將星【龍德、危】、田宅星【福德、收】、流財星、獨火方、大耗方、月財方、月流財。	選擇求真卷四14
7	修報拾寶物	其法以冬至夏至分順逆，用年月日時，以元辰加用支上，係冬至順行，夏至逆行，數至所作之山方止，得魁罡帝座福惠三星到山方，并合三奇月財火星同到，必主得財寶也。訣曰：定位魁罡拾得寶，二十四山辨方討，三奇無異用開門，順逆月財隨奇到。	二十四山拾寶地；詩曰：拾寶須知仔細詳，子山獲寶在池塘，壬山配卦離中取，救火搬財寄與藏，庚癸有物埋可下，仍尋小路在邊旁，丑未個中鋤得窖，艮在山中銀器囊，寅主坑溝連瀆得，甲去獲寶在船倉，卯巳廟壇公廨內，乙丙窯冶更兼墻，辰居田裏珍銀寶，巽從糞壤放豪光，丁市鎮中宮觀內，坤珍珠翠路田岡，申在天井中拾得，酉亥僧舍泊橋梁，辛戍江邊沙墳土，乾有紗羅古器房，二十四山真有應，神仙留記驗非常。	選擇求真卷四14反

編號	修應法	說明	宜用神煞	備註
8	修倉庫法	其法宜取人倉方爲主，更合穀將金匱天地倉青龍極富日財三奇二德等吉同到，修之可致千倉萬庫粟陳貫朽，又宜勝光神后傳送功曹四將到吉，訣曰：功曹傳送敵國富、勝光神后百年陳是也，例載上天嗣篇。又有用太歲五虎遁，遁至其方，如遇歲干剋所遁之方干爲上，所遁之方干剋歲干次之。	人倉【衰】、天倉【福德、收】、地倉、大耗方【歲破、破】、小耗方【死符、執】；【功曹傳送敵國富、勝光神后百年陳】。	選擇求真卷四15
9	修散官訟	凡人家訟事牽連不休者，或因造葬有犯天地官符，縱或無犯，亦宜於官符方修報，宜取天赦解神三奇休門併太歲及本命祿馬貴人同到，又二德到流年官符宮，或到其人本命，修之即止。	天官符【臨官方】、地官符【官符、定】、月天官符、月地官符、年解神、月解神【破日】、飛天赦、年飛解神。	選擇求真卷四15反
10	修方愈病法	凡人家連年多病人口不安，或因修造有犯病符方，則仍取病符方修之，宜取天赦天醫解神青龍生氣太陽太陰三奇三門到方及本命貴人祿馬同到，若一人久病則取本命男用生氣女用天醫方，併前諸吉同到修之自愈。撞命殺其法以太歲五虎遁，取正月入中宮，順氣尋本命所泊之宮，修造不宜犯之。	病符方、人道方、生氣方【弔客、開】、青龍方【弔客、開】、天赦日、天醫方、天醫日、日解神、飛天赦、飛天解。	選擇求真卷四16反
11	修愈目疾	凡人患目疾不愈者，或因誤犯金神暗曜方，宜急修金神暗曜方，取合丙丁奇開門天解天赦天德月德真太陽太陰，男用太陽女用太陰，到其方修之，其明自復，忌用五不遇時。釣叟賦曰：五不遇兮龍不精，號爲日月損光明。乃時干剋日干，陽剋陽、陰剋陰也。	天金神、地金神、暗曜方、五不遇時。	選擇求真卷四17
12	修救冷退法	凡人家丁財消孛者，宜取浮天空亡方修之。其法用年月日時四柱衝刑其方，如壬山方衝則用午字，壬屬坎坎即子，刑則用卯字。有用天干衝者，甲衝庚乙衝辛之類，然止宜年月日時衝空亡方，不宜四柱自相刑衝也，反致不吉。或作主本命衝空亡方亦可，要取丙丁奇開生門及火星月財生氣極富太陽勝光傳送功曹神后四吉等同到空亡方，修之立見功效。浮天空亡一年止占一字，位書載甲年占丙壬乙年占丁癸，是一年兩占也，豈知浮天空亡乃翻卦中之破軍位也，只占本卦所納之甲，安得對面兩占，至於白頭空亡入山空亡全不足信，無根據也。	浮天空亡、天干相衝、地支相衝、地支相剋；【一年不如一年者可用之法】。	選擇求真卷四15
13	修救喪禍法	凡人家連年遭喪禍不止，宜修動白虎方，其法從本年太歲起建數至第九成字位是也，又用五虎遁遁至其方，看何干支納音所屬，如甲子年白虎在申，遁得申是壬申，納音屬金，用火年月日時剋之，宜合取金匱諸火星解神人道天赦太陽貴人月德丙丁奇休生門太陽日月到其方，大興工匠，修報即止，大修三十六年，小修二十四年，永無喪禍，但用火星不宜再用丙丁干。	白虎方；附制白虎，訣曰：肆強白虎犯修方，犯了何能免得殃，合用太陽帝星到，自然制壓過他方，其法以五行相剋制之；如戊辰日係白虎大殺入中宮，其白虎日戊辰納音木，而用囚廢之，囚者木衰辰病巳午死，皆無氣也，再用申酉庚辛併金者時剋制之，反凶而不吉；白虎大殺入中宮日【戊辰木、丁丑水、丙戌土、乙未金、甲辰火、癸丑木、壬戌水七日】忌起工架馬嫁娶鼓樂凶，其法以甲子日起坎順行九宮遇日辰在中宮者爲白虎入中也，不可犯之。	選擇求真卷四18
14	修旺六畜法	凡人家血財不旺，六畜多災者，皆因方道不吉，或當年誤犯諸血刃及流財大小耗等凶星，然欲救之，又宜修動其方，取月財流財太陽生氣三奇生門福德火星同到其方，修之大旺，十一年一年一修尤妙。【按是條僞吉凶神煞甚多，應概刪除，然姑存之，無致爲術者之蠱惑也。	千斤血刃、順血刃、逆血刃、隱伏血刃、大耗方【歲破、破】、小耗方【死符、執】、坐山定局、一德、虎豹、狐狸、貪狼、太陽、豺狼、三台、奇羅、刀兵、刀砧、紫炁；【歌曰：一德宮中宜養馬，三台位上定豬枋，牛屋奇羅爲上吉，羊逢紫炁最高強，貪狼地好安雞鴨，太陽六畜喜爲良，虎豹豺狼狸不吉，更兼血忌亦須防，刀兵血刃刀砧殺，六畜臨之見血光】。	選擇求真卷四18反

編號	修應法	說明	宜用神煞	備註
15	修遠回法	凡人久客他鄉不思歸者，或因出行日有犯四離五離死別天魂不返五不歸截路空亡，宜修本人驛馬方，俱要年月日時扶起併衝動，不宜合住，修之必應。	驛馬【歲馬】。	選擇求真卷四19
16	修不睦法	凡人家五倫不和睦者，皆因當時修造犯刑衝及不正星辰，更值仇難交爭五氣不順，宜取四柱純正三合六合之期，及帶貴人祿馬天月二德到於有用之方，修之自和。	天德、月德、祿馬貴人。	選擇求真卷四20
17	修壽元法	凡人家多出少亡者，皆因當時壽元星落陷，太陽祿馬不到，併犯剋洩本氣也，急宜擇本氣生旺之年月，扶起祿馬壽元星仁元星天嗣福德，而合太陽青龍生氣到方向修之，必主眉壽。	壽元星、仁元星、大壽星。	選擇求真卷四20
18	修止盜賊法	凡人家常犯盜賊侵害，皆由當年芒劫在庚方，併帶風吹水劫故也，宜修庚方，蓋庚爲賊門，要擇本山生旺之月，併取太陽照之，或火星照之，貴人天帝三奇休門同到其方，修之自止，又宜蓋庚爲賊門，如乙庚年五虎遁庚酉同宮，遁至庚酉方是乙酉納音屬水，須取土年月日時剋制，併用前貴神同到修報斷絕。	亡神、劫殺、天狗日、天盜方、天牢方。	選擇求真卷四20
19	修止鬼妖法	凡人家有鬼妖爲祟者，因艮方有犯風吹水劫故也，宜修艮方，蓋艮爲鬼戶，要擇山龍年旺之候，取太陽帝星貴人照臨其方．及斗柄所指之時取之，即止。	斗柄指方【月建方】；太陽、貴人；宜修艮方。	選擇求真卷四20反
20	修祛瘟疫法	訣曰：瘟疫生災不泛常，只因修造不寧方，若得三奇二德到，一家管取永安康。其法要取三奇二德二德合，併天解天赦太陽同到，修之能使瘟疫消除人口安泰，如丁壬年六月【丁未月】用五虎遁以月建入中宮，遁得壬子到坎【六月天瘟在坎】是瘟方屬木【壬子納音木】，須取年月日時金剋制之，仍須用人道天醫天月日時四德到，修之即安。	天德、月德、日德、時德、天赦日、天醫日、天解神、地解神、年解神、日解神、人道方、天瘟方、地瘟方。	選擇求真卷四20反
21	修治白蟻法	凡人家白蟻爲害其故不一端，有因水界不清而生，有因風吹劫而生，有因當日犯大羅喉而生，有種類帶來而生者，治法宜取火羅死絕之候，水星得令之時，用暗金伏斷受死月殺閉除等日，或酉亥日亦可，白蟻屬火，此二日乃本氣死絕之日，再合暗金伏斷日時，百發百中，陽宅用木匠曲尺在白蟻處量至四尺九寸即止，將斧頭在尺止處打四十九下，大發喝聲，眾皆齊應，如起屋床，若陰宅在寅位上，取土修埋，遂及他處，用日之法如前。	受死、死氣、月殺、除日、閉日、暗金伏斷。	選擇求真卷四21及22
	塞鼠穴法	與治白蟻法同，仍用月殺死氣受死閉除暗金伏斷天狗日時，及甲申壬申兩日治之，最驗。	受死日、死氣日、月殺日、夫徇日、伏斷日。	

編號	修應法	說明	宜用神煞	備註
22	修報禍福	凡修報禍福，應驗甚速，不出旬月，半載之內必應，不比造正屋，必待久遠而始應也，蓋造正屋，所趨所避神煞繁多，猶服十全大補湯，藥味處處須到，故其效遲。若各修報，如用單方治病，藥對其症，即旦夕奏效矣，修報多用凶星方，蓋凶星方即病也，靈藥治病手到功成，故曰：有病方爲貴，無病不是奇是也。		選擇求真卷四22反
23	修報取驗	修報取驗，皆不離諸火以爲發用，蓋火星氣旺而有力，大能催官貴財丁，救人冷退，但要制伏得宜，太陰水星一白星最吉，又宜火星衰弱之候，水星得令之時，不宜再用丙丁日時，若丙丁奇則又不忌，此天星不比地煞也，故火星眾人所長，古人專以之召吉，善用者詳之。		選擇求真卷四22反
24	修方求嗣法	照宅玉鏡云：無丁者宜用天喜天嗣金匱太陽金烏麒麟母倉續世益後諸星所會之方，擇日於此方修動可以添丁。 滾盤珠云：如欲求子當從金匱方修之，以太陽爲應，年月日時俱從太陽。 青江子云：太陽即歲君之太子，修方遇貴定生貴命男兒。修方安床重在太陽更得流年月建三白天喜曆數太陽天月二德，此方受胎者斷必生男屢驗有准。又當查明此方不犯五黃戊己都天大月建太歲歲破重遊五鬼飛刃白虎金神陽刃等殺方可修理，若犯主傷人口有官非火盜之禍。	天喜、天嗣、金匱、太陽、金烏、麒麟、母倉、續世、益後、年月三白、天月二德。	陽宅集成卷八12
25	修方求富法	滾盤珠云：如欲求財，當從天財方修之，以月財爲應，年月日時俱重財星。 安宅定論云：要在金匱帑星方培土，擇金匱日。照宅玉鏡云：貧人可於天財月財年財金匱天月德青龍招財方擇日修動可以救貧。 青江子云：凡修方催財取天富月財三倉三德及運財星同本命財星祿馬恩曜併臨其方關照命度興工動作自得橫財，若救冷退兼最熒惑九紫制化修之，至欲旺畜避執破刀砧湯火尾箕畢井四煞，按六畜所屬卦氣安之則孳生繁茂矣。	天財、月財、金匱、帑星、年財、天德、月德、青龍、招財、天富、天倉、地倉、母倉、歲德及運財星、本命財星祿馬恩曜併臨、九紫、。	陽宅集成卷八14反
26	修方求貴法	滾盤珠云：如欲求拜第，當從文昌天官貴人方修之，以催官史爲應，年月日時俱重科第星。 王思山云：宜用文星科甲星日，又要科甲方培土，可以發貴。 照宅玉鏡云：求官者宜於文昌魁星天月德太陽科名黃甲催官等星會聚此方，春用乙夏用丁秋用辛冬用癸日修之有準。 餐霞道人曰：凡應試，修本年一白四綠方，大則可以發科甲小則可以游泮宮。即在本年一白四綠方安床房，門開在一白四綠方上必得功名，屢試屢驗，年白與月白兼用更應。	文昌、天官貴人、催官史、魁星、天德、月德、太陽、科名、黃甲、催官、年月一白四綠方。	陽宅集成卷八15
27	修方祛病法	照宅玉鏡云：如欲治病，可於天醫月德解星所會之方修動可以祛病。 吳叟云：修方息病，必以人道方爲主，男用生氣、女用天醫，並天月德解神太陽奇門祿馬貴人諸吉到方，先以命主日主命宮主九曜恩福星躔照命度，及方位歲月日時各入中順遁用神到方，以方位卦配命卦，遁子父財官到方病即除。	天醫、月德、人道方、男用生氣方、女用天醫方、天德、解神、太陽、奇門、祿馬貴人、命主日主命宮主九曜恩福星。	陽宅集成卷八15反
28	年命修方法一	王肯堂云：凡拆卸修葺、添補、換椽、蓋瓦、換門壁墻窗及堦沿墻頭、水溝等事，皆謂之修方，吉凶立應。如合本命之吉凶，必旬日見驗。而合宅門坐山坐卦者亦不必百日。如乾命修兌生氣，半載有大財，久後出貴。修艮天醫坤延年乾伏位皆吉。忌修離巽坎震方，必有禍。如疾病是非災殃之類。坤命修艮生氣主富貴，旺田產，修兌乾坤皆吉，如修震巽坎離則凶。坎命修巽生氣必致富貴，修離震坎皆吉，修乾兌坤艮則凶。餘可類推。　餐霞道人曰：修主命四吉方果可獲吉，如又值本命太陽三白諸吉宿到則應驗愈速。若五黃都天大月建諸殺臨方動亦有禍不可不知。	修主命四吉方、太陽、三白。	陽宅集成卷八15反

增補神煞立成

編號	神煞名稱	同名或同位神煞	占方												修應
1	年干神煞		甲年	乙年	丙年	丁年	戊年	己年	庚年	辛年	壬年	癸年			
2	官星	正官	辛酉	庚申	癸子	壬亥	乙卯	甲寅	丁午	丙巳	己丑 己未	戊辰 戊戌			修科甲貴人法
3	催官	正官六合	辰	巳	丑	寅	戌	亥	未	申	子午	卯酉			修科甲貴人法
4	天祿星	干祿與本宮卦、歲祿	艮寅	震卯	巽巳	離午	巽巳	離午	坤申	兌酉	乾亥	坎子			修科甲貴人法
5	文昌星	食神祿	巳	午	巳	午	申	酉	亥	子	寅	卯			修科甲貴人法
6	魁名星	比劫	寅卯	寅卯	巳午	巳午	辰戌 丑未	辰戌 丑未	申酉	申酉	亥子	亥子			修科甲貴人法
7	天財星	印綬	亥子	亥子	寅卯	寅卯	巳午	巳午	辰戌 丑未	辰戌 丑未	申酉	申酉			修財祿法
8	文魁星	傷官與其六合	午未	巳申	辰酉	戌卯	申巳	酉辰	子丑	亥寅	寅亥	卯戌			修科甲貴人法
9	天金神	金神	午未	辰巳	寅卯	戌亥	申酉	午未	辰巳	寅卯	戌亥	申酉			修愈目疾
10	地金神	金神	申酉	辰巳	午未	寅卯	子丑	申酉	辰巳	午未	寅卯	子丑			修愈目疾
11	暗曜方		丁	巽	甲	乾	庚	丁	巽	甲	乾	庚			修愈目疾
12	浮天空亡		壬	癸	辛	庚	坤	乾	丁	丙	甲	乙			修救冷退法
13	天干相衝		庚	辛	壬	癸			甲	乙	丙	丁			修救冷退法
14															
15	年支神煞		子年	丑年	寅年	卯年	辰年	巳年	午年	未年	申年	酉年	戌年	亥年	
16	金匱方	長生十二神煞帝旺方	子	酉	午	卯	子	酉	午	卯	子	酉	午	卯	修天嗣求子法、修財祿法
17	天嗣方		甲卯	巽巳	丁未	庚酉	乾亥	庚酉	辛戌	壬子	艮寅	辛戌	壬子	癸丑	修天嗣求子法
18	紅鸞方		卯	寅	丑	子	亥	戌	酉	申	未	午	巳	辰	修天嗣求子法
19	天喜方		酉	申	未	午	巳	辰	卯	寅	丑	子	亥	戌	修天嗣求子法
20	天富星	滿、【喪門】	寅	卯	辰	巳	午	未	申	酉	戌	亥	子	丑	修財祿法
21	土曲	平、【太陰】	卯	辰	巳	午	未	申	酉	戌	亥	子	丑	寅	修科甲貴人法
22	極富星	定、年魁星、畜官、【官符】	辰	巳	午	未	申	酉	戌	亥	子	丑	寅	卯	修財祿法、修散官訟
23	天福星	執、天財星、小耗方、【死符】	巳	午	未	申	酉	戌	亥	子	丑	寅	卯	辰	修財祿法、忌修倉庫法、忌修旺六畜
24	大耗方	破、地支相衝、【歲破】	午	未	申	酉	戌	亥	子	丑	寅	卯	辰	巳	忌修財祿法、忌修倉庫、忌修旺六畜
25	穀將星	危、【龍德】	未	申	酉	戌	亥	子	丑	寅	卯	辰	巳	午	修財祿法
26	天壽星	成、【白虎】	申	酉	戌	亥	子	丑	寅	卯	辰	巳	午	未	修科甲貴人法、修財祿法、修救喪禍
27	天貴星	收、天倉星、田宅星、【福德】	酉	戌	亥	子	丑	寅	卯	辰	巳	午	未	申	修財祿法、修天嗣求子法、修倉庫法
28	生氣方	開、青龍星、【弔客】	戌	亥	子	丑	寅	卯	辰	巳	午	未	申	酉	修科甲貴人法、修方愈病法
29	官國星	閉、【病符】	亥	子	丑	寅	卯	辰	巳	午	未	申	酉	戌	修科甲貴人法、修方愈病法
30	獨火方		艮	震	震	坎	巽	巽	兌	離	離	坤	乾	乾	忌修財祿法

編號	神煞名稱	同名或同位神煞	占方												修應
31	年支神煞		子年	丑年	寅年	卯年	辰年	巳年	午年	未年	申年	酉年	戌年	亥年	
32	流財	支神退	巳	辰	卯	寅	丑	子	亥	戌	酉	申	未	午	修財祿法
33	人倉	三合衰方	丑	戌	未	辰	丑	戌	未	辰	丑	戌	未	辰	修倉庫法
34	地倉		辰戌	寅申	子午	巳亥	卯酉	申寅	卯酉	丑未	子午	辰戌	卯酉	寅申	修倉庫法
35	天官符	長生十二神煞臨官、【天官符】	亥	申	巳	寅	亥	申	巳	寅	亥	申	巳	寅	修散官訟
36	人道方	榮官星	巽乾	丙壬	丁癸	坤艮	庚甲	辛乙	巽乾	丙壬	丁癸	坤艮	庚甲	辛乙	修方愈病法
37	地支相剋		卯	戌	巳	子	辰	申	午	丑	寅	酉	未	亥	修救冷退法
38	驛馬	【歲馬】	寅	亥	申	巳	寅	亥	申	巳	寅	亥	申	巳	修遠回法
39	大壽星		庚酉	乾亥	癸庚	甲卯	巽巳	甲卯	乙辰	丙午	坤申	乙辰	丙午	未坤	修壽元法
40															
41	月神煞		正月	二月	三月	四月	五月	六月	七月	八月	九月	十月	十一月	十二月	
42	月金匱一	申子辰年	乾	中	巽	震	坤	坎	離	艮	兌	乾	中	兌	修天嗣求子法
43	月金匱二	亥卯未年	乾	中	兌	乾	中	巽	震	坤	坎	離	艮	兌	修天嗣求子法
44	月金匱三	寅午戌年	離	艮	兌	乾	中	兌	乾	中	巽	震	坤	坎	修天嗣求子法
45	月金匱四	巳酉丑年	震	坤	坎	離	艮	兌	乾	中	兌	乾	中	巽	修天嗣求子法
46	生氣方	從月建取開位	子	丑	寅	卯	辰	巳	午	未	申	酉	戌	亥	修天嗣求子法
47	月流財		甲庚	丁癸	甲庚	丁癸	乙辛	丙	乙	丁	丙	甲	乙	丙	修財祿法
48	月財方		午	乙	巳	未	戌	亥	午	乙	巳	未	戌	亥	修財祿法
49	飛天官符一	寅午戌年	艮	兌	乾	中	兌	乾	中	巽	震	坤	坎	離	修散官訟
50	飛天官符二	申子辰年	中	巽	震	坤	坎	離	艮	兌	乾	中	兌	乾	修散官訟
51	飛天官符三	巳酉丑年	坤	坎	離	艮	兌	乾	中	兌	乾	中	巽	震	修散官訟
52	飛天官符四	亥卯未年	中	兌	乾	中	巽	震	坤	坎	離	艮	兌	乾	修散官訟
53	飛地官符子年	子年	兌	乾	中	兌	乾	中	巽	震	坤	坎	離	艮	修散官訟
54	飛地官符丑年	丑年	艮	兌	乾	中	兌	乾	中	巽	震	坤	坎	離	修散官訟
55	飛地官符寅年	寅年	離	艮	兌	乾	中	兌	乾	中	巽	震	坤	坎	修散官訟
56	飛地官符卯年	卯年	坎	離	艮	兌	乾	中	兌	乾	中	巽	震	坤	修散官訟
57	飛地官符辰年	辰年	坤	坎	離	艮	兌	乾	中	兌	乾	中	巽	震	修散官訟
58	飛地官符巳年	巳年	震	坤	坎	離	艮	兌	乾	中	兌	乾	中	巽	修散官訟
59	飛地官符午年	午年	巽	震	坤	坎	離	艮	兌	乾	中	兌	乾	中	修散官訟
60	飛地官符未年	未年	中	巽	震	坤	坎	離	艮	兌	乾	中	兌	乾	修散官訟

編號	神煞名稱	同名或同位神煞	占方												修應
61	月神煞		正月	二月	三月	四月	五月	六月	七月	八月	九月	十月	十一月	十二月	
62	飛地官符申年	申年	乾	中	巽	震	坤	坎	離	艮	兌	乾	中	兌	修散官訟
63	飛地官符酉年	酉年	兌	乾	中	巽	震	坤	坎	離	艮	兌	乾	中	修散官訟
64	飛地官符戌年	戌年	中	兌	乾	中	巽	震	坤	坎	離	艮	兌	乾	修散官訟
65	飛地官符亥年	亥年	乾	中	兌	乾	中	巽	震	坤	坎	離	艮	兌	修散官訟
66	月解神	即破日	申	酉	戌	亥	子	丑	寅	卯	辰	巳	午	未	修散官訟
67	飛天赦一	甲己年	艮	兌	乾	震	坤	坎	中	巽	震	離	艮	兌	修散官訟
68	飛天赦二	乙庚年	中	坎	離	離	艮	兌	坤	坎	離	乾	中	巽	修散官訟
69	飛天赦三	丙辛年	艮	兌	乾	乾	中	坎	艮	兌	乾	震	坤	坎	修散官訟
70	飛天赦四	丁壬年	中	巽	震	離	艮	兌	中	坎	離	離	艮	兌	修散官訟
71	飛天赦五	戊癸年	坤	坎	離	乾	中	巽	艮	兌	乾	乾	中	坎	修散官訟
72	飛解神子年		巽	中	乾	兌	中	乾	兌	艮	離	坎	坤	震	修散官訟
73	飛解神丑年		震	巽	中	乾	兌	中	乾	兌	艮	離	坎	坤	修散官訟
74	飛解神寅年		坤	震	巽	中	乾	兌	中	乾	兌	艮	離	坎	修散官訟
75	飛解神卯年		坎	坤	震	巽	中	乾	兌	中	乾	兌	艮	離	修散官訟
76	飛解神辰年		離	坎	坤	震	巽	中	乾	兌	中	乾	兌	艮	修散官訟
77	飛解神巳年		艮	離	坎	坤	震	巽	中	乾	兌	中	乾	兌	修散官訟
78	飛解神午年		兌	艮	離	坎	坤	震	巽	中	乾	兌	中	乾	修散官訟
79	飛解神未年		乾	兌	艮	離	坎	坤	震	巽	中	乾	兌	中	修散官訟
80	飛解神申年		中	乾	兌	艮	離	坎	坤	震	巽	中	乾	兌	修散官訟
81	飛解神酉年		兌	中	乾	兌	艮	離	坎	坤	震	巽	中	乾	修散官訟
82	飛解神戌年		乾	兌	中	乾	兌	艮	離	坎	坤	震	巽	中	修散官訟
83	飛解神亥年		中	乾	兌	中	乾	兌	艮	離	坎	坤	震	巽	修散官訟
84	天赦日		戊寅日	戊寅日	戊寅日	甲午日	甲午日	甲午日	戊申日	戊申日	戊申日	甲子日	甲子日	甲子日	修散官訟、修祛瘟疫法
85	天醫方		卯	亥	丑	未	己	卯	亥	丑	未	己	卯	亥	修方愈病法、修祛瘟疫法
86	天醫日		丑	寅	卯	辰	巳	午	未	申	酉	戌	亥	子	修方愈病法、修祛瘟疫法
87	日解神		申	申	戌	戌	子	子	寅	寅	辰	辰	午	午	修方愈病法、修祛瘟疫法
88	天狗日	滿日	辰	巳	午	未	申	酉	戌	亥	子	丑	寅	卯	修止盜賊法、塞鼠穴法
89	天牢方		艮	艮	震	巽	離	離	坤	兌	兌	乾	坎	坎	修止盜賊法
90	天盜方		亥	寅	巳	申	亥	寅	巳	申	亥	寅	巳	申	修止盜賊法

編號	神煞名稱	同名或同位神煞	占方												修應
91	月神煞		正月	二月	三月	四月	五月	六月	七月	八月	九月	十月	十一月	十二月	
92	斗柄指方		寅	卯	辰	巳	午	未	申	酉	戌	亥	子	丑	修止鬼妖法
93	日德		亥	戌	酉	申	未	午	巳	辰	卯	寅	丑	子	修祛瘟疫法
94	時德		辰	亥	子	丑	申	酉	戌	巳	午	未	寅	卯	修祛瘟疫法
95	天解神		申	戌	子	寅	辰	午	申	戌	子	寅	辰	午	修祛瘟疫法
96	地解神		申	申	酉	酉	戌	戌	亥	亥	午	午	未	未	修祛瘟疫法
97	天瘟方		坎	震	艮	坤	艮	坎	乾	兌	震	坤	乾	兌	修祛瘟疫法
98	地瘟方		未	戌	辰	寅	午	子	酉	申	巳	亥	丑	卯	修祛瘟疫法
99	受死		戌	辰	亥	巳	子	午	丑	未	寅	申	卯	酉	修治白蟻法、塞鼠穴法
100	月殺		丑	戌	未	辰	丑	戌	未	辰	丑	戌	未	辰	修治白蟻法、塞鼠穴法
101	閉日		丑	寅	卯	辰	巳	午	未	申	酉	戌	亥	子	修治白蟻法、塞鼠穴法
102	氣死		午	未	申	酉	戌	亥	子	丑	寅	卯	辰	巳	修治白蟻法、塞鼠穴法
103	除日		卯	辰	巳	午	未	申	酉	戌	亥	子	丑	寅	修治白蟻法、塞鼠穴法

生命/日子吉凶應用簡明表

編號	生命/日	納音	陽貴人	陽貴方	陰貴人	陰貴方	真祿	真祿方	真馬	真馬方	三合	六合	進貴
1	甲子	海中金	辛未	震	丁丑	離	丙寅	兌	丙寅	兌	辰申	丑	乙己
2	乙丑	海中金	甲申	乾	戊子	坎	己卯	坎	丁亥	離	巳酉	子	甲戊庚
3	丙寅	爐中火	丁酉	離	己亥	坤	癸巳	中	丙申	艮	午戌	亥	辛
4	丁卯	爐中火	辛亥	巽	乙酉	中	丙午	艮	乙巳	兌	未亥	戌	壬癸
5	戊辰	大林木	乙丑	艮	己未	坤	丁巳	離	甲寅	乾	子申	酉	
6	己巳	大林木	丙子	震	壬申	艮	庚午	乾	乙亥	坤	丑酉	申	壬癸
7	庚午	路傍土	己丑	乾	癸未	離	甲申	坎	甲申	坎	寅戌	未	辛
8	辛未	路傍土	庚寅	乾	甲午	坎	丁酉	巽	癸巳	離	卯亥	午	甲戊庚
9	壬申	劍鋒金	癸卯	離	乙巳	坤	辛亥	艮	壬寅	艮	子辰	巳	乙己
10	癸酉	劍鋒金	丁巳	巽	乙卯	坤	甲子	坤	癸亥	坎	丑巳	辰	丙丁
11	甲戌	山頭火	辛未	艮	丁丑	艮	丙寅	震	壬申	離	寅午	卯	
12	乙亥	山頭火	甲申	中	戊子	離	己卯	離	辛巳	坤	卯未	寅	丙丁
13	丙子	澗下水	丁酉	艮	己亥	坎	癸巳	巽	庚寅	坎	辰申	丑	乙己
14	丁丑	澗下水	辛亥	震	乙酉	巽	丙午	兌	辛亥	震	巳酉	子	甲戊庚
15	戊寅	城頭土	乙丑	兌	己未	坎	丁巳	艮	庚申	坤	午戌	亥	辛
16	己卯	城頭土	丙子	艮	壬申	巽	庚午	坤	己巳	坎	未亥	戌	壬癸
17	庚辰	白蠟金	己丑	中	癸未	艮	甲申	離	戊寅	離	子申	酉	
18	辛巳	白蠟金	庚寅	中	甲午	離	丁酉	震	己亥	中	丑酉	申	壬癸
19	壬午	楊柳木	癸卯	艮	乙巳	坎	辛亥	兌	戊申	巽	寅戌	未	辛
20	癸未	楊柳木	丁巳	震	乙卯	坎	甲子	坎	丁巳	震	卯亥	午	甲戊庚
21	甲申	泉中水	辛未	兌	丁丑	巽	丙寅	坤	丙寅	坤	子辰	巳	乙己
22	乙酉	泉中水	甲申	坎	戊子	艮	己卯	中	丁亥	兌	丑巳	辰	丙丁
23	丙戌	屋上土	丁酉	兌	己亥	離	癸巳	震	丙申	乾	寅午	卯	
24	丁亥	屋上土	辛亥	坤	乙酉	離	丙午	乾	乙巳	中	卯未	寅	丙丁
25	戊子	霹靂火	乙丑	乾	己未	離	丁巳	兌	甲寅	巽	辰申	丑	乙己
26	己丑	霹靂火	丙子	兌	壬申	震	庚午	坎	乙亥	乾	巳酉	子	甲戊庚
27	庚寅	松柏木	己丑	坎	癸未	巽	甲申	中	甲申	中	午戌	亥	辛
28	辛卯	松柏木	庚寅	坎	甲午	艮	丁酉	坤	癸巳	兌	未亥	戌	壬癸
29	壬辰	長流水	癸卯	兌	乙巳	離	辛亥	乾	壬寅	乾	子申	酉	
30	癸巳	長流水	丁巳	坤	乙卯	離	甲子	離	癸亥	艮	丑酉	申	壬癸
31	甲午	沙中金	辛未	乾	丁丑	震	丙寅	坎	壬申	兌	寅戌	未	辛
32	乙未	沙中金	甲申	離	戊子	巽	己卯	巽	辛巳	乾	卯亥	午	甲戊庚
33	丙申	山下火	丁酉	乾	己亥	艮	癸巳	艮	庚寅	中	子辰	巳	乙己
34	丁酉	山下火	辛亥	坎	乙酉	艮	丙午	中	辛亥	坎	丑巳	辰	丙丁
35	戊戌	平地木	乙丑	中	己未	艮	丁巳	乾	庚申	離	寅午	卯	
36	己亥	平地木	丙子	乾	壬申	坤	庚午	離	己巳	艮	卯未	寅	丙丁
37	庚子	壁上土	己丑	離	癸未	震	甲申	巽	戊寅	兌	辰申	丑	乙己
38	辛丑	壁上土	庚寅	離	甲午	巽	丁酉	兌	己亥	離	巳酉	子	甲戊庚
39	壬寅	金箔金	癸卯	乾	乙巳	艮	辛亥	中	戊申	坤	午戌	亥	辛
40	癸卯	金箔金	丁巳	坎	乙卯	艮	甲子	艮	丁巳	坎	未亥	戌	壬癸
41	甲辰	覆燈火	辛未	中	丁丑	坤	丙寅	離	丙寅	離	子申	酉	
42	乙巳	覆燈火	甲申	艮	戊子	震	己卯	震	丁亥	坤	丑酉	申	壬癸
43	丙午	天河水	丁酉	坤	己亥	巽	癸巳	兌	丙申	坎	寅戌	未	辛
44	丁未	天河水	辛亥	離	乙酉	兌	丙午	坎	乙巳	離	卯亥	午	甲戊庚
45	戊申	大驛土	乙丑	巽	己未	兌	丁巳	中	甲寅	坤	子辰	巳	乙己
46	己酉	大驛土	丙子	中	壬申	坎	庚午	艮	乙亥	巽	丑巳	辰	丙丁
47	庚戌	釵釧金	己丑	艮	癸未	坤	甲申	震	甲申	震	寅午	卯	
48	辛亥	釵釧金	庚寅	艮	甲午	震	丁酉	乾	癸巳	坤	卯未	寅	丙丁
49	壬子	桑柘木	癸卯	坤	乙巳	巽	辛亥	坎	壬寅	坎	辰申	丑	乙己
50	癸丑	桑柘木	丁巳	離	乙卯	兌	甲子	兌	癸亥	乾	巳酉	子	甲戊庚
51	甲寅	大溪水	辛未	巽	丁丑	坎	丙寅	艮	壬申	中	午戌	亥	辛
52	乙卯	大溪水	甲申	兌	戊子	坤	己卯	坤	辛巳	巽	未亥	戌	壬癸
53	丙辰	沙中土	丁酉	坎	己亥	震	癸巳	乾	庚寅	震	子申	酉	
54	丁巳	沙中土	辛亥	中	乙酉	乾	丙午	離	辛亥	中	丑酉	申	壬癸
55	戊午	天上火	乙丑	震	己未	乾	丁巳	坎	庚申	兌	寅戌	未	辛
56	己未	天上火	丙子	巽	壬申	離	庚午	兌	己巳	乾	卯亥	午	甲戊庚
57	庚申	石榴木	己丑	兌	癸未	坎	甲申	坤	戊寅	中	子辰	巳	乙己
58	辛酉	石榴木	庚寅	兌	甲午	坤	丁酉	中	己亥	兌	丑巳	辰	丙丁
59	壬戌	大海水	癸卯	坎	乙巳	震	辛亥	離	戊申	乾	寅午	卯	
60	癸亥	大海水	丁巳	中	乙卯	震	甲子	乾	丁巳	中	卯未	寅	丙丁

編號	生命/日	進長生	堆長生	旺	進祿	進馬	比肩	食神	正財	正官	正印	本命食祿	劫財	傷官	偏財
1	甲子	辛	亥	卯	癸		甲	丙	己	辛	癸	巳	乙	丁	戊
2	乙丑		午	寅			乙	丁	戊	庚	壬	午	甲	丙	己
3	丙寅	丙戊	寅	午	甲	申子辰	丙	戊	辛	癸	乙	巳	丁	己	庚
4	丁卯	癸	酉	巳	乙		丁	己	庚	壬	甲	午	丙	戊	辛
5	戊辰		寅	午			戊	庚	癸	乙	丁	申	己	辛	壬
6	己巳	庚	酉	巳	丙戊	亥卯未	己	辛	壬	甲	丙	酉	戊	庚	癸
7	庚午	乙	巳	酉	丁己		庚	壬	乙	丁	己	寅	辛	癸	甲
8	辛未		子	申			辛	癸	甲	丙	戊	卯	庚	壬	乙
9	壬申	壬	申	子	庚	寅午戌	壬	甲	丁	己	辛	寅	癸	乙	丙
10	癸酉	丁己	卯	亥	辛		癸	乙	丙	戊	庚	卯	壬	甲	丁
11	甲戌		亥	卯			甲	丙	己	辛	癸	巳	乙	丁	戊
12	乙亥	甲	午	寅	壬	巳酉丑	乙	丁	戊	庚	壬	午	甲	丙	己
13	丙子	辛	寅	午	癸		丙	戊	辛	癸	乙	巳	丁	己	庚
14	丁丑		酉	巳			丁	己	庚	壬	甲	午	丙	戊	辛
15	戊寅	丙戊	寅	午	甲	申子辰	戊	庚	癸	乙	丁	申	己	辛	壬
16	己卯	癸	酉	巳	乙		己	辛	壬	甲	丙	酉	戊	庚	癸
17	庚辰		巳	酉			庚	壬	乙	丁	己	寅	辛	癸	甲
18	辛巳	庚	子	申	丙戊	亥卯未	辛	癸	甲	丙	戊	卯	庚	壬	乙
19	壬午	乙	申	子	丁己		壬	甲	丁	己	辛	寅	癸	乙	丙
20	癸未		卯	亥			癸	乙	丙	戊	庚	卯	壬	甲	丁
21	甲申	壬	亥	卯	庚	寅午戌	甲	丙	己	辛	癸	巳	乙	丁	戊
22	乙酉	丁己	午	寅	辛		乙	丁	戊	庚	壬	午	甲	丙	己
23	丙戌		寅	午			丙	戊	辛	癸	乙	巳	丁	己	庚
24	丁亥	甲	酉	巳	壬	巳酉丑	丁	己	庚	壬	甲	午	丙	戊	辛
25	戊子	辛	寅	午	癸		戊	庚	癸	乙	丁	申	己	辛	壬
26	己丑		酉	巳			己	辛	壬	甲	丙	酉	戊	庚	癸
27	庚寅	丙戊	巳	酉	甲	申子辰	庚	壬	乙	丁	己	寅	辛	癸	甲
28	辛卯	癸	子	申	乙		辛	癸	甲	丙	戊	卯	庚	壬	乙
29	壬辰		申	子			壬	甲	丁	己	辛	寅	癸	乙	丙
30	癸巳	庚	卯	亥	丙戊	亥卯未	癸	乙	丙	戊	庚	卯	壬	甲	丁
31	甲午	乙	亥	卯	丁己		甲	丙	己	辛	癸	巳	乙	丁	戊
32	乙未		午	寅			乙	丁	戊	庚	壬	午	甲	丙	己
33	丙申	壬	寅	午	庚	寅午戌	丙	戊	辛	癸	乙	巳	丁	己	庚
34	丁酉	丁己	酉	巳	辛		丁	己	庚	壬	甲	午	丙	戊	辛
35	戊戌		寅	午			戊	庚	癸	乙	丁	申	己	辛	壬
36	己亥	甲	酉	巳	壬	巳酉丑	己	辛	壬	甲	丙	酉	戊	庚	癸
37	庚子	辛	巳	酉	癸		庚	壬	乙	丁	己	寅	辛	癸	甲
38	辛丑		子	申			辛	癸	甲	丙	戊	卯	庚	壬	乙
39	壬寅	丙戊	申	子	甲	申子辰	壬	甲	丁	己	辛	寅	癸	乙	丙
40	癸卯	癸	卯	亥	乙		癸	乙	丙	戊	庚	卯	壬	甲	丁
41	甲辰		亥	卯			甲	丙	己	辛	癸	巳	乙	丁	戊
42	乙巳	庚	午	寅	丙戊	亥卯未	乙	丁	戊	庚	壬	午	甲	丙	己
43	丙午	乙	寅	午	丁己		丙	戊	辛	癸	乙	巳	丁	己	庚
44	丁未		酉	巳			丁	己	庚	壬	甲	午	丙	戊	辛
45	戊申	壬	寅	午	庚	寅午戌	戊	庚	癸	乙	丁	申	己	辛	壬
46	己酉	丁己	酉	巳	辛		己	辛	壬	甲	丙	酉	戊	庚	癸
47	庚戌		巳	酉			庚	壬	乙	丁	己	寅	辛	癸	甲
48	辛亥	甲	子	申	壬	巳酉丑	辛	癸	甲	丙	戊	卯	庚	壬	乙
49	壬子	辛	申	子	癸		壬	甲	丁	己	辛	寅	癸	乙	丙
50	癸丑		卯	亥			癸	乙	丙	戊	庚	卯	壬	甲	丁
51	甲寅	丙戊	亥	卯	甲	申子辰	甲	丙	己	辛	癸	巳	乙	丁	戊
52	乙卯	癸	午	寅	乙		乙	丁	戊	庚	壬	午	甲	丙	己
53	丙辰		寅	午			丙	戊	辛	癸	乙	巳	丁	己	庚
54	丁巳	庚	酉	巳	丙戊	亥卯未	丁	己	庚	壬	甲	午	丙	戊	辛
55	戊午	乙	寅	午	丁己		戊	庚	癸	乙	丁	申	己	辛	壬
56	己未		酉	巳			己	辛	壬	甲	丙	酉	戊	庚	癸
57	庚申	壬	巳	酉	庚	寅午戌	庚	壬	乙	丁	己	寅	辛	癸	甲
58	辛酉	丁己	子	申	辛		辛	癸	甲	丙	戊	卯	庚	壬	乙
59	壬戌		申	子			壬	甲	丁	己	辛	寅	癸	乙	丙
60	癸亥	甲	卯	亥	壬	巳酉丑	癸	乙	丙	戊	庚	卯	壬	甲	丁

生命/日子吉凶應用簡明表

編號	生命/日	七殺	偏印	地支相沖納音相剋	天地雙沖	天剋地沖	天比地沖	相沖	歲煞	回頭貢殺	三刑
1	甲子	庚	壬	忌戊午　天上火	忌庚午	忌戊午	忌甲午	午	未		卯
2	乙丑	辛	癸	忌己未　天上火	忌辛未	忌己未	忌乙未	未	辰	寅午戌全	戌
3	丙寅	壬	甲	忌甲申　泉中水	忌壬申	忌庚申	忌丙申	申	丑		巳
4	丁卯	癸	乙	忌乙酉　泉中水	忌癸酉	忌辛酉	忌丁酉	酉	戌		子
5	戊辰	甲	丙	忌庚戌　釵釧金		忌壬戌	忌戊戌	戌	未	巳酉丑全	辰
6	己巳	乙	丁	忌辛亥　釵釧金		忌癸亥	忌己亥	亥	辰		寅申
7	庚午	丙	戊	忌壬子　桑柘木	忌甲子	忌甲子	忌庚子	子	丑		午
8	辛未	丁	己	忌癸丑　桑柘木	忌乙丑	忌乙丑	忌辛丑	丑	戌	申子辰全	戌
9	壬申	戊	庚	忌丙寅　爐中火	忌丙寅	忌丙寅	忌壬寅	寅	未		巳
10	癸酉	己	辛	忌丁卯　爐中火	忌丁卯	忌丁卯	忌癸卯	卯	辰		酉
11	甲戌	庚	壬	忌壬辰　長流水	忌庚辰	忌戊辰	忌甲辰	辰	丑	亥卯未全	丑未
12	乙亥	辛	癸	忌癸巳　長流水	忌辛巳	忌己巳	忌乙巳	巳	戌		亥
13	丙子	壬	甲	忌庚午　路傍土	忌壬午	忌庚午	忌丙午	午	未		卯
14	丁丑	癸	乙	忌辛未　路傍土	忌癸未	忌辛未	忌丁未	未	辰	寅午戌全	戌
15	戊寅	甲	丙	忌庚申　石榴木		忌壬申	忌戊申	申	丑		巳
16	己卯	乙	丁	忌辛酉　石榴木		忌癸酉	忌己酉	酉	戌		子
17	庚辰	丙	戊	忌甲戌　山頭火	忌甲戌	忌甲戌	忌庚戌	戌	未	巳酉丑全	辰
18	辛巳	丁	己	忌乙亥　山頭火	忌乙亥	忌乙亥	忌辛亥	亥	辰		寅申
19	壬午	戊	庚	忌甲子　海中金	忌丙子	忌丙子	忌壬子	子	丑		午
20	癸未	己	辛	忌乙丑　海中金	忌丁丑	忌丁丑	忌癸丑	丑	戌	申子辰全	戌
21	甲申	庚	壬	忌戊寅　城頭土	忌庚寅	忌戊寅	忌甲寅	寅	未		巳
22	乙酉	辛	癸	忌己卯　城頭土	忌辛卯	忌己卯	忌乙卯	卯	辰		酉
23	丙戌	壬	甲	忌戊辰　大林木	忌壬辰	忌庚辰	忌丙辰	辰	丑	亥卯未全	丑未
24	丁亥	癸	乙	忌己巳　大林木	忌癸巳	忌辛巳	忌丁巳	巳	戌		亥
25	戊子	甲	丙	忌丙午　天河水		忌壬午	忌戊午	午	未		卯
26	己丑	乙	丁	忌丁未　天河水		忌癸未	忌己未	未	辰	寅午戌全	戌
27	庚寅	丙	戊	忌壬申　劍鋒金	忌甲申	忌甲申	忌庚申	申	丑		巳
28	辛卯	丁	己	忌癸酉　劍鋒金	忌乙酉	忌乙酉	忌辛酉	酉	戌		子
29	壬辰	戊	庚	忌丙戌　屋上土	忌丙戌	忌丙戌	忌壬戌	戌	未	巳酉丑全	辰
30	癸巳	己	辛	忌丁亥　屋上土	忌丁亥	忌丁亥	忌癸亥	亥	辰		寅申
31	甲午	庚	壬	忌戊子　霹靂火	忌庚子	忌戊子	忌甲子	子	丑		午
32	乙未	辛	癸	忌己丑　霹靂火	忌辛丑	忌己丑	忌乙丑	丑	戌	申子辰全	戌
33	丙申	壬	甲	忌甲寅　大溪水	忌壬寅	忌庚寅	忌丙寅	寅	未		巳
34	丁酉	癸	乙	忌乙卯　大溪水	忌癸卯	忌辛卯	忌丁卯	卯	辰		酉
35	戊戌	甲	丙	忌庚辰　白蠟金		忌壬辰	忌戊辰	辰	丑	亥卯未全	丑未
36	己亥	乙	丁	忌辛巳　白蠟金		忌癸巳	忌己巳	巳	戌		亥
37	庚子	丙	戊	忌壬午　楊柳木	忌甲午	忌甲午	忌庚午	午	未		卯
38	辛丑	丁	己	忌癸未　楊柳木	忌乙未	忌乙未	忌辛未	未	辰	寅午戌全	戌
39	壬寅	戊	庚	忌丙申　山下火	忌丙申	忌丙申	忌壬申	申	丑		巳
40	癸卯	己	辛	忌丁酉　山下火	忌丁酉	忌丁酉	忌癸酉	酉	戌		子
41	甲辰	庚	壬	忌壬戌　大海水	忌庚戌	忌戊戌	忌甲戌	戌	未	巳酉丑全	辰
42	乙巳	辛	癸	忌癸亥　大海水	忌辛亥	忌己亥	忌乙亥	亥	辰		寅申
43	丙午	壬	甲	忌庚子　壁上土	忌壬子	忌庚子	忌丙子	子	丑		午
44	丁未	癸	乙	忌辛丑　壁上土	忌癸丑	忌辛丑	忌丁丑	丑	戌	申子辰全	戌
45	戊申	甲	丙	忌庚寅　松柏木		忌壬寅	忌戊寅	寅	未		巳
46	己酉	乙	丁	忌辛卯　松柏木		忌癸卯	忌己卯	卯	辰		酉
47	庚戌	丙	戊	忌甲辰　覆燈火	忌甲辰	忌甲辰	忌庚辰	辰	丑	亥卯未全	丑未
48	辛亥	丁	己	忌乙巳　覆燈火	忌乙巳	忌乙巳	忌辛巳	巳	戌		亥
49	壬子	戊	庚	忌甲午　沙中金	忌丙午	忌丙午	忌壬午	午	未		卯
50	癸丑	己	辛	忌乙未　沙中金	忌丁未	忌丁未	忌癸未	未	辰	寅午戌全	戌
51	甲寅	庚	壬	忌戊申　大驛土	忌庚申	忌戊申	忌甲申	申	丑		巳
52	乙卯	辛	癸	忌己酉　大驛土	忌辛酉	忌己酉	忌乙酉	酉	戌		子
53	丙辰	壬	甲	忌戊戌　平地木	忌壬戌	忌庚戌	忌丙戌	戌	未	巳酉丑全	辰
54	丁巳	癸	乙	忌己亥　平地木	忌癸亥	忌辛亥	忌丁亥	亥	辰		寅申
55	戊午	甲	丙	忌丙子　澗下木		忌壬子	忌戊子	子	丑		午
56	己未	乙	丁	忌丁丑　澗下水		忌癸丑	忌己丑	丑	戌	申子辰全	戌
57	庚申	丙	戊	忌壬寅　金箔金	忌甲寅	忌甲寅	忌庚寅	寅	未		巳
58	辛酉	丁	己	忌癸卯　金箔金	忌乙卯	忌乙卯	忌辛卯	卯	辰		酉
59	壬戌	戊	庚	忌丙辰　沙中土	忌丙辰	忌丙辰	忌壬辰	辰	丑	亥卯未全	丑未
60	癸亥	己	辛	忌丁巳　沙中土	忌丁巳	忌丁巳	忌癸巳	巳	戌		亥

編號	生命/日	箭刃	官符	六害	的呼日	的呼	喜神方	貴神方	鶴神方	神煞
1	甲子	卯酉	乙亥	辛未	丙戌日	辛丑生人	正南	西南	巳方	東遊
2	乙丑	辰戌	甲申	壬午	丙申日	辛巳生人	西北	西南	巳方	東遊
3	丙寅	子午	癸巳	癸巳	癸亥日	丙午生人	西南	西南	丙方	東遊
4	丁卯	丑未	壬寅	甲辰		甲午甲戌生人	正南	西南	丙午	東遊
5	戊辰	子午	癸亥	乙卯	庚辰日	癸卯癸酉生人	東南	正南	正南	東遊
6	己巳	丑未	壬申	丙寅		甲辰己未生人	東北	西南	午丁	
7	庚午	卯酉	辛巳	己丑		壬戌生人	西北	西南	丁方	
8	辛未	辰戌	庚寅	庚子	辛卯日己亥日戊午日	己亥生人	西南	西北	未方	
9	壬申	子午	辛亥	辛亥	壬辰日	丁巳生人	正南	東南	未方	
10	癸酉	丑未	庚申	壬戌	戊辰日	辛丑生人	東南	正北	西南	
11	甲戌	卯酉	己巳	癸酉	丁卯日	戊子生人	東北	西北	坤方	
12	乙亥	辰戌	戊寅	甲申	壬子日	乙未生人	西北	西北	申方	
13	丙子	子午	己亥	乙未	乙酉日乙未日乙巳日	丁丑生人	西南	西北	申方	南遊
14	丁丑	丑未	戊申	丙午	丙子日	癸未生人	西南	西北	庚方	南遊
15	戊寅	子午	丁巳	丁巳		甲辰丙午生人	東南	正北	庚酉	南遊
16	己卯	丑未	丙寅	戊辰	戊子日	丁亥己未生人	東北	正南	正北	南遊
17	庚辰	卯酉	丁亥	己卯	甲辰日辛酉日	戊辰戊戌生人	西北	正北	酉辛	南遊
18	辛巳	辰戌	丙申	庚寅	乙丑日庚申日	己未生人	西南	西北	辛方	
19	壬午	子午	乙巳	癸丑		壬寅生人	正南	正南	戌方	
20	癸未	丑未	甲寅	甲子	戊辰日丁丑日甲寅日	甲申生人	東南	正東	戌方	
21	甲申	卯酉	乙亥	乙亥	癸未日丙辰日	壬辰生人	東北	東北	乾方	
22	乙酉	辰戌	甲申	丙戌		丙子生人	西北	西南	乾方	
23	丙戌	子午	癸巳	丁酉	己未日	甲子生人	西南	西北	亥方	
24	丁亥	丑未	壬寅	戊申	己卯日丁亥日癸丑日	丁亥丁巳生人	正南	東南	亥方	
25	戊子	子午	癸亥	己未	甲戌日乙卯日	己卯生人	東南	東北	壬方	中宮
26	己丑	丑未	壬申	庚午		丁未生人	東北	西南	壬子	中宮
27	庚寅	卯酉	辛巳	辛巳		丙申生人	西北	正東	正北	中宮
28	辛卯	辰戌	庚寅	壬辰		辛未生人	西南	西北	子癸	中宮
29	壬辰	子午	辛亥	癸卯	甲申日	壬申生人	正南	正南	癸方	中宮
30	癸巳	丑未	庚申	甲寅	甲寅日	甲午生人	東南	正南	上天	
31	甲午	卯酉	己巳	丁丑	丁卯日癸巳日	丁酉庚子生人	東北	東北	上天	
32	乙未	辰戌	戊寅	戊子	乙亥日庚子日	丙子丙申生人	西北	西北	上天	
33	丙申	子午	己亥	己亥	庚寅日乙未日	乙丑生人	西南	西北	上天	
34	丁酉	丑未	戊申	庚戌	甲午日丁酉日	丁酉生人	正南	西北	上天	
35	戊戌	子午	丁巳	辛酉	庚辰日	癸亥生人	東南	正北	上天	
36	己亥	丑未	丙寅	壬申	辛未日	辛未生人	東北	西北	上天	
37	庚子	卯酉	丁亥	癸未	甲午日丁巳日	乙未生人	西北	正北	上天	西遊
38	辛丑	辰戌	丙申	甲午	甲子日癸酉日庚戌日壬戌日	壬子生人	西南	東北	上天	西遊
39	壬寅	子午	乙巳	乙巳	壬午日	甲辰生人	正南	東北	上天	西遊
40	癸卯	丑未	甲寅	丙辰		丁巳丙辰生人	東南	東南	上天	西遊
41	甲辰	卯酉	乙亥	丁卯	己巳日戊寅日壬寅日丙辰日	庚辰生人	東北	正北	上天	西遊
42	乙巳	辰戌	甲申	戊寅		丙子生人	西北	正北	上天	
43	丙午	子午	癸巳	辛丑	丙寅日戊寅日	丁巳丁未生人	西南	西北	上天	
44	丁未	丑未	壬寅	壬子	己丑日丙午日	己未生人	正南	正北	上天	
45	戊申	子午	癸亥	癸亥		庚戌生人	東南	正東	上天	
46	己酉	丑未	壬申	甲戌		庚申生人	東北	正北	丑方	
47	庚戌	卯酉	辛巳	乙酉	戊申日	辛丑生人	西北	正南	丑方	
48	辛亥	辰戌	庚寅	丙申	辛亥日	辛亥生人	西南	西北	艮方	
49	壬子	子午	辛亥	丁未	辛丑日	乙亥生人	正南	東北	艮方	北遊
50	癸丑	丑未	庚申	戊午		丁亥甲寅生人	東南	東南	寅方	北遊
51	甲寅	卯酉	己巳	己巳	癸丑日	癸巳癸未生人	東北	正南	寅方	北遊
52	乙卯	辰戌	戊寅	庚辰		戊子丙辰生人	西北	正北	甲方	北遊
53	丙辰	子午	己亥	辛卯	癸卯日乙卯日	甲辰甲申生人	西南	正北	甲方	北遊
54	丁巳	丑未	戊申	壬寅	壬申日丁亥日癸卯日丙午日	庚子生人	正南	正東	正東	
55	戊午	子午	丁巳	乙丑		辛未生人	東南	正北	卯乙	
56	己未	丑未	丙寅	丙子	己巳日己卯日辛巳日丁未日	丙戌生人	東北	西北	乙方	
57	庚申	卯酉	丁亥	丁亥	己酉日	辛巳辛酉生人	西北	西北	辰方	
58	辛酉	辰戌	丙申	戊戌	庚申日壬戌日	庚辰生人	西南	西北	辰方	
59	壬戌	子午	乙巳	己酉	庚午日	辛酉辛丑生人	正南	西北	東南	
60	癸亥	丑未	甲寅	庚申	戊戌日	丙寅生人	東南	東南	東南	

編號	年	西元	陽曆月	三德方	八節三奇	年太歲方	年天喜方	宜修方	百二分金	所宜人命	備註
1	甲子	2044	六月 【辛未】	甲１， 甲２	離、離、艮	壬２，子１， 子２，癸１	庚２，酉１， 酉２，辛１				
2	乙丑	2045	十二月 【己丑】	庚１， 庚２	離、坎、坤	癸２，丑１， 丑２，艮１	坤２，申１， 申２，庚１	庚１【252】	丙申火分金	宜火、土命人	修三德天喜方
3	丙寅	2046	九月 【戊戌】	丙１， 丙２	離、艮、兌	艮２，寅１， 寅２，甲１	丁２，未１， 未２，坤１	丙１【162】 丙２【168】	丁巳土分金 辛巳金分金	宜土、金命人 宜金、水命人	修三德乙奇方 修三德乙奇方
4	丁卯	2047	三月 【甲辰】	壬１， 壬２	離、坎、坤	甲２，卯１， 卯２，乙１	丙２，午１， 午２，丁１	壬１【342】 壬２【348】	丁亥土分金 辛亥金分金	宜土、金命人 宜金、水命人	修三德丙奇方 修三德丙奇方
5	戊辰	2048				乙２，辰１， 辰２，巽１	巽２，巳１， 巳２，丙１				
6	己巳	2049	六月 【辛未】	甲１， 甲２	巽、巽、震	巽２，巳１， 巳２，丙１	乙２，辰１， 辰２，巽１	甲１【072】 甲２【078】	丙寅火分金 庚寅木分金	宜火、土命人 宜木、火命人	修三德丁奇方 修三德丁奇方
7	庚午	2050	十二月 【己丑】	庚１， 庚２	中、乾、兌	丙２，午１， 午２，丁１	甲２，卯１， 卯２，乙１	庚１【252】 庚２【258】	丙申火分金 庚申木分金	宜火、土命人 宜木、火命人	修三德丁奇方 修三德丁奇方
8	辛未	2051	九月 【戊戌】	丙１， 丙２	巽、震、坤	丁２，未１， 未２，坤１	艮２，寅１， 寅２，甲１				
9	壬申	2052	三月 【甲辰】	壬１， 壬２	中、乾、兌	坤２，申１， 申２，庚１	癸２，丑１， 丑２，艮１				
10	癸酉	2053				庚２，酉１， 酉２，辛１	壬２，子１， 子２，癸１				
11	甲戌	2054	六月 【辛未】	甲１， 甲２	艮、艮、兌	辛２，戌１， 戌２，乾１	乾２，亥１， 亥２，壬１				
12	乙亥	2055	十二月 【己丑】	庚１， 庚２	坎、坤、震	乾２，亥１， 亥２，壬１	辛２，戌１， 戌２，乾１				
13	丙子	2056	九月 【戊戌】	丙１， 丙２	艮、兌、乾	壬２，子１， 子２，癸１	庚２，酉１， 酉２，辛１				
14	丁丑	2057	三月 【甲辰】	壬１， 壬２	坎、坤、震	癸２，丑１， 丑２，艮１	坤２，申１， 申２，庚１	壬１【342】 壬２【348】	丁亥土分金 辛亥金分金	宜土、金命人 宜金、水命人	修三德乙奇方 修三德乙奇方
15	戊寅	2058				艮２，寅１， 寅２，甲１	丁２，未１， 未２，坤１				
16	己卯	2059	六月 【辛未】	甲１， 甲２	震、震、坤	甲２，卯１， 卯２，乙１	丙２，午１， 午２，丁１				
17	庚辰	2060	十二月 【己丑】	庚１， 庚２	乾、兌、艮	乙２，辰１， 辰２，巽１	巽２，巳１， 巳２，丙１				
18	辛巳	2001	九月 【戊戌】	丙１， 丙２	震、坤、坎	巽２，巳１， 巳２，丙１	乙２，辰１， 辰２，巽１	丙１【162】	丁巳土分金	宜土、金命人	修太歲三德方
19	壬午	2002	三月 【甲辰】	壬１， 壬２	乾、兌、艮	丙２，午１， 午２，丁１	甲２，卯１， 卯２，乙１				
20	癸未	2003				丁２，未１， 未２，坤１	艮２，寅１， 寅２，甲１				
21	甲申	2004	六月 【辛未】	甲１， 甲２	兌、兌、乾	坤２，申１， 申２，庚１	癸２，丑１， 丑２，艮１				
22	乙酉	2005	十二月 【己丑】	庚１， 庚２	坤、震、巽	庚２，酉１， 酉２，辛１	壬２，子１， 子２，癸１	庚２【258】	庚申木分金	宜木、火命人	修太歲三德方
23	丙戌	2006	九月 【戊戌】	丙１， 丙２	兌、乾、中	辛２，戌１， 戌２，乾１	乾２，亥１， 亥２，壬１				
24	丁亥	2007	三月 【甲辰】	壬１， 壬２	坤、震、巽	乾２，亥１， 亥２，壬１	辛２，戌１， 戌２，乾１	壬１【342】	丁亥土分金	宜土、金命人	修太歲三德方
25	戊子	2008				壬２，子１， 子２，癸１	庚２，酉１， 酉２，辛１				
26	己丑	2009	六月 【辛未】	甲１， 甲２	坤、坤、坎	癸２，丑１， 丑２，艮１	坤２，申１， 申２，庚１				
27	庚寅	2010	十二月 【己丑】	庚１， 庚２	兌、艮、離	艮２，寅１， 寅２，甲１	丁２，未１， 未２，坤１	庚１【252】 庚２【258】	丙申火分金 庚申木分金	宜火、土命人 宜木、火命人	修三德乙奇方 修三德乙奇方
28	辛卯	2011	九月 【戊戌】	丙１， 丙２	坤、坎、離	甲２，卯１， 卯２，乙１	丙２，午１， 午２，丁１	丙１【162】 丙２【168】	丁巳土分金 辛巳金分金	宜土、金命人 宜金、水命人	修三德丁奇方 修三德天喜丁奇方
29	壬辰	2012	三月 【甲辰】	壬１， 壬２	兌、艮、離	乙２，辰１， 辰２，巽１	巽２，巳１， 巳２，丙１				
30	癸巳	2013				巽２，巳１， 巳２，丙１	乙２，辰１， 辰２，巽１				

編號	年	西元	陽曆月	三德方	八節三奇	年太歲方	年天喜方	宜修方	百二分金	所宜人命	備註
31	甲午	2014	六月 【辛未】	甲1， 甲2	乾、乾、中	丙2，午1， 午2，丁1	甲2，卯1， 卯2，乙1	甲2【078】	庚寅木分金	宜木、火命人	修三德天喜方
32	乙未	2015	十二月 【己丑】	庚1， 庚2	震、巽、中	丁2，未1， 未2，坤1	艮2，寅1， 寅2，甲1				
33	丙申	2016	九月 【戊戌】	丙1， 丙2	乾、中、巽	坤2，申1， 申2，庚1	癸2，丑1， 丑2，艮1				
34	丁酉	2017	三月 【甲辰】	壬1， 壬2	震、巽、中	庚2，酉1， 酉2，辛1	壬2，子1， 子2，癸1	壬2【348】	辛亥金分金	宜金、水命人	修三德天喜方
35	戊戌	2018				辛2，戌1， 戌2，乾1	乾2，亥1， 亥2，壬1				
36	己亥	2019	六月 【辛未】	甲1， 甲2	坎、坎、離	乾2，亥1， 亥2，壬1	辛2，戌1， 戌2，乾1				
37	庚子	2020	十二月 【己丑】	庚1， 庚2	艮、離、坎	壬2，子1， 子2，癸1	庚2，酉1， 酉2，辛1	庚2【258】	庚申木分金	宜木、火命人	修三德天喜方
38	辛丑	2021	九月 【戊戌】	丙1， 丙2	坎、離、艮	癸2，丑1， 丑2，艮1	坤2，申1， 申2，庚1	丙1【162】 丙2【168】	丁巳土分金 辛巳金分金	宜土、金命人 宜金、水命人	修三德丙奇方 修三德丙奇方
39	壬寅	2022	三月 【甲辰】	壬1， 壬2	艮、離、坎	艮2，寅1， 寅2，甲1	丁2，未1， 未2，坤1	壬1【342】 壬2【348】	丁亥土分金 辛亥金分金	宜土、金命人 宜金、水命人	修三德丁奇方 修三德丁奇方
40	癸卯	2023				甲2，卯1， 卯2，乙1	丙2，午1， 午2，丁1				
41	甲辰	2024	六月 【辛未】	甲1， 甲2	中、中、巽	乙2，辰1， 辰2，巽1	巽2，巳1， 巳2，丙1				
42	乙巳	2025	十二月 【己丑】	庚1， 庚2	巽、中、乾	巽2，巳1， 巳2，丙1	乙2，辰1， 辰2，巽1				
43	丙午	2026	九月 【戊戌】	丙1， 丙2	中、巽、震	丙2，午1， 午2，丁1	甲2，卯1， 卯2，乙1	丙2【168】	辛巳金分金	宜金、水命人	修太歲三德方
44	丁未	2027	三月 【甲辰】	壬1， 壬2	巽、中、乾	丁2，未1， 未2，坤1	艮2，寅1， 寅2，甲1				
45	戊申	2028				坤2，申1， 申2，庚1	癸2，丑1， 丑2，艮1				
46	己酉	2029	六月 【辛未】	甲1， 甲2	離、離、艮	庚2，酉1， 酉2，辛1	壬2，子1， 子2，癸1				
47	庚戌	2030	十二月 【己丑】	庚1， 庚2	離、坎、坤	辛2，戌1， 戌2，乾1	乾2，亥1， 亥2，壬1				
48	辛亥	2031	九月 【戊戌】	丙1， 丙2	離、艮、兌	乾2，亥1， 亥2，壬1	辛2，戌1， 戌2，乾1				
49	壬子	2032	三月 【甲辰】	壬1， 壬2	離、坎、坤	壬2，子1， 子2，癸1	庚2，酉1， 酉2，辛1	壬1【342】 壬2【348】	丁亥土分金 辛亥金分金	宜土、金命人 宜金、水命人	修三德丙奇方 修太歲三德丙奇方
50	癸丑	2033				癸2，丑1， 丑2，艮1	坤2，申1， 申2，庚1				
51	甲寅	2034	六月 【辛未】	甲1， 甲2	巽、巽、震	艮2，寅1， 寅2，甲1	丁2，未1， 未2，坤1	甲1【072】 甲2【078】	丙寅火分金 庚寅木分金	宜火、土命人 宜木、火命人	修太歲三德丁奇方 修三德丁奇方
52	乙卯	2035	十二月 【己丑】	庚1， 庚2	中、乾、兌	甲2，卯1， 卯2，乙1	丙2，午1， 午2，丁1	庚1【252】 庚2【258】	丙申火分金 庚申木分金	宜火、土命人 宜木、火命人	修三德丁奇方 修三德丁奇方
53	丙辰	2036	九月 【戊戌】	丙1， 丙2	巽、震、坤	乙2，辰1， 辰2，巽1	巽2，巳1， 巳2，丙1	丙1【162】	丁巳土分金	宜土、金命人	修三德天喜方
54	丁巳	2037	三月 【甲辰】	壬1， 壬2	中、乾、兌	巽2，巳1， 巳2，丙1	乙2，辰1， 辰2，巽1				
55	戊午	2038				丙2，午1， 午2，丁1	甲2，卯1， 卯2，乙1				
56	己未	2039	六月 【辛未】	甲1， 甲2	艮、艮、兌	丁2，未1， 未2，坤1	艮2，寅1， 寅2，甲1	甲1【072】	丙寅火分金	宜火、土命人	修三德天喜方
57	庚申	2040	十二月 【己丑】	庚1， 庚2	坎、坤、震	坤2，申1， 申2，庚1	癸2，丑1， 丑2，艮1	庚1【252】	丙申火分金	宜火、土命人	修太歲三德方
58	辛酉	2041	九月 【戊戌】	丙1， 丙2	艮、兌、乾	庚2，酉1， 酉2，辛1	壬2，子1， 子2，癸1				
59	壬戌	2042	三月 【甲辰】	壬1， 壬2	坎、坤、震	辛2，戌1， 戌2，乾1	乾2，亥1， 亥2，壬1	壬1【342】 壬2【348】	丁亥土分金 辛亥金分金	宜土、金命人 宜金、水命人	修三德天喜乙奇方 修三德乙奇方
60	癸亥	2043				乾2，亥1， 亥2，壬1	辛2，戌1， 戌2，乾1				

序	民俗節日	日期	農曆	說明
1	送神	2011/1/26 星期三 或 2011/1/27 星期四	十二月二十三日【夜子時即晚上23時至24時】 或 十二月二十四日【早子時即00時至01時】	國人自古以來認為門井堂灶都有神明，到了十二月二十四日灶神和地界諸神都會上天回奏，因此這一天就有了送神的儀式，習俗上送神早接神遲，北方人習慣在二十三日深夜送神，一般為夜子時，南方人習慣二十四日凌晨送神，一般為早子時，年內家中有喪事者忌送神及清黗【打掃神桌】，以免招祟。
2	除殘	2011/1/30 星期日	十二月二十七日【早子時、寅時吉；卯巳午未酉亥時可用】	除殘亦稱除塵，俗稱大掃除，在國人的傳統觀念中，相信天地萬物皆有靈，平時屋內外及一切傢俱都不宜亂動，所以利用送神後除夕前來舉行大掃除除舊佈新是相當合宜的。一般以二十四或二十七日最好，選擇宜掃舍宇的日子為佳，把屋子內外破舊髒亂的東西清掃修補粉刷一新去除霉氣讓全家煥然一新，也可貼上新春聯春福等紅紙並添置有吉祥意味的花如菊花水仙荷包花劍蘭鳳仙花報春花等年節吉祥花，及鳳梨柑橘梨子瓜子花生等增添年節的吉祥喜氣。春聯是一種隱性財神，貼的對可以招財進寶。春福等字不要倒著貼以免財氣和福氣都跑掉了。
3	照虛耗	2011/1/31 星期一 至2011/2/5 星期六	十二月二十八日至 正月初三日	在過年前三天，一直到大年初三這六天中，屋內屋外盡可能開燈，大放光明，以期來年光明利祿。如有其他因素不能如此，至少客廳及文昌方要有一盞燈是日夜都燈火通明的，也可將燈放在床下照射，不放過屋內任何死角或陰暗處，如此也能增加文昌旺氣及可把一切使財物虛耗之氣、鬼或不吉利的東西，照的無影無蹤，以祈新年之吉祥如意。
4	封印	2011/1/31 星期一 或2011/2/2 星期三	十二月二十八日【申時或亥時皆吉】 或 十二月三十日 【申時或酉時皆吉】	年底的另一件大事就是封印。傳統上認為印信是身份和地位的代表。清朝時由欽天監擇吉封印，待來年正月再擇吉日開印。封印之日有二十、二十四、二十七或除夕的說法。也有神官民之分。一般也有以年前休息停止上班之日封印的。另外神廟之印或個人加持神物之印以除夕封印為宜。封印之法就是將神、官、民印等放在印盒內，然後在硃紅紙上寫上某年某月某日某時某人封印大吉，放在印盒上，再用紅布包住，就算完成封印儀式了。如印仍要使用，則可將印使用後蓋在紅紙上，也算達到封印的效果，待來年擇吉開印一樣可以大吉大利。
5	除夕	2011/2/2 星期三	十二月三十日【申時或酉時皆吉】	民俗於除夕夜要祭祖，合家團聚吃年夜飯，飯後長輩會分贈小孩壓歲錢，一般會給個吉祥數，如六六大順、一六八一路發等，以求事事如意。除夕也可進行照虛耗的造命法，入夜後屋內屋外儘可能開燈大放光明，可把不吉利的東西照的無影無蹤。民間也有除夕守歲的習俗，整夜燈火通明則父母可以長壽，也可在除夕守歲至夜子時去接一些自來水，此水稱為天地水，用此水煮飯食後可以整年獲福。除夕也可祭祀床神，即床公床母，祭祀時準備清水淡酒糕餅水果於寢室，謂之男茶女酒，可祈求終歲安寢。
6				又據稱灶神於送神上天奏報後於除夕夜子時就回來了，因此除夕夜要接灶君，焚香祝禱後，換貼一張新的灶神像即可。除夕夜也可燒一盆火讓全家大小跨過，如此可趨除邪氣喜慶迎新。也可選夜子時將九枚銀元【可用五十元新硬幣代替】放在屋宅的財位方或放在床腳枕邊飯鍋香爐底下以酬家中小神，使新的一年家宅平安順利。如果今年事事不順很倒楣，或家宅不乾淨，有穢氣陰氣邪氣，可以在入夜後於屋內屋外焚香，直到元旦開門出行為止，如此必能趨吉避凶大吉大利。
7	春節元旦	2011/2/3 星期日	正月初一日【宜寅時或卯時焚香開門】	民俗節日開運法中最重要的就是新春開運。元旦焚香開門是過新年第一件大事，除焚香祝禱拜告天地諸神祭拜祖先，擇吉時開門亦具有續納吉氣開財門之效用，一般元旦開門可搶吉氣入宅，另外在焚香開門後可鳴炮三響，除可破除惡鬼的穢氣另有取連陞三級步步高陞之意行大運也。一般來說開門要早關門要晚，以使元旦的吉氣在宅內長長久久。元旦出行為民俗造運的法則，若能選擇好吉時吉方亦可達到出行祈福的目的，元旦時元力最強，祈福許願納吉皆可如願。出行目的地可選擇市區郊區或公共建築物，如果選寺廟而且虔誠祭拜祈求更能平安順遂吉祥如意。
8				元旦也叫雞日，這一天是不准殺雞的。在元旦中除了放鞭炮也有貼春聯的習俗，在元旦中除了放鞭炮也有貼春聯的習俗，因為認為雞在元旦是有避邪作用甚至可以祈福，所以貼畫雞也成為很多地方的年節特色。又正月初一是掃帚生日，不要用掃帚掃地，如果動用掃帚怕會掃走運氣趕走財神甚至引來掃帚星帶來厄運。
9	接神 開市大吉	2011/2/6 星期日 2011/2/8 星期四	正月初四日【巳時、酉時、亥時皆吉】 正月初六【可擇卯時開市大吉】	新春期間大家都希望能迎財納福，接財神有用祭拜的方式，也有用貼春聯和財神的方法。春聯是一種隱性財神，貼的對可以招財進寶。財神要貼在屋宅的財位方或個人的本命財位方或屋宅進門的最深處。民俗上都以正月初四接神。至於新春開張擇日，協記辨方書及通書並沒有記載，一般都以正月初四接神後的第二天即初五至元宵節間擇一宜開市日為之。又正月初三日亦稱小年朝，能夠不掃地不乞火不汲水最為吉祥。此日可進行送窮造命法，即將除夕收集之垃圾用塑膠袋包好，連同壞掃帚一併讓垃圾車帶走。

10	元宵節	2011/2/17 星期四	正月十五日	元宵節即上元節，是天官賜福日，一般有吃湯圓、燈市、燈迷的活動，還有重要的約會、張燈、跳火、迎月、天官賜福、走三橋【又稱走百病】及摸丁【祈子】等造命功能。約會即善用一年第一個月圓之夜邀約心儀的意中人共訴衷情或全家聚餐歡慶能使家道昌盛；張燈即元宵燈籠高高掛可使家中人丁旺事業更高陞趨除不祥保佑平安使家道興旺；跳火即點燃一盆小火全家由小而大依序跨過男左腳女右腳可解除晦氣渡過災厄；迎月即於黃昏時登到高處面向東方焚香燃燭迎接月亮昇起並許願可使婚姻感情生意更如意；天官賜福可點天罡燈地罡燈掛於高竿上祈求天官賜福。
11	土地公生日、龍抬頭日	2011/3/6 星期日	二月初二日 【辰時、巳時為吉時】	二月二日是土地公生日，要祭祀土地公和土地婆。又因為正月不做牙，此日又叫頭牙。商家行號老闆在祭拜土地公和財神時，如果也宴請員工，會使今年財運亨通財源滾滾。另外此日也是俗稱的龍抬頭日，且直接和財富有關。古書記載，農曆二月初二是蟲破土而出抬頭，由於蟲在冬至後就冬眠，直到驚蟄後指雷轟動，才紛紛驚醒抬頭，古人因害怕蟲害，就會將家中的灶灰或石灰遍灑屋內屋外以消滅蟲害，這種習俗就演變為祈富的龍抬頭日了。而當天不可以掃地，以免掃掉財氣福氣，不動針線以免傷了龍目。
12				也可將家中的財神請出，在香火上過一下，這種火財神的舉動，實際上就是活財神。相傳當天又是百花的生日，可以根據當天的氣候陰晴來預卜今年花果的豐收歉收。有情人相約到郊外踏青賞花種花必能早結姻緣。女孩要想意中人早出現，可將青紅黃白黑的五色線或布黏結在一起，並在自己最喜歡的花上打結，按自己的年齡一歲打一個結，十八歲打十八個結，此法稱為掛紅，掛紅到端午節前就要拆除，如果想先拆下，也可擇宜解除的日子拆除即可。
13	文昌帝君聖誕	2011/3/7 星期一	二月初三 【午時、未時為吉時】	相傳農曆二月初三是文昌帝君聖誕，老師學生讀書人可到文昌廟祭祀，祈求官運文運和考運如意。祭祀時最好帶蔥、芹菜、蒜、桂花、蘿蔔等，並分別用紅繩或紅紙繫住，祈求聰明勤勞會算計有貴的好彩頭。如果你是誠心誠意的祈求，自然會得到帝君的應許。所以祭祀完回家後，記得將桂枝插在花瓶中；蔥、芹菜、蒜、蘿蔔等則做成菜，全家一起食用分享帝君的賜福；祈求的人只要勤學用功努力上進一定會如願的。
14	上巳節	2011/4/5 星期二	三月初三 【丑時、辰時為吉時】	遠在周代，人們就利用農曆三月的第一個巳日到水邊祭祀，並用浸泡了香草的水沐浴，認為可以祓除疾病不祥惡運及污穢，史書稱這種禮儀為祓禊。流傳至魏晉後即固定以三月初三為上巳節。上巳節除了有祓禊的功能外，後來更成為中國的情人節，民俗活動有郊外水邊祈運祈子賞春遊樂等。青年男女可相約踏青增加彼此的喜緣和感情。祈子者可到溪邊撿拾長條狀的石頭回家，放在住宅的生氣方或天嗣方必有妙應，欲得女者可拾瓦片狀的石頭為應。此日也可在門上插柳枝相傳可明目，頭上戴柳枝編的環或插柳於鬢上或在客廳花瓶中插柳，相傳可防小人及避邪。
15				到溪邊祓禊，儘可能涉水踏石，謂之踏龍背，如臥在巨石上稱為臥石，可擺脫霉氣晦氣增進陽氣及吉氣。將家中收藏珠寶玉石古董等，拿出來擦拭也有擺脫霉氣晦氣增進陽氣及吉氣的效果。若能擇吉時迎新水，將家中庭院的水池屋內的魚缸花瓶中的水等，全部換新或增添，可增強財氣財運。
16	寒食節	2011/4/4 星期一	三月初二日 【寅時、卯時、巳時為吉時】	在清明節前一天的寒食節，也有著增智慧福氣長壽的功能，但卻常被大家忽略了實在可惜。寒食節又稱為禁煙節熟食節冷節禁火節百五節和百六節等，是以冬至後一百零五日為憑，有云一百零六日，故又稱為百五節或百六節，通常是在清明前一日或前兩日，台灣民俗則以前一日為寒食節。道家修鍊法門中有不食人間煙火一法，相傳可以輕身增慧長壽。你不妨也嘗試在寒食節這一天或提前三日或七日生食蔬果看看，必有妙效。當天可於客家中擺畫卵，即在蛋殼上染畫雕有圖案，如此能增加陽氣並招來吉祥之氣。
17	清明節	2011/4/5 星期一	三月初三日 【丑時、辰時為吉時；巳時、未時、戌時皆可用】	對講求慎終追遠的國人來說，清明節是我們遙祭祖先對祖先表達感念的重要日子。人們相信掃墓可以得到祖先的庇蔭，可以祈求祖先保佑事事順利。古人認為人死後靈魂有三個，一個跑到天上去，一個在神主牌上接受子孫早晚一柱香的膜拜，另一個靈魂就在墳上，祖先的墳墓照顧的好看起來有氣，就能吸收更多的能量也更能庇佑子孫。清明節掃墓上墳時，須準備酒饌，祭後合家飲福酒，象徵祖先賜福保佑。當天可擺設吉祥物的捏麵添吉祥氣，可以去採百草治疑難雜症，載貯井水用來製藥用藥相當有神效，而插柳則可驅毒明眼和祈年平安。
18				清明節這天記得要請新火，家中大小都須吃喝新火煮的食物，可增加陽氣。
19	端午節	2011/6/6 星期一	五月初五日	端午節來臨，大家最知道的就是這一天要在家門上插松艾草菖蒲柳枝蒜等五物喝雄黃酒避邪，民間會包粽子划龍舟將此節日活動帶到最高潮，這天是避災驅邪最好的日子。可事先備妥青紅白黑黃的五色絲線結成絲縷叫做長命縷，套在小孩手臂或手腕上【男左女右】，可避邪驅病健康長壽。成年人纏在臂上竟稱為合歡結，可以增加婚姻和感情的元力。長命縷如再經由有官氣貴氣富氣才氣之請左鄰右舍或七個不同姓的好朋友在絲線上各打一個結，就稱為七姓結，可壯膽避百邪保身健，使未來命運更好。

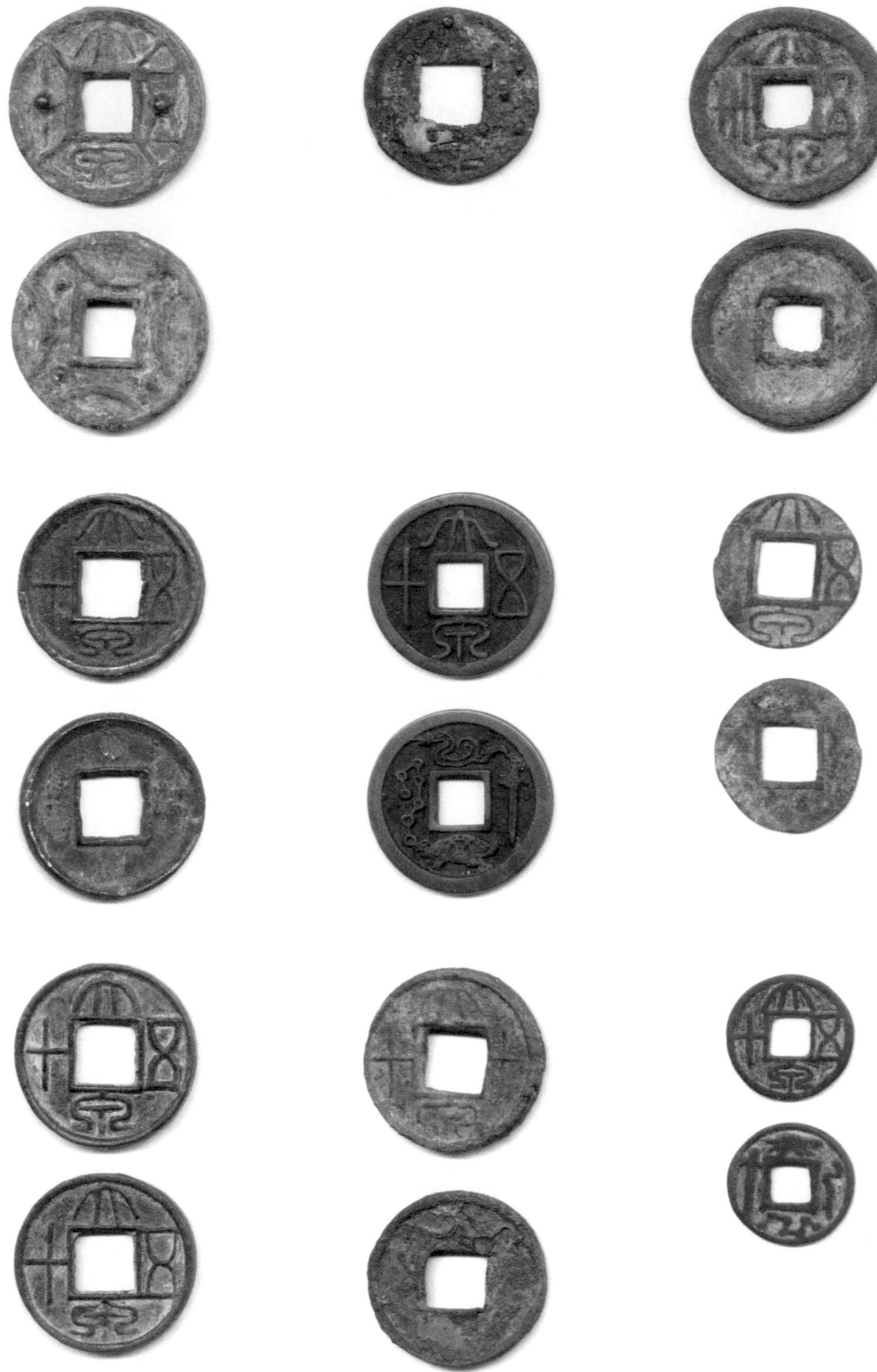

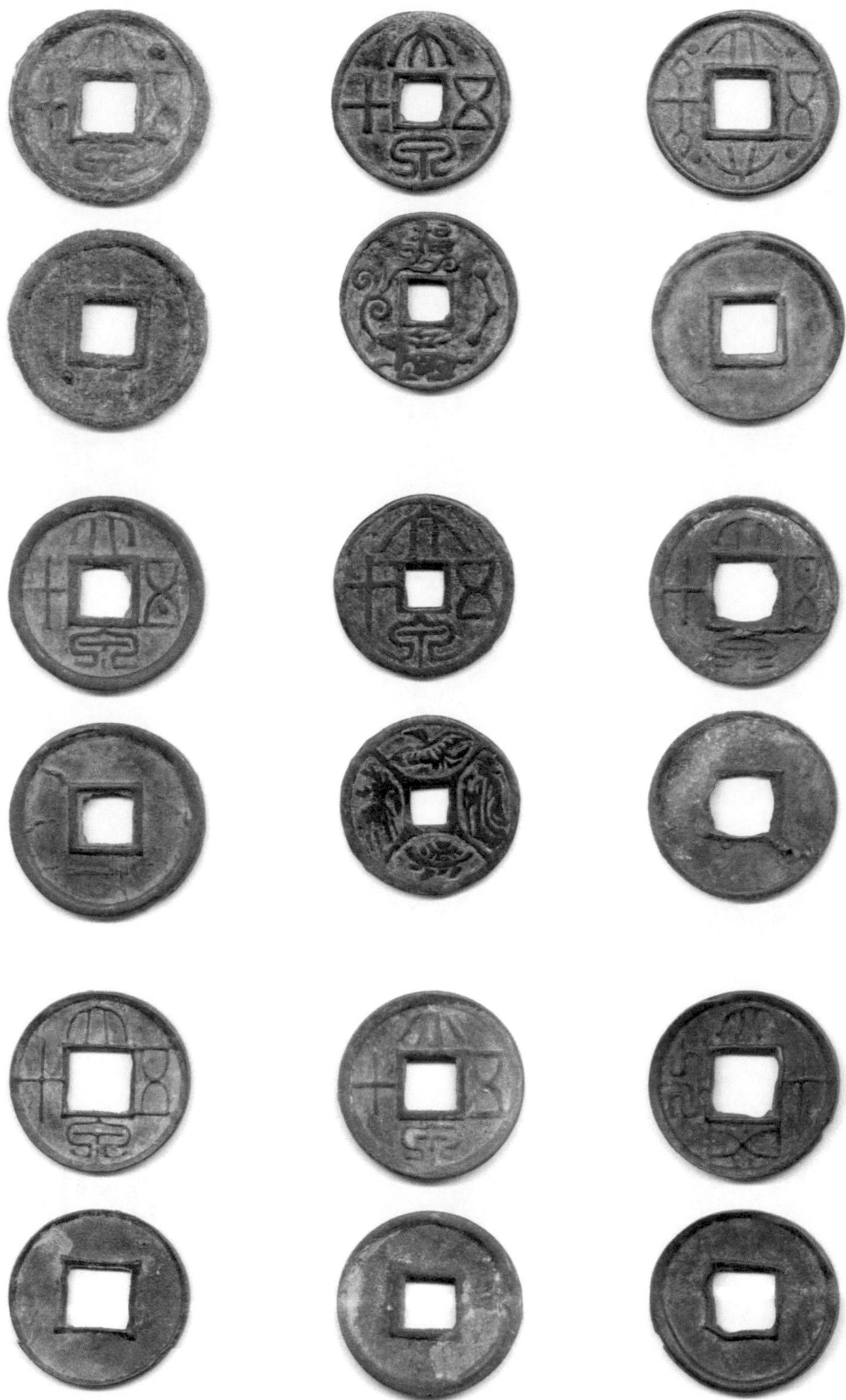

古泉雅集叢書

大泉五十錢譜

賴立川　主編

目錄

王莽論

蔡養吾

王莽爲西漢外戚而頗具才幹，尤長於鑄錢。近人有論古來錢絕得王莽及宋徽宗二人。今存世之二刀、十布及六泉皆莽所鑄，而莽則早於徽宗近五世紀。

莽時學人劉向曾以朋政教，遵法令，清四夷等善政評之。王莽爲外戚王曼之子，莽所施政重經濟，尤重鹽鐵。故莽於始建國二年（公元十年）間頒「六筦五均」之法，更創常平倉之利以平抑糧價。

哀帝登位，民困益甚，莽行改制內容有：一、公私土地一律改稱王田，不許民間私自買賣。二、奴婢改稱私屬，亦不許買賣。三、發行新幣、嚴禁私鑄。以上嚴禁私鑄一項株連殊甚，造成民怨。西漢社會之不安，更陷長安城於混亂。由此開使莽亦以身殉。

綜觀王莽生平具才而貪戀名位，冒大不諱而弒漢平帝，爲其平生大汙點。由此可測其人之顧前不顧後，爲其生平之大謬。

王莽的事蹟

平帝即位後，太皇太后認爲王莽擁立有功，要加封他兩萬八千民戶，二百五十六萬畝田地，但王莽堅持不受。

有一年遇天災，王莽主動捐錢百萬，獻地三千畝，率一批官員獻地獻宅，使一部份災民得救。

王莽有個兒子王獲殺死了一個奴婢，王莽不但痛罵兒子，還迫令兒子自殺償命。依漢朝的律法，主人殺死奴婢是要抵罪的，王莽雖貴爲權貴之家，卻也未濫用權勢。

王莽接受「天命」當皇帝時，廢小皇帝爲定安公，自已正式做起皇帝來。臨做皇帝時，王莽還握著儒子嬰的手流著眼淚說：他是迫於「皇天威命」，不能像周公那樣，將大權還給成王，他感到非常遺憾。

王莽曾於西元十六年命太醫尙方令和幾個技術高超的屠夫，將通緝犯公孫慶解剖、研究。先將其剝了皮，並開膛剖肚，仔細觀察、測量人體五臟內腑的位置。又用細竹絲通導全身的血管、經脈，看分佈到各器官連繫的情形。這可說是世界歷史上第一次科學的解剖人體。比被稱爲「解剖之父」的維薩留斯還要早一千五百多年。只可惜留下來的紀錄不夠詳細，無法列入醫學界的正式記錄。

王莽想要北伐匈奴，但朝廷的財力、物力都接濟不上。於是他通令全國廣徵奇人異事，只要是可以用於討伐匈奴的，將授予官職。於是上書自薦的人數以萬計，有人說能將成千上萬的馬匹，在河中用繩索連成一個方陣，這樣兵士過河就不用坐船或搭橋了。有人說他發明了一種藥物，三軍將士只要服用少許，便可多日不饑，即可不用千里迢迢運糧。也有人說他能翺翔天空，刺探敵情最方便。爲了查證這些事情的真僞，於是在長安城召集了大家，讓他們當眾表演。可想而知，大部份的人都是誇大不實。比如說他能翺翔天空的人，用大鳥的羽毛做了兩個大翅膀，用環紐操縱，飛了百步之遠就落地了。不過那時的長安城

一定像是馬戲團的大雜院一般熱鬧。

王莽的貨幣政策，造成經濟的混亂。同時王莽還不斷對外征戰，加上連年災荒，百姓餓死的不計其數。王莽改制前十年，西漢有人口近六千萬，到其改制後期已不足三千萬。百姓再也無法生活下去，於是各地暴發了農民起義。

王莽在政權垂危之際，曾發動官吏和百姓大聲悲哭，以哀求上蒼保佑。百姓來哭者，供給飯食，哭的悲慟的，還任命為郎，為此被任命者多達五千人。但這也沒能挽救新朝滅亡的命運。

更始軍攻入長安後，商人出身的杜吳殺了王莽，亂兵中將王莽裂身，王憲得王莽頭顱，自稱漢大將軍。王莽被殺後，頭被送到宛城，懸掛於街市。後來，王莽的頭骨被處理之後，收藏到皇宮的武庫之中，並一直收藏了兩百七十多年，歷經東漢、三國到晉朝惠帝元康五年，宮中失火才被燒毀。

賴立川

於二〇〇五年五月

一、王莽的生平：

王莽字巨君，生於漢元帝初元四年（公元前四十五年），元城(河北大名)人。父親是王曼，母渠式，妻王氏。王莽是一個有野心的陰謀家，他熟讀儒書，表面上對人謙恭有禮，很得到當時一般人的擁護。卻心懷異志，由於漢成帝的貪圖逸樂。將一切政事託交給王太后的兄弟們處理，大權終於落在太后的侄兒王莽手中。王莽趁機實行善政，以爭取吏民的擁護。

成帝死，哀帝繼位，王莽的野心逐漸暴露，故曾一度被免職，回到新都（河南南陽），因其僞裝儒生，博取吏民好感，朝臣上書爲他訟冤，請求再用者多達一百多次。哀帝崩，七十二歲的王太后干政，讓王莽陪侍，議立平帝繼位，年僅九歲。王莽再任大司馬輔政。次年爲太傅稱安國公。其女兒也被平帝選爲皇后，於是大權都操在王莽手裡。

平帝在位五年便死了，平帝之死。有人認爲是被王莽所毒殺。王莽自知要做皇帝是名不正、言不順，於是製造了許多「符命」。比如武功縣長孟通聲稱於掏水井時得一塊白石，上面刻有「安國公，爲皇帝」等字。並派人呈給皇太后，說這是天意。皇太后本不相信，但太保王舜奏道：「爲皇帝並非是真的當皇帝，是攝行皇帝的意思。」皇太后迫於無奈只得同意。於是王莽當上攝皇帝，改年號爲居攝，立年僅兩歲的劉嬰做皇帝。之後，王莽又派人穿著黃衣，趁著夜色，到漢高祖劉邦的廟交給守廟人一個銅匣子，匣子內裝有寫道：「漢高祖吩咐王莽做真皇帝。」於是王莽宣佈接受「天命」，廢小皇帝爲安定公，自己正式做起皇帝來。改國號爲「新」。其實以劉邦的爲人，那有可能讓王莽做皇帝，這都是王莽自己搞的鬼。

王莽晚年國內炎荒連年，飢民相聚爲盜。綠林、赤眉軍相繼起義，最後是被劉玄(更始帝)起兵打敗。結束了王莽十五年的統治。

二、大泉五十的時代背景：

王莽認為漢代商業、農業都已發達，但土地集中在少數人手中，社會貧富懸殊，必須針對社會的病根來加以改革。故於其即位後提出了許多新政，本文僅對「大泉五十」提出討論。居攝二年（公元七年）王莽進行了第一次貨幣改革。頒令禁止民間藏金，並鑄造了「大泉五十」、「契刀五百」、「一刀平五千」來收兌私人藏金。「大泉五十」重十二銖，等於三個五銖的重量，但作價卻抵五十個五銖錢。同時，欲防民盜鑄，乃禁不得挾銅炭。

「大泉五十」是王莽所造諸幣中，比較成功，流通較廣、時間較久的一種。初出時，錢文作玉筯篆，輪廓粗狀，十分精美。稍後的，錢文改作鐵線篆，輪廓改為剷斜狀。並於始建國元年底（公元九年），王莽又遣諫大夫五十人，分鑄錢於郡國，打破了自漢武帝以來由中央上林三官集中鑄錢的制度，幣制就更加混亂了。「大泉五十」於王莽天鳳元年（公元十四年）進行第四次貨幣改革時廢止。雖只頒行八年的時間，但從其出土量和繁多的版別來看，其鑄行時間應不僅只於此。推測此錢民間私鑄至東漢時，仍有鑄造。甚至在眾多花錢中，背有龜、劍、七星等，盛行於晉朝道教的圖案。

王莽所造貨幣為高面額貨幣，這一定會引起民間私鑄大起，比如「大泉五十」法定值五銖錢五十枚，但拿五銖錢五十枚可翻鑄造出「大泉五十」十六枚，值五銖八百枚。王莽為遏止私鑄，以嚴刑峻法對付之。規定一家私鑄，五家連坐，沒入為奴婢。僅關中、河南一帶，誅死者達數十萬人，繫獄待決的，更無法計數。可見當時私鑄的盛行，雖嚴刑峻法，仍不能禁止。也造就了大泉五十如此多樣的版別。

三、本書編排原則：

一、同種類之泉品依直徑大小順序排列，錢徑大者在前，小者在後。如錢徑相同，則重者在前，輕者在後。
二、錢徑測量以正面左右之距離為準。但如左右處有流銅或變形嚴重，會影響到錢徑測量準確度，則改以其他適當處測量。
三、重量測量以公克為單位，計到小數點第一位。（十分之一公克。）
四、版式種類如分屬多種，則編排在前項。如有星記和四道，則編排在面背星類。
五、花錢類，則依背圖相同者，編排在一起。
六、因「大泉五十」版式很多，本書出版後，仍會繼續收集不同的版別，於再版時充實本書內容。
七、考慮前項因素，故本書編排頁數及泉品編號，皆以每一類別為起始。再有增加的泉品，則編排在該類別最後面。
八、本書拓圖以墨拓為主。但如泉品面文較淺，或錢徑較小，則使用複寫紙拓圖。

四、版式的分類：

本書將「大泉五十」版式的分類方式如下：

一、斜走大：大字的第一筆劃呈兩端直線下斜。大字中間上方爲圓弧或尖形。如圖一。

二、山形大：大字的第一筆劃呈兩端直線下斜。大字中間上方有一小段爲水平線。狀似一座山。如圖二。

三、圓弧大：大字的第一筆劃呈圓弧形。且筆劃較短。如圖三。

四、圓形大：大字的第一筆劃較長、呈半圓形。大字的第一筆劃與雙足同高。如圖四。

五、圓垂大：大字的第一筆劃較長、呈半圓形。左右兩端趨近於垂直。如圖五。

六、蜿走大：大字的第一筆劃呈兩端直線下斜。但在最尾部又稍微翹起。如圖六。

七、異形大：大字的寫法特異。不屬於前幾項的分類。

八、輕錢類：直徑 23mm 以下的泉品。

九、重輪類：外輪有兩圈凸起輪郭。

十、缺字、缺劃類：面文四字中，有缺字，或其中的字有缺筆劃。

十一、重文類：面文四字中，字或筆劃有重劃。又稱雙影。

十二、傳形類：面文四字中，左右的字位置互換，也讀作「大泉十五」。

十三、旋讀類：有左旋讀或右旋讀。

十四、決文類：錢面或背，在穿的四角有短直線，稱爲決文。如直線很短，則稱栗文。

十五、四道類：錢面或背，從穿的四角有直線連接到外輪，稱爲四道。

十六、面背星類：錢面或背，有圓形的凸點。

十七、合背錢：錢幣的兩面都是面文，有正合背、側合背及倒合背。

十八、異文類：面文的寫法爲異書體、或面文非爲大泉五十。

十九、特殊品類：鎏金、鎏銀、銀錢、鐵錢、鉛錢、石質錢、綖環錢、剪邊錢、餅錢。

二十、花錢類：背吉語，龜、劍、七星、帶鉤、方矩文等。

圖一 圖二  圖三  圖四  圖五  圖六

五、「大泉五十」的等級分類及價格表：

等級	價格
珍	3500以上
稀	3000~3500
少	2500~3000
一	2000~2500
二	1000~2000
三	500~1000
四	300~500
五	200~300
六	100~200
七	50~100
八	25~50
九	10~25
十	10以下

※右表所列價格爲人民幣。

※目前匯率：人民幣一元 兌換 新台幣四元。（參考）

六、「大泉五十」版式名稱說明：

面文　錢幣正面的文字。
背文　錢幣背面的文字，符號，圖案的總稱。
大樣　指錢徑比一般較大，本書將大泉五十，直徑達二十九毫米以上者，歸爲大樣。
穿　指錢身之孔。方者叫方穿，圓的叫圓穿。
廣穿　指錢孔比一般錢較大。
狹穿　指錢孔比一般錢較小。
內郭　指錢孔四周突出的部份。
肥郭　指內郭較寬者。
狹郭　指內郭較狹窄者。
重郭　指二重內郭。
決文　指錢孔的四角尖出者。
外輪　指錢身外圈之突出部份。又稱外緣，外郭，邊郭。
闊緣　外輪較寬。
細緣　外輪較狹小。
重輪　指二重外輪。
斜輪　指外輪外高內低，呈向內的斜面。
高輪　指外輪的厚度比普通厚，外輪高出錢面甚多。
肉　指錢幣的內外郭之間，無文字圖案的部份。厚者稱厚肉，反之則爲薄肉。
日　指錢背凸起之圓圈。
月　指錢面、背凸起之圓弧。圓弧向上稱仰月，向下稱俯月。
星　指錢面、背凸起之圓點。

空背　指錢背無文。又稱光背、素背。
車工背　指錢背的外輪非常圓，似用機器車製。
蛇目　指錢背的內郭外側，有一圈因肉厚高低而產生的輪圈，故又稱背輪圈。
合背　指錢幣二面均為正面。
合面　指錢幣二面均為背面。
直讀　錢文按上下右左次序排列。也稱順讀、對讀。
旋讀　錢文按上右下左次序排列。又稱環讀。
傳形　錢文呈反字狀，或左右邊顛倒。
離郭　指錢文遠離內郭。
接郭　指錢文均與內郭相連。
隔輪　指錢文遠離外輪。
連輪　指錢文與外輪相連。
仰字　指錢文其中的字右傾斜。
俯字　指錢文其中的字左傾斜。
進字　指錢文其中字的位置比一般靠左。
退字　指錢文其中字的位置比一般靠右。
深字　指錢文特別深峻。
瘦字　指錢文左右較窄。
肥字　指錢文左右較寬，或筆劃較粗。
細字　指錢文筆劃較細。
長丁泉　指泉中間的丁字，筆劃特別長。
空泉　指泉中間缺少丁字。

縮頭泉　指泉上方的頭，往下縮。
圓頭丁　丁字的第一筆劃呈俯月形的圓弧。
波形丁　丁字的第一筆劃呈雙俯月的圓弧。
闊丁　丁字的第一筆較長，兩端與白字相接。
五內上星　指五字上方的三角形內，有星記。
五內下星　指五字下方的三角形內，有星記。
五內雙星　指五字上、下兩個三角形內，皆有星記。
五中星　指五字上、下兩個三角形連接處，有星記。
十中星　指十字兩筆劃的交叉點，有星記。
隱起　指錢文筆劃高低粗細不一。
重文　指錢身上出現重複錢文。
剪邊錢　指被剪去外輪的錢幣。
綖環錢　指被剪去內圈的錢幣。
餅錢　肉厚特別厚重，且斷面呈中間厚，四周較薄的錢幣。
花錢　屬趨吉避邪性質的非正用錢。又稱壓勝錢。

七、本書泉品提供者記號說明：

（立）：賴立川　（日）：日月山火　（偶）：王紀耕　（炘）：陳日炘

（蔡）：蔡啓祥　（秦）：秦德進　（林）：林春雄　（亮）：李　亮

一、斜走大

1	日	六	斜走大 大様	直徑:31.0mm	重量:12.0g
2	日	四	斜走大 大様 厚重	直徑:29.4mm	重量:15.4g
3	立	十	斜走大	直徑:27.3mm	重量:5.4g
4	立	八	斜走大 大様 闊緣	直徑:29.1mm	重量:10.8g
5	立	九	斜走大 大様 大小字	直徑:29.1mm	重量:7.1g
6	立	十	斜走大	直徑:28.6mm	重量:8.3g
7	立	十	斜走大	直徑:28.3mm	重量:8.3g

大泉五十錢譜

編號	8	9	10	11
類	立	立	林	立
號	十	十	十	十
版別	斜走大	斜走大	斜走大 闊緣	斜走大
直徑	28.3mm	28.3mm	28.2mm	28.2mm
重量	6.6g	5.6g	6.9g	6.3g

編號	12	13	14	15
類	立	立	立	立
號	十	十	十	十
版別	斜走大	斜走大	斜走大	斜走大
直徑	28.2mm	28.1mm	28.1mm	28.0mm
重量	6.0g	8.7g	7.7g	8.6g

大泉五十錢譜

編號			品名	直徑	重量
16	立	九	斜走大 直足大	直徑:28.0mm	重量:8.6g
17	林	三	斜走大 背移笵	直徑:28.0mm	重量:7.7g
18	立	十	斜走大 肥字	直徑:28.0mm	重量:6.6g
19	立	十	斜走大	直徑:27.9mm	重量:8.5g
20	立	十	斜走大 小泉	直徑:27.9mm	重量:8.0g
21	立	十	斜走大 斜輪 肥郭	直徑:27.9mm	重量:7.5g
22	立	十	斜走大 車工背	直徑:27.9mm	重量:6.2g
23	蔡	十	斜走大 斜輪 肥郭	直徑:27.8mm	重量:4.6g

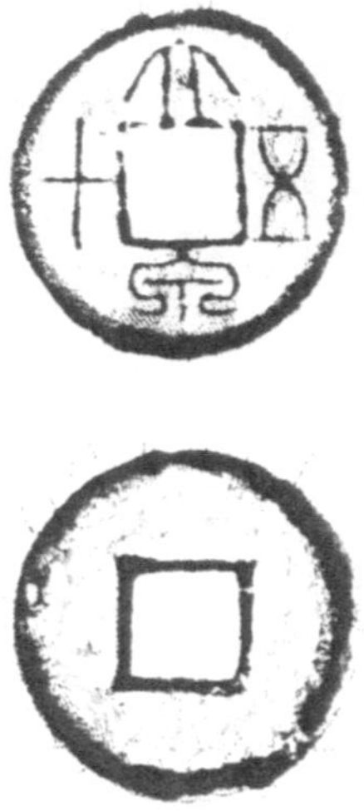

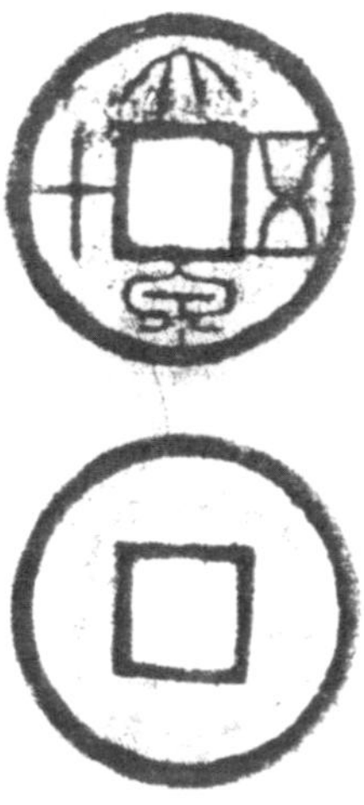

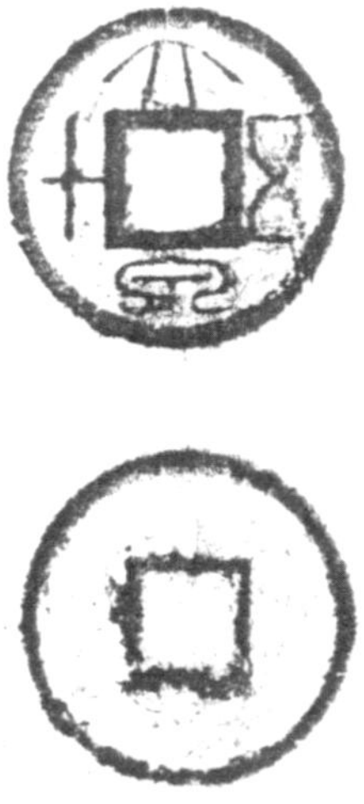

大泉五十錢譜

編號	分類	特徵	直徑	重量
24	立十	斜走大	27.8mm	3.9g
25	林三	斜走大 蛇目	27.7mm	6.6g
26	立十	斜走大 斜輪 肥郭	27.7mm	6.5g
27	立十	斜走大	27.7mm	5.9g
28	立十	斜走大 高輪	27.6mm	9.1g
29	立十	斜走大 細字	27.6mm	7.3g
30	立十	斜走大	27.6mm	5.6g
31	立十	斜走大 廣穿 扁泉	27.6mm	4.4g

大泉五十錢譜

編號	品名	特徵	直徑	重量
32	立十	斜走大 厚重	直徑:27.5mm	重量:11.1g
33	立十	斜走大 斜輪 肥郭	直徑:27.5mm	重量:6.8g
34	立十	斜走大 隱起文	直徑:27.5mm	重量:6.6g
35	立十	斜走大 斜輪 肥郭	直徑:27.5mm	重量:6.0g
36	立十	斜走大 小泉	直徑:27.5mm	重量:4.5g
37	立十	斜走大 斜五	直徑:27.4mm	重量:4.1g
38	立十	斜走大	直徑:27.3mm	重量:5.7g
39	立十	斜走大 斜輪	直徑:27.2mm	重量:5.4g

大泉五十錢譜

40	立十	斜走大	直徑:27.1mm	重量:5.8g
41	立十	斜走大 扁泉	直徑:27.1mm	重量:5.8g
42	立十	斜走大	直徑:27.0mm	重量:4.5g
43	立十	斜走大 闊緣 六角泉	直徑:26.8mm	重量:7.1g
44	立十	斜走大	直徑:26.8mm	重量:5.5g
45	立十	斜走大 俯大 斜五	直徑:26.8mm	重量:4.0g
46	立十	斜走大 升泉 瘦十	直徑:26.7mm	重量:4.1g
47	立十	斜走大 小字	直徑:26.6mm	重量:3.4g

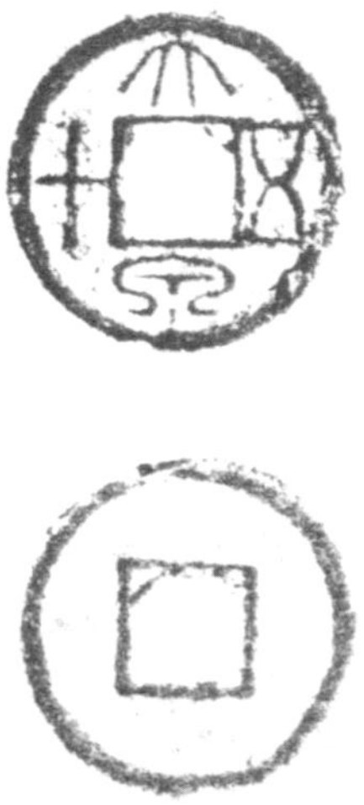

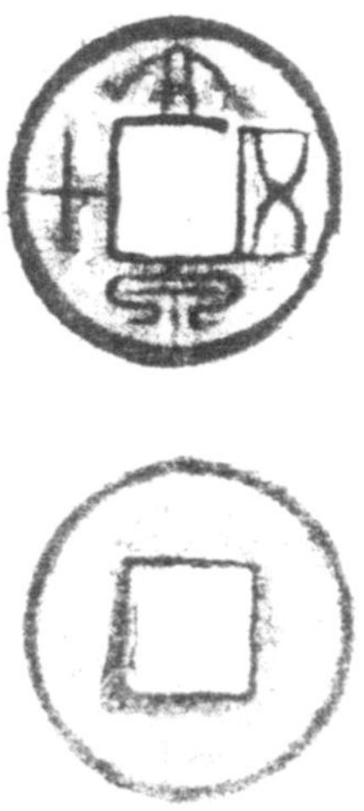

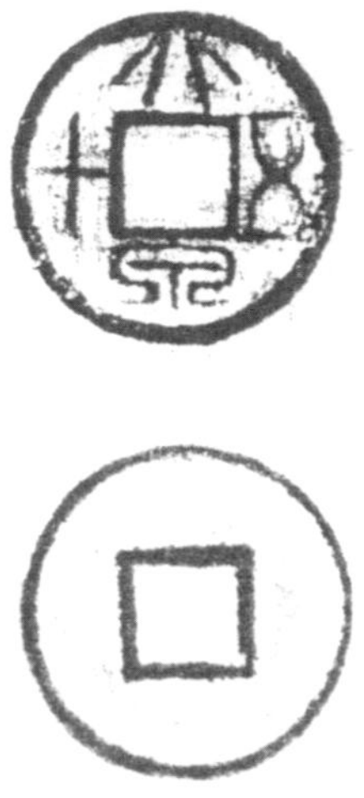

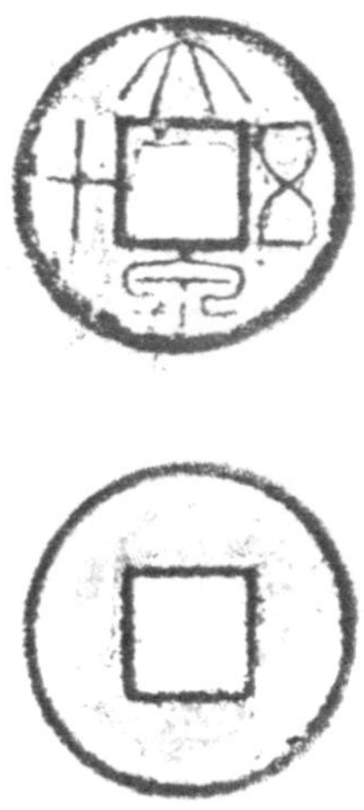

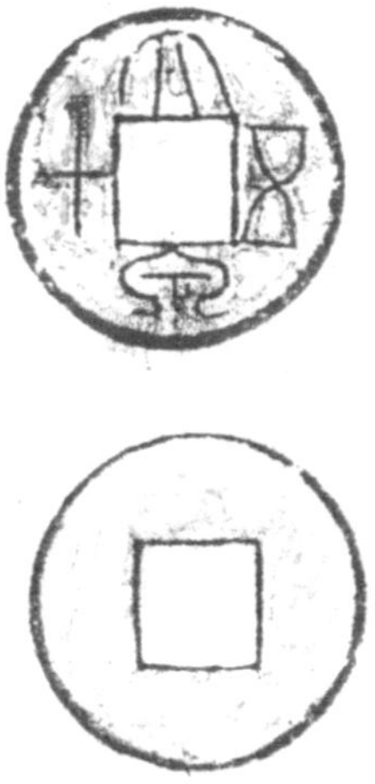

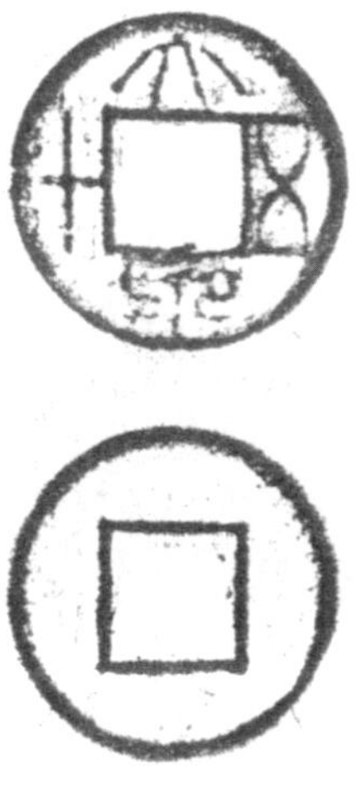

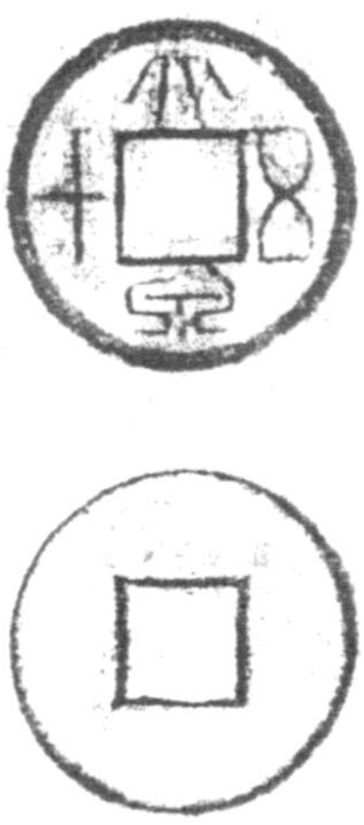

大泉五十錢譜

48	立	十	斜走大 小大、大泉 細字	直徑:26.6mm	重量:3.2g
49	林	十	斜走大 瘦五 瘦十	直徑:26.6mm	重量:3.1g
50	立	十	斜走大 細字 細緣 薄肉	直徑:26.6mm	重量:2.9g
51	立	十	斜走大	直徑:26.5mm	重量:3.3g
52	立	十	斜走大 面背斜輪	直徑:26.4mm	重量:4.3g
53	立	十	斜走大 仰泉	直徑:26.1mm	重量:3.9g
54	立	十	斜走大	直徑:26.0mm	重量:4.8g
55	立	十	斜走大 廣穿 小字	直徑:26.0mm	重量:4.3g

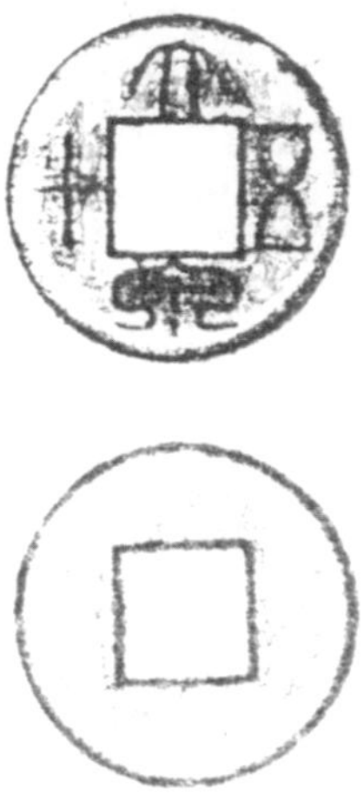

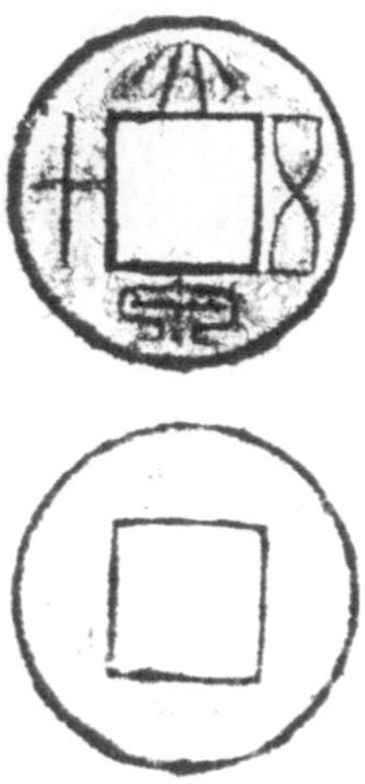

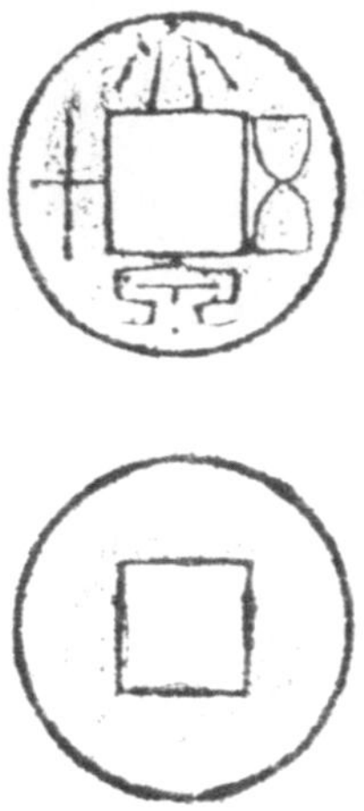

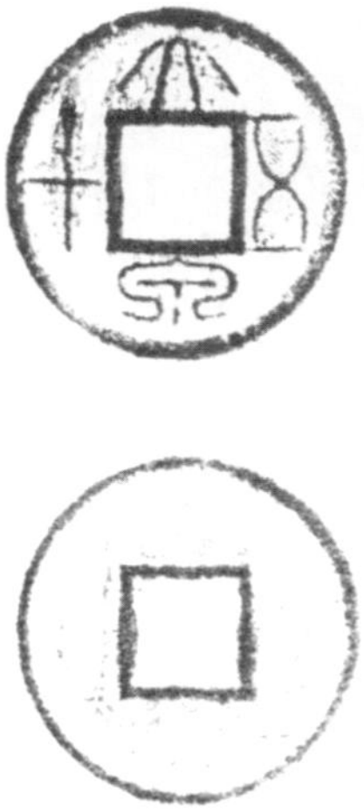

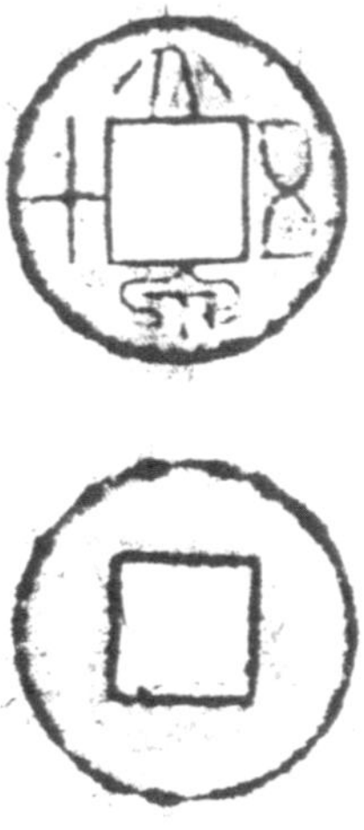

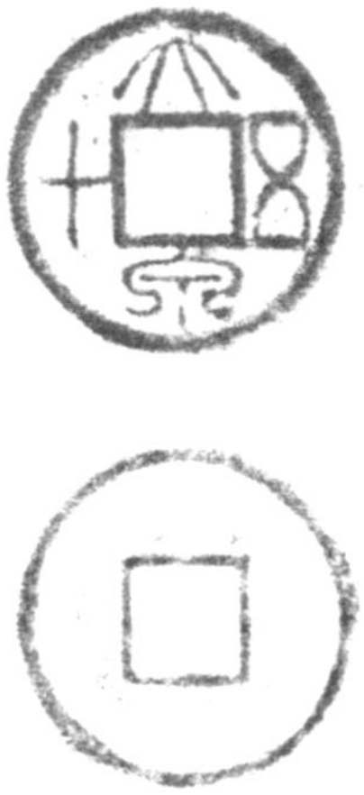

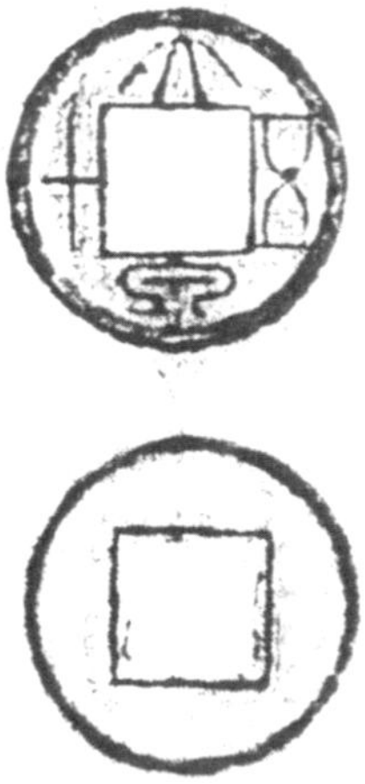

大泉五十錢譜

56	立	十	斜走大	直徑:25.7mm	重量:4.4g
57	立	十	斜走大	直徑:25.7mm	重量:3.4g
58	立	十	斜走大	直徑:27.3mm	重量:8.1g
59	立	十	斜走大	直徑:28.3mm	重量:6.6g
60	林	八	斜走大 厚重	直徑:28.1mm	重量:10.5g
61	炘	十	斜走大 闊緣	直徑:28.0mm	重量:6.5g
62	立	十	斜走大	直徑:27.9mm	重量:6.0g
63	立	十	斜走大 肥郭	直徑:27.8mm	重量:7.2g

大泉五十錢譜

64	65	66	67
立	立	立	炘
十	十	十	十
斜走大	斜走大	斜走大	斜走大 粗字
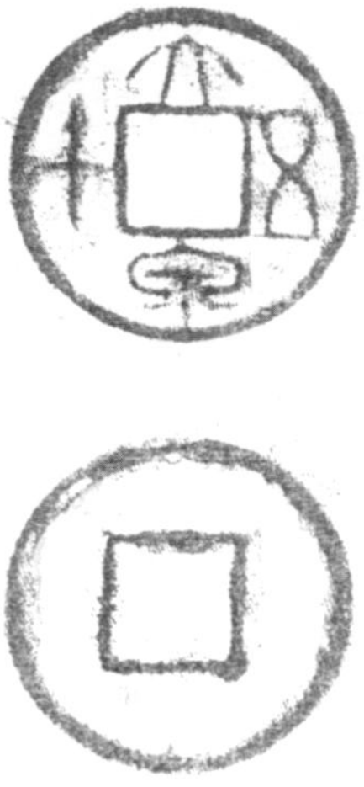	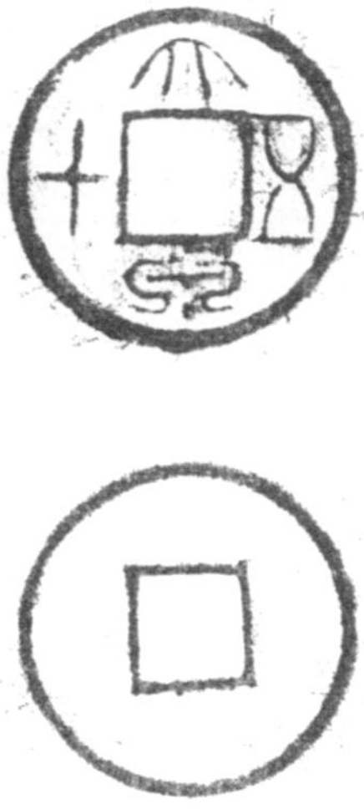	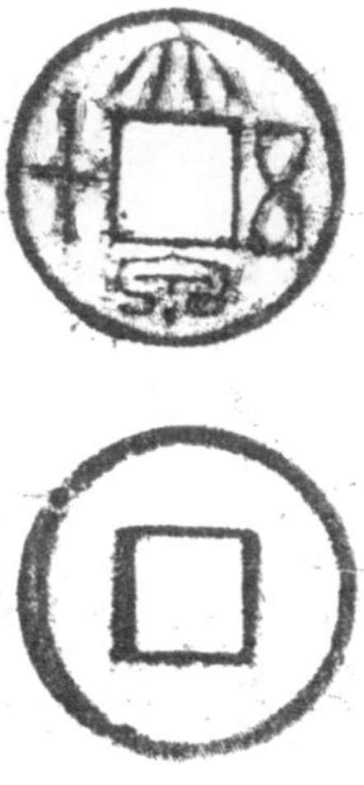	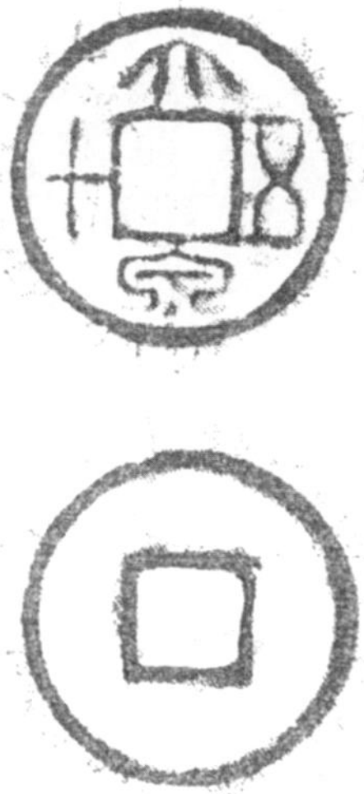
直徑:27.8mm	直徑:27.7mm	直徑:27.6mm	直徑:27.3mm
重量:6.2g	重量:7.2g	重量:6.7g	重量:7.1g

68	69	70	71
立	炘	立	立
十	十	十	十
斜走大 廣穿	斜走大 闊緣	斜走大 肥郭	斜走大
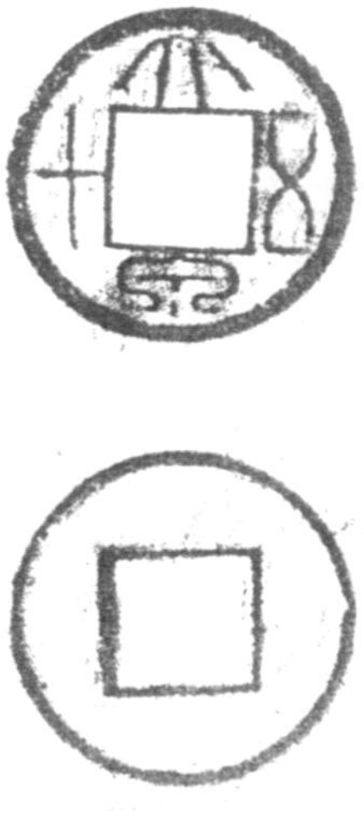	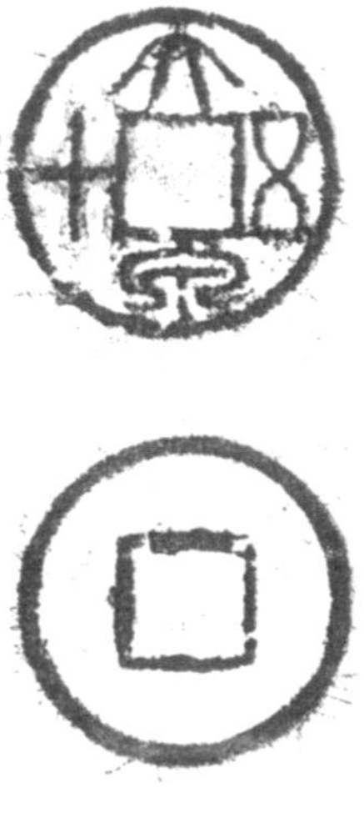	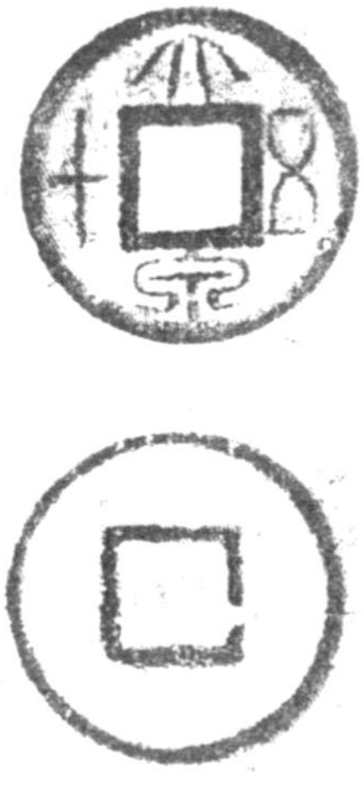	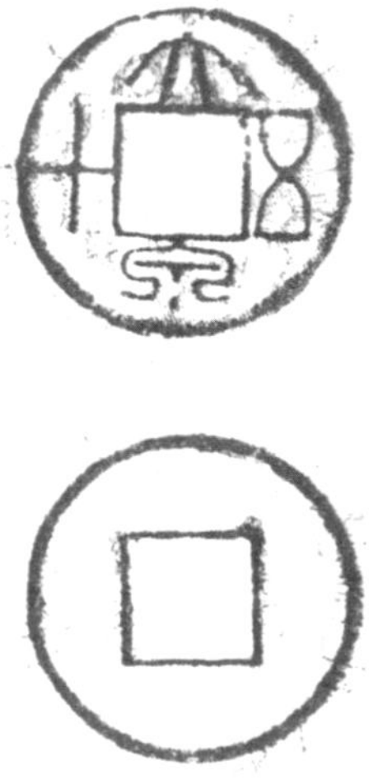
直徑:27.3mm	直徑:27.1mm	直徑:27.1mm	直徑:27.0mm
重量:4.3g	重量:6.1g	重量:6.0g	重量:4.9g

大泉五十錢譜

72 炘十 斜走大	73 立十 斜走大 肥五	74 立十 斜走大 廣穿 瘦五	75 立十 斜走大 廣穿
直徑:26.7mm 重量:3.8g	直徑:26.7mm 重量:3.7g	直徑:26.6mm 重量:4.0g	直徑:26.5mm 重量:5.3g

76 立十 斜走大	77 立十 斜走大	78 立十 斜走大	79 立十 斜走大
直徑:26.5mm 重量:4.2g	直徑:26.4mm 重量:4.0g	直徑:26.3mm 重量:5.2g	直徑:26.3mm 重量:4.0g

大泉五十錢譜

編號			說明	直徑	重量
80	立	十	斜走大	直徑:26.1mm	重量:3.3g
81	立	十	斜走大 廣穿	直徑:25.9mm	重量:3.4g
82	炘	十	斜走大 斜輪	直徑:25.9mm	重量:3.3g
83	炘	十	斜走大 斜輪 細字	直徑:25.7mm	重量:2.7g
84	立	十	斜走大	直徑:25.6mm	重量:3.5g
85	日	六	斜走大 未剪枝	直徑:31.4mm	重量:13.5g
86	日	六	斜走大 大樣	直徑:30.3mm	重量:9.3g
87	日	四	斜走大 厚重	直徑:29.1mm	重量:13.2g

大泉五十錢譜

88	89	90	91
日	日	日	日
十	八	十	九
斜走大	斜走大 厚重	斜走大 肥郭	斜走大 小十
直徑:28.4mm	直徑:28.0mm	直徑:28.0mm	直徑:27.9mm
重量:8.8g	重量:4.0g	重量:8.5g	重量:7.0g

92	93	94	95
白	日	日	日
八	九	八	八
斜走大 背左横	斜走大 背重郭	斜走大 厚重	斜走大 左下横文
直徑:27.9mm	直徑:27.8mm	直徑:27.2mm	直徑:27.2mm
重量:4.7g	重量:6.7g	重量:11.9g	重量:7.5g

大泉五十錢譜

編號	分類	說明	直徑	重量
96	立 十	斜走大	直徑:27.2mm	重量:7.5g
97	日 十	斜走大 背重郭	直徑:25.5mm	重量:2.8g
98	日 十	斜走大 薄肉	直徑:25.4mm	重量:2.5g
99	日 五	斜走大 毛邊 未開穿	直徑:35.0mm	重量:5.0g
100	日 八	斜走大 大型	直徑:30.2mm	重量:8.3g
101	日 四	斜走大 大型厚重 背上移范	直徑:30.0mm	重量:12.7g
102	日 八	斜走大 大型	直徑:30.0mm	重量:6.0g
103	日 四	斜走大 大型厚重	直徑:29.4mm	重量:14.5g

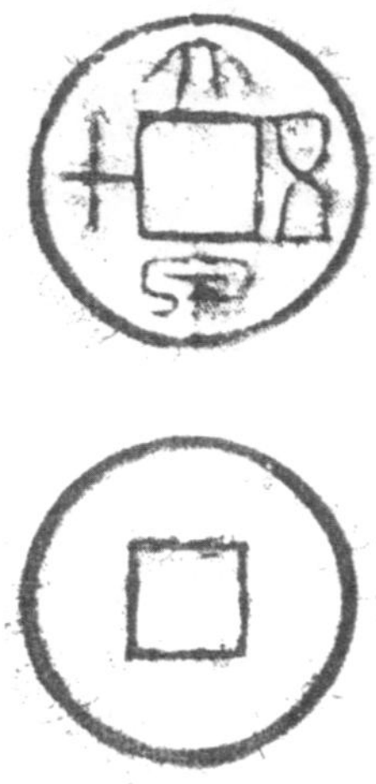

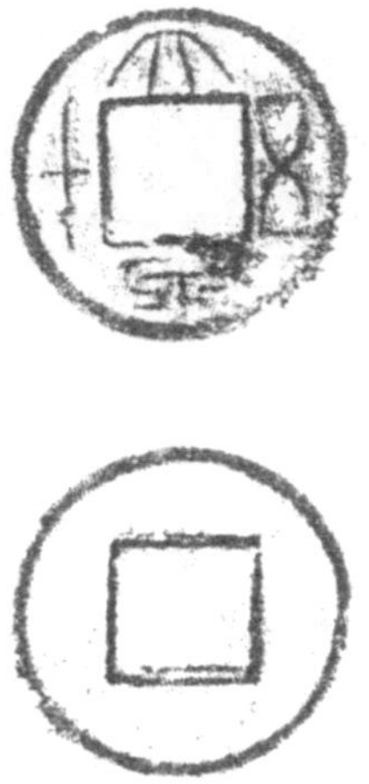

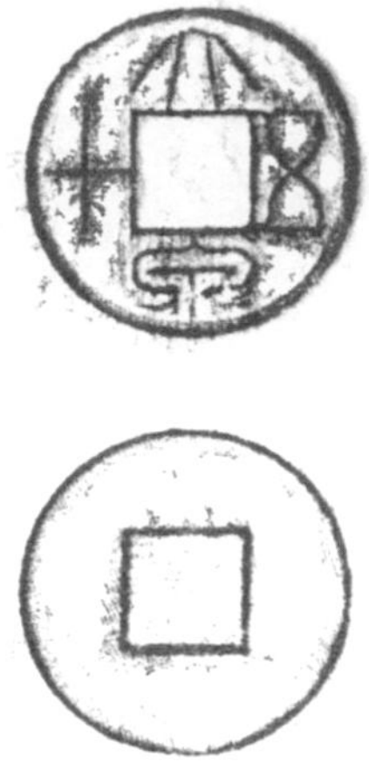

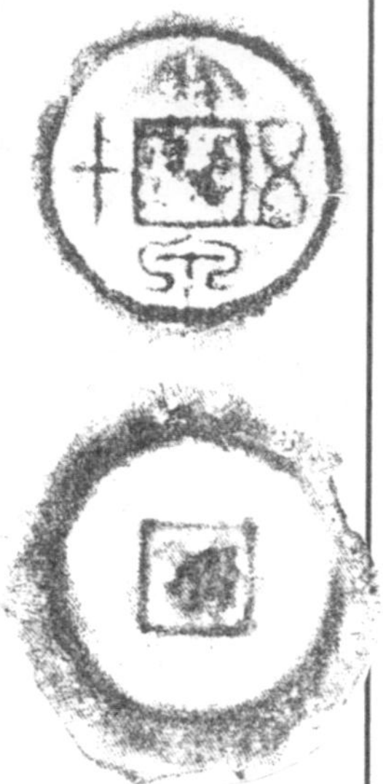

大泉五十錢譜

104	105	106	107
日	日	日	日
九	四	四	十
斜走大 大型 背流銅	斜走大 大型厚重	斜走大 大型厚重	斜走大 短十
直徑 29.1mm	直徑:28.8mm	直徑:28.6mm	直徑:28.6mm
重量:7.8g	重量:12.2g	重量:12.2g	重量:6.3g

108	109	110	112
日	日	日	日
十	八	四	四
斜走大	斜走大 背橫文	斜走大 大型厚重 淺字	斜走大 大型厚重
直徑:28.5mm	直徑:28.4mm	直徑:28.3mm	直徑:28.3mm
重量:6.1g	重量:8.7g	重量:10.0g	重量:9.9g

大泉五十錢譜

編號	113	114	115	116
分類	日	日	日	日
等級	十	九	十	十
說明	斜走大	斜走大 肥字 左下移范	斜走大	斜走大 肥五 廣穿
直徑	28.2mm	28.1mm	28.0mm	28.0mm
重量	8.7g	6.5g	6.0g	3.8g

編號	117	118	119	120
分類	日	日	日	日
等級	十	十	五	八
說明	斜走大 肥郭 隔輪	斜走大 闊緣 斜輪	斜走大 厚重	背左(魚)
直徑	27.8mm	27.8mm	27.7mm	27.6mm
重量	6.6g	5.1g	10.2g	6.3g

1-15

大泉五十錢譜

編號	日	名稱	直徑	重量
121	日十	斜走大 闊緣	27.6mm	3.5g
122	日九	斜走大 厚輪	27.5mm	8.7g
123	日八	斜走大 五中一横	27.4mm	3.6g
124	日十	斜走大	27.1mm	6.3g
125	日十	斜走大	27.0mm	4.7g
126	日十	斜走大 退大 進泉	27.0mm	4.2g
127	日九	斜走大 十右下横 文	26.7mm	3.0g
128	日九	斜走大 未剪枝	26.6mm	2.6g

大泉五十錢譜

編號	分類	名稱	直徑	重量
132	日 九	斜走大 格輪	26.4mm	3.5g
131	日 十	斜走大 昇大	26.4mm	3.5g
130	日 十	斜走大	26.5mm	3.1g
129	日 十	斜走大 扁泉	26.5mm	3.7g
136	日 十	斜走大 圓頭丁	25.9mm	2.6g
135	日 十	斜走大	26.0mm	4.0g
134	日 十	斜走大 進十	26.0mm	5.2g
133	日 十	斜走大 闊丁	26.3mm	3.8g

大泉五十錢譜

137	日	十	斜走大 扁大瘦五 短十	直徑:25.8mm	重量:4.4g
138	日	十	斜走大 點大	直徑:25.7mm	重量:4.1g
139	日	十	斜走大 背上重郭	直徑:25.7mm	重量:2.4g
140	日	十	斜走大 短十	直徑:25.6mm	重量:4.2g
141	日	九	斜走大 五上一點	直徑:25.4mm	重量:2.4g
142	日	十	斜走大 扁泉	直徑:25.3mm	重量:3.3g
143	日	十	斜走大 點大	直徑:25.3mm	重量:3.2g
144	日	十	斜走大 仰丁	直徑:25.3mm	重量:3.1g

大泉五十錢譜

編號			說明	直徑	重量
145	日	十	斜走大	25.2mm	4.5g
146	日	十	斜走大	25.2mm	4.0g
147	日	十	斜走大 寬大 十右一橫	25.1mm	3.6g
148	日	十	斜走大 小十退十	25.1mm	2.9g
149	日	十	斜走大	25.0mm	3.4g
150	日	四	斜走大 背齒紋	25.0mm	2.6g
151	日	十	斜走大 闊緣廣穿	24.9mm	3.8g
152	日	十	斜走大 肥泉	24.9mm	3.7g

大泉五十錢譜

編號			說明	直徑	重量
153	日	十	斜走大 闊緣廣穿	直徑:24.9mm	重量:3.3g
154	日	十	斜走大 廣穿 小五小泉	直徑:24.8mm	重量:3.1g
155	日	十	斜走大 仰大	直徑:24.7mm	重量:3.3g
156	日	十	斜走大 闊緣 丁斷筆	直徑:24.7mm	重量:3.2g

編號			說明	直徑	重量
157	日	十	斜走大 降十	直徑:24.5mm	重量:4.0g
158	日	十	斜走大 點大	直徑:24.5mm	重量:3.3g
159	日	十	斜走大 點大	直徑:24.3mm	重量:3.1g
160	日	九	斜走大 異五	直徑:24.2mm	重量:3.4g

大泉五十錢譜

161	日	十	斜走大圓頭丁	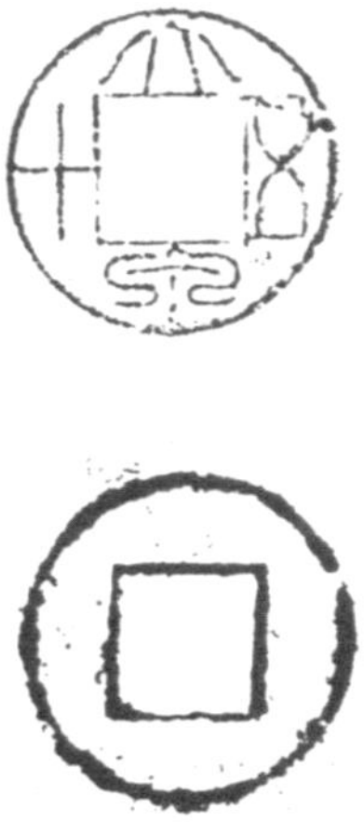	直徑:23.9mm	重量:1.7g
162	日	九	斜走大五上一豎	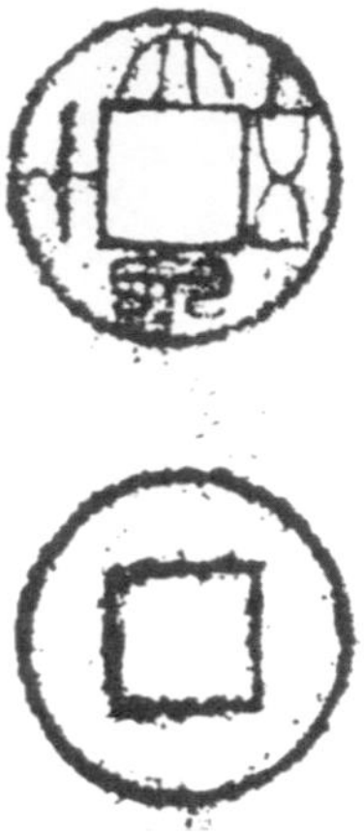	直徑:23.7mm	重量:1.8g
163	亮	十	斜走大背移笵	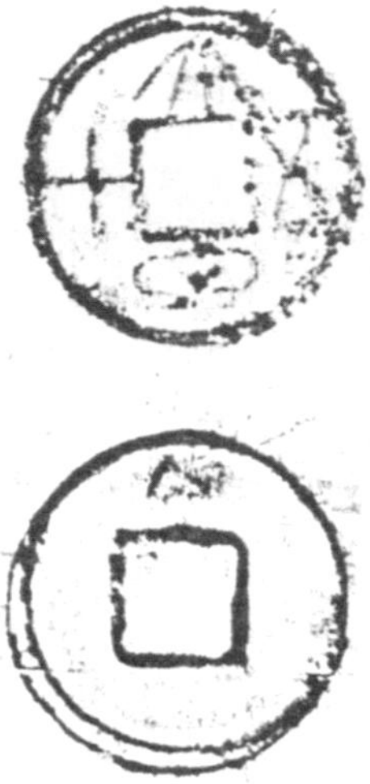	直徑:28.2mm	重量:8.7g
164	亮	八	斜走大異泉		直徑:28.2mm	重量:6.4g
165	亮	十	斜走大小泉	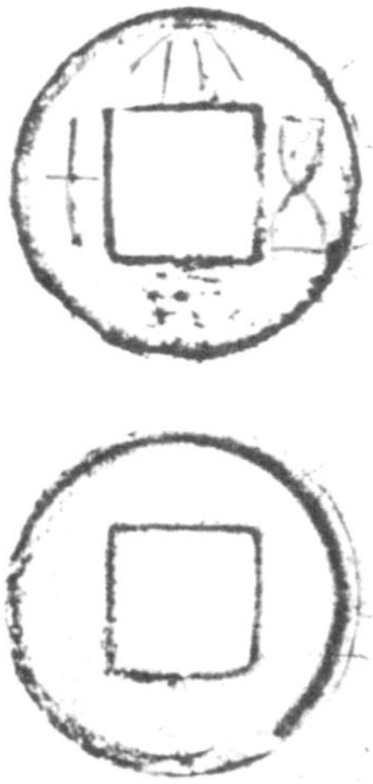	直徑:27.8mm	重量:5.0g
166	亮	九	斜走大方泉	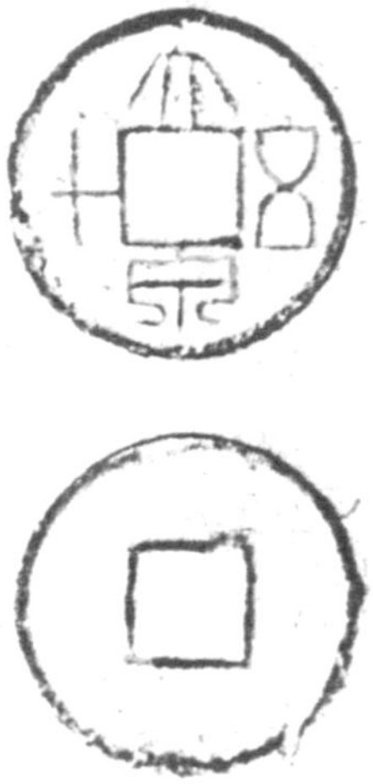	直徑:27.3mm	重量:6.6g
167	亮	十	斜走大	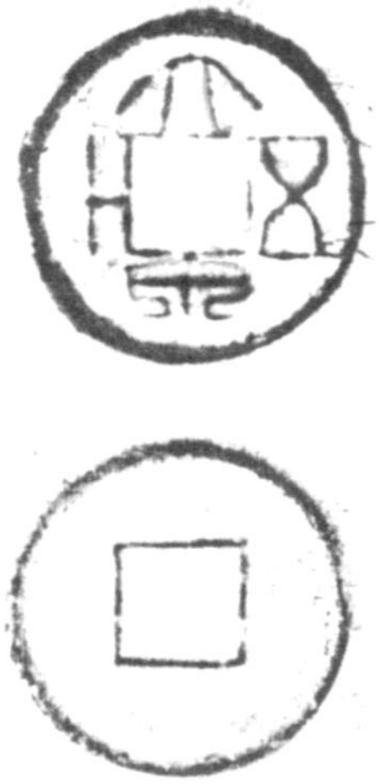	直徑:27.2mm	重量:5.3g
168	亮	十	斜走大	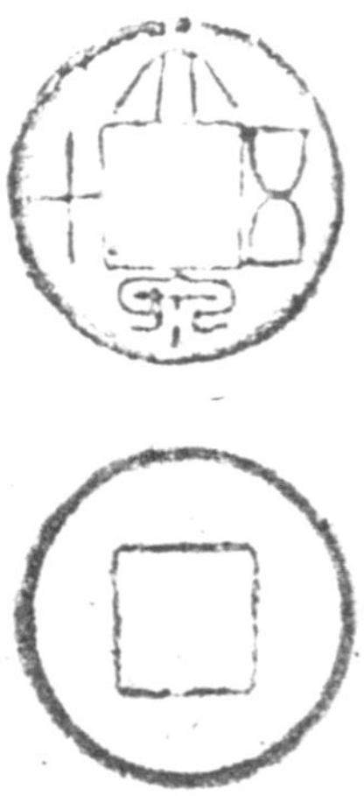	直徑:26.3mm	重量:3.6g

大泉五十錢譜

169	亮	十

斜走大

直徑:26.2mm
重量:2.7g

直徑:mm
重量:g

直徑:mm
重量:g

直徑:mm
重量:g

直徑:mm
重量:g

直徑:mm
重量:g

直徑:mm
重量:g

直徑:mm
重量:g

大泉五十錢譜

二、山形大

編號	1	2	3
來源	日	立	立
等級	六	十	九
名稱	山形大 大樣	山形大 肥字	山形大 大樣
直徑	30.5mm	28.3mm	29.3mm
重量	8.4g	7.4g	8.7g

編號	4	5	6	7
來源	立	立	林	立
等級	十	九	八	十
名稱	山形大 異丁	山形大 大樣 寬大	山形大 大樣 邊流銅	山形大
直徑	28.2mm	29.1mm	29.0mm	28.8mm
重量	4.5g	6.9g	14.0g	6.9g

大泉五十錢譜

8	立	十

山形大
大出頭

直徑:28.8mm
重量:6.9g

9	立	十

山形大
仰大

直徑:28.8mm
重量:6.0g

10	立	十

山形大
闊緣

直徑:28.8mm
重量:5.6g

11	立	十

山形大
背肥郭

直徑:28.7mm
重量:9.1g

12	立	九

山形大
寬大
寬泉
丁未斷筆

直徑:28.7mm
重量:8.0g

13	立	十

山形大
細郭

直徑:28.5mm
重量:8.2g

14	立	十

山形大
厚重

直徑:28.4mm
重量:11.9g

15	立	八

山形大
面背錯范

直徑:28.4mm
重量:8.7g

大泉五十錢譜

19 立十	18 立十	17 立十	16 立十
山形大 退大	山形大 厚重	山形大 厚重	山形大
直徑:28.2mm 重量:9.6g	直徑:28.2mm 重量:10.8g	直徑:28.2mm 重量:10.9g	直徑:28.3mm 重量:7.9g

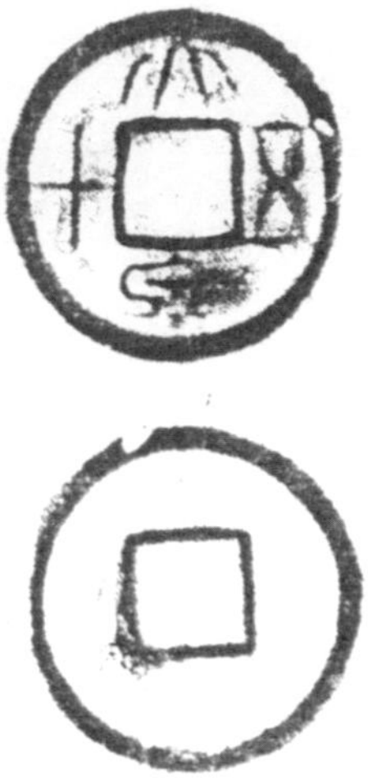

23 立十	22 立十	21 立十	20 立十
山形大	山形大	山形大 泉淺字	山形大 隱起文
直徑:28.1mm 重量:9.5g	直徑:28.2mm 重量:4.9g	直徑:28.2mm 重量:5.2g	直徑:28.2mm 重量:7.9g

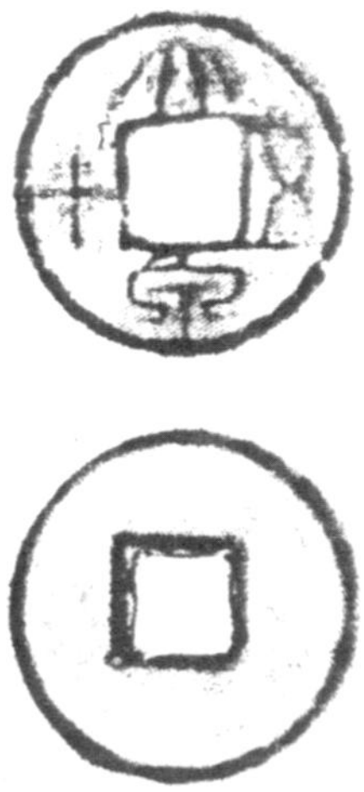

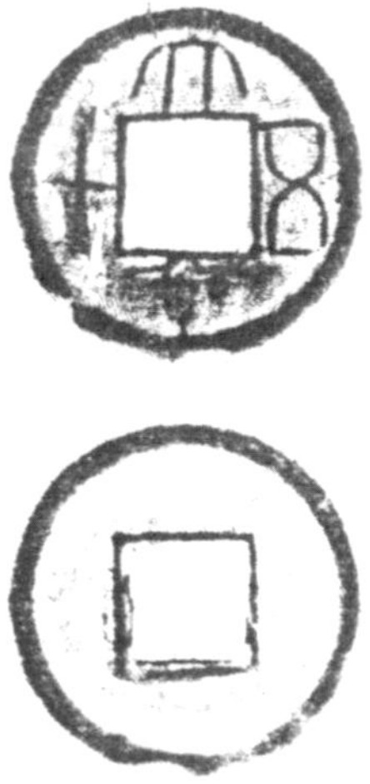

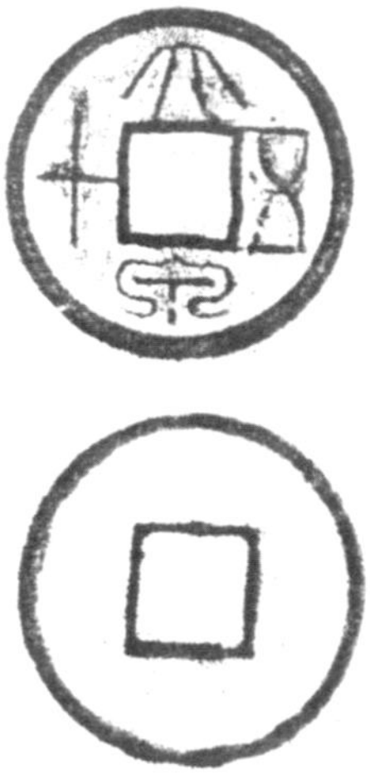

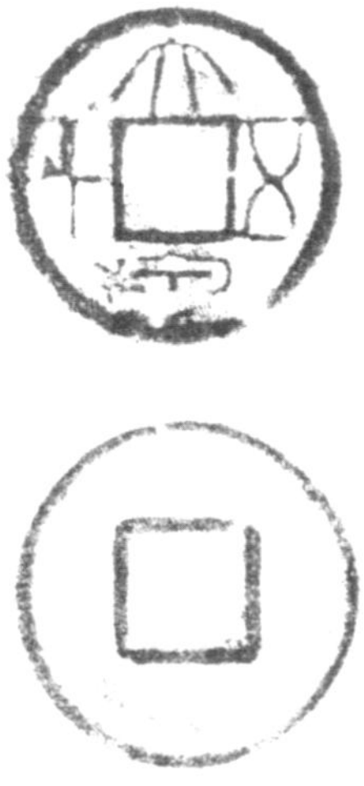

2-3

大泉五十錢譜

編號	分類	說明	直徑	重量
24	立 十	山形大 背向上移 笵	直徑:28.0mm	重量:8.1g
25	林 八	山形大 斜輪 車工背	直徑:28.0mm	重量:5.4g
26	立 十	山形大	直徑:28.0mm	重量:5.3g
27	立 十	山形大	直徑:28.0mm	重量:3.9g
28	立 十	山形大	直徑:27.9mm	重量:8.8g
29	立 十	山形大 肥郭	直徑:27.9mm	重量:7.5g
30	立 十	山形大 廣穿 扁大	直徑:27.9mm	重量:7.2g
31	立 十	山形大 廣穿 丁未斷筆	直徑:27.9mm	重量:6.8g

大泉五十錢譜

編號	代號	說明	直徑	重量
32	立十	山形大	27.9mm	6.8g
33	立十	山形大 肥字 正郭	27.9mm	6.2g
34	立十	山形大	27.9mm	5.5g
35	立十	山形大	27.9mm	5.0g
36	日九	山形大 背小	27.9mm	4.1g
37	立十	山形大 厚重	27.8mm	10.2g
38	立十	山形大	27.8mm	8.4g
39	立十	山形大 短十	27.8mm	7.1g

大泉五十錢譜

編號	類	等級	說明	直徑	重量
40	立	十	山形大	直徑:27.8mm	重量:6.5g
41	日	十	山形大	直徑:27.8mm	重量:5.6g
42	立	十	山形大	直徑:27.8mm	重量:4.3g
43	日	十	山形大 斜輪 肥郭	直徑:27.7mm	重量:5.8g
44	林	二	山形大 背花幕	直徑:27.6mm	重量:5.2g
45	蔡	十	山形大 大泉	直徑:27.6mm	重量:5.1g
46	立	十	山形大	直徑:27.6mm	重量:5.0g
47	立	十	山形大 肥五	直徑:27.6mm	重量:5.0g

大泉五十錢譜

48	日	六	山形大 廣穿 背輪圈	直徑:27.6mm	重量:3.8g
49	立	十	山形大 大泉 肥五	直徑:27.6mm	重量:3.5g
50	立	十	山形大 花穿 俯泉	直徑:27.5mm	重量:6.4g
51	立	十	山形大 肥郭 扁泉	直徑:27.5mm	重量:5.2g
52	立	十	山形大 細字 斜輪 薄肉	直徑:27.5mm	重量:3.0g
53	立	十	山形大	直徑:27.4mm	重量:7.4g
54	立	十	山形大	直徑:27.4mm	重量:7.0g
55	立	十	山形大 背郭圓角	直徑:27.4mm	重量:6.8g

2-7

大泉五十錢譜

56	立十	山形大	直徑:27.4mm	重量:4.3g
57	立十	山形大 廣穿	直徑:27.4mm	重量:4.2g
58	立十	山形大	直徑:27.4mm	重量:3.4g
59	立十	山形大 斜輪 肥郭	直徑:27.3mm	重量:6.9g
60	立十	山形大 方泉	直徑:27.3mm	重量:6.0g
61	立十	山形大	直徑:27.3mm	重量:4.8g
62	立十	山形大 斜輪 肥郭 瘦五	直徑:27.3mm	重量:4.3g
63	立十	山形大 廣穿	直徑:27.3mm	重量:3.9g

大泉五十錢譜

編號	記號	名稱	直徑	重量
64	立 十	山形大 深背	直徑:27.3mm	重量:3.9g
65	林 十	山形大 斜輪	直徑:27.3mm	重量:3.7g
66	立 十	山形大	直徑:27.2mm	重量:7.0g
67	立 十	山形大 大斷筆	直徑:27.2mm	重量:6.0g
68	立 十	山形大 廣穿	直徑:27.2mm	重量:5.6g
69	立 十	山形大 廣穿	直徑:27.2mm	重量:5.4g
70	立 十	山形大	直徑:27.2mm	重量:3.7g
71	日 十	山形大 背重郭	直徑:27.1mm	重量:6.0g

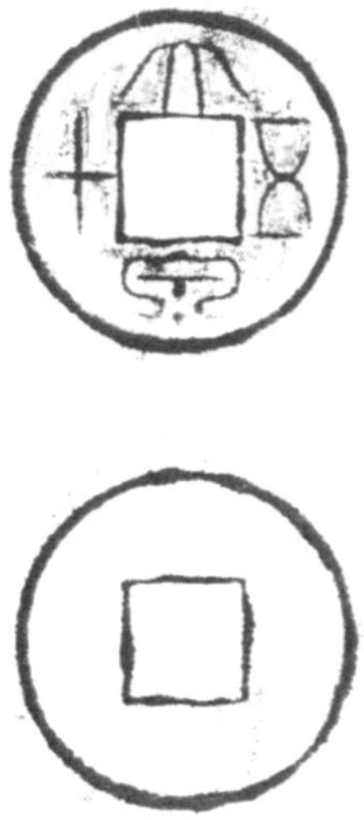

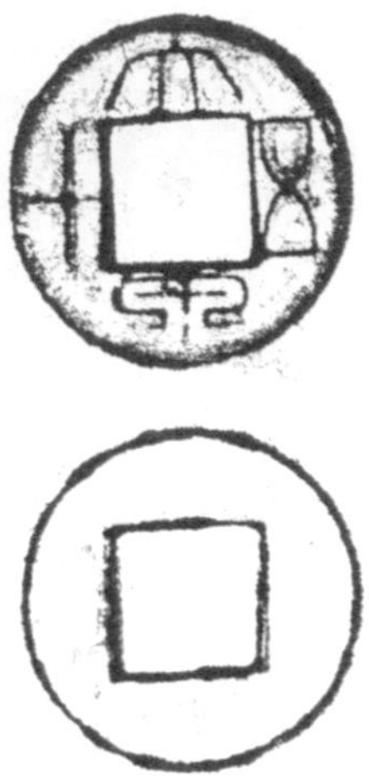

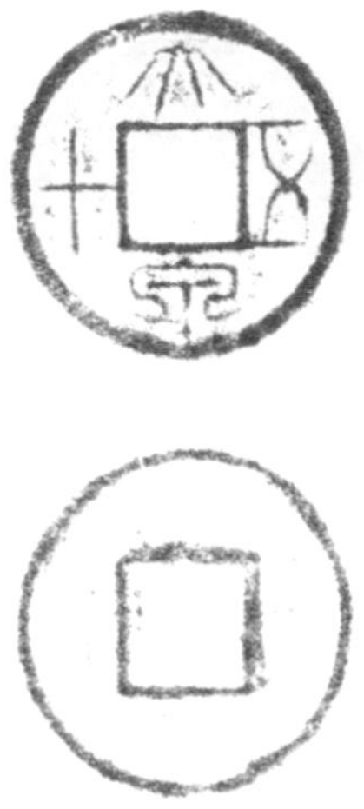

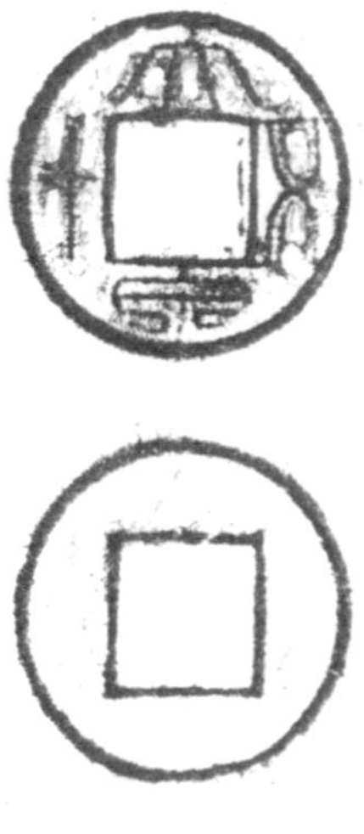

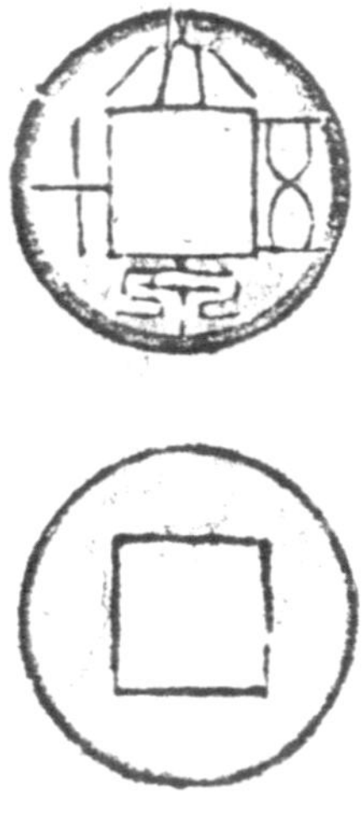

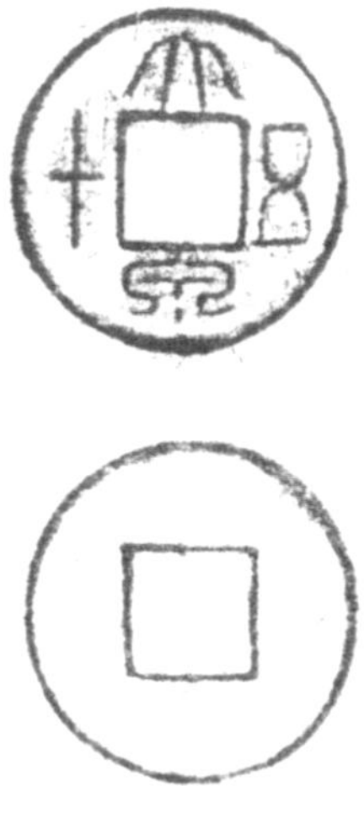

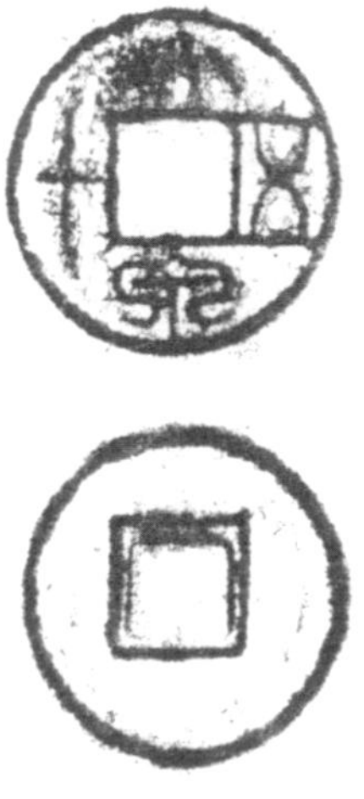

大泉五十錢譜

72 立十	山形大	直徑:27.1mm 重量:5.6g
73 立十	山形大 淺字	直徑:27.1mm 重量:5.6g
74 林四	山形大 背輪圈	直徑:27.0mm 重量:7.4g
75 立十	山形大	直徑:27.0mm 重量:7.3g
76 立十	山形大	直徑:27.0mm 重量:6.8g
77 林十	山形大 廣穿	直徑:27.0mm 重量:5.6g
78 林七	山形大 方泉	直徑:27.0mm 重量:5.6g
79 立十	山形大	直徑:27.0mm 重量:5.1g

大泉五十錢譜

編號	立	十	說明	直徑	重量
80	立	十	山形大 斜輪	直徑:27.0mm	重量:5.1g
81	立	十	山形大	直徑:27.0mm	重量:4.3g
82	立	十	山形大	直徑:26.9mm	重量:4.3g
83	立	十	山形大	直徑:26.9mm	重量:3.9g
84	立	十	山形大 斜輪	直徑:26.9mm	重量:3.8g
85	立	六	山形大 面背輪圈	直徑:26.9mm	重量:3.5g
86	立	十	山形大	直徑:26.8mm	重量:5.5g
87	立	十	山形大	直徑:26.8mm	重量:4.6g

大泉五十錢譜

編號	類別	品名	直徑	重量
88	立十	山形大	26.8mm	3.7g
89	立十	山形大	26.7mm	6.7g
90	立十	山形大	26.7mm	5.4g
91	立十	山形大 短十	26.7mm	5.3g
92	立十	山形大 背右下直文	26.7mm	3.8g
93	立十	山形大 剪輪薄肉	26.7mm	2.9g
94	立十	山形大 瘦五	26.6mm	5.9g
95	立十	山形大 長丁泉 短十	26.6mm	5.5g

大泉五十錢譜

編號	立	十	說明	直徑	重量
96	立	十	山形大	直徑:26.6mm	重量:4.2g
97	立	十	山形大	直徑:26.6mm	重量:4.0g
98	立	十	山形大 廣穿 細字	直徑:26.6mm	重量:3.6g
99	立	十	山形大	直徑:26.5mm	重量:8.4g

編號	立	十	說明	直徑	重量
100	立	十	山形大	直徑:26.5mm	重量:6.0g
101	立	十	山形大	直徑:26.5mm	重量:4.7g
102	立	十	山形大 仰大	直徑:26.4mm	重量:6.1g
103	立	十	山形大	直徑:26.4mm	重量:4.5g

大泉五十錢譜

104 立十

山形大 小字

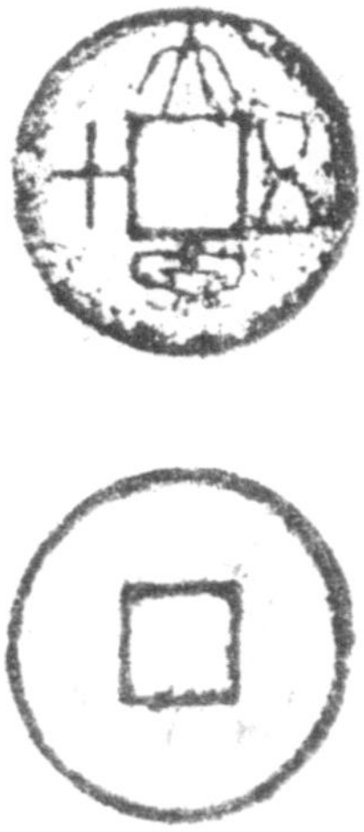

直徑:26.4mm
重量:4.2g

105 立十

山形大

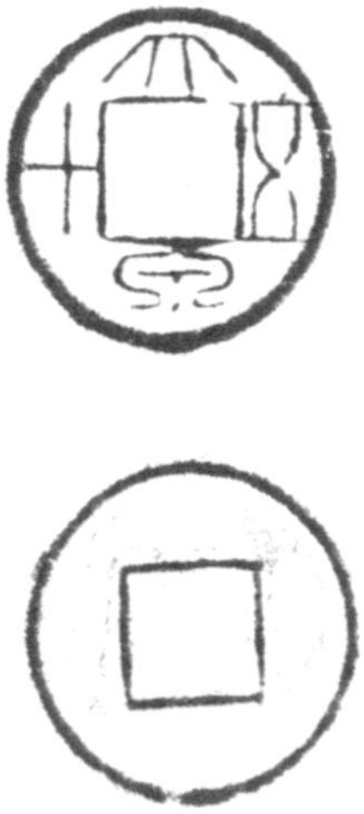

直徑:26.4mm
重量:3.7g

106 蔡十

山形大 廣穿 仰泉

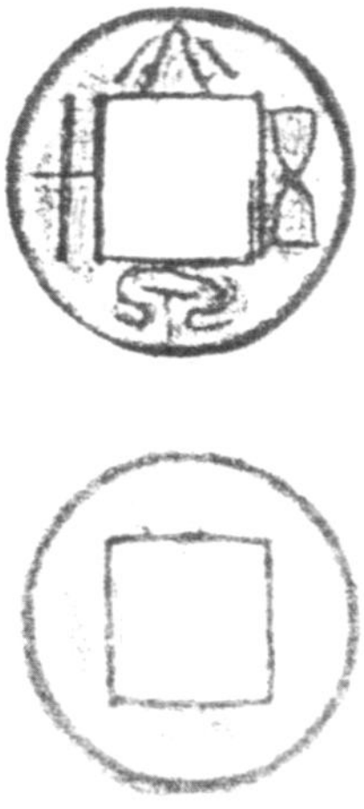

直徑:26.4mm
重量:3.6g

107 立十

山形大 斜輪

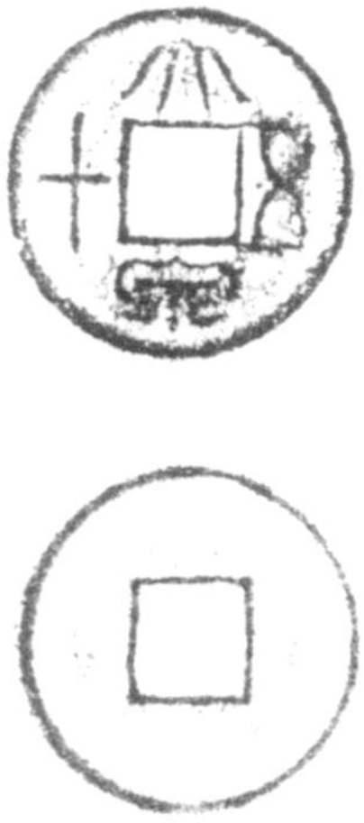

直徑:26.4mm
重量:3.3g

108 立十

山形大 廣穿 細字

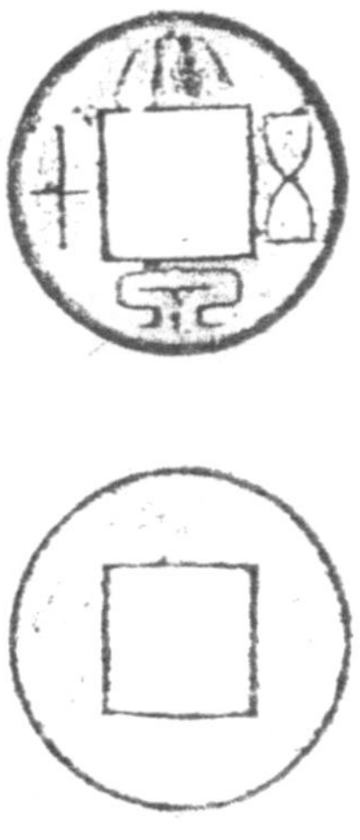

直徑:26.4mm
重量:3.0g

109 立十

山形大 廣穿 小字

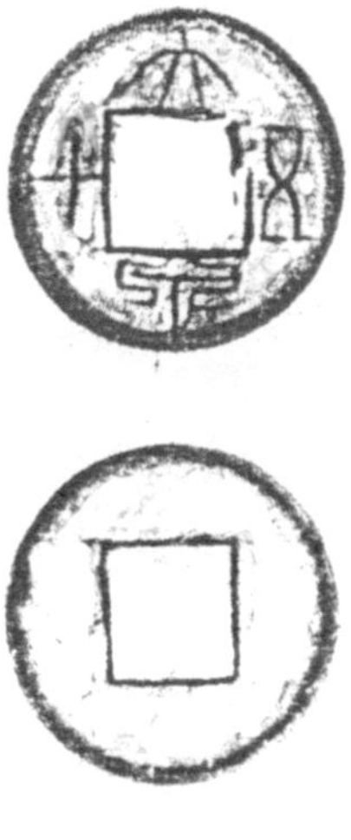

直徑:26.3mm
重量:3.9g

110 立十

山形大 雙頭大

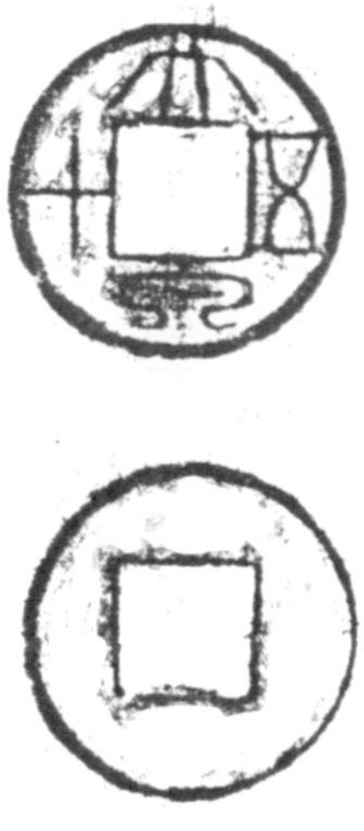

直徑:26.3mm
重量:3.8g

111 立十

山形大 寬字

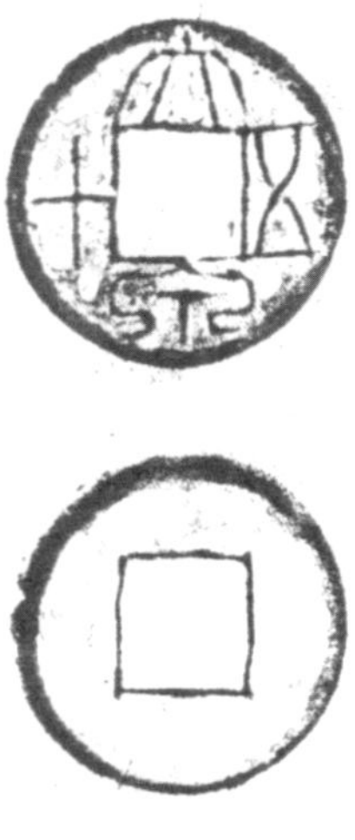

直徑:26.2mm
重量:4.8g

大泉五十錢譜

編號			說明	直徑	重量
112	蔡	十	山形大	直徑:26.2mm	重量:3.0g
113	立	九	山形大 背陰刻小	直徑:26.1mm	重量:3.2g
114	立	十	山形大 廣穿	直徑:26.1mm	重量:3.0g
115	立	十	山形大	直徑:26.0mm	重量:4.3g
116	林	九	山形大 細字	直徑:26.0mm	重量:2.9g
117	立	十	山形大 斜輪	直徑:25.8mm	重量:4.6g
118	立	十	山形大	直徑:25.9mm	重量:4.3g
119	立	十	山形大 廣穿 薄肉	直徑:25.6mm	重量:2.9g

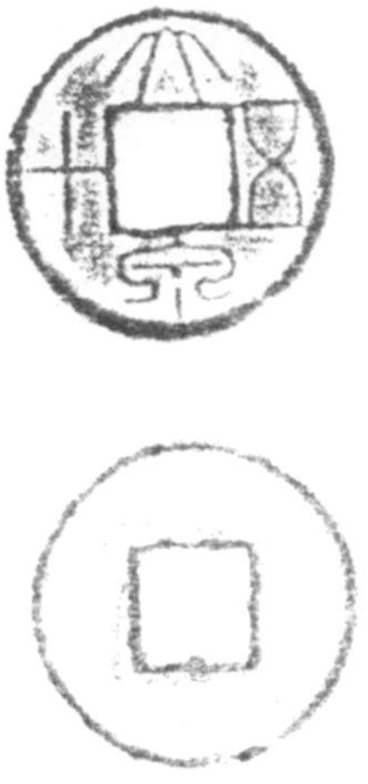

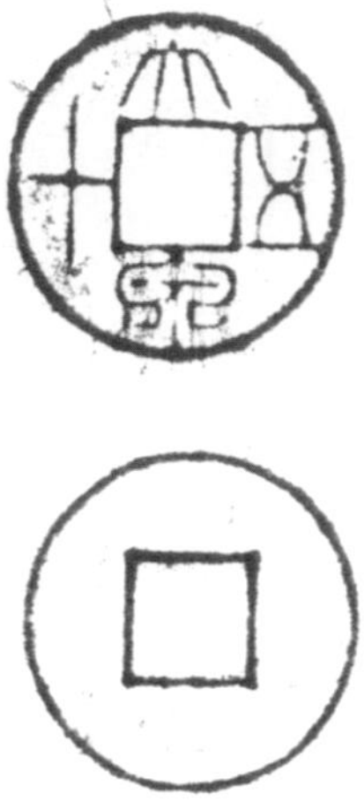

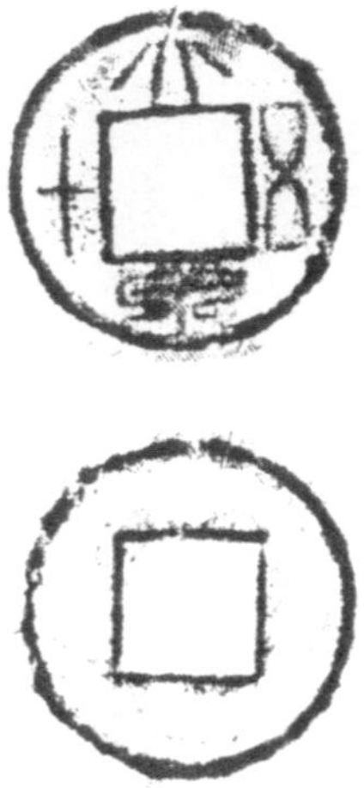

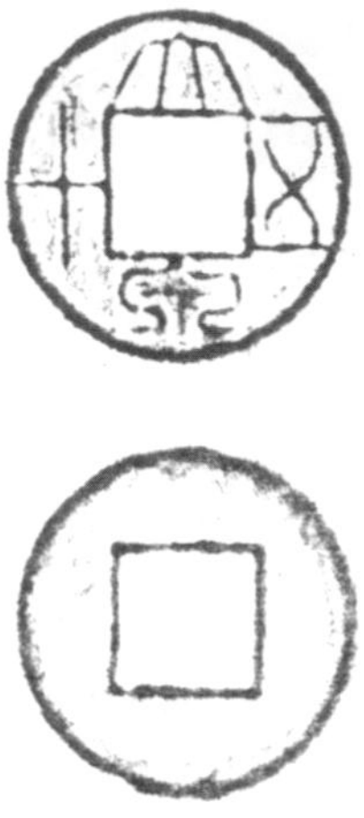

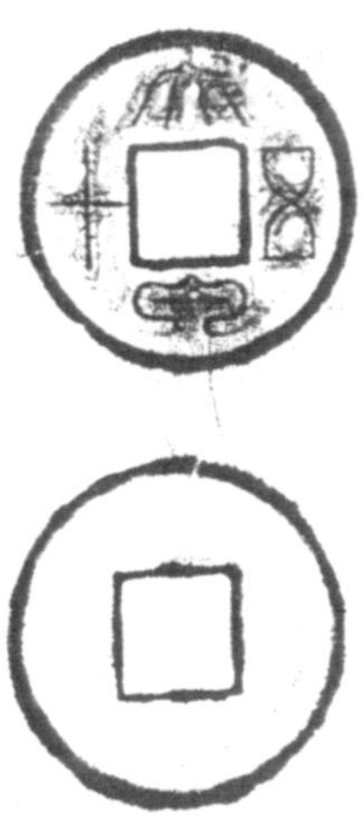

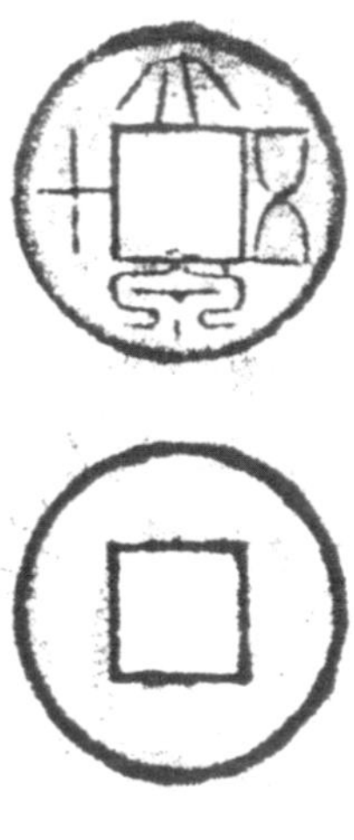

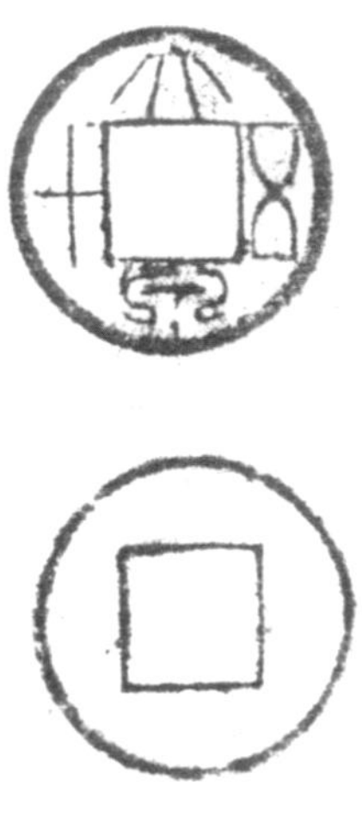

大泉五十錢譜

編號			品名	直徑	重量
120	立	十	山形大 肥五	直徑:25.6mm	重量:2.8g
121	蔡	十	山形大	直徑:25.5mm	重量:2.7g
122	立	十	山形大	直徑:25.4mm	重量:3.8g
123	立	十	山形大	直徑:25.4mm	重量:3.6g
124	立	十	山形大 細字	直徑:25.0mm	重量:2.9g
125	立	十	山形大 細緣 薄肉	直徑:24.8mm	重量:1.9g
126	林	二	山形大 背花幕	直徑:23.2mm	重量:2.7g
				直徑:mm	重量:g

大泉五十錢譜

127 立十	128 林六	129 立十	130 立十
山形大 方郭 圓穿	山形大 未開穿	山形大	山形大 面背移笵
直徑:29.5mm 重量:8.1g	直徑:29.0mm 重量:7.0g	直徑:28.5mm 重量:9.1g	直徑:28.1mm 重量:6.9g

131 立十	132 立十	133 立十	134 立十
山形大	山形大 短十	山形大 扁泉	山形大
直徑:27.9mm 重量:7.7g	直徑:27.6mm 重量:6.5g	直徑:27.6mm 重量:6.0g	直徑:27.6mm 重量:4.1g

大泉五十錢譜

135 立十
山形大 寬大 異五
直徑:27.4mm
重量:4.7g

136 立十
山形大 仰大 肥五 無郭
直徑:27.4mm
重量:4.7g

137 立十
山形大 六角泉
直徑:27.3mm
重量:5.3g

138 立十
山形大 異大 瘦五
直徑:27.1mm
重量:5.4g

139 立十
山形大 廣穿
直徑:27.0mm
重量:4.4g

140 立十
山形大
直徑:26.9mm
重量:4.9g

141 立十
山形大 肥字
直徑:26.9mm
重量:3.7g

142 立十
山形大 方泉
直徑:26.9mm
重量:3.0g

大泉五十錢譜

146 立十	145 立十	144 立十	143 立十
山形大	山形大 廣穿	山形大 仰大	山形大 寬大
直徑:26.3mm 重量:5.6g	直徑:26.6mm 重量:2.9g	直徑:26.6mm 重量:4.3g	直徑:26.8mm 重量:3.0g

150 立十	149 立十	148 立十	147 立十
山形大	山形大 小字	山形大	山形大 廣穿、薄肉 扁泉 背豎文
直徑:26.2mm 重量:4.2g	直徑:26.2mm 重量:5.3g	直徑:26.2mm 重量:5.7g	直徑:26.3mm 重量:2.9g

大泉五十錢譜

編號			名稱	直徑	重量
151	立	十	山形大 斜輪	直徑:26.2mm	重量:4.1g
152	立	十	山形大	直徑:25.8mm	重量:3.8g
153	立	十	山形大	直徑:25.7mm	重量:3.1g
154	立	十	山形大 背移范	直徑:28.1mm	重量:7.8g
155	立	十	山形大 瘦大	直徑:27.5mm	重量:8.1g
156	立	十	山形大	直徑:26.7mm	重量:4.1g
157	立	十	山形大 背移范	直徑:26.3mm	重量:5.7g
158	立	十	山形大 正背斜輪	直徑:27.8mm	重量:5.2g

大泉五十錢譜

編號	162	161	160	159
分類	立十	立十	立十	立十
特徵	山形大	山形大	山形大 斜輪	山形大
直徑	27.0mm	27.0mm	27.2mm	27.2mm
重量	4.7g	6.1g	3.6g	4.4g

編號	166	165	164	163
分類	炘十	炘十	立十	炘九
特徵	山形大	山形大	山形大 瘦五	山形大 廣穿 瘦五 瘦十
直徑	26.2mm	26.5mm	26.6mm	26.9mm
重量	4.9g	3.9g	4.7g	4.0g

大泉五十錢譜

167	山形大	炘	十	直徑:26.1mm	重量:3.7g
168	山形大 面移范	炘	八	直徑:25.8mm	重量:3.6g
169	山形大 方泉	炘	八	直徑:24.1mm	重量:2.2g
170	山形大 胖泉	日	九	直徑:28.6mm	重量:5.0g
171	山形大 斜輪	日	十	直徑:28.1mm	重量:5.0g
172	山形大 圓泉	日	十	直徑:27.7mm	重量:5.2g
173	山形大 平頭大	日	十	直徑:27.2mm	重量:3.3g
174	山形大 闊緣	日	十	直徑:26.5mm	重量:3.6g

2-22

大泉五十錢譜

178	177	176	175
日	日 十	日 十	日 十
山形大 波形頭丁	山形大 斜丁	山形大 廣穿 細字	山形大 廣穿
直徑:25.8mm 重量:3.2g	直徑:26.2mm 重量:3.6g	直徑:26.2mm 重量:3.1g	直徑:28.2mm 重量:4.4g

182	181	180	179
亮 九	日 十	日 十	日 十
山形大 闊緣	山形大 廣穿	山形大 廣穿	山形大 長丁
直徑:29.6mm 重量:6.6g	直徑:23.3mm 重量:1.5g	直徑:24.6mm 重量:2.0g	直徑:24.8mm 重量:4.4g

大泉五十錢譜

183	184	185	186
亮	亮	亮	亮
九	九	十	十
山形大 闊緣	山形大 曲泉 小十	山形大	山形大 斜五 小十
直徑:29.1mm 重量:7.5g	直徑:28.3mm 重量:9.4g	直徑:28.0mm 重量:8.3g	直徑:28.0mm 重量:6.4g

187	188	189	190
亮	亮	亮	亮
十	八	丨	十
山形大 降大	山形大 旋背	山形大 降大	山形大
直徑:28.0mm 重量:5.5g	直徑:27.7mm 重量:4.3g	直徑:27.2mm 重量:6.9g	直徑:27.3mm 重量:5.4g

大泉五十錢譜

191 亮九	192 亮十	193 亮十	194 亮十
山形大 歪五	山形大	山形大	山形大 降大
直徑:27.1mm 重量:5.9g	直徑:26.5mm 重量:4.9g	直徑:25.9mm 重量:5.1g	直徑:25.9mm 重量:4.9g

195 亮十	196 亮十	197 亮十	
山形大	山形大	山形大	
直徑:26.3mm 重量:3.5g	直徑:25.8mm 重量:4.2g	直徑: 重量:	直徑:mm 重量:g

大泉五十錢譜

直徑:mm 重量:g	直徑:mm 重量:g	直徑:mm 重量:g	直徑:mm 重量:g
直徑:mm 重量:g	直徑:mm 重量:g	直徑:mm 重量:g	直徑:mm 重量:g

2-26

大泉五十錢譜

三、圓弧大

1 日 四
圓弧大 大樣 背移范
直徑:29.9mm
重量:8.3g

2 立 九
圓弧大 大樣
直徑:29.7mm
重量:10.1g

3 日 九
圓弧大 大樣
直徑:29.7mm
重量:8.4g

4 立 九
圓弧大 大樣
直徑:29.0mm
重量:9.6g

5 立 十
圓弧大
直徑:28.9mm
重量:7.1g

6 立 十
圓弧大 闊緣
直徑:28.8mm
重量:8.3g

7 立 十
圓弧大
直徑:28.8mm
重量:7.1g

大泉五十錢譜

編號	8	9	10	11
	立	立	立	立
	十	十	九	十
	圓弧大 闊緣	圓弧大	圓弧大 車工背	圓弧大
	直徑:28.7mm	直徑:28.6mm	直徑:28.6mm	直徑:28.3mm
	重量:8.0g	重量:9.0g	重量:6.8g	重量:8.4g

編號	12	13	14	15
	立	立	立	立
	十	十	十	八
	圓弧大	圓弧大	圓弧大 厚肉	圓弧大 背右一
	直徑:28.3mm	直徑:28.3mm	直徑:28.2mm	直徑:28.2mm
	重量:7.8g	重量:7.8g	重量:10.8g	重量:10.2g

3-2

大泉五十錢譜

編號	品名	說明	直徑	重量
16	立十	圓弧大	直徑:28.2mm	重量:7.3g
17	立十	圓弧大 厚肉	直徑:27.9mm	重量:10.1g
18	立十	圓弧大 背移笵	直徑:27.9mm	重量:6.5g
19	立十	圓弧大	直徑:27.9mm	重量:5.8g
20	立十	圓弧大 闊緣	直徑:27.7mm	重量:8.0g
21	立十	圓弧大	直徑:27.7mm	重量:6.1g
22	立十	圓弧大	直徑:27.7mm	重量:5.2g
23	立十	圓弧大	直徑:27.6mm	重量:5.9g

3-3

大泉五十錢譜

編號	分類	名稱	直徑	重量
24	立十	圓弧大	直徑:27.5mm	重量:7.2g
25	立十	圓弧大 小十	直徑:27.5mm	重量:4.9g
26	立十	圓弧大 寬泉	直徑:27.4mm	重量:5.5g
27	立十	圓弧大	直徑:27.3mm	重量:6.6g
28	立十	圓弧大	直徑:27.3mm	重量:5.9g
29	立十	圓弧大	直徑:27.3mm	重量:5.2g
30	林九	圓弧大	直徑:26.9mm	重量:7.0g
31	立十	圓弧大 細緣	直徑:26.8mm	重量:3.6g

大泉五十錢譜

編號	來源	品相	說明	直徑	重量
32	立	十	圓弧大	直徑:26.5mm	重量:7.5g
33	立	十	圓弧大 斜輪	直徑:26.3mm	重量:5.5g
34	立	十	圓弧大	直徑:26.3mm	重量:4.6g
35	蔡	十	圓弧大 寬大 短十	直徑:26.3mm	重量:4.4g
36	立	十	圓弧大 淺字	直徑:26.3mm	重量:4.0g
37	立	十	圓弧大	直徑:26.2mm	重量:4.9g
38	立	十	圓弧大	直徑:26.1mm	重量:6.1g
39	林	七	圓弧大 廣穿 縮頭泉	直徑:25.2mm	重量:3.2g

大泉五十錢譜

編號	類別	說明	直徑	重量
40	立十	圓弧大	直徑:24.8mm	重量:2.4g
41	立十	圓弧大	直徑:28.3mm	重量:9.1g
42	立十	圓弧大 斜輪 肥十	直徑:27.8mm	重量:7.6g
43	立十	圓弧大	直徑:28.2mm	重量:6.9g
44	炘十	圓弧大	直徑:27.2mm	重量:6.0g
45	日九	圓弧大 大樣	直徑:30.6mm	重量:8.9g
46	日九	圓弧大 大樣 厚重 短十	直徑:30.3mm	重量:12.5g
47	日十	圓弧大	直徑:29.4mm	重量:5.8g

大泉五十錢譜

編號	記號	特徵	直徑	重量
48	日 九	圓弧大 寬大	直徑:29.1mm	重量:11.3g
49	日 九	圓弧大 厚重	直徑:29.0mm	重量:11.3g
50	日 十	圓弧大 闊緣	直徑:28.3mm	重量:5.8g
51	日 十	圓弧大 闊緣	直徑:27.4mm	重量:9.1g
52	立 十	圓弧大	直徑:27.1mm	重量:5.2g
53	日 十	圓弧大 闊緣 異泉	直徑:27.9mm	重量:7.5g
54	日 十	圓弧大 仰大	直徑:27.5mm	重量:5.8g
55	日 六	圓弧大 闊緣 北右陰圈	直徑:27.0mm	重量:6.2g

大泉五十錢譜

56	日	十	圓弧大 昇大	直徑:26.4mm	重量:5.9g
57	日	九	圓弧大 仰五仰泉	直徑:26.3mm	重量:4.6g
58	日	十	圓弧大 長丁瘦五 短十	直徑:26.3mm	重量:3.9g
59	日	十	圓弧大 仰大	直徑:26.2mm	重量:3.7g

60	日	十	圓弧大 闊丁	直徑:25.6mm	重量:3.1g
61	日	十	圓弧大 斜穿	直徑:25.5mm	重量:2.8g
62	日	十	圓弧大 點大	直徑:25.4mm	重量:3.7g
63	日	十	圓弧大 闊緣	直徑:25.3mm	重量:3.7g

編號	日	背	品名	直徑	重量
64	日	九	圓弧大 異五	直徑:25.1mm	重量:4.1g
65	日	十	圓弧大 闊丁	直徑:25.0mm	重量:3.6g
66	日	九	圓弧大 異泉	直徑:25.0mm	重量:3.4g
67	日	十	圓弧大 短十	直徑:25.0mm	重量:3.3g
68	日	十	圓弧大 闊丁	直徑:24.9mm	重量:3.7g
69	日	十	圓弧大 闊丁	直徑:24.9mm	重量:3.6g
70	日	十	圓弧大 廣穿	直徑:24.9mm	重量:2.7g
71	日		圓弧大 廣穿	直徑:24.8mm	重量:3.3g

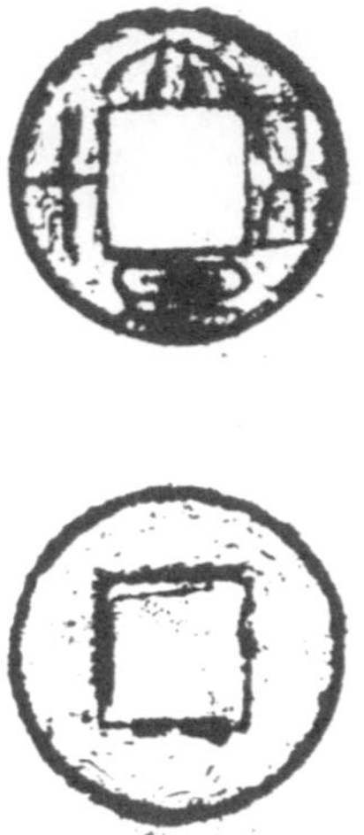

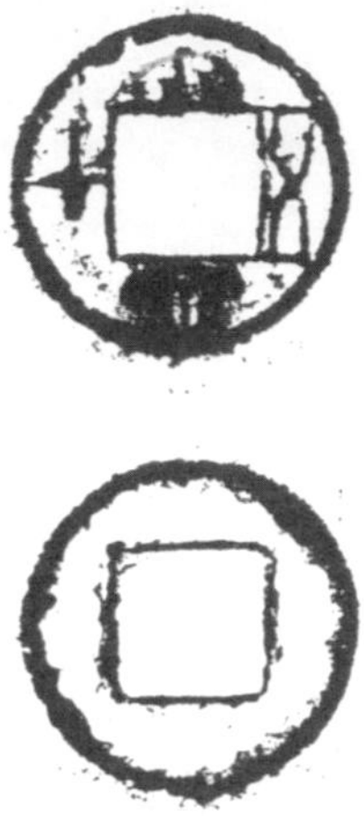

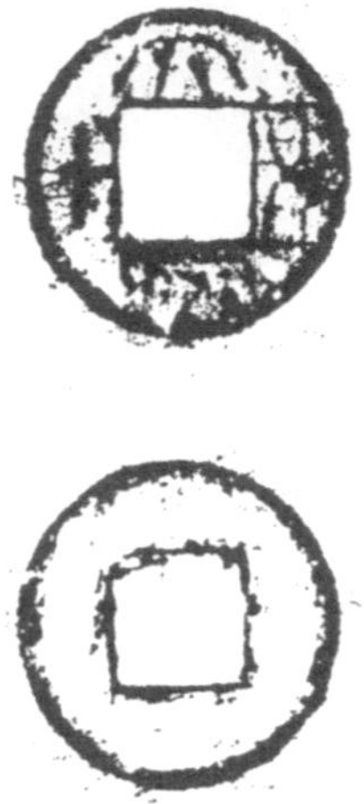

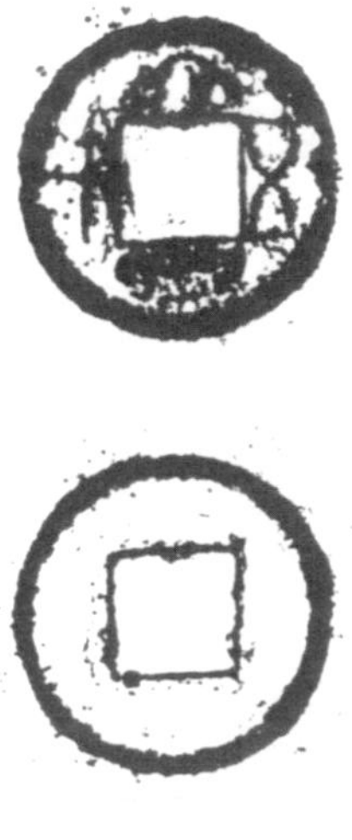

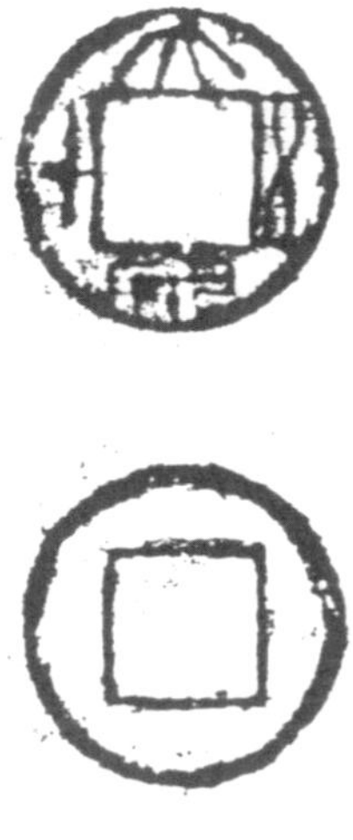

大泉五十錢譜

72 日 十

圓弧大
昇丁

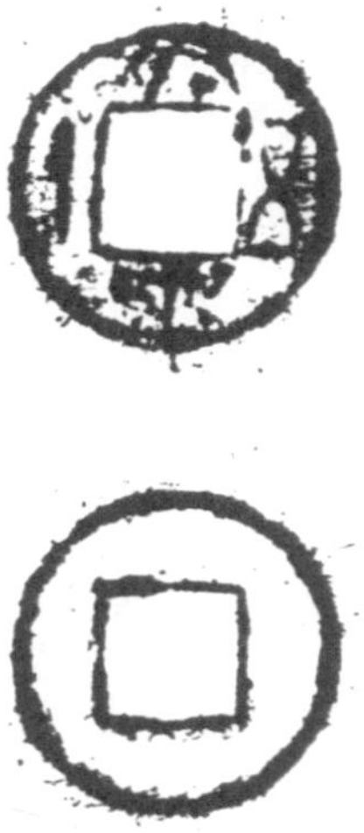

直徑:24.7mm
重量:3.5g

73 日 十

圓弧大
異泉

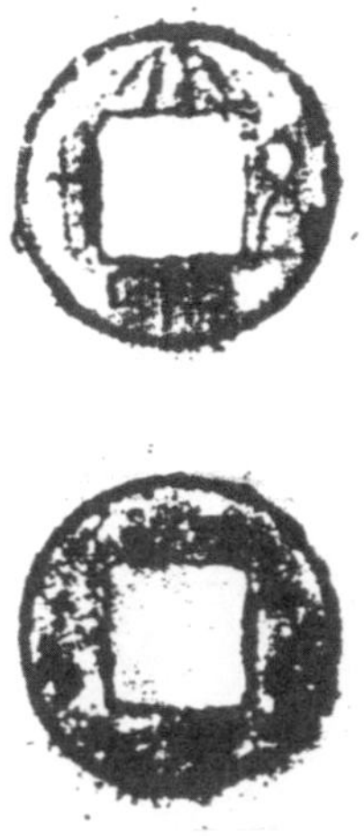

直徑:24.4mm
重量:3.3g

74 日 十

圓弧大
點大

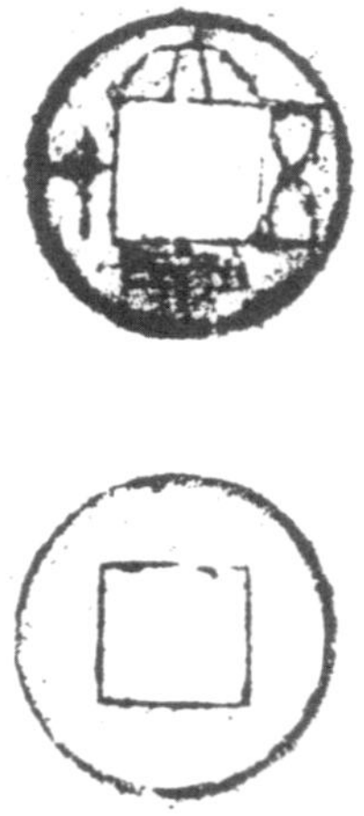

直徑:24.3mm
重量:2.7g

75 日 十

圓弧大
丁斷筆

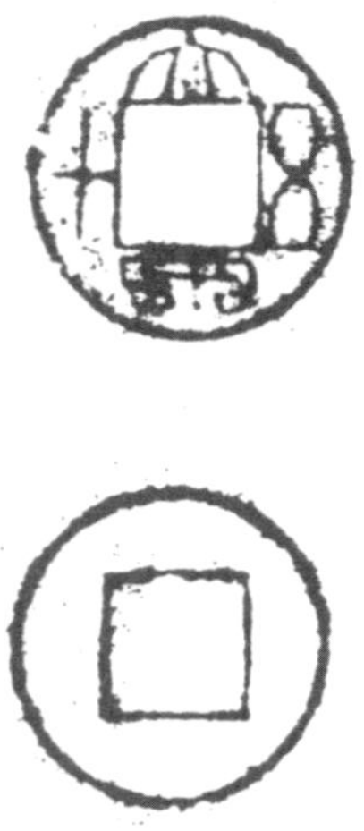

直徑:24.3mm
重量:2.2g

76 亮 十

圓弧大

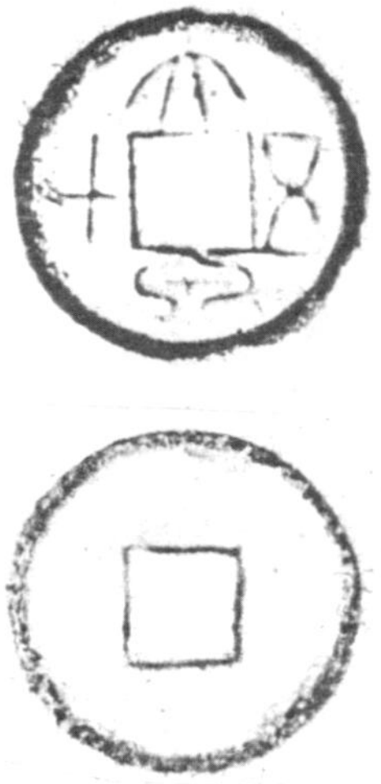

直徑:28.6mm
重量:6.6g

77 亮 十

圓弧大
降大
退泉

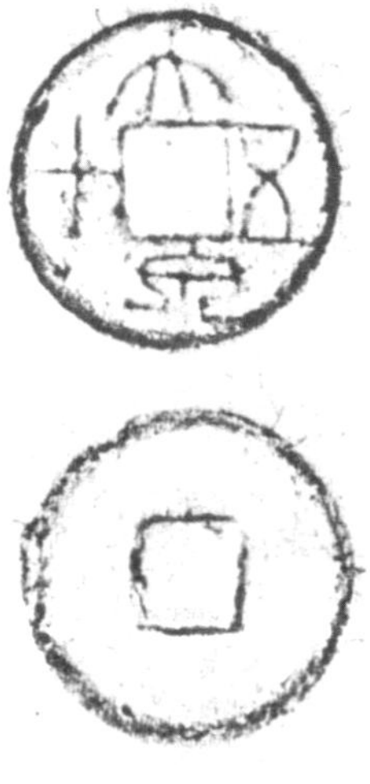

直徑:28.4mm
重量:5.6g

78 亮 十

圓弧大
闊緣

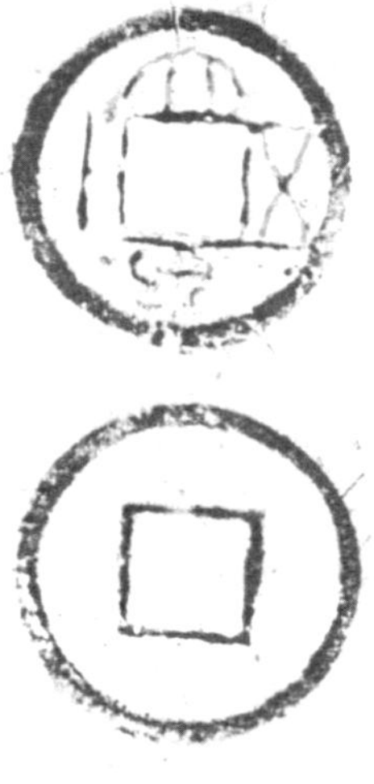

直徑:28.1mm
重量:6.1g

79 亮 十

圓弧大
降大
小十

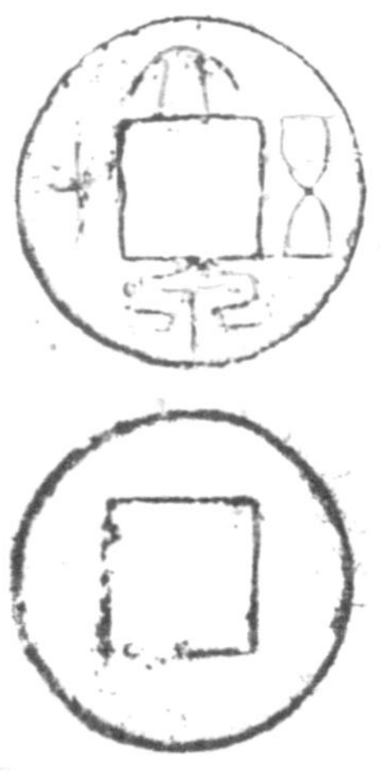

直徑:28.1mm
重量:5.7g

大泉五十錢譜

80	亮	十	圓弧大 大五 小十	直徑:28.0mm	重量:6.7g
81	亮	九	圓弧大 闊緣	直徑:27.7mm	重量:6.2g
82	亮	十	圓弧大 俯泉	直徑:27.6mm	重量:6.4g
83	亮	十	圓弧大	直徑:27.4mm	重量:4.9g
84	亮	九	圓弧大 闊緣	直徑:27.3mm	重量:6.5g
85	亮	十	圓弧大	直徑:27.3mm	重量:5.4g
86	亮	十	圓弧大 瘦五	直徑:27.3mm	重量:5.0g
87	亮	十	圓弧大 瘦五	直徑:27.1mm	重量:5.6g

大泉五十錢譜

88 亮 十
圓弧大
直徑:27mm
重量:5.6g

89 亮 九
圓弧大 闊緣
直徑:27.0mm
重量:4.8g

90 亮 九
圓弧大 闊緣 仰十
直徑:26.8mm
重量:6.0g

91 亮 十
圓弧大 瘦五 扁泉
直徑:26.7mm
重量:5.9g

92 亮 十
圓弧大
直徑:26.6mm
重量:5.7g

93 亮 十
圓弧大
直徑:26.4mm
重量:5.3g

94 亮 十
圓弧大
直徑:26.3mm
重量:4.2g

95 亮 六
圓弧大 背齒紋
直徑:23.6mm
重量:1.1g

大泉五十錢譜

編號	名稱	特徵	直徑	重量
96	亮十	圓弧大 薄肉	直徑:25.8mm	重量:2.5g
97	亮十	圓弧大 短十	直徑:25.6mm	重量:4.7g
98	亮十	圓弧大	直徑:25.2mm	重量:3.8g
99	亮十	圓弧大	直徑:25.1mm	重量:4.0g
			直徑:mm	重量:g
			直徑:mm	重量:g
			直徑:mm	重量:g
			直徑:mm	重量:g

大泉五十錢譜

直徑:mm 重量:g	直徑:mm 重量:g	直徑:mm 重量:g	直徑:mm 重量:g
直徑:mm 重量:g	直徑:mm 重量:g	直徑:mm 重量:g	直徑:mm 重量:g

3-14

四、圓形大

1 立十 圓形大	2 立十 圓形大 俯大	3 立十 圓形大 肥郭
直徑:28.8mm 重量:10.0g	直徑:28.7mm 重量:9.0g	直徑:28.7mm 重量:7.5g

4 立十 圓形大	5 立十 圓形大 降泉	6 立十 圓形大	7 立十 圓形大 仰大
直徑:28.7mm 重量:5.9g	直徑:28.6mm 重量:9.0g	直徑:28.5mm 重量:5.5g	直徑:28.4mm 重量:8.9g

大泉五十錢譜

編號	書體	特徵	說明	直徑	重量
8	立	十	圓形大	28.4mm	6.6g
9	立	十	圓形大 廣穿	28.2mm	5.3g
10	日	八	圓形大 背穿下二 直文	28.0mm	8.8g
11	立	十	圓形大	28.0mm	6.9g
12	立	十	圓形大	27.9mm	8.8g
13	立	十	圓形大	27.9mm	7.2g
14	立	七	圓形大 彎泉	27.9mm	3.4g
15	立	十	圓形大	27.8mm	5.8g

大泉五十錢譜

16	17	18	19
立十	立十	立十	蔡六
圓形大 高輪	圓形大	圓形大	圓形大 背五
直徑:27.8mm	直徑:27.8mm	直徑:27.6mm	直徑:27.5mm
重量:5.3g	重量:5.3g	重量:8.1g	重量:8.7g

20	21	22	23
立十	立十	立十	立十
圓形大	圓形大	圓形大 肥郭	圓形大
直徑:27.5mm	直徑:27.5mm	直徑:27.4mm	直徑:27.3mm
重量:6.6g	重量:5.5g	重量:8.7g	重量:6.4g

大泉五十錢譜

24	25	26	27
立十	立十	立十	立十
圓形大 仰泉	圓形大	圓形大 斜輪 細郭	圓形大
直徑:26.5mm 重量:3.1g	直徑:26.4mm 重量:4.4g	直徑:26.4mm 重量:4.7g	直徑:26.2mm 重量:4.4g

28	29	30	
立十	蔡十	立十	
圓形大	圓形大 肥字	圓形大	
直徑:26.2mm 重量:3.7g	直徑:26.6mm 重量:6.1g	直徑:26.1mm 重量:3.4g	直徑:mm 重量:g

編號			描述	直徑	重量
31	立	十	圓形大	直徑:28.0mm	重量:9.1g
32	立	十	圓形大	直徑:28.9mm	重量:9.0g
33	立	十	圓形大	直徑:28.4mm	重量:8.5g
34	立	十	圓形大	直徑:28.2mm	重量:8.1g
35	立	十	圓形大	直徑:28.4mm	重量:6.2g
36	立	十	圓形大	直徑:27.9mm	重量:6.8g
37	立	十	圓形大	直徑:27.2mm	重量:9.0g
38	立	十	圓形大	直徑:26.9mm	重量:4.3g

大泉五十錢譜

42	41	40	39
炘十	立八	立十	立十
圓形大	圓形大 厚重 背上陰圈	圓形大 闊緣	圓形大 薄肉
直徑:28.6mm 重量:9.5g	直徑:28.8mm 重量:9.9g	直徑:28.2mm 重量:9.0g	直徑:26.0mm 重量:2.6g

46	45	44	43
立十	炘十	立十	立九
圓形大 闊緣 肥字	圓形大 高輪	圓形大 肥郭	圓形大 歪泉
直徑:28.1mm 重量:7.5g	直徑:28.2mm 重量:8.0g	直徑:28.3mm 重量:7.7g	直徑:28.5mm 重量:7.0g

大泉五十錢譜

編號	收藏	評級	說明	直徑	重量
47	炘	八	圓形大 厚重 淺字	直徑:28.0mm	重量:9.6g
48	炘	十	圓形大	直徑:27.4mm	重量:6.9g
49	立	十	圓形大 廣穿	直徑:27.2mm	重量:5.1g
50	炘	十	圓形大	直徑:26.6mm	重量:4.2 g
51	立	十	圓形大 廣穿	直徑:26.6mm	重量:4.0g
52	炘	九	圓形大 扁泉	直徑:26.5mm	重量:5.3g
53	立	七	圓形大 異版 (東吳版)	直徑:25.8mm	重量:4.5g
54	炘	十	圓形大	直徑:25.5mm	重量:2.5g

大泉五十錢譜

55 立十	56 立十	57 炘十	58 立十
圓形大 斜輪	圓形大	圓形大 廣穿	圓形大
直徑:25.4mm 重量:2.8g	直徑:24.9mm 重量:3.0g	直徑:23.8mm 重量:1.6g	直徑:28.1mm 重量:8.6g

59 立十	60 立十	61 日四	62 日八
圓形大	圓形大 細字 薄肉	圓形大 大型厚重 未修邊	圓形大 大型
直徑:26.2mm 重量:4.0g	直徑:24.2mm 重量:2.1g	直徑:29.7mm 重量:12.2g	直徑:29.4mm 重量:9.3g

大泉五十錢譜

66	65	64	63
日十 圓形大 進大	日十 圓形大	日十 圓形大	日十 圓形大 小字
直徑:28.0mm 重量:5.5g	直徑:28.2mm 重量:9.7g	直徑:28.6mm 重量:6.1g	直徑:28.6mm 重量:7.3g

70	69	68	67
日十 圓形大 丁不斷筆	日九 圓形大 穿上一橫	日十 圓形大 昇丁	日十 圓形大 長丁
直徑:26.0mm 重量:2.6g	直徑:26.3mm 重量:3.0g	直徑:26.5mm 重量:4.7g	直徑:26.7mm 重量:2.5g

4-9

大泉五十錢譜

70	71	72	73
日十	日七	日九	日十
圓形大 翹鬍泉	圓形大 背刻陰紋	圓形大 五下一橫	圓形大 進五
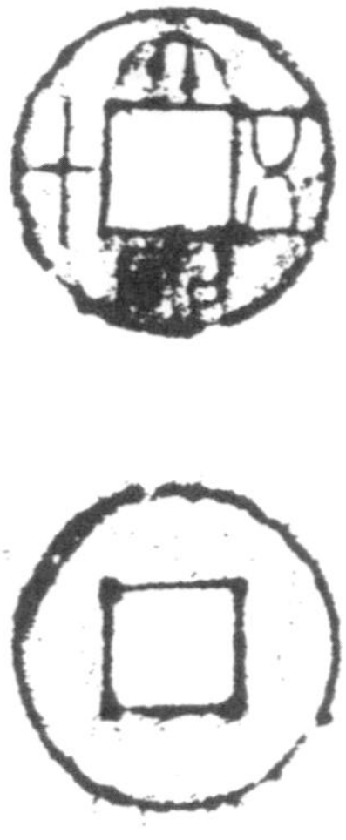	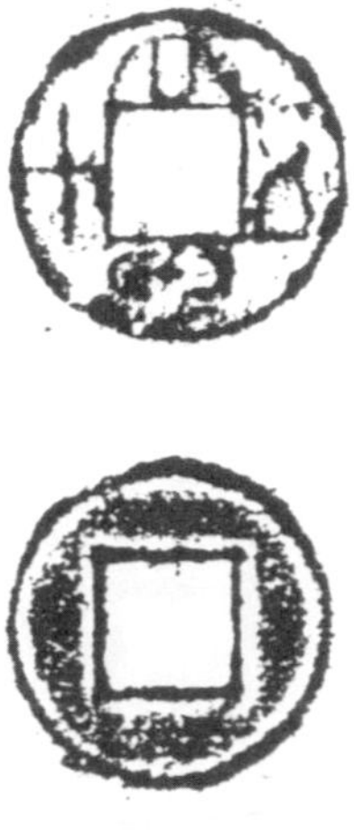	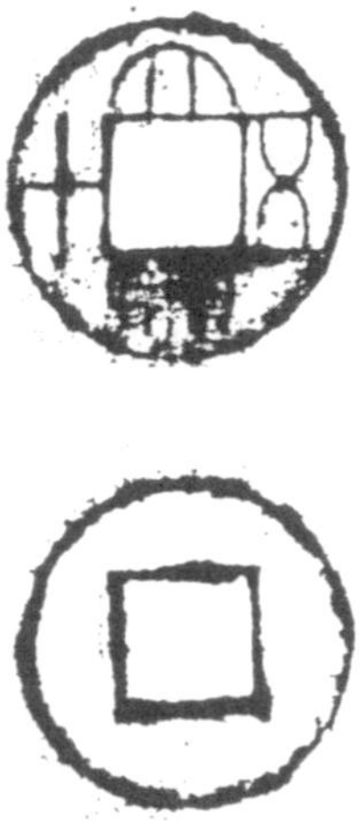	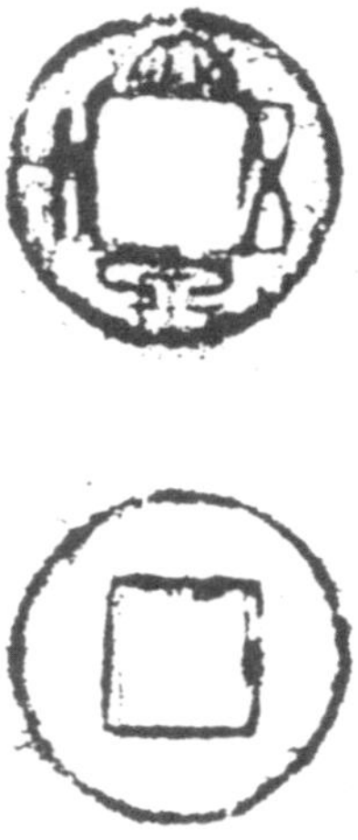
直徑:25.5mm	直徑:24.9mm	直徑:24.9mm	直徑:24.6mm
重量:2.5g	重量:2.9g	重量:2.2g	重量:3.6g

74	75	76	77
日十	日九	日九	日九
圓形大 肥五	圓形大 長十	圓形大 長十	圓形大 長十
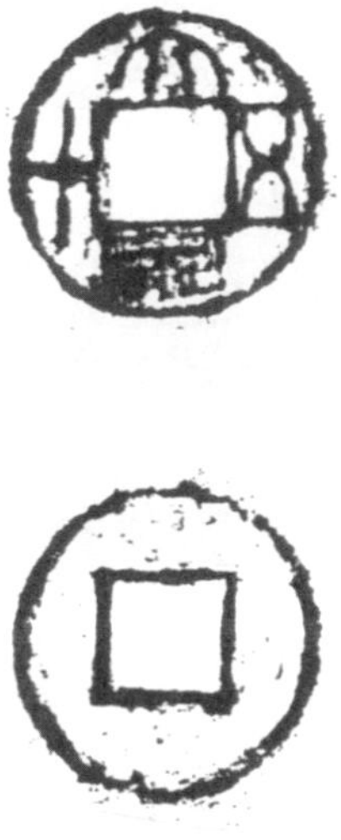	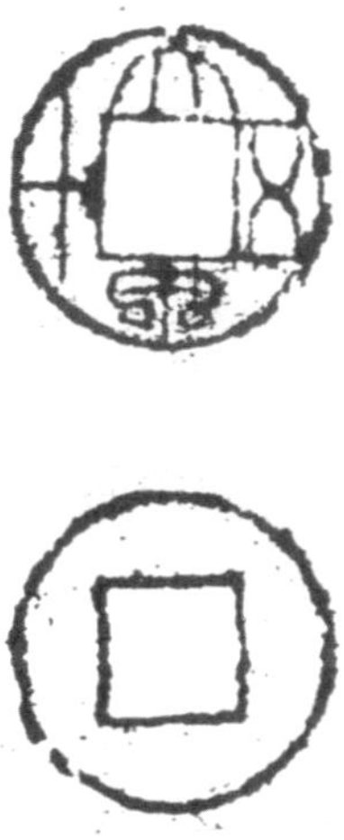	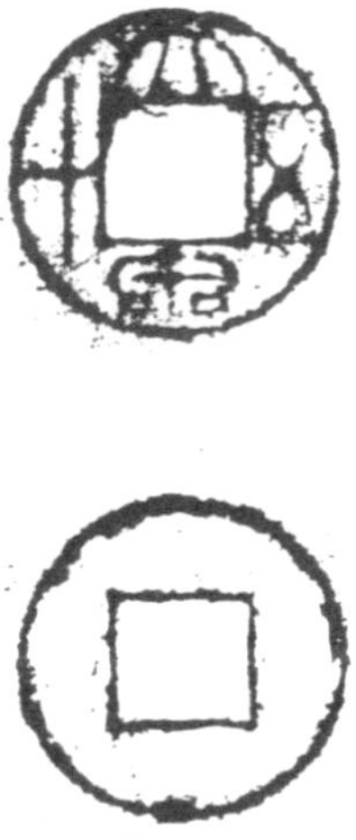	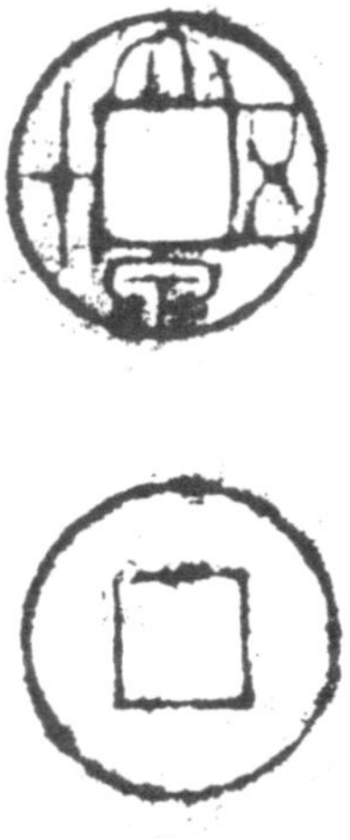
直徑:24.6mm	直徑:24.5mm	直徑:24.4mm	直徑:24.4mm
重量:2.1g	重量:1.8g	重量:2.6g	重量:2.2g

大泉五十錢譜

78	79	80	81
日	日	日	日
十	九	九	九
圓形大 背左重郭	圓形大 長十	圓形大 長十	圓形大 長十
直徑:24.4mm	直徑:24.4mm	直徑:24.3mm	直徑:24.3mm
重量 1.9g	重量:1.9g	重量:2.1g	重量:2.0g

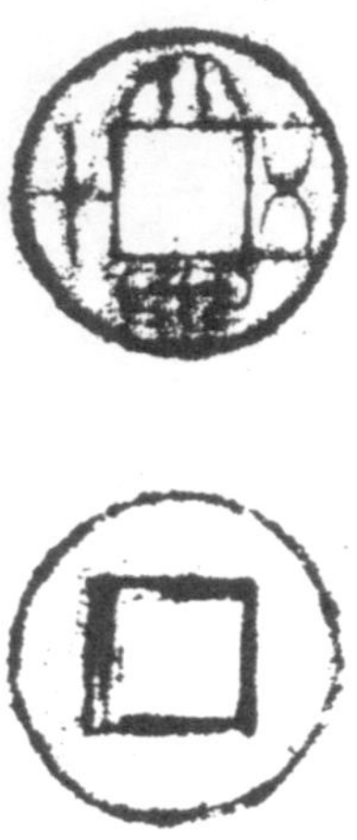

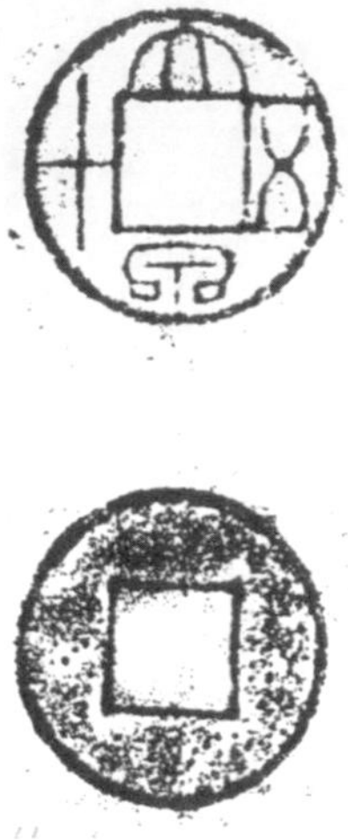

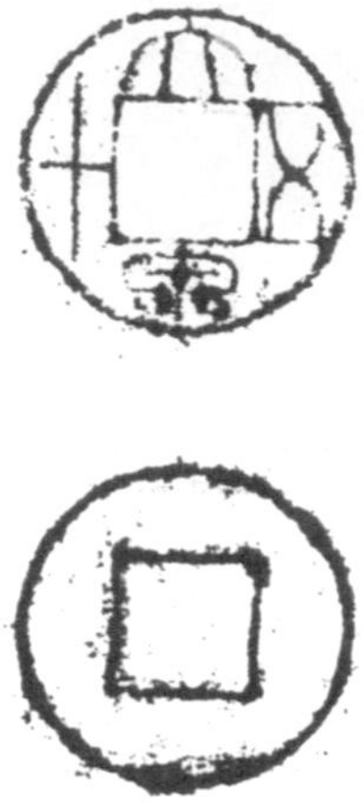

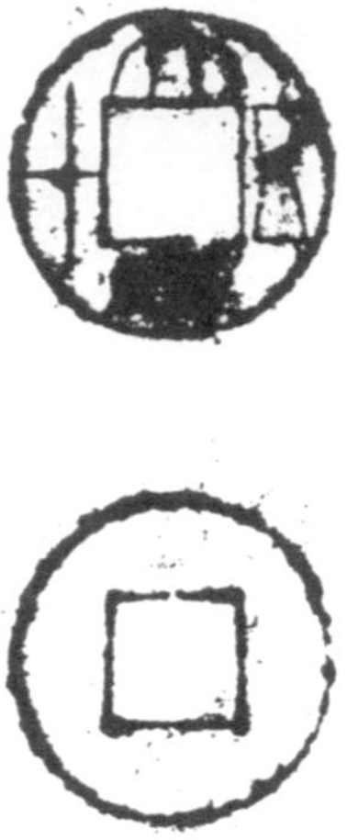

82	83	84	85
日	日	日	日
九	九	十	十
圓形大 長十	圓形大 長十	圓形大 細字	圓形大 翹翡泉
直徑:24.2mm	直徑:24.1mm	直徑:24.0mm	直徑:23.8mm
重量:2.1g	重量:2.1g	重量:2.4g	重量:1.7g

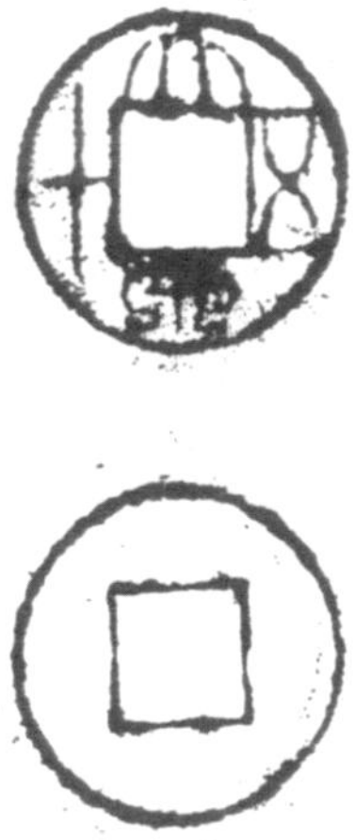

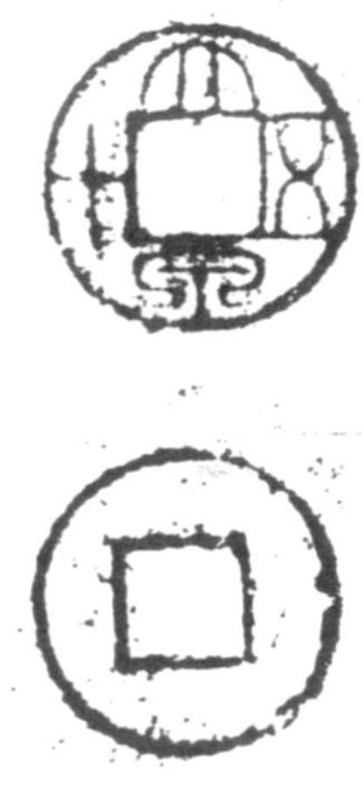

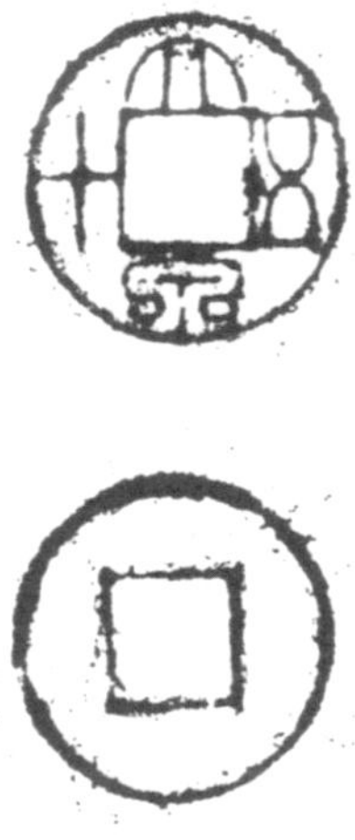

大泉五十錢譜

86	87	88	89
日	亮	亮	亮
十	九	九	十
圓形大 小型	圓形大 小字 大泉	圓形大 仰泉 五十小字	圓形大
直徑:22.6mm 重量:2.0g	直徑:27.8mm 重量:5.6g	直徑:27.5mm 重量:5.9g	直徑:27.0mm 重量:5.9g

90	91		
亮	亮		
九	十		
圓形大 闊緣	圓形大		
直徑:28.5mm 重量:6.3g	直徑:26.4mm 重量:5.3g	直徑:mm 重量:g	直徑:mm 重量:g

五、圓垂大

編號	名稱			直徑	重量
1	圓垂大	立	九	直徑:28.1mm	重量:9.6g
2	圓垂大	立	九	直徑:26.6mm	重量:4.0g
3	圓垂大	林	九	直徑:26.4mm	重量:3.4g
4	圓垂大	立	九	直徑:27.6mm	重量:6.9g
5	圓垂大	立	九	直徑:26.4mm	重量:4.0g
6	圓垂大	立	九	直徑:28.7mm	重量:7.2g
7	圓垂大	立	九	直徑:27.7mm	重量:4.6g

大泉五十錢譜

編號	類	品	特徵	直徑	重量
8	立	九	圓垂大	直徑:27.7mm	重量:4.2g
9	立	九	圓垂大	直徑:27.5mm	重量:3.5g
10	立	九	圓垂大	直徑:27.4mm	重量:3.7g
11	立	九	圓垂大 小泉 瘦十	直徑:27.2mm	重量:5.5g
12	立	九	圓垂大	直徑:27.1mm	重量:5.9g
13	立	九	圓垂大	直徑:27.1mm	重量:5.0g
14	立	九	圓垂大	直徑:27.0mm	重量:5.5g
15	立	九	圓垂大	直徑:27.0mm	重量:5.0g

大泉五十錢譜

編號	16	17	18	19
	立	立	立	立
	九	九	九	九
	圓垂大	圓垂大	圓垂大	圓垂大
直徑	直徑:26.9mm	直徑:26.9mm	直徑:26.8mm	直徑:26.5mm
重量	重量:5.3g	重量:5.0g	重量:4.6g	重量:4.7g

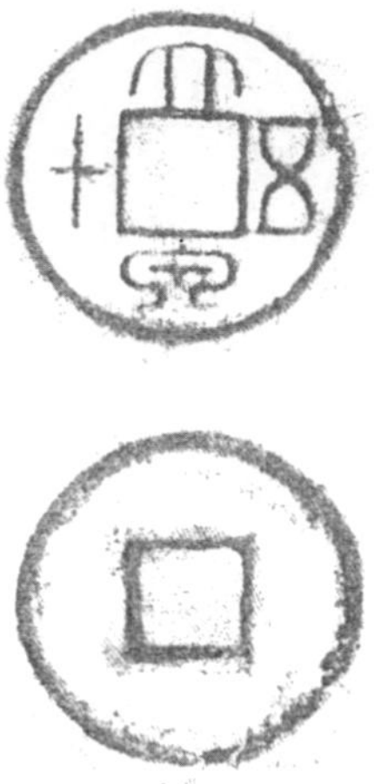

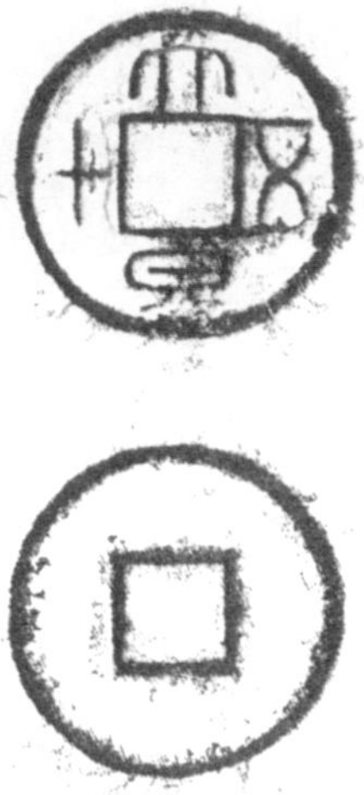

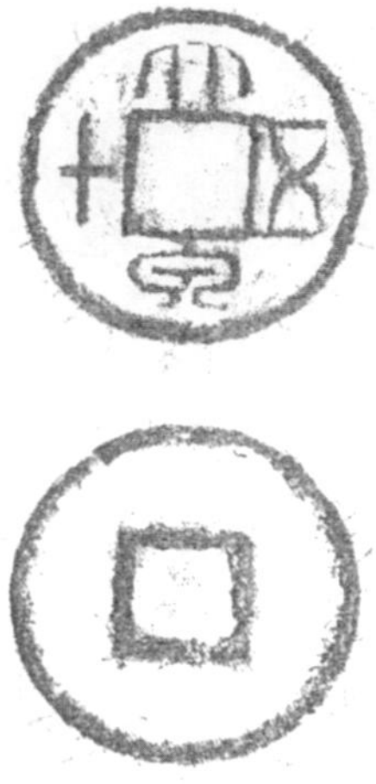

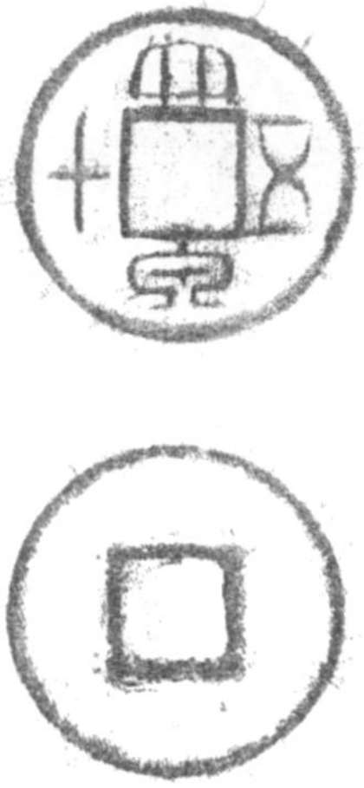

編號	20	21	22	23
	日	日	日	日
	九	九	九	九
	圓垂大	圓垂大	圓垂大	圓垂大 短丁
直徑	直徑:27.9mm	直徑:26.9mm	直徑:26.9mm	直徑:26.9mm
重量	重量:4.8g	重量:5.4g	重量:5.2g	重量:4.2g

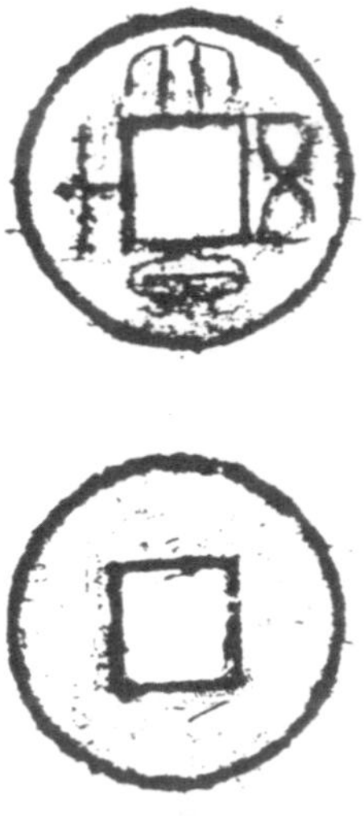

大泉五十錢譜

24	25	26	27
日	日	日	日
九	九	九	九
圓垂大	圓垂大 仰五	圓垂大	圓垂大
直徑:26.7mm	直徑:28.7mm	直徑:28.6mm	直徑:27.7mm
重量:5.0g	重量:8.0g	重量:9.5g	重量:8.1g

28			
亮			
九			
圓垂大			
直徑:25.2mm	直徑:mm	直徑:mm	直徑:mm
重量:4.9g	重量:g	重量:g	重量:g

大泉五十錢譜

六、蜿走大

編號	1	2	3
名稱	蜿走大 闊緣	蜿走大	蜿走大 廣穿
等級	林八	立九	立五
直徑	28.4mm	27.6mm	26.2mm
重量	6.7g	4.6g	3.3g

編號	4	5		
名稱	蜿走大 瘦十	蜿走大 面斜輪		
等級	立九	立八		
直徑	24.3mm	27.6mm	mm	mm
重量	2.3g	5.8g	g	g

大泉五十錢譜

七、異形大

編號	類	名稱	圖	直徑	重量
1	立 十	異形大		直徑:28.5mm	重量:6.2g
2	立 十	異形大		直徑:27.4mm	重量:6.5g
3	日 十	異形大 叉腿大		直徑:27.6mm	重量:7.8g
4	立 十	異形大		直徑:27.1mm	重量:5.0g
5	日 十	異形大 廣穿 闊大		直徑:26.9mm	重量:3.6g
6	日 十	異形大 肥泉 小十		直徑:26.8mm	重量:5.1g
7	日 十	異形大 闊緣		直徑:26.1mm	重量:5.1g

大泉五十錢譜

8	日	十	異形大	直徑:25.9mm	重量:2.5g
9	日		異形大 俯大俯五	直徑:25.8mm	重量:4.4g
10	日		異形大	直徑:25.7mm	重量:6.9g
11	日		異形大 進泉	直徑:25.2mm	重量:3.3g
12	日	十	異形大 闊大	直徑:24.8mm	重量:2.5g
13	亮	九	異形大 大樣	直徑:29.0mm	重量:7.2g
14	亮	八	異形大 闊緣	直徑:28.6mm	重量:9.2g
15	亮	十	異形大	直徑:27.3mm	重量:5.0g

大泉五十錢譜

編號		等級	說明	直徑	重量
16	亮	八	異形大	直徑:27.3mm	重量:3.6g
17	亮	八	異形大 異泉	直徑:27.1mm	重量:5.0g
18	亮	九	異形大	直徑:27.0mm	重量:7.9g
19	亮	九	異形大	直徑:26.7mm	重量:5.6g
20	亮	九	異形大	直徑:26.7mm	重量:5.4g
21	亮	五	異形大 曲十 大泉五市	直徑:26.7mm	重量:4.2g
22	亮	七	異形大	直徑:26.5mm	重量:4.5g
23	亮	九	異形大	直徑:25.3mm	重量:4.5g

大泉五十錢譜

24 亮八	25 亮九		
異形大 短十	異形大		
直徑:24.3mm 重量:4.8g	直徑:24.0mm 重量:4.4g	直徑:mm 重量:g	直徑:mm 重量:g

直徑:mm 重量:g	直徑:mm 重量:g	直徑:mm 重量:g	直徑:mm 重量:g

直徑:mm 重量:g	直徑:mm 重量:g	直徑:mm 重量:g	直徑:mm 重量:g
直徑:mm 重量:g	直徑:mm 重量:g	直徑:mm 重量:g	直徑:mm 重量:g

大泉五十錢譜

7-5

八、輕錢類

編號	類	分類	型式	直徑	重量
1	日	八	斜走大	22.8mm	1.5g
2	立	八	山形大	22.7mm	1.8g
3	林	八	斜走大	22.5mm	2.3g
4	立	八	圓形大	22.3mm	1.3g
5	立	八	圓形大	21.8mm	1.3g
6	立	八	圓形大	21.7mm	1.4g
7	立	八	斜走大	21.7mm	1.2g

大泉五十錢譜

8	立 八	圓形大	直徑:21.6mm	重量:1.4g
9	立 八	斜走大	直徑:21.6mm	重量:1.3g
10	立 八	圓形大	直徑:21.6mm	重量:1.3g
11	立 八	山形大	直徑:21.5mm	重量:1.1g
12	立 八	圓形大	直徑:21.4mm	重量:1.1g
13	立 八	斜走大	直徑:21.3mm	重量:1.1g
14	立 八	斜走大	直徑:21.0mm	重量:1.0g
15	立 八	山形大	直徑:20.9mm	重量:1.0g

大泉五十錢譜

編號			型	直徑	重量
16	立	八	山形大	直徑:20.9mm	重量:1.0g
17	立	八	山形大	直徑:20.8mm	重量:1.3g
18	立	八	圓形大	直徑:20.8mm	重量:1.2g
19	立	八	圓形大	直徑:20.8mm	重量:1.0g
20	立	八	圓形大	直徑:20.7mm	重量:1.1g
21	立	八	圓形大	直徑:20.7mm	重量:1.0g
22	立	八	圓形大	直徑:20.7mm	重量:1.0g
23	立	八	山形大	直徑:20.6mm	重量:1.3g

8-3

大泉五十錢譜

編號	類	版式	直徑	重量
24 立八	圓形大	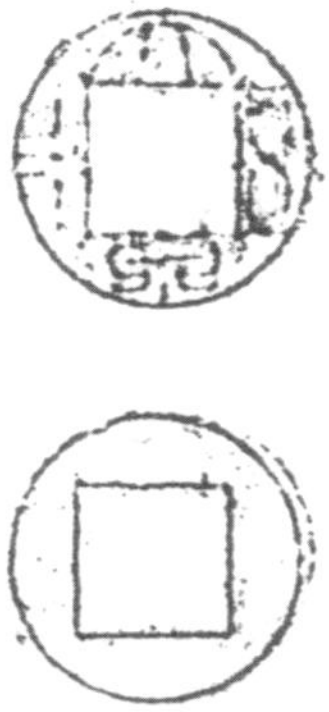	直徑:20.6mm	重量:1.1g
25 立八	斜走大	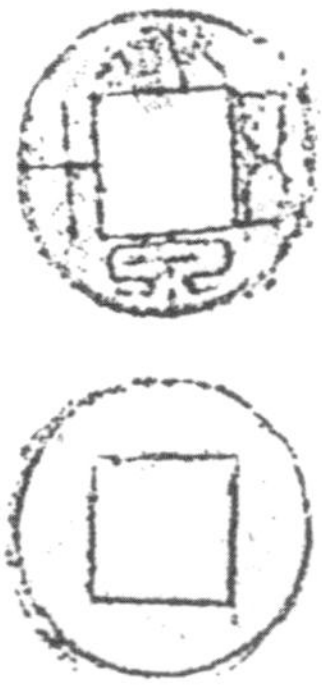	直徑:20.6mm	重量:1.0g
26 立八	圓形大	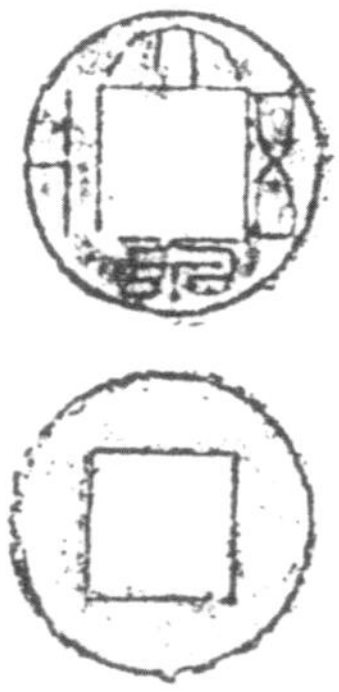	直徑:20.6mm	重量:0.9g
27 立八	蜿走大	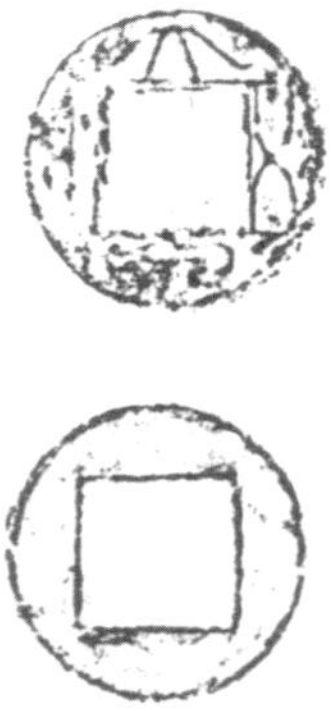	直徑:20.5mm	重量:1.4g
28 立八	斜走大	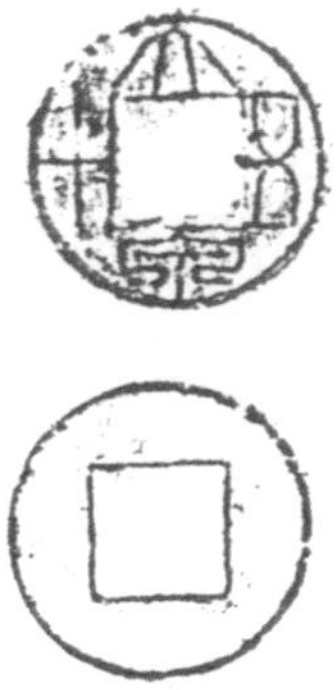	直徑:20.5mm	重量:1.2g
29 立八	山形大	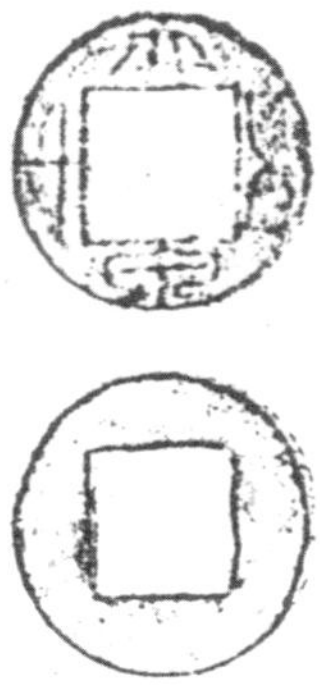	直徑:20.4mm	重量:0.8g
30 立八	圓形大	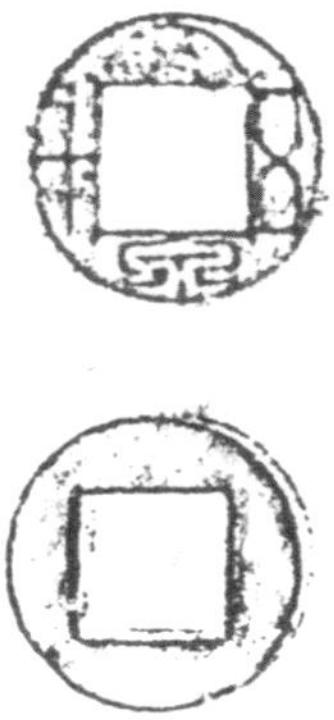	直徑:20.3mm	重量:1.0g
31 立八	斜走大	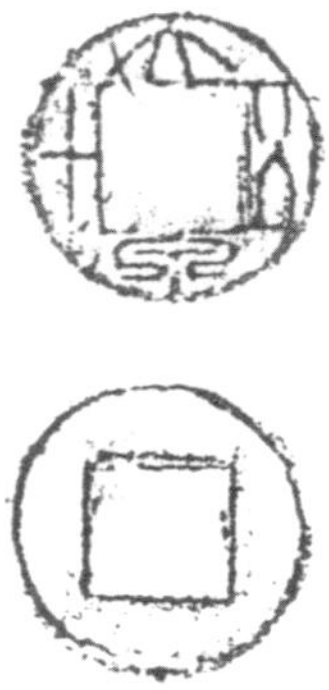	直徑:20.3mm	重量:0.7g

大泉五十錢譜

編號	分類	錢文	直徑	重量
32	立 八	圓形大	20.2mm	1.2g
33	立 八	圓形大	20.2mm	0.9g
34	立 八	山形大	20.2mm	0.6g
35	立 八	山形大	20.1mm	1.1g
36	立 八	圓弧大	20.1mm	0.9g
37	立 八	山形大	20.0mm	1.0g
38	立 八	圓形大	19.9mm	1.2g
39	立 八	圓形大	19.9mm	0.9g

8-5

大泉五十錢譜

40	立	八	圓形大	直徑:19.9mm	重量:0.9g
41	立	八	斜走大	直徑:19.0mm	重量:0.9g
42	立	八	圓形大	直徑:19.8mm	重量:0.9g
43	立	八	山形大	直徑:19.7mm	重量:0.9g
44	立	八	山形大	直徑:19.7mm	重量:0.8g
45	立	八	圓形大	直徑:19.7mm	重量:0.8g
46	立	八	斜走大	直徑:19.5mm	重量:0.7g
47	立	八	斜走大	直徑:19.4mm	重量:0.9g

大泉五十錢譜

48	立	七	山形大 十重文	直徑:19.3mm	重量:0.7g
49	立	八	圓形大	直徑:19.3mm	重量:0.6g
50	立	八	斜走大	直徑:19.2mm	重量:0.8g
51	立	八	斜走大	直徑:19.2mm	重量:0.8g
52	立	八	圓形大	直徑:19.1mm	重量:0.7g
53	立	八	山形大	直徑:18.9mm	重量:0.8g
54	立	八	斜走大	直徑:18.8mm	重量:1.0g
55	立	八	斜走大	直徑:18.8mm	重量:0.9g

大泉五十錢譜

56 立八	57 立八	58 立八	59 立八
斜走大	斜走大	斜走大	斜走大
直徑:18.8mm 重量:0.7g	直徑:18.7mm 重量:0.8g	直徑:18.6mm 重量:0.8g	直徑:18.6mm 重量:0.7g

60 立八	61 立八	62 立八	63 立八
斜走大	圓形大	山形大 瘦五	圓形大
直徑:18.4mm 重量:1.0g	直徑:18.4mm 重量:0.8g	直徑:18.3mm 重量:0.7g	直徑:18.2mm 重量:0.7g

8-8

大泉五十錢譜

67	66	65	64
立	立	立	立
八	八	八	八
斜走大	斜走大	斜走大	圓形大
直徑:17.9mm	直徑:18.0mm	直徑:18.0mm	直徑:18.0mm
重量:0.6g	重量:0.5g	重量:0.8g	重量:1.1g

71	70	69	68
日	日	林	立
八	八	七	八
圓弧大	斜走大	雞目	圓形大
直徑:22.3mm	直徑:22.7mm	直徑:14.7mm	直徑:17.2mm
重量:1.4g	重量:1.2g	重量:0.8g	重量:0.6g

大泉五十錢譜

72	73	74	75
日	日	日	日
八	八	八	八
斜走大	斜走大	斜走大	圓形大
直徑:21.9mm	直徑:21.1mm	直徑:21.1mm	直徑:20.6mm
重量:1.1g	重量:0.9g	重量:0.9g	重量:1.0g

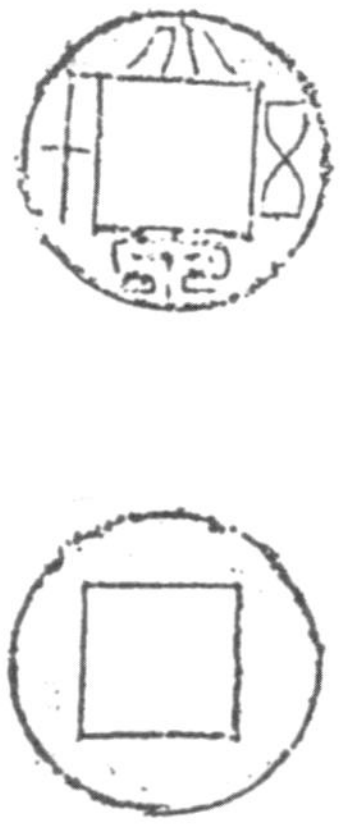

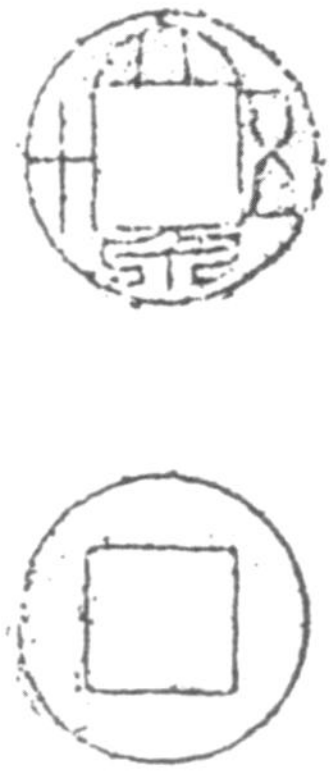

76	77	78	
日	日	亮	
八	八	八	
圓形大 背右上豎	斜走大 背齒紋	圓弧大 背齒紋 薄小	
直徑:19.9mm	直徑:19.9mm	直徑:19.7mm	直徑:mm
重量:1.2g	重量:1.2g	重量:1.0g	重量:g

大泉五十錢譜

九、重輪類

編號	1	2	3
類	日七	偶七	立七
名稱	重輪	重輪	重輪
直徑	28.4mm	28.2mm	27.3mm
重量	5.7g	4.3g	4.5g

編號	4	5	6	7
類	秦七	立七	立七	立七
名稱	重輪	重輪	重輪	重輪
直徑	27.2mm	27.2mm	26.9mm	26.7mm
重量	4.6g	3.2g	4.8g	4.3g

大泉五十錢譜

8	9	10	11
林	立	立	偶
七	六	七	七
重輪	重輪 背四決	重輪	重輪
直徑:26.7mm	直徑:26.6mm	直徑:26.5mm	直徑:26.3mm
重量:3.3g	重量:5.7g	重量:4.1g	重量:3.9g

12	13	14	15
立	立	蔡	偶
七	七	七	七
重輪	重輪	重輪	重輪
直徑:26.2mm	直徑:26.0mm	直徑:25.9mm	直徑:25.4mm
重量:3.2g	重量:3.1g	重量:3.3g	重量:2.5g

9-2

大泉五十錢譜

編號	來源	等級	說明	直徑	重量
16	日	七	重輪	直徑:25.3mm	重量:2.5g
17	林	七	重輪	直徑:25.0mm	重量:2.8g
18	蔡	六	重輪 廣穿 背下星	直徑:23.3mm	重量:1.8g
19	日	七	重輪	直徑:27.7mm	重量:6.0g
20	日	七	重輪	直徑:27.6mm	重量:6.7g
21	日	六	重輪 大重文	直徑:27.5mm	重量:4.0g
22	日	六	面背重輪 泉下星	直徑:26.9mm	重量:3.5g
23	日	七	重輪 薄肉	直徑:24.8mm	重量:3.0g

9-3

大泉五十錢譜

編號	24	25	26	27
	日	日	日	日
	七	七	七	七
說明	重輪 大重文	重輪	面重輪 背斜輪	重輪
直徑	27.5mm	27.5mm	26.3mm	26.1mm
重量	4.0g	3.6g	3.1g	4.2g

編號	28	29	30	31
	日	日	日	日
	七	七	七	七
說明	重輪	重輪	重輪	細重輪
直徑	25.9mm	25.9mm	25.5mm	25.5mm
重量	4.0g	3.1g	3.8g	2.5g

大泉五十錢譜

編號	32	33	34	35
	日	日	日	亮
	七	七	七	六
說明	重輪	重輪 廣穿	重輪	重輪 異形大
直徑	24.0mm	24.9mm	23.9mm	27.1mm
重量	3.0g	2.9g	2.5g	5.0g

直徑:mm 重量:g	直徑:mm 重量:g	直徑:mm 重量:g	直徑:mm 重量:g

9-5

大泉五十錢譜

直徑:mm 重量:g	直徑:mm 重量:g	直徑:mm 重量:g	直徑:mm 重量:g
直徑:mm 重量:g	直徑:mm 重量:g	直徑:mm 重量:g	直徑:mm 重量:g

9-6

十、缺字、缺劃類

編號	來源	備註	說明	直徑	重量
1	立	九	缺泉	直徑:28.8mm	重量:9.7g
2	立	十	十缺劃	直徑:28.7mm	重量:8.3g
3	立	十	大缺劃	直徑:28.7mm	重量:6.3g
4	立	十	十缺劃 高輪	直徑:28.2mm	重量:7.7g
5	林	七	空泉	直徑:28.2mm	重量:8.6g
6	立	八	空泉	直徑:28.1mm	重量:5.8g
7	立	十	大缺劃	直徑:27.9mm	重量:6.7g

大泉五十錢譜

編號	版別	說明	直徑	重量
8	立十	泉缺劃	27.5mm	6.9g
9	立八	空泉	27.5mm	6.5g
10	立十	泉缺劃	27.4mm	5.6g
11	立十	泉缺劃	27.3mm	7.7g
12	立十	大缺劃 泉缺劃	27.3mm	6.9g
13	立十	泉缺劃	27.3mm	6.2g
14	立十	泉缺劃	27.2mm	5.2g
15	立十	大缺劃	27.1mm	4.5g

大泉五十錢譜

19	18	17	16
立	立	蔡	蔡
九	十	八	八
空泉	泉缺劃	空泉	空泉
直徑:26.9mm	直徑:26.9mm	直徑:27.0mm	直徑:27.1mm
重量:5.9g	重量:5.4g	重量:7.2g	重量:4.4g

23	22	21	20
立	林	立	立
八	八	十	十
空泉	空泉	泉缺劃	缺泉十
直徑:26.7mm	直徑:26.7mm	直徑:26.8mm	直徑:26.8mm
重量:5.1g	重量:5.5g	重量:5.4g	重量:5.9g

大泉五十錢譜

27 立十	26 立十	25 立九	24 立十
泉缺劃	泉缺劃	五缺劃	泉缺劃
直徑:25.9mm 重量:4.7g	直徑:26.0mm 重量:4.6g	直徑:26.2mm 重量:6.5g	直徑:26.5mm 重量:5.1g

31 炘七	30 立十	29 立十	28 立十
大樣 厚重 空泉	空泉 短十	五缺劃	空泉
直徑:29.7mm 重量:11.5g	直徑:27.5mm 重量:7.1g	直徑:25.9mm 重量:4.9g	直徑:27.1mm 重量:6.6g

大泉五十錢譜

32 立十	33 立十	34 立十	35 炘十
十斷筆	丁缺劃	空泉	空泉
直徑:28.6mm 重量:5.5g	直徑:27.1mm 重量:3.8g	直徑:26.3mm 重量:5.0g	直徑:25.2mm 重量:3.8g

36 日九	37 日九	38 日九	39 日九
缺大泉五	缺大空泉 背四決	缺大 闊丁	大缺劃 瘦五
直徑:28.7mm 重量:9.1g	直徑:26.8mm 重量:4.5g	直徑:25.1mm 重量:4.0g	直徑:24.8mm 重量:3.7g

大泉五十錢譜

40	41	42	43
日	日	日	日
九	九	九	九
空泉	空泉	空泉	空泉短五
直徑:28.4mm	直徑:28.2mm	直徑:27.6mm	直徑:26.3mm
重量:9.3g	重量:5.5g	重量:6.9g	重量:4.8g

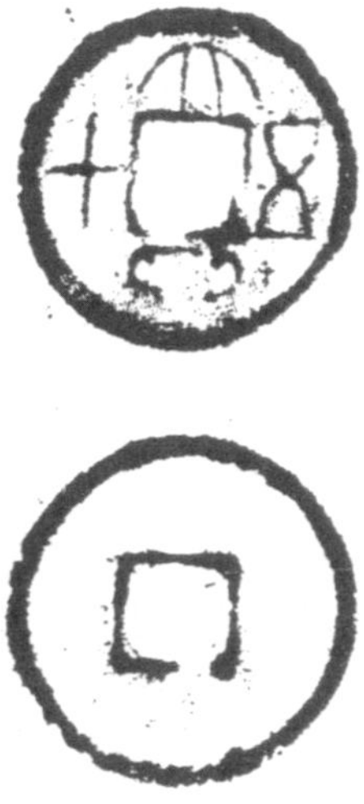

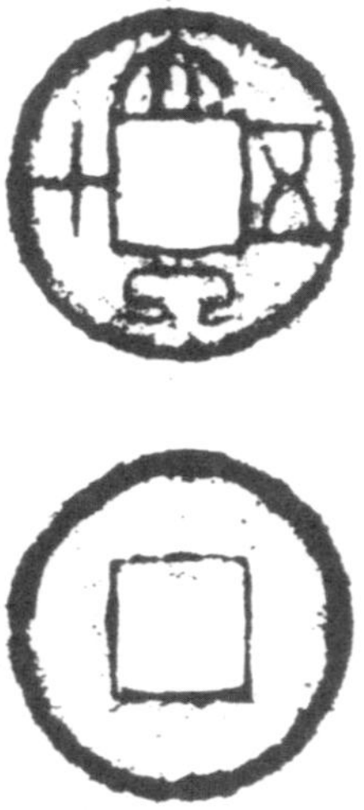

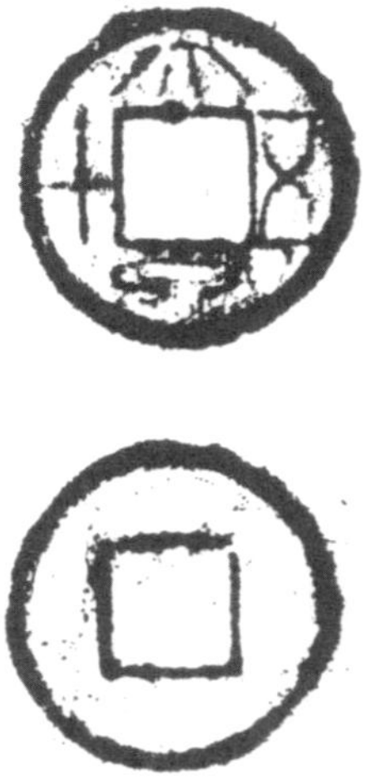

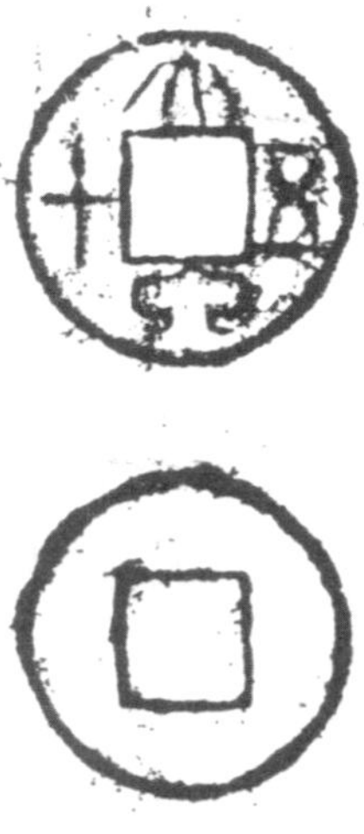

44	45	46	47
日	日	日	日
九	九	八	九
小大空泉	空泉	空泉左上星	空泉五缺劃
直徑:25.9mm	直徑:25.7mm	直徑:25.2mm	直徑:25.0mm
重量:5.0g	重量:4.1g	重量:4.3g	重量:2.8g

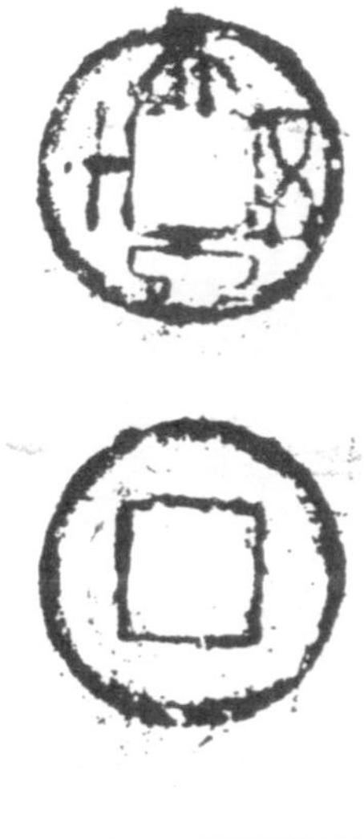

大泉五十錢譜

編號			說明	直徑	重量
48	日	九	空泉 背下移范	直徑:24.8mm	重量:3.9g
49	日	九	空泉 闊泉	直徑:24.7mm	重量:3.0g
50	日	七	缺五 傳形 小型	直徑:18.2mm	重量:0.8g
51	亮	九	空泉	直徑:28.4mm	重量:6.1g
52	亮	九	空泉	直徑:28.3mm	重量:7.6g
53	亮	九	空泉	直徑:28.3mm	重量:7.6g
54	亮	九	空泉	直徑:28.0mm	重量:7.9g
55	亮	九	空泉	直徑:28.0mm	重量:7.5g

大泉五十錢譜

56	57	58	59
亮	亮	亮	亮
九	九	九	九
空泉	丁缺劃	丁缺劃	空泉
直徑:28.0mm 重量:6.5g	直徑:27.9mm 重量:8.0g	直徑:27.5mm 重量:6.0g	直徑:27.1mm 重量:4.1g

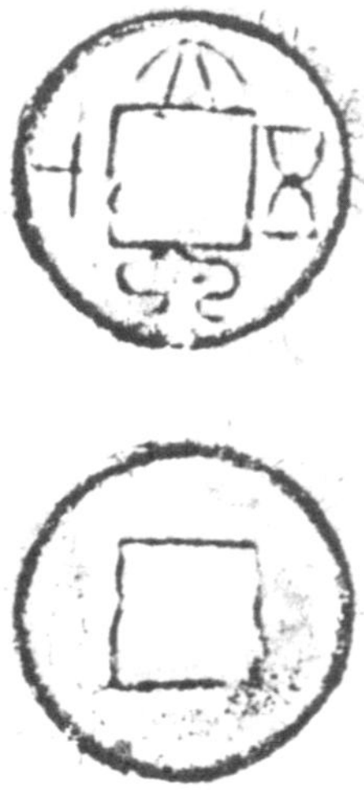

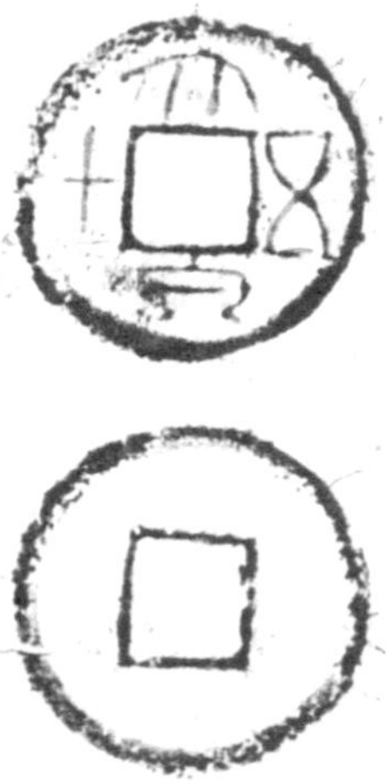

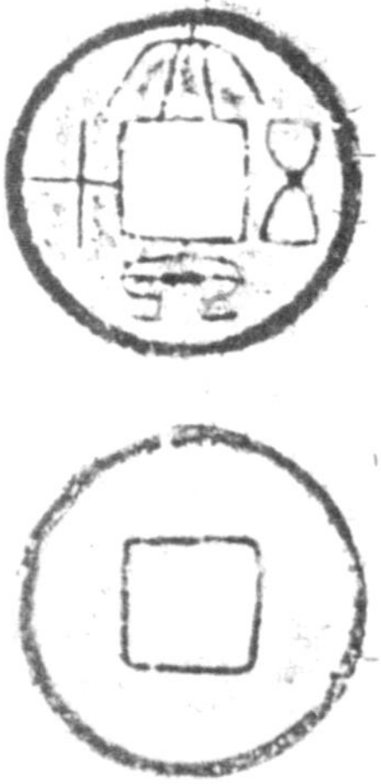

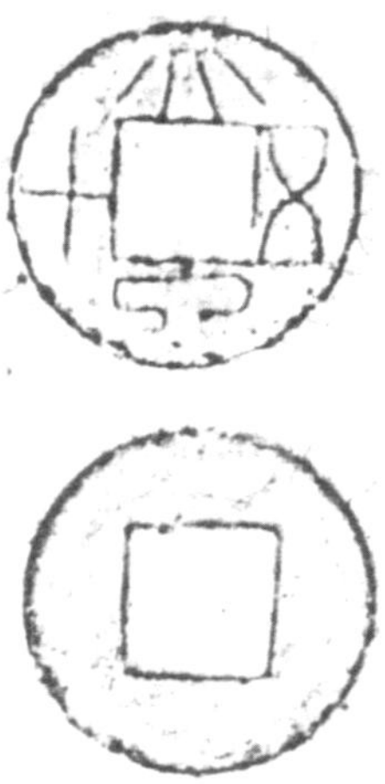

60	61	62	63
亮	亮	亮	亮
九	九	九	九
空泉	空泉	空泉	空泉
直徑:26.8mm 重量:5.8g	直徑:26.8mm 重量:5.7g	直徑:26.6mm 重量:4.9g	直徑:26.5mm 重量:6.1g

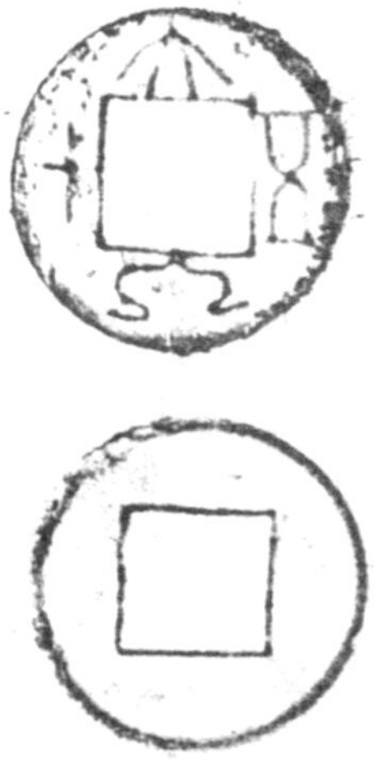

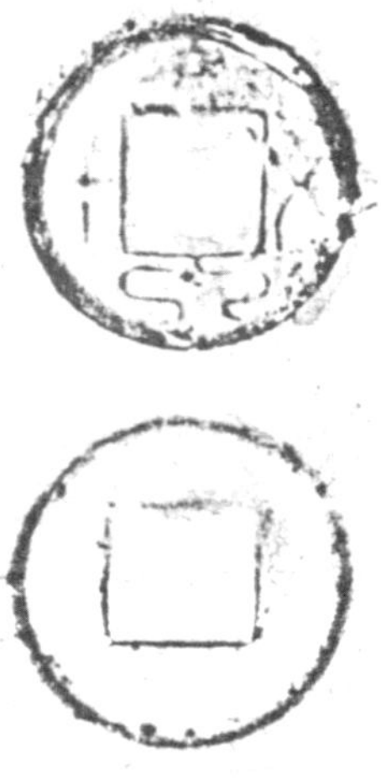

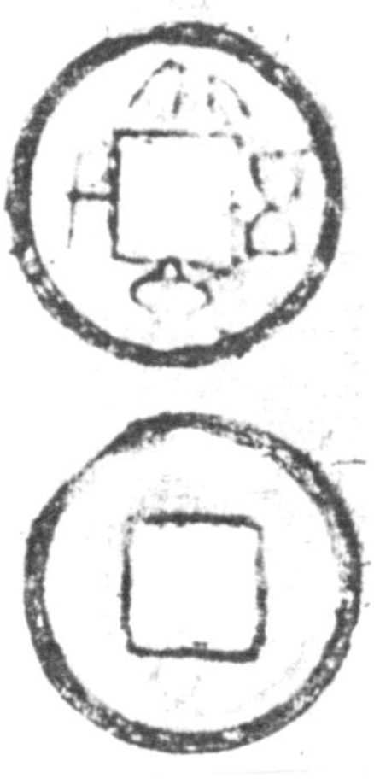

大泉五十錢譜

64 亮 九	66 亮 九	65 亮 九	64 亮 九
丁缺劃	空泉	空泉	空泉
直徑:26.0mm	直徑:26.3mm	直徑:26.3mm	直徑:26.5mm
重量:3.9g	重量:7.0g	重量:4.8g	重量:5.3g

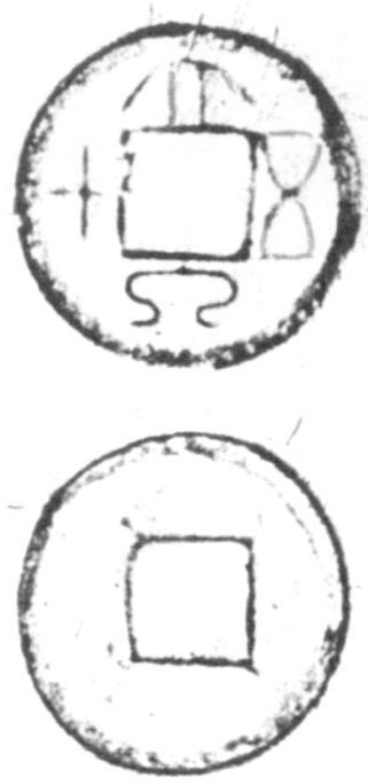

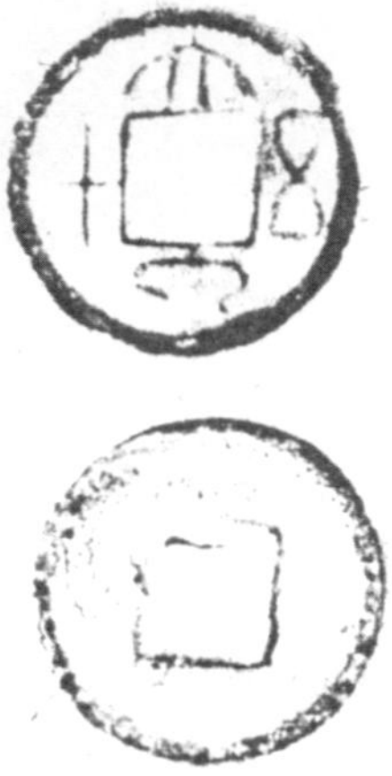

	67 亮 八	66 亮 九	65 亮 九
	空泉 背橫文	空泉	空泉
直徑:mm	直徑:24.3mm	直徑:25.3mm	直徑:25.7mm
重量:g	重量:3.3g	重量:4.9g	重量:4.2g

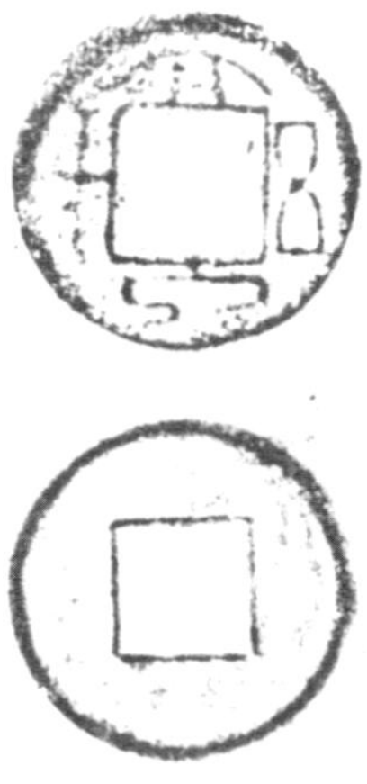

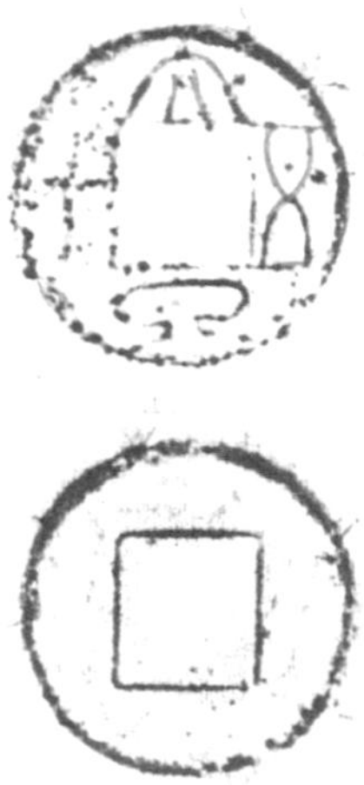

				大泉五十錢譜
直徑:mm 重量:g	直徑:mm 重量:g	直徑:mm 重量:g	直徑:mm 重量:g	
直徑:mm 重量:g	直徑:mm 重量:g	直徑:mm 重量:g	直徑:mm 重量:g	10-10

十一、重文類

編號	品名	收藏	等級	直徑	重量
1	大十重文	立	九	28.6mm	9.9g
2	五十重文	立	九	28.5mm	9.6g
3	五重文	立	九	28.4mm	6.1g
4	十重文	立	九	28.3mm	5.2g
5	五重文	立	九	28.2mm	7.1g
6	五泉重文	蔡	九	28.0mm	4.6g
7	大重文	蔡	九	27.5mm	4.1g

大泉五十錢譜

編號			說明	直徑	重量
8	立	八	大五十重文	直徑:27.5mm	重量:3.9g
9	立	七	大重文 背下星	直徑:27.4mm	重量:5.9g
10	日	九	十重文	直徑:27.3mm	重量:9.1g
11	立	八	大五十重文	直徑:27.3mm	重量:4.3g
12	立	九	大重文	直徑:27.3mm	重量:3.2g
13	立	九	大十重文	直徑:27.2mm	重量:5.2g
14	立	九	大十重文	直徑:27.2mm	重量:4.1g
15	立	八	大泉五重文	直徑:27.0mm	重量:5.6g

大泉五十錢譜

編號			說明	直徑	重量
16	秦	九	十重文	直徑:26.9mm	重量:5.3g
17	立	八	大五十重文	直徑:26.9mm	重量:4.7g
18	立	九	大五重文	直徑:26.9mm	重量:4.3g
19	立	九	十重文	直徑:26.8mm	重量:5.5g
20	立	八	四字重文	直徑:26.8mm	重量:4.1g
21	立	九	十重文	直徑:26.3mm	重量:4.8g
22	林	四	旋轉重文	直徑:26.2mm	重量:5.2g
23	立	五	大泉廿十（異五）	直徑:26.1mm	重量:4.5g

大泉五十錢譜

24 立 九

泉十重文

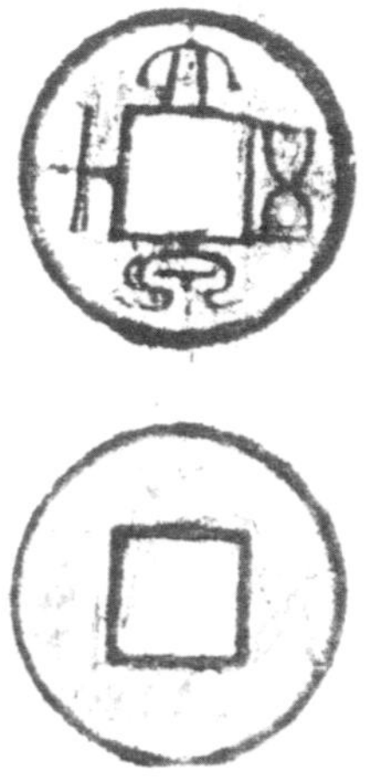

直徑:26.1mm
重量:4.3g

25 立 九

五十重文

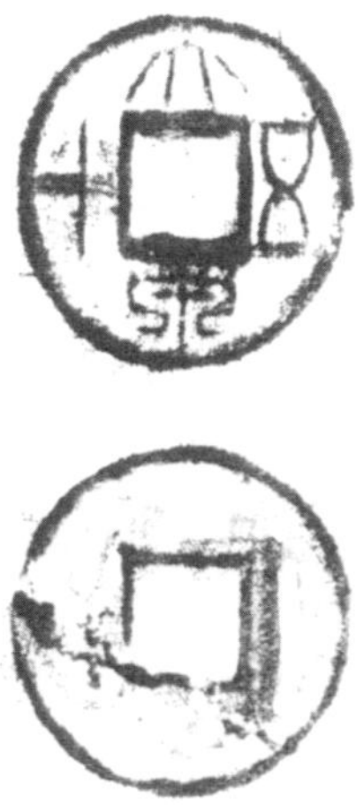

直徑:26.1mm
重量:3.9g

26 立 九

大五重文

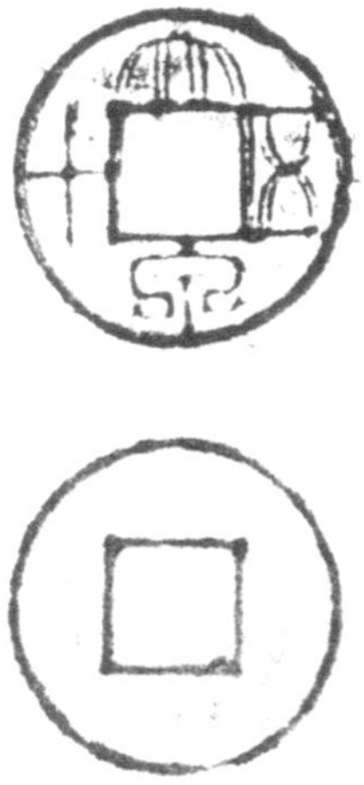

直徑:25.6mm
重量:3.4g

27 立 八

大泉十重文

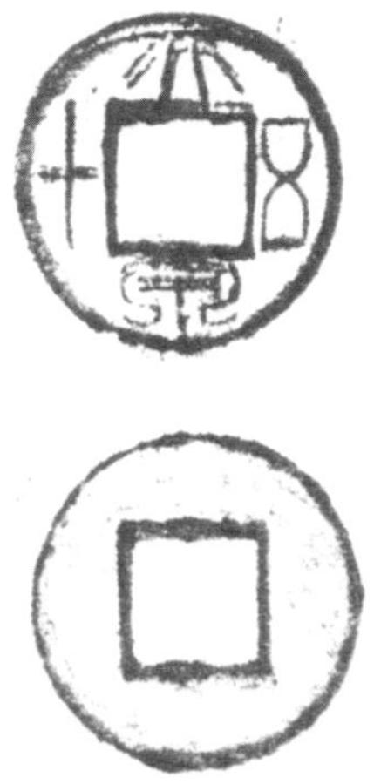

直徑:25.6mm
重量:3.1g

28 日 九

大重文

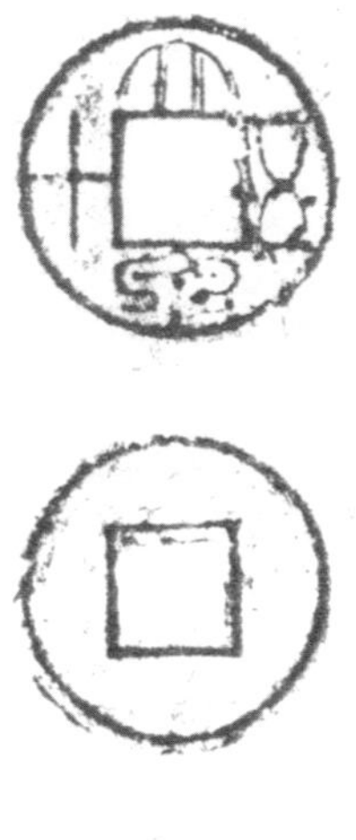

直徑:24.4mm
重量:2.6g

29 炘 九

十重文

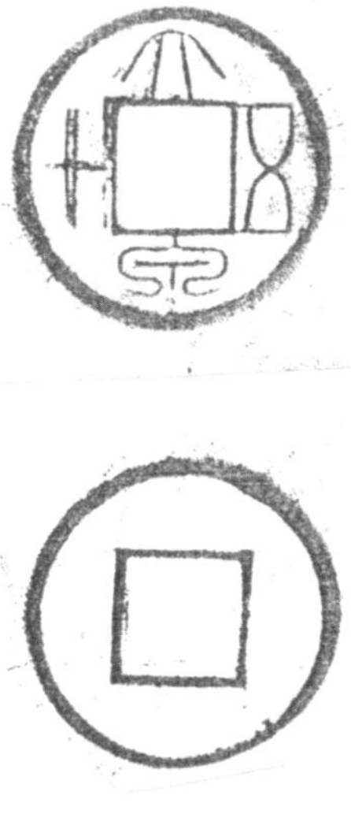

直徑:27.2mm
重量:4.8g

30 炘 八

斜輪五重文背四決

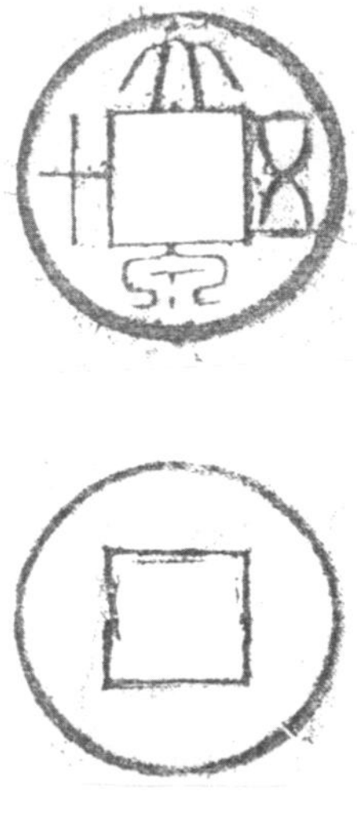

直徑:27.0mm
重量:3.5g

31 立 九

大十重文

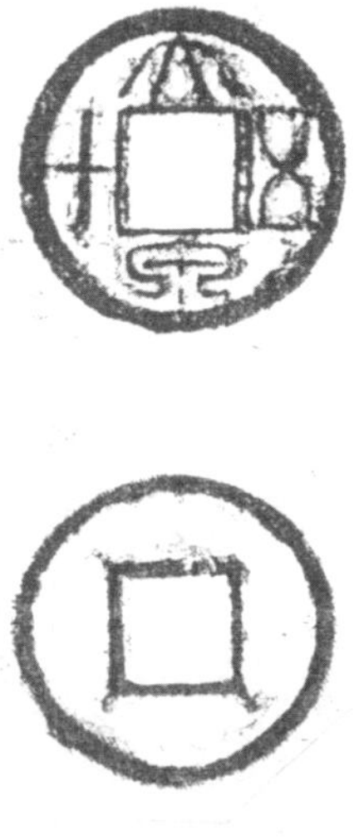

直徑:26.8mm
重量:4.3g

大泉五十錢譜

32	33	34	35
日	日	日	立
九	九	九	九
五重文	大五泉重文	五重文	五十重文
直徑:28.3mm 重量:6.9g	直徑:28.1mm 重量:7.2g	直徑:27.2mm 重量:6.8g	直徑:27.2mm 重量:4.7g

36	37	38	39
日	日	日	日
九	九	九	八
五重文	大五重文	泉十重文	四字重文
直徑:28.9mm 重量:7.3g	直徑:28.4mm 重量:7.0g	直徑:27.2mm 重量:5.6g	直徑:26.9mm 重量:4.9g

大泉五十錢譜

編號	類	級	說明	直徑	重量
40	日	九	五重文	直徑:26.9mm	重量:4.6g
41	日	七	重文 背左下星	直徑:26.8mm	重量:5.3g
42	日	九	大五十重文	直徑:26.7mm	重量:3.9g
43	日	九	大泉重文 重郭	直徑:26.5mm	重量:2.5g
44	日	九	十重文	直徑:26.3mm	重量:2.0g
45	日	八	四字重文	直徑:26.1mm	重量:2.1g
46	日	九	五重文	直徑:25.4mm	重量:3.0g
47	日	九	泉五十重文	直徑:25.3mm	重量:1.8g

大泉五十錢譜

48	49	50	
日九 五重文	日九 五重文	日八 五十重文	
直徑:24.6mm 重量:2.4g	直徑:24.4mm 重量:1.9g	直徑:21.1mm 重量:1.1g	直徑:mm 重量:g

直徑:mm 重量:g	直徑:mm 重量:g	直徑:mm 重量:g	直徑:mm 重量:g

直徑:mm 重量:g	直徑:mm 重量:g	直徑:mm 重量:g	直徑:mm 重量:g
直徑:mm 重量:g	直徑:mm 重量:g	直徑:mm 重量:g	直徑:mm 重量:g

大泉五十錢譜

11-8

大泉五十錢譜

十二、傳形類

編號	來源	品級	說明	直徑	重量
1	秦	三	傳形 大樣	29.3mm	9.4g
2	秦	三	傳形 大樣 厚重	29.0mm	10.1g
3	日	四	傳形 背移范	28.6mm	9.4g
4	蔡	四	傳形	28.1mm	7.7g
5	日	四	傳形	28.1mm	6.3g
6	日	四	傳形	27.9mm	4.1g
7	立	三	傳形 泉缺劃	27.5mm	7.2g

大泉五十錢譜

8
立
四
傳形
直徑:27.5mm
重量:3.8g

9
日
四
傳形
直徑:27.4mm
重量:5.5g

10
立
四
傳形
直徑:27.4mm
重量:4.8g

11
林
四
傳形
直徑:27.4mm
重量:3.8g

12
立
四
傳形
直徑:27.2mm
重量:6.5g

13
日
四
傳形
闊緣
直徑:27.2mm
重量:5.6g

14
日
四
傳形
直徑:27.1mm
重量:5.0g

15
偶
三
傳形
面穿右上星
直徑:26.9mm
重量:5.2g

大泉五十錢譜

16	17	18	19
日	立	日	日
四	四	三	四
傳形	傳形	傳形 十旁星	傳形
直徑:26.9mm 重量:4.4g	直徑:26.8mm 重量:5.4g	直徑:26.7mm 重量:6.3g	直徑:26.6mm 重量:5.2g

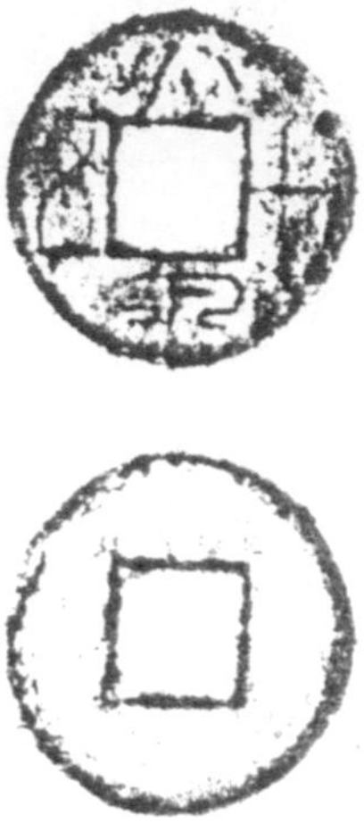

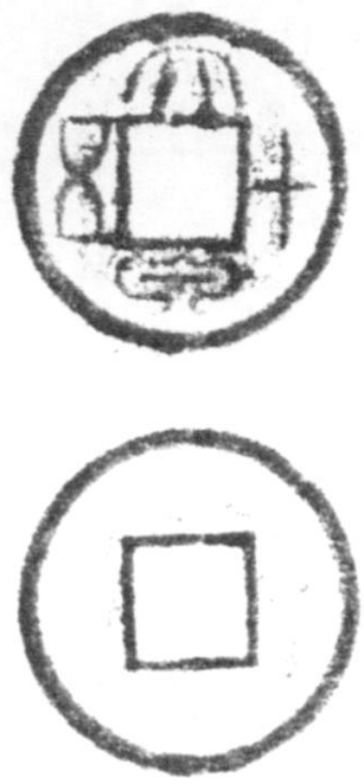

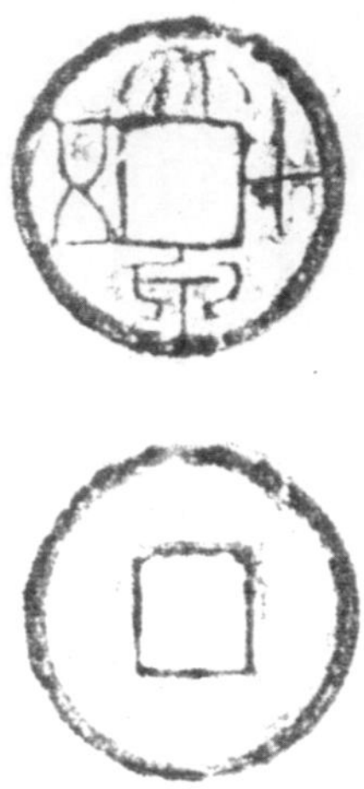

20	21	22	23
林	立	日	立
四	四	四	四
傳形	傳形	傳形 細字	傳形
直徑:26.6mm 重量:4.7g	直徑:26.2mm 重量:3.4g	直徑:26.0mm 重量:3.7g	直徑:26.0mm 重量:3.2g

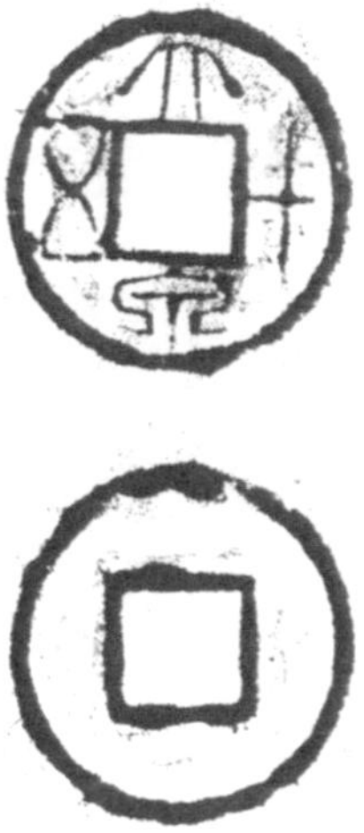

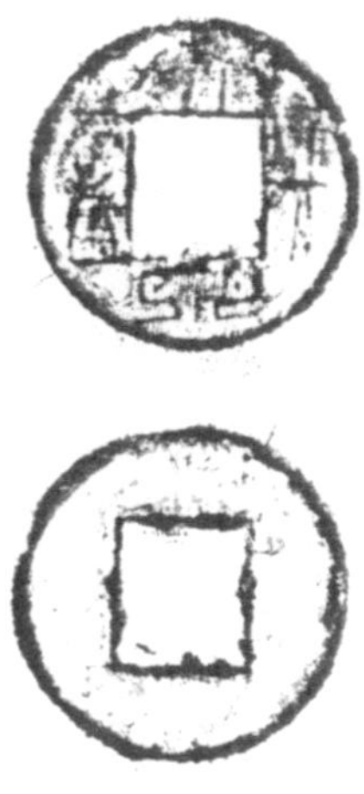

大泉五十錢譜

編號	24	25	26	27
分類	立	立	立	林
等級	四	五	四	四
說明	傳形	傳形 淺字	傳形	傳形
直徑	25.7mm	25.6mm	24.0mm	23.6mm
重量	4.1g	4.4g	3.0g	3.1g

編號	28	29	30	31
分類	偶	日	立	日
等級	四	三	三	三
說明	傳形	傳形	傳形	傳形
直徑	23.1mm	22.7mm	22.4mm	22.0mm
重量	2.4g	1.5g	1.8g	1.3g

12-4

大泉五十錢譜

32 林 三
傳形
直徑:21.9mm
重量:1.4g

33 日 三
傳形
直徑:21.7mm
重量:1.2g

34 日 三
傳形
直徑:21.6mm
重量:1.2g

35 日 三
傳形
背豎文
直徑:21.6mm
重量:1.0g

36 日 三
傳形
直徑:21.3mm
重量:1.2g

37 日 三
傳形
直徑:20.9mm
重量:1.2g

38 日 二
傳形
背水波文
直徑:20.9mm
重量:1.1g

39 日 三
傳形
直徑:20.5mm
重量:1.2g

大泉五十錢譜

40 日 三 傳形

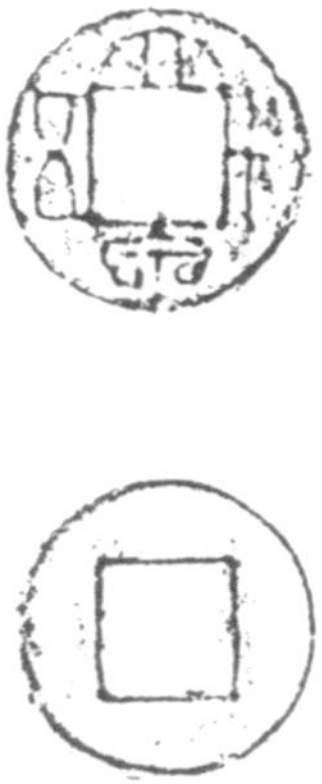

直徑:20.3mm
重量:1.1g

41 日 三 傳形

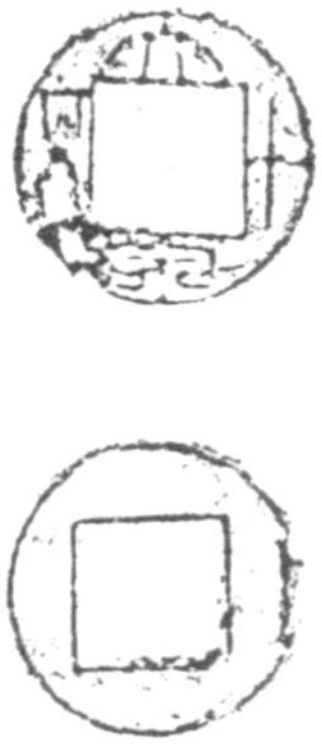

直徑:20.2mm
重量:0.9g

42 日 三 傳形

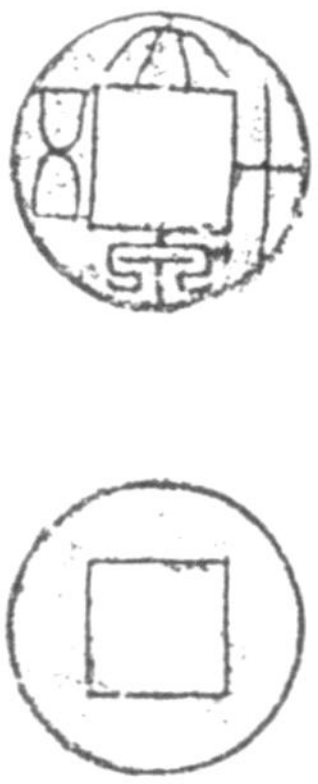

直徑:20.1mm
重量:1.0g

43 林 四 傳形

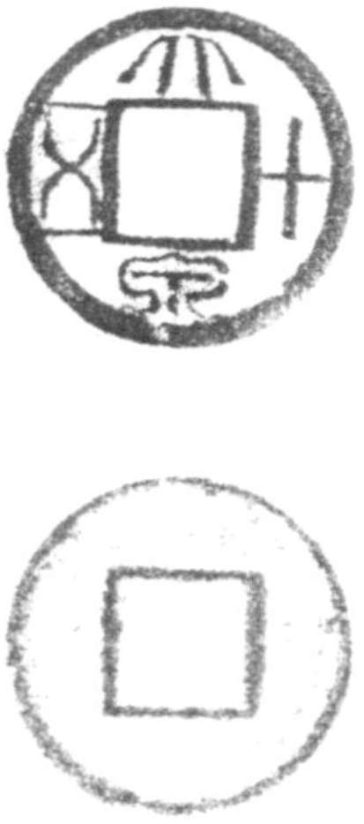

直徑:26.2mm
重量:3.4g

44 立 四 傳形 丁缺劃

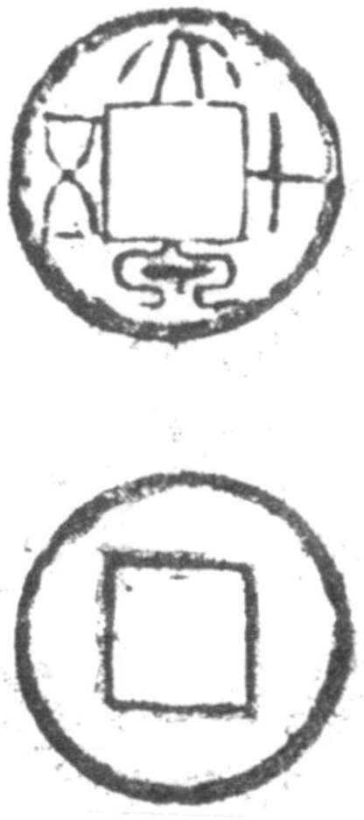

直徑:25.7mm
重量:5.6g

45 日 四 傳形

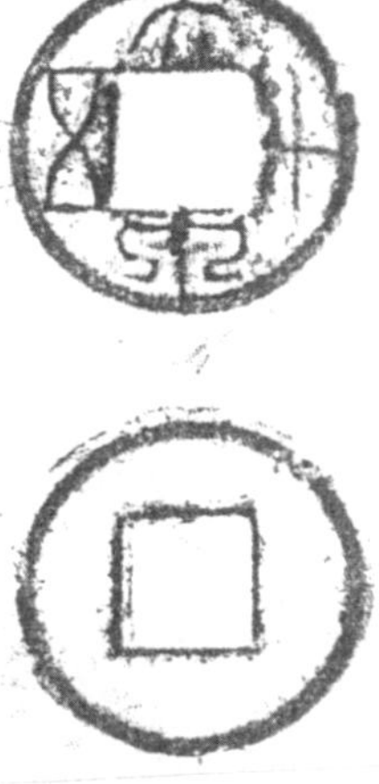

直徑:26.9mm
重量:5.4g

46 日 四 傳形 廣穿

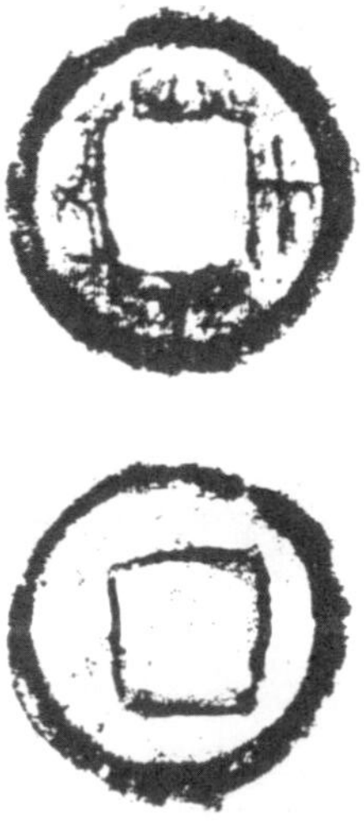

直徑:28.5mm
重量:7.1g

47 日 四 傳形

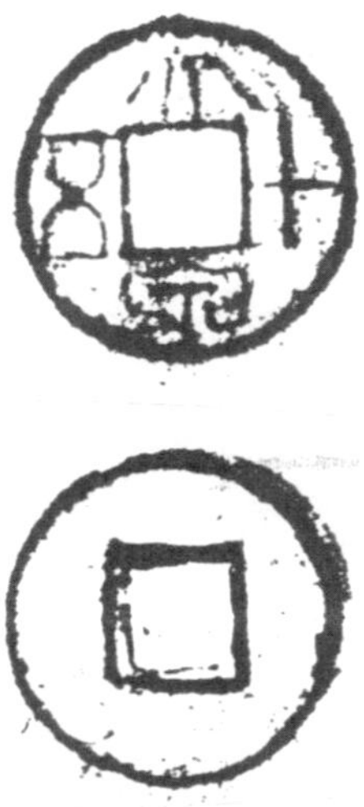

直徑:28.3mm
重量:5.4g

大泉五十錢譜

48	49	50	51
日	日	日	日
四	三	四	四
傳形	傳形 背右倒大	傳形	傳形
直徑:28.2mm	直徑:27.8mm	直徑:27.0mm	直徑:26.1mm
重量:6.8g	重量:4.7g	重量:4.6g	重量:4.4g

52	53	54	55
日	日	日	日
四	四	四	三
傳形	傳形	傳形	傳形 面背四決
直徑:25.6mm	直徑:25.2mm	直徑:25.0mm	直徑:24.9mm
重量:3.3g	重量:3.2g	重量:3.4g	重量:3.4g

大泉五十錢譜

編號	類	類	說明	直徑	重量
56	日	四	傳形	直徑:24.4mm	重量:1.4g
57	日	四	傳形	直徑:24.4mm	重量:1.4g
58	日	四	傳形	直徑:23.8mm	重量:2.9g
59	日	四	傳形	直徑:22.9mm	重量:2.2g
60	日	四	傳形	直徑:22.7mm	重量:1.3g
61	日	四	傳形	直徑:22.3mm	重量:1.4g
62	日	四	傳形	直徑:22.1mm	重量:1.3g
62	日	四	傳形	直徑:21.8mm	重量:1.1g

大泉五十錢譜

63	日	四	傳形	直徑:21.8mm	重量:1.7g
64	日	四	傳形	直徑:21.7mm	重量:1.3g
65	日	四	傳形	直徑:21.5mm	重量:1.0g
66	日	四	傳形	直徑:21.2mm	重量:1.0g
67	日	四	傳形	直徑:21.0mm	重量:1.1g
68	日	四	傳形	直徑:21.0mm	重量:0.9g
69	日	四	傳形	直徑:20.9mm	重量:1.0g
70	日	四	傳形	直徑:20.8mm	重量:1.2g

大泉五十錢譜

74 日 四 傳形	73 日 四 傳形	72 日 四 傳形	71 日 四 傳形
直徑:20.6mm 重量:1.0g	直徑:20.6mm 重量:1.3g	直徑:20.7mm 重量:1.1g	直徑:20.8mm 重量:1.1g

78 日 四 傳形	77 日 四 傳形	76 日 四 傳形	75 日 四 傳形
直徑:20.4mm 重量:0.8g	直徑:20.5mm 重量:1.1g	直徑:20.5mm 重量:0.8g	直徑:20.6mm 重量:1.0g

大泉五十錢譜

編號	分類		備註	直徑	重量
79	日	四	傳形	直徑:20.2mm	重量:1.0g
80	日	四	傳形	直徑:20.0mm	重量:0.9g
81	日	四	傳形	直徑:18.0mm	重量:0.9g
82	日	四	傳形	直徑:18.2mm	重量:0.8g
83	日	四	傳形	直徑:23.8mm	重量:2.0g
84	日	四	傳形	直徑:21.9mm	重量:1.3g
85	日	四	傳形	直徑:21.6mm	重量:1.7g
86	日	四	傳形	直徑:20.6mm	重量:1.9g

大泉五十錢譜

編號	分類		特徵	直徑	重量
87	四	四	傳形	20.5mm	0.9g
88	亮	四	傳形	28.6mm	6.7g
89	亮	四	傳形	28.5mm	6.4g
90	亮	四	傳形	28.4mm	7.9g
91	亮	四	傳形	28.4mm	5.4g
92	亮	四	傳形	28.3mm	5.5g
93	亮	四	傳形	28.2mm	6.5g
94	亮	四	傳形	28.3mm	6.3g

12-12

大泉五十錢譜

95	亮	四	傳形	直徑:27.9mm	重量:6.2g
96	亮	四	傳形	直徑:27.9mm	重量:5.5g
97	亮	四	傳形	直徑:27.9mm	重量:5.0g
98	亮	四	傳形	直徑:27.8mm	重量:4.7g
99	亮	四	傳形	直徑:27.8mm	重量:3.9g
100	亮	四	傳形	直徑:27.7mm	重量:5.4g
101	亮	四	傳形	直徑:27.7mm	重量:3.3g
102	亮	四	傳形	直徑:27.6mm	重量:8.1g

12-13

大泉五十錢譜

編號	103	104	105	106
	亮	亮	亮	亮
	四	四	四	四
備註	傳形	傳形	傳形	傳形
直徑	直徑:27.6mm	直徑:27.6mm	直徑:27.5mm	直徑:27.5mm
重量	重量:5.8g	重量:3.9g	重量:6.5g	重量:5.6g

編號	107	108	109	110
	亮	亮	亮	亮
	四	四	四	四
備註	傳形	傳形	傳形 倒泉	傳形
直徑	直徑:27.5mm	直徑:27.5mm	直徑:27.4mm	直徑:27.3mm
重量	重量:5.2g	重量:2.6g	重量:3.5g	重量:4.2g

大泉五十錢譜

114	113	112	111
亮四 傳形	亮四 傳形	亮四 傳形	亮四 傳形
直徑:27.1mm 重量:4.4g	直徑:27.2mm 重量:5.2g	直徑:27.2mm 重量:5.4g	直徑:27.2mm 重量:7.1g

118	117	116	115
亮四 傳形 面四決	亮四 傳形	亮四 傳形	亮四 傳形 異五
直徑:26.8mm 重量:4.9g	直徑:26.9mm 重量:3.1g	直徑:26.9mm 重量:6.8g	直徑:27.0mm 重量:7.0g

12-15

大泉五十錢譜

119 亮 四
傳形

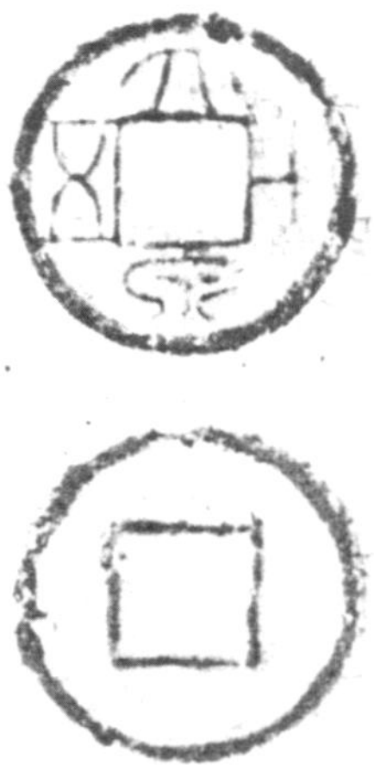

直徑:26.7mm
重量:5.9g

120 亮 四
傳形

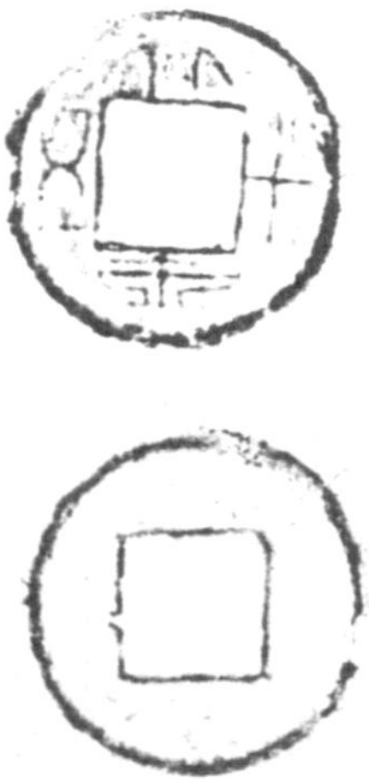

直徑:26.7mm
重量:5.4g

121 亮 四
傳形

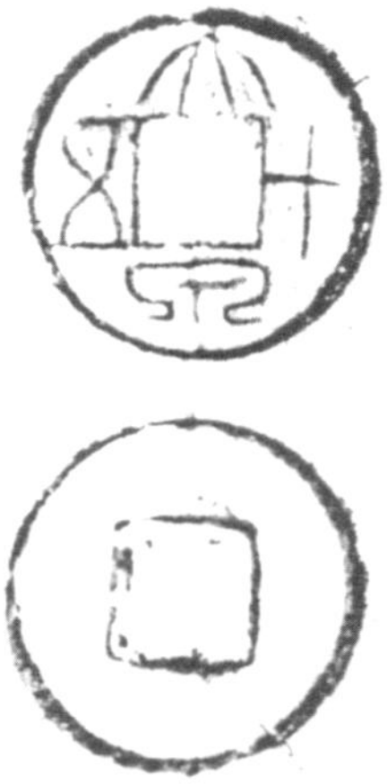

直徑:26.7mm
重量:4.7g

122 亮 四
傳形

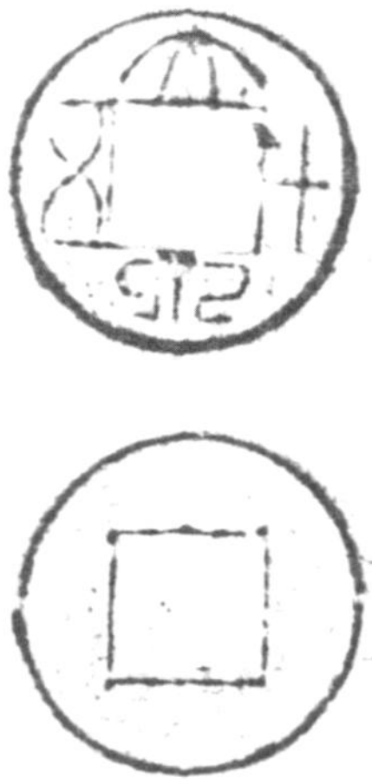

直徑:26.7mm
重量:3.2g

123 亮 四
傳形

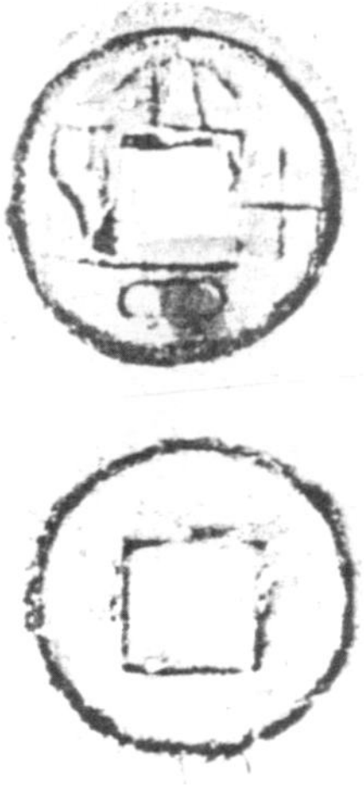

直徑:26.6mm
重量:5.1g

124 亮 四
傳形 闊緣

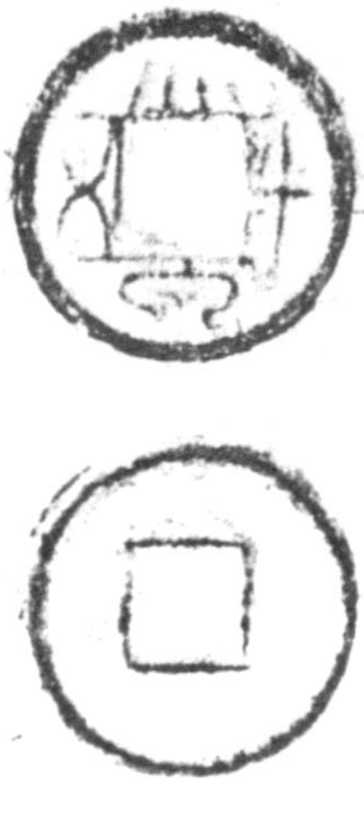

直徑:26.6mm
重量:4.7g

125 亮 四
傳形

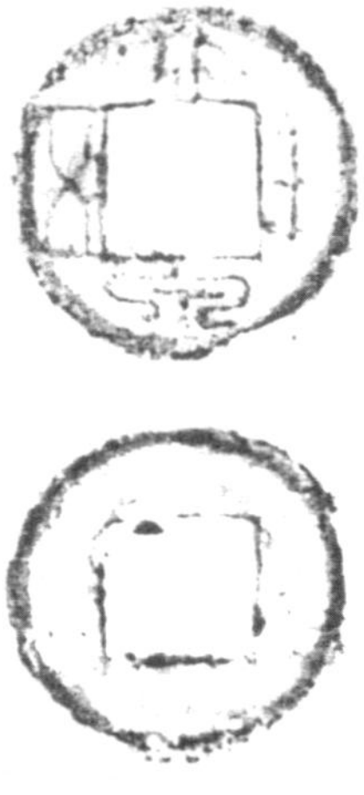

直徑:26.6mm
重量:4.5g

126 亮 四
傳形

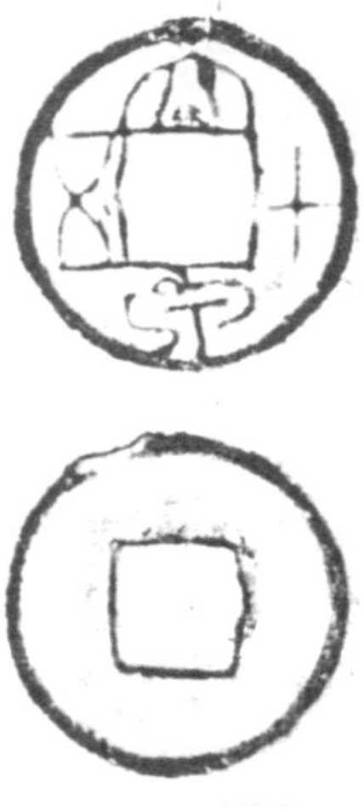

直徑:26.5mm
重量:5.1g

大泉五十錢譜

127	128	129	130
亮	亮	亮	亮
三	四	四	四
傳形 異形大	傳形	傳形	傳形
直徑:26.4mm	直徑:26.3mm	直徑:26.3mm	直徑:26.2mm
重量:4.3g	重量:6.3g	重量:3.9g	重量:4.1g

131	132	133	134
亮	亮	亮	亮
四	四	四	四
傳形	傳形	傳形	傳形
直徑:25.9mm	直徑:25.8mm	直徑:25.8mm	直徑:25.7mm
重量:3.9g	重量:2.1g	重量:3.6g	重量:3.7g

大泉五十錢譜

編號	135	136	137	138
	亮	亮	亮	亮
	四	四	四	四
	傳形	傳形 十上下橫	傳形	傳形
	直徑:25.6mm 重量:3.9g	直徑:25.6mm 重量:3.8g	直徑:25.5mm 重量:3.9g	直徑:25.3mm 重量:6.6g

編號	139	140	141	142
	亮	亮	亮	亮
	四	四	二	四
	傳形	傳形	傳形 倒泉	傳形
	直徑:25.3mm 重量:3.0g	直徑:25.2mm 重量:2.2g	直徑:24.5mm 重量:3.1g	直徑:24.2mm 重量:3.5g

12-18

大泉五十錢譜

編號	143	144	145	146
	亮	亮	亮	亮
	四	四	四	四
	傳形 薄肉	傳形 薄肉	傳形 薄小	傳形 薄小
直徑	23.6mm	23.4mm	23.0mm	22.2mm
重量	1.6g	1.7g	1.5g	1.4g

編號	147	148	149	150
	亮	亮	亮	亮
	四	四	四	四
	傳形 薄小	傳形 薄小	傳形 薄小	傳形 薄小
直徑	21.5mm	20.6mm	20.5mm	20.3mm
重量	1.1g	1.2g	1.0g	0.9g

12-19

大泉五十錢譜

		152 亮 四 傳形 薄小	151 亮 四 傳形 薄小 合背
直徑:mm 重量:g	直徑:mm 重量:g	直徑:18.3mm 重量:0.9g	直徑:20.3mm 重量:0.9g

直徑:mm 重量:g	直徑:mm 重量:g	直徑:mm 重量:g	直徑:mm 重量:g

大泉五十錢譜

十三、旋讀類

編號	1	2	3
藏家	蔡	蔡	立
級別	三	三	三
說明	左旋讀	左旋讀	左旋讀
直徑	28.5mm	28.4mm	28.2mm
重量	6.3g	6.3g	8.4g

編號	4	5	6	7
藏家	林	立	偶	立
級別	三	三	三	四
說明	左旋讀	左旋讀	左旋讀 斜輪	左旋讀 異文
直徑	28.2mm	27.0mm	27.8mm	26.5mm
重量	8.1g	5.4g	6.0g	4.1g

大泉五十錢譜

8 蔡三	9 林三	10 立三	11 日三
左旋讀	左旋讀	左旋讀	左旋讀
直徑:26.2mm 重量:3.0g	直徑:25.7mm 重量:2.8g	直徑:25.4mm 重量:3.1g	直徑:27.7mm 重量:6.6g

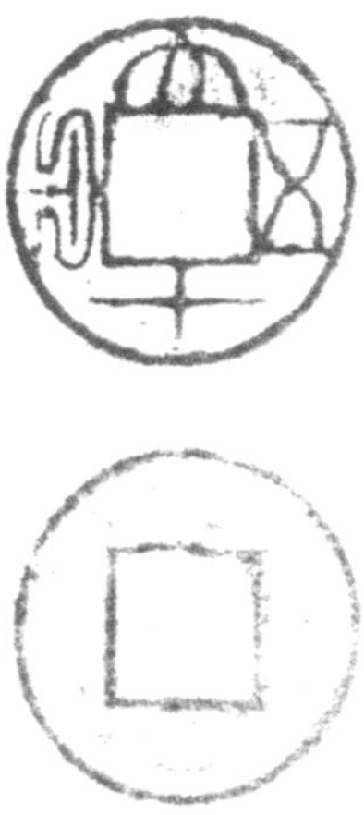

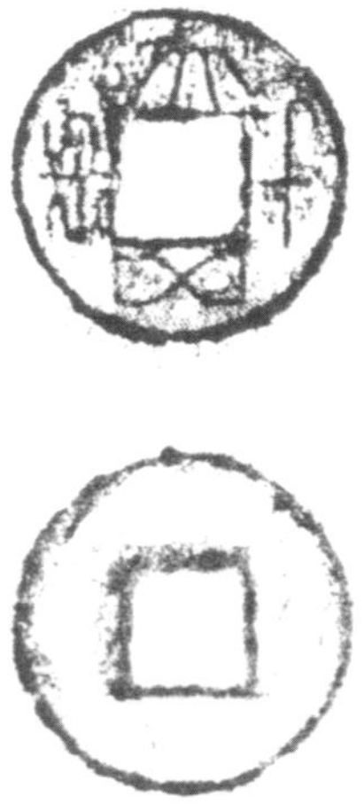

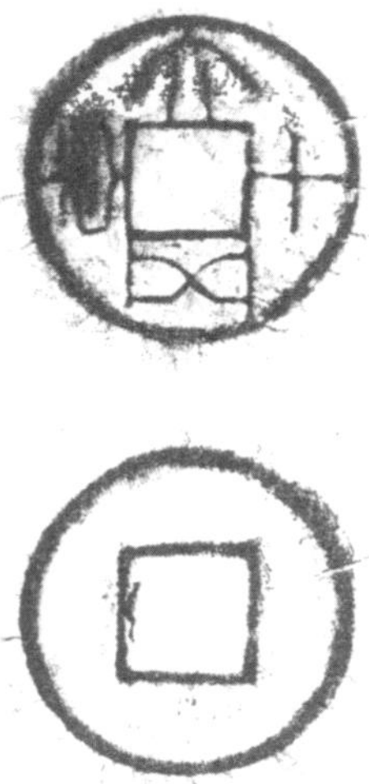

12 偶二	13 立二	14 日二	15 日三
右旋讀 斜輪	右旋讀	右旋讀	左旋讀
直徑:27.6mm 重量:6.2g	直徑:26.6mm 重量:3.7g	直徑:27.5mm 重量:5.5g	直徑:25.7mm 重量:2.8g

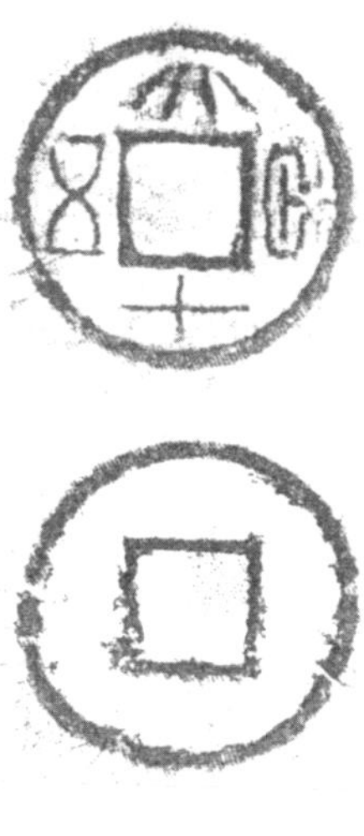

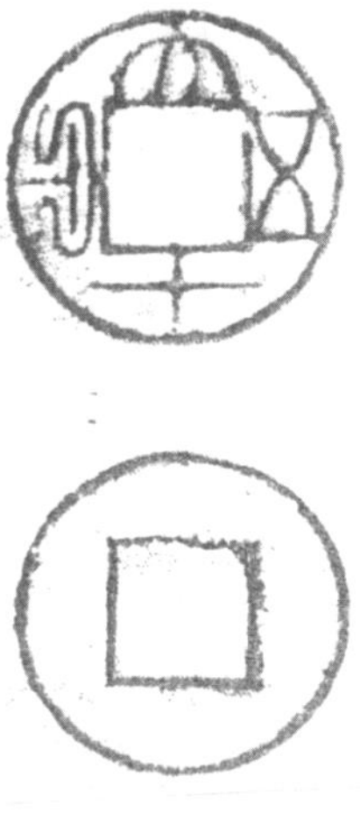

大泉五十錢譜

19	18	17	16
日	日	日	日
三	三	二	三
左旋讀	左旋讀	左旋讀 十旁四星	左旋讀
直徑:26.6mm 重量:6.5日g	直徑:27.0mm 重量:4.4g	直徑:27.9mm 重量:3.3g	直徑:28.8mm 重量:9.0g

	22	21	20
	日	日	日
	二	二	二
	右旋讀	右旋讀	右旋讀
直徑:mm 重量:g	直徑:24.6mm 重量:3.3g	直徑:26.0mm 重量:4.4g	直徑:27.4mm 重量:5.1g

13-3

大泉五十錢譜

23	24	25	26
亮二	亮二	亮二	亮二
右旋讀 大樣	右旋讀 闊緣	右旋讀	右旋讀 異書
直徑:29.3mm 重量:11.0g	直徑:27.3mm 重量:6.4g	直徑:27.3mm 重量:4.0g	直徑:24.9mm 重量:3.8g

27	28		
亮二	亮二		
左旋讀 大泉十五	左旋讀 五銖的 改范錢		
直徑:26.9mm 重量:4.1g	直徑:26.7mm 重量:3.1g	直徑:mm 重量:g	直徑:mm 重量:g

大泉五十錢譜

十四、決文類

編號	1	2	3
類	立三	立四	立四
說明	背四決	背四決	背四決 廣穿
直徑	29.0mm	28.8mm	28.6mm
重量	8.1g	7.3g	5.7g

編號	4	5	6	7
類	立三	林少	立九	立九
說明	面四決 面二星	面背四決 背四星	背左上 左下決文	背左上 右上栗文
直徑	28.2mm	28.2mm	28.1mm	28.1mm
重量	7.8g	5.7g	6.6g	4.9g

大泉五十錢譜

編號	類	式	說明	直徑	重量
8	林	三	背四決五中星	直徑:27.9mm	重量:7.1g
9	立	四	背四決	直徑:27.7mm	重量:9.0g
10	立	三	面四決	直徑:27.6mm	重量:8.5g
11	立	四	背四決五下星	直徑:27.6mm	重量:5.1g
12	日	四	背四決	直徑:27.5mm	重量:5.2g
13	立	三	面四決	直徑:27.5mm	重量:4.2g
14	立	九	背左上右上決文	直徑:27.2mm	重量:5.6g
15	立	四	背四決	直徑:27.0mm	重量:6.0g

大泉五十錢譜

16	立	四	背四決	直徑:26.9mm	重量:5.3g
17	立	四	背四決	直徑:26.8mm	重量:5.4g
18	立	四	背四決	直徑:26.7mm	重量:4.8g
19	立	五	背微四決	直徑:26.7mm	重量:4.1g
20	立	五	背四決	直徑:26.6mm	重量:3.1g
21	立	五	背四決	直徑:26.5mm	重量:3.2g
22	立	九	面背左上決文	直徑:26.4mm	重量:4.4g
23	立	五	背四栗	直徑: 26.4mm	重量: 3.5g

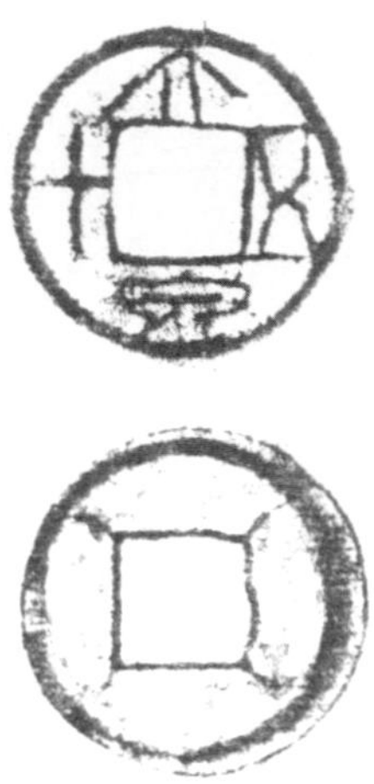

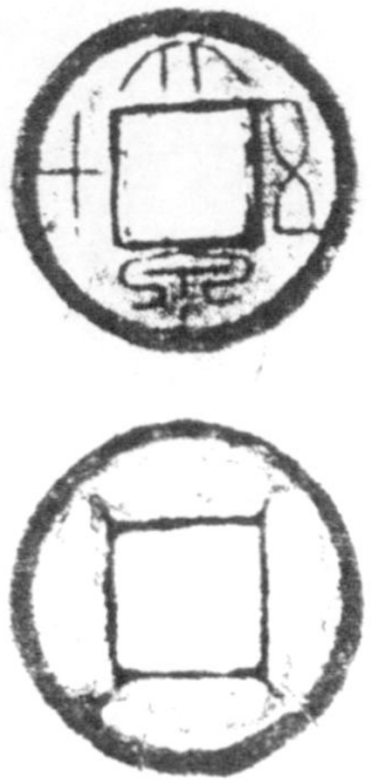

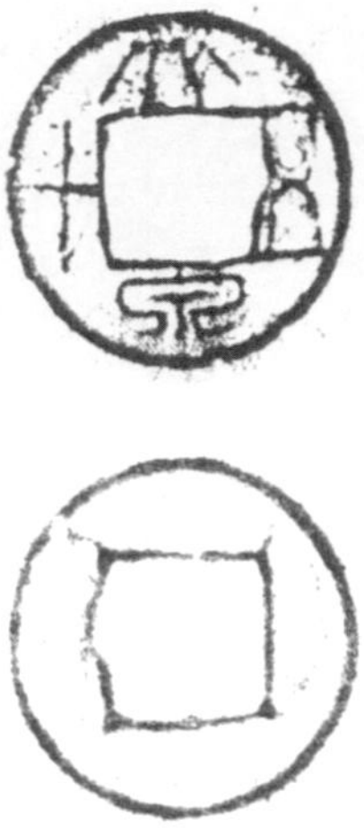

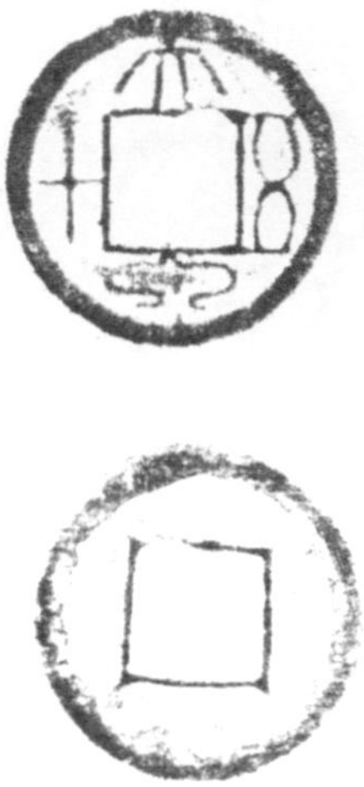

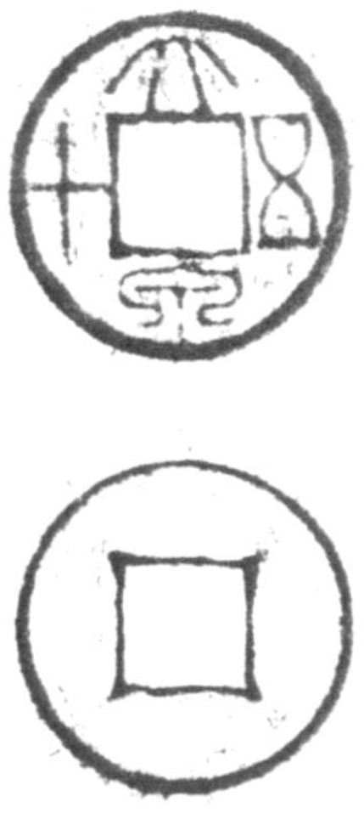

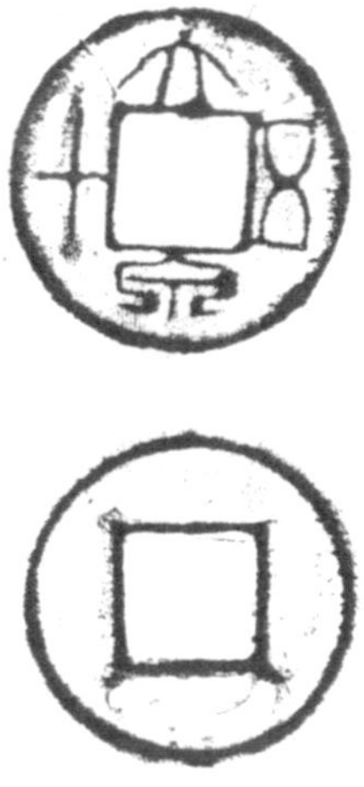

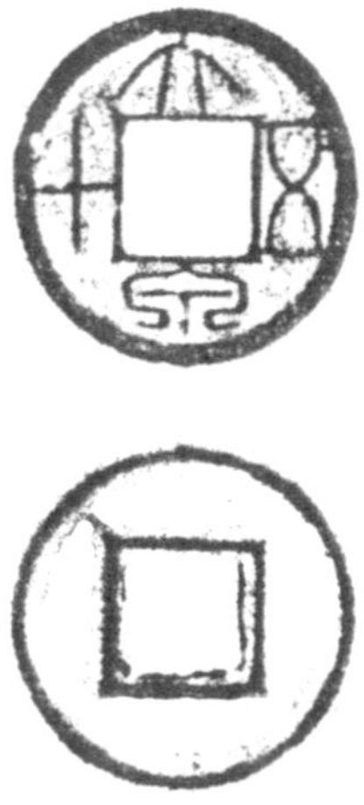

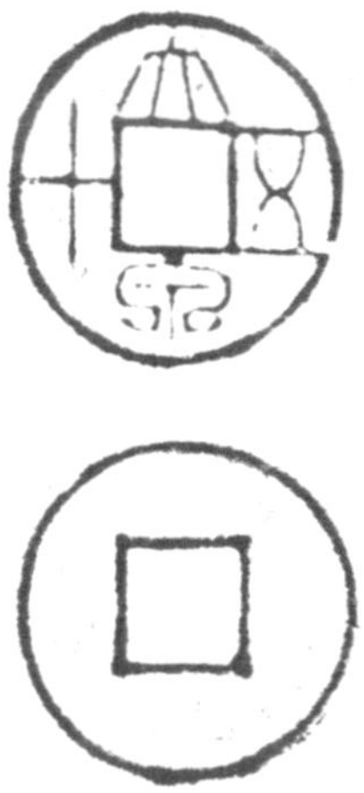

大泉五十錢譜

24	25	26	27
立四	林五	立四	立五
面左上右上決文 背四決	背四決	背四決	背四決
直徑:26.4mm 重量:3.0g	直徑:26.4mm 重量:2.8g	直徑:26.1mm 重量:5.3g	直徑:26.0mm 重量:2.9g

28	29	30	31
立五	立三	林二	立三
背四栗	背四決 五中星 十中星	面四決	背四決
直徑:25.5mm 重量:2.2g	直徑:25.4mm 重量:2.3g	直徑:23.1mm 重量:2.9g	直徑:22.0mm 重量:1.4g

14-4

大泉五十錢譜

編號			說明	直徑	重量
32	立	十	背四決	直徑:26.4mm	重量:4.2g
33	林	七	左上左下決文	直徑:26.3mm	重量:5.5g
34	炘	七	背四栗 斜五 長十	直徑:26.3mm	重量:2.9g
35	炘	九	背四決	直徑:26.2mm	重量:4.5g
36	炘	九	背四栗	直徑:25.9mm	重量:2.8g
37	日	九	背四決 背反郭	直徑:28.2mm	重量:5.7g
38	日	九	面左下決	直徑:28.0mm	重量:8.4g
39	日	九	背四決	直徑:27.7mm	重量:8.5g

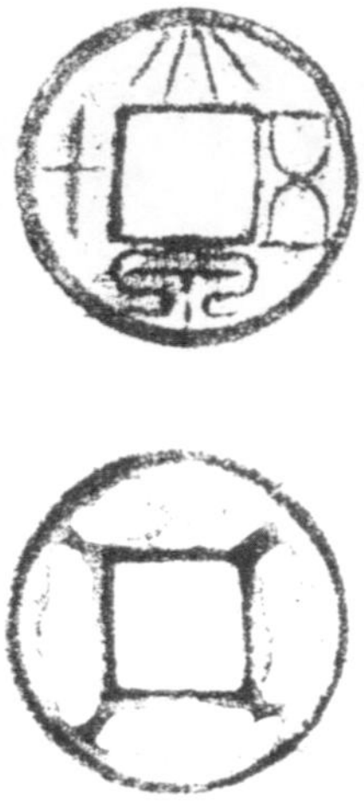

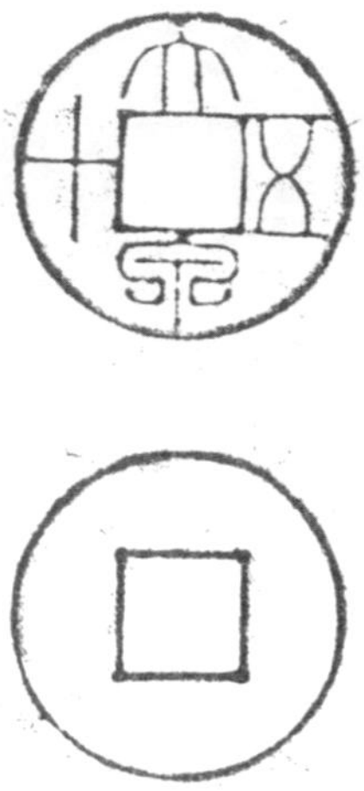

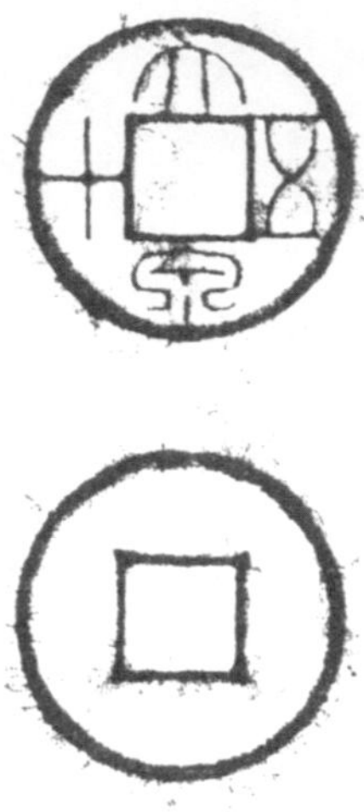

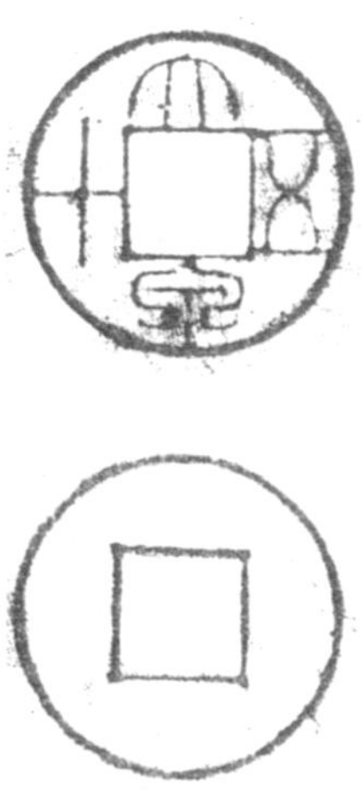

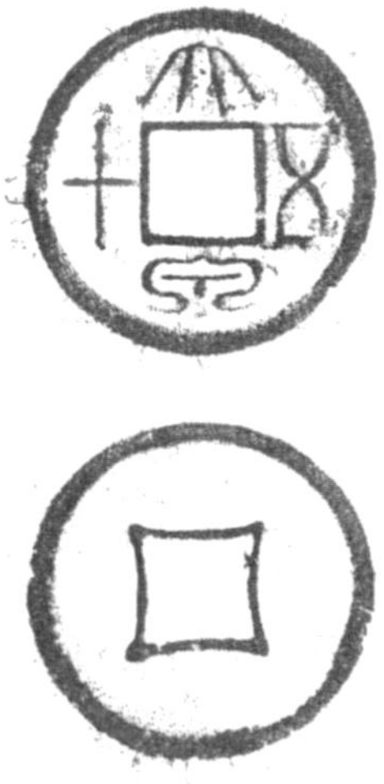

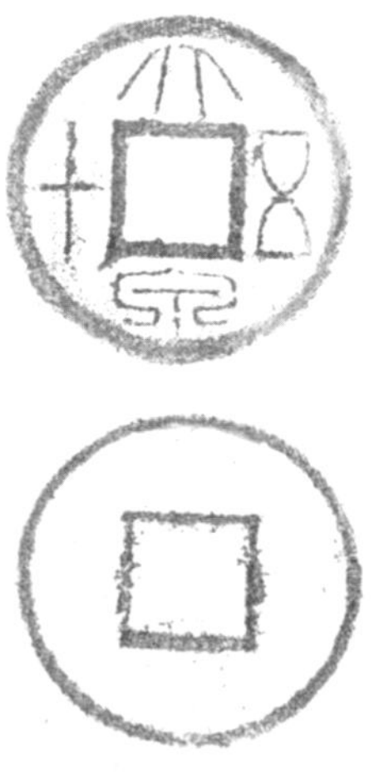

大泉五十錢譜

編號	日	等級	說明	直徑	重量
40	日	九	背四決	直徑:27.6mm	重量:4.9g
41	日	九	背四決	直徑:27.4mm	重量:6.0g
42	日	八	面左上、左下決文背四決	直徑:27.1mm	重量:6.5g
43	日	九	背四決	直徑:27.0mm	重量:6.1g
44	日	四	背四決、四星	直徑:26.8mm	重量:7.0g
45	日	九	面四決	直徑:26.8mm	重量:5.6g
46	日	九	面四決	直徑:24.7mm	重量:1.8g
47	日	九	面四決	直徑:27.3mm	重量:3.2g

大泉五十錢譜

編號			說明	直徑	重量
48	日	九	背四決	直徑:29.1mm	重量:8.4g
49	日	九	背左下決	直徑:28.8mm	重量:6.1g
50	日	九	背左上決 背右上決	直徑:27.9mm	重量:7.7g
51	日	九	背四決 背肥郭	直徑:27.1mm	重量:4.7g
52	日	九	背四決	直徑:26.9mm	重量:5.7g
53	日	九	背四決 廣穿	直徑:26.7mm	重量:4.9g
54	日	九	背四決 廣穿	直徑:26.6mm	重量:4.1g
55	日	九	背左上決 背左下決	直徑:26.3mm	重量:49g

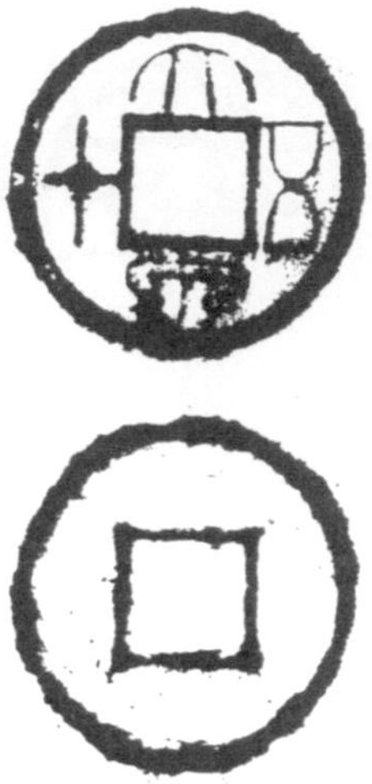

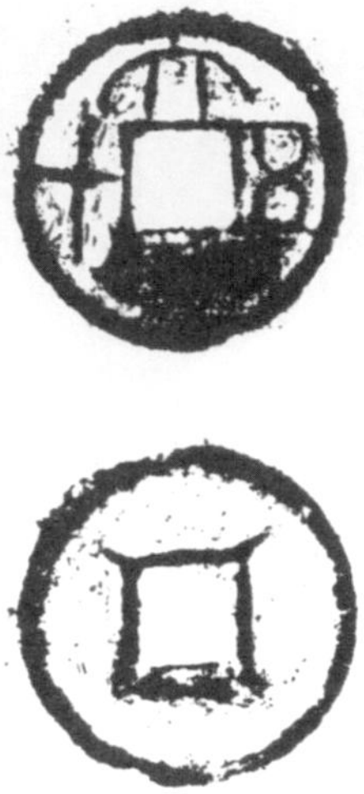

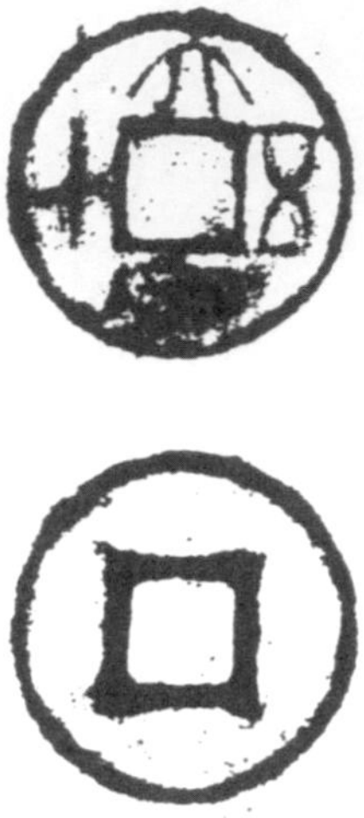

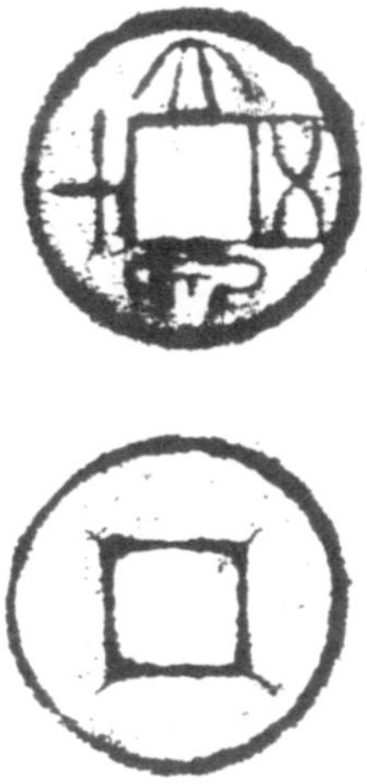

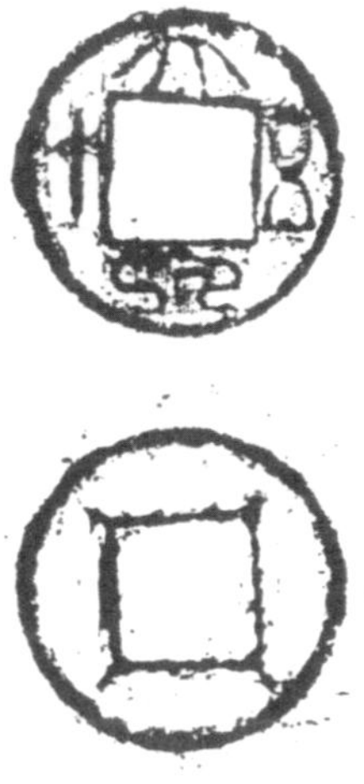

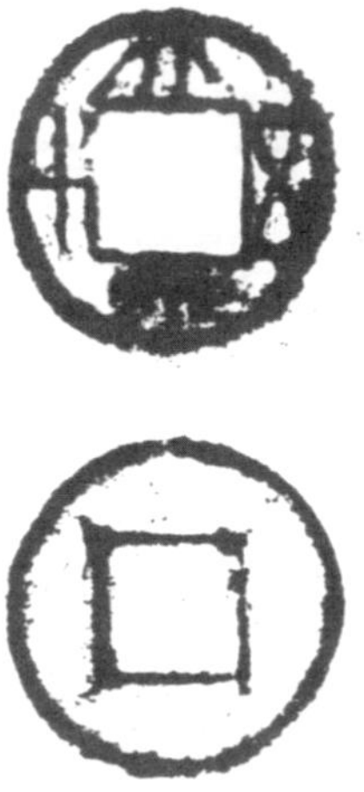

大泉五十錢譜

編號	類	品	說明	直徑	重量
56	日	九	背四決	直徑:25.9mm	重量:5.8g
57	日	九	背四決 翹鬍泉 長十	直徑:25.8mm	重量:2.4g
58	日	九	背四決 扁泉 仰十	直徑:25.8mm	重量:4.2g
59	日	九	背四決	直徑:25.3mm	重量:2.6g
60	日	九	面背四決 異泉	直徑:25.0mm	重量:1.5g
61	日	九	背四決 十右星	直徑:24.9mm	重量:1.8g
62	日	九	背四決 背上移笵	直徑:24.8mm	重量:2.4g
63	日	九	背左下決	直徑:24.4mm	重量:2.8g

大泉五十錢譜

編號	64	65	66	67
	日	日	日	日
	九	八	九	九
說明	背四決 長十	背陰四決	背四決	面背四決
直徑	24.3mm	21.0mm	25.8mm	24.7mm
重量	2.4g	1.4g	2.1g	2.5g

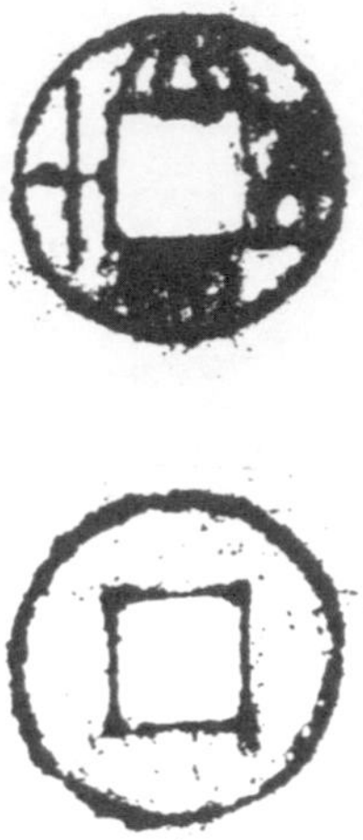

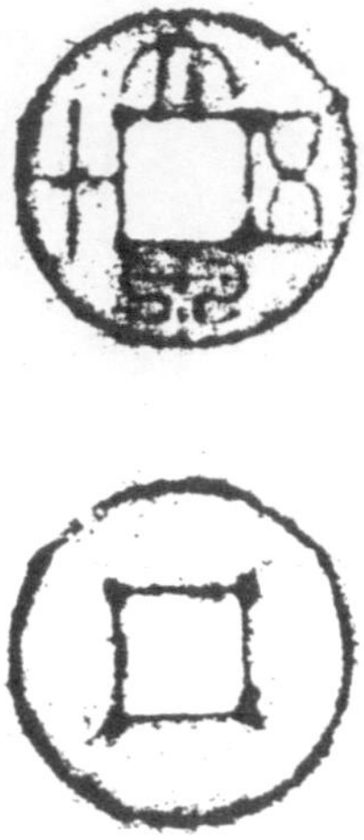

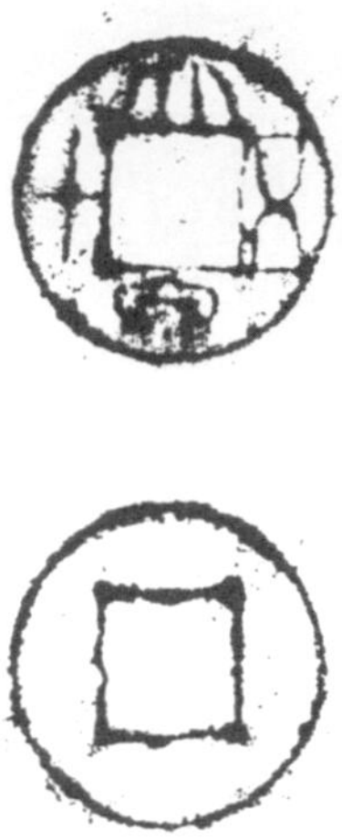

編號	68	69	70	
	日	日	日	
	九	九	八	
說明	面背四決	面四決	面背四決	
直徑	24.6mm	24.4mm	22.0mm	mm
重量	2.1g	2.1g	1.5g	g

大泉五十錢譜

編號	71	72	73	74
	亮	亮	亮	亮
	九	九	九	九
	背四決	背四決	背四決	背四決
	直徑:28.3mm 重量:2.1g	直徑:28.1mm 重量:6.3g	直徑:27.7mm 重量:6.8g	直徑:27.3mm 重量:6.4g

編號	75	76	77	78
	亮	亮	亮	亮
	九	九	九	九
	背四決	背左上豎	背四決	背右上右下決
	直徑:27.3mm 重量:5.8g	直徑:27.3mm 重量:5.3g	直徑:27.2mm 重量:4.9g	直徑:27.1mm 重量:6.7g

大泉五十錢譜

編號	品相	等級	說明	直徑	重量
79	亮	九	背右上決	直徑:27.0mm	重量:6.2g
80	亮	九	背右下決	直徑:26.8mm	重量:4.6g
81	亮	九	面左上決	直徑:26.7mm	重量:7.4g
82	亮	九	背左上右下決文	直徑:26.7mm	重量:5.4g
83	亮	九	背四決	直徑:26.6mm	重量:5.3g
84	亮	九	背左上右下決文	直徑:26.6mm	重量:4.5g
85	亮	九	背四決	直徑:26.3mm	重量:4.8g
86	亮	七	背四決蜿走大	直徑:26.2mm	重量:2.6g

大泉五十錢譜

87	亮	四

背四決
傳形

直徑:25.6mm
重量:5.3g

直徑:mm
重量:g

直徑:mm
重量:g

直徑:mm
重量:g

直徑:mm
重量:g

直徑:mm
重量:g

直徑:mm
重量:g

直徑:mm
重量:g

14-12

十五、面、背四道類

編號	類	級	說明	直徑	重量
1	立	一	面四道 面二星 背四星	直徑:29.0mm	重量:7.2g
2	立	二	面背四道	直徑:29.0mm	重量:7.8g
3	立	二	面背四道	直徑:28.0mm	重量:6.0g
4	蔡	二	面背四道	直徑:27.7mm	重量:7.6g
5	立	三	面四道	直徑:27.6mm	重量:5.5g
6	立	一	面背四道 背四十	直徑:27.5mm	重量:6.7g
7	立	一	面背四道 背四星	直徑:27.0mm	重量:3.7g

大泉五十錢譜

8	偶	少	面背四道 面背二星 側合背	直徑:24.4mm 重量:2.7g
				直徑:mm 重量:g
				直徑:mm 重量:g
				直徑:mm 重量:g

9	立	三	背四道	直徑:28.4mm 重量:4.9g
10	偶	三	背四道	直徑:27.5mm 重量:8.1g
11	立	九	背左上一道	直徑:27.5mm 重量:7.7g
12	日	三	背四道	直徑:27.7mm 重量:8.1g

大泉五十錢譜

編號	分類	說明	直徑	重量
13	日 三	背四道	直徑:26.5mm	重量:5.3g
14	日 二	面陰四道	直徑:25.7mm	重量:3.2g
15	日 三	背四道 薄小	直徑:23.3mm	重量:0.7g
16	日 七	背下二道	直徑:28.4mm	重量:7.8g
17	日 九	背左斜文	直徑:25.0mm	重量:2.3g
18	日 九	穿上一豎	直徑:24.7mm	重量:2.0g
19	日 九	背左一道	直徑:24.9mm	重量:2.3g
20	日 九	背左一道	直徑:24.4mm	重量:1.9g

大泉五十錢譜

編號			說明	直徑	重量
21	日	九	背左一道 薄肉	直徑:21.2mm	重量:0.9g
22	日	九	背左一豎	直徑:27.3mm	重量:4.0g
23	日	七	背左右二道	直徑:24.7mm	重量:1.7g
24	日	七	背左右二道	直徑:24.5mm	重量:1.8g
25	日	七	背左右二道	直徑:24.3mm	重量:2.1g
26	日	七	背左右二道	直徑:23.9mm	重量:2.1g
27	日	七	背左右二道	直徑:22.3mm	重量:1.3g
28	日	七	背上下二道	直徑:24.0mm	重量:1.7g

大泉五十錢譜

29 日 七 背右下二道
直徑:24.4mm
重量:1.7g

30 日 七 背右下二道
直徑:24.3mm
重量:1.7g

31 日 七 背右二道
直徑:25.2mm
重量:1.9g

32 日 五 背上左右三道
直徑:24.6mm
重量:1.7g

33 日 三 背四道
直徑:25.2mm
重量:1.6g

34 日 三 背四道
直徑:24.8mm
重量:1.8g

35 日 三 背四道
直徑:24.7mm
重量:2.2g

36 日 三 背四道
直徑:24.7mm
重量:2.1g

大泉五十錢譜

編號	類	式	背	直徑	重量
37	日	三	背四道	直徑:24.7mm	重量:2.1g
38	日	三	背四道	直徑:24.7mm	重量:1.9g
39	日	三	背四道	直徑:24.6mm	重量:2.1g
40	日	三	背四道	直徑:24.6mm	重量:2.1g
41	日	三	背四道	直徑:24.6mm	重量:1.8g
42	日	三	背四道	直徑:24.6mm	重量:1.7g
43	日	三	背四道	直徑:24.5mm	重量:2.1g
44	日	三	背四道	直徑:24.5mm	重量:1.8g

大泉五十錢譜

編號	分類	說明	直徑	重量
45	日 三	背四道	直徑:24.5mm	重量:1.8g
46	日 三	背四道	直徑:24.4mm	重量:2.1g
47	日 三	背四道	直徑:24.3mm	重量:2.1g
48	日 三	背四道	直徑:23.3mm	重量:1.7g
49	日 三	背四道	直徑:24.2mm	重量:2.0g
50	日 三	背四道	直徑:24.2mm	重量:1.9g
51	日 三	背四道	直徑:24.2mm	重量:1.7g
52	日 三	背四道	直徑:24.1mm	重量:1.7g

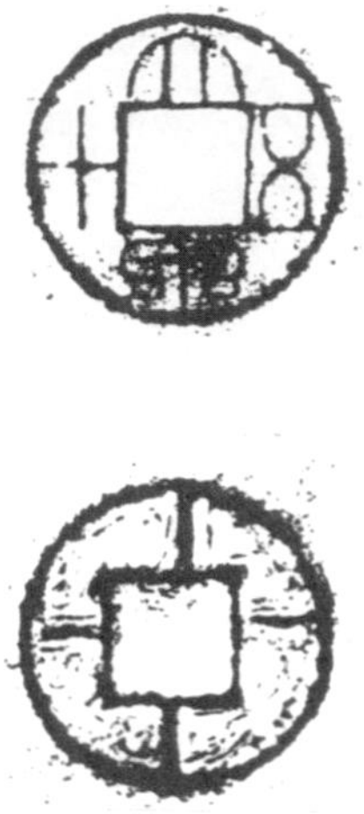

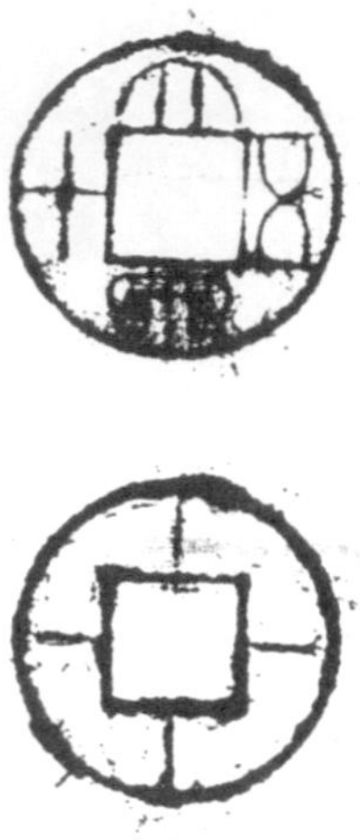

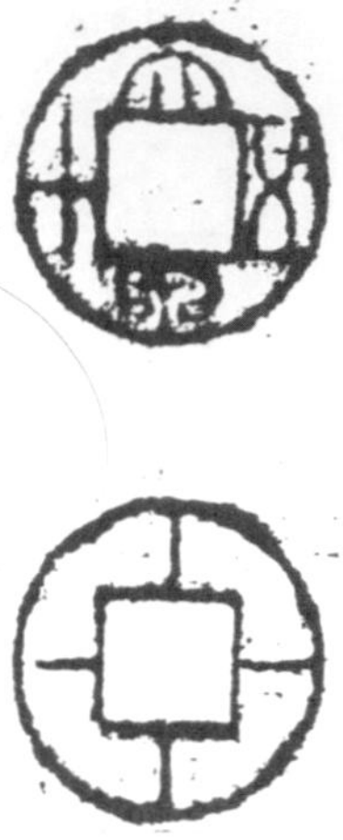

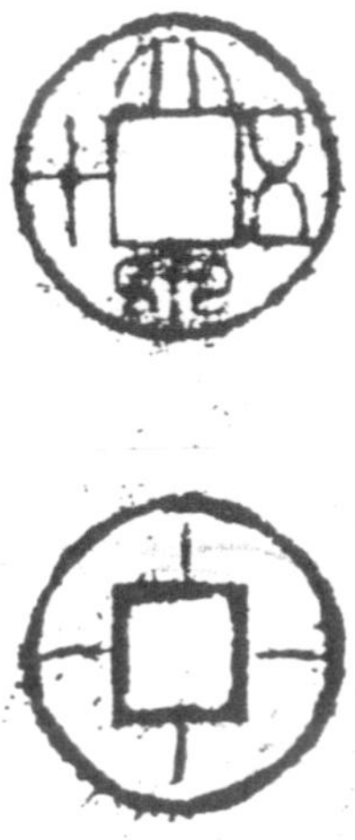

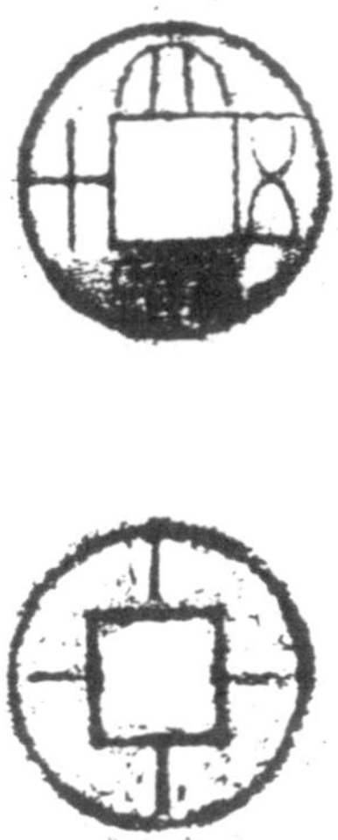

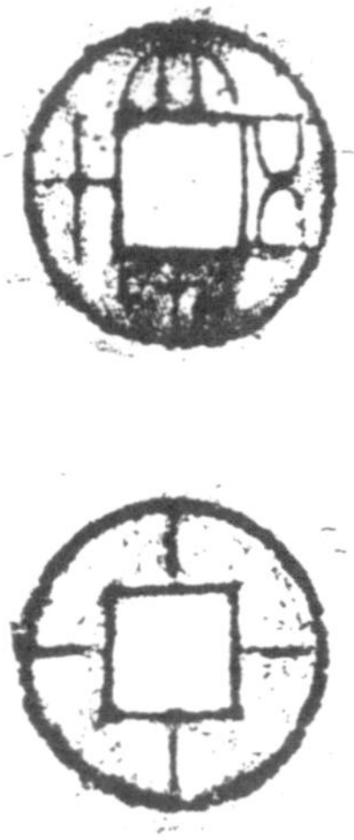

大泉五十錢譜

編號		等級	說明	直徑	重量
53	日	三	背四道	23.7mm	1.8g
54	日	二	背五道	25.0mm	1.7g
55	日	二	背上十三道	24.7mm	2.0g
56	日	二	背五道	24.7mm	1.7g
57	日	二	背五道	24.6mm	2.2g
58	日	三	背左十右一道	24.4mm	2.5g
59	日	三	背右十下一豎	24.3mm	1.7g
60	日	二	背五道	24.2mm	3.0g

大泉五十錢譜

編號	64	63	62	61
分類	日二	日二	日三	日三
說明	背十二道	背六道	背四道	背下十三道
直徑	23.3mm	24.0mm	23.3mm	24.0mm
重量	1.7g	2.1g	1.8g	2.0g

編號		67	66	65
分類		日九	日二	日二
說明		背右二道	背十二道	背十二道
直徑	mm	26.8mm	21.1mm	21.9mm
重量	g	4.2g	1.5g	1.3g

大泉五十錢譜

68 亮三 背左二道	69 亮三 背四道	70 亮三 背四道	
直徑:28.5mm 重量:8.6g	直徑:23.7mm 重量:1.4g	直徑:24.0mm 重量:2.0g	直徑:mm 重量:g

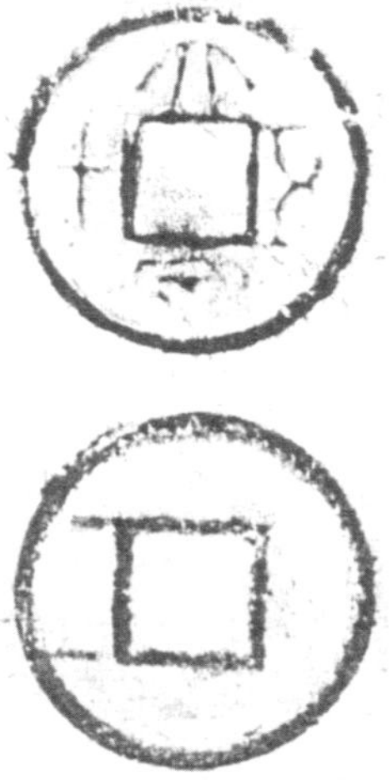

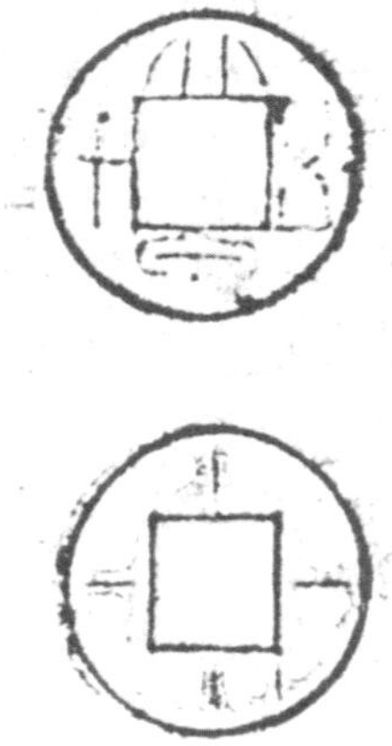

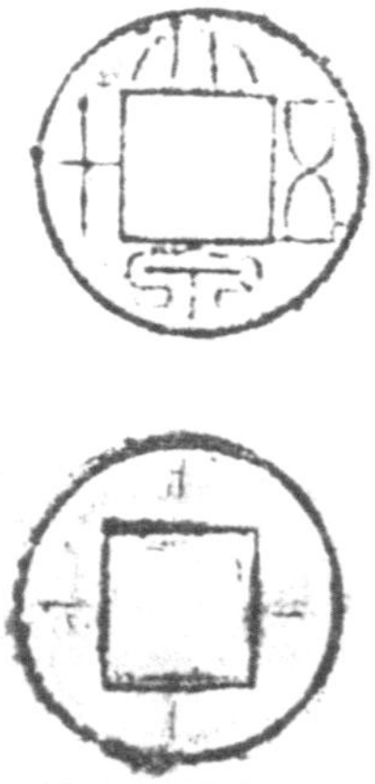

直徑:mm 重量:g	直徑:mm 重量:g	直徑:mm 重量:g	直徑:mm 重量:g

大泉五十錢譜

十六、面、背星類

編號	1	2	3
分類	日七	立四	立七
說明	十旁星 大樣	五內雙星 大樣	左上星
直徑	28.9mm	28.9mm	28.6mm
重量	3.8g	9.2g	6.1g

編號	4	5	6	7
分類	立六	立八	立八	林五
說明	面右上星 背左上星	十下星	十旁星 高輪	五內下星
直徑	28.5mm	28.4mm	28.3mm	28.3mm
重量	6.2g	7.0g	9.3g	7.9g

大泉五十錢譜

8	秦	二	背上四星 下三星 重輪	直徑:28.2mm	重量:5.8g
9	林	三	五中星 十中星	直徑:28.2mm	重量:9.0g
10	立	八	背右星	直徑:28.0mm	重量:8.0g
11	立	五	五內下星	直徑:28.0mm	重量:7.3g
12	立	八	背下偏星	直徑:27.9mm	重量:4.3g
13	日	六	十旁星 厚重	直徑:27.8mm	重量:10.7g
14	日	七	大中星	直徑:27.7mm	重量:6.2g
15	日	八	背上星	直徑:27.6mm	重量:8.1g

16-2

大泉五十錢譜

16	日	六	大中星 泉左星	直徑:27.6mm	重量:7.1g
17	立	八	背右下星 廣穿 扁泉	直徑:27.5mm	重量:4.8g
18	日	八	泉旁星	直徑:27.5mm	重量:4.8g
19	蔡	四	五內雙星	直徑:27.4mm	重量:5.8g
20	立	八	背下星	直徑:27.4mm	重量:4.1g
21	立	一	面九星	直徑:27.3mm	重量:5.4g
22	立	三	背穿四星	直徑:27.2mm	重量:6.4g
23	日	八	大旁星	直徑:27.0mm	重量:7.0g

大泉五十錢譜

編號	品	級	說明	直徑	重量
24	立	五	五內上星	直徑:26.8mm	重量:3.8g
25	偶	四	五內雙小星 斜輪 肥郭	直徑:26.7mm	重量:4.4g
26	立	八	背下星	直徑:26.7mm	重量:3.1g
27	立	八	十旁星	直徑:26.3mm	重量:3.2g
28	立	八	背下星	直徑:26.0mm	重量:2.4g
29	立	八	大中星	直徑:25.9mm	重量:3.4g
30	林	四	五內雙星	直徑:25.7mm	重量:4.1g
31	日	八	面左下星	直徑:25.7mm	重量:3.3g

大泉五十錢譜

編號	32	33	34	35
名稱	面七星	背上俯月下星	五旁星	十中星
	立	立	立	林
	三	四	八	七
直徑	25.7mm	25.5mm	25.4mm	25.2mm
重量	3.0g	3.8g	3.8g	3.6g

編號	36	37	38	39
名稱	五下星 薄肉	五下星 薄肉	十旁星	五上星
	立	立	立	立
	八	八	八	八
直徑	26.3mm	24.6mm	28.1mm	27.6mm
重量	2.5g	2.3g	6.0g	6.7g

大泉五十錢譜

編號	類	式	特徵	直徑	重量
40	日	七	背下星	直徑:28.6mm	重量:6.1g
41	日	五	大下星 五內上星	直徑:28.3mm	重量:7.9g
42	日	七	背左星	直徑:28.2mm	重量:5.9g
43	日	四	五內雙星	直徑:28.1mm	重量:6.8g
44	日	五	五內上星	直徑:28.0mm	重量:5.1g
45	日	四	五內雙星	直徑:27.7mm	重量:9.0g
46	日	四	五內雙星	直徑:27.7mm	重量:6.8g
47	日	七	背右星 十重文	直徑:27.6mm	重量:8.1g

大泉五十錢譜

48	49	50	51
日五	日四	日八	日五
五內上星	大中雙星 空泉 背二決	十中星	五內下星
直徑:27.5mm 重量:4.7g	直徑:27.2mm 重量:5.4g	直徑:27.2mm 重量:5.3g	直徑:27.1mm 重量:4.9g

52	53	54	55
日七	日午	日八	日八
背右星	五內下星	上接輪星 泉中星	面輪左星
直徑:26.3mm 重量:2.5g	直徑:25.7mm 重量:3.8g	直徑:26.7mm 重量:5.3g	直徑:26.3mm 重量:4.2g

大泉五十錢譜

56	57	58	59
日	日	日	日
八	八	八	八
背右上星	大左足星	大右星	大右星
直徑:20.8mm	直徑:26.7mm	直徑:27.7mm	直徑:26.8mm
重量:1.1g	重量:5.7g	重量:5.6g	重量:5.2g

60	61	62	63
日	日	日	日
五	五	五	六
泉中三星	泉上星	泉上星	五中星
直徑:24.4mm	直徑:24.0mm	直徑:22.0mm	直徑:26.6mm
重量:3.0g	重量:1.7g	重量:1.3g	重量:5.1g

大泉五十錢譜

編號			名稱	直徑	重量
64	日	五	五下星	直徑:25.6mm	重量:2.5g
65	日	五	五中星	直徑:24.4mm	重量:3.1g
66	日	五	五內上星	直徑:28.4mm	重量:7.5g
67	日	五	五內上星	直徑:28.1mm	重量:5.4g
68	日	五	五內上星	直徑:27.5mm	重量:7.6g
69	日	五	五內上星	直徑:26.5mm	重量:3.0g
70	日	五	五內下星	直徑:27.9mm	重量:7.3g
71	日	五	五內下星	直徑:27.6mm	重量:6.1g

大泉五十錢譜

72	73	74	75
日五	日五	日四	日四
五內下星	五內下星	五內雙星	五內上星 下橫
直徑:25.0mm 重量:3.0g	直徑:23.8mm 重量:2.7g	直徑:28.1mm 重量:6.8g	直徑:27.5mm 重量:5.2g

76	77	78	79
日四	日四	日八	日八
五內雙星	五內雙星 五上下星	十右星	背上星
直徑:25.4mm 重量:2.8g	直徑:25.5mm 重量:2.7g	直徑:26.7mm 重量:4.9g	直徑:24.6mm 重量:2.5g

大泉五十錢譜

80	日	八	背左上星	直徑:24.6mm	重量:2.3g
81	日	八	背右上星 面斜輪	直徑:28.2mm	重量:8.1g
82	日	八	背右上星	直徑:28.1mm	重量:8.2g
83	日	八	背右上星	直徑:25.4mm	重量:3.3g
84	日	八	穿下接郭 星	直徑:27.5mm	重量:3.0g
85	日	三	背上、左接 郭星 星高 4mm	直徑:27.8mm	重量:6.8g
86	日	八	背左接輪 星	直徑:23.5mm	重量:2.7g
87	日	八	背右接郭 星	直徑:24.0mm	重量:3.3g

大泉五十錢譜

編號	類	序	說明	直徑	重量
88	日	三	背五星	直徑:27.5mm	重量:806g
89	日	七	背上星	直徑:27.2mm	重量:4.6g
90	日	八	上接郭星 面背斜輪	直徑:27.7mm	重量:4.8g
91	亮	八	五內上星	直徑:21.7mm	重量:2.0g
92	亮	五	五內下星	直徑:27.4mm	重量:6.6g
93	亮	五	五中星	直徑:27.2mm	重量:5.2g
94	亮	八	十中星	直徑:26.2mm	重量:3.5g

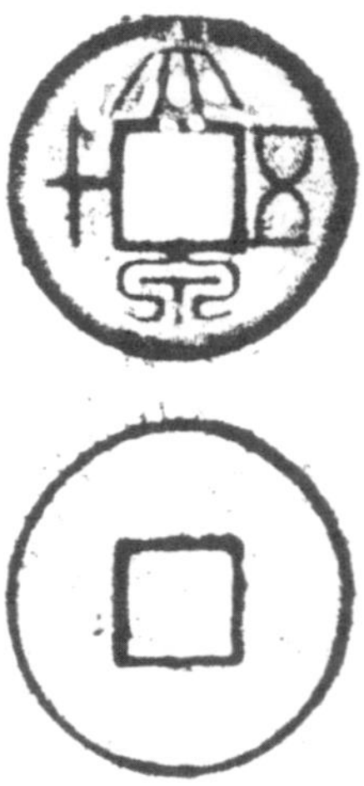

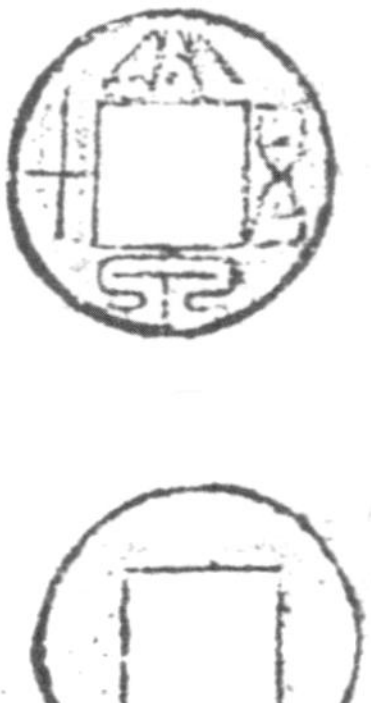

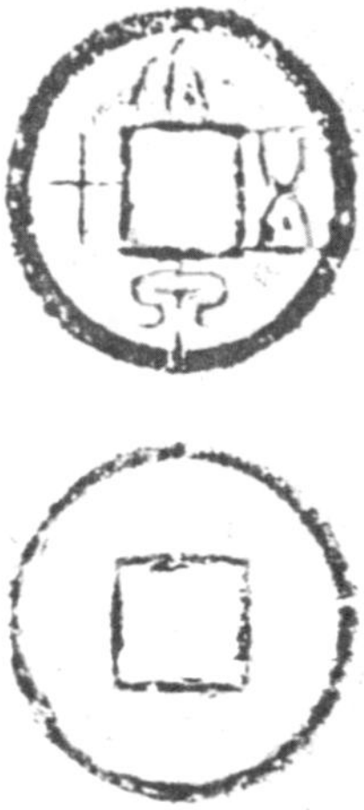

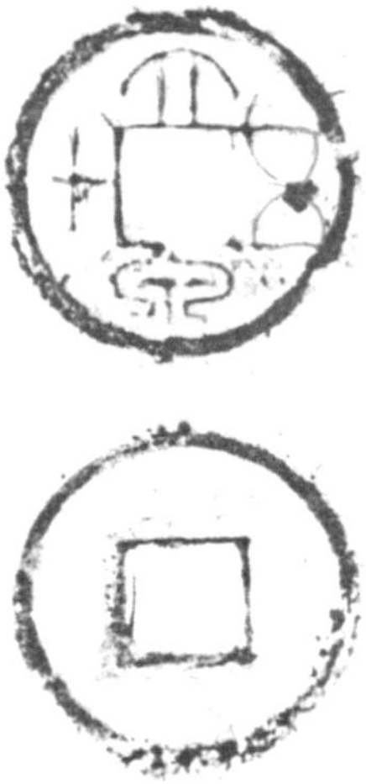

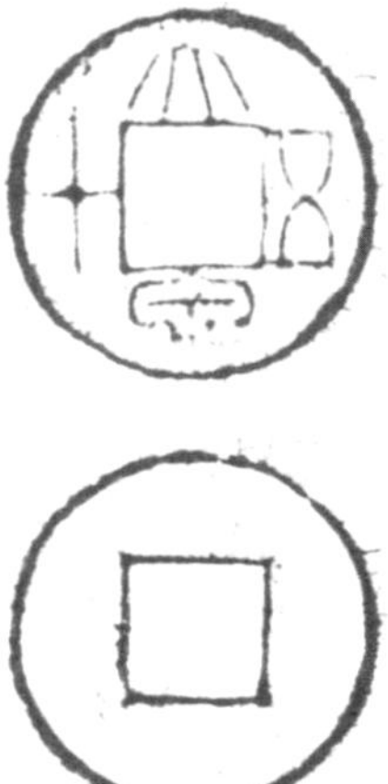

大泉五十錢譜

95	96	97	98
亮	亮	亮	亮
五	八	七	七
泉五十中三星厚重	背接郭上星	背下星	背左星
直徑:28.2mm 重量:10.1g	直徑:27.6mm 重量:4.9g	直徑:25.6mm 重量:3.1g	直徑:26.6mm 重量:4.0g

99	100		
亮	亮		
七	八		
背左星	背右上星		
直徑:26.4mm 重量:4.1g	直徑:28.0mm 重量:4.1g	直徑:mm 重量:g	直徑:mm 重量:g

大泉五十錢譜

直徑:mm 重量:g	直徑:mm 重量:g	直徑:mm 重量:g	直徑:mm 重量:g
直徑:mm 重量:g	直徑:mm 重量:g	直徑:mm 重量:g	直徑:mm 重量:g

16-14

十七、合背類

編號	藏者	品級	說明	直徑	重量
1	林	四	正合背 大樣 厚重	直徑:29.9mm	重量:13.8g
2	秦	四	正合背 大樣 厚重	直徑:29.2mm	重量:11.7g
3	立	五	正合背	直徑:28.6mm	重量:9.1g
4	蔡	五	正合背 厚重	直徑:28.3mm	重量:11.9g
5	林	五	正合背 厚重	直徑:27.6mm	重量:9.9g
6	林	五	正合背	直徑:27.3mm	重量:6.0g
7	立	四	正合背 背併足大	直徑:27.2mm	重量:7.7g

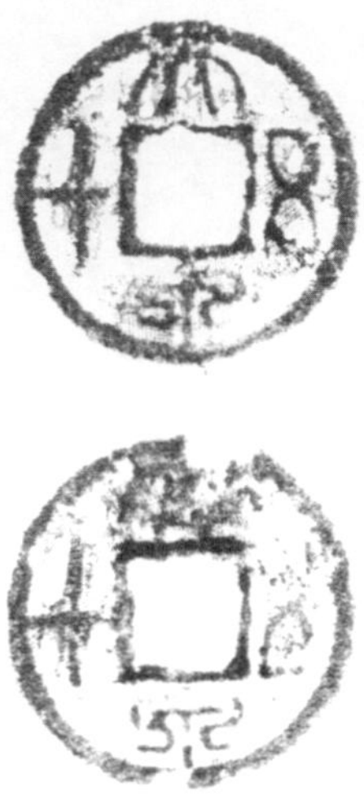

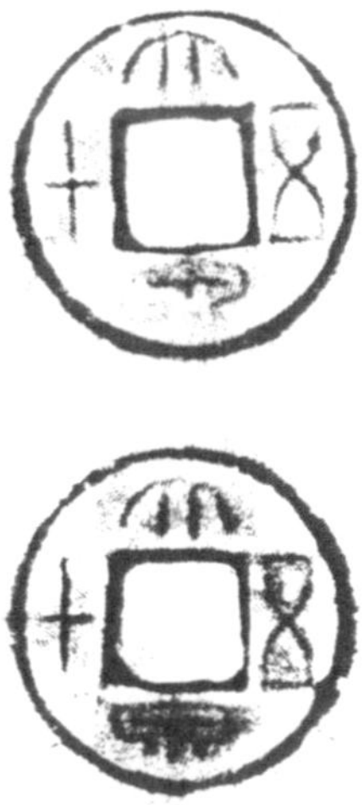

大泉五十錢譜

編號			說明	直徑	重量
8	立	五	正合背	直徑:27.1mm	重量:4.9g
9	立	五	正合背	直徑:27.0mm	重量:5.4g
10	蔡	四	正合背 背重文	直徑:26.3mm	重量:4.0g
11	日	五	正合背 闊緣	直徑:26.2mm	重量:6.7g
12	立	五	正合背	直徑:25.5mm	重量:2.7g
13	立	五	正合背	直徑:25.1mm	重量:3.3g
14	立	五	正合背	直徑:24.6mm	重量:4.3g
15	立	五	正合背	直徑:25.5mm	重量:3.1g

17-2

大泉五十錢譜

16 立四	17 立四	18 秦四	19 林五
正合背 小樣	側合背	側合背	倒合背
直徑:13.9mm 重量:1.0g	直徑:25.1mm 重量:3.1g	直徑:26.7mm 重量:8.8g	直徑:29.5mm 重量:9.0g

20 林五	21 日五	22 蔡五	23 立四
倒合背	倒合背	倒合背	倒合背 十中星
直徑:28.8mm 重量:6.5g	直徑:28.4mm 重量:9.2g	直徑:27.8mm 重量:5.6g	直徑:27.5mm 重量:7.4g

大泉五十錢譜

24	立	五	倒合背	直徑:25.8mm	重量:2.5g
25	日	五	倒合背 面四出 穿八柱	直徑:26.7mm	重量:3.1g
26	日	四	側合背	直徑:27.2mm	重量:3.5g
27	日	三	側合背	直徑:24.9mm	重量:3.8g
28	蔡	三	合面錢	直徑:28.0mm	重量:6.5g
29	立	五	合背 背左上有 流銅	直徑: 27.5mm	重量: 6.4g
30	日	三	合面錢	直徑:28.9mm	重量:7.7g
				直徑:mm	重量:g

大泉五十錢譜

31	32	33	34
日	日	日	日
五	五	五	五
正合背	正合背	正合背	正合背
直徑:28.1mm	直徑:27.0mm	直徑:26.6mm	直徑:26.0mm
重量:7.2g	重量:6.4g	重量:6.5g	重量:6.5g

35	36	37	38
日	日	日	日
五	五	五	五
正合背	倒合背	倒合背	倒合背
直徑:25.3mm	直徑:28.4mm	直徑:27.2mm	直徑:26.6mm
重量:4.9g	重量:7.2g	重量:7.2g	重量:7.8g

17-5

大泉五十錢譜

編號	類別	說明	直徑	重量
39	日三	側合背	直徑:27.8mm	重量:5.9g
40	日三	側合背	直徑:24.3mm	重量:3.9g
			直徑:mm	重量:g
			直徑:mm	重量:g
41	日三	合面錢	直徑:31.7mm	重量:8.7g
42	日三	合面錢	直徑:27.0mm	重量:3.5g
43	日三	合面錢	直徑:26.7mm	重量:5.8g
44	日三	合面錢	直徑:26.4mm	重量:4.5g

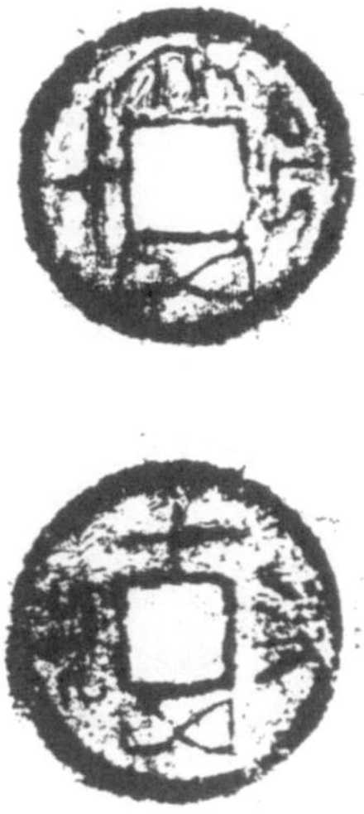

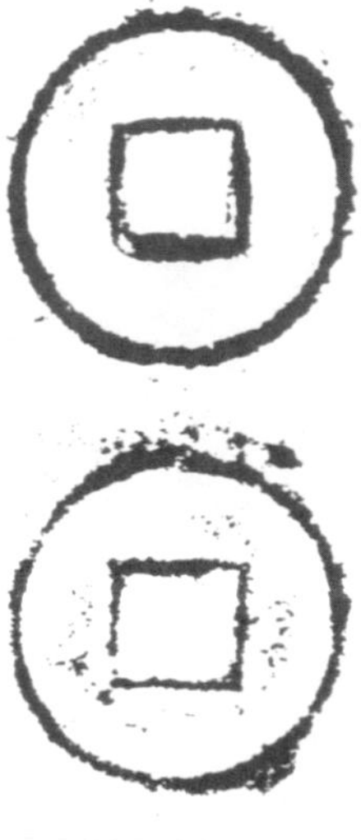

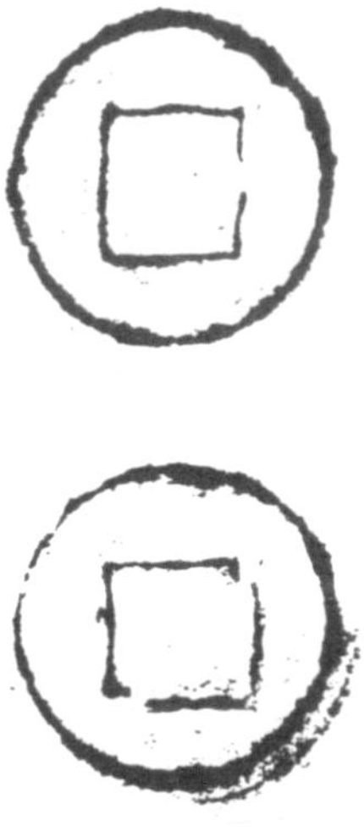

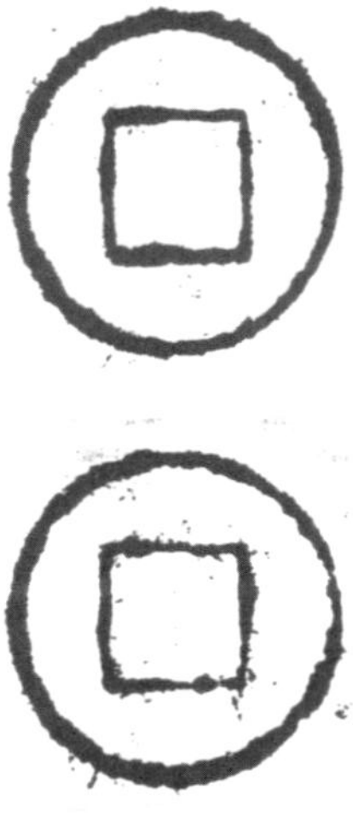

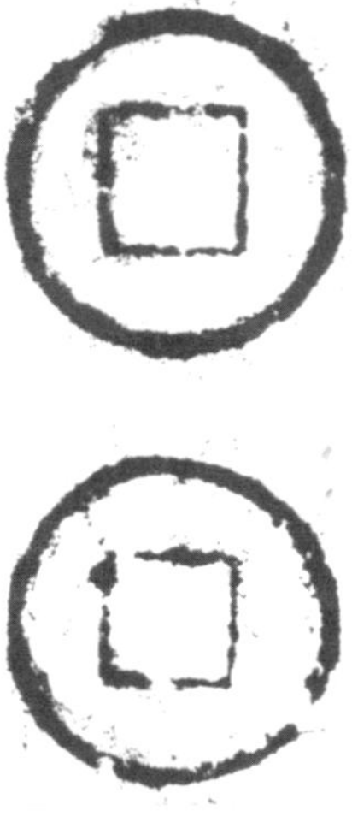

大泉五十錢譜

編號	45	46	47	48
	亮	亮	亮	亮
	四	四	五	四
	正合背 面左下 右下兩道	側合背 面傳形	正合背 小形	正合背 傳形
直徑	直徑:25.8mm	直徑:25.4mm	直徑:19.8mm	直徑:
重量	重量:4.1g	重量:3.1g	重量:1.0g	重量:

直徑	直徑:mm	直徑:mm	直徑:mm	直徑:mm
重量	重量:g	重量:g	重量:g	重量:g

大泉五十錢譜

直徑:mm 重量:g	直徑:mm 重量:g	直徑:mm 重量:g	直徑:mm 重量:g
直徑:mm 重量:g	直徑:mm 重量:g	直徑:mm 重量:g	直徑:mm 重量:g

17-8

大泉五十錢譜

十八、異書類

編號	藏家	等級	說明	直徑	重量
1	偶	二	面四決 背上星下月（東吳版）	直徑:24.7mm	重量:3.3g
2	林	二	面四決 背上星下月（東吳版）	直徑:24.4mm	重量:3.5g
				直徑:mm	重量:g
3	立	少	大大五十 面四星	直徑:27.3mm	重量:6.5g
4	立	一	大泉十十	直徑:26.7mm	重量:4.5g
5	蔡	三	倒讀	直徑:27.3mm	重量:4.3g
6	蔡	少	大泉五銖	直徑:27.0mm	重量:7.4g

大泉五十錢譜

編號	類	等	說明	直徑	重量
7	立	六	大泉五十 一	直徑:27.7mm	重量:5.5g
8	立	二	大泉五廿	直徑:27.5mm	重量:3.6g
9	立	少	大泉五卅 闊緣	直徑:29.2mm	重量:10.3g
				直徑:mm	重量:g
10	日	七	大泉五千	直徑:27.6mm	重量:4.4g
11	日	七	大泉五千	直徑:26.3mm	重量:4.6g
12	日	七	大泉五千	直徑:28.1mm	重量:5.4g
13	日	二	東吳版	直徑:26.0mm	重量:5.5g

18.2

大泉五十錢譜

17 日二 大泉五百	16 日一 大泉十十	15 日一 大泉十十	14 日一 大泉五泉
直徑:30.1mm 重量:8.7g	直徑:26.8mm 重量:6.2g	直徑:26.7mm 重量:5.4g	直徑:28.5mm 重量:9.4g

			18 日二 大泉五銖
直徑:mm 重量:g	直徑:mm 重量:g	直徑:mm 重量:g	直徑:25.9mm 重量:2.5g

18-3

大泉五十錢譜

編號	19	20	21	22
	林	亮	亮	亮
	一	一	一	一
	大大泉五	大大泉五	大泉五五	大大泉五
直徑	27.2mm	26.8mm	26.6mm	26.3mm
重量	3.3g	7.1g	5.5g	5.5g

編號	23	24	25	
	亮	林	林	
	一	少	二	
	大大十十	大泉五銖 上月下星	東吳版	
直徑	24.2mm	22.4mm	26.7mm	mm
重量	3.1g	3.8g	4.9g	g

大泉五十錢譜

十九、特殊品類

編號	藏家	稀珍度	品類	直徑	重量
1	林	珍	鎏金	28.7mm	9.7g
2	林	珍	鎏金	27.3mm	9.7g
3	日	珍	鎏金	26.5mm	5.2g
4	日	稀	銀錢	28.2mm	5.4g
5	林	稀	銀錢	27.7mm	6.7g
				mm	g
6	日	稀	鎏銀	23.8mm	1.8g

大泉五十錢譜

編號			材質	直徑	重量
7	林	三	鉄錢	直徑:30.6mm	重量:8.2g
8	林	三	鉄錢	直徑:30.0mm	重量:9.2g
9	林	三	鉄錢	直徑:29.9mm	重量:8.4g
10	蔡	三	鉄錢	直徑:29.6mm	重量:8.0g
11	林	三	鉄錢	直徑:28.9mm	重量:8.8g
12	林	三	鉄錢	直徑:28.7mm	重量:5.9g
13	林	三	鉄錢	直徑:28.4mm	重量:5.8g
14	立	三	鉄錢	直徑:28.6mm	重量:7.1g

大泉五十錢譜

15 立 三	16 林 二		17 日 二
鉄錢	鉛錢		石錢 陰刻文
直徑:27.0mm 重量:4.2g	直徑:28.2mm 重量:11.4g	直徑:mm 重量:g	直徑:25.8mm 重量:5.9g

18 林 少	19 林 少	20 立 八	21 立 八
母錢	母錢	綖環錢	剪邊錢
直徑:29.2mm 重量:8.7g	直徑:28.4mm 重量:9.1g	直徑:26.2mm 重量:2.0g	直徑:22.1mm 重量:1.5g

大泉五十錢譜

22	23	24	25
日	立	日	立
三	三	三	九
餅錢	餅錢	餅錢	剪邊錢
直徑:29.4mm	直徑:29.4mm	直徑:29.1mm	直徑:19.0mm
重量:16.1g	重量:13.6g	重量:13.1g	重量:2.4g

26	27	28	29
日	日	日	日
三	三	三	三
餅錢	餅錢	餅錢	餅錢
直徑:29.8mm	直徑:29.7mm	直徑:29.3mm	直徑:29.2mm
重量:14.3g	重量:12.4g	重量:13.7g	重量:12.2g

大泉五十錢譜

33 日 三 餅錢	32 日 三 餅錢	31 日 三 餅錢	30 日 三 餅錢
直徑:mm 重量:g	直徑:mm 重量:g	直徑:mm 重量:g	直徑:mm 重量:g

			34 日 四 鉛錢
直徑:mm 重量:g	直徑:mm 重量:g	直徑:mm 重量:g	直徑:19.2mm 重量:1.4g

大泉五十錢譜

直徑:mm 重量:g	直徑:mm 重量:g	直徑:mm 重量:g	直徑:mm 重量:g
直徑:mm 重量:g	直徑:mm 重量:g	直徑:mm 重量:g	直徑:mm 重量:g

19-6

二十、花錢類

編號	分類	品	說明	直徑	重量
1	林	三	面四道 背龜蛇劍 七星	29.0mm	7.7g
2	立	五	背龜蛇劍 七星	27.1mm	6.0g
3	立	五	背龜蛇劍 七星	26.9mm	6.3g
4	立	五	背龜蛇劍 七星	26.6mm	6.5g
5	立	五	背龜蛇劍 七星	25.8mm	5.4g
6	日	五	背龜蛇劍 七星	25.7mm	10.4g
7	立	五	背龜蛇劍 七星	25.4mm	3.8g

大泉五十錢譜

8 立五
背龜蛇劍七星
直徑:24.8mm
重量:4.1g

9 立五
背龜蛇劍七星
直徑:19.0mm
重量:1.9g

10 立五
背龜蛇劍七星
直徑:18.3mm
重量:1.9g

11 立五
背龜蛇劍七星
直徑:18.0mm
重量:1.7g

12 立三
背雙七星
直徑:27.0mm
重量:6.6g

13 林三
背日月
直徑:25.7mm
重量:7.5g

14 林三
背日月
直徑:25.4mm
重量:4.6g

15 立四
背日月七星
直徑:24.9mm
重量:4.1g

大泉五十錢譜

編號	16	17	18	19
名稱	背六博圖	背方矩文	背四獸	背福鹿
	立	林	立	立
	一	少	少	少
直徑	28.0mm	26.8mm	26.0mm	25.6mm
重量	4.8g	4.4g	5.4g	4.0g

編號	20	21	22	23
名稱	背劍帶鉤	背雙帶鉤	背雙帶鉤長利	背帶鉤
	立	立	立	蔡
	少	一	少	二
直徑	29.0mm	28.6mm	27.8mm	27.0mm
重量	5.1g	9.6g	5.1g	7.4g

大泉五十錢譜

編號	24	25	26	27
	日	立	立	立
	少	少	一	少
說明	背有字	背大宜子孫	背大利千萬	背大吉千萬
直徑	28.3mm	27.6mm	28.3mm	27.5mm
重量	7.2g	6.5g	5.0g	4.4g

編號	28	29	30	31
	立	林	偶	立
	一	二	三	少
說明	背四決	背圖	異文(東吳版)	背帶鉤七星八角輪
直徑	26.2mm	27.0mm	26.1mm	27.9mm
重量	5.0g	5.4g	4.7g	5.1g

大泉五十錢譜

編號	等級	說明	直徑	重量
32	立 一	背七星加四星	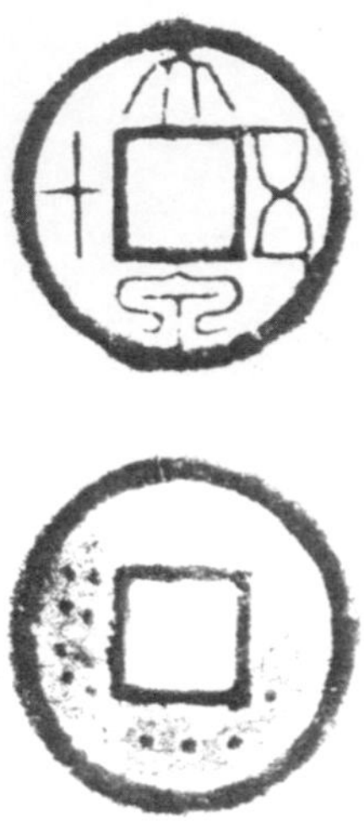 直徑:28.4mm	重量:7.5g
33	立 五	背右七星左四星	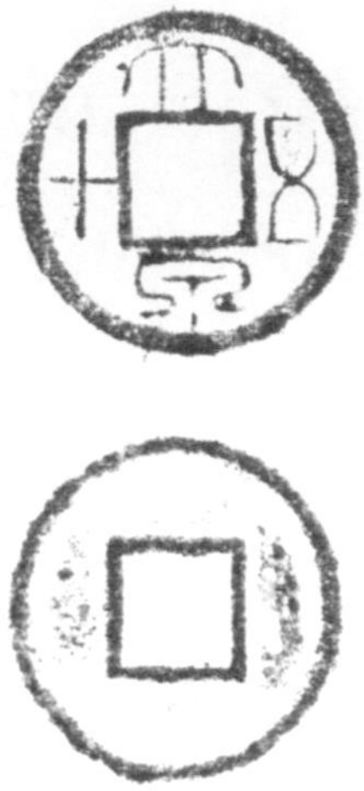 直徑:27.1mm	重量:4.2g
34	立 少	面背四道面四星背雙七星大利	 直徑:26.3mm	重量:4.6g
35	立 五	背七星	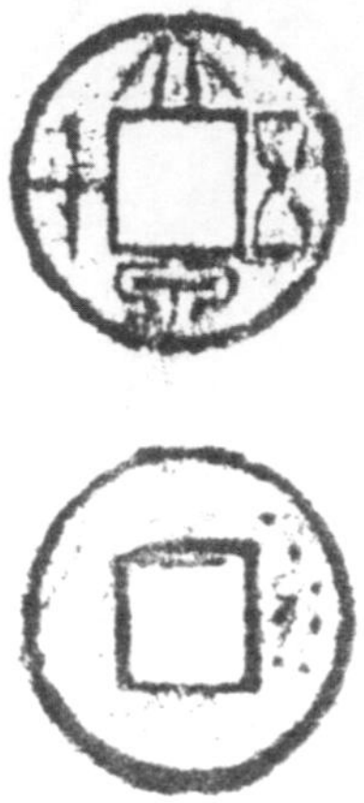 直徑:25.0mm	重量:2.2g
36	立 少	提灯背宜子宜孫	 直徑:29.6mm	重量:5.4g
37	立 少	背大王七星	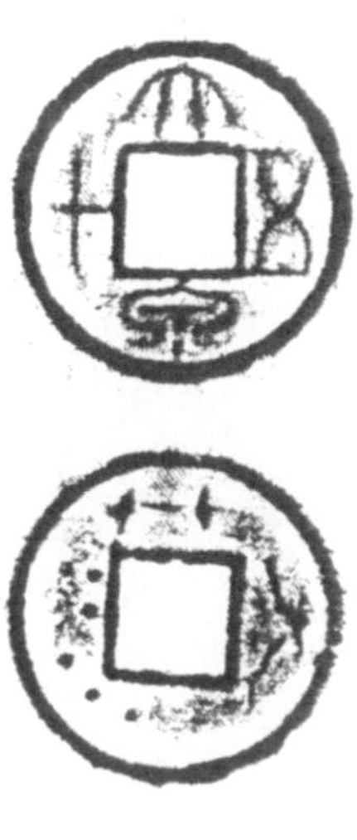 直徑:27.8mm	重量:5.1g
38	秦 一	背宜泉吉利	 直徑:25.6mm	重量:4.1g
39	秦 二	背秘戲圖	 直徑:28.6mm	重量:7.2g

20-5

大泉五十錢譜

40 秦二	41 秦四		
面四星方矩文	背龜蛇劍七星		
直徑:27.5mm 重量:6.5g	直徑:28.3mm 重量:5.2g	直徑:mm 重量:g	直徑:mm 重量:g

直徑:mm 重量:g	直徑:mm 重量:g	直徑:mm 重量:g	直徑:mm 重量:g

大泉五十錢譜

42	林	二	背日月七星	直徑:40.6mm	重量:18.7g
43	立	四	面背圓規文	直徑:38.6mm	重量:17.6g
44	立	四	面圓規文 平背	直徑:36.3mm	重量:12.1g

20-7

大泉五十錢譜

45	46	47
林	日	林
二	二	三
異文	連錢 背龜蛇劍七星 如魚得水	面四道 背雙七星
直徑:38.0mm 重量:15.5g	直徑:18.1mm 重量:3.8g	直徑:24.9mm 重量:3.6g

大泉五十錢譜

48	49	50	51
日	日	日	日
五	五	五	五
背龜劍七星	背龜劍七星	背一兩	背一兩

直徑:24.4mm 重量:5.1g	直徑:21.5mm 重量:2.8g	直徑:29.5mm 重量:13.6g	直徑:28.2mm 重量:12.1g

52 立 三

傳形 面背圓規文

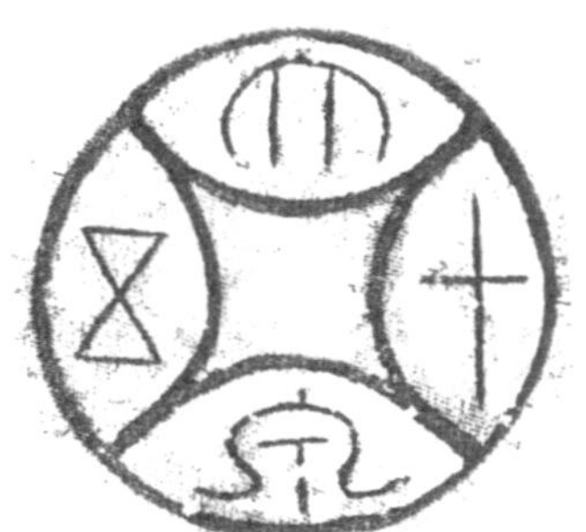

直徑:38.8mm
重量:13.6g

大泉五十錢譜

編號	等級	稀少度	說明	直徑	重量
53	日	二	背日月（栗特文）	直徑:25.7mm	重量:7.5g
54	日	四	常樂未央（參考品）	直徑:27.2mm	重量:8.1g
55	亮	少	面四決 五十中星 背吉語	直徑:27.9mm	重量:8.9g
56	亮	五	背龜蛇劍 七星	直徑:	重量:
57	亮	少	背福三星	直徑:28.6mm	重量:9.6g
58	亮	少	背方矩文	直徑:28.4mm	重量:7.0g
59	亮	三	大利宜子孫十月十日	直徑:25.2mm	重量:7.8g
				直徑:mm	重量:g

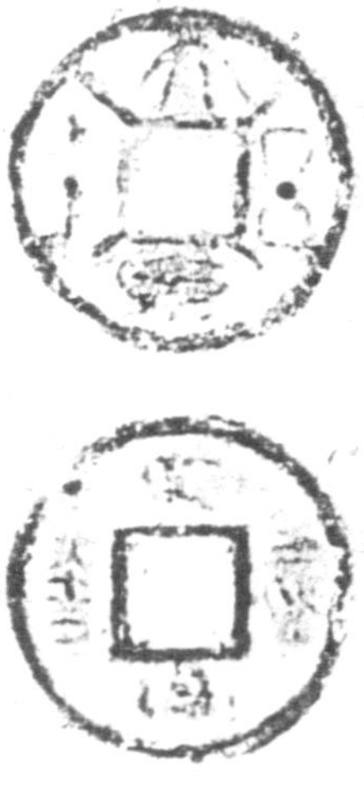

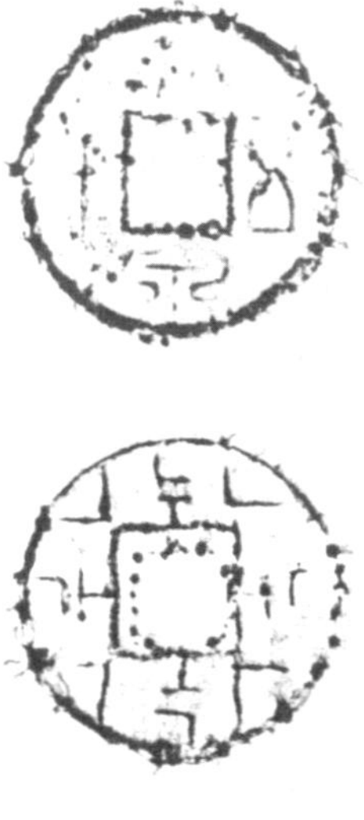

本書「大泉五十」的數量計有：

一、斜走大：一百六十九品
二、山形大：一百九十七品
三、圓弧大：九十九品
四、圓形大：九十一品
五、圓垂大：二十八品
六、蜿走大：五品
七、異形大：二十五品
八、輕錢類：七十八品
九、重輪類：三十五品
十、缺字缺劃類：六十七品
十一、重文類：五十品
十二、傳形類：一百五十二品
十三、旋讀類：二十八品
十四、決文類：八十七品
十五、四道類：七十品
十六、面背星類：一百品
十七、合背錢：四十八品
十八、異文類：二十五品
十九、特殊品類：三十四品
二十、花錢類：五十九品

以上總計一千四百四十七品。

大泉五十的研究

蔡啓祥

「大泉五十」初鑄行於王莽居攝二年（A.D.7年）終於地皇六年（A.D.20），是王莽新朝通行貨幣中流通時間最長，對王莽政治、經濟影響最深的貨幣，也是王莽貨幣中鑄量最多的貨幣。

漢書食貨志載，大泉五十「徑寸二分，重十二銖」。按曲阜孔氏所藏漢建初六年（A.D.81）造銅尺（長22.9厘米）及西安漢城遺址附近發現的漢代刻有重量的銅錠貨依據折算（1銖約合0.68克），標準的王莽大泉五十應該徑2.75厘米，重8.17克。

所見很多重量在八公克左右的大泉五十，其內郭較寬、字體渾圓，「大」字第一筆呈半圓形，錢背與「契刀五百」柄一致。這類大泉五十應該是王莽第一次幣制改革鑄造發行的流通貨幣，也就是大泉五十的初鑄之品。（註一）

大泉五十由於在新莽錢幣中各個時期均有使用，若要仔細分段，實在有困難。漢書記載，新莽攝居二年（A.D.7）至天鳳元年（A.D.14）變了四次幣制，平均二年一次，還加上史無記載的一次，而且每次改變，就廢除前次的幣制，結果是越改越亂；經濟不穩，人心浮動，這也是新莽政權短命的原因之一。那麼大泉五十中期後的鑄品如何區分呢？只能根据新莽鑄幣日趨減重的情況來分類，以錢徑及錢重作分界點。日本今村啓一的王莽泉譜一書中將大泉五十分成五個鑄期

「第一期錢」錢徑在27.0mm（2.7cm）以上、重量在7.5g以上者爲初期錢，又稱：第一期錢。

「第二期錢」錢徑在27.0mm以上，但是重量在7.5g以下者，歸類爲第二期錢。

「第三期錢」錢徑在26.0mm以上，但未達27mm者，重量也未達7.5g者，視爲第三期錢。

「第四期錢」錢徑在23.0mm以上，但未達26.0mm，重量則變化太大，難以圈定。

「第五期錢」錢徑在23.0mm以下，比「貨泉」小、輕者，則定爲第五期錢。

這五期分類法，除了第一期錢有史料記載，爭論較少；其他在還沒有更確實數據可依時，不妨以此作爲王莽大泉五十銅錢的分類方法。

＊（王泰初 陝西金融1996.3）

大泉五十初期鑄品（第一期錢）

(29mm 10.4g)

(28mm 9.8g)

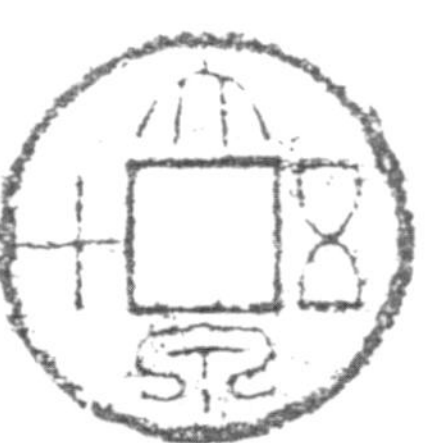
(28.5mm 7.2g)
第二期錢

(27mm 7.1g)
第三期錢

(26mm 4.6g)
第四期錢

(22mm 1.8g)
第五期錢

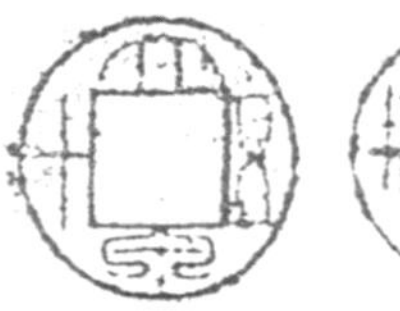
(19mm 0.7g) (18mm 0.5g)
是否當時行用錢呢?

大泉五十鑄造工藝的探討

蔡啓祥

新莽時期的鑄幣，已經進步到使用「合范法」和「疊范法」兩種冶鑄技術來鑄造銅幣；尤其是後者「疊范法」成功的運用，使得鑄幣成本減低，耗損少，量卻大增。

「合范法」

在先秦時期的鑄幣，都使用「即山式」方法鑄幣，「即山」之義，是指隨著銅礦開採地，就地鑄幣，目的是可以減少笨重銅礦的搬運成本，當時鑄幣由原始單一的面范，夾上一塊平板石件，合范澆鑄而成，這種銅幣在中國西邊的秦國「半兩」錢，最俱代表：它只有「半兩」二字爲面文，背文無字而平，稱「平背」。這些半兩錢，面范以銅范、石范及泥范爲主，尤其泥范一次用畢即丟棄，也使得秦半兩錢幾乎是個個不同版式，這種原始的鑄幣方法不久就被面、背兩范合模的方式所取代。合范的鑄幣，源自商周時期青銅器蓬勃的發展，兩片以上的合范澆鑄技術已經不是問題，此時不論刀、布、釿布等銅幣，都已經使用合范法來鑄幣，空首布更是用三個范模來鑄造。合范鑄幣不僅使錢幣的質、量提昇，面、背皆可書上文字也可加上外輪和內郭：布幣又在面、背上添加豎紋，這樣更可加強錢幣本身的抗壓，保護錢幣在使用過程中，不容易折損，這是合范鑄錢的好處，也是冶鑄技術再邁進一步了。

合范中的面范製作過程是

一、先取好木材或石材等容易篆刻的材料，彫刻出「大泉五十」的錢型。秩序是先用圓規（圖1）量出直徑，在圓規一端固定上刀刃，作一 360 的旋轉刻劃（圖2之1）。

二、刻上方型內郭（圖2之2）。

三、開始刻上「大泉五十」四個字（圖2之3）。

四、再計算要刻製幾枚，一般是左右各一排或兩排，也有更多的，爾後，再刻出中間的注口及錢與錢間的支流口，以及最外側兩道排氣孔（也有無此刻置的），最後刻出凸凹榫。刻好的原始面范（陰文）爲模，用細緻的陶土壓模成范，在空留處或背面上，加刻些范紀、年號、日期、吉祥語等。燒製完成的陶范（陽文），我們稱它爲：「祖范」，

這些祖笵實物近年來大量出土於陝西 西安市近郊，漢 長安城故址西南地，好漢廟一帶（圖3）（圖4）。再由這陶「祖笵」翻鑄成銅笵，這個銅笵（陰文）稱 ，「母笵」，就是要鑄錢用的面笵了（圖5）。

圖一

規與矩

此爲漢代畫像中伏犧與女媧的圖像，兩人手中一執規一執矩，規所以正圓，矩所以正方。

由漢人對規矩之應用，可知其時在科技方面已能普遍的力求精密。

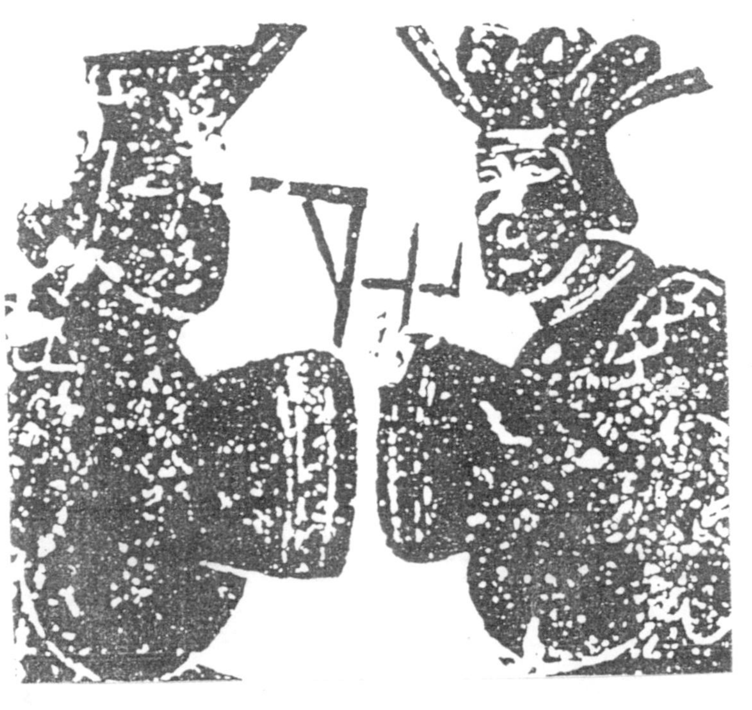

(圖2之1)
(圖2之2)
(圖2之3)

(圖 3)「好漢廟遺址」

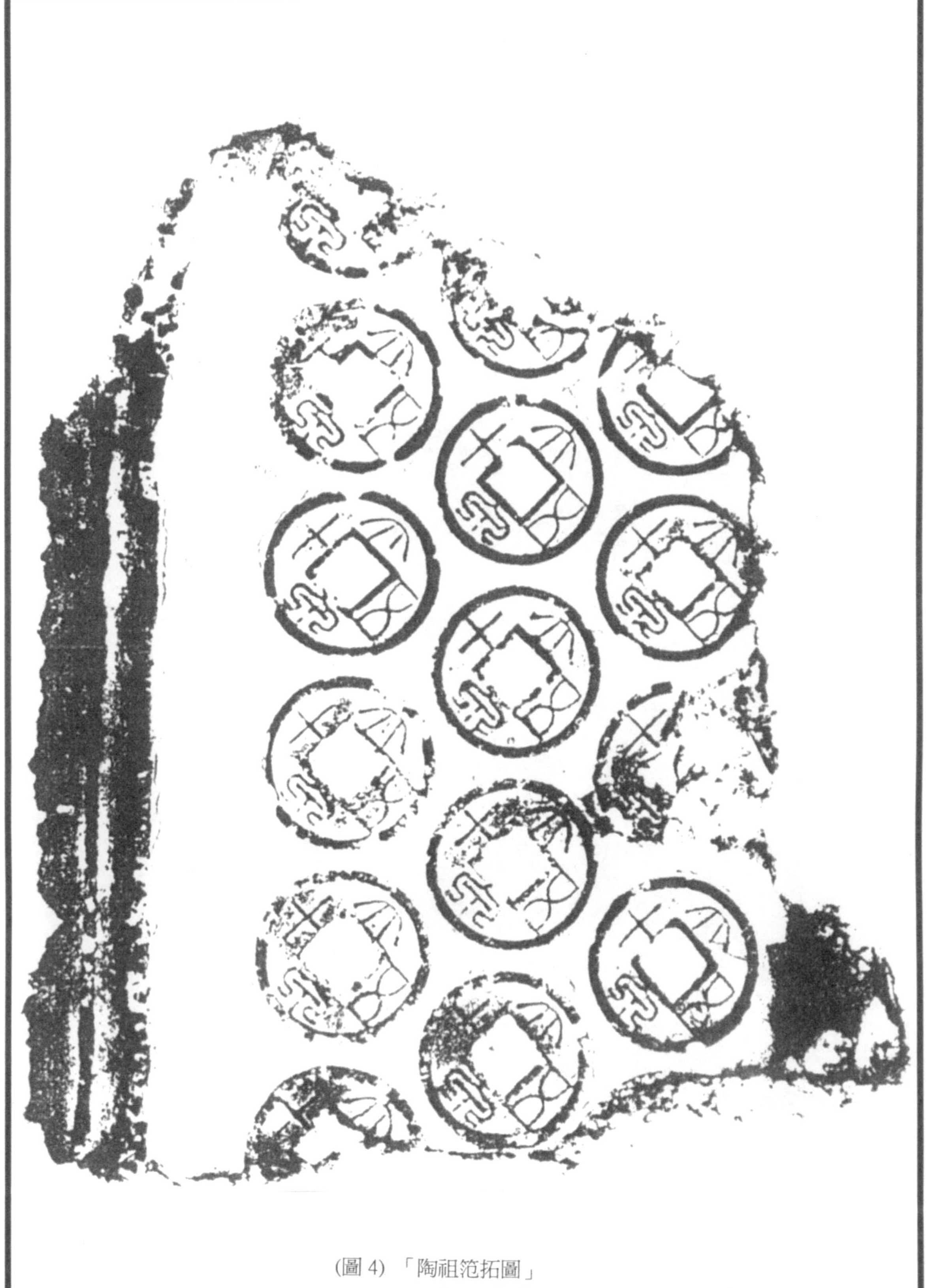

(圖 4) 「陶祖范拓圖」

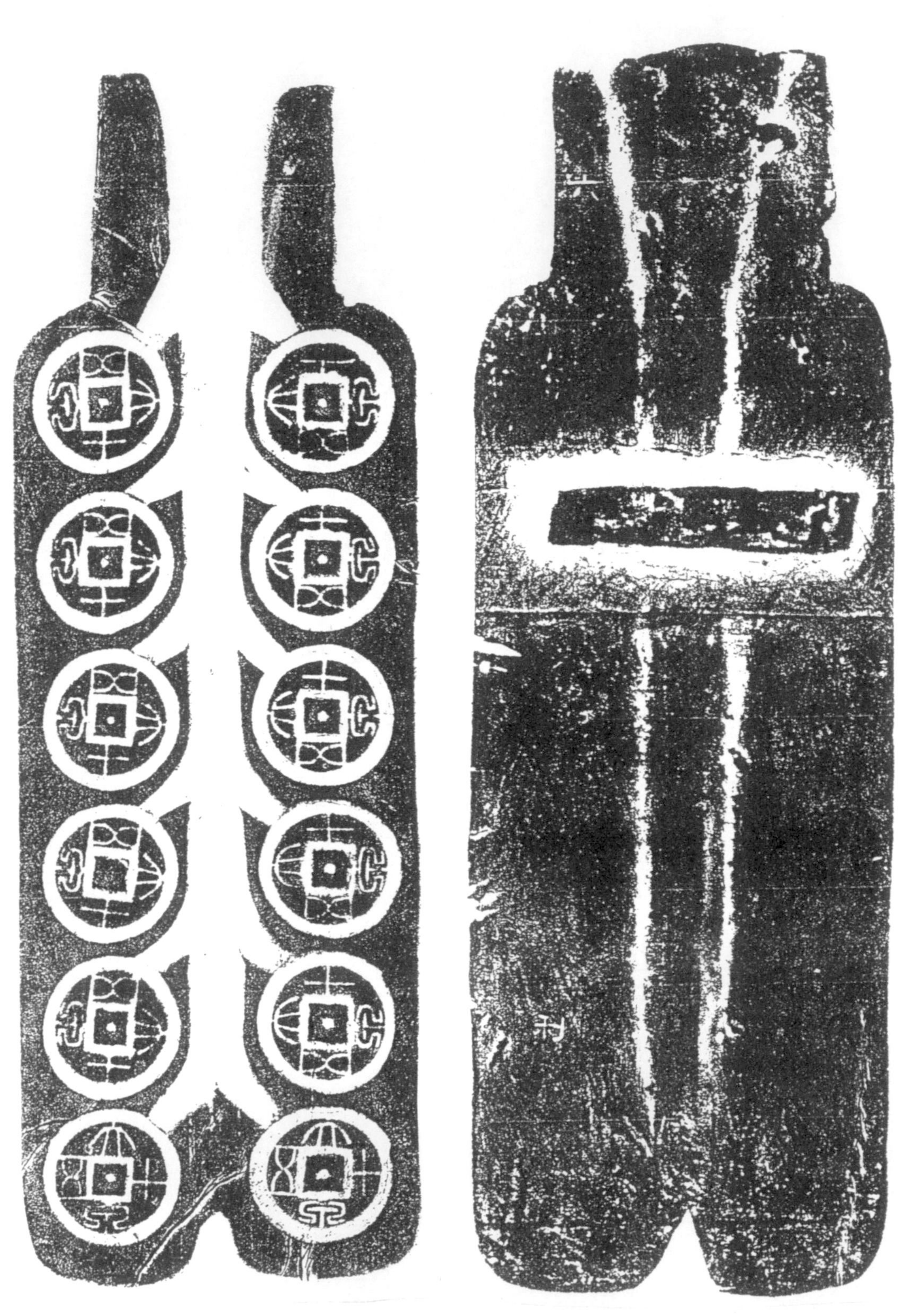

(圖 5)銅母范・本圖縮小爲原大四分之三

背范的製作就簡單多了，用泥砂混合（上層爲薄層細緻的白泥，像一層塗料，稱　"豆漿土"，是稻糠灰，中層爲陶泥，底層爲砂性較粗的砂泥或木屑稻芒）。這是很科學的混合方法，貼近錢背的細泥會使錢背表面砂孔細膩，中層陶土利於捏塑，底層砂泥用以吸收因銅汁注入時所形成的高溫和高壓，這是何等的智慧呢？（圖6）（圖7）

燒製完成後，再用筆、墨、尺等量畫出錢徑的大小及排列組合等問題，配合面范，彫刻出許多背范來備用。究竟銅鑄面范還是耐用，陶燒背范容易斷碎；所以我們在遺址現場看到成堆成丘的陶背范，很難見到個一完整的。

這裡有人對面范用銅，背范用陶，有點疑問？其實若親自到銅器工場（還遵行古法冶鑄）瞭解作業狀況，即可相信此法可行。銅溶點在一千度左右，鉛、錫二、三百度而已，當銅汁要注入范模裡時，銅、陶合范的模具勢必要先預熱，否則會因高溫的銅汁注入低溫的范模，造成炸模的危險狀況；范模預熱溫度當然不可能和銅汁相同，在不同溫度下，相同的物質要相溶是不可能的，所以，銅汁是不會和銅范黏在一起的。

從出土的實物來佐証，在出土的銅范表面上都會有些殘留黑色塗料，這應當是分離銅幣和銅范的媒介物。另外，1979年9月24日，陝西省　澄縣　坡頭村農民在村外東北一帶取土時，發現西漢五銖錢銅范41件。1980年10月14日至11月3日經陝西省文物管理委員會和澄城縣文化館聯合發掘，發現一座烘范窯，三座燒陶窯；還發現有煉銅用的鐵鍋一件，徑52公分，沿厚9公分，鍋厚1公分，內塗厚0.5公分細砂紅膠泥耐火材料，鍋一邊有喇叭形流槽。尙發現有卡鉗等工具，在烘窯門口發現有大量木炭灰和小塊木炭。在出土中有幾套銅面范、陶背范、鐵鉗等三件組合的實物（圖8）（圖9），這完整的套件，使我們對銅、陶合范的鑄錢技術，解開了多年的爭議和疑惑。（註二）

＊註二：（考古1982年一期23頁）

(圖 6)　大泉五十背范剖面示意圖

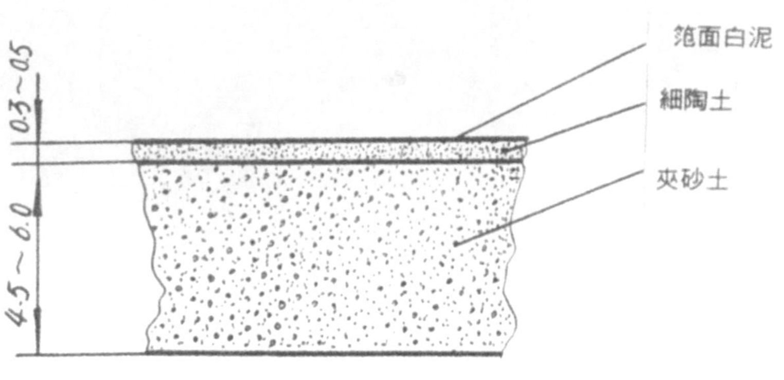

(圖 7)

(圖 8)「銅面范和陶背范的組合照片」

(圖 9) 「放大示意圖」

「疊笵法」

爲多層多件澆鑄，由十餘組或數十組泥笵堆積起來合成一筒，外用泥土包紮燒成一個陶甕狀的陶笵，注口上加一圈泥如漏斗（以利銅汁入口），然後再注入銅汁澆鑄，一次可澆鑄數十、數百枚不等。澆好後去其陶土，取出如花傘般錢樹，剪下銅錢磨邊輪及內郭，就完成了。在製作每層薄泥笵的笵形時，要考慮做成圓型、方型、橢圓形等，這型狀樣式的考慮是隨內列鑄幣形式大小、排列而異的。

製作原始笵方式和「合笵法」方式相似，待澆鑄成銅笵後，就和上述合笵法的工序不同了，此時的銅笵不再作爲鑄錢的母笵，而且笵面文也變成了陽文了，它是作爲壓模用途，壓模後的陶土就是將來要作爲鑄錢的笵模。有人稱它爲：「子笵」，這很容易讓人搞混，本人不喜歡用這名詞。

這裡我們必須再提示一下，就是用澆鑄法鑄出來的笵、幣，一定會比母笵上的錢徑縮小，經過兩三次反轉燒鑄，如何預留放大？這是不簡單的事，都必須從實地操作中，多次實驗出結果來，否則不易準確。

王莽鑄錢以精絕聞名，而且鑄量龐大，銅母笵不可能用彫刻的方式爲之，一定是用陶模燒焙而成了，當時尚無翻砂鑄造的工藝，何況翻砂不如用泥精細，這種陶笵的原料是用黃土高原的黃黏土、紅黏土或沉泥，富有黏性，經過浸水攪拌成泥漿，用細麻布過濾，沉下的泥末稱爲：「沉泥」，一次又一次過濾，可得非常細膩的沉泥。中國四大名硯的「沉泥硯」即是用此方法得泥，過濾中甚至用到絲布來過濾，這樣的沉泥該有多細呢？

銅笵完成後，就以銅笵爲胚胎，製成一個個的薄泥笵（圖10）（圖11），修飾陰乾後，將這乾硬的泥笵以一片面在上，另一片則轉向面朝下的方式，兩片陶笵面對面，一組一組的堆積成塔，數目十組或數十組不等，後再用一層泥土把四周圍包裹起來，成一個直筒型，頂端留出澆注口，並用泥土捏出笵蓋（防飛灰入笵內）（圖12）和漏斗（口大利於銅汁入笵內）（圖13），陰乾或烤乾，送入窯中焙燒，燒成陶笵後（圖14），移至鑄銅處澆鑄。在大量鑄造時，建窯焙燒陶笵和冶鑄銅錢的地方是分開進行的：尤其在注入銅汁時，陶笵仍然需要周圍加熱，烘爐中置數個筒狀錢笵，或是置於一排一排溝渠狀爐火中，由冶鑄工人將銅汁一一注入笵模中，冷卻後打毀陶笵取出銅幣，鑄一次就不再用了。

這溶銅的坩鍋是用何種材料所製成？史書無記載，不過從天工開物 卷八 冶鑄 上所記載：「熔銅之罐以絕細土末（打碎乾土磚沙）和炭末爲之，京爐用牛蹄甲（不知用途？），罐料土居七而炭居三，以炭性暖佐土使易化物也。罐長八寸，口徑二寸五分。罐約載銅鉛十斤，銅先入，然後投鉛洪爐扇合傾小模內。」這裡用絕細的黏土和灰屑製成的坩鍋，是一種耐高溫的坩子土（耐火土），而不是作陶范的一般黃黏土或紅黏土。

漢代也能將熟鐵再滲炭煉成土鋼，這些冶鑄工具鉗、夾等的製作也不困難了。根据安陽 殷墟冶銅曾使用木炭。漢代使用木炭，甚至使用石炭是有可能的，從西漢一些冶鐵的遺址中也曾發現了少量石炭。（註三）

疊范法鑄錢工藝程序

一、在陰乾泥范上刻范（陰文），再燒成陶范。

二、用陶范翻鑄成銅范（陽文）。

三、用銅范壓印無數個薄泥范（陰文）。

四、薄泥范陰乾後堆成塔，外加泥堆。

五、加漏斗及范蓋入窯燒成陶。

六、完成陶范後，拿掉頂端范蓋，澆入銅汁。

七、冷卻後，棄陶泥，取出錢樹。

八、剪下銅錢，磨外輪流銅及內郭穿，即完成。

＊註三：（韓士元 考古 1965 年五期）

(圖 10)「薄泥范面、背拓圖」

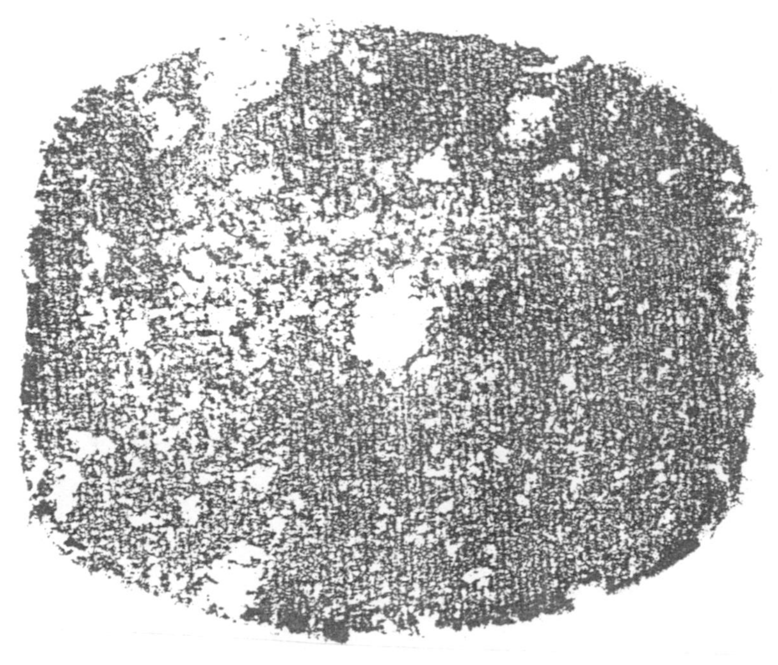

(圖 11) 「薄泥笵實物照片」

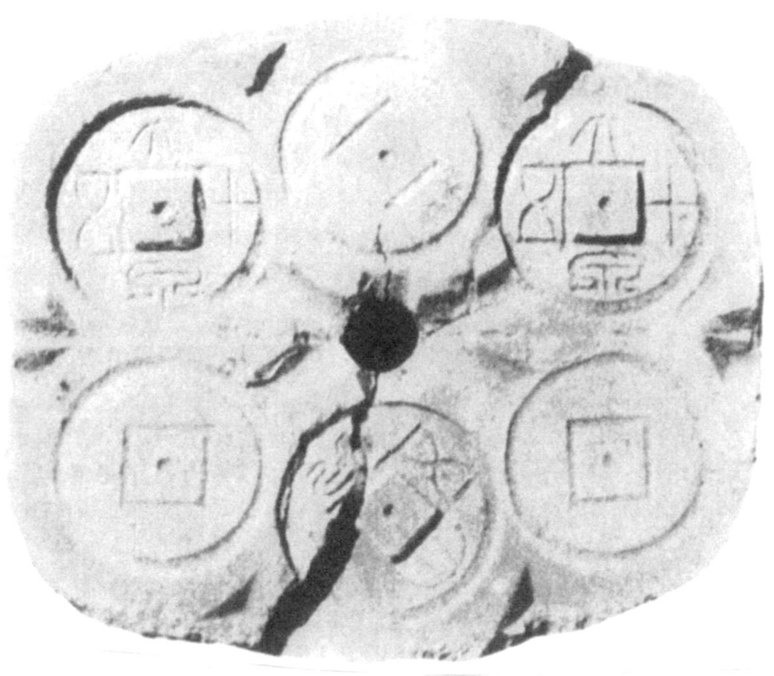

(圖 13) 「漏斗」

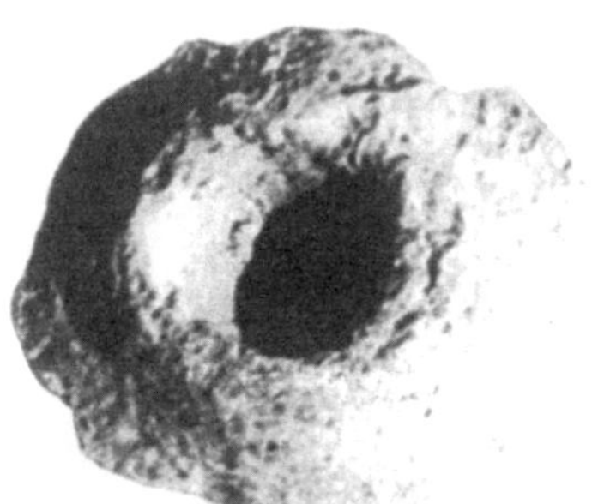

(圖 12) 「笵蓋」

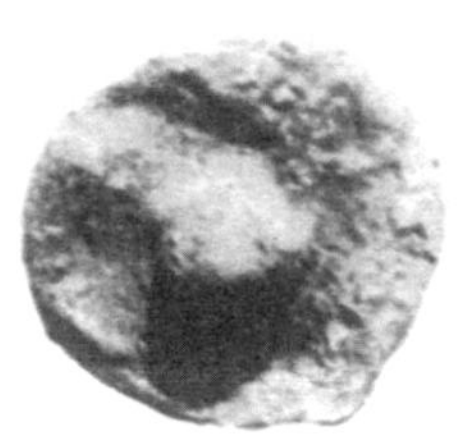

(圖 14) 「簡型疊范照片」

形形色色的版式

蔡啓祥

大泉五十版式何其多呢？在昭和泉譜中有三十個版式，今村氏王莽泉譜有三七六個版式，如今古泉雅集成員賴立川新著大泉五十錢譜更多達一千四百多個版式。新莽「大泉五十」如此多的版式，是如何形成的呢？除了鑄期長，鑄造使用量大的原因外，另外一個主要因素是鑄造工藝上的問題。這也是我們為什麼要把鑄造大泉五十銅錢的冶鑄方法先談的原因，明瞭鑄錢方法及流程有個清楚概念，再來談形形色色版式的問題，那也就不難了。

一、刻笵程序是　先用圓規加刀刃，刻出外輪，這刀刃的形狀不同，就會刻出不用型式的外輪（圖一）。例如，刀刃是半圓型，就會刻出一般半圓的外輪。若是用扁平口的刀，就會刻出平口形的外輪，研究泉學的人習慣稱此外輪為「闊緣」。用斜口刀刻出的外輪，就會形成「斜邊」。用菱形刀刃刻出的外輪，稱「細邊」。若因刻劃的直徑不足，或不夠清晰，再重旋刻一次，就會形成雙圈的外輪，稱「重輪」。

(圖 1)

(重輪)

二、刻面范第二道手續　是刻內郭和穿，這內郭及穿若開的口小，稱「窄穿」（圖2），開的大，稱「廣穿」（圖3）。穿口要方正四方，不留意的話，會刻出上下比較長、左右較短，稱「長穿」（圖4），反之，也會形成「橫穿」（圖5）現象。四方穿的邊，刻的細，稱「細郭」（圖6），刻的粗，稱「粗郭」（圖7）。

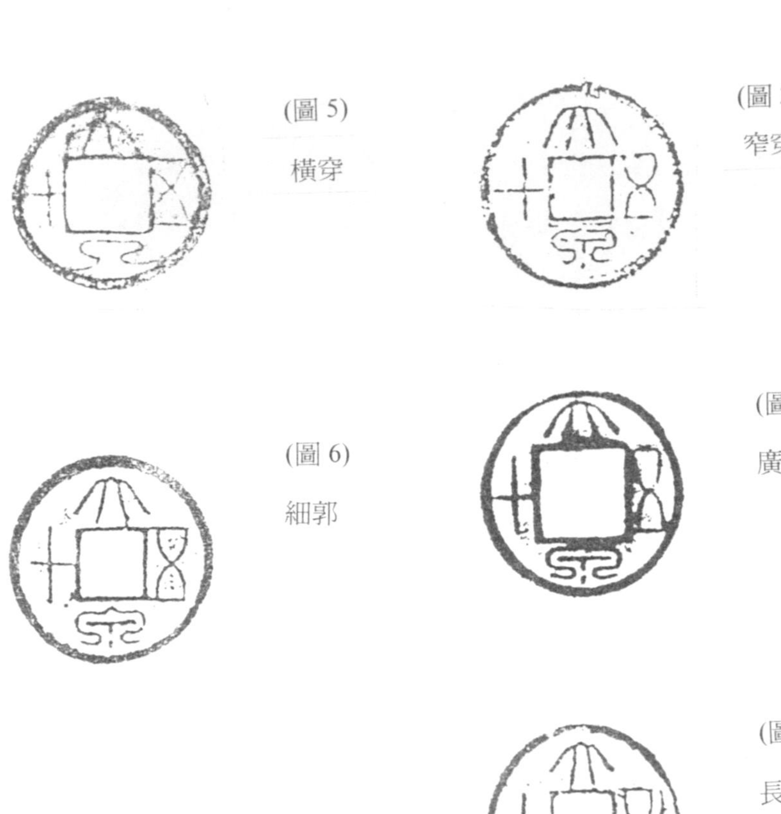

(圖2)
窄穿

(圖3)
廣穿

(圖4)
長穿

(圖5)
橫穿

(圖6)
細郭

(圖7)
粗郭

三、輪、郭刻完後，要配置文字：先將輪郭餘留下的部份（這部份又稱 錢肉“）劃出四等份（圖8），每個等份各容一個字，「大」「泉」「五」「十」，依序爲上、下、右、左。這四個字體如果分配的飽滿，筆劃上接外輪、下接內郭，稱「大字」（圖9）；反之，四個字「大泉五十」都因書寫太小，既不接輪、也不接郭，稱「小字」（圖10）。若四個字離開郭，稱「離郭」（圖11），四個字離開外輪往內聚，稱「離輪」或「寄郭」（圖12）。

(圖8)

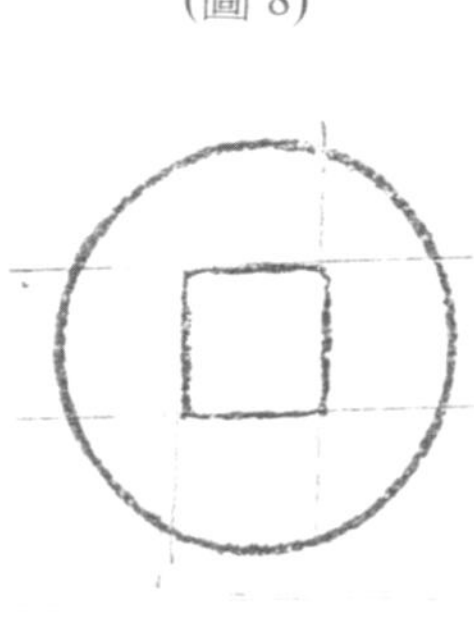

(圖9)

大字

(圖10)

小字

四、中國篆書字型不是四四方方的，它是上下略長，左右微窄。若要在方正的穿口上佈局，就得先以內穿的四個角，劃出「井」字線來，書寫「大」「泉」二字勢必形成扁寬，「五」「十」二字就會形成瘦長，這是大泉五＋的標準篆體規範。那麼「大」字要左右書寫到何種狀況呢？「⌒」第一筆圓弧，左右要到內穿的面個角，才算標準（圖 13）。「泉」字，以"白"部份寬至內穿兩個角為準。「五」字，上下筆和上下穿平行。「十」字"一"筆，左接外輪、右接內穿，"—"直筆要上達內穿橫郭的高度，下至內穿橫郭的底線。

(圖 11)

離郭

(圖 12)

寄郭

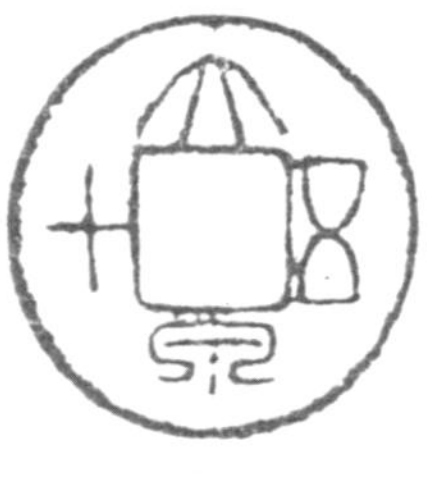

(圖 13)

這樣篆書書法的佈置，就會形或有趣和多樣的變化，例如：「大」一個字寫得超出內穿左右兩個角，其它三個字則標準不變，就形成「大」字突兀，感覺特別大，稱「大字大」（圖14）；若發生在「泉」字，稱「大泉」「扁泉」（圖15）；在「五」字，稱「大五」「長五」（圖16）；在「十」字，稱「大十」「長劃十」（圖17）等。

反之，若單一字體，書寫的不夠寬、不夠長，就個形成「小字大」，「小字泉」或「小五」「瘦五」，「小十」「短劃十」（圖18）等一些不對襯、不諧調的面文。

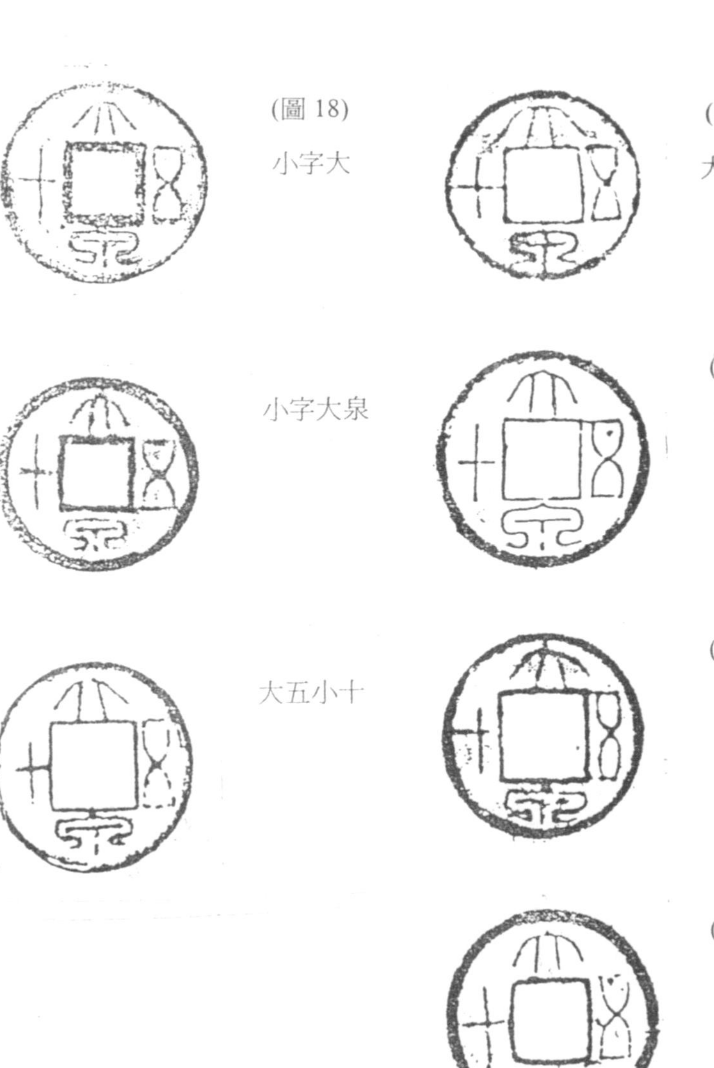

(圖14) 大字大

(圖15) 大泉

(圖16) 大五

(圖17) 大十

(圖18) 小字大

小字大泉

大五小十

五、「大泉五十」四個字，要在錢面表現得工整美觀，還需要作一個動作，就是在劃出「井」字四塊區域時，在中心點位置，須再劃出一條上下左右的「十」字線來（圖 19），線的上端，就是「大」字的中心“頭”的位置。線的下端就是「泉」字的“白”部的尖頭，及“水”字中心劃“T”部，成上下一直線，這樣「大」「泉」二字就會上下端正，不偏不倚了。反之，若「大」字刻偏離中心線而傾左，就稱：「斜大」「進大」；傾右稱：「退大」（圖 20）。若在「泉」字就統稱：「傾泉」或「歪泉」（圖 21）。「五」字中心線，在腰間兩筆彎曲交叉處，左右不正，稱「傾五」「歪五」（圖 22）。「十」字“一”橫筆，正好橫在中心點上，偏離後，會有左右傾斜、上昇下降之慮，這又形成了許久版式（圖 23）。這裡所說的版式因為筆法書寫彫刻間的問題所形成了；不是因各地錢監鑄地不同，而產生不同版式，這是我們要申明的，以免誤導了。若因刻刀的刃尖太鈍，就會刻出寬粗的字劃，稱：「肥字」（圖 24）；刀刃尖利，但刻劃力道不足，形成若隱若現的筆劃，稱：「陰起文」（圖 25）。

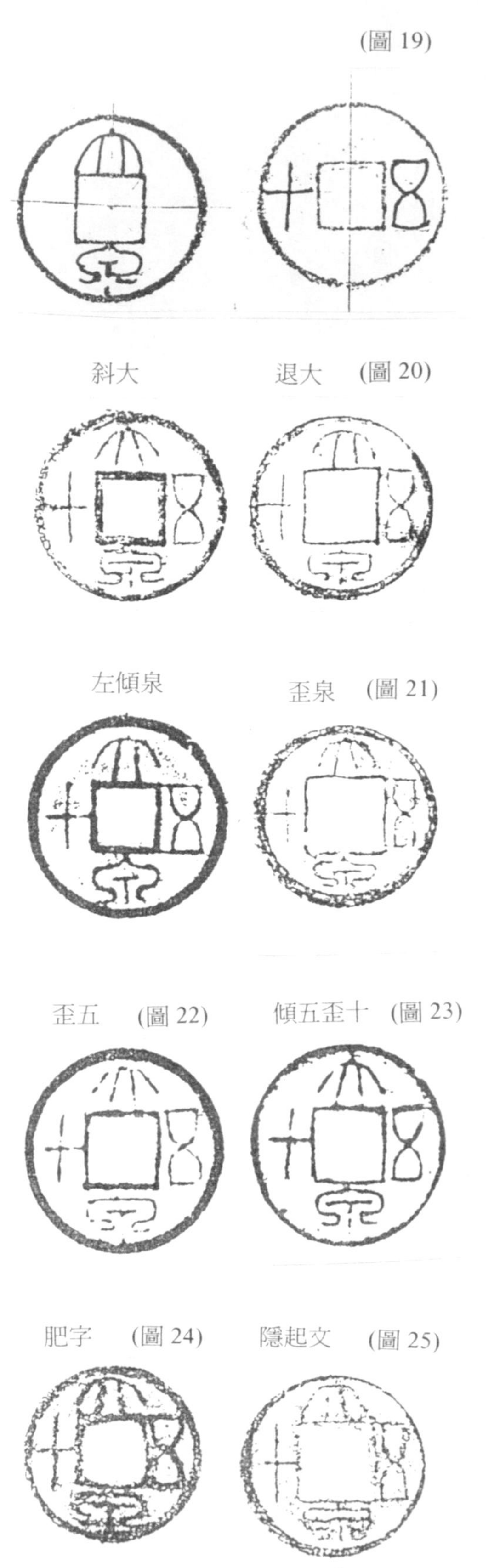
(圖 19)
斜大　退大　(圖 20)
左傾泉　歪泉　(圖 21)
歪五　(圖 22)　傾五歪十　(圖 23)
肥字　(圖 24)　隱起文　(圖 25)

書法上的變化

蔡啓祥

王莽好復古，錢文喜古篆，創「懸針篆」書體。篆體瘦長，字骨纖細如鐵線，又稱：「鐵線篆」，是一種講求字劃上下細長、合理彎曲，左右對丈均等的美麗書法。王莽崇易、八卦，故廟號有：天鳳、地皇；基於"制器尚象"道理，又將河圖、洛書中的「九宮圖」溶入字體中，洛書是一種九進位的數學，歐美國家的算術課本中叫做「三三圖」（圖 26），云「戴九履一，左三右七，二四爲肩，六八爲足」主要的五爲中數，必須於中心位置。所以「大」字篆書，就按照之九個數字的位置安排（圖 27），頭爲九的位置，左右肩、手四、二、三、七，雙足八、六；「泉」字，亦相同佈局（圖 28）。「五」「十」都五數字爲中心點（圖 29、30）。洛書辦謂「一爲太陽之位，九爲太陽之數，故一與九對；二爲少陰之位，八爲少陰之數故二與八對，三爲少陽之位，七爲少陽之數，故三與七對，四爲太陰之位，六爲太陰之數，故四與六對。是則以洛書之數而論易，其陰陽之理，奇偶之數，方位之所，若合符節，雖繫辭未嘗明言，然即是而推之。暸如指掌矣。」

若再把大泉五十整個面文放在「九宮圖」上，它仍然是九個區塊（圖 31），內穿中心點爲五的位置。

(圖 26)

四	九	二
三	五	七
八	一	六

(圖 27)

(圖 28)

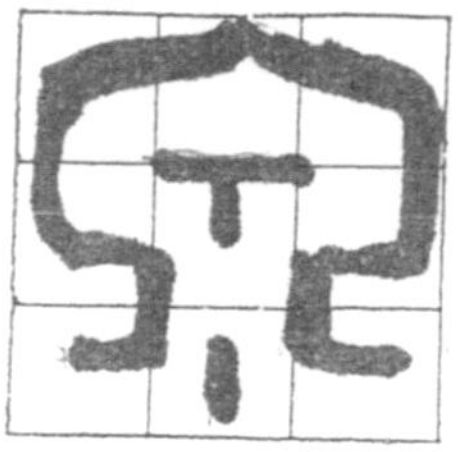

(圖 29)

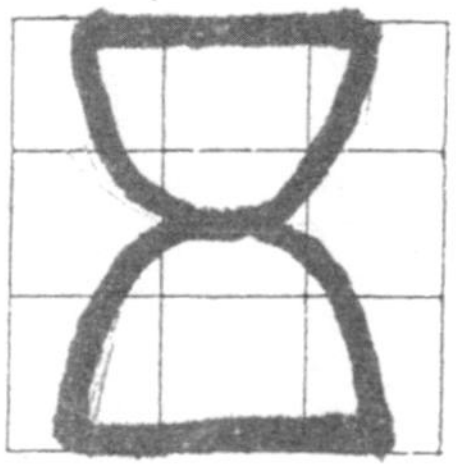

(圖 30)

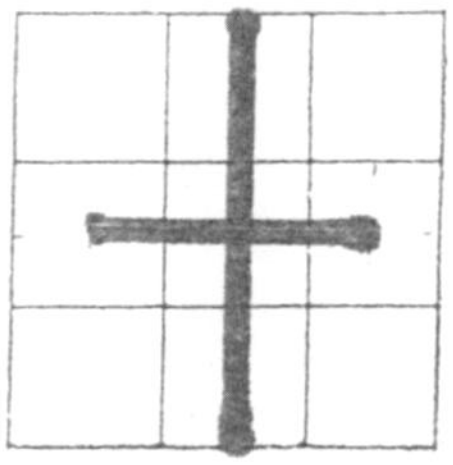

(圖 31)

在漢的五銖，新莽的六泉銅幣中，偶有出現內郭四個角的地方常有類刀刃點切小痕，稱：「四出」「四決」(圖32)，這種小紋在錢面、背都有出現過，在易經 八卦中稱「四正、口隅」，是這個用意?仰是在安排錢型位置時，必須在錢型與錢型間的定位上畫出一條對角線所作的一個記號，在出土的范模上是有這樣的線條記號 (圖33)。

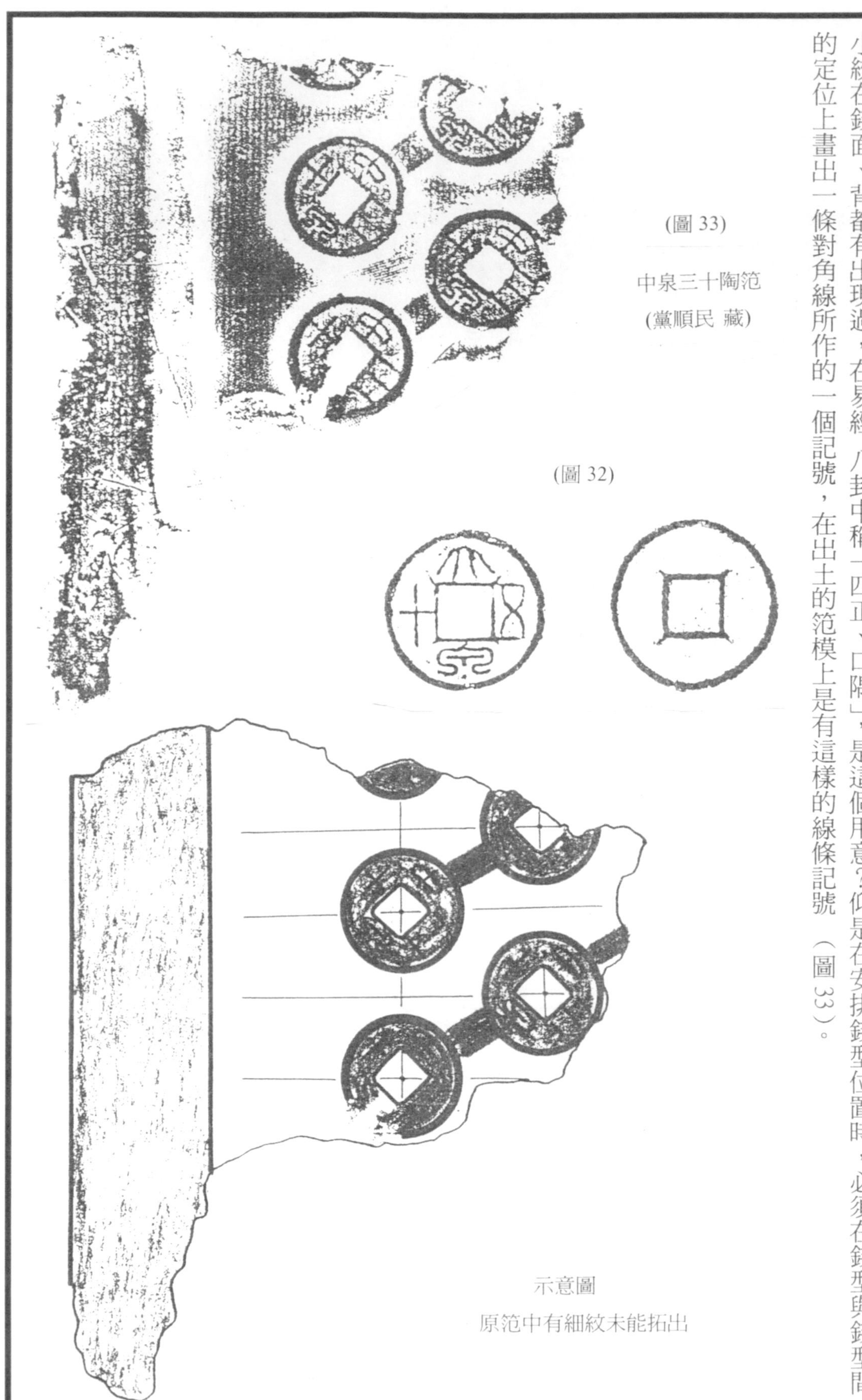

(圖 33)

中泉三十陶范

(黨順民 藏)

(圖 32)

示意圖

原范中有細紋未能拓出

大泉五十這四個篆文，在錢面上書寫，仍然有變化，其中以「大」「泉」二字變化較多

一、「大」字的肩、手部書寫成半圓形，兩足直立，或微內側（圖34）稱，「圓大」「撓大」。

寫成弧型，微向外伸而短，兩足微內側（圖35）稱，「圓弧大」。

寫成像「巾」字，兩肩橫平，兩手下垂，雙足直立（圖36）稱，「圓垂大」。

寫成像左右斜坡，頂部在中間，兩足微內側（圖37）稱，「斜走大」。

寫成像富士山山頂樣子的，兩足微側（圖38）稱，「山形大」。

寫成兩手端微向上趬，兩足微側（圖39）稱，「蜿走大」。

一般大泉五十版式，書法上之變化，以「大」為主，故賜於特別名稱。其他，就以單字本身形狀而稱呼，如「泉」字特大，稱，「大字泉」，「五」字細長，稱 ：「瘦五」。「十」字直劃太短，稱「短劃十」……等。

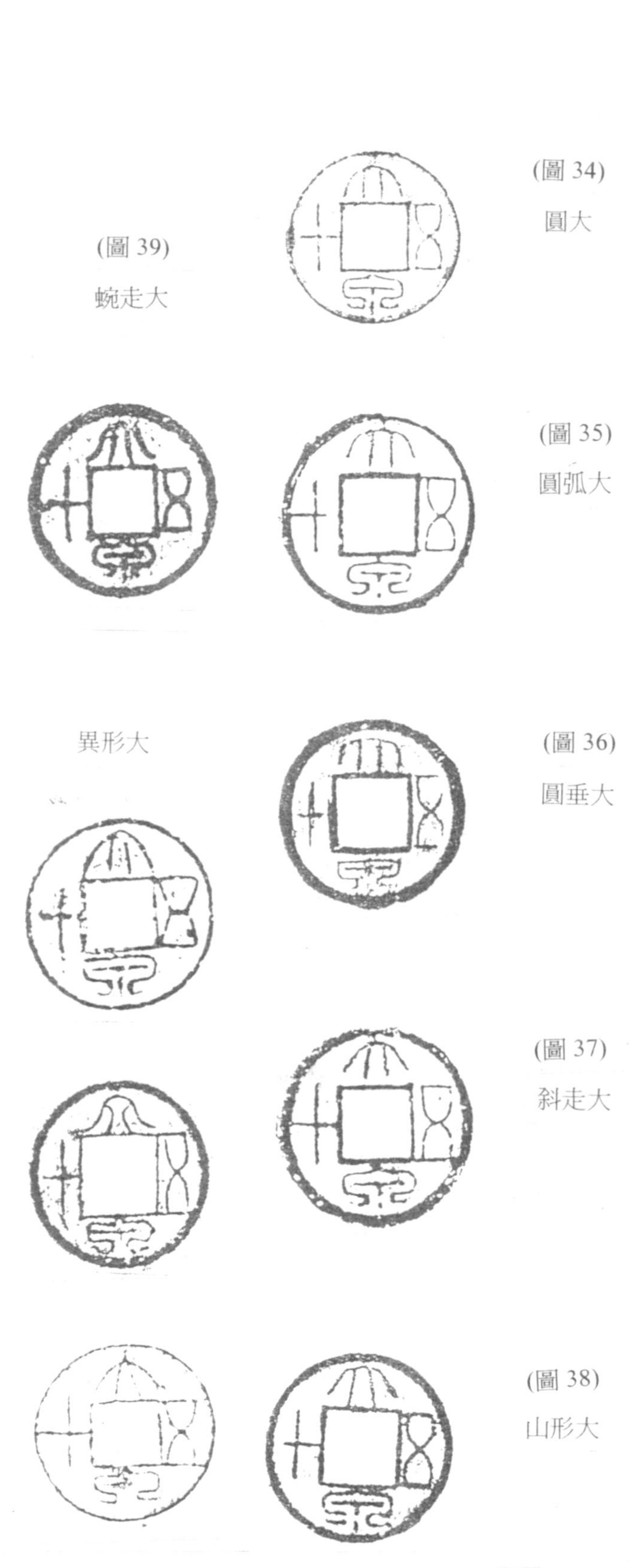

(圖 34) 圓大

(圖 35) 圓弧大

(圖 36) 圓垂大

(圖 37) 斜走大

(圖 38) 山形大

(圖 39) 蜿走大

異形大

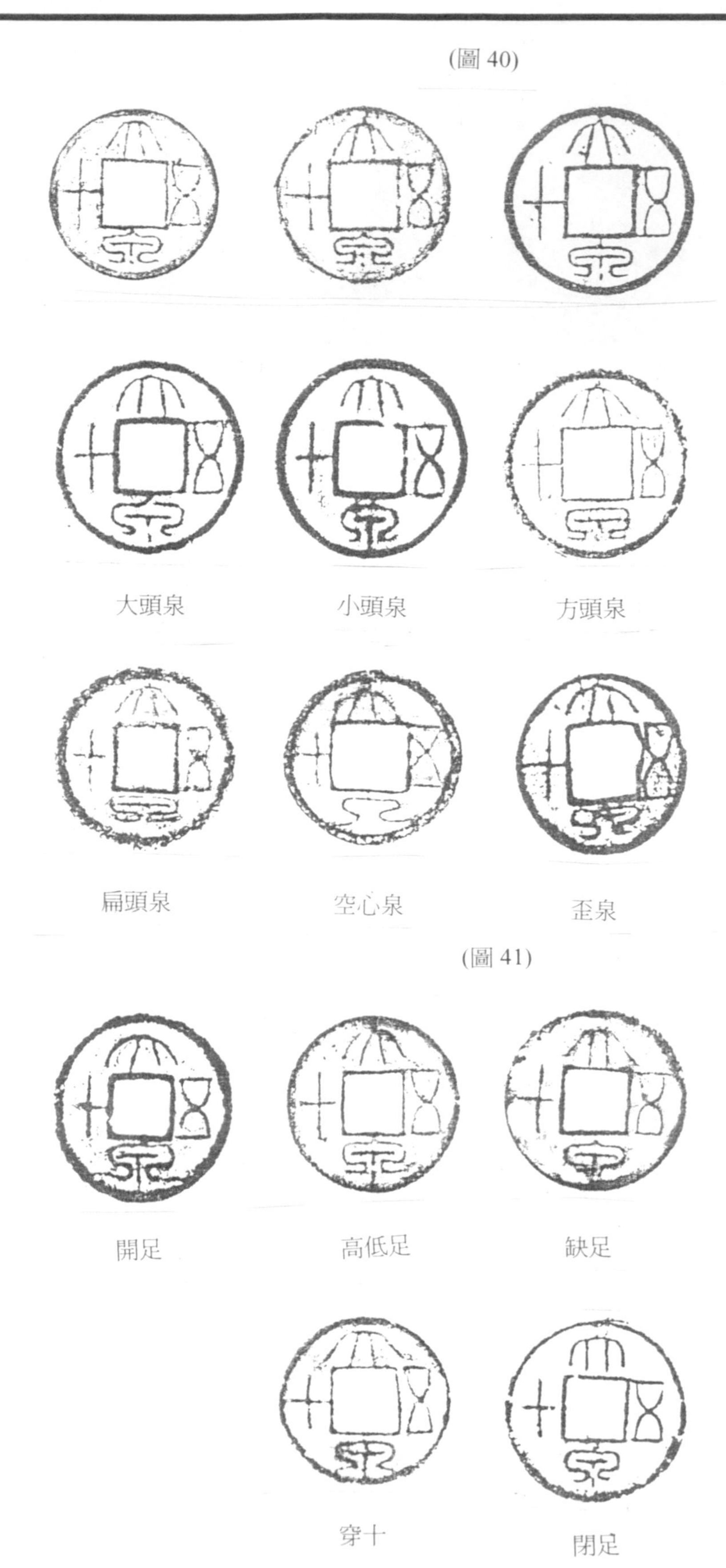

(圖40)

大頭泉　小頭泉　方頭泉

扁頭泉　空心泉　歪泉

(圖41)

開足　高低足　缺足

穿十　閉足

二、「泉」字　"白"部（圖40），有書寫成「□」「□」「□」，有無上點「□」，有寫成大頭狀「□」，有小頭「□」狀，有方形「□」，有寬扁形「□」，有空心狀「□」，有缺筆「□」，有歪斜不正「□」等等。中間（圖41）"T"部，有寫成「T」「丅」「十」不等。兩足有左右緊畢「□」，有兩足分得很開的「□」，也有左右足高低不等的「□」，更有若隱若現「□」，實在不好稱它"失足"。其他「五」字，「十」字，也就由此類推，不再贅言了。

修笵的問題

蔡啓祥

新莽鑄幣精美，除上述的製做過程嚴謹外，在品管方面也是講究的，尤其在錢文書法上更是用心。鑄錢時不論用合笵或疊笵方式，鑄出的銅幣難免有些不良品，勢必要修補。在這繁複輾轉過程中，要修改錢文，只有在第一道程序的原始笵模上或疊笵中的薄泥笵上動手，因爲它本身材質是木或是乾泥，其他銅母笵、陶笵等，都因太堅硬而難以動刀。這部份我們分成兩段來研討。

一、在原始笵上修改時，因爲是用刀尖、刀刃修飾的，所以筆劃顯得鋒利，在錢幣實物上很清楚，在拓圖上就比較難以見到端倪。如「大」字兩手部份「[illegible]」刻歪了，或者筆末端用勁不足，這種滑刀現象在鑄幣完成後，就會形成（圖42）。要修改它，就得再原始笵上補上一筆，修補後就會形成（圖43）這個樣子，若草率了事，就會形成（圖44）這個樣有人對這錢文潦草的銅錢，歸類爲私鑄，本人不同意，因爲私鑄的動機，不外乎牟利，這些銅幣和官鑄的大泉五十，在行制大小、徑、重上都差不多，沒有差價可得。

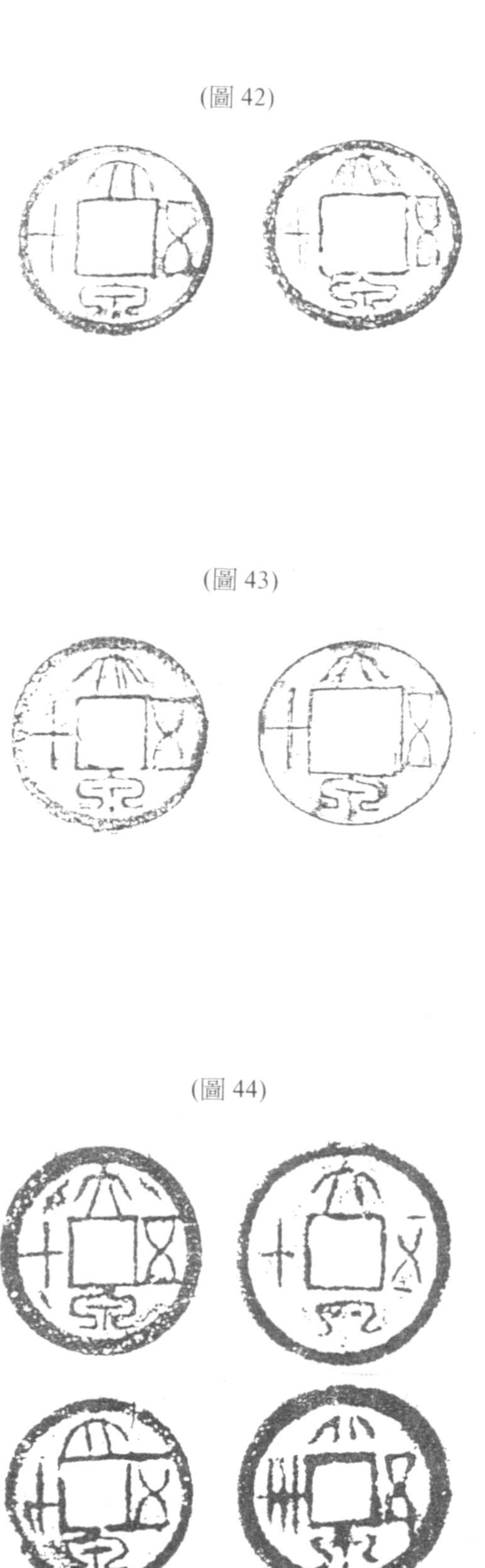

(圖 42)

(圖 43)

(圖 44)

二、用疊笵鑄造銅幣過程時，在壓泥成薄泥笵時力道不均，會形成部份字體不清，(壓泥時是銅笵文字部份面向上，泥則倒入笵模裡，用力壓緊至笵緣九分滿；爾後，再翻轉銅笵，在桌面上敲擊一下，讓泥胚脫離銅笵；這就是爲什麼銅笵背全都是平背，沒有把、鈕之類的設計)；不仔細品檢，就會形成大泉五十四個字中少了一個字或幾個字（圖45）。若及時發現，補救方法，就是在薄泥笵陰乾過程中修飾一番；筆劃少的用刀補正，字體隱隱約約，若有若無的，就用預先刻好的「大」「泉」「五」「十」四個字木章，補蓋上去；因爲原先字口上尚有殘留字跡，加蓋之後，就形成了重疊的字體，稱：「重影」（圖46）。

(圖45)

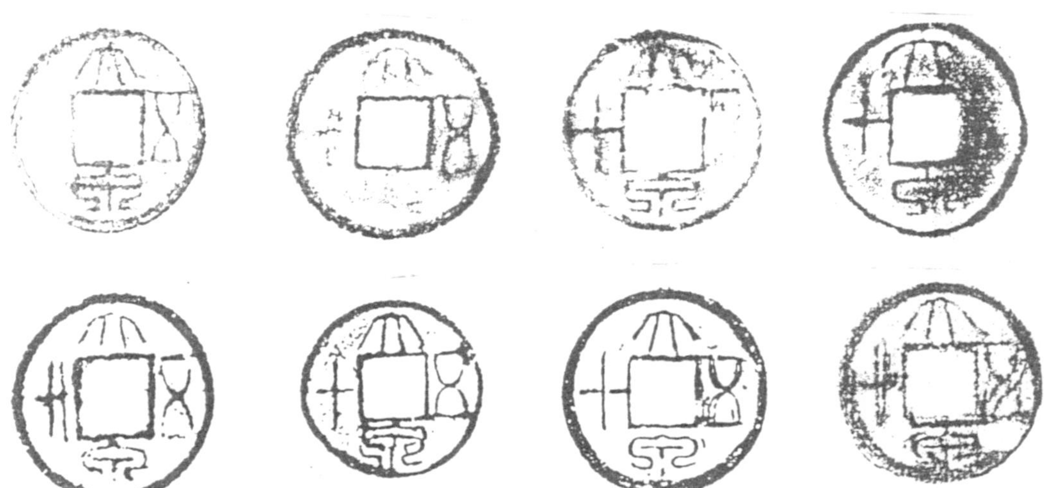

(圖46)

戲鑄

蔡啓祥

在大泉五十銅錢中，有些錢文鑄成「大泉十五」、「大五十泉」……等奇奇怪怪的（圖47）。這些銅錢材質、形制、徑重、書法等和一般大泉五十都差不多，以往錢譜著作都將它歸類爲錯范因素，這是不對的。新莽時期的鑄幣是從居攝二年（西元七年）第一次鑄大泉五十開始，終於地皇三年（22年）。銅錢因通貨問題，只好一再減重；但它的鑄造工藝，尤其錢文書法卻能保持原樣，這是很難得的。基於這個緣由，大家都將這類奇怪的銅錢，全部說成是錯范鑄成的。

古人研究古錢，喜歡從錢幣本身的歷史背景、文獻、書法、坑口、銅繡等方向研究，但卻少於研討鑄錢工藝，及實地考查的工作，犯了不用科學驗證的毛病。泉學家蔣若是云：「治學之道，貴在求實。錢與范若蚌之與珠，捨蚌而取珠，則珠亦失所據。范失出土時間與地點，則范亦失所據矣。錢出於墓，捨墓取錢，錢出於窖藏，眾人分之，則所據盡失矣。依失所據錢，追求"版別"，進而欲以分類型、劃年代，則費力勤而得益少。作爲錢譜，則羅列現象，以史文推求，則所見各異。」這真是一針見血的道出了研究古泉者的通病。

我們看了許多錢范實物，也參閱了多種漢代錢范的書籍、拓圖、照片、出土報告等，對范模的製作已知之甚詳。大泉五十的錢范，「合范法」所鑄的銅錢，都是一個面范配合另一個背范，面、背要緊密合在一起，勢必做出面范有數個凸榫，背范則在相同的位置做出凹槽，凸凹相合，范模才不會晃動，這才能鑄幣。錯范只有可能出現在不同組的背范上，但它還是面、背兩范相合，只是用到另一組的范，鑄出的錢幣背面就會形成如圖48這樣子。「疊范法」所鑄的銅錢，在銅母范上更有多組的榫頭和凹槽，又增加兩組的圓鎖（圓凸點），在薄泥范相疊時，是一片面向上，另一片面向下，上面那一片是要作一個180度轉向才能兜的攏，因爲錢范上錢幣排列，若是兩面文，則配兩背文，這面、背都刻在同一片范模裡，是疊范鑄錢的特點（圖49）。假如其中一片薄泥范沒有作180度反轉向動作，鑄出的錢就會形成面文「大泉五十」背也是「大泉五十」，另一組錢就會形成兩面都沒有文字的空背，我們稱這類錢爲「合背」「合面」。但是大泉五十的范模裡都設計有凸凹的榫頭，弄錯了會形成凸榫對凸榫，凹槽對凹槽現象，這兩片薄泥范跟本無法兜攏，那能鑄幣呢？所以上述那些奇特面文的大泉五十，我認爲都是「戲鑄」的，不是當時的行用錢。

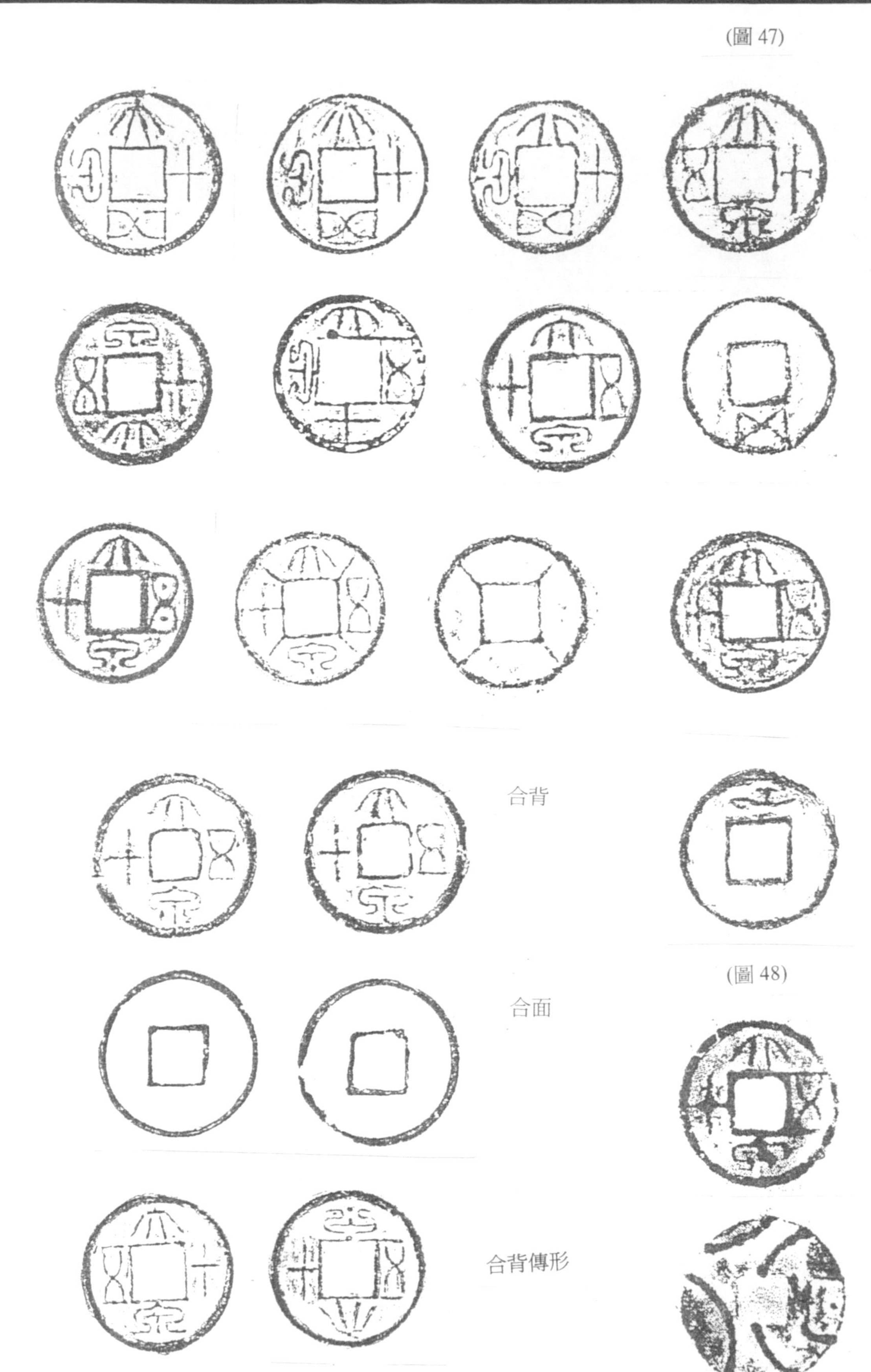
(圖 47)
合背
(圖 48)
合面
合背傳形

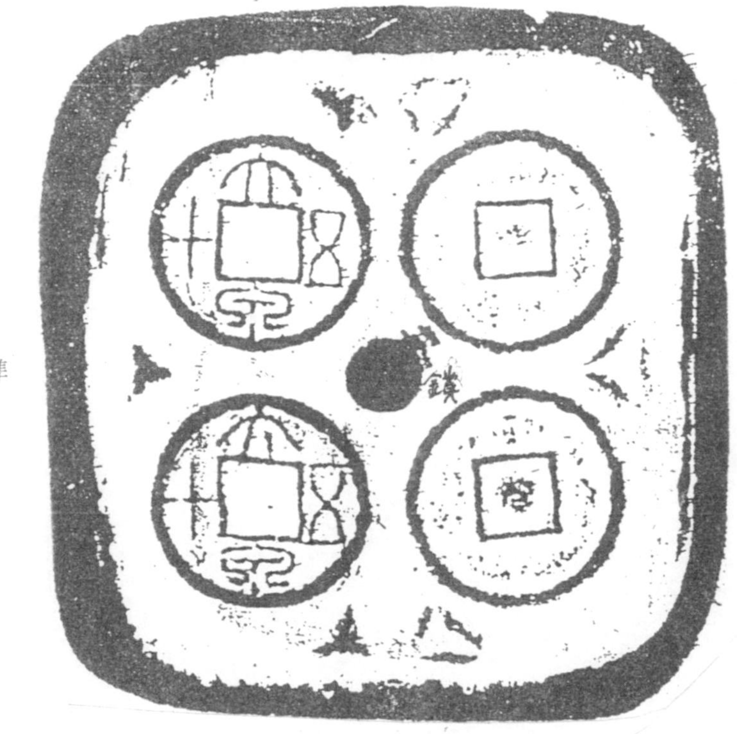

(圖 49)

其他用途的鑄幣

蔡啓祥

除了上述那些行用錢外，還有些同樣是「大泉五十」的鑄幣，其中鐵錢和餅形錢是當時的行用貨幣（圖 50）。其他，有加鑄吉祥語、圖案、北斗七星等面紋者，應當是宗教用途，古人稱，「厭勝錢」（圖 51），這些多樣的大泉五十，有當代所鑄造的，也有後代所鑄的。

(圖 50)

鐵錢　(28mm 7.8g)

餅錢　(29.1mm 13.1g)

(圖 51)

宜泉吉利

大宜子孫

祝壽錢

秘戲圖

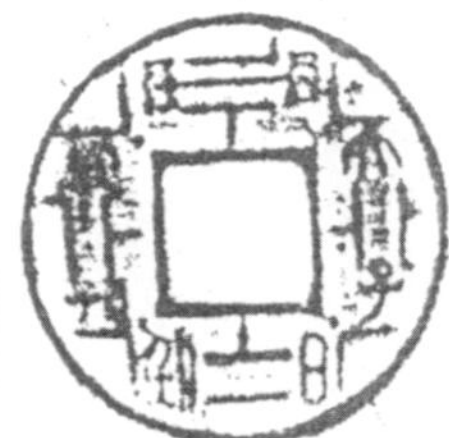

玄天大帝

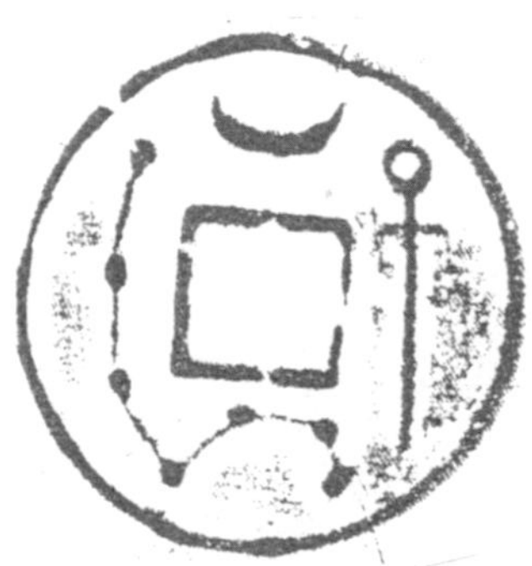

大泉五銖

蔡啟祥

「大泉五銖」此錢時有發現，品種也多，可見當時定能流通行使某一區域，1982年包頭銅廠從涼城縣廢品收購站採購一批民用廢銅，內有銅錢一批其中發現兩枚「大泉五銖」錢，錢徑為2.5厘米，「大泉」兩字有壓跡，「銖」字粗一看很像「十」字，此錢應是莽亡，漢復之際，某一錢爐改鑄時，來不及換錢范，就用「五銖」在原「大泉五十」范上壓製而成。（見中國錢幣1984.2內蒙古涼城發現「大泉五銖」錢 師寶珍）

在四十年代鄭家相在他的五銖研究一文中，也曾提出研究：「所謂工人戲取大泉五十舊范剜而試之，及取大泉五十錢用極印逼成「銖」字於「十」字之上之語，仍屬錯誤。據予所得，此類「大泉五銖」錢，有取五銖錢用極印逼成大泉五十者，有取五銖范改刻大泉五十而鑄成者；未見有取大泉五十錢用極印逼成「銖」字於「十」字之上者，亦未見有取大泉五十范改刻「銖」字而鑄成者。蓋此類之錢，大抵起於王莽禁用漢五銖之後。漢書食貨志曰：「民失以五銖錢市買，莽患之，下詔有敢挾五銖錢者，為惑眾，投諸四裔，以禦魑魅。於是農商失業，食貨俱廢，民涕泣於市道，抵罪者不可稱數，莽知民愁，迺但行小錢直一與大泉五十，二品並行，龜貝布屬且寢。」是王莽在始建國年間禁用五銖甚嚴，人民不敢以五銖錢市買，於是黠者乃將五銖錢磨去「銖」字，用極印逼成大泉五十字樣，以便混同行使，其磨痕不能盡滅，隱現銖字，遂成為「大泉五銖」矣。因其逼成，位置無定，有面大泉五十背現五銖二字者，有面大泉銖五而銖字倒列者，蓋當時人民逼成此錢，祇須現有大泉五十字樣，而不顧及其錢之背正倒也。此種似為人民混用開始時之錢，至於鑄成之「大泉五銖」，亦以五銖舊范增刻大泉五十字樣而鑄成之，錢質趨于輕薄，文字更為不精，驟視之為大泉五銖，細審之尚有十字可辨，蓋民間逼成之不已，而復私鑄之也。雖然，莽錢種類甚多，當時人民私鑿私鑄，獨以大泉為文者，蓋亦有故焉。大泉五十為王莽居攝二年所創鑄，其後雖屢更幣制，而大泉未廢，在莽之世，始終行用，此為人民私鑿私鑄，所以用大泉為文者，一也；大泉初鑄重十二銖，值五十，其後值漸減而至當一，質漸輕而至不及五銖，因其形質與五銖相似，故用五銖錢逼成大泉五十，或以五銖錢范鑄成大泉五銖，極易混用，此人民私鑿私鑄所以用大泉為文者，二也。據此推求，大泉五銖，混用之時期，當在始建國年間，禁用五銖錢之後，直至終莽之世也，無疑矣。」

27mm 7.4g

大泉五十背六博文

蔡啓祥

楚辭注，「投六箸，行六棋，故爲六博也。」於此，我們有個初步的瞭解，「陸博」爲一種棋戲，玩時先投箸，再行棋。論語裡頭有「不有博弈者乎。」更可見至遲到春秋時期，這玩意兒已開始流行，經戰國，秦此藝不衰，至漢代乃大爲風靡。它和投壺，蹋踘，鬥雞，走狗等，同爲漢代百戲之一，而此道尤得文人青睞，遂成爲往後中國文人的傳統文娛之一。

1973年在河北 平山縣發掘的戰國時期中山國的墓葬中，出土了兩件石棋盤，另外，湖北 雲夢 睡虎地更出土一套完整的六博具，其中包括：一個棋盤、六枚棋子、一根算籌。時至漢代，以陸博具陪葬的更形普遍，並有製作六博俑爲明器的，由於考古資料的出現，今天我們方得一窺漢代六博之一斑。

東漢有一本專門介紹陸博方法的書叫博經，惜此書已經亡佚，只由一些漢代的畫像石，石刻，陸博俑以及零星的文獻資料來推測，其博法似乎可分成兩種，一種是所謂的「投六箸，行六棋」之法，大致是兩人對坐，中間置一棋盤，一枰，枰上放有箸，盤上置有魚而行棋，一人先投箸決籌數，再行棋，至於怎麼投，怎麼個行法，就不清楚了；另一種博法是採取輪流投擲骰的方法，此法或可二人對博，或四人，先擲了骰子決定數字與勝負再行棋，骰子有十八面，十六面上有數字，另兩面一刻「驕」字，一刻「妻黑」，驕爲勝，妻黑爲輸。如此，再把酒來酌，不但對博者樂於其中，觀者亦同染其悅，此真應了那麼一首酒令詩「局上閑爭戰，人間任是非。空郊采樵客，根爛不知歸。」

枰和局均爲方形板子，爲木製，石製居多，「局」上畫有棋紋格道，故「局」又叫棋盤，然由棋盤上所畫的曲道來看，可能與漢代的天文曆算有著密切的關係罷，整個棋盤面，正中央畫一正方型，正方型四邊緣中央有四個「T」字紋，棋盤的四個角以及四邊中央有「L」字紋。這類曲道紋和漢代的所謂「規矩紋銅鏡」上，面也有此般的紋樣。（楊美莉 閒話陸博 故宮文物27期）

「六博」是一種無拘無束，毫無禁忌的遊戲，因而飲酒博奕乃常見之例。圖爲成都市郊出土之漢畫磚，畫中上端兩人正在飲酒作樂；下端兩人正首傾身踞，嘶聲吶喊，奮力對博中。

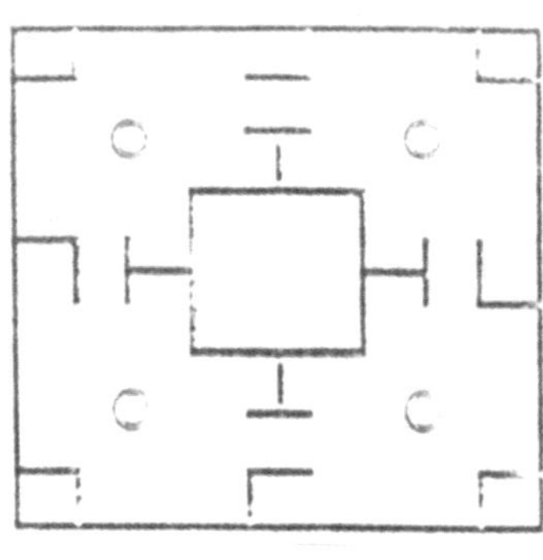

六博棋皿圖

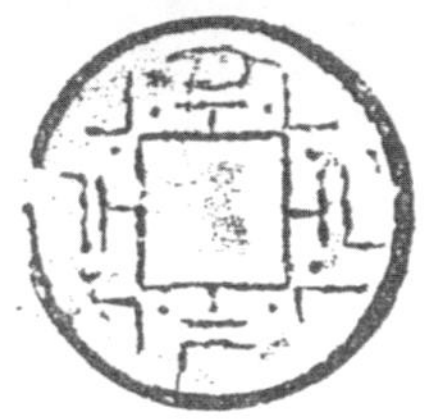

25mm 3.9g

甘肅出土的六博奕木俑

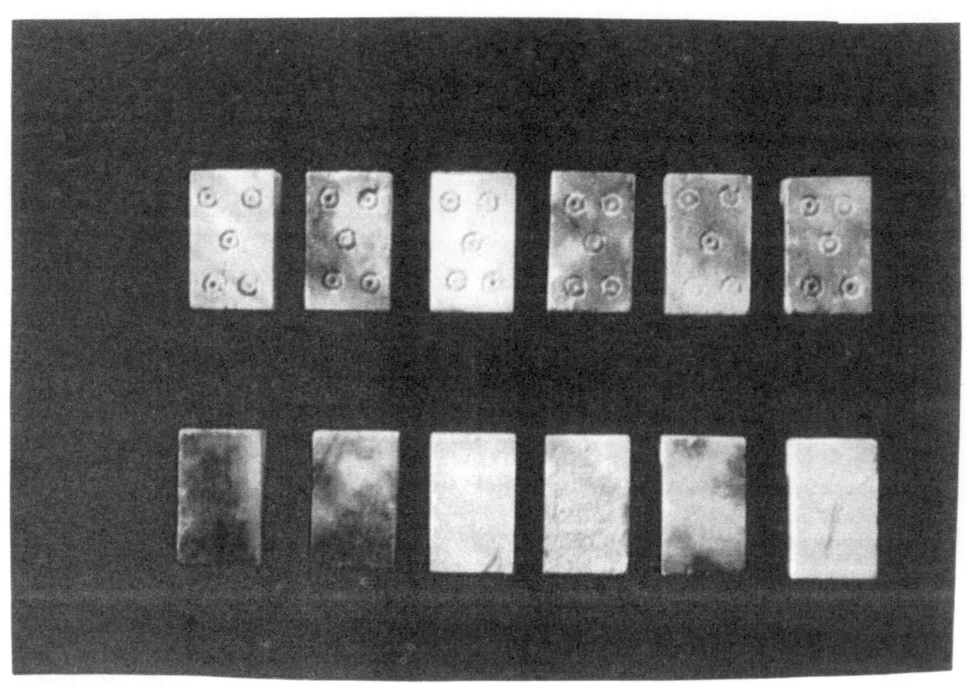

骨製的「六博棋」

「大泉五十」訪錢漫談

王紀耕

立川兄編就「大泉五十錢譜」一冊，其品目，內容較前人所編之「大泉五十」諸譜尤爲周全，當可爲藏家收藏、研究「大泉五十」錢幣之經典，可喜可賀。經囑爲文充實「大泉五十錢譜」內容，余收藏「大泉五十」謹聊備一格，不如立川兄鑽研之深，謹以訪錢心得應之。

「大泉五十」順讀、逆讀

余於陝西探親時，順道訪泉，於咸陽路邊曾遇一擺攤錢肆，攤上無甚精品，當時天色已暗，已至收攤時間，蒙其邀約，至其家中探視其錢幣精品，取出一盒古泉，由於當時其家中燈光昏暗，僅約十燭光左右，無法仔細辨識，僅選了五品，約值一千元，當下銀貨兩訖。回到旅館後，才發現其中竟有三品爲假錢，唯有「大泉五十」順讀、逆讀爲開門見山，真品無疑。由於時間已經很晚，第二天一早就回台，無法追究，惟此兩品已值回票價矣。王莽時鑄幣均甚爲精緻、考究，至晚期，鑄幣逐漸粗弊，此二品均展現早期官鑄鑄幣特色。（如圖一、圖二）

「大泉五十」東吳版

「三國志・吳書・吳主傳」：嘉禾五年（公元二三六年）鑄大錢，一當五百，錢文「大泉五百」，赤烏元年（二三八年）春，鑄當千大錢，錢文「大泉當千」，另有「大泉二千」、「大泉五千」，吳書不載，但其文字、氣韻均與「大泉五百」、「大泉當千」無疑，前輩朱活以爲「大泉二千」、「大泉五千」爲民間所鑄。

「大泉五十」亦有文字、氣韻與「大泉五百」、「大泉當千」相似者，余曾於義雄兄處取得二品版式不同者，其「大」字寫法為　、「泉」字寫法一品中筆不斷，一品缺中筆（如圖三、圖四），與王莽之「大泉五十」筆劃嚴謹者，相去甚遠，研判應為東吳鑄幣。惟吳書亦不載，此類版式據說有三版相異者陝西金融曾報導另有一版面文為「大泉五銖」者，亦屬東吳版鑄幣。（如圖五）。

「大泉五十」東吳版，其重量、比例與「大泉五百」、「大泉當千」絕不相稱，應非民間所鑄，豈樣錢乎？

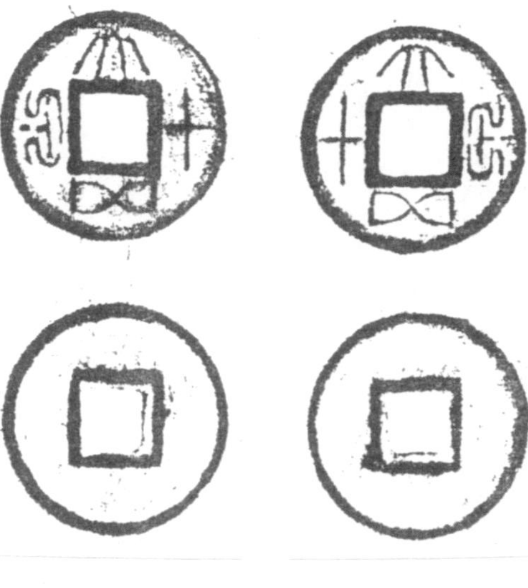

圖一
27.6mm　6.2g

圖二
27.8mm　6.0g

圖五

大泉五銖
徑 22.0 重 3.6g
摘錄自陝西金融
第 14 期 30 頁

圖四

26.1mm 4.7g

圖三

24.7mm 3.3g

大泉五十泥笵殘片

照片

大泉五十泥范殘片

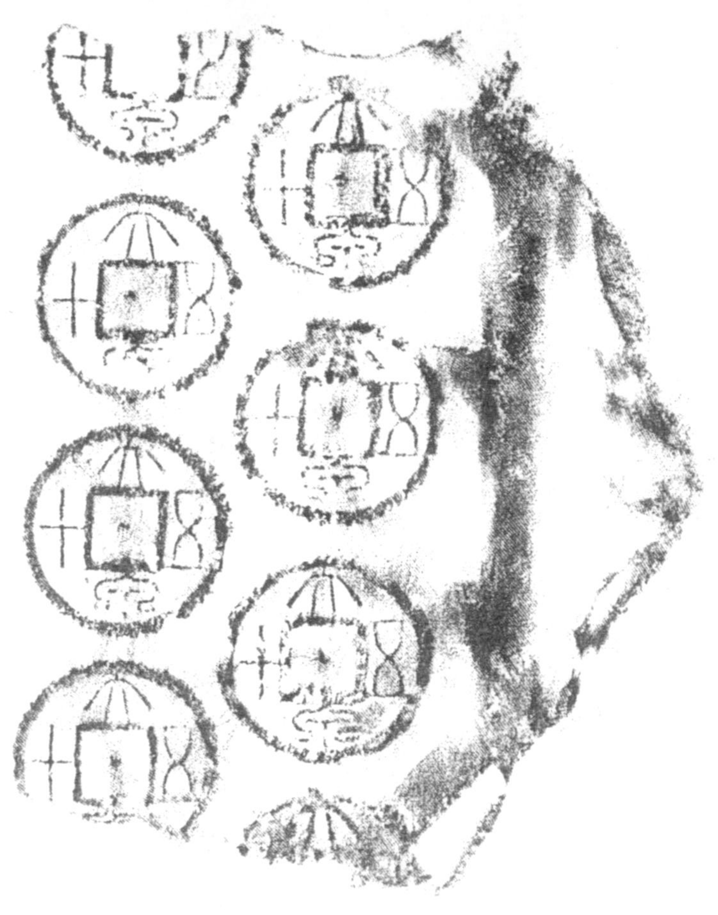

紅泥質

殘高 12cm

殘寬 12.9cm

錢室處厚 3.6cm

邊厚 4.1cm

錢樹（殘片）

賴立川

總高九點四四公分，重三十點一克。鑄出來的錢徑二點九公分。是合笵法鑄造的，推測如果完整是共六枚的錢樹。現僅殘存四枚，其中三枚不飽笵。只有一枚錢體完整。錢體排列分爲左右兩排，每排各三枚，錢體旋轉九十度，大字皆靠中央。錢體與錢枝相連處在錢面的左上角或右上角。錢文版式爲斜走大，肥五。

此應是鑄造的瑕疵品，在鑄造之後即被棄置一旁，直到鑄錢處荒廢後入土。

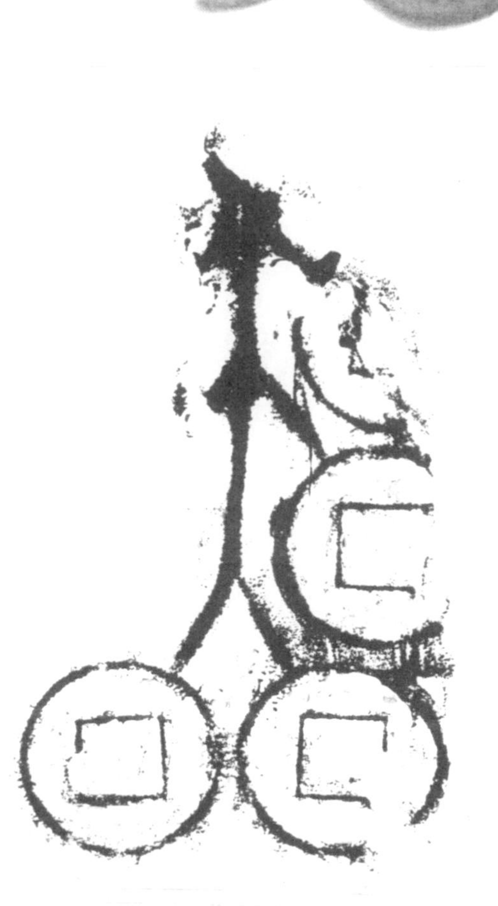

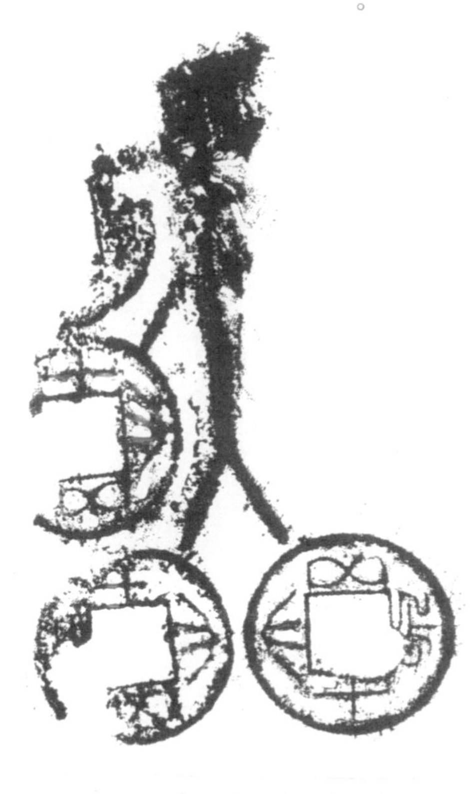

後記

賴立川

古泉雅集成立後，以每年出版一到二本有關古泉的書籍爲目標，並由會員輪流擔任主編。先有張教授的「南宋孝宗鐵泉譜」及紀耕兄「崇禎通寶泉譜」，後有將雅集會員的藏品集合成「錢拓　第一冊」。今年則輪到作者擔任主編，曾左思右想要以什麼泉品爲主題。因作者爲上班族，財力並不雄厚，手頭上也沒有傲人的珍稀品，僅因喜好古泉，買了一些普通品而已。能做出什麼書籍對古泉同好有幫助的呢？檢視自已的藏品，每一朝代的泉品，並無價値做有系統的整理，只有擁有數百枚的「大泉五十」。「大泉五十」價位並不高，泉友們應多多少少手頭上都有一些。其版別特多，也是眾人皆知。但卻沒有人整理過。日本人所著「昭和泉譜」內僅收錄三十品，「王莽泉譜」有三百七十六品，而如將我手上現擁有的，再加上朋友的藏品，則應可構成一本有份量的泉譜。於是作者自告奮勇整理「大泉五十」的版式。蒙會內成員及成都李亮老師提供大量藏品實物，以充實本書內容，使本書不同版別的「大泉五十」達到一千四百多枚。又平常作者有在上班工作，故在本書規劃初期，面對如此巨量資料要整理，真有不知從何著手之感。幸承大伙教導泉譜編輯之經驗，使本書能利用作者閒暇的時間，自泉品收集、清理、測量、拓圖、分版式、編排、打字，一步步，終能順利完成。。並特別感謝蔡養吾老師，雖在病榻中，仍不忘對筆者殷殷教導，並作序文。在此也祝其早日康復，雅集聚會時能蒞臨給大伙指導。

願本書能提供給喜好王莽「大泉五十」的朋友，一個收集的目標及依據。因大部份的「大泉五十」價位並不高，人人都買的起。也希望喜歡古泉的朋友能欣賞到「大泉五十」的美。進而一起來保存祖先留傳下來的遺產。「大泉五十」的版別眾多，本書也僅能收錄其中一部份而已，又作者泉識、能力有限，故本書疏漏之處難免，尙請讀者指正。